Kohlhammer

Adelheid M. von Hauff (Hrsg.)

Frauen gestalten Diakonie

Band 1: Von der biblischen Zeit bis zum Pietismus

Verlag W. Kohlhammer

Umschlag: Gestaltungskonzept Peter Horlacher
Gesamtherstellung:
W. Kohlhammer Druckerei GmbH + Co. KG, Stuttgart
Printed in Germany

ISBN 978-3-17-019570-7

Inhalt

Geleitwort

Adelheid von Hauff, die ihre Doktor-Arbeit über Regine Jolberg, die bedeutende Pädagogin und Gründerin der Bildungsanstalt für Kinderpflegerinnen in Nonnenweier, verfasste, legt nun den ersten Band des von ihr vorbereiteten und herausgegebenen zweibändigen Werks „Frauen gestalten Diakonie" vor. Während in dem bereits im Frühjahr 2006 erschienenen 2. Band diakonisch bedeutsame Frauengestalten der Zeit vom 18. Jahrhundert bis zum 20 Jahrhundert vorgestellt werden, finden wir in diesem Band 1 – lebendig geschildert – engagierte Frauengestalten, die in der Bibel in Erscheinung treten; und dann treffen wir auf Frauen aus der Alten Kirche, dem Mittelalter, der Neuzeit und dem Pietismus. Die Erhellung der diakoniegeschichtlich bedeutsamen Situationen und Persönlichkeiten war schon immer ein Kennzeichen der Forschungen im Heidelberger Diakoniewissenschaftlichen Institut, in dem Adelheid von Hauff ihre wichtigsten Anregungen erhalten hat. In zahlreichen Publikationen des Instituts haben diese Detailforschungen ihren Niederschlag gefunden. Aber die jetzt vorliegende zweibändige Forschungsarbeit mit Beiträgen von in der Mehrzahl Wissenschaftlerinnen zeigt, dass wir im universitären Bereich definitiv in eine neue Phase partnerschaftlichen Zusammenarbeitens zwischen Frauen und Männern vorgerückt sind. Dies wirkt sich auch auf die Inhalte und Intentionen der Forschung positiv aus.

Immer wieder wird darauf hingewiesen, es habe nahezu 2000 Jahre gedauert, bis die christliche Welt die Frauen in der Bibel entdeckt hat. Obwohl sich die Kirchen auf die Bibel verpflichtet wissen, hat sich das christliche Bild der Frau nur sehr begrenzt an der Vielfalt der biblischen Frauengestalten orientiert. Vor allem wurde der Frau nicht die Freiheit zugestanden, die – trotz kulturell bedingter Einschränkungen – Frauen der Bibel an den Tag legen. Dies lässt sich durchaus verallgemeinern und trifft für die gesamte Geschichte der Christenheit zu. Zwar haben sich immer wieder Frauen gegen alle Konventionen und Regeln mit vorbildlichen und viel beachteten Aktivitäten durchsetzen können, aber sie blieben im kulturellen Gedächtnis eher Ausnahmepersönlichkeiten. Es ist nicht zu übersehen, dass die in den beiden Bänden gesammelten Beiträge nur die Spitze des Eisbergs anzeigen. Die VerfasserInnen waren auf schriftlich überliefertes Quellenmaterial angewiesen. Dieses gibt meist Zeugnis von herausragenden Frauengestalten aus der Umgebung von Persönlichkeiten der Oberschichten, des Hochadels oder der Reformation.

Im Blick auf die thematische Ausrichtung der Beiträge sollen hier wenige Beobachtungen hervorgehoben werden: Während in der tausendjährigen Geschichte Israels, von der die Bibel Zeugnis gibt, Frauen immer wieder die Geschichte direkt mitbestimmten, ja, heroisch zur Rettung ihres Volkes eingriffen und darin „diakonisch“ gestaltend wirkten, finden wir in der Urchristenheit und in der Alten Kirche Frauen, die in der Christusnachfolge ihr persönliches Leben gemäß der Bergpredigt als diakonische Existenz begriffen. Die Magna Charta der Nächstenliebe – das heißt die Gerichtsrede in Matthäus 25 – stand und steht in der Diakonie im Mittelpunkt des christlichen Lebens. Das führte zu der Verpflichtung, die christliche Existenz an Christus als dem „geringsten unter den Brüdern“ zu orientieren und an diesen Geringsten die „Werke der Barmherzigkeit“ unter Hingabe des ganzen Lebens und der irdischen Güter zu vollbringen.

Während diese Herausforderung in der Urchristenheit und in der Alten Kirche verheiratete Frauen und Witwen häufig in das nicht nur Männern vorbehaltene DiakonInnenamt führte und diese Frauen in enger Verbindung zu den Aposteln und später zum Bischof ihren Dienst an den Bedürftigen in den Gemeinden und weit darüber hinaus versahen, änderte sich die Ausgangslage im Mittelalter. Dort eröffnete sich gerade im karitativen Bereich ein beachtlicher Spielraum für neue Initiativen. Es ist deshalb nicht verwunderlich, dass den Gründerinnen von Frauenorden, die nicht selten große Widerstände zu überwinden hatten, in dieser Publikation eine besondere Aufmerksamkeit zuteil wird. Auch hier sind es bedeutende Einzelgestalten, die meist ihr aufwendiges Leben radikal änderten und wegen ihrer Wohltaten am Ende als Heilige verehrt wurden. Oft haben vermögende Frauen ihr Erbteil ganz in den Dienst dieser Aufgaben eingebracht. Die Krankenpflege in den Hospitälern, die Erziehung von Waisenkindern, die Bildung junger Mädchen sowie die Armenfürsorge wurden zu den selbstverständlichen Aufgabenfeldern von ordensangehörigen Frauen, wobei sich jeweils Schwerpunkte herausbildeten.

Es ist kein Zufall, dass zwei dokumentierte Frauenschicksale aus der Frühzeit der Reformation eng mit dem Leben der Stadt Straßburg verbunden waren. In dieser Stadt, in der in jeder Hinsicht ein offener und innovativer Geist herrschte, konnten sich auch Frauen in besonderer Weise profilieren. Im reformierten Hospital wurden eigene Ordnungen für den Dienst der „Mägde“ erlassen, die eine fachlich hohe pflegerische Verantwortung zu tragen hatten. Die Reformation hat ein reges und geordnetes Armenwesen aufblühen lassen. Allerdings blieb die Krankenpflege in der frühen Neuzeit zurück, da an eine öffentliche Frauentätigkeit nicht zu denken war. Barmherzige Schwestern waren dem protestantischen Deutschland zunächst ganz fremd. Erinnert sei an Vincent de Paul (1581–1660) und an Louise de Marillac (1591–1660) und die *Filles de Charité*, welche die französische Sozialarbeit und Krankenfürsorge, dann aber auch die Diakonissenbewegung in Deutschland nachhaltig geprägt haben. Sehr eifrig wurde hingegen im protestantischen Deutschland die Fürsorge für die Jugend betrieben. Neben den Grundkenntnissen in der Sprachbildung wurde vor allem die handwerkliche und landwirtschaftliche Bildung der Jugend auf die Fahne geschrieben. Dies weist schon in die Zukunft, denn vom Halleschen Pietismus bis zur Inneren Mission setzte eine politisch soziale Reformbewegung ein, in der die Frauen allmählich zu neuem christlichen Selbstbewusstsein gelangten und zur öffentlichen Mitwirkung in Diakonie und Kirche befähigt wurden.

Ich gratuliere Adelheid von Hauff und den vielen AutorInnen zu diesem anregenden und an Informationen reichhaltigen Buch und freue mich, dass die Kirche und ihre Diakonie bzw. Karitas durch die Darstellung ihrer bedeutenden Vorbilder eine große Bereicherung erfahren.

Heidelberg, Oktober 2006 Theodor Strohm

Vorwort

Das auf dem Schöpfungsbericht basierende Menschenbild der Bibel begründet den Liebesdienst an den Bedürftigen. Zur Nächsten- und Fremdenliebe fordert bereits die Tora auf. So soll Israel Fremden die gleiche Behandlung wie Einheimischen zukommen lassen (Lev 19,33f). Die Weisung, das Recht des Fremden nicht zu beugen, wird im Deuteronomium erweitert durch die Aufforderung, in gleicher Weise mit dem Recht von Waisen und Witwen umzugehen (Dtn 24,17). Im Buch Tobit erteilt der Vater dem Sohn den Ratschlag: „Mit deinem Hab und Gut hilf den Armen und wende dich auch nicht von einem einzigen ab“ (Tob 4,7).

Den Begriff Diakonie jedoch finden wir im Alten Testament an keiner Stelle. Ebenso nehmen die Erzählungen, die von Frauen und ihrem Wirken handeln, einen wesentlich geringeren Raum ein als diejenigen, in deren Zentrum Männer agieren.

Und trotzdem gibt es sie bereits im Alten Testament: Die Frauen, die sich mit Wort und Tat ihren Nächsten zuwenden und auch persönliche Einschränkungen nicht scheuen, wenn es darum geht, die Not anderer in den Blick zu nehmen und sie zu lindern. Dieser Tatbestand berechtigt dazu, ein Buch über Diakonie gestaltende Frauen mit Vertreterinnen des Alten Testaments beginnen zu lassen.

Diesen ersten Band mit Frauen aus dem religiösen Milieu des Pietismus, und hier konkret dem Pietismus Herrnhuter Prägung, zu beenden, beruht auf der Tatsache, dass Frauen gerade in dieser Gemeinschaft in Ämter berufen werden, die einen Lichtstrahl auf das Neue werfen, das sich im ausgehenden 18. Jahrhundert anbahnt und im 19. Jahrhundert zur vollen Entfaltung kommt.

Zunächst hatte ich die Idee, diakonisch wirkende Frauen aus der Zeit des 19. Jahrhunderts in einem Sammelband vorzustellen. Je länger ich jedoch darüber nachdachte, umso mehr kamen mir Frauen in den Sinn, die in früheren Epochen nicht minder diakonisch bzw. karitativ tätig waren. Damit war der Gedanke geboren, den Reigen der Porträts mit Gestalten aus der Bibel zu eröffnen. Diesem Projekt ging die Arbeit an Unterrichtsmaterialien über Frauen der Diakonie voraus, bei deren Planung ich mich öfter mit Prof. Dr. Jörg Thierfelder und Dr. Monika Zeilfelder-Löffler beriet. Die Unterrichtsvorschläge sollen zeitnah im Calwer-Verlag erscheinen.[1] Hin und wieder nahm auch Prof. Dr. Volker Herrmann an unseren Gesprächen teil. Von ihm stammt der Titel des hier vorliegenden Werkes: Frauen gestalten Diakonie. Für seinen Einfall danke ich ihm in besonderer Weise.

---

1 Adelheid M. von Hauff, Frauen der Diakonie, Stuttgart 2006.

Ein Projektauftrag am Diakoniewissenschaftlichen Institut der Universität Heidelberg schuf die Voraussetzungen dafür, dass aus einer Idee ein zweibändiges Werk entstehen konnte. Hier gebührt mein Dank dem Direktor des Instituts, Prof. Dr. Heinz Schmidt. Er hat nicht nur für mein Gehalt, sondern auch für die Druckkosten der beiden Bücher Sorge getragen.

Ein ganz besonderes Dankeschön gilt Marlies Rehermann vom Kohlhammer-Verlag. Sie hat den vorliegenden Band mit großer Anteilnahme begleitet. Ihr verdanke ich wertvolle Hinweise. Das Interesse von Hanna Strohm und Margret Schulz-Ballier veranlasste so manche Tiefenbohrung, auch diesen beiden Freundinnen danke ich herzlich.

Das Buch könnte nicht erscheinen, wenn die Autorinnen und Autoren sich nicht auf dieses Projekt eingelassen hätten. Die Zusammenarbeit mit ihnen und so manches – auch über die Aufsätze hinausgehende – Telefonat haben mir viel Freude bereitet. Ihnen gilt mein größter Dank!

Schwetzingen, Oktober 2006 Adelheid M. von Hauff

Adelheid M. von Hauff

Einführung

Der Dienst der Nächstenliebe beginnt nicht erst mit der Stegreifrede von Johann Hinrich Wichern (1808–1881), und Frauendiakonie beginnt nicht erst mit der Gründung des Kaiserswerther Diakonissenhauses durch Theodor (1800–1864) und Friederike (1800–1842) Fliedner. Ein Buch über Frauen, die Diakonie gestalten, mit den Porträts aus dem Alten Testament einzuleiten, bedarf trotzdem einer Begründung. Auch wenn der Terminus Diakonie im Alten Testament nicht zu finden ist, kennt die Ethik des Alten Israel sehr wohl den Dienst der Wohltätigkeit und Armenpflege. Dazu schreibt Manfred Oeming: „In keiner anderen Heiligen Schrift wird Armut so intensiv berührt, in keinem anderen Buch wird die Perspektive der Armen so eindringlich und tiefgreifend eingenommen wie in der Bibel Israels.“[1] Und obwohl Gerhard Uhlhorn konstatiert: „[...] eine organisierte Liebesthätigkeit, eine wirkliche Armenpflege findet sich auch in Israel nicht“[2], so nennt auch er Verordnungen, in denen Oeming bereits Ansätze einer organisierten Diakonie im Alten Israel erkennt: das Sabbatgebot, die Forderung des Zehnten, den Schuldenerlass und die Freilassung von Sklaven. Wenn Einrichtungen zur Versorgung von Kranken, Alten und Behinderten im Alten Testament vermisst werden, so hat das seinen Grund darin, dass diese Funktionen von den Familien übernommen wurden. Ganz selbstverständlich gehörte zu deren Aufgabe, sich der in Not geratenen Angehörigen anzunehmen und diese zu versorgen. Diakonie wurde innerhalb der Familie praktiziert. Durch die Einrichtung der Leviratsehe regelte der Familienverband auch die Versorgung der Witwen.[3]

Welche Rolle den Frauen im Alten Testament im Besonderen zukam, wird im Folgenden an einigen Beispielen gezeigt. Obwohl sie nicht eigens in einem Aufsatz vorgestellt werden, sollen die Hebammen Schifra und Pua[4] zumindest an dieser Stelle nicht ungenannt bleiben. Die beiden Geburtshelferinnen verweigern dem Pharao die Gefolgschaft, als er ihnen eine unmoralische Dienstvorschrift überbringen lässt. Sie waren aufgefordert, die Söhne der in Ägypten lebenden Hebräerinnen bei deren Geburt zu töten. Mit dem Hinweis: „Die hebräischen Frauen sind [...] kräftige Frauen. Ehe die Hebamme zu ihnen kommt, haben sie geboren“[5], begründen die Hebammen ihr Handeln. Mit ihrer

---

1 Vgl. Manfred Oeming, Das Alte Testament als Grundlage des diakonischen Handelns der Kirche, in: Heinz-Dieter Neef (Hrsg.), FS Rudolf Landau, Stuttgart 2006 (im Druck).

2 Gerhard Uhlhorn, Die christliche Liebestätigkeit, Neukirchen Kreis Moers 1959, 29f.

3 Vgl. Oeming, Das Alte Testament als Grundlage des diakonischen Handelns.

4 Vgl. Ex 1,15f.

5 Ex 1,19.

Zivilcourage schützen die Frauen das Leben der Neugeborenen. Sie werden für ihren Mut von Gott belohnt.[6]

Während Schifra und Pua Leben erhalten, fordert Ijobs Frau ihren Mann auf: „Sage Gott ab und stirb!"[7] Um hinter diesen Worten die Fürsorge der Gattin zu erkennen und in ihr gar eine „Geburtshelferin der Klage" zu vermuten, bedarf es einer genaueren Betrachtung. In der Zusammenschau mehrerer Ijob-Überlieferungen gewinnt Sitidos, wie diese Frau im Testament Ijobs genannt wird, ihre diakonische Kontur. Als Partnerin hinterfragt sie die überhebliche Einbildung ihres Mannes. Indem sie ihn auffordert, nicht dogmatisch richtig, sondern kritisch von Gott zu reden, wird sie für ihn zur Seel- und Fürsorgerin. Ihre Fürsorge für Ijob – aus der die Fürsorge für Arme extrapoliert – macht diese Frau zu einer eindrucksvollen „Ikone der Diakonie".

Mit Zion/Jerusalem ist eindeutig eine Stadt gemeint, und als solche steht sie gerade in den „Zerstörungs- und Eroberungsschilderungen in einer Schicksalsgemeinschaft mit den Not leidenden Menschen." Die als weiblich personifizierte Stadt spricht für die in ihr lebenden Menschen und gibt damit der Not eine prominente Stimme. Sie drückt Gefühle von Angst, Schmerz und Trauer aus und bringt ihre Klage auch vor Gott. Zion/Jerusalem kommt eine Mittlerrolle zwischen Gott und den Menschen zu. Die Funktionen, die sie für ihre BewohnerInnen übernimmt, berechtigen ihre Aufnahme in den Reigen der diakonisch wirkenden Frauen.

Die Frau der Stärke in Sprüche 31 erwirtschaftet selbstständig den eigenen Lebensunterhalt und behält zugleich die Notleidenden im Blick. Sie nimmt ihre soziale Verantwortung für die Armen und Elenden u.a. darin wahr, dass sie den mit ihrer Textilarbeit erworbenen Reichtum an Bedürftige weitergibt. Einflussreich und ökonomisch geschickt agiert sie als Frau im sozialen Gefüge der Stadt. Sie freut sich an ihrem Erfolg. Ihre Tora ist die Liebe; ihre Ratschläge weisen den Weg zu einem gelungenen und glücklichen Leben. Jungen Männern wird sie als perfekte Partnerin vorgestellt.

Zu den bekanntesten Frauen im Alten Testament gehört die Moabiterin Rut, die als junge Witwe ihre ebenfalls verwitwete Schwiegermutter in deren Heimat nach Bethlehem begleitet. Rut ist keine historische, sondern eine literarische Gestalt; mit ihrem Schicksal transportiert die Bibel theologisch gedeutete Geschichte. Rut partizipiert in Juda an dem Armenrecht der Nachlese. Um eine dauerhafte Lebensgrundlage für sich und ihre Schwiegermutter zu erhalten, bedarf es jedoch weiterer Rechte, die sie kreativ zu ihren Gunsten auslegt. Mit einem einzigen Rechtsakt versucht sie, sich und ihre Schwiegermutter in die familiären Bindungen Bethlehems zu integrieren. Rut lebt ihr Leben als diakonische Existenz und kommt damit dem Gott Israels am nächsten.

---

6 Vgl. Irmtraud Fischer, Gottesstreiterinnen. Biblische Erzählungen über die Anfänge Israels, Stuttgart [3]2006, 160f.

7 Ijob 2,9.

Ist es nicht vermessen, eine Mörderin in ein Buch über Frauendiakonie aufzunehmen? So fragte mich vor einiger Zeit eine Juristin. Gewiss, Judit schlägt dem Feldherrn Holofernes den Kopf ab. Aber sie plant und vollbringt diese Tat allein zur Rettung ihres Volks und zur Ehre ihres Gottes. Auch Judit ist eine literarische Gestalt. Mit ihrer Geschichte zeichnet die Bibel ein Bild des Dienens, das sich nicht im blinden Gehorsam gegenüber Höhergestellten zeigt. Judit steht für ein Dienen, das durch kreatives und hochreflektiertes Mitdenken gekennzeichnet ist. Zwei Entwürfe von Herrschaft stehen im Buch Judit einander gegenüber. Der eine lenkt den Blick von oben nach unten, der andere von unten nach oben. Den ersten verkörpert der assyrische Herrscher Nebukadnezzar, der zweite steht für JHWH. Der weltliche Regent setzt seinen Herrschaftsanspruch aggressiv durch, der Gott Israels hört und sieht. „In der Juditerzählung wird das Problem von Herrschaft und Dienen grundlegend und theologisch reflektiert."

Um Herrschen und Dienen geht es u.a. auch in den Evangelien. Jesu Dienen steht als Gegenbegriff dem Herrschen weltlicher Machthaber gegenüber. Das Handeln Jesu ist Vorbild der erwünschten Praxis seiner JüngerInnen. Als einziges der vier kanonischen Evangelien nennt das Lukasevangelium nachfolgende Frauen, einige sogar mit Namen, bereits während des öffentlichen Wirkens Jesu. Frauen können auch bei den zweiundsiebzig Menschen mitgelesen werden, die Jesus zum Heilen und Verkündigen aussandte. An beiden Aspekten von Jesu Auftrag und Sendung haben Frauen Anteil. Als Geheilte heilen und verkündigen sie das Reich Gottes. Mit dem Begriff *diakonein* wird also keineswegs die untergeordnete Position der Jesus nachfolgenden Frauen beschrieben.

Nachdem die Jüngerin Tabita gestorben war, zeigen die anwesenden Witwen dem ankommenden Petrus die von ihr hergestellten Kleider. Was hat das Herzeigen von Kleidung mit Diakonie zu tun? Es symbolisiert zweierlei: Einerseits die Trauer über Tabitas Tod und die Verbundenheit zwischen ihr und den Witwen und andererseits die Gastfreundschaft, die Petrus entgegengebracht wird. Die hergezeigten Kleider visualisieren das Leben der Verstorbenen. Indem Tabita zu Lebzeiten gemeinsam mit den anderen Witwen Kleider fertigte, leistete sie nicht nur einen Beitrag zu ihrer eigenen Existenzsicherung. Sie verhalf den Trägerinnen dieser Kleider auch zur Statusaufwertung und sozialen Integration. Denn bereits damals „machten Kleider Leute".

Phöbe ist die einzige namentlich genannte Diakonin im Neuen Testament. Sie wird mit dem männlichen Titel *diakonos* als Mitarbeiterin des Paulus erwähnt. Wer ist diese Frau, und worin besteht die Tätigkeit, die sie als Diakonin qualifiziert? Als *diakonos* führt sie Tätigkeiten aus, die mit *diakonein* bezeichnet werden und sowohl Wortverkündigung als auch Führungsaufgaben innerhalb einer Gemeinschaft umfassen. Es ist wahrscheinlich, dass Phöbe im Auftrag ihrer Gemeinde in Kenchreä einen gemeindeübergreifenden Dienst wahrnimmt. Bei seinen Konflikten mit den Korinthern steht sie Paulus treu zur Seite. Als seine Beauftragte überbringt sie seinen Römerbrief der Gemeinde in Rom. Möglicherweise hat sie auch die Aufgabe, seine Spanienreise vorzubereiten.

Unter Witwen werden vielfach arme und unversorgte Frauen verstanden. Dieses Bild ist jedoch einseitig. In der Antike sind Witwen ökonomisch gesehen die selbstständigsten Frauen, und auch zur Zeit Jesu sind sie nicht zwangsläufig arm. Im Gegensatz zu Ehefrauen und Töchtern verfügen sie – sofern sie vermögend sind – selbst über ihr Vermögen. Ihre Selbstständigkeit schafft den Freiraum, Aufgaben der praktischen Solidarität und des Gemeindeaufbaus zu übernehmen. Sie wirken spirituell, karitativ und missionarisch. Ein besonderer Dienst der Witwen ist das Gebet für andere. Weil Gott für die Witwen eintritt, wird ihren Gebeten eine besondere Macht zugesprochen.

Mit der Gestalt der Thekla kommt der bewusste Entschluss zum ehefreien Leben ins Spiel. Ausführlich thematisiert ihre Geschichte die Gefährdungen, denen ehefrei lebende Frauen ausgesetzt sind. Die ActThecl verstehen unter diakonischem Handeln vor allem die Hilfe zum Überleben, die mit Worten und Taten geleistet wird. Zugleich werfen sie einen Blick auf eine Realität, in der diakonisches Handeln noch nicht geschlechtsspezifisch aufgeteilt ist. Zum Dienst der Frauen gehört nicht nur die Versorgungsarbeit, sie partizipieren selbstverständlich am Amt der Verkündigung.

Makrina die Jüngere trägt den Geheimnamen Thekla. Diesem Vorbild folgend, fasst sie früh den Entschluss, allein zu bleiben. Weil die Bedingungen für den Eintritt in ein Kloster noch nicht geschaffen sind, lebt Makrina ihre Lebensform zunächst in der Familie. Den entscheidenden Schritt vollzieht sie, als sie in einem familieneigenen Landgut ein Kloster gründet. Soziale Trennungen werden innerhalb dieser monastischen Gemeinschaft aufgehoben. Sklavinnen und Dienerinnen werden zu „Schwestern und Gleichen". Indem aristokratische Strukturen aufgelöst werden, wird das Charisma des Dienens in einer radikalen Form gelebt. Sozial-karitative Aufgaben spielen in Makrinas Kloster eine untergeordnete Rolle.

Wohlhabende, teilweise alleinstehende Frauen stehen dem Bischof von Antiochia, Johannes Chrysostomus, zur Seite. Die bekannteste seiner Anhängerinnen ist Olympias. In diesem Buch wird nicht ihr, sondern weithin unbekannten Diakoninnen (Diakonissinnen) ein Denkmal gesetzt. Als reiche, aristokratische Frauen gehören sie zur politischen Elite. Ihr gesellschaftlicher Status erlaubt ihnen, unabhängig zu agieren. Sie setzen nicht nur ihre finanziellen Mittel für den Bischof ein, sie setzen sich auch für seine Wiedereinsetzung ein und treten vor Gericht mutig den Beschuldigungen seiner Ankläger entgegen. Einige von ihnen werden selbst verfolgt.

Der Wunsch, ehelos leben zu dürfen, begegnet uns auch bei Melania der Jüngeren. Zur Ehe gezwungen, kann sie ihren Ehemann Pinianus bald zur gemeinsam gelebten Askese bewegen. Kompromisslos folgen die beiden dem Auftrag Jesu, der sagt: „Willst du vollkommen sein, so geh hin, verkaufe, was du hast, und gib's den Armen."[8] Sie verkaufen ihre großen Besitzungen, verschenken und spenden den daraus erzielten Erlös. Gemeinsam widmen sie sich sinnstif-

---

[8] Mt 19,21.

tenden karitativen Tätigkeiten; die Werke der Barmherzigkeit werden ihnen zur Lebensaufgabe.

Klara von Assisi, Elisabeth von Thüringen und Agnes von Prag verbindet nicht nur der Wunsch, in radikaler Weise ein Leben der Nachfolge Jesu zu führen; sie sind alle adliger Herkunft und leben nahezu zeitgleich. Die Älteste, Klara von Assisi, gründet mit Hilfe ihres geistlichen Freundes, Franziskus von Assisi, in Damiano ein Kloster. Zeitlebens kämpft sie dafür, ein Leben in Armut führen zu dürfen; sie lehnt es entschieden ab, kollektiven Besitz anzunehmen. Klara steht in Briefkontakt mit Agnes von Prag, die in ihrer Heimat ein Klarissenkloster und ein Spital gründet. Auch Agnes setzt sich dafür ein, frei von Besitz leben zu können. Trotz klausurierten Lebens bleibt Agnes, anders als Klara, auch nach dem Klostereintritt mit der Außenwelt verbunden.

Das jungfräuliche Leben ist bis weit ins Hochmittelalter hinein für Frauen der einzige Weg, Heiligkeit zu erlangen. Das ändert sich im 12./13. Jahrhundert. Mit Elisabeth von Thüringen betritt eine verwitwete Büßerin die Bühne der Heiligen. Als Witwe stiftet sie aus dem Verkauf ihres Vermögens ein Hospital. In den Ärmsten der Armen begegnet ihr Christus selbst; der ihm geleistete Liebesdienst kostet Elisabeth mit 24 Jahren das Leben.

Die drei Lebensstände: der jungfräuliche Stand, der Witwenstand und der Ehestand, spielen für Birgitta von Schweden eine wesentliche Rolle. Obwohl auch sie den Wunsch zum ehefreien Lebens hat, führt sie über 20 Jahre eine glückliche Ehe. Nicht der Stand, der Gehorsam ist entscheidend. In einer Visionsschrift schreibt sie: „Jeden Stand führt der Gehorsam in den Himmel.“ In jedem von ihr gelebten Stand folgt die Schwedin den Weisungen, die ihr durch Visionen aus der himmlischen Welt gegeben werden. Sie ist eine Frau, deren Dienst in der Hauptsache darin besteht, ihre Stimme vor den Mächtigen in Kirche und Politik zu erheben.

Vieles haben sie gemeinsam, die hochgebildete schwedische Aristokratin und die sienesische Färberstochter und Analphabetin Caterina von Siena. Beide empfangen Visionen und setzen diese in Handlungen um. Beide kämpfen für die Rückkehr des in Avignon weilenden Papsttums. Kompromisslos lebt Caterina ein Leben zwischen Kloster und relativer Freiheit. Bei Caterina gibt es einen fließenden Übergang zwischen der leiblichen und geistlichen Barmherzigkeit. Sie beginnt ihre Wirksamkeit mit der Krankenpflege in Siena und wird im Laufe der Jahre immer mehr zur geistlichen Ratgeberin, die predigend und mahnend ihre Stimme erhebt. Wie Birgitta öffnet sie ihren Mund gegenüber den Machthabern in Kirche und Politik.

Ein modern anmutendes Lebensmodell begegnet uns mit den Beginen im Hochmittelalter. Sie leben als Schwestern in der Welt und vereinen tätige Nächstenliebe und kontemplatives Gebet. Ganz zu Recht können die Beginen als die ersten Sozialarbeiterinnen angesehen werden. Die ambulante Krankenpflege und die Begleitung Sterbender machen diese Frauen bereits im Mittelalter zu ihrem Beruf. Noch aber ist die Zeit nicht reif für so viel weibliche Unabhängigkeit. Die Beginen müssen ihre Lebensform immer wieder verteidigen.

Dass immer mehr Frauen andere Lebensmodelle als die Ehe oder den Eintritt in ein klausuriertes Kloster entdecken, zeigt uns die Lebensform von Angela Merici. Sie beginnt als Franziskanertertiarin, zu deren Verpflichtungen das Gebet, der Sakramentsempfang und die Karitas als praktische Nächstenliebe gehören. Im Laufe ihres Lebens widmet sie sich immer mehr den geistlichen Werken der Barmherzigkeit und hier vorrangig den ersten beiden: Unwissende belehren und Zweifelnden raten. Als Antwort auf die Suche nach neuen Lebensmodellen und neuer Spiritualität gründet Angela Merici die Gesellschaft der hl. Ursula, aus der sich später die Ursulinen als weibliche Ordensgemeinschaft entwickeln. Bei Angela Merici liegt der Akzent eindeutig auf der geistlichen Karitas. Ihr Leben setzt dem Frauenbild, das Frauen allein auf den sozial-karitativen Bereich einschränkt, eine intellektuelle Dimension entgegen.

Mit der Reformation ändert sich auch für Frauen vieles. War bis dahin der Stand der Jungfräulichkeit der erstrebenswerteste, so kam nun der Ehestand zur höchsten Ehre. Luther schreibt in seinem Sermon vom ehelichen Leben: „Was ein Mann ist, muss ein Weib haben, und was ein Weib ist, muss einen Mann haben.“[9] Er begründet dies damit, dass Gott Mann und Frau füreinander geschaffen und ihnen den Befehl gegeben hat, zu wachsen und sich zu mehren. Weil Gott die Menschen in ihrer Geschlechtlichkeit geschaffen hat, müssen sie sich sogar paaren, denn: „Auch wenn man dem will wehren, da ist’s dennoch nicht verhindert und gehet doch durch Hurerei, Ehebruch und Selbstbefriedigung seinen Weg, denn es ist Natur und nicht Willkür darin.“[10] Ein weiterer Grund, weshalb in der Reformationszeit Klöster aufgelöst werden, liegt in der geistlichen Verflachung. Dazu bemerkt Martin Luther: Das schwache Weibervolk und junge Mädchen werden in Klöster gestoßen, in denen keine tägliche Übung des göttlichen Wortes ist und wo selten oder nimmermehr das Evangelium recht gehört wird.[11]

Margarete Blarer will sich auch als Anhängerin der Reformation den Ehestand nicht aufzwingen lassen. Sie zieht ein Leben in relativer Unabhängigkeit vor. Die hochgebildete Frau steht in Korrespondenz mit bedeutenden süddeutschen Reformatoren. In ihrer Heimatstadt Konstanz trägt sie über die Kindererziehung und Armenfürsorge zur Ausgestaltung der Reformation bei, denn durch die Vertreibung der Beginen und die Auflösung von Tertiarengemeinschaften ist die organisierte Krankenpflege und Totenversorgung zunächst beendet. Beides muss nun von der Stadt reorganisiert werden. Margarete Blarer wirkt vorbildlich bei der Neuorganisation mit.

Katharina Zell Schütz teilt voll und ganz Luthers Einstellung zur Ehe. Schriftlich verteidigt sie die Pfarrehe als Mittel gegen die Hurerei der Priester. Ihre eigene Ehe mit dem Straßburger Reformator Matthias Zell soll der evange-

---

9 Martin Luther, Ausgewählte Schriften III. Auseinandersetzung mit der römischen Kirche, hrsg. v. Karin Bornkamm und Gerhard Ebeling Frankfurt am Main [2]1983, 167.

10 Ebd.

11 Vgl. Luther, Schriften III, 204.

lischen Verkündigung dienen. Mit Katharina Zell Schütz wird das Pfarrhaus und in ihm die Pfarrfrau zu einem Ort diakonischen Wirkens. Es ist Zufluchtsort für Notleidende, Flüchtlinge und mitunter auch für Kranke. Die Straßburgerin versteht ihre diakonische Tätigkeit als ein das Pfarramt ergänzendes Amt. Katharina Zell Schütz reklamiert aber nicht nur die pflegerische Seite der Diakonie für sich, sie ergreift auch mündlich und schriftlich das Wort.

Ihre Berufung als Ehefrau lebt im Besonderen Wibrandis Rosenblatt. Sie ist mit vier bedeutenden Reformatoren verheiratet und überlebt sie alle. In ihrem Amt als Pfarrfrau öffnet sie ihre Tür den Armen und Notleidenden und praktiziert Diakonie in ihrem Haus.

Ehefrau und Mutter ist auch die Württembergerin Maria Andreae. Ihr wird von ihrem berühmten Sohn Johann Valentin Andreae ein schriftliches Denkmal gesetzt. Manches ist ihr der Zeit entsprechend verwehrt; aber was ihr möglich ist, packt sie tatkräftig an. Sie teilt die alchemistischen Interessen ihres Mannes und wird nach seinem Tod sogar mit der Führung der herzoglichen Hofapotheke in Stuttgart betraut. Sie nutzt ihre Stellung, um Arme zu unterstützen. Könnte sie frei über ihr Vermögen verfügen, würde sie gern ein Hospital leiten und sich der Krankenversorgung widmen.

Mit Mary Ward nähern wir uns wieder einer Gestalt der römisch-katholischen Kirche. Die Engländerin entscheidet sich für den ehelosen Stand. Sie ist dem Denken ihrer Zeit und insbesondere ihrer Kirche weit voraus. Mary fühlt sich berufen, einen Frauenorden außerhalb von Klostermauern zu gründen. Er soll von einer Frau geleitet werden und allein dem Heiligen Stuhl unterstellt sein. Mary Ward gründet auf dem Festland Frauengemeinschaften, die sich der Kindererziehung und Seelsorge widmen. Obwohl sie einen weiblichen Orden konstituiert, darf sie über Jahrhunderte hinweg nicht als Gründerin genannt werden.

Ein vergleichbares Anliegen verfolgt die Französin Louise von Marillac. Ihr Ideal des ehelosen Lebens kann sie erst als Witwe leben. Schon Jahre vorher sieht sie visionär ihren Auftrag. Auch Louise fühlt sich berufen, einen Frauenorden zu gründen, in dem Frauen frei in der Öffentlichkeit wirken können. Nach dem Tod ihres Mannes nimmt Louise junge Frauen in ihr Haus auf und bildet sie in der Krankenpflege aus. Sie gibt ihren Pflegerinnen ein Mutterhaus und übernimmt die Rolle der Oberin. Neu ist, dass die Frauen sich mit der berufsmäßig ausgeübten Krankenpflege ihren Lebensunterhalt verdienen und die Patienten in ihren Wohnungen besuchen.

In Henriette Catharina von Gersdorff begegnen wir einer Vertreterin des Pietismus. Als Angehörige des Hochadels gehört Wohltätigkeit selbstverständlich zu ihren Verpflichtungen. Viele Jahre steht sie mit August Hermann Francke in Verbindung und unterstützt als Spenderin seine Einrichtungen. Zugleich stellt sie in Halle ausgebildete Pastoren und Lehrer auf ihren Gütern an. Selbst hochgebildet, setzt Henriette Catherina von Gersdorff sich verstärkt für die Mädchenbildung ein. Ihrer Initiative verdankt das Magdalenenstift in Altenburg weitgehend seine Existenz. Maßgeblich ist sie auch an der Gründung Herrnhuts beteiligt, indem sie den ersten Flüchtlingen aus Mähren auf ihrem Gut in Berthelsdorf Zuflucht gewährt.

Eine württembergische Tabea wird Beata Sturm genannt. Zeitlebens sehbehindert, wirkt sie als Wohltäterin, Seelsorgerin und Beraterin in Stuttgart. Als Inspirationsquellen dienen ihr die Bibel und Luthers Schriften. Ihre Diakonie besteht im Tun guter Werke und in der Fürbitte. Sobald das Glockenzeichen die Beratungen des Landtags ankündigt, betet Beata Sturm für die Abgeordneten.

Wenn in der syrischen Didaskalia steht, der Bischof möge Frauen für den Dienst an Frauen auswählen, da er einen Diakon nicht zu Frauen schicken könne, eine Diakonin aber wohl[12], so wird genau dies in der Herrnhuter Brüdergemeine praktiziert. Anna Nitschmann, die zweite Ehefrau Graf Zinzendorfs, gründet das erste Schwestern-Haus. Sie ist damit die Erfinderin des einzigartigen Herrnhuter Systems, in dem traditionelles Dorfleben mit einer besonderen Art von Kloster verknüpft wird. Schon als junges Mädchen weiht Anna Nitschmann ihr Leben Jesus und beschließt, ehelos zu bleiben. Obwohl sie ihrem Entschluss am Ende untreu wird, versteht sie ihr ganzes Leben als Dienst für Christus.

Den Namen einer Diaconisse der Brüdergemeine trägt Henriette Louise von Hayn. Sie gehört zu den ersten Frauen, die in Herrnhut für diesen Dienst eingesegnet werden. Henriette Louise von Hayn wird zugleich von Zinzendorf zur Priesterin ordiniert und darf in Ausübung ihres Amtes Schwestern einsegnen und vor ihnen predigen. Wenn Jesus selbst Frauen zum Heilen und Verkündigen ausgesandt hat, so wird in der Herrnhuter Brüdergemeine genau das praktiziert: Frauen dienen einander mit Wort und Tat.

Fazit

Frauen haben in dem hier behandelten Zeitraum in unterschiedlicher Weise diakonisch gewirkt. Mal war ihr Dienst ein mehr geistlicher, mal war er ein eher leiblicher. Sie waren spirituell, karitativ und missionarisch tätig. Manche von ihnen wählten bewusst die Ehelosigkeit, andere verstanden es, Familie und Nächstenliebe in Einklang zu bringen, wieder andere lebten als Witwen die Askese, die sie bereits in ihrer Jugend anstrebten. Einige verzichteten vollkommen auf Besitz, andere setzten ihn gezielt für Notleidende ein. Die hier vorgestellten Frauenporträts zeigen selbstbewusste Aktivistinnen, deren Motivation aus ihrem Glauben kam, und die sich nur Gott unterordneten. Sie folgten auch da ihren Visionen, wo sie sich mit zeitbedingten Zwängen auseinandersetzen

---

[12] Vgl. Hans Achelis/Johannes Fleming (Hrsg.), Die syrische Didaskalia, TU 25, NF 10, 1904; Franz Xaver Funk, Didascalia et Constitutiones Apostolorum, Bd. 1 und 2, Paderborn 1905, zit. n. Anne Jensen, Das Amt der Diakonin in der kirchlichen Tradition des ersten Jahrtausend, in: Diakonat. Ein Amt für Frauen in der Kirche – Ein frauengerechtes Amt, hrsg. v. Peter Hünermann, Albert Biesinger, Marianne Heimbach-Steins, Anne Jensen, Ostfildern 1997, 33.

mussten, wo ihnen Steine in den Weg gelegt wurden und wo sie an der Ausführung ihres Vorhabens gehindert werden sollten. Die Absicht dieses Buchs ist es, zu zeigen, mit welchem Selbstverständnis und in welcher Vielfalt Frauen Diakonie gestalteten. Möge der Blick in die Geschichte dazu ermutigen, auch in der Gegenwart eigenen Visionen zu folgen.

Manfred Oeming

Ijobs Frau (Sitidos) – von der Perserzeit bis heute*

Hiobs Frau, Buchmalerei 15. Jahrhundert (Ausschnitt), Werkstatt Diebold Lauber, Cod. Pal. germ. 21, Universitätsbibliothek Heidelberg.

Ausgerechnet Ijobs Frau als Beispiel für diakonisches Handeln von Frauen im Alten Testament? Diese Frau gestaltet auf den ersten Blick doch herzlich wenig an positiver Liebestätigkeit. Sie sagt im Alten Testament (Ijob 2,9) nur zwei Sätze mit (im Hebräischen) sechs Wörtern:

> „Hältst du noch fest an deiner Vollkommenheit? Fluche Gott und stirb!" (Elberfelder)
> „Hältst du noch fest an deiner Frömmigkeit? Sage Gott ab und stirb!" (Luther)
> „Hältst du immer noch fest an deiner Frömmigkeit? Lästere Gott, und stirb!" (Einheitsübersetzung)

Danach wird sie im Buch kaum noch erwähnt. Nach 19,17 fungiert sie als Zeugin dafür, dass Ijob unerträglich stinkig geworden war, ihr ist sein Atem zuwider. Nach 31,1–12 hatte sich Ijob sein Leben lang monogam fest an sie gebunden und allen anderen erotischen Versuchungen streng entsagt; andernfalls hätte er sie verdientermaßen an einen anderen Mann verloren. Ob sie im Zuge seiner Restitution auch die Mutter der zehn *neuen* Kinder ist, die Ijob „wurden" (so die eigenartige Formulierung in 42,13), ist im masoretischen Text nicht sicher (aber auch nicht ausgeschlossen).[1] Was könnte an dieser Frau von besonderer Bedeutung für das diakonische Handeln von Frauen sein? Das Alte Testament hat doch viele Beiträge zur Grundlegung diakonischen Handelns geliefert.[2] Ich habe an anderer Stelle analysiert, welche Strategien die kanonische

---

* Helmut Merkel zum 65. Geburtstag.

1 Im Testament Ijobs ist es eine andere Frau: Dina, die Tochter Jakobs.

2 Vgl. z.B. Norman W. Porteous, Care for the poor in the Old Testament, in: ders., Living the Mystery (OPU, 1967, 143–155); Ronald E. Clements, Poverty and the Kingdom of God – an Old Testament View, in: Robin S. Barbour (ed.), The Kingdom of God and

Literatur Israels enthält, um Menschen in Not systematisch zu helfen.[3] An Ijobs Frau in diesem Kontext zu denken, ist das nicht eher komisch?

Ich möchte geneigte Leserinnen und Leser einladen, sich mit mir auf eine traditionsgeschichtliche Reise zu begeben. Dabei werden wir sehen, wie sich das Bild von Ijobs Frau im Lauf der Jahrhunderte gewandelt hat; gerade diese diachronen Wandlungen lassen interessante Aspekte der Geschichte der Diakonie von Frauen erkennen. Wir werden dabei in fünf Etappen voranschreiten: 1. eine Analyse der Vieldeutigkeiten des masoretischen Textes; 2. eine Darstellung der Ergänzungen im griechischen Text der Septuaginta; 3. eine Analyse des Testaments Ijobs; 4. eine Darstellung von Ijobs Frau im Koran; abschließend wird sich 5. der Blick in die Rezeptionsgeschichte, besonders in die Kunstgeschichte, aber auch in die Literatur bis in die Gegenwart wenden, wo sich vielleicht unerwartete Auffassungen von dieser Frau finden lassen.

1. Ijobs Frau in der hebräischen Bibel

Obwohl Ijob in Kapitel 31 seiner Frau so treu ergeben ist, wird dieser feste und dauernde Entschluss zur monogamen Bindung in aller Regel als Prinzipientreue Ijobs verstanden, nicht als Ausdruck von besonderer Wertschätzung der Person von Ijobs Frau. Sie erhält ja auch im ganzen Buch keinen Namen. Im Allgemei-

---

Human Society, Edinburgh 1993, 13–27; Frank Crüsemann, Das Alte Testament als Grundlage der Diakonie, in: Gerhard Schäfer/Theodor Strom (Hrsg.), Diakonie – biblische Grundlagen und Orientierungen. Ein Arbeitsbuch zur theologischen Verständigung über den diakonischen Auftrag (Veröffentlichungen des Diakoniewissenschaftlichen Instituts 2), Heidelberg 1998, 67–93; Ulrich Berges, Armoede en haar bestrijding in de wetten van het oude testament, Tijdschrift voor theologie 40 (2000), 227–250; Cyril S. Rodds, The Poor, in: ders., Glimpses of a strange Land. Studies in Old Testament Ethics, Edinburgh 2001, 161–184; Christoph Levin, The Poor in the Old Testament. Some Observations, Religion and Theology 8 (2001), 253–273; Milton Schwantes, Es fließe das Recht der Armen. Die Armen und die Bibel, Ordensnachrichten 41 (2002), 3–10.

3 Manfred Oeming, Das Alte Testament als Grundlage des diakonischen Handelns der Kirche, in: Heinz-Dieter Neef (Hrsg.), FS Rudolf Landau, Stuttgart 2006 (im Druck). Der „Exodus aus dem Leben in Armut und Leid" hat alttestamentlich zahlreiche Teilschritte, z.B. 1. die Gabe des Landes durch Gott, die jedem Landbesitzer eine bleibende Lebensgrundlage schenkt, die durch kontinuierliche Reformen (Landreform / Erlassjahr / Jobeljahr) gesichert werden muss; oder 2. die elementare soziale Fürsorge durch die Großfamilie (und Freunde): Krankenpflege, Altenpflege, Behindertenarbeit; die Leviratsehe, das Erbrecht der Frauen; oder 3. die Regierung eines guten Königs, der vor allem zur Bekämpfung der Armut Politik machen soll; oder 4. Mindestanforderungen in der Armenfürsorge durch korrekte und sofortige Lohnauszahlung; durch Beachtung des Pfandrechts; durch das Verbot der Nachlese; oder 5. Ansätze zu organisierter Diakonie: der Sabbat als Anspruch auf einen allgemeinen arbeitsfreien Tag pro Woche; der Zehnte als regelmäßige Hilfszahlung, insbesondere der Armenzehnte, der regelmäßige Schuldenerlass und das Zinsverbot.

nen steht sie nicht für Beistand und Hilfe, sondern für das Gegenteil.[4] Sie habe den kranken und sterbenden Ijob in seiner Not auch noch verhöhnt. Mit ihrer Infragestellung der Sinnhaftigkeit seines Glaubens habe sie Ijob zusätzliche seelische Schmerzen zugefügt. Es sei zynisch, Ijob aufzufordern, Gott zu fluchen. *Barek* („segne!") sei dabei nur als euphemistische Vermeidung eines direkten Gottesfluchs zu verstehen (womöglich noch als Textkorrektur späterer Abschreiber, die ein „Fluche Gott" einfach nicht hinschreiben wollten und wenigstens abgemindert hätten). So habe sie ihn in den Tod getrieben, da sie doch wohl wissen musste, was Lev 24,16 bestimmt:

> „Wer den Namen des Herrn schmäht (hier freilich ein anderes Verb: *nakam*), wird mit dem Tod bestraft; die ganze Gemeinde soll ihn steinigen. Der Fremde muss ebenso wie der Einheimische getötet werden, wenn er den (Gottes)namen schmäht."

Nach Meinung der meisten Ausleger reizt seine Frau den Angefochtenen zum Unglauben und zur Gotteslästerung; darum sei sie keine Hilfe, sondern eine weitere Plage für Ijob, eine „diaboli adiutrix" (Augustinus). Diese Frau wird als Gegenfigur[5] zu Ijob verstanden: Sie fordere ihn genau zu dem auf, wovon der Satan prophezeit hatte, Ijob werde es tun. Nach dem weisheitlichen Kontrastschema sei sie damit als „Repräsentantin der Torheit" dem wahren Weisen Ijob entgegengestellt. Ist sie als „Teufelsweib" eher ein Gegenbild zur diakonischen Helferin?

Aber: „Für Ijob ist das Benehmen des schwachen Weibes kaum eine Versuchung; er widersteht der ansteckenden Kraft der Verzweiflung und der Erbitterung."[6]

Schaut man den Text jedoch genau an, dann macht man eine Entdeckung. Der Wortlaut erweist sich als gar nicht so klar und eindeutig.[7] „Hältst du noch fest an deiner Vollkommenheit?" ist ja keineswegs ein unmissverständlicher Aufruf zum Unglauben. Die Frage stellt Ijobs Selbsteinschätzung auf den Prüfstand. Gerade weil Ijob in 1,1 so eingeführt wird und gerade weil Gott selbst 1,8 und 2,3 Ijob bescheinigt hatte, *tam w^ejaschar* („vollkommen und aufrichtig") zu sein, wirft sein Schicksal wirklich Rätsel auf. Nach der weisheitlichen Überzeugung, dass es einen gerechten Zusammenhang von gutem Handeln und Wohlergehen bzw. umgekehrt von Sünde und Leiden gibt, nach der Lehre vom Tun-Ergehen-Zusammenhang also, stellt sich die Frage, ob Ijob wirklich so voll-

---

4 Vgl. Viktor Maag, Hiob. Wandlung und Verarbeitung des Problems in Novelle, Dialogdichtung und Spätfassungen (FRLANT 128), Göttingen 1982, 87ff: Die Frauen der Ijob-Novelle.

5 So bes. Friedrich Horst, Hiob (BK.AT XVI,1), Neukirchen-Vluyn ³1974, 27f, und Jürgen Ebach, Mit Gott streiten. Hiob, Teil 1, Hiob 1–20, Neukirchen-Vluyn 1995, 37f.

6 Bernhard Duhm, Hiob, KHC.AT XVI, Tübingen 1897, 15.

7 Donald O'Connor, „Bless God and Die" (Job 2:9): Euphemism or Irony?, PIBA 19 (1996), 48–65.

kommen ist. Diese Frage wird von den Freunden später extensiv aufgeworfen. Und ist Ijobs Überzeugung, absolut sündlos zu sein, nicht wirklich problematisch, geradezu eine Form von Sünde, nämlich unbußfertige Hybris?[8] Angesichts seiner eigenen sapientialen Überzeugungen müsste sich Ijob diese kritische Frage eigentlich selbst stellen. Aber dazu ist er nicht in der Lage; er bedarf dazu der kritischen Anfrage seiner Frau. Erscheint eine solche Anzweifelung der eigenen „Perfektion" nicht nur Männern mit Vollkommenheitsillusionen als zynisch? Ich halte es – ganz ohne Ironie – für eine wichtige Aufgabe der Ehefrau, die überhebliche Einbildung des Mannes zu hinterfragen und heilsam zu kränken. „Hältst du dich wirklich für vollkommen?"

Auch *barach* muss nicht unbedingt „fluchen" heißen. Man kann es in der Rede von Ijobs Frau auch anders, positiv deuten[9] und den Ausspruch in Analogie zu Gottes Feststellung in 2,3b („er hält noch fest an seiner Rechtschaffenheit") stellen und mit „segne!" übersetzen: „Du hältst doch noch fest an deiner Rechtschaffenheit? Segne Gott und stirb" und paraphrasieren:

> „Ijob, kannst du nach all dem Unglück immer noch an deiner Selbsteinschätzung festhalten, dass du vollkommen bist? Ich rate dir: Gib Gott die Ehre, denn dein Tod ist nahe. Sprich zu Gott, bevor du stirbst."[10]

---

[8] Vgl. Georg Fohrer, The Righteous Man in Job 31, in: ders., Studien zum Buche Hiob (BZAW 159), Berlin New York ²1983, 78–93, „It is an attack on God's own demands, the purpose of which is to show that God is guilty and that in the end man is right". Darin zeigt sich „man's original sin (as he wanted to be God)". „His ethically perfect behaviour would lead him into the worst kind of sin" (93).

[9] Vgl. z.B. Michael Cheney, Dust, Wind and Agony. Character, Speech and Genre in Job (CB 39), Stockholm 1994, 76; Christl Maier/Sylvia Schroer, Das Buch Ijob, in: Luise Schottroff/Marie-Therese Wacker (Hrsg.), Kompendium feministischer Bibelauslegung, Gütersloh 1998, 192–207, bes. 201–203.

[10] So in der Tendenz Georg Fohrer, Das Buch Hiob (KAT 16), Gütersloh ²1988, 102f: „Die Erzählung bedient sich dazu der Erfahrung, dass die Frau stärker im Gefühlsleben wurzelt und unmittelbarer aus ihm handelt. Anders als der Mann sieht sie das Verzweifelte und Unausweichliche der Lage. Daraus rühren ihre Frage, warum Ijob an seiner Lauterkeit festhalte, und ihr Rat, Gott zu fluchen und zu sterben. [...] Während es dem Satan nur darum ging, die Selbstsucht und den Eigennutz der Frömmigkeit des von Gott gelobten Knechtes nachzuweisen, sucht die Frau ihn zu deren Aufgeben überhaupt zu bewegen. Es geht um das, was Ijob nach dem Verlust seines Besitzes und seiner Gesundheit geblieben ist: seine Frömmigkeit und sein Leben. Anders als er selbst geht die Frau offenbar davon aus, dass der Gottesglaube dem Menschen irgendeinen Nutzen bringen muß. Wenn Ijob nun Besitz und Gesundheit verloren hat, ist seine Frömmigkeit als nutzlos erwiesen. Dann ist es am besten, sie ganz aufzugeben, damit als Folge dessen wieder der ganzen Qual ein Ende gesetzt wird. Denn der Rat der Frau ist keinesfalls zeitlich zu verstehen: Erleichtere dir dein Herz durch Fluchen, bevor du stirbst! Das wäre trivial und nicht versucherisch; zudem ist diese Auffassung grammatisch unwahrscheinlich. Der Rat ist final zu verstehen: Fluche Gott, damit du durch den deswegen folgenden Tod bald von deinem Leiden befreit wirst! Es ist ein Ausdruck völliger Verzweiflung und Hoffnungslosigkeit, hinter dem gleichzeitig Sorge und Mitleid für den gequälten Mann stehen, dem niemand helfen kann."

Der scharfe Tadel Ijobs („du redest, wie Närrinnen reden", V 10) zeigt, wie sehr er sich getroffen fühlt. Seine Worte bezögen sich bei dieser Lesart vor allem auf die Erwartung des Todes. Gegen solche Kleingläubigkeit setzt Ijob die heroische Zuversicht, dass alles schon seinen Sinn hat und man auch im Leiden aushalten muss; nur eine Närrin würde in den Tod fliehen. Allerdings ist es genau das, was er in Kap. 3 selbst tun wird.

Man könnte aber selbst bei einer Übersetzung mit „fluche Gott und stirb" eine positive seelsorgliche Bedeutung wahrnehmen: Ijob hatte sich in eine unnatürliche Position der Stärke begeben und angesichts des Todes der Kinder und eigener schwerer Krankheit immer noch nicht gewagt zu klagen. Diese Haltung greift Ijobs Frau an. Sie fordert Ijob heraus zu sagen, was er fühlt, und in ein ernsthaftes Konfliktgespräch mit Gott[11] einzutreten. Das rückhaltlose Klagen hätte hier die drastische Bezeichnung „Fluchen", was aber ein tatsächliches Element der Klage deutlich macht.

> „Ich staune, dass du so lange in deiner Vollkommenheit verharrst. Sei doch ehrlich! Mach deinem Herzen und deinem wahren Gefühl Luft! Verfluche dein elendes Dasein und den, der dafür verantwortlich ist, Gott."[12]

Ijobs Zurechtweisung seiner Frau beträfe bei dieser zweiten Deutung den Rat, gegen Gott zu rebellieren. Aber ist es nicht genau das, was Ijob ab Kap. 3 tut und was er nach alttestamentlicher Psalmenfrömmigkeit auch tun muss und darf? „Die Frau hätte so gesehen bei Ijob den Mut angestachelt, seine Enttäuschung und Wut über die scheinbare Abwesenheit oder gar feindliche Gegenwart Gottes herauszuschreien."[13] Ijobs Frau ist darin paradoxerweise eine wichtige Seelsorgerin: „Wende dich an Gott! Rede nicht dogmatisch richtig über Gott, sondern rede auch – existentiell richtig – kritisch zu ihm." Dieser Richtungsänderung kommt große Bedeutung zu. Gute Theologie besteht nicht in der Repetition von theologischen Richtigkeiten, sondern sie basiert auf emotionaler Ehrlichkeit! „Segne (Fluche) Gott!" heißt dann auch: „Sprich zu Gott!"

Man sieht, dass schon in der hebräischen Bibel zumindest nicht ausgeschlossen ist, in Ijobs Frau einen wertvollen Partner zu sehen, nicht eine Helferin des

---

11 Othmar Fuchs, Die Klage als Gebet. Eine theologische Besinnung am Beispiel des Psalms 22, München 1982, 359 (vgl. 39, Anm. 161): „Eine Gottesbeziehung, in der keine Konfliktgespräche möglich sind, ist seicht und lebensfern: Klageabstinenz bedeutet Beziehungs- und Lebensverlust!"

12 So Carol A. Newsom, Job, in: Carol A. Newsom/Sharon H. Ringe (Hrsg.), The Women's Bible Commentary, 130–136, hier 132: „Job's wife is the one who recognizes, long before Job himself does, what is at stake theologically in innocent suffering: the conflict between innocence and integrity, on the one hand, and an affirmation of the goodness of God, on the other. It is the issue with which Job will struggle in the following chapters."

13 Manfred Oeming/Konrad Schmid, Ijobs Weg. Stationen von Menschen im Leid (BThSt 45) 2001, 44; Manfred Oeming, „Ihr habt nicht recht zu mir geredet" (Hiob 42,7). Eine neue Auslegung des Hiobbuches als Trostbuch, Lebendige Seelsorge 57 (2005), 2–6.

Teufels, sondern eine Geburtshelferin von realistischer Selbstkritik und Klage. Sie sagt nicht viel, aber sie sticht mit ihren wenigen Worten Ijobs Star und stößt ihn in die einzuschlagende Richtung, indem sie ihn auf die richtige Adresse verweist. Der Verlauf des gesamten weiteren Buchs gibt ihr recht.

2. Ijobs Frau in der griechischen Bibel

In der griechischen Übersetzung des Ijobbuchs erfährt Ijobs Frau[14] eine wesentliche Aufwertung. Sie darf mehr sagen. Die Septuaginta hat in Ijob 2,9 eine durchgängig gut bezeugte Passage, die über den hebräischen Textbestand deutlich hinausgeht:

> 9) Nachdem viel Zeit vergangen war, sagte ihm seine Frau: „Wie lange noch wirst du aushalten redend:
>
> [a] ‚Siehe noch eine kleine Zeit halte ich aus, festhaltend die Hoffnung auf meine Rettung.'
>
> [b] Siehe doch: dein Andenken ist ausgelöscht von der Erde, Söhne und Töchter, die Schmerzen und Mühen meines Leibes, für die ich mich umsonst geplagt habe mit Mühen.
>
> [c] Du selbst aber sitzt in der Fäulnis der Würmer, in der frischen Luft die Nacht [draußen] zubringend.
>
> [d] Ich aber bin eine Umherirrende und bin eine niedrige Magd, von Ort zu Ort herumgehend und von Haus zu Haus, (ängstlich) den Sonnenuntergang erwartend, damit ich ausruhen kann von den Mühen und den Schmerzen, die mich jetzt sehr beschäftigen.
>
> [e] Aber sage nur ein Wort zum Herrn und vollende (dein Leben)!"

Man muss würdigen, was diese Frau hier leistet: Seit dem Hereinbrechen des seelischen und körperlichen Elends ist „viel Zeit" vergangen: Sie bleibt bei Ijob auch in bösen Tagen, Wochen, Monaten, Jahren. Sie arbeitet für ihn, eine Umkehrung der klassischen Rollenbilder. Wie Hanna für den blinden Tobit niedrige Arbeiten annimmt (Tob 2,11ff), so auch Ijobs Frau. Sie, die in guten Tagen an seinem Reichtum partizipierte und wie eine Königin lebte (vgl. Ijob 29), erniedrigt sich selbst bis zur Sklavenarbeit. Die Synopse der beiden Frauen in Ijob LXX und Tobit zeigt, dass sich in griechischer Zeit ein bestimmtes Eheideal etabliert hat: Ein Mann braucht eine starke Frau, eine Frau der Stärke, an seiner Seite[15]. Der gesellschaftliche Wandel, der mit der Perserzeit einsetzt und sich in

---

[14] Nach der Septuaginta von 42,17c hat Ijob, der aus dem Land Ausis im Grenzgebiet von Idumäa und Arabien stammen und früher Jobab geheißen haben soll, diese Frau aus Arabien genommen.

[15] Vgl. auch in diesem Band den sehr guten Beitrag zu Prov 31 von Katrin Brockmöller, Mit Solidarität und spiritueller Kraft ans Werk. Die Frau der Stärke (Spr 31,10–31) als perfekte Diakonin?: „Diese Frau dient in der Didaktik als geerdetes Beispiel all dessen, was die Schüler lernen sollten, nämlich ihr Leben mit Weisheit zu gestalten."

der griechischen Epoche fortsetzt, führt sozialgeschichtlich aus Not zu einer notwendenden Emanzipierung der Frauen. Auch ein Eheideal wird sichtbar, das in die klassische Traufrage hinein ausgestrahlt hat.[16]

Diese starke Frau wird ihrem kranken Mann nicht nur zur Ernährerin, sondern auch zur geistlichen Ratgeberin. Sie eröffnet die Klage. Was im masoretischen Text nur als eine wenig beachtete Möglichkeit steckte, das wird hier sprachliche Wirklichkeit. „Wie lange noch?“ – diese als Frage formulierte Klage gehört zur Darbietung der Not, wie sie in vielen Klagepsalmen bezeugt ist. Voller emotionaler Bewegtheit schildert die Frau die Mühen, die sie seit der Schwangerschaft mit den zehn Kindern hatte (vgl. auch hierzu Tobit 4,3f), um dann die Auslöschung des Gedächtnisses, d.h. der Zukunft, zu beklagen. Alles war eitel, führte ins Leere[17]. Die herumziehende Wanderarbeiterin erhofft den „Sonnenuntergang“; vielleicht ein Euphemismus für den Tod und die Ruhe des Todes, von der Ijob selbst in Kap. 3,12ff so schwärmen wird. Ijobs Frau steht an seiner Seite und macht sich zum Sprachrohr der Klage. Sie ist die Prolepse ihres Mannes, auch wenn Ijob diese Rede zurückweisen will und an seiner „Rechtgläubigkeit“ festhält (statt an seiner lebendigen Beziehung zu Gott). Seine Frau weist ihm den Weg! Er wird das Gleiche sagen wie sie, nur sehr, sehr viel ausführlicher. Die hässliche Versucherin ist zur verlässlichen, lange Zeit mitleidenden und fürsorglichen Partnerin geworden, die aber die Welt und Gott nicht schönredet, sondern befreiend realistisch die Sinnlosigkeit und Hoffnungslosigkeit der Situation Ijobs ausspricht.

3. Ijobs Frau(en) im Testament Ijobs

Das Testament Ijobs[18] hat die klassische Form eines literarischen Testaments[19]: Der sterbende Patriarch schaut auf sein Leben zurück, er belehrt seine zehn (neuen) Kinder über das, was in seiner Vita wesentlich gewesen ist und vor allem darüber, was man daraus an ethischen Anweisungen zu ziehen hat. Das Testament Ijobs ist eine Art Midrasch, eine kreative Nacherzählung des bibli-

---

16 „Ebenso frage ich dich, N.N., willst du diesen N.N., den Gott dir anvertraut, als deinen Ehemann lieben und ehren und die Ehe mit ihm nach Gottes Gebot und Verheißung führen – in guten und in bösen Tagen –, bis der Tod euch scheidet, so antworte: ‚Ja, mit Gottes Hilfe.‘“

17 Vgl. den Vergeblichkeitsfluch Lev 26,2 (umgekehrt Jes 65,23) sowie den Kontrast zur Straußenmutter, die ihre Kinder verliert (Ijob 39,16 LXX).

18 Griechischer Text mit Apparat Robert A. Kraft, The Testament of Job, Missoula, Montana 1974 (SBL.TT 5), auch im Netz unter http://www.uwo.ca/kings/ocp/TJob-frames.html.
Deutsche Übersetzungen u.a. Paul Riessler, Altjüdisches Schrifttum außerhalb der Bibel, Freiburg/Heidelberg 1928 ([4]1979), 1104–1134; Berndt Schaller, Das Testament Ijobs, in: JSHRZ 3, Gütersloh 1979, 301–388; engl. Übersetzung Russel P. Spittler, in: Old Testament Pseudepigrapha (ed. James Charlesworth, New York 1983), 1829–1868.

19 Vgl. Eckard von Nordheim, Die Lehre der Alten. I: Das Testament als Literaturgattung im Judentum der hellenistisch-römischen Zeit (ALGHJ 13,1), Leiden 1980, 119–135.

schen Ijobstoffs.[20] Das wohl in der Zeit vom 1. Jahrhundert v.Chr. bis zum 1. Jahrhundert n.Chr. entstandene, aus Ägypten stammende Werk,[21] das sich in manchen Punkten mit dem Neuen Testament berührt,[22] bietet eine narrative Kommentierung, die zahlreiche originelle Deutungen vorbringt. Von den Umakzentuierungen und Umstrukturierungen gegenüber der biblischen Vorlage will ich nur fünf kurz nennen:

Ijob wird in die Zeit der Patriarchen versetzt; schon in der Exposition erhält er den Beinamen Jobab, der nach Gen 36,33f / 1Chr 1,44f König von Edom war (vgl. 42,17 LXX[23]). Er ist mit Israel genealogisch und durch Heirat verwandtschaftlich verbunden.

Zum Zweiten wird Ijob gleich zu Anfang in einer Traumoffenbarung durch einen Engel darüber informiert, dass er vom Teufel *geprüft* werden wird. Grund der leidvollen Auseinandersetzung mit dem Teufel ist eine Kultreform, die König Ijob in seinem Reich durchführte. Nachdem er die Einsicht gewonnen hat, dass es nur *einen* wahren Gott gibt, zerstört er ein Götzenbild des Satans, der ihn dafür aber strafen und plagen will. Für den Fall, dass Ijob/Jobab sich bewährt, wird ihm großer Lohn versprochen. Er ist „wie ein Faustkämpfer", der unter den Schlägen seines Gegners nicht zusammenbrechen soll, um dann den Siegeskranz zu erhalten (27,3).

Zum Dritten wird der Akzent stark auf die postmortale Existenz Ijobs verschoben; er wird auferweckt werden und im Jenseits seinen Lohn empfangen.

Viertens erscheint der diesseitige Ijob – über Ijob 31 noch weit hinausgehend – ganz und gar als Vertreter der Diakonie. Seine Reichtümer ermöglichen ihm zahlreiche und intensive Hilfeleistungen an alle Personen in Not, besonders Waise, Witwen, Arme, durchreisende Fremde und ansässig gewordene Ausländer. Er ist *in persona* ein diakonisches Werk, wie die Schilderungen in Kap. 9–15 deutlich machen. Die von ihm geschickte und persönlich mit betreute Armentafel ist eindrücklich opulent. Seine explizit sogenannte Diakonie (Riessler: „Armendienste") z.B. 11,1f ist vorbildlich. „Ach, könnten wir nicht auch den Armendienst ausüben!" (11,2), sagen die von ihm Beschenkten voller Dankbarkeit.

---

20 Vgl. Michel A. Knibb/Pieter van der Horst (Hrsg.), Studies in the Testament of Job (SNTSMS 66), Cambridge 1989.

21 Die genaue religionsgeschichtliche Zuordnung ist umstritten: Therapeuten, Essener, Montanisten?

22 Vgl. Friedrich Spitta, Zur Geschichte und Literatur des Urchristentums, Göttingen 1907, darin: Das Testament Ijobs und das Neue Testament; zu weiteren Parallelen zum NT vgl. Klaus Berger/Carsten Colpe, Textbuch zum Neuen Testament (GNT 1), Göttingen 1987 [zu: 4,6–9/Mk 10,29f a.a.O., 67; 10,1–11,4/Apg 6,1f a.a.O., 191; 18,6–8/Mt 13,44–46 a.a.O., 122; 39,8–40,4/Mk 16,1–8 a.a.O., 89f; 3/1Kor 13,1 a.a.O., 251; 3/1Kor 14,1ff a.a.O., 251].

23 Zum Einfluss der griechischen Ijob-Version auf das Testament vgl. Bernd Schaller, Das Testament Hiobs und die Septuaginta-Übersetzung des Buches Hiob, Bib 61 (1980), 377–406.

Fünftens schließlich – und das interessiert in unserem Zusammenhang am meisten – treten gegenüber dem kanonischen Ijobbuch im Testament Ijobs die Frauen stark ins Zentrum der Erzählung, was immer wieder das Interesse der Forschung auf sich gezogen hat:[24] Das Buch hat 388 Verse;[25] in 107 davon geht es um Frauen. Gegenüber der hebräischen und auch der griechischen biblischen Vorlage ist das eine Steigerung um mehrere hundert Prozent.

Nicht nur die Quantität ändert sich, sondern vor allem auch die Qualität. Die Frau Ijobs bekommt einen Namen, nämlich Sitidos. Der Name ist ungewöhnlich – wörtlich: „(die) des Brotes" –, weist aber wahrscheinlich darauf hin, dass das Wirken von Ijobs Frau Sitidos eng mit Brot (*sitis*) verknüpft ist, das 17-mal im Test Ijob vorkommt.[26] In Test Ijob 21–25 wird ausführlich erzählt, dass Ijobs Frau Sitidos eine enorm fleißige Person ist. Während ihr Mann 48 Jahre auf dem Dunghaufen sitzt (21,1), hat sie für seinen Unterhalt gesorgt; dabei ist sie sich nicht zu schade, sehr niedrige Arbeiten anzunehmen und sich als Sklavin bei einem reichen Mann zu verdingen, um für sich und ihren Mann Brot zu erarbeiten. Als sie ihre Stellung dort aufgeben muss, geht sie voller Verzweiflung auf den Markt, um zu betteln. Der Satan hat sich als Brotverkäufer verkleidet und nutzt ihre Notlage aus. Um drei Brote muss sie ihm ihre langen Haare verkaufen, die er ihr eigenhändig abschert. Sie erniedrigt sich nach der Sklavenarbeit nochmals selbst, um ihrem Mann das Überleben wenigstens für drei weitere Tage zu ermöglichen. Als sie bald darauf im Stall in einer Krippe (!) verstirbt und aus pekuniären Gründen nicht ordentlich bestattet werden kann, wird sie von den Armen des Ortes laut beweint. „Die Armen in der Stadt erhoben großes Klagen: ‚Seht! Das ist Sitidos, das Weib, des Ruhmes und der Ehre wert und ward nicht eines richtigen Begräbnisses gewürdigt.'" (40,13).

In der Forschung gibt es eine Debatte darüber, ob Ijobs Frau zwar sozial engagiert und eifrig für ihren Mann und die Armen der Stadt tätig, dafür aber geistig blind ist?[27] Sie habe von sich aus keine Einsichten in die jenseitige Welt, dafür brauche sie permanent Ijobs Anweisungen. Diese Sicht legt die Akzente ins Intellektuelle und trifft daher nicht den vollen Sachverhalt: Sitidos weiß zwar nicht über den Teufel und seine Werke Bescheid, aber sie tut das ethisch Richtige, das ist wichtig!

---

[24] Susan R. Garrett, The ‚Weaker Sex' in the Testament of Job, JBL 112 (1993), 55–70; P. van der Horst, The Role of Women in the Testament of Job," NedTT 40 (1986), 273–289 (wieder abgedruckt als „Images of Women in the Testament of Job", Studies in the Testament of Job [ed. M. Knibb and P. van der Horst], SNTSMS 66, Cambridge 1989, 273–89); Lucia Sutter Rehmann, Das Testament Hiobs. Hiob, Dina und ihre Töchter, in: Schottroff/Wacker, Kompendium, 465–473; Robert A. Kugler, Richard L. Rohrbaugh, On Women and Honor in the Testament of Job, Journal for the Study of the Pseudepigrapha 14 (2004), 43–62.

[25] Die Kapiteleinteilung variiert. Es gibt eine Version mit 12 langen Kapiteln, eine andere mit 53 kurzen Kapiteln (danach zitiert).

[26] Zu den Problemen des Namens vgl. van der Horst, The Role, 96f.

[27] Diese Kritik hat am ausführlichsten van der Horst vorgetragen, ebd.

Ijob aber heiratet ein zweites Mal, diesmal Dina, die einzige Tochter des Patriarchen Jakob (Israel) (vgl. Gen 34),[28] Dina gebiert ihm zum zweiten Mal sieben Söhne und drei Töchter. Diese drei Töchter werden reichlich mit geistigen Gütern ausgestattet.[29] Von einer Minderbemittlung der Frauen kann also keine Rede sein, eher von Emanzipation.

Woher kommt die enorme Aufwertung der Frauen im Testament Ijobs? Eine sozialgeschichtliche Erklärung allein aus den Erfahrungen in Ägypten-Alexandrien ist versucht worden: „knowing that honor of a transcendent sort comes to the patient as a replacement for the honor which their circumstances had deprived them of. They would also be discouraged by the examples of Sitidos and the maidservant from attempts to sustain the piteous honor status that remained to them under Roman rule, for given Roman policies such efforts would only lead to greater shame. Finally, they would be reminded by the example of Job's daughters especially that no matter what may come, true children of Israel would possess the honor and status ascribed to them by God through election."[30] Man wird aber wohl auf das emanzipatorische Potential der römischen Epoche insgesamt aufmerksam machen.

4. Ijobs Frau im Koran

Auch im Koran wird die Geschichte von Ijob (Ayyub) und seiner Frau erwähnt.[31] Der Plot der Story, die in den drei Suren 21,83f, 38,41–43 und Sure 6,84 nur angedeutet wird, gleicht der biblischen Erzählung. Es ergibt sich etwa folgender Erzählablauf:

> Ayyub war ein sehr reicher Mann, er war verheiratet und hatte viele Söhne und Töchter, die zu schönen und klugen jungen Menschen heranwuchsen und ihm viel Freude bereiteten. Ayyub war freundlich gegen jedermann, vor allem aber half er den Armen, den ausländischen Durchreisenden sowie den Waisenkindern gerne. Allah hatte Ayyub als Seinen Gesandten auserwählt und zu Seinem Volk geschickt, um es zum Monotheismus zu ermahnen. Und das Volk hörte auf Ayyub und befolgte Allahs Gesetz. Jeder ehrte Ayyub als Allahs Gesandten. Dies alles aber ärgerte Iblis (den Teufel, den Feind der

[28] Diese Tradition findet sich im Judentum sehr verbreitet: Bereschit Rabba 57,4; 76,9; Targum Job 2,9; BabaBatra 15a–16b, wo Alter und Herkunft Ijobs ausführlich diskutiert werden; vgl. auch Louis Ginsberg, The Legends of the Jews, II, 225–242.

[29] Heike Omerzu, Das bessere Erbe. Die privilegierte Stellung der Töchter Hiobs im Testament Hiobs, in: Heike Omerzu/Katharina Greschat (Hrsg.), Körper und Kommunikation. Beiträge aus der theologischen Genderforschung, Leipzig 2003, 57–93 (gekürzte engl. Fassung: Heike Omerzu, Women, Magic and Angels: On the Emancipation of Job's Daughters in the Apocryphal Testament of Job, in: Darlene Bird/Yvonne Sherwood [Hrsg.], Bodies in Question. Gender, Religion, Text, Aldershot 2005, 85–103).

[30] Kugler and Rohrbaugh, Women, 53.

[31] Heinrich Speyer, Die biblischen Erzählungen im Qoran, Hildesheim 1961; Hanna Kohlbrugge, De tijding van Job in de Bijbel en in de Koran, Den Haag 1981.

Menschen). Er hatte ja geschworen, alle Menschen von Allahs Weg abzubringen. Er meinte, wenn Ayyub nicht so reich und beliebt und geehrt wäre, dann würde er sicher nicht mehr so intensiv auf Allah vertrauen. Er schickte also die bösen Mächte aus, Ayyubs Hab und Gut zu vernichten. Und Allah ließ ihn gewähren, denn Er wollte Ayyub zu einem leuchtenden Vorbild für alle Menschen werden lassen. In wenigen Tagen verlor Ayyub seinen ganzen Reichtum, seine Kinder und seine Gesundheit. Aber Ayyub sprach: „Ich vertraue auf Allah. Er ist der Herr des Himmels und der Erde." Alle seine Freunde ließen ihn im Stich und dachten: „Es wäre vielleicht besser, wenn Ayyub sterben würde." Iblis kam noch ein letzter Gedanke. Er meinte, wenn er Ayyubs Frau dazu bringen könnte, verzweifelte Worte auszusprechen und ihm den Mut zu nehmen, dann würde er vielleicht auf sie hören. Die Frau hatte Ayyub treu gepflegt und alle Not mit ihm geteilt. Auch sie hatte die Hoffnung nicht aufgegeben, aber jetzt, wo der Teufel sie mit bösen Gedanken quälte, rief sie eines Tages aus: „O weh, Allah hat dich sicher verlassen! Was soll nun aus uns werden?" Aber trotz allen Leidens und großer Schmerzen sprach Ayyub zu ihr: „Ich nehme meine Zuflucht zu Allah vor dem verfluchten Teufel! Wahrhaftig, wenn Allah mich jemals wieder gesund und stark werden lässt, will ich dir hundert Stockschläge geben, weil du auf Allahs und unseren Feind gehörst hast." Ayyub betete zu Allah und sprach: „O mein Herr, der Teufel verfolgt mich mit Leid und Trauer. Du aber bist der Barmherzige." Allah sah wohl, dass Ayyub standhaft geblieben war und weder im Unglück verzweifelt war noch auf falsche Ratschläge gehört noch hoffnungslosen Gedanken nachgegeben hatte. Er schickte einen Engel zu Ayyub und ließ ihm sagen: „Stampfe mit deinem Fuß auf die Erde." Dies tat Ayyub, und eine Quelle sprudelte hervor und brachte Wasser, das Ayyub trinken konnte. Er badete auch in diesem Wasser und war sogleich von seiner schrecklichen Krankheit geheilt. Als er seine Kräfte zurückkehren fühlte, fiel ihm auch das Versprechen ein, das er seiner Frau gegeben hatte. Er hatte Mitleid mit ihr, weil er wusste, wie sehr sie selbst mit ihm gelitten hatte, und hundert Stockschläge sind eine harte Strafe. Er sah ja auch, dass sie ihre voreiligen, unwissenden Worte längst bereute. Aber das Versprechen musste er doch halten. Der Engel half ihm aus diesem Zwiespalt. Er sprach zu Ayyub: „Nimm ein Bündel Stroh in deine Hand, hundert Halme, und schlag damit deine Frau *einmal*, dann ist dein Versprechen eingelöst." Ayyub tat wie geheißen, und die beiden waren versöhnt. Allah gab Ayyub alles doppelt wieder, was er verloren hatte, Vieh, Haus, Weide und Ackerland, dazu sieben Söhne und drei Töchter, die ihm noch mehr Freude machten als die Kinder, die zuvor gestorben waren. Ayyub blieb gesund und stark und erreichte mit Würde und Ansehen ein hohes Alter. Mit Ayyubs Beispiel will Allah die Menschen warnen und zur Standhaftigkeit ermahnen.

In dieser islamischen Version der alttestamentlichen Überlieferung ist deutlich, dass sehr selektiv nur die Rahmenerzählung des Ijobbuchs von Bedeutung ist. Die völlige Ergebenheit in Gottes Willen fügte sich in die muslimische Frömmigkeit sehr gut ein, der rebellierende Ijob des poetischen Teils ist aber weitestgehend übergangen. Was jedoch gewirkt hat, ist nur noch Kap. 31: Ijobs soziales Engagement für Witwen, Waisen und Ausländer wird lobend herausgestellt. Ijobs Frau aber wird mit großer Liebe und Sympathie angeschaut, weil sie mit Ijob gelitten hatte. Die Lösung, ihr hundert Schläge mit einem (sanften) Schlag zu geben, ist bemerkenswerter Ausdruck dieser hohen Wertschätzung.

5. Beobachtungen zur Rezeptionsgeschichte von Ijobs Frau in der bildenden Kunst und der modernen Dichtung

a. Malerei

Samuel Terrien hat in einem wunderbaren Buch mit 146 Abbildungen einen eindrucksvollen Überblick über die künstlerischen Gestaltungen des Ijobmotivs geboten: „The Iconography of JOB through the Centuries. Artists as Biblical Interpreters“[32]. Dabei verrät der Untertitel, dass für Terrien als bekanntem Alttestamentler und biblischem Theologen, der selbst einen Kommentar zum Buch Ijob geschrieben hat, Künstler wichtige kreative Ausleger (vgl. 271–274) sind. „Artists of Job indirectly show that the Bible is not a code of unchanging creeds and ethics. Viewers of his despair and of his defiance are compelled to hear the text in a fresh way.“ (271)

Schaut man nun in die Fülle der Werke der Kunstgeschichte, so ergeben sich vielfältige Blicke auf Ijob: „the prophet of new life“ in der Spätantike, „the philosopher of suffering“ im Mittelalter, „intercessor for sexual reprobates“ in der frühen Neuzeit, „the existential man“ in der Moderne. Ebenso eröffnen sich vielfältige Perspektiven auf Ijobs Frau.[33] Von der ältesten Darstellung Ijobs mit Frau in der Synagoge von Dura-Europos (ca. 245 n.Chr.) und den römischen Katakomben (ebenfalls 3. Jh.) bis zu den modernen Werken von Kokoschka oder Chagall finden sich sehr unterschiedliche Deutungen auch von Ijobs Frau. Ijob wird zumeist als gebrechlicher alter Mann mit langem Bart dargestellt, manchmal jedoch als muskulöser, starker „Athlet“, der schon von seiner sportlichen Konstitution her den Kampf mit den Freunden und mit Gott aufnehmen kann. Seit Beginn der bildlichen Darstellungen begegnet Ijobs Frau immer nur im Verbund mit Ijob, erst in der jüngsten Gegenwart gibt es erste Bilder, die Ijobs Frau alleine, ohne Ijob, darstellen, z.B. in Eva Hülsbergs Bildern zur Bibel aus den 1990er Jahren[34] oder von Drake Deknatel aus dem Jahr 2001[35]. Das

---

[32] Pennsylvania 1996; Zahlenangaben in den folgenden Absätzen beziehen sich auf dieses Buch.

[33] Vgl. Tzfira Gitay, The Portrayal of Job's Wife and her Representation in the Visual Arts, in: A.B. Beck (Hrsg.), Fortunate the Eyes that see (FS David N. Freedman), Grand Rapids 1995, 516–526, sowie Leon Seow, Job's wife, in: Thomas Krüger/Manfred Oeming/Konrad Schmid/ Christoph Uehlinger (Hrsg.), Das Buch Hiob und seine Interpretationen (erscheint in der Reihe AThANT), Zürich 2007.

[34] Vgl. www.evahuelsberg.de.

[35] http://www.elizabethleach.com/images/photos/Deknatel-JobsWife.jpg.

Image der Partnerin Ijobs wechselt stark. Man kann zwei Hauptströmungen mit je verschiedenen Untertypen differenzieren. Zum Einen wird Ijobs Frau als Plage dargestellt, als „Teufelsweib", als hässliche und gehässige „Hexe", die den Leidenden auch noch verspottet und beschimpft (72; 101; 167). Als ein Beispiel möge das Holzrelief von Ijobs Plagen aus dem Unterweserraum des frühen 16. Jahrhunderts in der Evangelisch-lutherischen St. Nikolaikirche, Uthlede (Ldkr. Cuxhaven) dienen (s. S. 39, Abb. 2), wo Ijobs Frau eine Rute gegen ihren armen Mann schwingt.

Zum anderen gibt es die ganz andere Sicht dieser Frau als wichtiger Hilfe für Ijob (s. S. 39, Abb. 1 und 4). Manche Bilder zeigen eine gewisse Zwitterstellung zwischen beiden Traditionen. Die hier beigefügte Bildseite kann die beiden Ströme aber nur ganz knapp andeuten, auch die Kurzbesprechung der Bilder aus dem Band von Terrien soll nur Lust machen, selbst zu schauen!

In Dura-Europos (5) begegnet Ijobs Frau (soweit erkennbar) in der Mitte neben ihrem kräftigen Mann; anscheinend hält sie Brot in der Hand, was ihre Rolle als Ernährerin unterstreicht. Auch in den Bildern der neuen Katakombe an der Via Latina in Rom (20) erscheint Ijobs Frau öfters als eine, die ihm Brot darreicht, ein weit verbreitetes Motiv (vgl. auch 54; 56; 60): „They exhibit the motif of the loving wife and tender nurse" (21). Ijobs Frau als Vorbild der mitleidenden Frau, die fürsorglich der leidenden Kreatur Linderung verschafft.

In einer typologischen Entsprechung werden auf dem Sarkophag von Junius Bassus (4. Jh.) Ijob mit Frau und einem Mann (Satan?) einerseits, Adam und Eva mit der Schlange im Baum des Lebens andererseits gegenübergestellt (25). Im Guten wie im Bösen gehören Ijob und seine Frau wie das Urpaar der Menschheit zusammen.

Besonders bemerkenswert ist die Art des Brotes. Gewiss ist es auch natürliches Brot zur Ernährung des Leibes, aber es ist ebenso – besonders auf den Darstellungen im Umfeld der Auferstehungshoffnung – „Brot des Lebens". In Abb. 1 (S. 39), der Zeichnung eines Sarkophags (25), fällt auf, dass das Brot die Form einer Hostie hat und mit einem Kreuz versehen ist, also sakramentales Brot assoziieren lässt. Ijobs Frau leistet also die Speisung mit einem *pharmakon athanasias* („Heilmittel zur Unsterblichkeit").

Die wenig beachtete typologische Entsprechung von Kreuzesabnahme und Beweinung durch Maria (z.B. 67) rückt Ijobs Frau in die Nähe der Mater dolorosa, eine Mulier dolorosa.

Die räumlich enge Verbindung zum Teufel muss nicht immer negativ gemeint sein, sondern kann gleichsam ein positives Gegengewicht gegen den Satan meinen, so scheint es z.B. in der mittelalterlichen Kunst in der Kathedrale von Chartres (74f) oder im Münster von Bad Doberan (82) gemeint zu sein.

Bemerkenswert ist die Darstellung Ijobs als König mit seiner Königin an seiner Seite in einem Fresko in der Basilica Collegiata di St. Maria Assunta,

San Gimignano (Toskana) aus dem Jahr 1367 (98). Hier wird Ijobs Frau mit der gleichen herrscherlichen (und diakonischen!) Würde ausgestattet wie Ijob selbst.

Auf dem Kölner Altarbild eines unbekannten flämischen Meisters um 1480, heute im Richard-Wallraff-Museum, wird sie geradezu in Nonnentracht als Pflegepersonal dargestellt.

Albrecht Dürer (s. S. 39, Abb. 3) lässt 1510 Ijobs Frau in gewisser Ambivalenz. Einerseits übergießt sie ihn scheinbar lieblos mit einem Eimer Wasser, aber diese kalte Dusche tut seiner brennenden Haut doch gut. Sie löscht die (im Hintergrund als Naturgeschehen, in der Sache aber als seelisches Geschehen gemeinte) brennende Pein Ijobs – und das ist eine Tat der Liebe.

In der barocken Pathos-Malerei wird Ijobs Frau vor allem zur Hexe, die den armen Leidenden auch noch verbal bearbeitet und misshandelt (188; 189; 190) und das Leiden so noch mehr aufwühlt.

William Blake (1757–1827) war vom Buch Ijob fasziniert und angezogen; er hat zwei sehr ähnliche Zyklen von Stichen geschaffen (1818–1820; 1823–1825). In romantisch-mystischer Intensität betrachtet er Ijob und seine Frau erstmals als eine unauflösbare Einheit und stellt entsprechend alle Szenen der Ijob-Erzählung als Erleben des dauerhaft unzertrennlichen Paares dar (196–225). Diese wohl „emanzipierteste" Umsetzung des Ijob-Stoffs kulminiert in der Theophanieszene, die in 42,5 ausgedrückt ist. Abb. 4 (S. 39) zeigt nur *pars pro toto* die Schlussszene der Gottesrede als einen Segen, den Gott auf Ijob und seine Frau legt. Diese knien wie neu Vermählte nieder und erfahren als Paar den Segen Gottes und damit die Restitution. Eine größere Wertschätzung als in Blakes Stichen hat Ijobs Frau nirgendwo erfahren. Hier ist der Höhepunkt ihrer Gleichstellung mit Ijob erreicht; nach Blake muss man immer, wo es im Text „Ijob" heißt, tiefer blicken und die unio mystica dieses Mannes mit seiner Frau erblicken und „Ijob und seine Frau" verstehen. Alles, was auch über die guten Taten Ijobs gesagt wurde (bes. Kap. 31), gehört in gleicher Weise auf das Konto von Ijobs Frau.

b. Dichtung

In der Geschichte der Malerei ist eine deutliche Tendenz aufzuzeigen, Ijobs Frau mitzusehen und ihre gestaltende Kraft wahrzunehmen, eine Entwicklung, die in Blakes Romantik einen Höhepunkt erreicht und in den modernen Allein-Bildern der Frau kulminiert. Vielleicht noch mehr verstärkt sich diese frauensensible und frauenfreundliche Perspektive in der modernen Literatur, auf die abschließend ein Blick geworfen werden soll. Hier sind einige Werke besonders in der hebräischen und jiddischen Literatur entstanden, die den ganzen Ijob-Stoff aus *weiblicher* Perspektive erzählen. So erzählt David Shimoni in einem monumentalen Gedicht von 200 vierzeiligen Strophen das Ijobbuch aus femininem Blickwinkel nach: die glückliche Jugendzeit, die Erlangung des Reichtums, vor allem des Reichtums an wohlgeratenen Kindern, die durch den schmerzlichen Einbruch des Unglücks weggenommen und verloren wurden. Und wie Ijob sich dann von seiner Frau entfremdet hat. Er hat sich in eine abgehobene Theologie geflüchtet, hat sie verraten und abgekanzelt, um „seinem" Gott zu gefallen. Die Frau Ijobs lässt sich aber nicht mit Gott so leicht

Abb. 1: Hiob und seine Frau, Bleistiftzeichnung eines Sarkophags aus Arles, 8. Jahrhundert.

Abb. 2: Hiobs Plagen. Unterweserraum, frühes 16. Jahrhundert, Relief, Eichenholz, Ev-luth. St. Nikolaikirche, Uthlede (Ldkr. Cuxhaven).

Abb. 3: Albrecht Dürer, Hiobs Frau lindert seine Leiden durch kaltes Wasser (Tempera auf Holz 1504-1510), Städelsches Kunst-museum Frankfurt.

Abb. 4: William Blake, Gott segnet Hiob und seine Frau (Stich 1823–1825).

versöhnen wie Ijob; sie widersteht jeder Wiedergutmachung auch durch Gott.[36] Damit führt sie „zurück zum Leitmotiv des israelischen Ijob, dem Protest. Im Gegensatz zu all den vorhergehenden Ijob-Geschichten entzieht David Shimoni der Figur Ijobs seine Solidarität und spricht sie einem anderen Akteur zu: Ijobs Frau. Indem sich der Lyriker in die Gefährtin des biblischen Helden eindenkt, protestiert er zusammen mit seiner Protagonistin gegen den gewalttätigen Gott, der sich im biblischen Buch Ijob als Gott der Männerwelt und Patriarchen manifestiert, doch ebenso begehren Autor und Akteurin auf gegen Hiob als einen Mann, der einen unsolidarischen Gott einer solidarischen Frau vorzieht, der seine Frau aus dem gemeinsamen Leid ausklammert, sich ihrem Leid verschließt."[37] Andrée Chedid hat ebenfalls die Perspektive von Ijobs Frau ausgemalt.[38] Noch weiter geht Abraham Sutzkever[39], der die Ijob-Figur selbst nicht mehr als Mann, sondern als Frau versteht. Ijob ist jetzt eine Frau. Diese Perspektivenwechsel haben im vordergründigen Sinne nichts mit Diakonie zu tun. Aber eben nur im vordergründigen Sinn. Wer tiefer schaut, der versteht, dass in solchem Umdenken ein enorm wichtiger diakonischer Dienst an der Gesellschaft geleistet wird. Die Frau und ihre Gefühle rücken gleichwertig in die Reflexion und die Bearbeitung der gesellschaftlichen und sozialen Katastrophen vor. Das ist ein bedeutender Fortschritt.

6. Fazit

Die Tradition von Ijobs Frau hat eine bewegte Geschichte durchlaufen. Im hebräischen Ijob (mittlere Perserzeit) noch schwach entwickelt, zeigt sich doch, dass auch der hebräische Text schon Deutungen zulässt, die ein positiveres Licht auf Ijobs Frau werfen, als dies zumeist wahrgenommen wird. In der griechischen Bibel (ca. 150) ist Ijobs Frau die Geburtshelferin der Klage und insofern für die Dramatik des Buchs und für das Aufarbeiten der Leiderfahrung von entscheidender Bedeutung. Im Testament des Ijob (ca. 100 v. bis 100 n.Chr.) gewinnt Ijobs Frau – wie das Frauliche insgesamt – enorm an Bedeutung. Die Fürsorge für den Ehemann – parallel dazu das soziale Engagement für die Armen insgemein – machen Sitidos zu einer sehr wichtigen und eindrücklichen *Ikone der Diakonie*. Dabei scheint die Ehe das Grundmodell der Diakonie

---

[36] In: Israel Smorna (Hrsg.), Naschim ba-tanach (Frauen in der Hebräischen Bibel), Tel Aviv 1964, 224–240; vgl. Lily Rattok, Neuer Wein in alten Schläuchen. Biblische Frauenfiguren in der modernen hebräischen Poesie, aus dem Hebräischen von Gabrielle Oberhänsli-Widmer, Judaica 55 (1999), 1. Teil: 158–173; 2. Teil: 235–246. Auszugsweise Übersetzung und Analyse durch Gabrielle Oberhänsli-Widmer, Hiob in jüdischer Antike und Moderne. Die Wirkungsgeschichte Hiobs in der jüdischen Literatur, Neukirchen-Vluyn 2003, 289–292.

[37] Oberhänsli-Widmer, Hiob 292.

[38] Andrée Chedid, La femme de Job, Paris 1993, deutsche Übersetzung: Die Frau des Ijob, aus dem Französischen von Sigrid Köppen, Limburg 1995.

[39] Abraham Sutzkever, Frau Ijobs, in: ders., Grünes Aquarium/Griner Akwarium, Frankfurt 1996, 36–45.

schlechthin zu sein. Aus der Fürsorge für den eigenen Mann extrapoliert die Geschichte von Sitidos – direkt und indirekt – das Programm der Fürsorge für alle Armen. Im Koran ist diese Entwicklung präsent und wird durch Verheißungen gefördert. In der Kunstgeschichte seit der Antike bis in die moderne jüdische Literatur „emanzipiert" sich Ijobs Frau, sie wird zur gleichwertigen Partnerin. Man kann das als kreative „Eisegese" abtun, ja als Entgleisung. Aber in der Traditionsentfaltung liegt zumindest eine außerordentliche Dynamik der Wahrheitsfindung. Auch die Entdeckung und Wertschätzung der weiblichen Perspektive ist Teil dieser gesellschaftlichen Diakonie der Wahrheit. Daher ist zumindest in *einem* kräftigen Strom alttestamentlicher Tradition Ijobs Frau die Ikone der Armen-Diakonie und der Diakonie an der patriarchalisch entstellten Gesellschaft geworden.

Maria Häusl

Zion/Jerusalem – eine diakonische Gestalt?

1. Biographie einer literarischen Gestalt

Die Namen Zion und Jerusalem bezeichnen im Alten Testament eindeutig eine Stadt und nicht eine weibliche Person. Dass Zion/Jerusalem trotzdem in einem Buch über Frauen in der Diakoniegeschichte aufgenommen wurde, verdankt sich der Tatsache, dass in vielen alttestamentlichen Texten von Zion/Jerusalem als weiblicher Gestalt gesprochen wird.

Mit Hilfe dieser Texte lässt sich von der Stadtfrau Zion zwar keine lückenlose Biographie schreiben. Dass Zion/Jerusalem aber als Frau mit einer Biographie wahrgenommen wurde, geht aus zwei Beobachtungen hervor. Bereits inneralttestamentlich wurde das Schicksal Zions/Jerusalems unter Zuhilfenahme des Konzepts von menschlicher Identität weitererzählt. Insofern beginnt schon alttestamentlich das Schreiben einer Biographie Zions/Jerusalems. Gerade als Frauengestalt hat Zion eine breite Wirkungsgeschichte in Theologie und Kunst angestoßen. In dieser Traditionslinie stehen etwa das „Himmlische Jerusalem" in Apk 21,1–4, die vielfältigen Darstellungen der Ecclesia als Frauengestalt und die Schutzmantelmadonna, die alle Menschen unter ihrem Mantel birgt.

Im Folgenden wird versucht, die alttestamentlichen Texte zu Zion konsequent als „Lebensgeschichte" zu lesen und darin ihr „diakonisches Wirken" deutlich zu machen. Anders als bei einer menschlichen Person ist das Wirken bzw. die Wirkung Zions dabei auf zwei Ebenen präsent. In der „Bildwelt" agiert Zion als typisierte Person mit anderen Personen – darauf könnte sich etwa das Porträt einer tatsächlichen Person beschränken –, in der Textwelt agiert sie zugleich als Textgestalt mit den LeserInnen, als welche auch wir gelten müssen.

Die für eine Biographie Zions wichtigen Texte werden eingangs kurz genannt. Die Biographie Zions/Jerusalems stellt dann die vorhandenen Daten ihrer „Lebensgeschichte" vor und geht ausführlich auf ihr diakonisches Wirken ein. Dabei werden Texte und Motive entstehungsgeschichtlich angeordnet, ohne allerdings auf die Fachdiskussionen zur Fortschreibungsgeschichte der Texte einzugehen.[1]

2. Textbasis und entstehungsgeschichtliche Entwicklungslinien

Die ersten ausführlichen Texte, die Zion als weibliche Gestalt kennen, sind wohl die Texte der Klagelieder und Texte aus dem Buch Jeremia. In Klgl 1,

---

[1] Vgl. etwa Ulrich Berges, Klagelieder (HThKAT), Freiburg 2002, 52–64: Die Personifikation Zions/Jerusalems in exilisch-nachexilischer Zeit; Marc Wischnowsky, Tochter Zion. Aufnahme und Überwindung der Stadtklage in der Prophetenschriften des Alten Testaments (WMANT 89), Neukirchen-Vluyn 2001.

Klgl 2 und Klgl 4 wird eindrücklich die Eroberung und Zerstörung der Stadt Jerusalem, sowie das Schicksal der betroffenen Menschen beschrieben.[2] Dort erscheint Zion als angesprochene Person, deren Schicksal beklagt wird (Klgl 2,13–19, Klgl 4,22), und als selbst sprechende Person, die das Schicksal ihrer Bevölkerung beklagt (Klgl 1,9, Klgl 1,11–22, Klgl 2,20–22). Im Buch Jeremia, näherhin in Jer 4–10 und Jer 46–49, das ebenfalls auf die Not der bedrängten Menschen und Städte während des Eroberungsfeldzuges Nebukadnezzars eingeht, zeigt sich ein ähnliches Bild. Zion wird beklagt und klagt selbst (Jer 4,19–21, Jer 4,31, Jer 10,17–25). Darüber hinaus wird im Buch Jeremia auch die Frage nach der Schuld am Untergang gestellt und in einigen Texten als kultisches Fehlverhalten bzw. als Ehebruch der Stadtfrau Zion ausgewiesen (Jer 13,20–27, Jer 22,20–23). Eine vergleichbare Ehebruchsmetaphorik besitzen auch Ez 16, Ez 23, Jes 1,21–26 und Jes 57,6–13.[3]

Zion als Frau ist aber nicht nur im Kontext von Zerstörungsschilderungen und bei der Schuldfrage präsent, sondern wird exilisch-nachexilisch in Verheißungstexten fortgeführt, die zur Rückkehr aus dem Exil aufrufen und für den Wiederaufbau Jerusalems werben. Erste Verheißungstexte finden sich bereits in Jer 30,12–17 und Jer 33,6–11; dort wird Zion wieder hergestellt, indem die im Eroberungskontext geprägten Motive umgekehrt werden: Ihre Wunden werden wieder heilen, in ihr werden wieder Menschen wohnen. Diese Aspekte einer neuen Zukunft Zions/Jerusalems sind insbesondere im zweiten Teil des Buchs Jesaja, in Jes 40–66, entfaltet: Jes 40,9–11, Jes 49,14–50,3, Jes 51,17–52,12, Jes 54,1–17, Jes 60,1–22, Jes 61,10f, Jes 62,1–12 und Jes 66,7–14. Zion ist der Gottheit gegenüber Partnerin, den Menschen gegenüber Mutter und den anderen Städten gegenüber Botschafterin. Gerade diese letzte Funktion hat Zion auch in den späten Texten der Bücher Zefanja und Sacharja, Zef 3,11–20, Sach 2,14, Sach 9,9–10, in denen Zion JHWH in ihrer Mitte wie einen siegreichen König nach der Schlacht begrüßt.

3. Zion: das Leben einer Frau – die Existenz einer Stadt

Wenn wir zu Beginn der Lebensgeschichte Zions/Jerusalems nach ihrem Namen und nach ihrem Ursprung fragen, so zeigt sich deutlich, dass sie immer auch Stadt bleibt. Denn Zion trägt als Frauengestalt Namen, die sie eindeutig als Stadt ausweisen, wobei die Namen Zion und Jerusalem nicht völlig synonym dieselbe außersprachliche Größe meinen.[4] Als Person behält Zion in fast allen

---

[2] Die Texte beziehen sich auf die Zerstörung Jerusalems 587/86 v.Chr. durch Nebukadnezzar, den König von Babylon.

[3] Die beiden Texte aus dem Buch Ezechiel beschreiben die Schuld Jerusalems in besonders drastischen Worten als ehebrüchiges Verhalten der Ehefrau gegenüber ihrem Eheherrn JHWH.

[4] Zion bezeichnet wohl ursprünglich die Zitadelle der alten Davidsstadt südlich des Tempelberges, ist jedoch in den meisten alttestamentlichen Texten eine theologische Größe und meint die Anwesenheit Gottes im Tempel. Eine präzise geographische Verortung ist für den Begriff Zion in der fortschreitenden alttestamentlichen Theologie zunehmend

einschlägigen Texten auch ihren Charakter als Stadt. Meist sind beide Aspekte, Stadt mit Straßen, Mauern, Häusern und Palästen zu sein und als sprechende Person aufzutreten, in den Texten gemeinsam belegt.[5] Deshalb repräsentiert Zion als Gestalt nicht einfach die Bevölkerung. Sie ist Ort und Person zugleich und meint mehr als nur die darin wohnenden Menschen.[6]

Das Alte Testament überliefert uns keinen Gründungsmythos der Stadt Jerusalem, nur vereinzelt finden wir Aussagen, dass JHWH die Stadt erwählt bzw. gegründet habe.[7] Wir erfahren in 2Sam 5 hingegen, dass David die Stadt erobert hat – sie muss also schon vorher existiert haben. Auch von einer „Kindheit" der Gestalt Zion wissen die alttestamentlichen Texte mit Ausnahme von Ez 16,1–4 nichts zu berichten; der Fokus des Ezechieltextes liegt dabei auf der Aussage, dass Jerusalem allein durch das erwählende Handeln JHWHs überlebt hat.

Wir lernen Zion/Jerusalem als Gestalt und als Stadt also erst als erwachsene Frau bzw. als politisches, wirtschaftliches und religiöses Zentrum kennen. Die Gestalt Zion besitzt dabei in den entsprechenden Texten ein charakteristisches Profil, ihr werden bestimmte weibliche Rollen zugeschrieben, andere hingegen nicht. Sie ist in den Texten nicht einfach als Frau oder Stadtfrau[8] präsent, sondern agiert in typischen Frauenrollen mit anderen Figuren und Personen. Die Texte nennen die Kinder Zions, Menschen, denen sie am Herzen liegt und die sie lieben, Männer, die sie begehren, vergewaltigen und töten, sowie Männer, mit denen sie Ehebruch begeht. Ihre Beziehung zu JHWH wird zumeist als Ehe dargestellt. Konkret nehmen die Texte die BewohnerInnen der Stadt, die für die Stadt Verantwortlichen und den König, angreifende feindliche Truppen und Belagerer, mögliche internationale Koalitionspartner und die in der Stadt wohnende Gottheit JHWH in den Blick.

Diese vielfältigen Beziehungen zur eigenen Bevölkerung, zu den militärischen Angreifern und zu JHWH sind außerdem nicht starr, sondern verändern sich – literarisch gesprochen werden sie durch die Texte auf unterschiedliche Weise akzentuiert. Die jeweilige Beschreibung der Stadtfrau Zion sagt zudem auch etwas darüber aus, wie die Stadt wahrgenommen wird bzw. werden soll. Die Stadtfrau Zion meint also nicht einfach nur die Stadt, sondern steht auch für Haltungen, Werte und Wertungen.

---

unwesentlich; Zion wachsen vielmehr mythologische Züge als heiliger Ort, Gottesberg und Weltmittelpunkt zu. Jerusalem meint hingegen durchgängig das Stadtgebiet, das von David zur Residenzstadt gemacht wurde, das das Verwaltungszentrum des Staates Juda war und in dem das Nationalheiligtum, der Tempel für JHWH, stand.

5 Z.B. in Klgl 2; Jes 54.

6 Deutlich formuliert hat dies erstmals Odil Hannes Steck, Zion als Gelände und Gestalt. Überlegungen zur Wahrnehmung Jerusalems als Stadt und als Frau im Alten Testament, in: ZThK 86. 1989, 261–281, wenn er von einer „Größe sui generis" spricht.

7 Ps 78,68f; Ps 87; Jes 2,2 = Mi 4,1; Jes 14,32; Jes 28,16.

8 „Stadtfrau" ist der in der alttestamentlichen Forschung verwendete Begriff für die weibliche Figurierung einer Stadt.

Von diesen Überlegungen ausgehend, wird nun gefragt, in welchen weiblichen Rollen die Stadtfrau Zion auftritt. Die Texte bedienen sich in der Regel nicht nur einer einzigen Metapher für Zion, sondern zeichnen die Stadt wie eine Person mit sich überlagernden Rollen.

a. Zion in Zerstörungsschilderungen: Klagende und Beklagte – Tochter und Mutter

Zion begegnet uns als weibliche Gestalt erstmals in der Situation der Eroberung. Ihre Gestalt-Werdung fällt sachlich und zeitlich also mit der Erfahrung der Eroberung und Zerstörung der Stadt zusammen. Jerusalem ist allerdings nicht die einzige Stadt, die in alttestamentlichen Zerstörungsschilderungen als weibliche Gestalt erscheint.[9] Die Existenz weiterer Stadtfrauen kann nicht von der weiblichen Personifizierung Zions/Jerusalems abgeleitet werden. Es ist vielmehr umgekehrt, dass Zion in weiblicher Gestalt eine spezifische Ausprägung der Stadtfrau in Zerstörungsschilderungen ist.[10]

All diese Städte werden als Opfer der Zerstörung beschrieben und dabei als schutzlose junge Frauen wahrgenommen. So heißt es etwa in Jes 23,12 über Sidon: *Nie mehr wirst du fröhlich sein, Tochter Sidon, du vergewaltigte Jungfrau.*[11] Die Städte stehen in den Zerstörungs- und Eroberungsschilderungen in einer Schicksalsgemeinschaft mit den Not leidenden Menschen. Auch Zion ist zusammen mit ihren BewohnerInnen Opfer der Eroberung mit allem damit einhergehenden Elend. Besonders eindrücklich wird dies in Klgl 2,1–13 beschrieben. Durch den Zorn der Gottheit geht die Stadt in Flammen auf, Häuser, Gärten, Paläste und der Tempel, schließlich die Stadtmauer und ihre Tore werden niedergerissen und geschleift. Alle Teile der Bevölkerung leiden bittere Not: *Am Boden sitzen, verstummt, die Ältesten der Tochter Zion, streuen sich Staub aufs Haupt, legen Trauerkleider an. Zu Boden senken den Kopf die Mädchen von Jerusalem. Meine Augen ermatten vor Tränen, mein Inneres glüht. Ausgeschüttet auf die Erde ist mein Herz über den Zusammenbruch der Tochter, meines Volkes. Kind und Säugling verschmachten auf den Plätzen der Stadt. Sie sagen zu ihren Müttern: Wo ist Brot und Wein?, da sie erschöpft verschmachten auf den Plätzen der Stadt, da sie ihr Leben aushauchen auf dem Schoß ihrer Mütter. Wie soll ich dir zureden, was dir gleichsetzen, du Tochter Jerusalem? Womit kann ich dich vergleichen, wie dich trösten, Jungfrau, Tochter Zion? Dein Zusammenbruch ist groß wie das Meer, wer kann dich heilen?*[12]

Zur Beschreibung von Eroberungen wird regelmäßig auf das Schicksal von Frauen als exemplarische Erfahrung zurückgegriffen. In Jer 15,8–9 wird etwa das Ausmaß der Not am Beispiel der Witwe, der vergewaltigten Frau und der

---

9 Vgl. z.B. die Völkersprüche gegen Tyrus und Sidon in Jes 23, gegen Babel in Jes 47 und Jer 50.51, gegen Ninive in Nah 3.

10 Vielfach wird jedoch die Priorität der weiblichen Personifizierung Zions angenommen und die Personifizierung weiterer Städte und Länder als sekundär erachtet. Die Texte mit anderen Stadtfrauen lassen sich aber weder zeitlich noch sachlich von den Zionstexten her erklären.

11 Vgl. auch Jes 15,2; Jes 23,10; Jes 47,1.5; Jer 46,11.19.24; Jer 48,18; Jer 49,3.4.

12 Klgl 2,10–13.

gemordeten Gebärenden veranschaulicht: *Seine Witwen wurden zahlreicher als der Sand am Meer; ich brachte über die Mütter der jungen Männer am hellen Mittag den Verwüster, ließ jählings auf sie fallen Angst und Schrecken. Die Mutter, die sieben Söhne gebar, welkte dahin, verhauchte ihr Leben. Ihr sank die Sonne mitten am Tag, sie fiel in Schande und Schmach. Den Rest des Volkes gebe ich dem Schwerte preis vor den Augen seiner Feinde – Spruch JHWHs.* Auch die Stadt wird als eine exemplarisch leidende Frau gezeichnet, ihre Zerstörung wird in Erinnerung an ihre (einstige) Schönheit mit den Motiven der Wehen bei der Geburt und der im Krieg geschehenden körperlichen Misshandlungen und Vergewaltigungen beschrieben. Sehr prägnant kommt dies etwa in Jer 4,31 zum Ausdruck: *Ja, ich höre Geschrei wie von einer Frau in Wehen, Stöhnen wie von einer Erstgebärenden, das Schreien der Tochter Zion, die nach Atem ringt und die Hände ausstreckt: Weh mir, unter Mörderhand endet mein Leben!*

Dass ein solches Schicksal der Stadt nicht gleichgültig lässt, zeigt die vielfache Anrede der Stadt als Tochter und als junge Frau in diesen Texten.[13] Die Bezeichnungen Tochter und junge Frau zielen auf die Schutzlosigkeit von Frauen gegenüber (sexueller) Gewalt im Krieg ab. Dabei wird jedoch nicht die Perspektive der erobernden Gewalttäter eingenommen, sondern derer, die die Stadt nicht vor diesen Übergriffen schützen können. Denn die in der Tochterbezeichnung implizierte Vaterrolle nehmen wahrscheinlich die Verantwortlichen der Stadt ein, sie sind wohl primär als „Väter der Stadt" gemeint.[14]

In Zerstörungsschilderungen kommen Zion aber auch die Rollen der Klagefrau und der Mutter ihrer BewohnerInnen zu. Gerade jene Funktionen, die sie für ihre Bevölkerung übernimmt, lassen es berechtigt erscheinen, Zion/Jerusalem in ein Buch über diakonisch wirkende Frauen aufzunehmen.

Zions Rolle als Klagefrau wird in besonderer Weise in Klgl 1 und Klgl 2, sowie in Jer 4,19–21 und Jer 10,19–25 deutlich. So beschreibt Zion etwa in Jer 4,19–21 die Situation der Eroberung mit folgenden Worten: *O mein Leib, mein Leib! Ich winde mich vor Schmerz. O meines Herzens Wände! Mein Herz tobt in mir; ich kann nicht schweigen. Denn ich höre Trompetenschall und Kriegslärm; „Schlag auf Schlag" schreit man, das ganze Land wird verwüstet. Plötzlich sind meine Zelte vernichtet, im Nu sind meine Zeltdecken dahin. Wie lange noch muss ich die Kriegsfahne sehen, Trompetenschall hören?*

Dort wo die Menschen am Boden zerstört sind und (noch) schweigen, dort gibt Zion der Not eine Stimme.[15] Sie spricht für und an Stelle der Menschen, beschreibt die Not und bringt die Gefühle von Angst, Schmerz und Trauer zum

---

[13] Auch fremde zerstörte Städte tragen die Bezeichnung Tochter. Die Tochterbezeichnung kann deshalb nicht das Verhältnis JHWHs zu Zion im Sinne von Vater und Tochter im Blick haben. Vgl. Maria Häusl, Bilder der Not. Weiblichkeits- und Geschlechtermetaphorik im Buch Jeremia (HBS 37), Freiburg 2003, 35–85.

[14] Vgl. die Bezeichnung „Liebende" in Jer 22,20; Jer 30,14; Ps 122,6; ausführlich dazu: Häusl, Bilder der Not, 279f.

[15] Vgl. Maria Häusl, Die Klagelieder. Zions Stimme in der Not, in: Luise Schottroff/Marie-Theres Wacker (Hg.), Kompendium Feministische Bibelauslegung, Gütersloh ^{2}1999, 270–277.

Ausdruck. Gerade das Nicht-Schweigen und das Nicht-stumm-Sein sind wesentliche erste Schritte der Bewältigung dieser Not. Als Klagefrau wendet sich Zion auch an JHWH, bringt die Klage vor die Gottheit und hat darin eine wichtige Mittlerinnenrolle zwischen Menschen und Gott.[16] So klagt sie etwa in Klgl 2,20–22: *JHWH, sieh doch und schau: Wem hast du solches getan? Dürfen Frauen ihre Leibesfrucht essen, ihre sorgsam gehegten Kinder? Darf man erschlagen im Heiligtum JHWHs Priester und Propheten? Am Boden liegen in den Gassen Kind und Greis. Die Mädchen und die jungen Männer fielen unter dem Schwert. Du hast sie erschlagen am Tag deines Zorns, geschlachtet, ohne zu schonen. Wie zum Festtag hast du gerufen, die Schrecken ringsum. Am Zorntag JHWHs gab es keinen, der entkam und entrann. Die ich hegte und großzog, mein Feind hat sie vernichtet.*

Der letzte Satz in Klgl 2,22 zeigt zudem, dass Zion Mutter ihrer Bevölkerung ist und es zu ihrer mütterlichen Aufgabe gehört, ihre Kinder großzuziehen und zu ernähren.[17] Dieser Topos ist Teil einer allgemeinen Stadttheologie und wird nicht nur Zion/Jerusalem zugesprochen. Denn auch von Sidon wird in Jes 23,4 Vergleichbares gesagt und die Stadt Abel-Bet-Maacha wird in 2Sam 20,19 „Mutter in Israel" genannt. Zion/Jerusalem trägt dagegen den Titel „Mutter" in keinem einzigen alttestamentlichen Text. In Zerstörungsschilderungen ist die Muttervorstellung im Vergleich zur Tochtervorstellung auch nur selten belegt. In der Notsituation bleibt der Mutter Zion nur, das Schicksal ihrer Kinder zu beklagen, wie dies auch die Symbolgestalt Rahel in Jer 31,15 tut. So beklagt die Mutter Zion in Jer 10,20 die Deportation ihrer Kinder: *Nun ist mein Zelt verwüstet, alle meine Zeltstricke sind zerrissen. Meine Kinder gingen von mir fort und sind nicht mehr. Niemand schlägt mein Zelt wieder auf und breitet darüber die Zeltdecken aus.*

Im Kontext der Zerstörungserfahrung, in dem uns Zion/Jerusalem erstmals als Frau entgegentritt, wird die Stadt also einerseits als Opfer von Gewalt und Vergewaltigung und als Tochter, deren Schicksal nicht gleichgültig lässt, sondern zu beklagen ist, wahrgenommen. Andererseits tritt sie in den Rollen der Mutter, die ihre Kinder umsorgt, und der Klagefrau auf, die selbst Klage erhebt für ihre Bevölkerung und vermittelnde Fürsprache bei der Gottheit einlegt. All diese weiblichen Rollen Zions werden in den späteren Verheißungstexten in gewandelter Form wieder aufgegriffen und fortgeführt.

In Texten, die nach der Ursache der Zerstörung Jerusalems fragen und dabei die Schuld nicht (mehr nur) bei den Verantwortlichen und beim König, sondern

---

16 Zu den der Klagetätigkeit Zions zugrundeliegenden Traditionen vgl. unten.

17 Vgl. Helen Schüngel-Straumann, Mutter Zion im Alten Testament; in: dies./Theodor Schneider (Hg.), Theologie zwischen Zeiten und Kontinenten (FS Elisabeth Gössmann), Freiburg 1993, 19–30; hier zit. n. dies., Anfänge feministischer Exegese. Gesammelte Beiträge, mit einem orientierenden Nachwort und einer Auswahlbiographie (Exegese in unserer Zeit 8), Münster 2002, 267–279; Rainer Kessler, „Söhne habe ich großgezogen und emporgebracht ..." Gott als Mutter in Jes 1,2, in: ders. (Hrsg.), „Ihr Völker alle, klatscht in die Hände" (FS Erhard Gerstenberger), Münster 1997, 143–147.

auch bei der Stadt Jerusalem selbst sehen,[18] finden wir ebenfalls die weibliche Personifizierung Jerusalems. Jerusalem wird dann entweder als Kultverantwortliche kritisiert, die maßgeblich verantwortlich ist für die Verehrung anderer Gottheiten[19], oder als Ehebrecherin und Hure gezeichnet, die sich ehebrecherisch von ihrem Eheherrn JHWH ab- und fremden politischen Mächten bzw. fremden Gottheiten zuwendet.[20] Die sogenannte alttestamentliche Ehe(bruchs)metaphorik zeichnet JHWH als Ehemann und eine weibliche, Israel repräsentierende Gestalt als Ehefrau. Neben den Städten Samaria und Jerusalem können auch das Land in Hos 1–3, sowie Israel und Juda in Jer 2.3 die Rolle dieser Ehefrau einnehmen.[21] Die Ehemetaphorik hat ausschließlich die Beziehung zwischen JHWH und – im Falle Jerusalems – der Stadt im Blick, während die Beziehung der Stadt zu ihrer Bevölkerung ausgeblendet ist. Die Ehemetaphorik ist aufgrund dieser Unterschiede eindeutig von den anderen Formen der weiblichen Personifizierung der Stadt zu trennen, sie besitzt im Unterschied zu den bisher vorgestellten weiblichen Rollen der Stadt auch keine altorientalischen Vorbilder und kann deshalb auch nicht als die Basis der Personifizierung der Stadt gelten. Problematisch ist die Ehemetaphorik aufgrund ihrer patriarchalen und z.T. sexistischen Implikationen. Denn vorausgesetzt ist eine patriarchale Ehe, in der der Ehemann dominiert. Die ehebrecherischen Kontakte der Ehefrau werden außerdem mit Hilfe von Zerrbildern weiblicher Sexualität beschrieben.

b. Zion in Verheißungstexten: Künderin und Königin – getröstete Mutter und Braut

Die in den Zerstörungsschilderungen erstmals belegte weibliche Personifizierung Zions/Jerusalems, die vielleicht auch in den Texten mit Schuldvorwürfen in Form der Ehebruchsmetaphorik aufgegriffen wurde, wird nun in den exilischen und nachexilischen Verheißungstexten auf vielfache Weise entfaltet, wobei viele der bereits geprägten Rollen positiv weitergeführt werden.

Die Tochterbezeichnung wird nun zur Anrede der Stadtfrau Zion, die aufgerufen ist, den heimkehrenden König zu feiern und den Siegszug JHWHs zu bejubeln. Dabei lässt die Tochterbezeichnung in Zef 3,14, Sach 2,14 und Sach 9,9 als Hintergrund noch die militärische Situation anklingen, in der Zion als schutzlos ausgelieferte Tochter wahrgenommen wurde.[22] Dass die Texte in Jes 40–66, die zum Wiederaufbau der Stadt aufrufen, weitgehend ohne die Tochterbezeichnung auskommen, ist m. E. dadurch zu erklären, dass die mit der Tochterbezeichnung verknüpfte Schutzlosigkeit gerade nicht anklingen soll. Aber auch in Jes 40–66 wird Zion als Frau personifiziert und zum Jubel aufge-

---

[18] Klgl 2.4 und Jer 4–10 weisen etwa die Schuld am Untergang Jerusalems v.a. den verantwortlichen Menschen, nicht aber der Stadtfrau zu.

[19] Z.B. Jer 15,5–9; Jer 22,20–23.

[20] Z.B. Jer 13,26; in Ansätzen auch in Klgl 1 und Jes 1,21–26; besonders drastisch und ausführlich in Ez 16 und Ez 23.

[21] In Jes 57,6–13 ist die Identität der angesprochenen Frau offen.

[22] Zu den dem Jubelgesang Zions zugrundeliegenden Traditionen vgl. unten.

rufen. Wie die Wächter und die Boten, die die Botschaft vom zurückkehrenden König bringen, zieht auch die Stadtfrau dem göttlichen König entgegen und handelt darin stellvertretend für ihre Bevölkerung (Jes 52,7–10, Jes 54,1–3, Jes 62,11).[23]

Ihre Funktion der Mittlerschaft zwischen Gott und den Menschen wird in Jes 40–66 noch erweitert. Der Stadtfrau Zion kommt neben dem männlichen Gottesknecht die Aufgabe der Botschafterin zu, sie soll die Rückkehr des göttlichen Königs und damit die Hoffnung auf eine neue Zukunft allen verkünden bzw. für alle sichtbar machen (Jes 40,9–11, Jes 60,1–22, Jes 61,10f, Jes 62,1–12 und Jes 66,7–14). Ihre Rolle als Mittlerin und Botschafterin kann einerseits als Fortführung ihrer Rolle als Klagefrau gewertet werden und zeichnet sie andererseits mit prophetischer Aufgabe betraut, zu der es gehört, Fürbitte bei Gott zu leisten und Gottes Wort an andere weiterzugeben.

In den Verheißungstexten ist die Vorstellung der Stadt als Mutter zentral, wir finden sie im Hymnus Ps 87 und in den deuterojesajanischen Texten Jes 49,14–50,3, Jes 51,17–23, Jes 54, Jes 60 und Jes 66,7–13. Der Kinderreichtum der ehemals unfruchtbaren oder verwitweten Stadtfrau Zion wird zum Symbol für den Wiederaufbau der Stadt. Letztlich werden die Menschen in Zion geborgen sein, von ihr ernährt und getröstet werden. Mutter-Sein ist also in diesen Texten gleichbedeutend mit Versorgung und Großziehen kleiner Kinder, wie es etwa Jes 66,7–13 beschreibt: *Noch ehe die Frau ihre Wehen bekommt, hat sie schon geboren; ehe die Wehen über sie kamen, brachte sie einen Knaben zur Welt. Wer hat so etwas je gehört, wer hat je dergleichen gesehen? Wird ein Land an einem einzigen Tag geboren, kommt ein Volk auf einmal zur Welt? Doch Zion, kaum in den Wehen, hat schon ihre Kinder geboren. Hätte ich ihr etwa den Schoß öffnen sollen, ohne sie gebären zu lassen?, spricht JHWH. Sollte ich, der die Frauen gebären lässt, ihnen den Schoß verschließen?, spricht dein Gott. Freut euch mit Jerusalem! Jubelt in der Stadt, alle, die ihr sie liebt. Seid fröhlich mit ihr, alle, die ihr über sie traurig wart. Saugt euch satt an ihrer tröstenden Brust, trinkt und labt euch an ihrem mütterlichen Reichtum! Denn so spricht JHWH: Seht her: Wie einen Strom leite ich den Frieden zu ihr und den Reichtum der Völker wie einen rauschenden Bach. Ihre Kinder wird man auf den Armen tragen und auf den Knien schaukeln. Wie eine Mutter ihren Sohn tröstet, so tröste ich euch; in Jerusalem findet ihr Trost.*

In einigen dieser Verheißungstexten wird Zions Beziehung zu JHWH als Braut-Bräutigam-Verhältnis beschrieben. Dieses Bild ist als positiv gewendete Ehemetaphorik zu werten, da Zion explizit als „Nicht-Verlassene“ und als „Nicht-Geschiedene“ bezeichnet wird.[24] Zion ist allerdings keine JHWH ebenbürtige Partnerin. „Als Ehefrau ist und bleibt Zion Geschöpf; JHWH als Ehemann ist ihr Schöpfer und Gemahl ([Jes] 54,5). Als erwählte Braut ist und bleibt

---

23 Vgl. auch Jes 12,6; Jes 37,22–29; Klgl 4,21.

24 Jes 50,1; Jes 54,6; Jes 62,4.

sie erbaute Stadt, die mit ihrer Mauerkrone das königliche Diadem ([Jes] 62,3) und prunkvolle Hochzeitskleider ([Jes] 61,10; vgl. [Jes] 52,1) trägt."[25]

Das Bild der Braut geht dabei in die Vorstellung der Königin über; das Bild wird geweitet von der Beziehung Zions zu JHWH hin zur Beziehung Zions zu allen Menschen. Zion ist als Königin sichtbares Zeichen der Gegenwart Gottes auf Erden und wird als königliche Stadtfrau zum eindrücklichen Symbol der Hoffnung, das Person-Sein und Stadt-Sein in sich birgt, wie etwa in Jes 62,1–5: *Um Zions willen kann ich nicht schweigen, um Jerusalems willen nicht still sein, bis das Recht in ihm aufstrahlt wie ein helles Licht und sein Heil aufleuchtet wie eine brennende Fackel. Dann sehen die Völker deine Gerechtigkeit und alle Könige deine strahlende Pracht. Man ruft dich mit einem neuen Namen, den der Mund JHWHs für dich bestimmt. Du wirst zu einer prächtigen Krone in der Hand JHWHs, zu einem königlichen Diadem in der Rechten deines Gottes. Nicht länger nennt man dich „Die Verlassene" und dein Land nicht mehr „Das Ödland", sondern man nennt dich „Meine Wonne" und dein Land „Die Vermählte". Denn JHWH hat an dir seine Freude, und dein Land wird mit ihm vermählt. Wie der junge Mann sich mit der Jungfrau vermählt, so vermählt sich mit dir dein Erbauer. Wie der Bräutigam sich freut über die Braut, so freut sich dein Gott über dich.*

4. Vorbilder und Ursprünge – Stadtgöttinnen, Klagefrauen, Jubel über den Sieg

Für die im engeren Sinne „diakonischen Züge" der Stadtfrau Zion sollen abschließend auch die traditionsgeschichtlichen Ursprünge dargestellt werden.

Zions klagende Funktion hat einerseits die Klage mesopotamischer Stadtgöttinnen und andererseits die Tätigkeit der Klagefrauen zum Vorbild.

Als erste Wurzel für die Klagetätigkeit Zions ist auf die in den mesopotamischen Stadtklageliedern belegte klagende Stadtgöttin zu verweisen. Religionsgeschichtlich sind zwar Stadtgöttinnen, die sich mit ihrer Stadt identifizieren und für ihre Stadt eintreten, von der personifizierten Stadtfrau Zion, die selbst keine Gottheit ist, deutlich zu unterscheiden.[26] Zions Funktionen in den Zerstörungsschilderungen gehen aber eindeutig parallel zu den Funktionen der Stadtgöttinnen, so dass die Personifikation Zions mit Sicherheit auf die Vorstellung der

---

25 Irmtraud Fischer, Das Buch Jesaja. Das Buch der weiblichen Metaphern, in: Schottroff/Wacker, Kompendium 246–257, 255.

26 Neben der Identifikation der Stadtgöttin mit ihrer Stadt im mesopotamischen Raum, der Personifikation der Stadt als Stadtfrau im Alten Testament ist als weitere Form der Verknüpfung der Stadt mit einer weiblichen Gestalt die Deifikation der Stadt als weibliche Stadttyche zu nennen, die im syrisch-hellenistischen Kontext belegt ist. Mark E. Biddle, The Figure of Lady Jerusalem: Identifikation, Deification and Personification of Cities in the Ancient Near East; in: K.L. Younger Jr., u.a. (Hg.), The Biblical Canon in Comparative Perspective; Lewiston u.a. 1991, 173–194; Petronella Prottung, Darstellungen der hellenistischen Stadttyche (Charybdis 9), Münster 1996; Marion Meyer, Anthropomorphe Bilder von Städten in der altgriechischen Kultur, in: Irmtraud Fischer, u.a. (Hg.), Prophetie in Israel (Altes Testament und Moderne 11), Münster 2003, 169–178; Eva Christof, Das Glück der Stadt. Die Tyche von Antiocheia und andere Stadttychen, Frankfurt 2001.

Stadtgöttinnen zurückgreift. Zwei Aspekte in der Rolle der mesopotamischen Stadtgöttinnen sind hervorzuheben: „Die Göttin ist zum einen von der Zerstörung der Stadt und dem Leid der Bevölkerung mitbetroffen, sie wird gedemütigt, deportiert und beklagt die Entweihung ihrer Wohnstätte und ihres Tempels. Unter diesem Aspekt spiegelt das Schicksal der Göttin jenes der Stadt: dem entspricht, dass die Göttin in einem Atemzug über ihr Schicksal und das der Stadt klagt. Die Klagen und Klagegesten der Göttin sind hier Ausdruck des Leides, das ihr und ihrer Stadt widerfahren ist: der objektiven ‚Minderung', die sie erfahren hat. Auf der anderen Seite ist die Stadtgöttin als Schutzgöttin und Herrscherin auch Adressatin für die Klagen und Bitten des Dichters. [...] In d[ies]er Rolle als mütterliche Herrscherin ihrer Stadt wird von der Göttin erwartet, dass sie den höheren Göttern gegenüber Fürsprache hält und sie zur Rücknahme der Zerstörung bewegt. Der Klagegestus der Göttin hat hier also auch ‚selbstmindernde' Funktion, deren Ziel die Besänftigung des Zornes der höheren Götter ist."[27] Der Stadtfrau Zion kommen genau diese beiden Funktionen zu. Ihr Schicksal wird einerseits zusammen mit dem ihrer Bevölkerung beklagt, andererseits klagt Zion selbst über die Vernichtung der Menschen und leistet Fürbitte bei JHWH.

Als weitere Wurzel der klagenden Stadtfrau Zion ist aber auch die Tätigkeit der Klagefrauen im Totenritual zu nennen. Totenklage ist in altorientalischen Gesellschaften vorrangig Sache der Frauen.[28] Die Klage ist ritualisiert, sie geschieht öffentlich, expressiv und gestenreich.[29] Dabei ist die Existenz von professionellen Klagefrauen anzunehmen, wie uns Jer 9,16–21 bestätigt. Der Text nennt nicht nur kurze Klagerufe, sondern beschreibt auch die Weitergabe der Klagetätigkeit von der Mutter zur Tochter. *So spricht der JHWH der Heere: Begreift es! Ruft die Klagefrauen herbei! Schickt nach den weisen Frauen! Sie sollen kommen. Schnell sollen sie kommen und Klage über uns anstimmen, so dass unsre Augen von Tränen fließen und unsre Wimpern von Wasser triefen. Da, horch, ein Klagelied ist aus Zion zu hören: Ach, wie sind wir misshandelt, in große Schande gestürzt! Wir müssen die Heimat verlassen, unsre Wohnungen hat man zerstört. Ja, hört, ihr Frauen, das Wort JHWHs, euer Ohr vernehme das Wort seines Mundes. Lehrt eure Töchter die Klage, eine lehre die andere das Totenlied: Der Tod ist durch unsre Fenster gestiegen, eingedrungen in unsre Paläste. Er rafft das Kind von der Straße weg, von den Plätzen die jungen Männer. Die Leichen der Leute liegen wie Dünger auf dem Feld, wie Garben hinter dem Schnitter; keiner ist da, der sie sammelt.* „Deutlich wird, dass sie [die Klagefrauen] jedenfalls in Jeremia 9, wo es sozusagen um den größten anzunehmenden Trauerfall überhaupt geht, im Auftrag der Öffentlichkeit und als Repräsentantinnen der Öffentlichkeit klagen. Ihre Funk-

---

27 Wischnowsky, Tochter Zion, 42.

28 Vgl. Jer 49,3; Jes 32,9–12; 2Sam 1,24; Ez 32,16.

29 Silvia Schroer, Häusliche und außerhäusliche religiöse Kompetenz israelitischer Frauen – am Beispiel von Totenklage und Totenbefragung, in: lectio difficilior 1/2002 (www.lectio.unibe.ch).

tion ist katalysatorisch, sie sollen zum Weinen animieren."[30] Die Tätigkeit der Klagefrauen hat also zugleich eine religiöse und eine politische Dimension. Denn nicht beklagt und nicht ordnungsgemäß bestattet zu werden, ist mithin eines der schlimmsten Vergehen gegen die Würde des Menschen. Aus Klage kann deshalb Anklage gegen Verbrechen werden.[31]

„Israelitinnen wurden [aber] nach den biblischen Texten nicht nur im Unglück auf die öffentliche Bühne geholt. Man erwartete von ihnen gleichermaßen, dass sie mit Handtrommel und Siegesliedern die erfolgreich heimkehrenden Krieger feierten, also auch in diesem Fall die Befindlichkeit des Kollektivs proklamierten."[32] Diese Funktion der weiblichen Bevölkerung, die heimkehrenden Sieger jubelnd zu begrüßen und die besiegten Gegner zu verspotten, wird der Stadtfrau Zion dort zugeschrieben, wo sie aufgefordert wird, den siegreichen König JHWH jubelnd zu begrüßen und diese Kunde als Botschafterin an alle Menschen und Städte weiterzugeben.

Aufgrund dieser traditionsgeschichtlichen Hintergründe ist berechtigterweise davon auszugehen, dass Zion bewusst weiblich figuriert wurde. Denn die für die Gesellschaft wichtigen Rollen der Klagefrauen und der (Sieges-) Künderinnen werden sozial eindeutig von Frauen wahrgenommen. Auf göttlicher Ebene fällt offensichtlich ebenfalls den Göttinnen die Klage um die zerstörte Stadt zu, so dass sich in diesem Punkt die gesellschaftliche und die göttliche Sphäre entsprechen. So ist die Schlussfolgerung durchaus berechtigt, dass im Kontext von Eroberung und Zerstörung die Not der Menschen in der weiblich personifizierten Stadt eine prominente Stimme erhält, die sowohl Klage als auch bittende Fürsprache bei Gott anstimmt.

In der Situation des Wiederaufbaues ist die Stadtfrau Zion dann bereits ein vorgegebenes Motiv, so dass in Fortführung und Umprägung der mit Zion verbundenen Motive ihr Wiederaufbau geschildert werden kann. Dabei entsteht nicht nur eine neue Beziehung zwischen JHWH und Zion, sondern auch zwischen der Stadt und ihrer Bevölkerung, für die Zion als Stadt und Gestalt mehr und mehr zum Symbol des Trostes und der Hoffnung wird.

---

30 A.a.O., 11.

31 Vgl. etwa 2Sam 21,10–14.

32 Schroer, Kompetenz, 12; vgl. Ri 11,34; 1Sam 18,6; 2Sam 1,20; Mich 7,8; Jer 50,11; Jdt 15,12.

Mit Solidarität und spiritueller Kraft ans Werk
Die Frau der Stärke (Spr 31,10–31) als perfekte Diakonin?

Hausfrau beim Lichtzünden am Sabbat, Holzschnitt um 1700, Fund aus der Veitshöchheimer Genisa.

„Und drinnen waltet die züchtige Hausfrau" – wer kennt es nicht, dieses Zitat aus Schillers Lied von der Glocke? Generationen haben es in der Schule auswendig gelernt, als Mahnung von den Eltern gehört, vor Augen das Bild einer immer fleißigen, aber schweigsamen und bescheidenen Ehefrau, die sich nicht um ihr eigenes, dafür umso mehr um das Wohl ihrer Familie sorgt.

Diese Wirkungsgeschichte des Gedichtes über die Frau der Stärke ist bekannt. Doch schon eine faire Übersetzung macht aufmerksam – spricht dieser Text tatsächlich von einer „fleißigen Hausfrau" im bürgerlichen Sinn? Sind da nicht noch ganz andere Entdeckungen zu machen?

Das Gedicht über eine Frau der Stärke in Spr 31,10–31[1]

10 *Eine Frau der Stärke – wer findet sie?*
Weit über Edelsteine reicht ihr Wert.
11 *Das Herz ihres Mannes vertraut auf sie*
und an Gewinn mangelt ihm nicht.
12 *Sie behandelt ihn gut und nicht böse*
alle Tage ihres Lebens.
13 *Sie prüft Wolle und Flachs*
und sie arbeitet mit Lust ihrer Hände.
14 *Sie ist wie Schiffe eines Händlers:*
aus der Ferne lässt sie ihr Brot bringen.
15 *Sie erhebt sich noch in der Nacht*
und gibt Nahrung für ihr Haus und die Ration ihren Arbeiterinnen.
16 *Sie sinnt auf einen Acker und nimmt ihn,*

1 Vgl. zur Übersetzung ausführlich Katrin Brockmöller, Eine Frau der Stärke – wer findet sie? Exegetische und intertextuelle Lektüren in Spr 31,10–31 (BBB 147), Berlin 2004.

von den Früchten ihrer Hände pflanzt sie einen Weinberg.
17 *Sie gürtet mit Kraft ihre Hüften,*
sie macht stark ihre Arme.
18 *Sie genießt, dass ihr Handelsgewinn gut ist,*
nicht verlöscht bei Nacht ihr Licht.
19 *Ihre Arme streckt sie aus zur Zwirnspindel*
und ihre Hände fassen die Spindel.
20 *Ihre Hand öffnet sie für den Elenden*
und ihre Arme streckt sie zum Armen.
21 *Sie hat keine Angst vor Schnee,*
denn ihr gesamtes Haus ist in Karmesin gekleidet.
22 *Stoffbahnen macht sie für sich,*
Leinen und Purpur sind ihre Kleidung.
23 *Einer, der bekannt ist in den Toren, ist ihr Ehemann,*
weil er zum Kreis der Ältesten eines Landes gehört.
24 *Feine Leinenkleidung produziert und verkauft sie*
und einen Gürtel gibt sie dem Händler.
25 *Kraft und Pracht sind ihre Kleidung,*
sie lacht dem kommenden Tag entgegen.
26 *Ihren Mund öffnet sie mit Weisheit*
und eine Weisung der Liebe ist auf ihrer Zunge.
27 *Sie ist Wächterin über die Geschäfte ihres Hauses.*
[Weisheit sind die Wege ihres Hauses.]
Brot der Faulheit isst sie nicht.
28 *Ihre Söhne stehen auf und preisen sie selig,*
ihr Mann steht auf und rühmt sie:
29 *„Viele Frauen erarbeiten sich Reichtum und Macht,*
du aber übertriffst sie alle!“
30 *Eine Täuschung ist die Ehre und ein Windhauch die Schönheit.*
Eine Frau ist die Gottesfurcht, ihrer sollst du dich rühmen!
31 *Gebt ihr von den Früchten ihrer Hände*
und rühmt sie in den Toren für ihre Werke.

1. Alles eine Frage der Übersetzung?

Das Problem der androzentrischen Übersetzung und damit auch der Wirkungsgeschichte sei an drei Beispielen verdeutlicht. Es beginnt schon mit den ersten beiden Worten: Eine *eschet hayil* – eine Frau der Stärke. In der Einheitsübersetzung und auch bei Luther (1984) lesen wir „eine tüchtige Frau“, und Luther (1912) übersetzt „ein tugendsames Weib“. Wie erklären sich diese Unterschiede? Das hebräische Wort *hayil* beschreibt im Alten Testament in der Regel tapfere Männer, Kriegshelden, politisch und sozial einflussreiche Persönlichkeiten. Es wird im Bezug auf Männer immer mit Begriffen aus den Bedeutungsfeldern *Kraft, Macht oder Reichtum* übersetzt, bezieht es sich auf

Frauen, wird meist das geschlechtsspezifische Bedeutungsfeld *Tüchtigkeit, Bravheit und Fleiß* vorgeschlagen.

Nur einer weiteren Frau wird in der Bibel diese Eigenschaft zugestanden: Rut wird in Rut 3,11 von Boas als *eschet hayil* bezeichnet: „Aber du, meine Tochter, fürchte dich nicht! Alles, was du sagst, werde ich für dich tun, denn in jedem Stadttor meines Volkes weiß man, dass du eine Frau der Stärke bist." Da in der hebräischen Bibel das Buch Rut gleich auf das Buch der Sprüche folgt, liest man diesen Ausspruch Boas wohl kaum, ohne sich an das Gedicht über die Frau der Stärke zu erinnern und Rut als eine Frau wie diese zu verstehen.

Ein weiteres signifikantes Beispiel findet sich in Vers 26. Die Einheitsübersetzung bescheinigt der Frau der Stärke an dieser Stelle, dass sie, *wenn* sie ihren Mund öffnet, „klug" redet. Wann spricht sie? Wer erlaubt es ihr? Der Duktus der Übersetzung: „Öffnet sie ihren Mund, dann redet sie klug und gütige Lehre ist auf ihrer Zunge" impliziert die Vorstellung, dass es wenige Momente sind, in denen sie spricht, z.B. um die Männer in einem Streit zu beruhigen, die Kinder zu ermahnen, einer Nachbarin einen Rat zu geben – eine brave Frau.

Die Lutherübersetzung ist deutlicher: „Ihren Mund öffnet sie mit Weisheit", bleibt aber im zweiten Versteil auch hinter den Möglichkeiten des Textes: „auf ihrer Zunge ist gütige Weisung" (1984) bzw. „holdselige Lehre" (1912).

Die wörtliche Übersetzung: „Sie öffnet ihren Mund mit Weisheit und eine Weisung der Liebe ist auf ihrer Zunge" betont, dass es eine *grundsätzliche* Eigenschaft der Frau der Stärke ist, mit Weisheit zu sprechen und dass sie eine besondere Weisung zu verkünden hat. Im Hebräischen steht für Weisung *tora* – eben jener Begriff, der auch verwendet wird, um die grundsätzlichen Regeln zwischen Gott und den Menschen zu beschreiben.

Mit Liebe habe ich den hebräischen Ausdruck *häsad* wiedergegeben, der ein breites Spektrum von Bedeutungen aufweist: Gnade, Güte, und Solidarität. Am nächsten kommt der Bedeutung wohl das ganze Spektrum dessen, was wir heute als Sozialkompetenz beschreiben würden.

Kontrovers diskutiert wird die Frage der Übersetzung in der zweiten Hälfte von Vers 30. Schon in der griechischen Textfassung der Septuaginta war dieser Nominalsatz wohl zu anstößig und lautet deshalb „denn eine verständige Frau lobt man, ihre Furcht des Herrn aber rühmt man". Dieser Tradition folgen sowohl Luther – „eine Frau, die den Herrn fürchtet" – als auch die Einheitsübersetzung – „eine gottesfürchtige Frau" – (zur Auslegung des Verses s.u.).

2. Und drinnen waltet die züchtige Hausfrau? – Einblicke in die Rezeptionsgeschichte des Gedichtes

a. Spr 31,10–31 als Vorlage für Schillers Lied von der Glocke

Die bekannteste außerbiblische Verarbeitung des Textes über die Frau der Stärke findet sich ohne Zweifel in einer der berühmtesten Balladen der großen deutschen Dichter.

[...] Der Mann muss hinaus
Ins feindliche Leben
Muss wirken und streben
Und pflanzen und schaffen,
Erlisten, erraffen,
Muss wetten und wagen
Das Glück zu erjagen.
[...] Und drinnen waltet
Die züchtige Hausfrau,
Die Mutter der Kinder,
Und herrschet weise
Im häuslichen Kreise,
Und lehret die Mädchen,
Und wehret den Knaben,
Und reget ohn Ende
Die fleißigen Hände,
Und mehrt den Gewinn
Mit ordnendem Sinn.
Und füllet mit Schätzen die duftenden Laden,
Und dreht um die schnurrende Spindel den Faden,
Und sammelt im reinlich geglätteten Schrein
Die schimmernde Wolle, den schneeigten Lein,
Und füget zum Guten den Glanz und den Schimmer,
Und ruhet nimmer. [...].

Schiller paraphrasiert hier das Gedicht Spr 31,10–31 auf der Grundlage einer erst Ende des 18. Jahrhunderts aufkommenden neuen Interpretation der Familie und des Verhältnisses der Geschlechter. „Wenn Schiller (im berüchtigten *Lied von der Glocke*) formulierte: ‚*Der Mann muss hinaus/Ins feindliche Leben/ [...] Und drinnen waltet die züchtige Hausfrau*', dann lachten darüber bereits die Romantiker, aber Generationen von Kleinbürgern sahen sich in ihrem patriarchalischen Weltbild bestätigt."[2] Nicht mehr eine Rollen- und Funktionsteilung bestimmt in dieser bürgerlichen Weltanschauung das Geschlechterverhältnis, sondern nun werden aus männlich und weiblich Wesensbeschreibungen. Mann und Frau unterscheiden sich nicht mehr primär durch unterschiedlich definierte Lebens- und Arbeitsaufgaben, sondern in ihnen werden philosophisch gesprochen die Unterschiede von Natur (Frau) und Kultur (Mann) repräsentiert. Aus dem Hauswesen, das gleichzeitig Lebens-, Arbeits- und Wirtschaftsbereich beinhaltete, werden im bürgerlichen Milieu Familienleben und weibliche Fürsorge im Haus von der Welt der Arbeit und des Wirtschaftens des Mannes außerhalb des Hauses getrennt.

Die Frau aus Spr 31,10–31 ist in ihrem Wirtschaften keineswegs auf ihr Haus begrenzt wie die Verse 14, 16, 18 und 24 zeigen. Weder eine Trennung von Hausarbeit und Wirtschaftsarbeit noch die Beschränkung der Frau auf die Versorgung ihrer Familie mit Nahrung und Kleidung sowie die Erziehung der Kinder können hier unterstellt werden. Zwar spricht das Gedicht in Vers 23 evtl. von einer Art Arbeitsteilung der Geschlechter, eine Wertung ist damit zunächst aber nicht verbunden. Sozialgeschichtliche Untersuchungen belegen, dass in persischer Zeit für Frauen eine derart aktive Beteiligung im wirtschaftlichen und sozialen Leben durchaus nicht ungewöhnlich war.[3]

---

[2] Jochen Vogt, in: http://www.uni-essen.de/literaturwissenschaft-aktiv/Vorlesungen/lyrik/schiller.html.

[3] Vgl. Christine Roy Yoder, Wisdom as a woman of substance. A socioeconomic reading of proverbs 1–9 and 31:10–31 (BZAW 304), Berlin u.a. 2001.

Interessant ist in diesem Zusammenhang auch die Beobachtung, dass der wirtschaftliche Gewinn durch die Textilarbeit der Frau im Lied von der Glocke den Besitz im Haus, im eigenen Schrank vermehrt, aber nicht durch Verkauf außer Haus das monetäre Vermögen. Eine öffentliche Anerkennung der Arbeit der Frau durch den Mann gibt es im Lied von der Glocke nicht. Und der Zukauf an zu bewirtschaftendem Ackerboden sowie dessen Bestellung (vgl. V 16) ist in Schillers Ballade eine eindeutig männliche Aufgabe. Der Mann, nicht die Frau, muss *pflanzen und schaffen, erlisten, erraffen.*

b. Schiller ist nicht der Einzige

Diese bürgerlich-patriarchale geistesgeschichtliche Strömung und Spr 31,10–31 ergänzten sich einfach zu gut. So wird dieses Gedicht (neben Gen 3) zu einer der zentralen christlichen Begründungen für die oben beschriebenen Differenzierungen von Mann und Frau, Kultur und Natur, Welt und Haus.

Beispielhaft sei aus dem kirchlichen Kreis Kardinal Michael Faulhaber zitiert. Er nennt Spr 31,10–31 „Das weltbekannte Frauenlob in dem sogenannten goldenen Alphabet [...] Es ist das hohe Lied auf Frauenwert und Frauentugend mit dem Anfangsvers: ‚Wo findet man eine tüchtige Frau? Weit über Perlen geht ihr Wert.' Wie in einem Frauen-Evangelium sind in diesem Liede die ewigen Frauenideale vom Finger Gottes niedergeschrieben und die unveräußerlichen Grundwerte des Frauenlebens, unabhängig von den wechselnden Zeitwerten der Frauenbewegung, mit dem Siegel Gottes gestempelt."[4]

Er zählt im weiteren fünf königliche Ideale der Frauenwelt auf: 1) treue Hingabe an die Familie, 2) Freude an der Arbeit, 3) soziale Karitas gegenüber den Dienstboten und den Armen, 4) Geistesbildung, 5) Gottesfurcht.[5] Des Weiteren schlägt er vor: Dieses Lied „sollte allen bibelgläubigen Frauen geläufig sein wie das ABC und von A bis Z als Elementarschule ihrer Lebensbildung gelten."[6]

Tatsächlich finden sich auch in der damals gängigen Ratgeberliteratur für Frauen zahlreiche Hinweise und Anspielungen auf diesen alttestamentlichen Text. Beispielhaft sei hier verwiesen auf „Die tüchtige Hausfrau. Ein praktisches Nachschlagebuch" von 1918, das unter dem Kapitel „Wie soll unser Körper die Hausarbeit verrichten?" folgende Anleitungen bereit hält: „Eine Stunde Wäschewaschen ersetzt eine Woche Tennisspielen oder sonstigen Sport [...] die Beschäftigung mit Eimern und Besen, das Heben der Kochtöpfe und Geschirre erziele die schönsten Arme und die meist gleichzeitige Beschäftigung beider Hände bewahre die Figur vor einseitig starken Hüften [...] Der spezielle Wert der Hausarbeit liegt in ihrer unendlichen Vielseitigkeit. Die ausgeklügeltste Gymnastik wäre nicht imstande, so viel Abwechslung an Übungen aufzustellen, wie sie die Hausarbeit ganz von selbst mit sich bringt. [...] Für viele im Bureau-

---

[4] Kardinal Michael Faulhaber, Charakterbilder der biblischen Frauenwelt, Paderborn 1924, 1.

[5] A.a.O., 4.

[6] Ebd., 4.

leben und in Fabriken verkümmerte Frauen ist sie schon heute die einzige Rettung, zu normalen weiblichen Kräften und richtigem Ausleben zu kommen."[7] – Die Frau kann also ruhig im Haus bleiben, eine sportliche oder gar berufliche Betätigung außer Haus erscheint nicht nur völlig sinnlos, sondern auch noch gesundheitsschädlich.

Nun mag zwar eine Stunde Wäscheschrubben ebenso viele Kalorien verbrennen wie eine Stunde Tennisspielen – mehr Spaß macht sicherlich das zweite! Doch eine wahrhaft tüchtige Hausfrau „gürtet ihre Hüften mit Kraft und macht ihre Arme stark" (vgl. V 17) *in* ihrem Haus und während ihrer Arbeit dort. Diese Auslegungstradition bestimmt die Interpretation des Gedichts über die Frau der Stärke bis in neueste Zeit.

In der katholischen Kirche wurde Spr 31,10–31 bis zur Reform der Perikopenordnung in Folge des II. Vatikanum an Heiligenfesten von Frauen sehr häufig gelesen. Heute ist das Gedicht in der Leseordnung so gekürzt (Spr 31,10–13.19–20.30–31), dass bei normalem Hören von der Frau der Stärke nur das Fragment einer arbeitsamen und selbstlosen, aber gottesfürchtigen Ehefrau – eben einer tüchtigen Frau in jedem Sinn – übrigbleibt. Als alttestamentliche Lesung vorgeschlagen wird diese gekürzte Fassung am 33. Sonntag im Jahreskreis (Lesejahr A), am Fest der heiligen Franziska von Rom (9. März) und am Fest der heiligen Johanna Franziska (12. Dezember). Entweder den Text Spr 31,10–31 oder Sir 44,1.10–15 empfiehlt das Lektionar für den Festtag der heiligen Anna und des heiligen Joachim (26. Juli). Als Auswahltext wird er grundsätzlich an allen Festen heiliger Frauen gestattet und für Trauungen auch in der vorgeschlagenen Form Spr 31,10–12.25–30 und der ungekürzten Fassung angeboten.[8]

Auch die aktuellen Kommentare reproduzieren zum Teil bis in die neueste Zeit diese Auslegungstradition. So kann Werner Dietrich (ganz auf der Linie Schillers) noch 1985 auslegen: „Wenn ihr Mann aus dem Haus geht, kann er sich getrost auf seine Frau verlassen. Bei ihr liegt alles in guten Händen. Er vertraut ihr grenzenlos. Und er muß ihr vertrauen können, denn das ist die Voraussetzung dafür, daß er unbeschwert und mit kühlem Kopf seinem Beruf nachgehen kann."[9] Während drinnen die tüchtige Hausfrau waltet, muss er ins feindliche Leben ...

In den beiden neuesten deutschsprachigen Kommentaren zum Buch der Sprüche kommen andere Dimensionen in den Blick. So gesteht Meinhold der Frau der Stärke „gekonntes wirtschaftliches Management" zu, allerdings nur in

---

7 Vgl. die Tüchtige Hausfrau, Ein praktisches Nachschlagebuch, München und Wien 1918, 7 und 9.

8 Vgl. Brockmöller, Eine Frau, 240, Anm. 862. In der jüdischen Tradition wird Spr 31,10–31 bis heute in der häuslichen Sabbatfeier gelesen. Zur Interpretation der Frau der Stärke als Schechina (Einwohnung Gottes) in der kabbalistischen Tradition vgl. auch Brockmöller, 254.

9 Werner Dietrich, Das Buch der Sprüche (Wuppertaler Studienbibel), Wuppertal 1985, 318f.

der „häuslichen Wirtschaft“, gepaart mit Zuverlässigkeit, Güte, verständiger Leitungstätigkeit und anderen Eigenschaften, die alle in der JHWH-Furcht gründen. Da so eine Frau nicht real existieren kann, deutet er ihre Beschreibung als fiktive Idealisierung.[10]

Ebenfalls nicht als reale Frau, sondern auf einer metaphorischen Ebene als Verkörperung der Frau Weisheit aus Spr 1–9 interpretiert Fuhs[11] die Frau von Kraft und Stärke (so im auslegenden Kommentar, in der vorangestellten Übersetzung heißt sie nach wie vor „eine tüchtige Frau“). Diese Weisheit, so gesteht er ein, kann aber in jedem Menschen konkret werden, narrativ entfaltet wird sie in Rut. Der komplizierte Vers 30 lässt ihn vermuten, dass zwischen der Frau der Stärke und Gott eine besondere Beziehung besteht.

Die neueren Entwicklungen in der Auslegungsgeschichte zeigen auf, dass die Figur wohl auf mehreren Ebenen untersucht werden muss:

- Charakterisiert das Gedicht eine realistische Frauengestalt, wenn auch vielleicht idealisiert?
- Wie verhalten sich Frau Weisheit und Frau der Stärke zueinander?
- In welcher Beziehung steht die Frau der Stärke zu JHWH?

3. Wer also ist diese Frau?

Die Frau der Stärke, wie sie das Gedicht in Spr 31,10–31 beschreibt, gehört zeitgeschichtlich in die späte nachexilische Zeit (4.–3. Jh. vor Chr.). Während der persischen Oberhoheit über Israel entwickelte sich eine neue wirtschaftliche Blüte. Mit ihrer Textilmanufaktur, der Produktion von kostbaren Textilien aus purpurgefärbten feinen Stoffen aus Wolle und Leinen und der Herstellung prachtvoller Schmuckgürtel sichert die Frau der Stärke mehr als das Überleben ihrer Hausgemeinschaft. Wir dürfen uns eine *reiche, prachtvolle Hausherrin* vorstellen, die ökonomisch geschickt und gesellschaftlich einflussreich ihren Platz im sozialen Gefüge einer Stadt einnimmt.

Doch nicht nur die ökonomischen Verhältnisse auch die sozialen Beziehungen einer Frau der Stärke schildert das Gedicht.

Verheiratet ist diese Frau der Stärke mit einem ihr an Tatkraft und Einfluss in nichts nachstehenden *Ehemann*, der zum Kreis der Ältesten, zu einem zentralen politischen Gremium, gehört (vgl. V 23). Das Gedicht erzählt scheinbar nichts über die emotionale Beziehung dieses Paares. Lediglich der ökonomische Gewinn, den der Ehemann durch sie erzielt (vgl. V 10–11), und das soziale Ansehen, das er durch sie gewinnt (vgl. V 23 und 31), werden erwähnt. Dennoch: Der Ehemann (und die erwachsenen Söhne!) erweisen ihr öffentliche Anerkennung und sprechen ihre Dankbarkeit und Zufriedenheit aus (vgl. V 28 und 29). Diese grundlegende Basis jeder partnerschaftlichen Beziehung wird ausdrück-

---

[10] Arndt Meinhold, Die Sprüche, Teil II: Die Sprüche Kapitel 16–31 (ZBK.AT 16/2), Zürich 1991, 522f.

[11] Vgl. zum Folgenden: Hans Ferdinand Fuhs, Sprichwörter (NEB.AT 35), Würzburg 2001, 185f.

lich erwähnt. Welche Rolle spielt in dieser Ehe die gegenseitige Zuneigung? Oder ist diese Fragestellung zu romantisch inspiriert? Jedenfalls schweigt das Gedicht darüber wie auch über die Frage, worin eigentlich ihr Gewinn an ihrem Ehemann besteht? Liegt ihr Gewinn im Aufruf zur öffentlichen Anerkennung ihrer Arbeit? Das wäre schon viel und ist bis heute nicht selbstverständlich.

Anscheinend selbstverständlich vorausgesetzt ist, dass diese Frau *Mutter* von erwachsenen Söhnen ist. Hat sie auch Töchter? Das Gedicht spricht nicht darüber, ebenso wenig wie es über Zeugung, Schwangerschaft, Geburt und Erziehung der Kinder spricht. Eine Frau der Stärke zeichnet sich eben auch dadurch aus, dass sie diese Lebensphase der Kindererziehung erfolgreich bewältigt hat.

Zu ihrem Hauswesen gehören noch die in ihrem Unternehmen *arbeitenden Frauen*, die von ihr angemessen versorgt werden (vgl. V 15). Geschäftliche Beziehungen unterhält sie zudem zu verschiedenen *HändlerInnen*, deren Ware sie kauft (vgl. V 14 und 16) bzw. an die sie ihre Waren verkauft (vgl. V 23). Hat die Frau der Stärke Freundinnen und andere vertraute Menschen? Das Gedicht schweigt darüber.

Schließlich wird ihr eine ausgeprägte soziale Verantwortung für die *Armen und Elenden* (vgl. V 20) bescheinigt. Dieses karitative Engagement führt aber nicht dazu, sich selbst zu vernachlässigen, ganz im Gegenteil: Sie hält sich fit (vgl. V 17). Von einem „Burn-out" ist sie weit entfernt, an ihrem eigenen Erfolg hat sie Vergnügen, und sie arbeitet mit innerer Befriedigung (vgl. V 13 und 18).

Neben ökonomischem Erfolg und geglückten sozialen und wirtschaftlichen Beziehungsnetzen besitzt eine Frau der Stärke zusätzlich *intellektuelle und spirituelle Kraft.* Sie lehrt mit Weisheit die Regeln der Liebe (vgl. V 26) und steht in besonderer Nähe zu Gott (vgl. V 30).

Soweit die Zusammenfassung dessen, was als reale Beschreibung einer zwar nicht namentlich genannten Frau, aber sicher als Lebensmöglichkeit und auf Grundlage realistischer Beobachtungen über die Frau der Stärke in Spr 31,10–31 ausgesagt wird. Dass es Frauen wie die Frau der Stärke in der persischen Epoche tatsächlich gab, hat Yoder eindrücklich nachgewiesen. Es waren Frauen der höchsten gesellschaftlichen Schichten, die einen hohen Wert für ihre Ehemänner darstellten, kostbare Textilien produzierten und damit handelten, die selbstständig für die Bewirtschaftung ihrer Nutzflächen sorgen, Land kaufen und verkaufen konnten, ihre Mitarbeiterinnen leiteten und eine öffentliche Stimme hatten; Frauen deren Wissen, Können und Vermögen den Ehemännern ein gutes Leben sicherte.

Um die weiteren oben gestellten Fragen nach dem Verhältnis zur Weisheitsgestalt in Spr 1–9 und ihrer Beziehung zu JHWH beantworten zu können, sollen zuvor der literarische Kontext sowie die poetische Gestaltung des Gedichtes analysiert werden.

4. Der literarische Kontext und die poetische Gestalt von Spr 31,10–31

Das Gedicht über eine Frau der Stärke ist der letzte Text des gesamten Buchs der Sprichwörter. Gemeinsam mit Spr 1–9 bildet es (zusammen mit der Rede der Königsmutter in Spr 31,1–9) einen Rahmen um die Spruchsammlungen der Kapitel 10–30. Diese Rahmung garantiert einen neuen literarischen Kontext der einzelnen (z.T. sehr alten) Sprüche. Sie sind nun als Lehrinhalte eingebettet in die didaktische Situation einer Unterweisung von jungen Männern durch erfahrene Lehrpersonen. Die menschlichen Lehrpersonen sprechen ihre Adressaten immer mit „mein Sohn" an. Die Rede ergreifen Vater und Mutter (vgl. Spr 1,8; 6,20), der Vater allein (vgl. Spr 4,1; in Spr 4,3 zitiert er wiederum seinen Vater) oder die Mutter des Königs Lemuël allein (Spr 31,1). Durch die Einleitung sind aber alle Reden letztlich Worte aus dem Mund des weisen Salomo und erhalten dadurch eine besondere Legitimation (vgl. Spr 1,1). Auch Frau Weisheit – wenn auch als Zitat in Menschenmund – richtet in Spr 1–9 ihre Mahnungen und Aufforderungen für ein gelingendes Leben an ihre Schüler, die sie nicht als Söhne, sondern als Törichte oder Unwissende anspricht.

Wer aber spricht Spr 31,10–31? Einen direkten Hinweis gibt es nicht. Der Text beginnt einfach mit der Eingangsfrage: Wer findet eine Frau der Stärke? Mindestens zwei Möglichkeiten stehen bereit. Entweder gilt die Überschrift in Spr 31,1 noch, dann spricht die Königsmutter. Sie wendet sich damit nach den generellen Ermahnungen darüber, wie ein König zu sein hat (Spr 31,2–9), ein zweites Mal an ihren erwachsenen Sohn, dieses Mal mit der Beschreibung einer für ihn perfekten Ehefrau. Die zweite Möglichkeit ist, dass Spr 31,10–31 nicht mehr der Königsmutter in den Mund gelegt werden kann, sondern erneut den in Spr 1–9 auftretenden Lehrautoritäten (Vater, Mutter, weiser König Salomo) zuzuweisen ist. Inhaltlich wird dem Schüler/Sohn vor Augen gestellt, welche Frau für ihn perfekt wäre, ob die Belehrungen nun von der Königsmutter oder den Lehrenden aus Spr 1–9 kommen.

Das Gedicht selbst ist von Spr 31,1–9 vor allem durch die poetische Form des alphabetischen Akrostichons klar abgesetzt. Von Vers 10 an beginnt jede Verszeile mit dem jeweils folgenden Buchstaben des Alphabets, so dass bis Vers 31 das ganze ABC komplett ist. Diese formale Struktur kennzeichnet nicht nur die Perfektion der DichterInnen, sondern wir haben es auch inhaltlich mit einem vollständigen A bis Z der beschriebenen Frau zu tun. Von Kap. 2 an erscheinen im Buch der Sprüche immer wieder alphabetisierende Strukturen (Spr 2,1–22; 24,1–22; 29,1–27), vollkommen ausgestaltet mit dem gesamten Alphabet aber nur in diesem letzten Text. Er wird dadurch noch mehr zu einem Höhepunkt und eindrucksvollen Schlusstext des Buchs stilisiert.

Zahlreiche Stichworte und Anspielungen binden Spr 31,10–31 eng an Spr 1–9. So sprechen z.B. Spr 3,15 und 8,11 davon, dass Weisheit zu finden für einen Mann mehr wert sei als kostbare Edelsteine. Ganz ähnlich formuliert Spr 31,10 – nur geht es hier jetzt scheinbar nicht um Weisheit (s.u.), sondern um eine Ehefrau.

Die besondere stilistische Kunstfertigkeit des Gedichts aber zeigt sich in seiner internen Gliederung.

Einleitung	Vom Gewinn des *Mannes* durch eine Frau der Stärke (V 10-11)
Hauptteil	Charakterisierung einer Frau der Stärke (V 12-27): *Wirtschaftliche und soziale Basis* (V 12-18) → ***Arbeit und Solidarität** (V 19-20)* *Wirtschaftlicher und sozialer Ertrag* (V 21-27)
Schluss	Das *männliche* Lob für eine Frau der Stärke (V 28-29)
Kommentar	Resümee und Verhaltensanweisung (V 30-31)

Die Einleitung (Verse 10–11) und der Schluss (Verse 28–29) setzen einen Rahmen, innerhalb dessen der Hauptteil seine Charakterisierung einer Frau der Stärke (Verse 12–27) entfaltet. Das ist nicht nur eine formale Beobachtung, denn auch inhaltlich wird deutlich, dass die Charakterisierung dieser Frau, so potent und patent sie auch sein mag, in eben diesen Rahmen, den die Männer der Familie setzen, eingebunden bleibt. Der abschließende Kommentar aus dem Mund der Lehrautoritäten des Buchs verdeutlicht erneut, dass das gesamte Sprüchebuch und eben auch das Gedicht über die Frau der Stärke primär eine Erziehungssituation junger Männer voraussetzt. Ihnen wird hier aufgezeigt, welche Frau für sie die perfekteste wäre, welchen Gewinn sie von ihr erwarten dürfen, aber auch wie sie sich einer solchen Frau gegenüber zu verhalten haben.

Im Hauptteil wird in drei Abschnitten das Porträt einer Frau der Stärke entfaltet. Neben der Vielzahl an Arbeitsaktivitäten und Persönlichkeitsmerkmalen stechen besonders die Verse 19–20 hervor. Diese Verse beschreiben in einem formal beeindruckend gestalteten Chiasmus die innere Zusammengehörigkeit von erfolgreicher Arbeit und Solidarität mit den Armen.

Ihre Arme streckt sie aus zur Zwirnspindel, und *ihre Hände fassen* die Spindel.

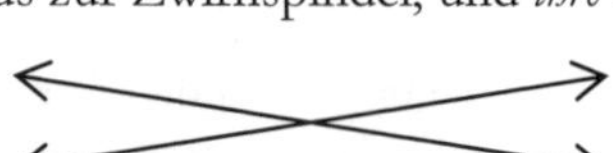

Ihre Hand öffnet sie für den Elenden, und *ihre Arme streckt sie* zum Armen.

Neben dem Chiasmus erstaunen diese Verse durch ihre Parallelität. Verben und Subjekte wiederholen sich, lediglich die Objekte des Tuns – die Spindel und die Armen – werden jeweils neu eingesetzt. Der Reichtum der Frau der Stärke gründet in ihrer Textilarbeit (ausgedrückt durch die beiden Begriffe für das wichtigste Arbeitsgerät: die Spindel), und diesen gibt sie an die Notleidenden (Elende und Arme) weiter. Auch hierin ist die Frau der Stärke perfekt. Einerseits genießt sie ihren Gewinn und kleidet sich auch prachtvoll (vgl. V 18 und 22), weiß aber gleichwohl um ihre soziale Verantwortung.

5. Die Frau der Stärke und Frau Weisheit

Wie oben bereits gesehen, dient die Beschreibung der Frau der Stärke als Bild einer perfekten Ehefrau für den Adressaten des Sprüchebuchs. Nach einer Frau mit diesen Potentialen soll er suchen, dann wird er ein gutes und glückliches Leben führen (wie überhaupt das Wohlergehen des Mannes im Sprüchebuch immer wieder in Abhängigkeit von der richtigen Frau dargestellt wird; vgl. Spr 5,1–23; 12,4; 18,22; 19,13 u.ö.). Auf einer realen Ebene wird also eine Frau gezeichnet, die sich in verschiedenen Arbeitsschritten der Textilproduktion engagiert, ihr Hauswesen mit Nahrung und Kleidung versorgt, Mutter erwachsener Kinder ist, über Managementfähigkeiten und solidarisches Bewusstsein verfügt.

Aber damit nicht genug. Die Schüler des Buchs werden immer wieder aufgerufen, ihr Begehren auf Frau Weisheit zu richten. Mit ihr, so das Versprechen, werden sie das Leben erfolgreich bestehen. In welchem Verhältnis stehen also die Frau der Stärke und die personifizierte Weisheit aus Spr 1–9? Wie mit einem doppelten Boden ist das Gedicht Spr 31,10–31 ausgestatten mit zahlreichen Anspielungen, die hier in Auswahl dargestellt werden sollen:

Die Begriffe „finden", „Edelsteine" und „Wert" erscheinen in der gesamten Weisheitsliteratur fast ausschließlich im Kontext der Suche nach Weisheit. So heißt es z.B. in Spr 3,13–14: „Wohl dem Mann, der Weisheit findet, [...] weit über Edelsteine reicht ihr Wert." Zum Vergleich sei auch Spr 31,10 zitiert: „Eine Frau der Stärke – wer findet sie? Weit über Edelsteine reicht ihr Wert." Es scheint fast, als hätten die DichterInnen hier einfach „Frau der Stärke" eingesetzt, wo zunächst „Weisheit" stand. Eine deutliche textliche Markierung, dass Weisheit und Frau der Stärke aufeinander zu beziehen sind.

In Vers 27 erscheint im hebräischen Text eine seltene Partizipialform „sie ist Wächterin", die im Hebräischen klingt wie *s-o-f-i-a*. Diese Lautbildung erinnert damit unweigerlich an das griechische Wort für Weisheit, und Vers 27 kann von daher neben der Übersetzung „sie ist Wächterin über die Geschäfte ihres Hauses" auch mit „Weisheit sind die Wege ihres Hauses" wiedergegeben werden.

Ebenfalls in Vers 27 heißt es im zweiten Halbvers: „Brot der Faulheit isst sie nicht!" Dieser kurze Satz klingt wie eine Zusammenfassung des neunten Kapitels des Buchs. Dort werden in zwei aufeinander bezogenen Textabschnitten zunächst eine Einladung zum Mahl mit der Frau Weisheit (Spr 9,1–9) und danach mit fast identischen Worten eine Einladung der Torheit dargestellt (Spr 9,13–18). Das Brot der Torheit führt denjenigen, der ihre Einladung annimmt und bei ihr speist, in die Scheol – die Welt des Todes. Die Einladung der Frau

Weisheit anzunehmen, bedeutet im Gegensatz dazu, sich auf den Weg eines gelungenen Lebens zu begeben. Wenn so vehement betont wird, dass die Frau der Stärke kein Brot der Faulheit isst, wird sie von Frau Torheit und allen anderen „schlechten Frauen" des Buchs abgesetzt und ganz auf die gute Seite, die Seite der Frau Weisheit gestellt.

Es fällt schließlich noch auf, dass sowohl der „Erwerb" von Weisheit als auch das „Finden" der Frau der Stärke und der Gewinn, der sich daraus ergibt, sehr häufig mit Begriffen aus dem wirtschaftlichen Bereich beschrieben werden. Diese Frauen existieren literarisch eingebettet in materialistischer, nicht idealistischer Metaphorik. Wenn man sie gewinnt, gewinnt man Reichtum, Vermögen, Luxus, ... nicht etwa Seelenruhe, Liebe oder Zufriedenheit.

Wie also verhalten sich Frau Weisheit und die Frau der Stärke zueinander? Die vielfältigen Verbindungslinien erklären, dass die Frau der Stärke häufig als irdische Verkörperung der Frau Weisheit interpretiert wurde (vgl. Fuhs s.o.). Dennoch, Frau Weisheit ist eine „himmlische Frau" im Bild der Göttinnen (so Silvia Schroer), die Frau der Stärke dagegen ist ganz irdisch und im Bild realer Frauen entworfen. So meine ich, dass die Frau der Stärke als eine irdische Symbolfigur für die Lehrinhalte der Weisheitslehrer des Buchs wie eine Schwester der Frau der Weisheit dieses Konzept vertritt. Diese Frau dient in der Didaktik als geerdetes Beispiel all dessen, was die Schüler lernen sollten, nämlich ihr Leben mit Weisheit zu gestalten.

6. Die Frau der Stärke und Gott

An einigen Stellen im Gedicht über die Frau der Stärke verblüfft die Begrifflichkeit. Sie wird mit Worten beschrieben, die sonst Eigenschaften Gottes oder menschliches Verhalten ihm gegenüber kennzeichnen. Einige seien genannt.

Mit „er vertraut auf sie" wird in Vers 11 ein Verhalten des Ehemannes beschrieben, das, mit dieser hebräischen Verbform ausgedrückt, an anderen Stellen zumeist das Vertrauen von Menschen auf Gott bezeichnet.

Besonders eindrucksvoll ist in diesem Zusammenhang der Vers 25a: „*Kraft und Pracht* sind ihre Kleidung." Eine derartige Ausdrucksweise ist üblicherweise Gott vorbehalten. So lesen wir in Ps 96,6: „*Pracht und Glanz* sind vor seinem Angesicht, Kraft und Herrlichkeit in seinem Heiligtum". Ganz ähnlich auch in Ps 104,1: „Preise Gott, meine Seele, Gott, mein Gott, sehr groß bist du; du kleidest dich mit *Pracht und Glanz*." Die Frau der Stärke erscheint hier wie in göttlichem Ornat.

An keiner Stelle werden die Luxustextilien (Leinen, Karmesin und Purpur), mit denen sich die Frau der Stärke umgibt und die sie zum Teil selbst trägt, als Kleidung für Menschen – nicht einmal Könige! – erwähnt. Lediglich das Zeltheiligtum wird mit ebendiesen Textilien geschmückt. Die Frau der Stärke gleicht so dem Offenbarungszelt, und wie das Zelt sichtbarer Ausdruck der Gegenwart Gottes ist, so verkörpert sie auch die Gegenwart Gottes in der Welt. Diese Interpretation wird indirekt bestätigt durch die mittelalterliche jüdische Interpretation, die das Loblied auf diese Frau als eine Allegorie auf die Schechina (Einwohnung Gottes) liest.

Schließlich sei das Loben der Frau der Stärke in den Schlussversen erwähnt. Dieser Sprachgebrauch bleibt üblicherweise Gott vorbehalten. Auffällig ist auch, dass die Verbalform von „loben" sich in Vers 31b nur durch ein Jota von der vor allem im Psalter vorkommenden Formel „Lobt Gott!" unterscheidet.

Diese in vielen Anspielungen wie in einem Rätsel erkennbare Transparenz auf Gott hin soll sicher nicht dazu dienen, die Frau der Stärke als Göttin auszuweisen. Eher ist die Frau der Stärke eine Frau, in der und durch die Gott auf der Erde präsent und erfahrbar wird, ein (Ab-)Bild Gottes (vgl. Gen 1,26) unter den Menschen. In diesem Kontext wird auch Vers 30 verständlich: Eine Frau ist die Gottesfurcht ... Mit Gottesfurcht ist im AT nicht das angstvolle und erschauernde Element angesprochen, sondern eben die Konstituierung jeder Gottesbeziehung, das angemessene Verhalten im Blick auf Gott. Diese rechte Weise der Gottesbegegnung verkörpert eine Frau.

7. Eine perfekte Diakonin in Wort und Tat!

Kann nach all dem die Frau der Stärke als perfekte Diakonin in Wort und Tat bezeichnet werden? Welche Lehre vertritt sie, was wäre der Inhalt ihrer Rede? *Ihren Mund öffnet sie mit Weisheit und eine Weisung der Liebe ist auf ihrer Zunge.* Worin besteht diese Weisheit und Weisung der Liebe? Wenn sie wie oben dargelegt als Legitimationsfigur die Lehre des Buchs vertritt, dann steht sie für diejenigen Werte, für die das gesamte Buch eintritt. Wie Vater und Mutter (Spr 1–9) und die Königsmutter (Spr 31,1–9) lehrt sie ein respektvolles und liebevolles menschliches Miteinander in Achtung auch vor der älteren Generation. Eine Lebensweise, die versucht, den eigenen Lebensunterhalt selbstständig zu erwirtschaften, aber die (schuldig oder unschuldig!) in Not geratenen Mitmenschen nicht zu vergessen. Sie rät zu lebenslanger Partnerschaft voll Vertrauen und einer bewussten Erziehung der Kinder. Ein Leben in Anerkennung Gottes und im guten Umgang mit den Gütern der Schöpfung. Ein Leben nach diesen Prinzipien ist ihre Tora der Liebe. Ihre Weisung – ihre Tora – ist nichts anderes als das Grundgesetz gelungenen und glücklichen menschlichen Lebens. Alle diese Grundsätze weisen Lebens predigt eine Frau der Stärke nicht nur, sondern lebt sie auch, wie in den vielfältigen Beschreibungen im Gedicht über sie deutlich wird.

IRMTRAUD FISCHER

Rut: Der Mensch lebt nicht vom Brot allein, sondern ebenso von Gottes Wort (Dtn 8,3)

Rut bei der Nachlese auf Boas' Feld, Ausschnitt aus einem Holzschnitt von Julius Schnorr von Carolsfeld, um 1855.

In der kirchlichen Auslegungsgeschichte wird mit dem diakonischen Aspekt der Speisung von Hungernden durch Frauen vor allem das Buch Rut in Verbindung gebracht. Dieses biblische Buch erzählt tatsächlich von einer Moabiterin, die in der Fremde tagtäglich für ihre unversorgte Schwiegermutter Brot nach Hause bringt. So deutlich das Gegensatzpaar Hunger und Sattsein durch das Grundnahrungsmittel Brot im Fokus des Rutbuches ist, so klar wird aber auch bei näherer Lektüre des Textes, dass dies nur einen Aspekt der Botschaft des Rutbuches – und damit seiner namengebenden Hauptfigur Rut – abdeckt.

1. Rut als literarische Figur

In einem Biografienband, der Leben und Wirken von historischen Frauenpersönlichkeiten darstellt, darf der Hinweis nicht fehlen, dass wir es bei biblischen Frauen mit *literarischen* Figuren zu tun haben. Zum einen wissen wir nicht einmal, ob tatsächlich Frauen, die einmal gelebt haben, hinter diesen Figuren stehen, zum anderen können wir selbst bei Hinweisen auf eine historische Gestalt nicht sicher sein, dass die erzählerische Bearbeitung der Figur biografischen Details folgt. Für manche an der Bibel historisch Interessierte mag dies eine Enttäuschung sein; aber die Bibel will nun einmal nicht möglichst nahe am äußerlichen Geschehen sein, sondern ist in allen ihren Teilen *theologisch gedeutete Geschichte*. So sind an manchen Büchern weniger die Erzählfiguren historisch, als vielmehr die Verankerung der sozialen und politischen Hintergründe, vor denen diese Figuren agieren und ihre Probleme lösen. Für Rut lässt sich nicht sagen, ob die literarische Figur ein historisches Frauenschicksal im Hintergrund hat. Aber es lässt sich sehr wohl zeigen, dass Frauen in fortgeschrittener nachexilischer Zeit, im 5. und 4. Jahrhundert v.Chr., die im Rutbuch thematisierten Probleme gehabt haben können.

In der zentralen Handlungsfigur der Rut werden alle möglichen Probleme in einer Figur gespiegelt, die sich durch eine gesellschaftliche *Hierarchie* ergeben, welche durch die *sozialen Merkmale* von reich oder arm, inländisch oder ausländisch, männlich oder weiblich, religiös der dominanten Gemeinschaft oder einer Fremdreligion angehörig und alt oder jung gestützt wird. Unter diesem Gesichtspunkt kann man das Rutbuch als erzählerische Verarbeitung der sozialen Probleme der persischen Provinz Juda in diesen beiden Jahrhunderten sehen. Die Erzählfiguren des Buches bündeln idealtypisch die positiven und negativen Diskriminierungsmerkmale: Rut ist die junge ausländische kinderlose Witwe, die offenkundig einer anderen Religion angehört, bevor sie sich der Gottheit Israels anschließt. Noomi ist die kinderlos gewordene Witwe, die im Ausland lebt und bereits an der Grenze der fruchtbaren Lebensphase steht. Selbst nach der Rückkehr in ihre Heimat hat sie offensichtlich keinen Zugriff auf das ihr noch gehörende Grundstück (4,3.9) und die aus ihm zu ziehenden Ressourcen, sondern ist auf Almosen angewiesen.

Boas und der namenlose Löser stehen den beiden Frauen gegenüber: Sie sind einheimisch und nie ins Ausland gezogen, sind ökonomisch so gut gestellt, dass sie zumindest keine materiellen Probleme haben, sind angesehen in der zivilen und religiösen Gemeinschaft, in der sie leben. Beide stehen offensichtlich in arbeitsfähigem, jedoch nicht mehr jugendlichem Alter, das sie als selbstbestimmte Erwachsene ausweist. Haben diese beiden Männer alle sozialen Vorzüge, so die Frauen alle Nachteile. Einzig darin sind sie sich gleich, dass alle Erzählfiguren im Rutbuch Freie sind. Sklaven und Sklavinnen kommen selbst unter dem Gesinde von Boas und den für ihn arbeitenden jungen Männern und Frauen nicht vor.

Auch aufgrund der verwendeten *literarischen Techniken* ist es mehr als unwahrscheinlich, dass sich die im Rutbuch erzählte Geschichte so zugetragen hat: Für jedes Kapitel verwendet es ein spezifisches Leitwort, das die in ihm erzählte Geschehensfolge deutet.[1] Jedes Kapitel nimmt Bezug auf eine andere biblische Geschichte, die durch das Erzählte entweder umgedeutet oder weitererzählt wird.[2] Jedes Kapitel legt einen Rechtstext aus, indem es diesen zugunsten von Frauen interpretiert.[3] Ein erzählerisch derart präzises und dennoch so genussvoll lesbares Buch verarbeitet keine nackte Biografie, sondern ist wohl eher eine beispielhafte Geschichte, die zur lebensförderlichen Schriftauslegung anleiten und dadurch reale Frauen in ihrer sozialhistorischen Situation unterstützen will. Auch wenn die Figuren der Ruterzählung nicht historisch sind, ist dennoch ihre Botschaft auf eine konkrete historische Situation gerichtet und will Leitlinien in bestimmten geschichtlich bedingten Problemfeldern geben.

---

1 Siehe dazu bereits Werner Dommershausen, Leitwortstil in der Rutrolle, in: Kath.-Theol. Fakultät an der Universität Tübingen (Hrsg.), Theologie im Wandel, FS Kath.-Theol. Fakultät an der Universität Tübingen 1817–1967 (Tübinger theologische Reihe 1), München u.a. 1967.

2 Vgl. dazu ausführlicher Irmtraud Fischer, Rut (Herders Theologischer Kommentar zum Alten Testament), Freiburg u.a. ^{2}2005, 47f.

3 Siehe a.a.O., 49–65.

2. Integration von Fremden

Das Rutbuch thematisiert vom ersten bis zum letzten Kapitel die Schwierigkeit von Menschen, in der Fremde zu leben und dort integriert zu werden. Die Geschichte beginnt mit Wirtschaftsflüchtlingen, die Juda wegen einer Hungersnot in Bethlehem verlassen und nach Moab ziehen. Da dieses Tafelland jenseits des Toten Meeres nur wenige Luftkilometer von Juda entfernt liegt und in etwa dieselben klimatischen Bedingungen wie das judäische Bergland aufweist, ist die Wahl Moabs als Ausweichland vor dem durch Trockenheit verursachten Hunger wenig realistisch. Israel weicht vor dem Hunger im Land normalerweise nach Ägypten aus (vgl. Gen 12,10; 41,53ff; 43,1ff). Von Krieg oder regionalem Unwetter als Ursache des Hungers wird im Rutbuch nichts erzählt. So sind die Felder von Moab, die einer judäischen Familie problemlos Aufnahme gewähren, offensichtlich bewusst in Kontrast zu den Feldern Bethlehems gewählt, auf denen sich die Moabiterin im Schweiße ihres Angesichts das Überleben für sich und ihre Schwiegermutter erarbeiten muss.

Die judäische Familie wird in Moab im *Rechtsstatus des Fremdlings* aufgenommen (vgl. 1,1) und im Laufe der Jahre sogar so weit integriert, dass ihre Söhne in der Fremde heiraten. Als nacheinander alle männlichen Mitglieder der Familie sterben, bleiben Noomi und ihre moabitischen Schwiegertöchter Rut und Orpa allein und kinderlos übrig (1,3–5). Da die Hungersnot in Juda zu Ende ist, entschließt sich die bethlehemitische Frau zur Rückkehr.

Die Abschiedsszene, die bereits am Weg stattfindet, um die Wahl zwischen einer Rückkehr nach Bethlehem oder nach Moab zu ermöglichen, zeugt in allen ihren Dialogen von einem herzlichen Verhältnis zwischen den drei Frauen und der Atmosphäre der Achtung zwischen den von ihrer Herkunft her *Fremden*. Die Schwiegertöchter werden sogar derart verbunden vorgestellt, dass sie bereit sind, um der Gemeinschaft mit der Schwiegermutter willen ihr eigenes Land und Volk zu verlassen. Noomi weiß dies zu schätzen, aber will sie dennoch in realistischer Einschätzung der Lebensmöglichkeiten von kinderlosen Witwen in der Fremde nach Moab zurückschicken. Orpa folgt dem Rat Noomis. Rut jedoch lässt sich nicht abschütteln und bindet sich mit einem Schwur lebenslänglich an die alternde Frau (1,16f), und diese akzeptiert dies, ohne sie jedoch zu ermuntern oder Freude an der Entscheidung zu zeigen.

Als die beiden in Bethlehem ankommen, erweist sich Noomis Einschätzung der sozialen Lage als richtig. Wenngleich ihr selber das Schicksal mangelnder Integration in der Fremde erspart blieb und sie daher nicht am eigenen Leib erfahren musste, was es für eine Frau in patriarchaler Gesellschaft bedeutet, im Überlebenskampf allein zu stehen, weiß Noomi, dass Schwierigkeiten der Normalfall sind. Als die beiden nach Bethlehem kommen, nimmt man nur sie als Rückkehrerin wahr, nimmt man nur sie anteilnehmend auf. Aber auch Noomi sieht, kaum zuhause angekommen, nur sich selber und ihr Leid, allein zurückgekehrt und daher unversorgt zu sein (1,19–22). Sowohl Noomi als auch die Frauen von Bethlehem ignorieren in ihren Reden die treue Begleitung der Moabiterin, die Volk und Land, aber auch ihre Gottheit(en) verlassen hatte, um nach

Juda zu ziehen und Noomis Gott JHWH zu verehren (1,15.17). Nur die erzählende Stimme im Buch besteht darauf, dass Rut als Rückkehrerin betrachtet wird – und nicht als Neuankömmling (1,22).

Um die Integration in Bethlehem wird Rut bis zum Schluss kämpfen müssen. Obwohl sie ihren gesamten Kontext verlassen hat, um ihr Leben für immer mit Noomi in deren Land unter deren Volk zu verbringen, wird sie bis zum Schluss als Moabiterin gehandelt (vgl. 1,22; 2,2.6.21; 4,5.10). Eine Frau allein ist fremder im Ausland als ein Mann, da nur er einer Familie den Rechtsstatus des Fremden gewährleisten kann. Frauen steht dieser Status nicht zu, es gibt nicht einmal eine weibliche Form des Wortes. Rut handelt denn auch entsprechend ihrer Lage, nimmt das Armen- und Fremdenrecht in Anspruch (vgl. Lev 19,9; Dtn 24,19ff) und bezeichnet sich in ihrem Gespräch mit Boas als *Ausländerin* (vgl. 2,10). Als solche hat sie in Juda weniger Rechte, als der Familie Elimelechs in Moab gewährt wurden. Auch wenn Rut am Ende des Buches nicht nur den Frauen des eigenen Volks gleichgesetzt wird, sondern sogar den Müttern des Volks, hat man ihr diese geglückte Integration nicht geschenkt. Sie selbst und Noomi mussten tatkräftig und listenreich nachhelfen, dass aus der Ausländerin, die von Anfang an integrationswillig war, eine Judäerin wurde. In patriarchalen Gesellschaften erkennen zwar die Leute ebenso die Fähigkeit von Personen und schätzen sie (vgl. 3,11), aber wirklich eine Zugehörige wird eine Frau erst dadurch, dass ein Mann sie durch Heirat dazu macht (vgl. 3,9; 4,9–13).

3. Abhilfe gegen den Hunger

Die Begebenheit bei der Rückkehr der beiden Frauen (vgl. 1,19–21) verweist wie ein Prolog auf die folgenden Geschehnisse. Obwohl Noomi wiedererkannt wird und offensichtlich noch einen angesehenen Verwandten ihres Mannes in Bethlehem hat, gibt es niemanden, der ihre Armut sieht und wendet. Die vor Ort fremde Rut nimmt die Sicherung des täglichen Überlebens in die Hand, indem sie auf die Erntefelder vor der Stadt geht und das Armenrecht der Nachlese in Anspruch nimmt (vgl. Dtn 24,19ff). Dies bedeutet nichts anderes, als von dem leben zu müssen, was die Erntenden verlieren oder unabsichtlich liegen lassen und dafür noch die Duldung des Grundherrn oder der Grundherrin zu benötigen. Obwohl sie keine sozialen Verbindungen hat, die sie nützen könnte, findet sie auf einem Feld Aufnahme. Die Fügung will es, dass sie ausgerechnet auf das Feld des Verwandten Boas kommt. Er gewährt ihr, nachdem er erkannt hat, um wen es sich handelt, nicht nur die Erlaubnis zur weiteren Nachlese, sondern versorgt sie wie eine seiner Bediensteten, indem er ihr zu essen und zu trinken gibt und sie vor sexuellen Übergriffen der Arbeiter schützt (2,9.14–16). Dieses Handeln des wohlhabenden Mannes für die arme, ausländische Frau ist zwiespältig. Er belässt sie einerseits in ihrer Rolle als Bittstellerin und erspart ihr daher nicht, sich demütigen zu müssen. Andererseits aber gewährt er mehr als üblich und ermöglicht Rut, mit einer großen Menge Korn und dem Rest vom Mittagessen nach Hause zu kommen, um die Schwiegermutter zu versorgen. Aber nach dem Ethos Israels müsste Boas selber seine Verwandte versorgen, freiwillig, ungebeten und ausreichend. Der wohlhabende Mann jedoch gefällt sich in der Gönnerrolle, die die Frauen in Abhängigkeit hält. Er bewahrt sie vor dem Hunger, versorgt sie jedoch nicht auf Dauer. Die Initiative dazu muss von den beiden Frauen ausgehen. Boas macht sich nicht die Mühe, die Lebenslage der Frauen so genau anzusehen, dass er ihre Not erkennen würde. Wurde die judäische Familie in Moab offensichtlich fraglos mit dem Nötigen versorgt, so muss Rut sich in Juda das tägliche Brot an jedem Tag neu erarbeiten – und hat doch als Ausländerin nicht einmal die Chance, als Erntearbeiterin einen Tageslohn zu verdienen. Erst als die gesamte Getreideernte zu Ende ist und mit ihr die Möglichkeit, Nachlese zu halten, muss sie nach neuen Wegen suchen, gegen den Hunger anzukämpfen und Noomi und sich selber längerfristig zu versorgen. Denn bis zum Abschluss der Ernte reicht das Brot – wie das Manna in der Wüste (vgl. Ex 16) – jeweils nur für einen Tag.

Da die beiden Frauen keinen direkten Zugang zu den ökonomischen Ressourcen haben, ist für die jüngere der einzig mögliche Weg die Heirat, die sie in eine Familie mit sicheren Lebensgrundlagen eingliedert und für die Arbeit auch Versorgung bietet. Da Ruts primäre Lebensbeziehung, die sie mit einem feierlichen Schwur besiegelt hat, jedoch jene mit Noomi ist, muss sie einen Mann finden, der bereit ist, sie zu heiraten und zugleich ihre Schwiegermutter mitzuversorgen. Denn in Gesellschaften ohne Umlagesystem für die Alterssicherung müssen die Jungen die Alten versorgen, wenn sie gebrechlich werden. In Boas findet Rut einen Mann, der bereit ist, beide Frauen bei sich aufzunehmen und ihre Arbeit mit Unterhalt zu entlohnen. Aber Rut muss ihn erst darum bitten und ihr Ansinnen als Ergebnis einer konsequent angewandten Ethik Israels klar machen (vgl. 3,9). Insofern ist es freilich der Mann, der den Hunger auf Dauer beseitigt, aber er muss erst dazu gebracht werden, dies zu tun. Wie so oft machen sich die Wohlhabenden keine Gedanken um den nackten Überlebenskampf jener, die durch den sozialen Rost fallen.

4. Unterstützung in der Rechtsvertretung

Die altisraelitische Ortsgerichtsbarkeit, die vorrangig Entscheidungen des Zivilrechts fällt, wird von der Institution der Ältesten getragen. Die Ältesten sind aber nun nicht einfach die ältesten Männer der Siedlung, sondern jene, die als älteste Männer der direkten genealogischen Linie einer Familie die Funktion als Patriarch, als Oberhaupt, innehaben. Diese Funktion können damit nur freie und die Position des jeweiligen Erstgeborenen innehabende Männer wahrnehmen. Frauen, die im Alten Testament auch als Richterinnen belegt sind (vgl. Ri 4,4), sind aus *dieser* Form der Gerichtsbarkeit, deren Sitz das Stadttor ist, offensichtlich ausgeschlossen. Das bedeutet nichts anderes, als dass unfreie Personen, nachgeborene erwachsene Männer sowie Frauen und Kinder ihre Rechte durch den Ältesten vertreten lassen mussten.

Noomi kann daher ihr Feld, das sie offensichtlich nach 4,3 noch besitzt, nicht selbst im Tor veräußern und damit ihren Lebensabend sichern. Dazu braucht sie einen Ältesten aus ihrer Familie, der dieses Rechtsgeschäft für sie tätigt. Boas als einer der Löser Noomis (2,20) erklärt sich dazu bereit. Er schließt sich aber auch der Rechtsauslegung Ruts an, die für den Fall der beiden verarmten Frauen, die in lebenslanger Gemeinschaft leben, Lösung und Ehe in einem vollzogen wissen will und ihre Heiratsbitte an Boas daher mit der Begründung versieht, dass er Löser sei (3,9). Boas verspricht ihr, dieser Bitte, die beide Frauen auf einmal versorgt, nachzukommen, falls jener Löser, der noch näher verwandt sei als er (vgl. dazu den Rechtshintergrund in Lev 25,23ff), dazu nicht bereit sein sollte (3,12f). Unmittelbar am nächsten Morgen beruft Boas im Tor das mindestens zehnstimmige Ältestengericht ein, um die Angelegenheit der beiden Witwen zu verhandeln. Der nächste Löser, dem offensichtlich ein Vorkaufsrecht in Bezug auf das Feld eingeräumt ist (vgl. Jer 32), willigt vorerst, aber wie sich zeigt, vorschnell, in den Handel ein. Erst als er erfährt, dass nicht nur der Acker zu kaufen und Noomi zu versorgen, sondern auch die junge Witwe zu ehelichen ist, zieht er sein Angebot zurück, um sein eigenes Erbe nicht zu schädigen (vgl. 4,1–6). Boas jedoch ist zu beidem bereit, ja, man gewinnt aus Kap. 3 den Eindruck, als ob er vor allem Interesse an der Heirat mit Rut hätte, weniger jedoch am Kauf des Grundstücks von Noomi. Mit Hilfe des voll rechtsfähigen Mannes gelingt es den beiden Frauen, nicht nur in die Gesellschaft (re-)integriert zu werden, sondern auch dem alltäglichen Kampf um das Überleben zu entkommen, indem sie wieder Glieder jener Institution werden, in der in Alt-Israel normalerweise alle Menschen leben: der Familie.

In diesem gerade in unseren heutigen Gesellschaften wichtigen Aspekt der Diakonie, der Begleitung in Rechtsfragen für fremdstämmige Menschen, ist Rut nicht das Subjekt, sondern das Objekt. Sie hat es als Ausländerin und als Frau nötig, effektive (rechtlich notgedrungen männliche) Hilfe bei der Rechtsvertretung in Anspruch zu nehmen, obwohl sie sehr klare Vorstellungen um die lebensförderliche Auslegung von Israels göttlich sanktioniertem Recht hat.

5. Der Dienst am Wort

Im Alten Orient gibt es keine Trennung von Religion und Staat, denn auch für westliche Gesellschaften ist diese eine relativ neue Entwicklung. Alt-Israels Recht ist dementsprechend auch kein ziviles bürgerliches, sondern – wie alle Rechtsbücher des Alten Orients – göttlich sanktioniertes Recht. Im Unterschied zu anderen berühmten Rechtsbüchern der altorientalischen Epoche wie etwa dem Codex Hamurapi, ist Israels Recht jedoch nicht vom König erlassen, sondern wird als Gottesrecht deklariert. JHWH, Israels Gottheit, gibt seinem Volk die Tora, symbolisch erzählt in der Geschichte der Übergabe der Gesetzestafeln an Mose als prophetischen Mittler des Volks (Ex 24,12; 31,18–32,19). Die Tora ist für Israel die Weisung zum Leben, frohe Botschaft und rechtlicher Maßstab in einem. Da die Tora daher nicht nur die ethischen Leitlinien der Gemeinschaft vorgibt, sondern diese auch rechtlich regelt, gehört die Auslegung des Rechts und die Anwendung auf konkrete Fälle wesenhaft zum Gesetz dazu.

Nicht umsonst wird die die Tora aktualisierende Prophetie bereits am Sinai gestiftet.[4] Um ihrer Aufgabe, dem Leben dienstbar zu sein, gerecht zu werden, muss die Weisung ausgelegt und der Sinn des Rechts an neue Situationen adaptiert werden. Der Dienst am Gotteswort besteht damit in Israel auf weite Strecken hin in der Auslegung des Gesetzes, in der *Halacha*, die dem göttlich sanktionierten Recht, das notgedrungen auch die Machtverhältnisse einer Gesellschaft widerspiegelt, das menschliche Antlitz gibt. Diese aktualisierende Schriftauslegung, die bereits in der Bibel selber beginnt, wird nicht selten in die literarische Form von Erzählungen gebracht, die rechtliche Regelungen thematisieren. Das Buch Rut ist dafür ein Paradebeispiel.[5]

Das erste Kapitel des Rutbuches legt den sogenannten *Moabiterparagraphen* von Dtn 23,4–7 aus.[6] Er verbietet kategorisch und für immer die Aufnahme von moabitischen Menschen, weil dieses Volk bei Israels Zug in das Verheißungsland die Versorgung mit Wasser und Brot verweigerte und dessen König den Propheten Bileam gedungen hat, Israel zu verfluchen (vgl. den Bezug auf die Erzählungen von Num 22–24). Dieser Moabiterparagraph wurde in der Entstehungszeit des Rutbuches von manchen gesellschaftlichen Gruppen als rechtliche Legitimierung des Ausschlusses von Fremden aus der nachexilischen Gemeinde herangezogen. Neh 13,1–3 etwa belegt eine solche Verwendung im Sinne eines Verbots der Ausländerintegration, die nicht zuletzt darin gipfelt, dass Ehen mit fremden Frauen nicht nur verboten werden, sondern sogar bestehende Ehen geschieden werden sollen (vgl. Esr 9–10; Neh 13,23ff).

Das Rutbuch kämpft nun aber nicht direkt und offensiv gegen diese aktualisierende Verwendung des Paragraphen an, sondern hebelt die Argumentation aus, indem es ihm durch eine Gegengeschichte die Begründung entzieht: Damals wurde Israel nicht mit Wasser und Brot versorgt; diesmal aber wird eine judäische Familie in den Feldern Moabs aufgenommen und sogar durch Eheschließungen integriert. Ja, sogar als Noomi in Bethlehem zurück ist, sorgt noch die Moabiterin für das tägliche Brot. Fällt die Begründung eines Rechtssatzes weg, ist auch dieser nicht mehr aufrechtzuerhalten.[7] Die Moabiterin Rut ist daher nicht nur in Israel aufzunehmen, sondern eine Frau wie sie, die in ihrem

---

[4] Siehe zu diesem Verständnis ausführlicher: Irmtraud Fischer, Gotteskünderinnen. Zu einer geschlechterfairen Deutung des Phänomens der Prophetie und der Prophetinnen in der Hebräischen Bibel, Stuttgart 2000, 51–53.

[5] Vgl. die Begründung dieser These zur literarischen Gattung des Rutbuches, Fischer, Rut, 81–85.

[6] Diese These hat bereits Jürgen Ebach, Fremde in Moab – Fremde aus Moab. Das Buch Rut als politische Literatur, in: ders./Richard Faber (Hrsg.), Bibel und Literatur, München 1985, 277–304, vertreten.

[7] Georg Braulik, Das Deuteronomium und die Bücher Ijob, Sprichwörter, Rut, in: Erich Zenger (Hrsg.), Die Tora als Kanon für Juden und Christen (Herders Biblische Studien 10), Freiburg u.a. 1996, 61–138: 116.

Ährenlesen dem Mannalesen des Volks in der Wüste gleichkommt,[8] ist auch problemlos durch Heirat zu integrieren.

Das Rutbuch erzählt aber auch noch eine Geschichte gegen zwei weitere Rechtstexte und deren allzu enge Auslegung. Die *Lösung* als Institution verwandtschaftlicher Solidarität verpflichtet wohlhabendere Teile einer Sippe zum unterstützenden Eingreifen für in Not geratene Familienmitglieder (vgl. Lev 25, 23ff). Da aber Haus- und Grundbesitz in patriarchaler Gesellschaft, die das Erbe patrilinear vom Vater an den ältesten Sohn weitergibt, an die ältesten Männer gebunden ist, fallen Frauen nicht nur beim Erbe als Töchter, sondern auch als Witwen durch, wenn noch männliche Verwandte des Erblassers leben. Diese haben dann zwar die Verpflichtung, die „übriggebliebenen" Frauen (vgl. Rut 1, 3.5) und Kinder zu versorgen, aber häufig bedeutet das für Witwen und Waisen den sozialen Abstieg.

Einen Sonderfall einer Witwenversorgung beim Tod des erstgeborenen Haupterben stellt das *Levirat* dar. Nach Dtn 25,5–10 ist der nachfolgende, ins Haupterbe eintretende Bruder moralisch verpflichtet, mit der kinderlos gebliebenen Witwe seines älteren Bruders einen Sohn zu zeugen, um den Namen des Verstorbenen zu erhalten – und wohl auch, um die Frau weiterhin in die Familie zu integrieren.

Nach den Regelungen von Dtn 25,5 besteht für Boas keinerlei Verpflichtung, eine derartige Bindung einzugehen, da Rut nie mit seinem älteren Bruder verheiratet war. Bereits in Rut 1,12f bringt Noomi zur Versorgung der beiden jungen ausländischen Witwen eine dem Levirat ähnliche Konstruktion ins Spiel. Allerdings geht sie dabei nicht nur von der Annahme aus, dass das Levirat den lebenden Frauen und nicht den toten Männern dient,[9] sondern auch, dass die legitime Genealogie auch über sie, über eine Frau, geführt werden kann. Noomi muss diese Art der Witwenversorgung jedoch als Hirngespinst verwerfen, da das Alter gegen alle drei Frauen arbeitet. In 3,9 bittet Rut Boas um die Ehe für sich und für Noomi um die Lösung, rechtskonform jedoch nicht um das Levirat. Ihr Ziel ist, Noomi und sich selbst mit einem einzigen Rechtsakt wieder in die familiären Häuser Bethlehems zu integrieren. Boas stellt diese Konstruktion, bei der die beiden Frauen nicht getrennt werden müssen, als Lösung für Noomi und als Leviratsehe für Rut dar und verbindet damit die beiden in der Tora getrennten Institutionen der verwandtschaftlichen Solidaritätsverpflichtung. Was Rut auf der Tenne vorschlägt und Boas beim Ältestengericht im Tor weiterführt, ist kreative, dem Leben der Frauen dienende Schriftauslegung: Sowohl die Regelung des Levirats als auch jene der Lösung haben als bedürftige Verwandtschaft nur die männlichen Mitglieder der Familie im Blick. Um aber den Sinn und Zweck beider Regelungen zu erfüllen, muss sie für *alle* Glieder einer

---

8 lqt ist nur Leitwort zweier biblischer Erzählungen, von Rut 2 (zwölf Belege) und Ex 16 (neun Belege); vgl. dazu bereits Braulik, a.a.O., 113.

9 Dies hat bereits Phyllis Trible, Gott und Sexualität im Alten Testament (Gütersloher Taschenbücher 539), Gütersloh 1993, 224, auf den Punkt gebracht.

Verwandtschaft gelten, selbst für angeheiratete ausländische. Der wahre Dienst am Wort bewirkt also die Veränderung strukturellen Unrechts und lässt auch jene in den Genuss von Schutzrechten kommen, die das geschriebene Gesetz nicht berücksichtigt.

Aber das Rutbuch leistet den Dienst am Wort nicht nur in Bezug auf das Gesetz. Gerade gegen das Problem der Abschottung der perserzeitlichen Gemeinde von fremdstämmigen Menschen schreibt es durch das Weitererzählen biblischer Geschichten an. So lässt das Rutbuch Boas sagen, dass Ruts Verlassen von Volk und Elternhaus auf einer Ebene mit der sogenannten Berufung von Abraham zu sehen ist. Denn Boas zitiert Gen 12,1–4, um Ruts Handeln für Noomi zu werten. Da die Rede des Mannes zudem für die Deutung der Beziehung zwischen Schwiegermutter und Schwiegertochter Gen 2,24 einspielt, einen Text, der die Beziehung zwischen Mann und Frau zur lebensförderlichen Norm erklärt, anerkennt Boas die Bindung einer Frau an eine andere als ebenso lebenstaugliche Lebensform. In Kap. 4 unterstützt er diese denn auch aktiv, indem er beide Frauen in sein Haus aufnimmt und diese sich daher nicht trennen müssen. Gerade diese Tat, die ihn vorerst als zweite Wahl der Liebe seiner Frau[10] an den Rand stellt, lässt ihn als Urahne König Davids unsterblich werden – auch wenn Rut ihr Kind nach Sichtweise des Rutbuches nicht für ihn, sondern für die geliebte Noomi gebiert (vgl. 4,17).

6. Vom Aufbrechen benachteiligender sozialer Strukturen als Konsequenz diakonischen Handelns

Sozialstrukturen spiegeln die Machtverhältnisse einer Gesellschaft wider. Je hierarchischer ein Gemeinwesen strukturiert ist, desto größer ist das soziale Gefälle zwischen den einzelnen Mitgliedern. Jene, die nur mitgemeint sind, können aufgrund ihrer Unsichtbarkeit in den Strukturen auch selten einklagbares Recht für sich beanspruchen. Die Gesellschaften des Alten Orients waren – wie unsere heutigen westlichen Gesellschaften auch noch immer mehr oder weniger – davon geprägt, dass Männer vor den Frauen ihrer sozialen Schicht, Reiche vor Armen, Einheimische vor Fremden und Alte vor Jungen gereiht wurden. Unfreie hatten im strengen Sinn keinen *sozialen* Status, sondern vielmehr den Status eines Sachwerts für ihre Besitzer. Diese Unrechtsstrukturen, die nicht allen Menschen gleichen Wert und Würde zugestehen, werden durch das Recht einer Gesellschaft nicht nur offenkundig, sondern auch verfestigt. Die Auslegung kodifizierten Rechts, die im extremsten Fall in dessen Aufhebung endet, ist dazu da, auf gesellschaftliche Veränderungen zu reagieren und sukzessive unbrauchbares Recht in brauchbares, weil für alle Mitglieder hilfreiches Recht umzuwandeln. Wo der Prozess der Annäherung an das Recht-Verschaffen für alle nicht mehr geleistet wird, verkommt geschriebenes Recht zum Unrecht für die an den Rand Gedrängten.

---

[10] Von Liebe ist im Rutbuch nur für Ruts Beziehung zu ihrer Schwiegermutter die Rede (vgl. 4,15; 1,16f).

Das Rutbuch erzählt eine der wenigen biblischen Geschichten, in denen alle HandlungsträgerInnen als positive Figuren gezeichnet werden. Niemand will einem anderen übel, alle sind höflich zueinander, wenngleich einige mehr zu geben bereit sind als gefordert: Die Schwiegertöchter, die ihre Schwiegermutter nicht allein lassen möchten, der Vorarbeiter, der Rut bereitwillig Nachlese halten lässt, die Ältesten, die die Fähigkeit der Moabiterin anerkennen (vgl. 3,11) und deswegen der rechtlichen Konstruktion von Levirat und Lösung zustimmen und Rut schließlich den großen Ahnfrauen ihres Volks gleichachten (4,11–12). Selbst die Frauen, denen Noomi ihr Hiobsschicksal klagt,[11] reagieren so, wie man es in entsprechender Lage von den Freunden Hiobs gerne gehabt hätte – sie fragen nach und schweigen. Dennoch tun weder sie noch Boas, der vom Schicksal der beiden Witwen offensichtlich unterrichtet wurde (vgl. 2,11), Notwendendes für sie. Erkennt man den halachischen Charakter der Erzählung, dann ist es zwingend, dass Rut sich auch über Moab hinaus bewährt und Noomi auch in Bethlehem mit Brot versorgt (s.o. das Rutbuch als Gegengeschichte gegen den Moabiterparagraphen). Aber der daraus entstehende Kontrast zwischen der diakonischen Fremden und dem im Liebespatriarchalismus erstarrten Mann Boas ist wohlerwogener didaktischer Nebeneffekt: Die Zugehörigkeit zum Gottesvolk ist eine Sache der persönlichen Entscheidung in Bezug auf JHWH und der daraus folgenden Lebensführung, nicht der genealogischen Verwandtschaft. Wer in der Güte JHWH gleich wird und handelt wie er,[12] der gehört zu ihm, selbst wenn das Gottesvolk dies noch nicht nachvollzogen hat. Rut verwirklicht diese diakonische Kardinaltugend wie jene Gottheit, die sie durch ihre Schwiegermutter kennen gelernt hat und der sie sich auf Gedeih und Verderb angeschlossen hat (1,16f).

Aber Rut ist nicht nur die diakonisch handelnde Frau, sondern als kinderlos verwitwete Ausländerin auch eine, die Diakonie nötig hat. Durch ihr eigenes Handeln bringt sie die Männer des Ortes, die die Not zwar sehen, aber nichts Dauerhaftes zu deren Behebung beitragen, dazu, nicht dem Buchstaben des Gesetzes Folge zu leisten, sondern dem Geist desselben. Ruts Geschichte ist gerade an diesem Punkt, an dem sie versucht, Boas zum solidarischen Handeln zu bewegen, wenig romantisch. Die mittellose junge Frau arbeitet selbst mit dem Einsatz des eigenen Körpers. Nur weil im Rutbuch alle einander wohlgesonnen sind, kann man darauf vertrauen, dass dies der wohlhabende Mann bei der nächtlichen Begegnung nicht schamlos ausnützen wird. Wenngleich im Rutbuch schließlich alles gut ausgeht, ist die Erzählung dennoch ein flammendes Plädoyer dafür, die unrechten Strukturen zu beseitigen und Menschen, die durch die gesellschaftliche Ordnung diskriminiert werden, am Recht verschaffenden Gesetz partizipieren zu lassen. Solche Aktualisierung des Gesetzes, das

---

11 Siehe dazu ausführlicher, Fischer, Rut, 152f.

12 häsäd, Güte, ist jenes Deutewort, welches das Rutbuch nur für das Handeln JHWHs und Ruts und Orpas verwendet; siehe dazu bereits Erich Zenger, Das Buch Ruth (Zürcher Bibelkommentare 8), Zürich 1986, 20.

es für Arme, Frauen und Fremde adaptiert, wird vom göttlichen Gesetzgeber nicht als Neuerung verworfen, sondern ausdrücklich mit Segen versehen (4,1ff). JHWH greift nur zweimal in den Fortgang der Ereignisse ein: Zum einen *gibt* er Brot und beendet so die Hungersnot und kollektive Armut seines Volks (1,6), zum anderen *gibt* er Rut Schwangerschaft (4,13) und mit ihr die vollständige Integration in sein Volk und beseitigt damit die soziale Isolation der Frauen.[13] Dort, wo jemand nicht nur diakonische Einzelakte setzt, sondern sein Leben als diakonische Existenz lebt, kommt man der Gottheit Israels, die das Mitsein, den Einsatz für die Menschen schon im Namen hat,[14] am nächsten.

---

13 Vgl. ausführlicher Irmtraud Fischer, Eigener Aufbruch und Gottes Begleitung. „Gehen" als Deutewort im Buch Rut, in: Walter Krieger/Balthasar Sieberer (Hrsg.), Lebendig wird das Wort. Wie Gott durch die Bibel spricht (Topos plus Taschenbücher 501), Regensburg 2003, 34–53.

14 Der Gottesname JHWH wird bei seiner Offenbarung in Ex 3,14 mit „ich bin, welche(r) ich bin" übersetzt. Dieses „Sein" der Gottheit ist jedoch gleichzeitig ein Mitsein.

Die Juditfigur als Modell diakonischen Handelns

Judit mit dem Haupt des Holofernes, Studie von Sandro Botticelli, um 1469.

Judit ermordet Holofernes. Sie schlägt mit zwei kräftigen Hieben seinen Kopf ab, nimmt ihn mit und lässt ihn an der Stadtmauer von Betulia aufhängen! ... und was hat diese Geschichte mit Diakonie zu tun? Ein geplanter und vorsätzlich durchgeführter Mord ist in der Tat das Gegenteil von „Diakonie" („Dienst", „Dienen")!

So merkwürdig es zunächst aussehen mag – das Buch Judit und die Frage nach der Diakonie haben mehr miteinander zu tun, als es auf den ersten Blick erscheint. Das Buch Judit erzählt die Geschichte eines Mordes. Man kann es wie einen spannenden Krimi lesen, der fesselt und in Atem hält; doch zugleich wird anhand dieser Geschichte die Frage nach Herrschaft und Dienen angesichts des einzigen und wahren Gottes diskutiert: Wer vermeintliche und wer wahre Herrschaft ausübt, wie diese Herrschaft aussieht, wer sich in wessen Dienst stellt, wie dieser Dienst aussieht und was er bedeutet – das sind die hintergründigen Fragen, die in der vordergründig als Mordgeschichte verpackten Erzählung narrativ inszeniert werden.[1] Mit diesem Fragehorizont befindet sich die Juditerzählung mitten in einer „diakonischen" Auseinandersetzung; dies soll im Folgenden im Mittelpunkt der Auslegung der Juditerzählung stehen, doch zuvor soll zunächst ihr Inhalt nachgezeichnet werden.

1. Die Handlung der Juditerzählung

Nebukadnezzar und Arphaxad sind die beiden mächtigen Könige, die sich die Herrschaft über das Zweistromland untereinander aufteilen: Nebukadnezzar residiert in Ninive und ist König über Assyrien, Arphaxad regiert von Ekbatana aus über die Meder. Beide verfügen über befestige Städte und schlagkräftige Heere (Jdt 1,1–4). Zu einem Konflikt zwischen beiden kommt es, als Nebukadnezzar einen Krieg gegen Arphaxad um die alleinige Vorherrschaft im Zwei-

---

1 Vgl. zum Folgenden Barbara Schmitz, Gedeutete Geschichte. Die Funktion der Reden und Gebete im Buch Judit (HBS 40), Freiburg 2004.

stromland zu führen beschließt. Zu diesem Krieg mobilisiert er alle militärischen Reserven und fordert zudem sämtliche Völker im Osten und Westen auf, ihm militärische Gefolgschaft zu leisten und die von ihm angeführte Koalition gegen Arphaxad militärisch und finanziell zu unterstützen (Jdt 1,5–10). Dieser Kriegsaufruf endet aber in einer großen Peinlichkeit: Alle Völker ignorieren seinen Befehl mit der Begründung, dass Nebukadnezzar nur ein Mensch sei, und senden seine Boten zurück. Daraufhin entbrennt Nebukadnezzars Zorn. Er schwört, alle ihm „ungehorsamen" Völker mit dem Schwert auszurotten (Jdt 1,11f), doch zunächst muss er Arphaxad bezwingen, den er im Krieg besiegt und ermordet. Nach einem 120-tägigen Fest (Jdt 1,13–16) ruft Nebukadnezzar seine Berater zusammen und informiert sie über seinen neuen Beschluss: Er beabsichtigt, alle zu vernichten, die ihm nicht gehorcht haben (Jdt 2,1–3). Zur Realisierung seines Plans beauftragt er in einer langen Rede seinen Stellvertreter Holofernes: Dieser soll alle Länder erobern, damit Nebukadnezzar anschließend in das eroberte Gebiet ziehen und sein Strafgericht vollstrecken kann (Jdt 2,4–13). Mit einem riesigen Heer, das einem Heuschreckenschwarm gleicht, zieht Holofernes aus und rast wie ein Wirbelsturm kreuz und quer durch die ganze Welt und erobert Volk um Volk (Jdt 2,14–28). Weil militärischer Widerstand angesichts der Übermacht der assyrischen Armee zwecklos ist, senden die Völker Holofernes Gesandtschaften entgegen, die die vollständige Kapitulation und Unterwerfung überbringen und um schonende Behandlung bitten (Jdt 3,1–5). Während die BewohnerInnen ihn mit Tanz und Jubel begrüßen, verleibt Holofernes ihre Truppen seiner Armee ein, so dass seine Armee stetig anwächst und sich seine militärische Übermacht permanent steigert. Zugleich lässt er alle Kultstätten und Heiligtümer der Völker zerstören. Im Kontext dieser Maßnahmen wird zum ersten Mal das eigentliche Ziel Nebukadnezzars verraten: Alle Völker der Welt sollen nur Nebukadnezzar als Gott verehren (Jdt 3,6–8). Mit dem Feldzug ist also nicht nur die militärische Unterwerfung verbunden, vielmehr geht es um die Alleinverehrung Nebukadnezzars als einzigem Gott der ganzen Welt! Nachdem nun dieses eigentliche Ziel Nebukadnezzars explizit genannt worden ist, steht Holofernes auch schon mit seinen Truppen vor den Toren Israels. Aber anstatt sofort mit der Eroberung Israels zu beginnen, lässt er sein Heer einen Monat pausieren, um es neu zu ordnen. (Jdt 3,9–10). Während dieser trügerischen Ruhe vor dem Sturm erfahren die IsraelitInnen, dass Holofernes die Nachbarvölker erobert und ihre Kultstätten zerstört hat. Weil sie erst „vor kurzem" aus der babylonischen Gefangenschaft zurückgekehrt sind und den Tempel wieder eingeweiht haben (Jdt 4,3), sind sie keineswegs zur Unterwerfung bereit, sondern organisieren militärischen Widerstand, der von Buß- und Fastenriten als religiösen Maßnahmen flankiert wird (Jdt 4,4–15). Erstaunt über diesen unerwarteten Widerstand ruft Holofernes seinen Kriegsrat zusammen und befragt ihn über Israel, die zu erwartende militärische Widerstandskraft und Führungsstruktur. Der Ammoniter Achior antwortet ihm. Aber anstatt auf seine Fragen konkret einzugehen, gibt er eine Kurzfassung der Geschichte Israels und weist in dieser auf, dass Israel immer dann (militärisch) geschwächt werden konnte, wenn es sich gegen Gott gestellt habe; wenn aber der Gott Israels, der ein Gott ist, der das Unrecht hasst (Jdt 5,17), auf der Seite des Volkes stehe, dann sei man gegen Israel chancenlos (Jdt 5,5–21). Diese Analyse Achiors ruft großen Missmut im Kriegsrat hervor: Sowohl seine Kollegen (Jdt 5,22–24) als auch Holofernes selbst reagieren aggressiv. Holofernes führt aus, dass es keinen anderen Gott außer Nebukadnezzar gebe (Jdt 6,2); ihm und seinem blutigen Strafgericht werde niemand widerstehen können. Deshalb ordnet Holofernes die Bestrafung Achiors an: Er soll an Israel ausgeliefert werden, um mit dem Volk, mit dem er sich solidarisiert habe, selbst unterzugehen (Jdt 6,2–9). Unverzüglich wird Achior an Betulia, die nächste Stadt in Israel, ausgeliefert (Jdt 6,10–13). Dort nehmen die BewohnerInnen Achior auf, der in Betulia von dem berichtet, was sich in Holofernes' Lager zugetragen hat (Jdt 6,14–21). Auf diese Weise ist man in Israel über das Ausmaß der drohenden Gefahr aus erster Hand informiert.

Im assyrischen Lager hingegen befiehlt Holofernes seinem Heer, Posten zu beziehen (Jdt 7,1–5) und beginnt auf Anraten seiner Generäle (Jdt 7,6–15) mit einer Belagerung der Stadt Betulia, die er von der Wasserversorgung abschneidet (Jdt 7,16–18). Nach 34 Tagen sind alle Wasservorräte in der Stadt erschöpft, die Stadt ist ausgehungert, die Menschen werden auf der Straße ohnmächtig (Jdt 7,19–22). Deshalb begehrt das Volk von Betulia auf und verlangt die Kapitulation der Stadt, um wenigstens das nackte Überleben zu retten und nicht den sicheren Hungertod zu sterben. Die lokale Führungselite handelt mit dem Volk jedoch noch eine Frist von fünf Tagen aus, die man abwarten will, um auf das rettende Eingreifen Gottes zu warten; erfolge dieses nicht, werde die Stadt ausgeliefert (Jdt 7,23–32). Erst jetzt, zum Zeitpunkt tiefster Niedergeschlagenheit in der Stadt, tritt Judit auf. Sie wird sowohl mit ihrer Familiengeschichte anhand ihres Stammbaums, der bis auf Israel zurückgeführt wird (Jdt 8,1), als auch mit ihrer persönlichen Geschichte vorgestellt: Ihr Mann Manasse ist früh gestorben, und sie hat seinen gesamten Besitz geerbt. Seitdem lebt die vermögende, wunderschöne und von allen hoch geachtete Frau in einem Zelt auf dem Dach ihres Hauses und widmet sich einem ganz an Gott orientierten Leben (Jdt 8,2–7). Als sie von der Abmachung zwischen dem Volk und den Oberhäuptern der Stadt hört, bestellt sie die Ältesten der Stadt zu sich und erläutert ihnen in einer langen Rede, warum ihre Entscheidung für ein Ultimatum theologisch falsch und missgeleitet sei (Jdt 8,11–27). Statt aber ihre theologische Argumentation ernst zu nehmen, beschwichtigen die Ältesten der Stadt Judit und bitten sie, um Regen zu beten (Jdt 8,28–31). Daraufhin kündigt Judit ihnen eine Tat an, „von der man noch in den fernsten Zeiten den Kindern unseres Volkes erzählen wird" (Jdt 8,32), verrät aber nicht, was sie zu tun gedenke. Nachdem die Ältesten sie verlassen haben, entblößt sich Judit und wendet sich in einem langen Gebet an Gott, den sie um Beistand für ihre Tat anfleht (Jdt 9,1–14). Dann steigt sie in ihr Haus hinab und beginnt ein umfassendes kosmetisches Programm: Sie pflegt, schminkt, parfümiert sich, steckt ihr Haar hoch und legt ihre schönsten Festtagskleider und ihren wertvollsten Schmuck an. Ausgestattet mit koscherem

Proviant verlässt sie zusammen mit ihrer für ihren gesamten Besitz verantwortlichen Verwalterin das Haus und geht zum Stadttor (Jdt 10,1–6). Zutiefst erstaunt über das völlig verwandelte Aussehen Judits und ihre Schönheit lassen die Ältesten der Stadt die beiden Frauen aus der Stadt und blicken ihnen noch lange nach, während die beiden ihren Weg zum assyrischen Lager einschlagen (Jdt 10,7–10). Als die beiden Frauen zu den Vorposten der Assyrer gelangen, sind auch diese von der Schönheit Judits so eingenommen, dass sie diese nicht anrühren, sondern sie gemäß ihrem Wunsch direkt zu Holofernes bringen. Judits Ankunft im Lager erregt ein solches Aufsehen, dass alle bei Holofernes' Zelt zusammenströmen und ihre Schönheit bewundern (Jdt 10,11–19). Nachdem ihre Ankunft Holofernes gemeldet ist, tritt dieser in sein Vorzelt und empfängt sie dort. Er spricht Judit Mut zu, fordert sie auf zu sagen, wer sie sei und was sie wolle, und sichert ihr zu, dass sie gut behandelt werde (Jdt 10,20–11,4). Judit erklärt Holofernes in einer langen Rede, dass Achiors Analyse richtig gewesen sei: Es gebe in der Tat einen Zusammenhang zwischen dem Verhältnis Israels zu Gott und dem Ergehen des Volkes; aber der Gott Israels werde sich bald abwenden, weil man in Israel wegen der Hungersnot kurz davor stehe, einen großen Frevel zu begehen. Aufgrund ihrer Seherinnengabe könne sie Holofernes den genauen Zeitpunkt voraussagen und ihn dann über das Gebirge nach Jerusalem führen, um dort seinen Thron aufzurichten (Jdt 11,5–19). Holofernes ist von ihrer Rede, mehr aber noch von ihrer Schönheit, so angetan, dass er auf ihren Vorschlag eingeht und ihr eine große Zukunft im Palast von Nebukadnezzar verheißt (Jdt 11,20–23).

Einige Tage verweilt Judit mit ihrer Verwalterin im Lager der Assyrer: Sie wohnen in einem eigenen Zelt, leben von der selbst mitgebrachten Nahrung und haben sich ausbedungen, jeden Morgen das Lager verlassen zu dürfen, um beten und die rituellen Waschungen an einer Quelle vornehmen zu dürfen (Jdt 12,1–9). Am vierten Tag gibt Holofernes ein intimes Fest, zu dem er Judit einladen lässt, denn für diese Nacht hat er seine ganz besonderen Pläne mit ihr, ist er doch um seinen Ruf als Mann besorgt, wenn eine derart schöne Frau in seiner Nähe lebt, ohne dass er mit ihr geschlafen hätte. Judit folgt seiner Einladung, denn auch sie hat ihre besonderen Pläne für diese Nacht. Wieder macht sie sich wunderschön und kommt in ihren Festkleidern zum Gelage; Holofernes ist von ihrer Gegenwart so berauscht, dass er an diesem Abend so viel trinkt, wie er in seinem Leben zuvor noch nie getrunken hat (Jdt 12,10–20). Am späteren Abend verlässt dann einer nach dem anderen diskret Holofernes' Zelt – nur Judit und Holofernes bleiben allein zurück. Doch Holofernes hat an diesem Abend derart viel Alkohol konsumiert, dass er, handlungsunfähig geworden, vornüber auf sein Bett gefallen ist und [...] tief und fest schläft (Jdt 13,1–2). Nun ist Judits Augenblick gekommen: Sie betet zu Gott, ergreift Holofernes' eigenes Schwert, schlägt mit diesem zweimal kräftig zu und trennt seinen Kopf von seinem Körper ab (Jdt 13,3–9). Schnell übergibt sie ihrer Verwalterin seinen Kopf, die diesen im Proviantsack versteckt. Wie jeden Morgen verlassen die beiden Frauen unauffällig das nichts ahnende Lager und gehen ins Tal hinaus, schlagen aber nicht den Weg zur Quelle ein, sondern steigen hinauf nach Betulia (Jdt 13,10). Dort werden ihnen sogleich die Stadttore geöffnet, das ganze Volk strömt zusammen, und Judit zeigt den Kopf von Holofernes vor. Zutiefst ergriffen, jubelt das Volk und preist Gott und Judit (Jdt 13,11–20). Daraufhin lässt Judit Achior holen, der ohnmächtig wird, als er den abgeschlagenen Kopf seines ehemaligen Herrn erblickt. Wieder zu sich gekommen, fällt er vor Judit nieder, preist Gott und bittet Judit, alles detailliert zu erzählen (Jdt 14,1–8). Judit berichtet nun, was sich in den vergangenen Tagen zugetragen hat, woraufhin Achior sich bekehrt und zum Judentum konvertiert (Jdt 14,9–10). Anschließend zieht das Volk von Betulia gemäß dem militärischen Befehl Judits aus (Jdt 14,1–4) und startet eine (vorgetäuschte) Offensive (Jdt 14,11). Nachdem die ersten assyrischen Posten die Bewegung in Betulia bemerken, melden sie dies ihren Vorgesetzten, die es wieder ihren Vorgesetzten melden, bis die Meldung schließlich vor Holofernes' Zelt gelangt und ihm überbracht werden muss. Daher betritt sein Diener Bagoas diskret das Zelt, in dem er Holofernes und Judit vermutet. Doch er findet nur noch den toten Rumpf von Holofernes am Boden. Erschüttert schreit er auf (Jdt 14,12–19). Ein riesiges Klagegeschrei geht durch das Lager, Panik macht sich breit, alle fliehen entsetzt in alle Richtungen (Jdt 15,1–2). In kürzester Zeit hat sich das riesige, schlagkräftige und geordnete Heer von Holofernes in einen chaotisch fliehenden Haufen verwandelt. Diesem setzen die Israeliten nach und verfolgen die Soldaten bis weit über die Landesgrenzen hinaus (Jdt 15,1–5). Alle BewohnerInnen fallen nun über das assyrische Lager her und machen reiche Beute (Jdt 15,6–7). Selbst die Jerusalemer Führung kommt nach Betulia und bedankt sich bei Judit (Jdt 15,8–10). 30 Tage dauern die Plünderungsaktionen, wobei die persönlichen Gegenstände von Holofernes Judit überreicht werden (Jdt 15,11). Die Frauen Israels eilen herbei und preisen Judit. Gemeinsam bekränzen sie sich mit Olivenzweige, führen Tänze auf und singen Loblieder (Jdt 15,12–14). In einer großen Prozession ziehen sie nach Jerusalem. Judit führt den Zug der tanzenden Frauen an, dem die Männer folgen. Judit singt dabei ein Lied, in dem sie das Geschehene rekapituliert und Gott dankt und lobpreist (Jdt 16,1–17). In Jerusalem angekommen, stiftet Judit die Beute aus Holofernes' Zelt dem Tempel. Alle bringen Dankopfer dar und feiern 120 Tage lang ein großes Fest (Jdt 16,18–20). Anschließend kehrt jede und jeder nach Hause zurück. Zu Judits Lebzeiten und noch lange über ihren Tod hinaus hat es niemand mehr gewagt, Israel anzugreifen. Judit aber lebt bis zu ihrem Tod als Witwe in Betulia und ist im ganzen Land berühmt und hochgeachtet (Jdt 16,21–25).

Das Buch Judit ist eine romanhafte, antike Erzählung. Die erzählte Handlung ist erfunden. Manche der genannten Orte sind bekannt, andere sind fiktiv. Die vermeintlich historischen Zeitangaben in dem um 100 v. Chr. entstandenen Buch liegen Hunderte von Jahren auseinander. Viele Figuren der Erzählung hat es nie gegeben – auch Judit nicht.[2] Das Buch Judit ist „erfunden“, es ist Literatur. Nie hat es tatsächlich eine Frau namens Judit gegeben, die einen Holofernes ermordet hat. Dennoch und vielleicht gerade deshalb ist es spannend, sich mit dem Buch Judit als Literatur auseinander zu setzen, wird doch im Modus der Fiktionalität ein kreativer Raum eröffnet, in dem Denkmögliches durchdacht, Modelle durchgespielt und mitunter auch Unerprobtes ausprobiert wird. Zu diesem Neu-zu-Durchdenkenden gehört auch die Frage nach Herrschaft und Dienen.

2. Nebukadnezzar und JHWH – zwei Herrschaftskonzepte

Zwei unterschiedliche Konzepte von Herrschaft werden im Buch Judit einander gegenüber gestellt: Das erste wird durch Nebukadnezzar, den weltlichen Herrscher, das zweite durch JHWH, den Gott Israels, vertreten. In den ersten drei Kapiteln wird der Blick auf Nebukadnezzar gelenkt, um zu erzählen, wie er seine weltumspannende Herrschaft plant und etappenweise realisiert: Der erste Schritt ist der Sieg über Arphaxad, der zweite ist der Feldzug von Holofernes, der die westliche Welt unterwerfen soll. Im Laufe dieses Krieges wird das eigentliche Ziel des gesamten Unternehmens deutlich: Es geht letztlich nicht (nur) um politische und militärische Vorherrschaft, sondern vor allem um die Anerkennung und Verehrung Nebukadnezzars als Gott (Jdt 3,8; 6,2). Die von Nebukadnezzar angestrebte Position kombiniert unbeschränkte weltliche Herrschaft mit dem absoluten Anspruch auf die Verehrung als einziger und wahrer Gott – Herrschaft ist totalitärer kaum denkbar. Die Mittel ihrer Durchsetzung sind Krieg und Gewalt. Nur mit Krieg und Gewalt kann Nebukadnezzar die Völker unterwerfen: Obwohl sie ihm eigentlich die Gefolgschaft verweigern, weil sie ihn nur als einen Menschen erachten (Jdt 1,11), akzeptieren sie ihn notgedrungen als Gott, als der unberechenbare und überwältigend erfolgreiche Feldzug von Holofernes jeden Widerstand zwecklos erscheint lässt. Erst jetzt unterwerfen sie sich politisch wie religiös dem militärisch übermächtigen Gegner (Jdt 3).

Während die ersten drei Kapitel ganz aus assyrischer Perspektive geschildert werden und von dem umfassenden Herrschaftsanspruch Nebukadnezzars erzählen, wird der Blick vom vierten Kapitel an auf Israel gelenkt. Obwohl Israel über die anrollende assyrische Gefahr zutiefst geschockt ist, ist es dennoch das erste Volk, das Holofernes militärischen und religiösen Widerstand leistet. Die Doppelmaßnahmen entsprechen dem Glauben Israels, der die entscheidende Rettung stets von Gott erwartet, und der drohenden assyrischen Eroberung mit ihren politischen wie theologischen Konsequenzen. Dabei ist interessant, wie der Blick der Lesenden gelenkt wird. Auf assyrischer Seite wird der Herrschafts-

[2] Vgl. Erich Zenger, Das Buch Judit (JSHRZ I/6), Gütersloh 1981; ders., „Wir erkennen keinen anderen Gott an...“ (Jdt 8,20). Programm und Relevanz des Buches Judit, rhs 39 (1996) 17–36; Helmut Engel, Das Buch Judith, in: Erich Zenger (Hrsg.), Einleitung in das Alte Testament, Stuttgart Berlin Köln [5]2004, 289–301.

anspruch Nebukadnezzars als Herrschaft „von oben" geschildert: Nebukadnezzar selbst muss seinen Anspruch artikulieren, seinen Beratern mitteilen (Jdt 1,5; 2,1–3) und anschließend von Holofernes mit militärischer Gewalt durchsetzen lassen. Die Unterworfenen, die sich selbst als seine „Diener" (Jdt 3,4) bezeichnen, beugen sich gezwungenermaßen der militärischen Übermacht, folgen ihm aber in keiner Weise freiwillig oder aus Überzeugung. Genau umgekehrt verhält es sich auf der Seite Israels: Hier wird gerade nicht mit dem Nebukadnezzar äquivalenten Gegenüber JHWH, dem Gott Israels, begonnen, sondern auffallenderweise mit seinen „Dienern". Während der Blick der Lesenden in der assyrischen Herrschaftskonzeption von oben nach unten gelenkt wird, wird er auf der Seite Israels von unten nach oben gelenkt, denn die Schilderung der Gegenseite Israel beginnt mit dem Volk und seinem Widerstand. Nachdem die im Vergleich zur Übermacht des assyrischen Heeres dilettantisch wirkenden militärischen Gegenmaßnahmen geschildert wurden, wird von den Buß- und Fastenriten erzählt, mit denen man in Israel Gott um Hilfe anfleht. Und mitten in dieser ausführlich geschilderten, von Panik und Angst und zugleich vom Willen zum Widerstand getragenen Bewegung wird das einzige Mal in der gesamten Erzählung von einer Handlung Gottes berichtet: Gott hat das Rufen Israels gehört und seine Not gesehen (Jdt 4,13). Nie zuvor und nie wieder wird von einer Handlung Gottes berichtet. Während in der Erzählung viel über Gott gesprochen, dieser angeredet oder über ihn nachgedacht wird, betritt Gott selbst als handelnde Figur nur in Jdt 4,13 die Bühne des Geschehens. Genau umgekehrt zu Nebukadnezzar ist JHWH, der Gott Israels, also nicht der, der seinen Herrschaftsanspruch aktiv und aggressiv umsetzen muss – seine Aktion besteht lediglich in Sehen und Hören. Sehen und Hören sind jedoch keine Handlungen, die dazu angetan wären, die Not des Volkes zu lindern oder aktiv für eine Rettung des Volkes zu sorgen. Daher erscheint diese einzige Aktion Gottes zunächst merkwürdig dünn und unwirksam angesichts der Größe der Gefahr. Biblisch geschulte Leserinnen und Leser aber kennen diesen Satz aus dem Buch Exodus, in dem das Hören Gottes auf das Schreien des in Ägypten versklavten Volkes und das Sehen auf dessen Not (Ex 3,7) der entscheidende Wendepunkt ist, der zur Befreiung des Volkes Israel aus Ägypten führt. Dass Gott das Rufen gehört und die Not des Volkes gesehen hat, ist somit die entscheidende Rettungsnotiz. Zudem ist es eine Information des Erzählers an die Lesenden, von der aber die Figuren der Erzählung nichts erfahren. Sie wissen nicht, dass Gott ihr Rufen gehört und ihre Not gesehen hat. So entsteht eine Ungleichzeitigkeit, durch die die Lesenden im Wissen um die implizit bereits zugesicherte Rettung verfolgen können, wie die unwissenden Figuren der Erzählung mit der Situation der Unsicherheit, der Panik und der Angst und der Frage nach der Zuverlässigkeit Gottes angesichts großer Not umgehen. Wie bisweilen in einem Krimi die Lösung des Falles bereits früh verraten wird, so wissen die Lesenden mehr als die Figuren, so dass sich die Spannung nicht mehr auf das Ob der Rettung, sondern auf das Wie konzentriert: Es geht also nicht mehr um die Frage, *ob* Israel gerettet wird, sondern *wie* die zur Rettung notwendige Notiz, dass Gott gehört und gesehen hat, nun not-wendend in tatsächliche Rettung umgesetzt wird.

3. Judit, die schöne gottesfürchtige Frau

Während die Kamera in Jdt 4–7 zwischen den sich militärisch aufrüstenden Lagern von Israel und Holofernes hin und her pendelt, markiert der Auftritt der neuen Figur Judit in der Mitte der Erzählung den großen Einschnitt in der Handlung, der die Erzählung in zwei Abschnitte gliedert (Jdt 1–7;8–16). Die Erzählung setzt im achten Kapitel neu ein. In einer langen Genealogie wird Judit, was übersetzt „die Jüdin" heißt, bis auf den Stammvater Israel zurückgeführt und fungiert durch ihre Herkunft und die Bedeutung ihres Namens prototypisch als Personifikation jüdischer Existenz. Zugleich wird mit der Vorstellung Judits der Gang der Handlung angehalten – alle Aufmerksamkeit fokussiert sich nun auf diese neue Figur. Die Lesenden dürfen daher mit Recht annehmen, dass mit ihr die not-wendende Rettung zusammenhängt.

Judit ist eine reiche Witwe; in dieser Position ist sie die freieste Frau der antiken Gesellschaft: Sie ist selbständig, finanziell unabhängig und muss sich keinem Mann, weder ihrem Vater noch ihrem Ehemann oder Sohn, rechtlich unterordnen. Als vermögende Frau kann sie sich die Lebensweise, die sie bevorzugt, frei aussuchen. Dass diese bei Judit in Einfachheit und gottorientierter Zurückgezogenheit besteht, ist von ihr in ihrer Autonomie selbst gewählt. Ihr dem Gebet ergebenes und zugleich bescheidenes Leben zeugt allerdings nicht in erster Linie von ihrer Anspruchslosigkeit, sondern von ihrem Reichtum: Nur wer reich und gut versorgt ist, kann ein Leben ohne Arbeit und ohne Mühe um das tägliche Einkommen führen (Jdt 8,4–6). Diesen unbeschreiblichen Luxus kann sich Judit leisten. Die Verwaltung ihres Besitzes hat sie an eine Frau (!) delegiert, die für sie ihr landwirtschaftliches Unternehmen managt (Jdt 8,10). Judit genießt in ihrem Wohnort Betulia Ansehen und Autorität. Darüber hinaus wird sie als eine wunderschöne Frau beschrieben (Jdt 8,7–8). Schönheit ist in der biblischen Literatur nicht nur ein äußeres Merkmal, sondern gilt zugleich als Außenseite innerer Werte; insofern ist Judits Schönheit Ausdruck ihrer Gottesfurcht (Jdt 8,8).[3] Mit „Gottesfurcht" wird in der Bibel eine Haltung vor Gott bezeichnet, in der Einzelne ihren Lebensweg bewusst im Angesicht Gottes zu gestalten suchen.

Nach der ausführlichen Beschreibung wird Judit erst von Jdt 8,9 an in die erzählte Handlung eingebunden. Die Art, wie sie in die Handlung eingebunden wird, charakterisiert die Juditfigur: Sie wird initiativ und beauftragt ihre Verwalterin, die Ältesten der Stadt zu ihr zu bestellen. In einer ausführlichen Rede nimmt sie die Position der Ältesten theologisch auseinander und weist auf, dass die Entscheidung der Ältesten, noch fünf Tage abzuwarten und dann die Tore

[3] Vgl. zum Motiv der Schönheit: Claudia Rakel, Das Buch Judit. Über eine Schönheit, die nicht ist, was sie zu sein vorgibt, in: Luise Schottroff und Marie-Theres Wacker (Hrsg.), Kompendium Feministischer Bibelauslegung, Gütersloh 1998, 410–421.

der Stadt zu öffnen und zu kapitulieren, grundlegend falsch und angesichts Gottes fehlgeleitet ist. Mit dieser theologisch höchst profilierten Rede wird das Porträt Judits ergänzt: Sie ist nicht nur eine vermögende, autonome, wunderschöne und gottesfürchtige Frau, sondern auch eine scharfsinnige und theologisch höchst bewanderte Denkerin. Sie kennt die Überlieferungen und Traditionen Israels und bindet diese in ihre Argumentation ein, indem sie einen Bezug zur aktuellen Situation herstellt und sie dann adäquat, kreativ und reflektiert aktualisiert. Damit erweist sich Judit als schriftgelehrte Exegetin.

Die theologische Qualität ihrer Argumentation setzt sich in ihrem folgenden Gebet fort (Jdt 9), das sie betet, bevor sie ihren Plan in die Tat umsetzt. Während Judit vor den Ältesten in zielgerichteter Selbstsicherheit argumentiert hat, verändert sich ihre Haltung in diesem Gebet völlig: Judit wirft sich nieder, streut Asche auf ihr Haupt, entblößt sich und schreit in dieser Position zu Gott (Jdt 9,1). Dabei handelt es sich nicht um eine Demutsübung, vielmehr vollzieht sie damit den Zustand der von ihrem Bruder vergewaltigten Tamar nach, die genau in dieser Position zu Gott geschrieen hat (2Sam 13,19). Zugleich erinnert Judit in ihrem Gebet an das Schicksal der durch Sichem vergewaltigten Dina (Jdt 9,2 vgl. Gen 34).[4] Judit parallelisiert sich selbst mit den beiden Frauen, indem sie deren Zustand nach ihrer Vergewaltigung aktualisiert. Zu diesem Zeitpunkt der Erzählung kann der Sinn ihrer Aktion noch nicht recht verstanden werden; später aber werden die Lesenden begreifen: Mit ihrem Gang in das Lager der Assyrer setzt sich Judit der Gefahr der Vergewaltigung aus und begibt sich zudem in allerhöchste Lebensgefahr. Zwei schutzlose Frauen sind in einem Militärcamp Übergriffen aller Art hilflos ausgeliefert; dass Judit dies zuvor reflektiert, zeigt, dass sie nicht nur um diese Gefahren weiß, sondern dass sie das Risiko bewusst eingeht, um Israel zu retten. Daher erinnert Judit Gott vor ihrem Gang ins Lager an die Schicksale ihrer beiden Ahnmütter, um ihm die Dramatik ihrer Gefährdung vor Augen zu führen. Zugleich bittet Judit in ihrem Gebet, Gott möge ihr die Kraft von Dinas Bruder Simeon verleihen, der wegen der Vergewaltigung seiner Schwester das Schwert ergriffen hatte und gegen den Täter aktiv geworden war (Jdt 9,2). Auf diese Weise betet sich Judit aus der Position der Vergewaltigten in die Position derjenigen hinein, die wie Simeon das begangene Unrecht ahndet, anstatt es ungestraft durchgehen zu lassen.

Im assyrischen Lager ist Judit zunächst deshalb sicher, weil sie so schön ist, dass die Soldaten es nicht wagen, sie anzurühren, sondern für ihren obersten Feldherrn reservieren. Judits Schönheit, die sichtbare Außenseite ihrer Gottesfurcht, erweist sich hier also als ihre Rettung. Zugleich ist Judits Schönheit aber auch das Werk kosmetischen Könnens und modischen Geschicks (Jdt 10,1–4). So verwandelt sich die fromme Witwe in eine gestylte Dame, die zu beeindrucken weiß, sich ihrer Wirkung sehr wohl bewusst ist und diese gezielt einsetzt.

---

[4] Vgl. auch zur Frage von Krieg, Gewalt und Gender: Claudia Rakel, Judit – über Schönheit, Macht und Widerstand im Krieg. Eine feministisch-intertextuelle Lektüre (BZAW 334), Berlin/New York 2004.

Vor Holofernes wird für Judit die zunächst gebannte Gefahr erneut virulent – nun rettet sich Judit nicht nur mit ihrer Schönheit, sondern auch mit ihrer Wortgewandtheit, die sie ja bereits in ihrer Rede vor den Ältesten und in ihrem Gebet zu Gott bewiesen hat. Während Judit im Gebet die Position der Vergewaltigten eingenommen hat, schlüpft sie nun in die Rolle einer Prophetin Gottes, die vorgibt, die Zukunft vorhersagen zu können. Zugleich wird noch ein anderes biblisches Rollenmuster aktualisiert: Judit ist im Lager der Assyrer die „fremde Frau". In den biblischen Schriften werden die Männer immer wieder vor der „fremden Frau" gewarnt: Die „fremde" Frau sei die gefährliche Frau, die die Männer mit ihren Worten und ihrer Schönheit umgarne, sie kopflos mache und verführe (vgl. Spr 5,1–14; Sir 26,9–18). Mit dieser ausgesprochen androzentrischen Wahrnehmung und Wertung wird in der Juditerzählung gespielt: Die gottesfürchtige Judit entspricht im Lager der Assyrer in jeder Hinsicht der Vorstellung von der „fremden Frau": Judit ist wunderschön, fesselt nicht nur die Soldaten (Jdt 10,19) und Holofernes, sondern auch die Männer Betulias (Jdt 10,1–10), sie verführt durch ihre Schönheit und macht Holofernes erst psychisch, dann physisch kopflos. Doch zugleich *ist* Judit eben nicht die verfemte und durch die androzentrische Polemik in Verruf gebrachte fremde Frau, sondern sie *maskiert* sich als solche zur Rettung Israels – und eben auch der Männer Israels!

4. Holofernes und Judit – zwei Konzepte des Dienens

Die Charakterisierung der Juditfigur ist polyphon – viele sehr unterschiedliche Frauenrollen werden in Judit kombiniert und inszeniert. Diese sehr unterschiedlichen Facetten weisen aber eine gemeinsame Grundlage auf: Dies ist die Idee des „Dienens". Obwohl das Wort „Diakonia" selbst in der Juditerzählung an keiner Stelle vorkommt, so findet sich doch recht häufig das Wortfeld „Douleia", das „Dienen" bedeutet und auch die Konnotation von „Sklavendienst" hat. Judit bezeichnet sich selbst mehrfach als „Dienerin", als „Sklavin" (Jdt 11,5.16.17; 12,4.6), tut dies aber interessanterweise ausschließlich in ihrer Rede vor Holofernes. Vor ihm schlüpft sie in die Rolle der unterwürfigen und sich ihm unterordnenden Dienerin, obwohl deutlich ist, dass sie sich selbst in keiner Weise als „sklavisch Dienende" versteht. Vielmehr spielt sie Holofernes die gehorsame und nicht hinterfragende Dienerin vor. Damit verhält sie sich gegenüber Holofernes wie dieser sich gegenüber Nebukadnezzar verhält, indem er sich als dessen Diener bezeichnet und von allen anderen dieselbe blinde Unterwerfung unter dessen Herrschaft fordert (vgl. Jdt 6,3; 11,1.4). Dieses Modell des Dienens, das von Holofernes vertreten wird, greift Judit auf und imitiert es so erfolgreich, dass Holofernes nicht merkt, dass Judit mit diesem Spiel seine Position unterminiert: Im Glauben, der Herrschaft Nebukadnezzars zu dienen, lässt sich Holofernes auf Judit ein, die aber nur JHWH, dem Gott Israels, dient und durch ihren Dienst die Herrschaft Nebukadnezzars zu beenden beabsichtigt. Dienen im Sinne Judits bedeutet daher etwas ganz anderes: Ihre hymnische Preisung Gottes, in der sie das Geschehene am Ende zusammenfasst und Gott für die Rettung aus großer Not dankt, mündet in dem Ausruf: „Dienen muss dir deine ganze Schöpfung" (Jdt 16,14). Anhand der Juditfigur wird in der Erzählung somit ein alternatives Konzept des Dienens entworfen: Der Einzige, gegenüber dem das Etikett „Dienen" Bestand hat, ist Gott, nicht aber ein weltlicher Herrscher. „Dienen" bedeutet keinen blinden Gehorsam gegenüber einem Höhergestellten, dessen Anweisungen unhinterfragt befolgt und umgesetzt werden, sondern „Dienen" im Sinne Judits bedeutet kreatives und hochreflektiertes Mitdenken. An keiner einzigen Stelle der Erzählung wird von einer Anweisung Gottes an Judit berichtet, die sie nur umsetzen bräuchte oder an der sie sich hätte orientieren können. Anders als Holofernes sagt Judit niemandem, was zu tun sei. Sie muss alles allein herausfinden. Dazu stehen ihr nur ihr Verstand, ihre Kenntnisse aus der Überlieferung Israels, ihre wachsame Gelehrsamkeit und ihr spiritueller Weg zur Verfügung. Trotz ihrer Zurückgezogenheit ist sie keineswegs weltfremd, sondern steht als eine hochreflektierte und zugleich gottorientierte Frau mit beiden Beinen im Leben. Wenn Judit vor diesem Hintergrund die ganze Schöpfung zum Dienen gegenüber Gott aufruft, dann ist diese Grundhaltung meilenweit von Holofernes' Gehorsam gegenüber Nebukadnezzar entfernt.

5. Vom Herrschen und Dienen

Diesem durch Judit repräsentierten alternativen Konzept des Dienens entspricht zugleich ein alternatives Herrschaftskonzept: Dies kann an dem Wort „Kyrios", „Herr", festgemacht werden. Denn in dem auf Griechisch[5] entstandenen Buch fungiert das Wort „Kyrios" wie in der gesamten griechischen Bibel als Übersetzung für JHWH, den nicht ausgesprochenen Eigennamen Gottes. Aber der Begriff „Kyrios", „Herr" steht nicht nur für JHWH, sondern wird ebenso für Nebukadnezzar und Holofernes verwendet. Auf diese Weise stehen sich in der Erzählung zwei Herrschaftskonzepte gegenüber: die auf Gewalt und militärische Aggression beruhende Herrschaft des selbsternannten Kyrios Nebukadnezzar und die auf dem Glauben seines Volkes beruhende Herrschaft des einzigen und wahren Kyrios JHWH. Diese Grundkonstellation durchzieht die Erzählung und ist immer wieder an der Verwendung des Leitworts „Kyrios" abzulesen. Herrschaft im Sinne Nebukadnezzars fordert blinden Gehorsam. Aber Gott, dem wahren Kyrios, ist das Modell des Dienens, das durch Judit repräsentiert wird, adäquat. Judit steht für ein Konzept des „Dienens" als Diakonia: Dies ist kein „Dienen", das sich unter Herrschaftsverhältnisse unterordnet, ihnen gefügig „dient" und diese auf diese Weise perpetuiert und stabilisiert, sondern Judits „Dienen" ist vielmehr ein mitdenkendes, das Wort Gottes auslegendes „Dienen".

---

[5] Vgl. zur Frage der Originalsprache der Juditerzählung Helmut Engel, „Der HERR ist ein Gott, der Kriege zerschlägt". Zur Frage der griechischen Originalsprache und der Struktur des Buches Judith, in: K.-D. Schunk und M. Augustin (Hrsg.), Goldene Äpfel in silbernen Schalen (BEATAJ 20), Frankfurt 1992, 155–168.

Durch den engen Zusammenhang, den das Buch Judit zwischen Herrschaft und Dienen aufzeigt, wird zudem deutlich, dass es nicht ausreicht, den Blick allein auf die Haltung des Dienens zu richten, sondern es muss immer auch reflektiert werden, um welche Art von Dienst und Dienen es sich handelt und ob das Konzept jeweils theologisch geerdet ist. Zugleich muss mit der Frage nach der Diakonie eine kritische Reflexion der Herrschaftsstrukturen verbunden sein, in welche die Diakonie eingebunden ist und für die sie tätig ist. Beides wird in der Juditerzählung narrativ inszeniert, indem ein Weg von der Douleia, der Sklaverei, zur Diakonia beschrieben wird: Dies ist ein Weg aus Herrschaft, Zwang, Unterdrückung und destruktiver Macht zu einem theologisch hochreflektierten Leben vor Gott, das sich als „Gottes-Dienst" versteht. Und dann meint „Dienen" keine versklavte Existenz, sondern genau das Gegenteil: Es meint das Ende der Sklaverei. Von daher verwundert es nicht, dass die Juditerzählung voller Anspielungen auf die im Buch Exodus erzählte Befreiung des Volkes Israel aus der Sklaverei in Ägypten ist. So wird nicht nur Judit als neuer Mose stilisiert, sondern es wird zweimal an prominenter Stelle das Bekenntnis von Mose in seinem hymnischen Lied nach der Rettung Israels am Schilfmeer wiederholt: JHWH ist der Kyrios, der Herr, der den Kriegen ein Ende setzt (Jdt 9,7; 16,2).

In der Juditerzählung wird das Problem von Herrschaft und Dienen grundlegend durchdacht und theologisch reflektiert. In der spannend erzählten Handlung wird im Modus der Fiktionalität eruiert, welche Handlungsspielräume für ein ungewöhnliches und alternatives Modell des Dienens möglich sind, das im Wirken der Protagonistin durchgespielt wird. Auf diese Weise wird die literarische Figur Judit zu einem Modell diakonischen Handelns. Dies zeigt sich sowohl in ihrem lebensgefährlichen Einsatz zur Rettung ihres Volkes, als auch in ihrer Reflexionsgabe, mit der sie die Strukturen destruktiver Herrschaft durchschaut sowie alternative Handlungsmodelle entwirft und praktisch umsetzt. Und damit gebührt der Juditfigur tatsächlich das Lob, das ihr die Soldaten zusprechen: „Von einem Ende der Welt bis zum anderen gibt es keine weitere Frau mit einem so schönen Angesicht und so viel Klugheit in ihren Worten." (Jdt 11,21).

SABINE BIEBERSTEIN

Engagierte Frauen im Lukasevangelium

Drei Frauen am Grab, mittelalterliche Buchmalerei aus dem Perikopenbuch Heinrichs II., um 1010, Staatsbibliothek München.

Die Übertragung des Begriffs „Diakonie" oder „diakonische Tätigkeit" auf biblische Schriften ist naturgemäß nicht ohne Probleme. Denn das neuzeitliche Phänomen der Diakonie ist sicher so in biblischen Schriften nicht zu finden. Wenn hier trotzdem die Suche nach „diakonisch tätigen" Frauen im Lukasevangelium unternommen wird, dann soll keinesfalls eine moderne Erscheinung in anachronistischer Weise auf biblische Zeiten übertragen werden. Dennoch lässt sich unbestreitbar von biblischen Wurzeln sowohl des Begriffs als auch des Phänomens „Diakonie" sprechen. Auf der Suche nach diesen biblischen Wurzeln werden wir zuerst an das Wortfeld *diakonein* (dienen) bzw. *diakonia* (Dienst) verwiesen werden. Diese Begriffe sollen unsere Suche nach „diakonisch tätigen" Frauen im Lukasevangelium leiten: Welche Frauen werden auf diese Weise beschrieben, und was ist darunter genau zu verstehen?

Das Verb *diakonein* im Zusammenhang mit Frauen wird im Lukasevangelium an drei Stellen verwendet: In Lk 4,39 wird über die Schwiegermutter des Petrus nach ihrer Heilung erzählt, dass sie sofort aufstand und ihnen „diente". In Lk 8,3 wird über Frauen im Umkreis Jesu gesagt, dass sie – so die Lutherübersetzung – „ihnen dienten mit ihrer Habe". Den dritten Beleg schließlich liefert die Erzählung über Maria und Marta (10,38–42), in der sich außerdem der einzige Beleg des Nomen *diakonia* im Lukasevangelium findet. In dieser kleinen Erzählung wird die viele Arbeit, die sich Marta macht, mit dem Nomen *diakonia* bezeichnet. In der anschließenden Problematisierung dieser Arbeit durch Marta selbst spricht sie von dieser Arbeit, die sie ganz allein zu leisten hat, als *diakonein.*

Das ist zunächst ein überschaubarer Befund. Doch er erweist sich in seiner Übersichtlichkeit als trügerisch. Denn an keiner Stelle ist auf Anhieb eindeutig zu sagen, was mit dem *diakonein* genau gemeint ist. Dass dieses „dienen" ausgerechnet über Frauen ausgesagt wird, macht die kritische Leserin misstrauisch: Ist es ein Begriff, der die untergeordnete Position dieser Frauen beschreiben oder das Dienen als den Frauen „wesensgemäß" festschreiben soll?

Schließlich ist im Laufe der Theologiegeschichte viel derartiger Missbrauch mit diesen Begriffen betrieben worden. Oder realisieren im Gegenteil diese Frauen das, was als programmatisch für ein Leben in der Nachfolge Jesu gelten muss? Schließlich spielen diese Begriffe eine zentrale Rolle in den Evangelientexten über das Miteinander der JüngerInnen (vgl. Mk 9,35; 10,42–45). Aber was genau beinhaltet dieses Dienen? Meint es das Gleiche für Frauen wie auch für Männer?

Es sind also Tiefensondierungen nötig. In der folgenden Studie soll deshalb die Gruppe der nachfolgenden Frauen aus Lk 8,2–3 ins Zentrum gestellt werden, weil über sie auch außerhalb dieser kleinen Notiz erzählt wird und deshalb zu vermuten ist, dass sich, ausgehend von der literarischen Zeichnung dieser Frauen, am meisten über lukanische Bilder von „diakonisch" tätigen Frauen herausfinden lässt. In das so entstehende Bild können dann auch die anderen Erzählungen eingeordnet werden.

1. Eine summarische Notiz über die Jesusbewegung

Zu Beginn des 8. Kapitels verdichtet das Lukasevangelium in einer knappen summarischen Notiz verschiedene Erzählelemente zu einem Bild der Jesusbewegung:

Und es begab sich danach, dass er durch Städte und Dörfer zog und predigte und verkündigte das Evangelium vom Reich Gottes; und die Zwölf waren mit ihm, dazu einige Frauen, die er gesund gemacht hatte von bösen Geistern und Krankheiten, nämlich Maria, genannt Magdalena, von der sieben böse Geister ausgefahren waren, und Johanna, die Frau des Chuzas, eines Verwalters des Herodes, und Susanna und viele andere, die ihnen dienten mit ihrer Habe. (Lk 8, 1–3, Lutherübersetzung)

Neben den Zwölfen werden hier einige Frauen erwähnt, die mit Jesus unterwegs waren und offensichtlich sein Leben teilten. Eines der Elemente, mit denen sie näher charakterisiert werden, ist das Verb „dienen" (*diakonein*). Doch wirft der Text, so einfach er scheinen mag, viele Fragen auf: Wie ist das Verhältnis der Frauen zu Jesus und den Zwölfen gedacht? Sind sie in Analogie zu den Zwölfen als Nachfolgerinnen Jesu gezeichnet, oder kommen hier „nur" Geheilte in den Blick, die aus Dankbarkeit dabeigeblieben sind? Und schließlich: Was ist mit „dienen" gemeint, und wie verhält sich das Dienen zur „Habe"? Wird hier ein Bild von wohltätigen Patroninnen gezeichnet, die die Jesusgruppe finanziell unterstützen, oder geht es um eine ganzheitliche Lebenspraxis, die das Lukasevangelium ansonsten mit dem Terminus „nachfolgen" bezeichnet? Diesen Fragen soll im Folgenden durch eine sorgfältige Analyse des Textes und seines Kontextes im Lukasevangelium nachgegangen werden.

2. Ein Lesehinweis: „Das Wort Gottes hören und tun"

Der kleine Abschnitt lässt in vielerlei Hinsicht die gestaltende Hand des Lukas erkennen. Er ist – kompositionstechnisch gesehen – einerseits der Abschluss der „kleinen Einschaltung" (6,20–8,3), also des kleineren der beiden Textblöcke, in denen Lukas den markinischen Erzählfaden verlässt und eine eigene Komposition aus der Logienquelle und Sondergut-Stoffen[1] einfügt. Mit dem Sämannsgleichnis unmittelbar im Anschluss an unser Summarium (ab 8,4) klinkt sich die Erzählung, wenn auch mit deutlich eigenen Akzenten, wieder in den markinischen Verlauf ein.

Gleichzeitig – und dies ist entscheidend für das Verständnis unseres Abschnitts – weisen verschiedene gliedernde Textsignale darauf hin, dass mit 8,1 nicht ein Erzählabschnitt abgeschlossen, sondern ein neuer Abschnitt eröffnet wird:[2] Neben dem gliedernden „und es geschah" (*kai egeneto*) sind als weitere Gliederungssignale die Zeit- und Ortsangaben sowie die Nennung neuer handelnder Personen anzusehen. Die abschnittseröffnende Funktion des Summariums ist insofern von kaum zu unterschätzendem Gewicht für die Interpretation, als zu vermuten ist, dass das darin Erzählte für den folgenden Abschnitt bedeutsam ist und umgekehrt: dass der folgende Abschnitt eine Bedeutung für die Interpretation von 8,1–3 hat. Dieser folgende Erzählabschnitt aber, der sein Ende mit Lk 8,21 erreicht, ist deutlich mit Hilfe der Begriffe „Wort" und „hören" gestaltet. Es ist ein Abschnitt, der mit der Verkündigung Jesu beginnt (8,1) und mit der angemessenen Reaktion auf das Wort Gottes endet (8,21). Dazwischen thematisieren das Sämannsgleichnis und seine Deutung dieses Wort Gottes und sein Schicksal bei denen, die es hören (8,4–8.11–15), und auch in 8,9–10.16–18 wird über das richtige Hören nachgedacht. Die abschließende Begegnung Jesu mit seiner Familie in 8,19–21 endet mit der Definition der neuen Familie Jesu: „Meine Mutter und meine Geschwister sind diejenigen, die das Wort Gottes hören und tun." (8,21)

Schon an dieser Stelle deutet sich also an, dass das, was die Frauen nach Lk 8,2–3 tun, in einem inhaltlichen Bezug zu diesem „Wort Gottes hören und tun" steht. Umgekehrt muss aber auch das „Wort Gottes hören und tun" durch das Handeln der Frauen eine inhaltliche Füllung erhalten, und ebenso können die in 8,21 genannten Geschwister mit Hilfe der in 8,2–3 genannten Frauen konkretisiert werden.[3]

3. Frauen, die das Leben Jesu teilen

Damit dieser wechselseitige inhaltliche Bezug zwischen dem Summarium 8,1–3 und dem Abschnitt 8,1–21 präziser gefasst werden kann, ist zunächst eine genauere Untersuchung von 8,1–3 notwendig. Denn die Art und Weise, wie die Frauen in 8,2–3 charakterisiert und wie ihr Handeln beschrieben wird, ist sowohl syntaktisch wie auch semantisch nicht eindeutig und lässt mehrere Inter-

---

1 Die Logienquelle ist eine hypothetisch rekonstruierte Sammlung von Jesusworten, die als eine der Quellen sowohl des Matthäus- als auch des Lukasevangeliums gilt. Als Sondergut werden diejenigen Texte bezeichnet, die ausschließlich bei Lukas bzw. ausschließlich bei Matthäus überliefert sind.

2 Vgl. ausführlich Sabine Bieberstein, Verschwiegene Jüngerinnen – vergessene Zeuginnen. Gebrochene Konzepte im Lukasevangelium (NTOA 38), Freiburg Schweiz/Göttingen 1998, 25–29.

3 Vgl. Bieberstein, Jüngerinnen, 76–85.

pretationen zu, die jeweils Auswirkungen darauf haben, wie die Frauen verstanden werden können. Deshalb sei zuerst ein Blick auf die syntaktischen Konstruktionen der kleinen Textpassage geworfen.

Ein erster fraglicher Punkt ist der Übergang von 8,1 zu 8,2. Nachdem zu Beginn von V. 1 vom Umherziehen und Verkündigen Jesu die Rede war, heißt es im Anschluss wörtlich übersetzt: „und die Zwölf mit ihm und einige Frauen, die [...]“. Es ist möglich, dieses „mit ihm“ als Nominalsatz zu verstehen: „Und die Zwölf *waren* mit ihm, und einige Frauen, die [...]“. Damit wäre eine nicht näher spezifizierte Gemeinschaft der Zwölf und der Frauen mit Jesus ausgedrückt. [4]

Wahrscheinlicher aber ist es, dass „und die Zwölf [...] und einige Frauen [...] und viele andere“ als sogenannte diskontinuierliche Syntagmen zu verstehen sind. Das bedeutet, dass das Subjekt des Satzes (Jesus) durch die Nennung weiterer Subjekte (die Zwölf, die Frauen) ergänzt und erweitert wird.[5] Damit ist aber auch das Prädikat des vorausgehenden Satzes – „er zog umher“ – auf die Zwölf und die Frauen zu beziehen, so dass über diese explizit gesagt wird, dass sie wie Jesus und mit Jesus *umherzogen*. Daran schließt sich die Frage, ob damit auch das *Verkündigen*, das in 8,1 mittels einer Partizipialkonstruktion über Jesus ausgesagt wird, auf die Zwölf und die Frauen auszuweiten ist. Da Jesus die Zwölf aber erst in 9,1–6 und eine größere Gruppe von JüngerInnen erst in 10,1–12 explizit zum Verkündigen aussendet, ist zu vermuten, dass in 8,1–3 dieses Verkündigen noch nicht auf die Zwölf und die Frauen ausgedehnt werden soll.

Die Analyse der syntaktischen Konstruktion zeigt also, dass sowohl nach der Lesevariante als Nominalsatz als auch in der Interpretation als diskontinuierliche Syntagmen ein Bild gezeichnet wird, nach dem die Frauen in gleicher Weise wie die Zwölf auf Jesus bezogen und mit ihm verbunden sind. Nur nach der zweiten Variante sind sie auch explizit mit ihm unterwegs.

Das Bild der Frauengruppe kann aber noch differenzierter wahrgenommen werden. Nach den Zwölfen werden zunächst „einige Frauen“ genannt. Das Gemeinsame (und Erwähnenswerte) an diesen Frauen ist, dass sie von Dämonen und Krankheiten geheilt wurden. Drei von diesen geheilten Frauen werden im Anschluss in einer kleinen Aufzählung namentlich genannt: Maria Magdalena, Johanna und Susanna.

Nach diesen ist noch einmal von „vielen anderen Frauen“ die Rede. Diese können syntaktisch wiederum auf zwei verschiedene Weisen interpretiert werden: Zum ersten kann der Satzanschluss als Fortsetzung der Namensliste gele-

---

4 So zum Beispiel Walter Kirchschläger, Jesu exorzistisches Wirken aus der Sicht des Lukas. Ein Beitrag zur lukanischen Redaktion (ÖBS 3), Klosterneuburg 1981, 237; ders., Jüngerinnen als Nachfolgerinnen auf seinen Wanderungen, in: Eugen Ruckstuhl, Jesus, Freund und Anwalt der Frauen. Frauenpräsenz und Frauenabwesenheit in der Geschichte Jesu. Mit einem Beitrag von Walter Kirchschläger, Stuttgart 1996, 125–136:129.

5 Dies ist ganz ähnlich in Lk 22,14 zu beobachten: „Und als die Stunde gekommen war, begab er sich zu Tisch und die Apostel mit ihm.“

sen und die „vielen anderen Frauen" damit als Untergruppe der geheilten Frauen verstanden werden. Dann muss der folgende relativische Satz auf alle bislang genannten Frauen bezogen werden: Einige geheilte Frauen, darunter Maria, Johanna und Susanna, und viele andere Frauen dienten ihnen ... Damit würden alle bislang genannten Frauen nicht in eine Beziehung zu Jesus gestellt, sondern zur gesamten Gruppe. Es entstünde eine Zweiteilung zwischen Jesus und den Zwölfen (die direkt auf Jesus bezogen sind) auf der einen Seite und den Frauen, die Aufgaben im Blick auf die gesamte Gruppe wahrnehmen, auf der anderen Seite.

Dem gegenüber deutet aber die Bezeichnung als „viele andere Frauen" darauf hin, dass sie nicht als Untergruppe von „einigen Frauen" aus 8,2 zu verstehen sind, sondern dass hier nochmals eine zahlenmäßig größere, von den geheilten Frauen verschiedene Gruppe ins Spiel gebracht wird. Diese sind einerseits auf syntaktisch analoge Weise wie die Geheilten und die Zwölf auf Jesus bezogen, sind aber durch das „dienten ihnen" nochmals in eine besondere Funktion zur gesamten Gruppe gebracht.[6] Damit entsteht das Bild einer Gruppe, die neben Jesus aus den Zwölfen, einigen geheilten Frauen – darunter Maria, Johanna und Susanna – sowie vielen anderen Frauen, die „ihnen [...] dienten", besteht.

4. Geheilte Frauen und der Anbruch des Reiches Gottes

Wenn die beiden Frauengruppen also durch den syntaktischen Anschluss in gleicher Weise auf Jesus bezogen werden wie die Zwölf, dann zeichnet der Text ein Bild von wandernden Jesusbotinnen, die ihre familiären Kontexte verlassen haben und sich nun in der Nachfolge Jesu befinden. Doch macht der Text diese Nachfolge nirgends explizit, etwa durch die Verwendung des Verbs *akolouthein* (nachfolgen), das ansonsten in vergleichbaren neutestamentlichen Kontexten erscheint.

Dagegen werden die Frauen als erstes über ihr Kranksein und die erfolgte Heilung identifiziert. Die Gemeinschaft der Frauen mit Jesus wird so – wiederum nicht explizit, sondern nur durch diesen Zusammenhang angedeutet – mit diesen Heilungen begründet. Über diese nachfolgenden Frauen werden also nicht wie über (einige) männliche Jünger Berufungsgeschichten erzählt. Damit sind die Frauen gegenüber den Zwölfen sicher mit einem „Defizit" behaftet; denn die Frauen werden nach dieser Darstellung nicht aus einem funktionierenden Leben herausgerufen wie die Zwölf, die etwas später im Lukasevangelium von sich sagen werden, sie hätten Familie, Besitz und Beruf verlassen, um Jesus nachzufolgen (vgl. 18,28 mit 5,1–11.27–32). Sondern die Frauen werden von einem beeinträchtigten Leben befreit und bleiben anscheinend „nur" aus Dankbarkeit. Dies war einer der Ansatzpunkte, die in der Auslegung dazu geführt haben, eine Abstufung zwischen den Frauen und den Zwölfen vorzunehmen.[7]

---

[6] Vgl. ausführlich Bieberstein, Jüngerinnen, 35–38.

[7] Vgl. z.B. Gerhard Schneider, Das Evangelium nach Lukas (ÖTBK 3), Gütersloh/Würzburg 1977, 180, der eine Abstufung vornimmt zwischen den Zwölfen, die Jesus

Ebenso war dies einer der Anlässe, eine Verbindung zwischen diesen geheilten Frauen und der Sünderin in 7,36–50 herzustellen[8] – bis hin zu der seit Papst Gregor dem Großen zu beobachtenden Identifizierung der Maria von Magdala mit der Sünderin aus 7,36–50.[9] Damit diese beiden Frauenfiguren miteinander identifiziert werden konnten, mussten die sieben Dämonen, die nach 8,2 aus Maria Magdalena ausgetrieben worden waren, symbolisch als sexuell ausschweifendes Leben dieser Frau interpretiert werden. Verbunden war damit über weite Strecken der Auslegungsgeschichte eine moralische Disqualifizierung der Maria aus Magdala und mit ihr die moralische Verurteilung aller Prostituierten.[10]

Gegenüber dieser defizitären Qualifikation der Frauen ist aber zu beachten, dass im Lukasevangelium auf verschiedene Weise eine Verbindung zwischen Heilungen und dem Anbrechen des Reiches Gottes hergestellt wird. So gehören in der Beauftragung der Zweiundsiebzig das Heilen und das Verkündigen des Reiches Gottes untrennbar zusammen (10,9). Wenn Dämonen weichen müssen und durch den Finger Gottes ausgetrieben werden, wird dies durch Jesus als ein Zeichen des anbrechenden Gottesreiches gedeutet (11,20).[11] Damit haben die Frauen also das Geheiltwerden, eines der Zeichen des anbrechenden Gottesreiches, am eigenen Leib erfahren. Ihre eigene Geschichte hat etwas mit diesem anbrechenden Gottesreich zu tun; denn sie haben die Kraft Gottes (*dynamis*), die nach Lk 5,17 in den Heilungen Jesu wirksam ist, erfahren (vgl. auch 4,36; 6,19). Die Erfahrung dieser verändernden Kraft ist der Grund für ihr jetziges Leben in der Nachfolge Jesu.

„als erwählte Jünger und künftige Zeugen" begleiten, und den Frauen, die „Jesus aus Dankbarkeit für die durch Jesus erfahrene Heilung" begleiten. Ähnlich François Bovon, Das Evangelium nach Lukas (EKK III), 1. Teilband: Lk 1,1–9,50, Zürich/Neukirchen-Vluyn 1989, 398: „Die Diakonie der Frauen wurzelt in Wunderheilungen, während die Predigt der Männer ihre Legitimation in einer Berufung findet."

[8] Vgl. z. B. Heinz Schürmann, Das Lukasevangelium. Erster Teil: 1,1–9,50 (HThK III.1), Freiburg i. Br. 1969, 446, der die geheilte „Exorzierte" „sehr passend" neben die liebende Sünderin gestellt sieht, oder a.a.O. 447, wo er die dienenden Frauen in Parallele zur „begnadeten Sünderin" sieht, oder Walter Schmithals, Das Evangelium nach Lukas (ZBK.NT 3.1), Zürich 1980, 100–101, der die „dankbare Sünderin" aus 7,36–50 unter die „vielen anderen" aus 8,3 rechnet, „die Jesus mit ihrem Vermögen dienten".

[9] Zu diesen Wegen der Identifikation vgl. ausführlich Ingrid Maisch, Maria Magdalena. Zwischen Verachtung und Verehrung. Das Bild einer Frau im Spiegel der Jahrhunderte, Freiburg u.a. 1996, 37–190.

[10] Vgl. Luise Schottroff, Art. Maria Magdalena I, in: Elisabeth Gössmann u.a. (Hrsg.), Wörterbuch der Feministischen Theologie, Gütersloh 1991, 275–277: 276.

[11] Vgl. auch den literarischen Zusammenhang zwischen der Heilungsgeschichte Lk 13,10–17 und den anschließenden Reich Gottes-Gleichnissen 13,18–21. Beide Teile interpretieren sich gegenseitig; vgl. dazu Sabine Bieberstein, Aufrechte Frauen und das Reich Gottes. Zum literarischen Zusammenhang von Lk 13,10–21, in: Sabine Bieberstein/Daniel Kosch (Hrsg.), Auferstehung hat einen Namen. Biblische Anstöße zum Christsein heute (FS Hermann-Josef Venetz), Luzern 1998, 37–46.

5. Aus Geheilten werden Heilerinnen

Dieses erzählerische Detail zeigt also Geheilte, die nach ihrer Heilung in der Jesusbewegung blieben und damit „in eine Gemeinschaft hinein geheilt"[12] wurden. Die Heilungsgeschichten der Evangelien erzählen diese Fortsetzung in der Regel nicht, sondern sie enden meist mit dem Gesundwerden oder der erstaunten Reaktion derer, die bei der Heilung dabei waren. Sie erzählen nicht, wie es danach mit den Geheilten weiter gegangen ist. Womit mag zum Beispiel der ehemals blinde Bettler jetzt sein Geld verdienen? In welche sozialen Netze würde die ehemals blutende Frau zurückkehren können? Und in welche Gesichter würde die gekrümmte Frau blicken, wenn sie sich aufrichtet? Lk 8,2–3 zeigt, dass es für geheilte Frauen (und Männer) eine Gemeinschaft und eine Zukunft in der Jesusbewegung gab und dass sie hier offensichtlich Räume und Beziehungen fanden, in denen sie leben und handeln konnten.[13]

Man kann sogar noch einen Schritt weiter gehen. Wie bereits erwähnt, sendet Jesus nach Lk 10,1–12 zweiundsiebzig Menschen mit der Vollmacht aus, das Reich Gottes zu verkünden und Kranke zu heilen. Wenn wir hier konsequenterweise die in 8,2–3 genannten Frauen mitlesen, kommen mit diesen Ausgesandten auch die Frauen in den Blick, und es lässt sich mit Dorothee Sölle und Luise Schottroff sagen: „Die Geheilten wurden Heilerinnen."[14]

Dieser Aspekt ist für unsere Überlegungen zu diakonisch zu qualifizierenden Tätigkeiten der nachfolgenden Frauen von weitreichender Bedeutung. Denn damit wird hier nicht nur erzählt, dass diese Frauen sich der Jesusbewegung anschlossen und das Leben Jesu teilten, sondern durch diese intertextuellen Bezüge kommt eine konkrete Tätigkeit der Frauen in den Blick, die sich kaum anders denn als „diakonisches Handeln" charakterisieren lässt. Methodisch gerechtfertigt ist diese intertextuelle Lektüre dadurch, dass es sich in 8,2–3 um eine summarische Notiz handelt, die als eine generelle Beschreibung Jesu, seines Wirkens und seiner NachfolgerInnen zu lesen ist. Das Prädikat des Satzes im Imperfekt („er zog umher") beinhaltet einen durativen Aspekt, und gemeinsam mit der Beobachtung, dass dieses Summarium einen Erzählabschnitt eröffnet, führt dies zur Forderung, dass dieses Bild auch im Folgenden vorauszusetzen ist und somit auch die Frauen im weiteren Verlauf der Erzählung stets mitzulesen sind. Dies gilt sowohl für den Begriff „Jünger" (*mathetai*), der damit eine Gruppe aus Männern *und* Frauen umfasst, als auch für die Gruppe der Zweiundsiebzig, die von Jesus zum Heilen und Verkündigen ausgesandt werden, und die ebenfalls als eine Gruppe von Männern *und* Frauen verstanden werden muss.

---

12 Dorothee Sölle/Luise Schottroff, Jesus von Nazaret (dtv Portrait), München 2000, 42.

13 Vgl. Sabine Bieberstein, Verbundenheit in Selbstbestimmung. Frauenfreundschaften im Lukasevangelium, in: Hedwig Lamberty-Zielinski (Hrsg.), FrauenFreundschaft (FrauenBibelArbeit 14), Stuttgart/Düsseldorf 2005, 48–55.

14 Sölle/Schottroff, Jesus, 42.

6. Teilhabe an der Sendung Jesu

Ein weiterer Aspekt ist an dieser Verbindung mit Lk 10,1–12 von Interesse: Jesus sendet die Frauen und Männer aus und beauftragt sie, das zu tun, was er selbst auch tat: zu heilen und das Reich Gottes zu verkünden. Nach 9,1 stattete er die Zwölf, die er mit demselben Auftrag aussandte, mit Vollmacht (*exousia*) aus und gab ihnen Kraft (*dynamis*), dies zu tun. In 10,1–12 wird diese Ausstattung mit Vollmacht nicht explizit gesagt; doch bezieht sich die Formulierung, Jesus habe „weitere" Zweiundsiebzig[15] eingesetzt und sie ausgesandt, auf die Szene in 9,1 zurück und ist auf analoge Weise zu verstehen.

In der neutestamentlichen Forschung wird dieses Phänomen, dass Jesus die JüngerInnen an seiner Sendung und seinem eigenen Auftrag beteiligt, als „Charismateilhabe" bezeichnet.[16] Jesus beansprucht nach dieser Vorstellung, die sich im übrigen nicht nur im Lukasevangelium, sondern auch bei den anderen beiden Synoptikern findet (vgl. Mk 3,13–16 par; 6,7–13 par), die Kraft Gottes (*dynamis*) nicht für sich alleine, sondern zeigt, dass sie alle gemeinsam in dieser Kraft handeln konnten. In diese Charismateilhabe sind nach unserer intertextuellen Lektüre auch die nachfolgenden Frauen aus Lk 8,2–3 mit ihrem heilenden Handeln (nach 10,1–12) einbezogen. Das als diakonisch zu qualifizierende Handeln steht damit in einem engen Bezug zum Handeln Jesu und zur Teilhabe an seiner eigenen Sendung und seinem Charisma.

7. Frauen mit Namen und einer Geschichte

Doch zurück zu unserem Summarium 8,1–3. Drei der geheilten Frauen werden hier mit Namen genannt. Damit kommt neben die Gruppe der Zwölf, die in 6,12–16 konstituiert und namentlich aufgezählt worden war, eine weitere Gruppe von namentlich Genannten zu stehen. Auf diese Weise werden einerseits die in 8,2 erwähnten „einige[n] Frauen" konkretisiert. Andererseits wird eine weitere namentlich bekannte Gruppe neben den Zwölfen etabliert und als ständige Begleitung Jesu eingeführt. Diese namentliche Nennung der Frauen ist auch deshalb bemerkenswert, weil es im Lukasevangelium neben 6,14–16 keine weitere Namensliste von AnhängerInnen Jesu gibt, wie überhaupt außerhalb dieser Listen nur wenige JesusanhängerInnen namentlich genannt werden.[17] Wenn

---

[15] Die Lutherübersetzung hat hier „weitere zweiundsiebzig Jünger"; doch der Begriff „Jünger" steht an dieser Stelle nicht im griechischen Text.

[16] Vgl. Gerd Theißen, Gruppenmessianismus. Überlegungen zum Ursprung der Kirche im Jüngerkreis, in: JBTh 7 (1992) 101–123; ders./Annette Merz, Der historische Jesus. Ein Lehrbuch, Göttingen 1996, 200; Hermann-Josef Venetz, Die Gemeinde des Messias Jesu und die Praxis der Königsherrschaft Gottes. Gedanken zu den „Anfängen der Kirche", in: Bibel und Kirche 56 (2001), 194–202.

[17] Es sind dies Simon, Jakobus und Johannes, die aber dem Zwölferkreis angehören und teils allein, teils zu zweit und teils als Dreiergruppe erwähnt werden, Levi (5,27–32), Maria und Marta (10,38–42), Zachäus (19,1–10), Judas, der ebenfalls zum Zwölferkreis gehört (22,3–6.47–48), Maria von Magdala, Johanna und Maria, die Mutter des Jakobus (24,10) sowie Kleopas (24,18).

hier also drei Frauen mit Namen genannt werden, ist das umso bedeutungsvoller. Hinzu kommt, dass auch aus dem Zwölferkreis außer Judas nur drei Mitglieder als individuelle Erzählfiguren auftreten: Simon, Jakobus und Johannes. Bei den weiteren Angehörigen des Zwölferkreises bleibt es bei der einmaligen Namensnennung in der Liste 6,14–16. Diese Dreizahl hat nun verschiedentlich dazu geführt, die Dreiergruppe der Frauen mit der Dreiergruppe aus dem Zwölferkreis parallel zu setzen.[18] Doch muss dagegen gehalten werden, dass an der zweiten Stelle, an der die Frauen namentlich genannt werden (Lk 24,10), Susanna aus 8,3 durch Maria, die Mutter des Jakobus, ersetzt ist. Diese Frauengruppe ist also nicht als fest umrissene Dreiergruppe vorgestellt, und auch ihre erzählerische Rolle ist ungleich weniger ausgefaltet als die der männlichen Dreiergruppe. Dennoch lässt die namentliche Aufzählung der Frauen in 8,2–3, die höchstwahrscheinlich auf einer traditionellen Frauenliste beruht, auf die große Bedeutung bestimmter Frauen schließen, und zwar zurückgehend bis zur Jesusbewegung selbst.

Am bildhaftesten wird die erste der drei Frauen, Maria von Magdala, gezeichnet: Aus ihr seien sieben Dämonen ausgefahren, heißt es in 8,2. Diese Charakterisierung war, wie bereits erwähnt, einer der Gründe, weshalb Maria im Laufe der Auslegungsgeschichte mit der Sünderin aus der unmittelbar zuvor erzählten Geschichte 7,36–50 identifiziert wurde. Der Text selbst lässt es offen, was genau unter diesen sieben Dämonen zu verstehen ist. Einerseits wird in der Antike die Siebenzahl des öfteren mit Dämonen verbunden.[19] Andererseits spielt die Siebenzahl aber auch in der klassischen Medizin eine bedeutende Rolle: Nach Hippokrates' Text *De hebdomadibus*[20] besteht eine Korrespondenz zwischen den sieben Teilen des Kosmos und den sieben Teilen des Körpers. Fieber bedeute nun eine grundlegende Störung der Einheit des Körpers, die auf jener Siebenzahl beruhe, und habe auch eine schädliche Wirkung auf die Seele, die ebenfalls aus sieben Teilen bestehe. Dies führe zu veränderten Realitätswahrnehmungen der Seele, die schlussendlich eine Person die Kontrolle über sich selbst verlieren lasse; denn die sieben Bereiche des Körpers seien aus dem Gleichgewicht geraten. Möglicherweise liegt auch der Krankheitsbeschreibung in Lk 8,2 eine vergleichbare Konzeption von Krankheit zu Grunde. Sie erlaubt aber keine Identifikation der Dämonen mit Sünden, einem ausschweifenden Lebensstil oder ähnlichem.

Zweifellos ist Maria aus Magdala die Frauenfigur aus dem Umkreis Jesu, die in den Evangelien – neben der Mutter Jesu – die größte Rolle spielt. Sie wird in allen Evangelien übereinstimmend in den Erzählungen über die Kreuzi-

---

[18] So schon Martin Hengel, Maria Magdalena und die Frauen als Zeugen, in: Otto Betz u. a. (Hrsg.), Abraham unser Vater. Juden und Christen im Gespräch über die Bibel (FS Otto Michel) (AGSU 5), Leiden 1963, 243–256: 248.

[19] Vgl. Annette Weissenrieder, Images of Illness in the Gospel of Luke (WUNT 2; 164), Tübingen 2003, 300.

[20] Vgl. zum Folgenden Weissenrieder, Images 300.

gung und das Begräbnis Jesu sowie in der Erzählung vom leeren Grab erwähnt, und Johannes lässt sie sogar zur Adressatin der Ersterscheinung des Auferstandenen werden (Joh 20,1–18). Auch in nachneutestamentlichen frühchristlichen Schriften erhält diese Frau eine ganz besondere Rolle etwa als Offenbarungsempfängerin des Auferstandenen oder Trösterin der JüngerInnengruppe. Diese übereinstimmende Hervorhebung Marias macht es wahrscheinlich, dass sich hinter dieser Erzählfigur auch eine historische Person aus dem Umkreis Jesu greifen lässt.[21]

Viel näher kommen wir dieser Figur aber nicht. Maria (Mirjam) ist einer der häufigsten palästinischen Frauennamen in griechisch-römischer Zeit.[22] Diese Häufigkeit verlangt nach einer genaueren Identifizierung dieser Frau. Interessant ist, dass diese Identifizierung nicht über ein männliches Familienmitglied geschieht, wie dies in biblischen Texten häufig der Fall ist, sondern über ihren Herkunftsort: Magdala am See Gennesaret.[23] Magdala war zu dieser Zeit wie die meisten Orte am See Gennesaret von der Fischerei geprägt. Doch darüber hinaus war es ein Zentrum der Fischverarbeitung mit überregionaler Bedeutung, ein Handelszentrum von relativem Wohlstand und einem beachtlichen urbanen Gesicht. Der neben dem hebräischen Namen Magdala beständig gebrauchte griechische Name *Tarichea* lässt auf einen nicht unbedeutenden Anteil einer griechisch sprechenden Bevölkerung schließen. Doch lassen die Texte wiederum nicht erkennen, ob Maria als eine „typische" Einwohnerin Magdalas angesehen werden muss, ob sie in wohlhabenden oder armen Kreisen zu situieren ist, ob sie als hellenisiert vorgestellt wird oder nicht, ob in irgendeiner Verbindung mit dem Handel oder der Fischerei stehend oder nicht.

Die Texte nennen Magdala lediglich als Herkunftsort dieser Frau. Eine solche Charakterisierung macht nur Sinn, wenn sie außerhalb dieses Ortes gebraucht wird. Das lässt darauf schließen, dass Maria diesen Ort verlassen hatte und anderswo lebte. Ob Maria ihren Heimatort verlassen hat, *um* sich der Jesusbewegung anzuschließen, oder ob sie sich der Jesusbewegung anschloss, als sie bereits nicht mehr in Magdala lebte, ist nicht mehr festzustellen. Sicher ist, dass

---

[21] Zur historischen und literarischen Figur sowie zu den sich anschließenden Traditionen vgl. die informativen Überblicke im Themenheft „Maria Magdalena", in: Bibel und Kirche 55 (2000), 169–232; dort weitere Literatur.

[22] Vgl. die Statistiken bei Tal Ilan, Notes on the Distribution of Jewish Women's Names in Palestine in the Second Temple and Mishnaic Periods, in: JJS 40 (1989), 186–200: 193–200; dies., Jewish Women in Greco-Roman Palestine. An Inquiry into Image and Status (TSAJ 44), Tübingen 1995, 54–55.

[23] Vgl. dazu Sieglinde M. Ruf, Maria aus Magdala. Eine Studie der neutestamentlichen Zeugnisse und archäologischen Befunde (BN Beihefte 9), München 1995; Robert Wenning, Magdala, in: BiKi 55 (2000), 208–211; Jürgen Zangenberg, Magdala am See Gennesaret. Überlegungen zur sogenannten „mini-sinagoga" und einige andere Beobachtungen zum kulturellen Profil des Ortes in neutestamentlicher Zeit (Kleine Arbeiten zum Alten und Neuen Testament 2), Waltrop 2001; ders., Magdala – Reich an Fisch und reich durch Fisch, in: Gabriele Faßbeck u.a. (Hrsg.), Leben am See Gennesaret. Kulturgeschichtliche Entdeckungen in einer biblischen Region, Mainz am Rhein 2003, 93–98.

sie als so wenig in einen Familienverband eingegliedert wahrgenommen wurde, dass ihr als Beiname nicht der Name ihres Vaters oder eines anderen männlichen Familienmitglieds gegeben wurde, sondern der ihres Heimatorts. Was sie des Weiteren charakterisiert, ist ihre Geschichte: die Heilung. Dies alles zeichnet sie als eine unverheiratete, wahrscheinlich kinderlose, allein lebende Frau.

Auch die zweite genannte Frau, Johanna, trägt einen verbreiteten hebräischen Namen.[24] Sie wird über ihren Ehemann näher bestimmt, was neben der Identifizierung über den Vater die am häufigsten geübte Praxis ist. Dieser Ehemann wird im Folgenden näher charakterisiert über seine berufliche Stellung: als *epitropos* des Herodes, was eine nicht mehr genauer zu eruierende Position in der Verwaltung des Herodes meint. Diese Berufsbezeichnung weist ihn vermutlich als Angehörigen einer Schicht aus, die in das Herrschaftssystem des Herodes eingebunden ist und von diesem profitiert. Über seine Position soll auch Johanna eine bestimmte soziale Stellung zugewiesen werden. Diese wird in der Literatur zumeist als vornehm, zur Oberschicht gehörend oder auch wohlhabend umschrieben.[25]

Im Unterschied zu Maria aus Magdala wird Johanna als verheiratete Frau gezeichnet, wobei es der Text offen lässt, ob diese familiären Bande weiterhin bestehen oder ob sie als Witwe vorzustellen ist oder gar als Frau, die ihre Familie verlassen hat. Da aber Witwen meist als solche benannt werden, Johanna aber nicht als Witwe bezeichnet und weiterhin über ihren Ehemann identifiziert wird, ist davon auszugehen, dass der Text sich eine Frau vorstellt, die ihren Ehemann, ihre Familie und ihren Besitz verlassen hat, um sich der Jesusbewegung anzuschließen.[26]

Susanna, die einen etwas seltener gebrauchten hebräischen Namen trägt,[27] wird im Unterschied zu den beiden vorherigen Frauen überhaupt nicht näher identifiziert, sieht man von der Heilung durch Jesus ab, die allen drei Frauen gemeinsam ist.

8. Dienen: „typisch Frau“ oder Programm der Jesusbewegung?

Das Tun der in Lk 8,3 genannten *vielen anderen* Frauen wird mit Hilfe der Begriffe *diakonein* (dienen) und *ta hyparchonta* (das Vermögen) umschrieben, deren genaue semantische Füllung umstritten ist und daher einigen Interpretationsspielraum lässt. Eine Durchsicht der Kommentierungen dieser Stelle in der exegetischen Literatur zeigt, dass dieser Spielraum meist mit Hilfe gesellschaft-

---

[24] Vgl. Ilan, Notes, 191, 195; dies., Women, 55, Anm. 33.

[25] Vgl. die Beispiele bei Bieberstein, Jüngerinnen, 49f Anm. 92, oder auch Judith Lieu, The Gospel of Luke (Epworth Commentaries), Peterborough 1997, 61; Walter Radl, Das Evangelium nach Lukas. Kommentar, Erster Teil: 1,1–9,50, Freiburg u.a. 2003, 509–512; Wilfried Eckey, Das Lukasevangelium unter Berücksichtigung seiner Parallelen, Teilband I: 1,1–10,42, Neukirchen 2004, 370.

[26] Dies wird in der Literatur meist als unmöglich angesehen, vgl. jüngst Eckey, Lukasevangelium, 370.

[27] Ilan, Notes, 199 nennt nur einen Beleg außer Lk 8,3.

lich vorgeprägter Rollenerwartungen an Frauen gefüllt wurde.[28] Doch erlauben die beiden Begriffe auch andere Lesarten. Dies soll im Folgenden gezeigt werden.

Das Verb *diakonein* bezeichnet im Griechischen das Dienen im Sinne von Tischdienst, bei Tisch aufwarten. In diesem Sinne ist es mindestens seit Herodot (ca. 484–430 v. Chr.) belegt, begegnet insgesamt aber eher selten. In einem weiteren Sinne heißt es: für den Lebensunterhalt sorgen, und schließlich meint es den Dienst im allgemeinen und umfassenden Sinn.[29] Gegenüber anderen, bedeutungsverwandten Wörtern bezeichnet es am ehesten „die ganz persönlich einem anderen erwiesene Dienstleistung."[30] Jedes Dienen gilt als verachtete Tätigkeit und eines freien Mannes nicht würdig und markiert daher eine gesellschaftliche Grenze[31] – wenn es nicht im übertragenen Sinne als Dienst für den Staat gesehen wird.[32] Dieses Bedeutungsspektrum findet sich in dieser Weise auch bei den jüdischen Schriftstellern Philo von Alexandria und Flavius Josephus. Hingegen ist dieses Verb in der Septuaginta überhaupt nicht belegt.[33]

Im Neuen Testament lassen sich Belege für die gesamte Bedeutungspalette finden. Es wird im Sinne des Tischdienstes (Lk 12,37; 17,8), der Versorgungsarbeit (Mk 1,13 par Mt 4,11; Phlm 13) oder in einem umfassenden Sinn (Mk 10,45) verwendet. Letzterer Beleg zeigt gleichzeitig, dass dieses Dienen „ein vorbildliches Verhalten für die Jesusjünger – in Nachahmung des Verhaltens Jesu – kennzeichnet, also durchaus positiv im Zusammenhang der Nachfolge konnotiert ist."[34] Es ist als „ein programmatischer Begriff für die Lebensgestaltung von christlichen Frauen und Männern"[35] zu verstehen. Ein interessantes Licht auf die inhaltliche Füllung des Dienens wirft Mt 25,44: Hier werden alle Tätigkeiten, die den Hungrigen, Durstigen, Fremden, Nackten, Kranken und Gefangenen zugute kommen, als *diakonein* bezeichnet. In Röm 15,25 benennt

---

[28] Beispiele bei Bieberstein, Jüngerinnen 53–58.

[29] Vgl. Hermann Wolfgang Beyer, Art. „diakoneo, diakonia, diakonos", in: ThWNT II (1935), 81–93: 81.

[30] Ebd.

[31] Vgl. Luise Schottroff, DienerInnen der Heiligen. Der Diakonat der Frauen im Neuen Testament, in: Gerhard K. Schäfer/Theodor Strohm (Hrsg.), Diakonie – biblische Grundlagen und Orientierungen. Ein Arbeitsbuch zur theologischen Verständigung über den diakonischen Auftrag (VDWI 2), Heidelberg 1990, 222–242: 232; Paul Hoffmann, Herrschaftsverzicht: Befreite und befreiende Menschlichkeit, in: ders., Studien zur Frühgeschichte der Jesusbewegung (Stuttgarter Biblische Aufsatzbände 17), Stuttgart 1994 (Erstpubl. 1975), 139–170: 149–150.

[32] Vgl. Beyer: ThWNT II (1935), 82.

[33] Auch für die Termini *diakonia* und *diakonos* gibt es in der LXX nur äußerst wenige Belege, vgl. Bieberstein, Jüngerinnen, 59 mit Anm. 179.

[34] Ekkehard W. Stegemann/Wolfgang Stegemann, Urchristliche Sozialgeschichte. Die Anfänge im Judentum und die Christengemeinden in der mediterranen Welt, Stuttgart u.a. 1995, 324.

[35] Luise Schottroff, Über Herrschaftsverzicht und den Dienst der Versöhnung, in: Bibel und Kirche 50 (1995), 153–158: 153.

Paulus seinen Einsatz für die Gläubigen in Jerusalem im Zusammenhang der Kollekte mit diesem Verb. In diesem Sinne sind auch 2Kor 3,3; 8,19–20 und Hebr 6,10 zu verstehen. In den neutestamentlichen Spätschriften (1Tim 3,10.13; 2Tim 1,18; 1Petr 1,12; 4,10,11) ist bereits mit einer beginnenden Prägung des Begriffs im Sinne des späteren christlichen Diakonen- bzw. Diakoninnen*amtes* zu rechnen.

Wenn wir unseren Blick auf die beiden Teile des lukanischen Werkes beschränken, dann zeigt sich, dass fünf der acht Belege im Lukasevangelium als Tischdienst zu verstehen sind (Lk 12,37; 17,8; 22,26–27 dreimal) und die herkömmlichen gesellschaftlichen Machtverhältnisse voraussetzen: Ein niedrig gestellter Abhängiger hat einen nach dem gesellschaftlichen Macht- und Wertesystem Höhergestellten zu bedienen. Interessant ist aber, dass sich die drei letztgenannten Belege in der Abschiedsrede Jesu im Kontext des letzten Mahls finden und dadurch mit einem großen Gewicht versehen werden:

Es erhob sich auch ein Streit unter ihnen, wer von ihnen als der Größte gelten solle. Er aber sprach zu ihnen: Die Könige herrschen über ihre Völker, und ihre Machthaber lassen sich Wohltäter nennen. Ihr aber nicht so! Sondern der Größte unter euch soll sein wie der Jüngste, und der Vornehmste wie ein Dienender. Denn wer ist größer: der zu Tisch sitzt oder der dient? Ist's nicht der, der zu Tisch sitzt? Ich aber bin inmitten von euch wie ein Dienender. (Lk 22,24–27)

Wie in Mk 10,45 erscheint auch hier das Dienen als programmatischer Begriff für die Praxis der JüngerInnen. Es ist ein Gegenbegriff zu dem, was Könige und Mächtige tun: herrschen und sich ehren lassen. Vorbild der erwünschten Praxis der JüngerInnen ist das Handeln Jesu inmitten der Seinen. Dabei etabliert das Dienen Jesu keine neuen Herrschaftsverhältnisse, sondern findet „inmitten von euch" statt. Es ist ein grundsätzlicher Herrschaftsverzicht Jesu, der nicht neuen HerrInnen zur Macht verhilft. Es ist den potentiell Mächtigen im Umkreis Jesu gesagt, schreibt also nicht untergeordnete Positionen fest, sondern stellt in antihierarchischer Weise beginnendem Machtmissbrauch in der Gemeinde ein anderes Verhalten gegenüber, das alle in einen „neuen und gerechten Umgang mit der Macht"[36] einbezieht.

Wenn für diesen neuen und gerechten Umgang mit der Macht aber der Begriff „dienen" verwendet wird, erlaubt dies eine weitere Vertiefung. Es trägt, wie oben festgestellt, die Konnotation des *persönlich* einem anderen geleisteten Dienstes. Dies lässt sich umkehren und positiv füllen: Die Bedürfnisse dieser anderen werden in den Mittelpunkt gestellt, und das eigene Handeln wird von diesen geleitet.[37] Wenn nun noch die Aspekte des Tischdienstes, die in dieser Mahlsituation vorausgesetzt werden, mit einbezogen werden, also die Versorgung mit den Lebensgütern, dann lässt sich das Dienen so verstehen, dass es ein gutes Leben aller ermöglicht. Dies bedeutet eine umfassende Umwertung des Dienens.

---

[36] Schottroff, DienerInnen, 224; in diesem Sinne auch Hoffmann, Menschlichkeit, 153.

[37] Vgl. Hoffmann, Menschlichkeit, 152.

Hinsichtlich der drei verbleibenden Belege ist nun interessant, dass dieses Dienen jeweils über Frauen ausgesagt wird: Die Schwiegermutter des Petrus steht nach ihrer Heilung auf und „dient“ den Anwesenden (4,39), die galiläischen Frauen „dienen“ der Gruppe „aus ihrem Vermögen“ (8,3), und Marta bezeichnet ihre Arbeit für die beiden anderen als „dienen“ (10,40). Zwei dieser Belege verwenden das *diakonein* eng situationsbezogen: In der Heilungserzählung Lk 4,39 ist das *diakonein* als eine Bestätigung der Heilung zu verstehen; die Frau kann ihre Versorgungsarbeit wieder aufnehmen. Das bedeutet eine Veränderung gegenüber der Markus-Vorlage der Stelle (Mk 1,31). Hier ist das Dienen der Schwiegermutter des Petrus am Ende der Heilung als ein Nachfolgebegriff zu lesen, in dem Sinne, dass die Frau sich nach ihrer Heilung der Jesusbewegung anschließt. Doch die lukanische Version der Erzählung stellt mit der Formulierung „sogleich aber stand sie auf“ stärker den Bezug zur konkreten Situation her, so dass diese Nachfolge-Konnotation kaum gegeben sein dürfte. In der Maria-Marta-Erzählung (Lk 10,38–42) ist das „Dienen“ der Marta ebenfalls als Versorgungsarbeit zu lesen. Sie tut das, was für die Beherbergung eines Gastes notwendig ist. Dies wird im Kontext des Lukasevangeliums als gutes und wünschenswertes Verhalten gezeichnet.[38] Doch wird Marta von dieser Arbeit, die sie *alleine* leisten muss, derart „zerrissen“ (10,40), dass es deshalb zum Konflikt kommt. Gegenüber dieser Rollenaufteilung eröffnet die Erzählung eine andere, befreiende Perspektive. Angesichts der Gegenwart Jesu und des angekommenen Reiches Gottes sind Menschen aufgerufen, sich auf das „Eine Notwendige“ zu besinnen und dies jenseits erwarteter Rollenmuster auch zu tun.

Der dritte Beleg, Lk 8,3, ist dem gegenüber offener gestaltet. Hier wird das „Dienen“ der Frauen mit Hilfe eines Ausdrucks näher bestimmt, der im Deutschen meist mit Übersetzungen wie „aus ihrem Vermögen“ wiedergegeben wird. Dem soll im Folgenden nachgegangen werden.

9. Das „Vermögen“: materieller Besitz oder alle Fähigkeiten einer Person?

Das griechische Wort, das hinter der deutschen Übersetzung „Vermögen“ steht, *ta hyparchonta*, ist auf das Verb *hyparchein* zurückzuführen. Dieses bedeutet „vorliegen, vorhanden sein, zur Verfügung stehen“. Davon ausgehend bedeutet das Partizip *ta hyparchonta* das, was jemandem zur Verfügung steht und von daher: das jemandem Gehörige, der Besitz.[39]

---

38 In Lk 9,53 werden Jesus und die Seinen von einem Dorf nicht aufgenommen, was sie zwingt, weiter zu ziehen (9,56f); in 10,1–12 wird deutlich, dass die von Jesus Ausgesandten auf Aufnahme in Dörfern und Häusern angewiesen sind. Wer sie aufnimmt, wird als „Sohn des Friedens“ (10,6) bezeichnet. Marta verwirklicht dies: Sie nimmt Jesus auf (10,38).

39 Vgl. Walter Bauer, Griechisch-deutsches Wörterbuch zu den Schriften des Neuen Testaments und der frühchristlichen Literatur, 6., völlig neu bearbeitete Auflage, [...] unter besonderer Mitwirkung von Viktor Reichmann hrsg. v. Kurt Aland und Barbara Aland, Berlin 1988, 1669–1670.

Aufgrund dieses Befundes wurde in der exegetischen Literatur die genauere Beschreibung des „Dienens" der Frauen weitgehend undiskutiert als finanzielle Unterstützung interpretiert. Teil dieser Sichtweise ist die Interpretation Johannas als vermögender Oberschichtfrau. Dies bestimmte auch die Deutung aller anderen Frauen, die als eine Art wohltätige Patroninnen oder Unterstützerinnen der Jesusgruppe verstanden wurden.[40]

Dem gegenüber hat Luise Schottroff wieder auf eine umfassendere Grundbedeutung des Wortes zurückgegriffen und die folgende Übersetzung vorgeschlagen: Sie dienten ihnen „im Rahmen der Möglichkeiten, die ihnen zur Verfügung standen."[41] Was die Frauen tun, kann damit ganzheitlicher verstanden werden: als Arbeit für das Reich Gottes, in Gemeinschaft mit Jesus, den Zwölfen und den anderen Frauen. Diese Arbeit geschieht unter Einsatz des Besitzes *und* der ganzen Person mit all ihren Fähigkeiten. Diese Arbeit wird in Gemeinschaft verrichtet und erlaubt kein Auseinanderdividieren in Männer- und Frauenarbeit.

Mit Hilfe von Luise Schottroffs Einwand kann die unreflektierte Übernahme der tiefsitzenden Auslegungstradition von *hyparchonta* als materieller Besitz und von daher die unreflektierte Interpretation als reiche Gönnerinnen kritisiert werden. Gegen Schottroffs Übersetzungsvorschlag lässt sich allerdings einwenden, dass *ta hyparchonta* im lukanischen Doppelwerk ansonsten stets im Sinne von materiellem Besitz oder Vermögen gebraucht wird, so dass auch in Lk 8,3 diese Bedeutung zumindest konnotiert sein dürfte. In der Kombination mit dem „dienen" und seiner neuen inhaltlichen Füllung aus Lk 22,26–27 entsteht damit ein Bild von wirtschaftlich unabhängigen Frauen, die ihre wirtschaftlichen Mittel und auch ihre persönlichen Fähigkeiten und Möglichkeiten in einer Weise einsetzten und zur Verfügung stellten, dass eine Lebensgrundlage für die gesamte Lebensgemeinschaft gebildet wurde. Damit ist jedoch noch nicht gesagt, dass man sich unter diesen wirtschaftlichen Mitteln unbedingt große Reichtümer vorzustellen hat. Auf jeden Fall aber handelt es sich um ein lebensförderliches Tun. Die Frauen tun das, was nach der Darstellung der Apostelgeschichte Voraussetzung für das Leben und Überleben der Gemeinden ist: *Die Menge der Gläubigen aber war ein Herz und eine Seele; auch nicht einer sagte von seinen Gütern* (hyparchonta*), dass sie sein wären, sondern es war ihnen alles gemeinsam.* (Apg 4,32).

Insgesamt entsteht durch diese Charakterisierung der Frauen aber ein Bild, das nicht mehr dem der wandernden Jesusbotinnen entspricht, wie dies noch in 8,2 gezeichnet worden war. Sondern hier sind Frauen im Blick, die das, was sie

---

[40] Vgl. den Überblick bei Bieberstein, Jüngerinnen, 53–58.

[41] Schottroff, DienerInnen, 232; dies., Schwestern, 307; dies., Auf dem Weg zu einer feministischen Rekonstruktion der Geschichte des frühen Christentums, in: Luise Schottroff/Silvia Schröer/Marie-Theres Wacker, Feministische Exegese. Forschungserträge zur Bibel aus der Perspektive von Frauen, Darmstadt 1995, 175–248: 182–183. Vergleichbar sind auch die Übersetzungen von Robert J. Karris, Women and Discipleship in Luke, in: CBQ 56 (1994), 1–20: 9 und Kirchschläger, Jüngerinnen, 129.

haben, noch zu ihrer Verfügung haben. So entsteht ein uneindeutiges Bild, das, wie die Auslegungsgeschichte zeigt, offen ist für verschiedenste Konkretisierungen. Das Lukasevangelium selbst gibt Deutungshinweise zunächst durch den literarischen Kontext, in den das Summarium gestellt ist. Es eröffnet, wie bereits erwähnt, einen Erzählabschnitt, der durch das Thema „das Wort Gottes hören und tun" geprägt wird. Werden die in diesem Abschnitt bestehenden literarischen Bezüge ernst genommen, dann bedeutet das, dass das Tun der Frauen als ein solches „Wort Gottes hören und tun" interpretiert werden muss.[42] Des Weiteren erfüllen die beiden Frauengruppen das, was im lukanischen Doppelwerk einerseits unter Nachfolge und andererseits unter einem gerechten Umgang mit dem Besitz verstanden wird – auch wenn diese Themen von Lukas selbst in rein androzentrischer Weise dargestellt und diskutiert werden.[43]

10. Garantinnen der Kontinuität: die Frauen in den Passions- und Ostererzählungen

Im Lukasevangelium verschwinden diese Frauen im Anschluss an das Summarium wieder von der Erzähloberfläche. Sie bleiben unsichtbar, bis sie im Rahmen der Erzählung über die Kreuzigung Jesu wieder eine wichtige erzählerische Funktion übernehmen.[44] Sie treten unmittelbar im Anschluss an die Szene des Todes Jesu wieder in die Aufmerksamkeit der Erzählung. Hier werden sie als diejenigen identifiziert, „die ihm aus Galiläa nachgefolgt waren" (23,49). Durch diese Identifizierung der Frauen wird im Rückblick ihr Weg von Galiläa nach Jerusalem sichtbar, der auf der Erzähloberfläche unsichtbar geblieben war. Es ist der erzählte Weg der Frauen, der an dieser Stelle der Erzählung die Verbindung zwischen der Wirkungszeit Jesu in Galiläa und den Ereignissen in Jerusalem herstellt, so dass die Frauen für die Erzählung eine wichtige Funktion hinsichtlich der Stiftung von Kontinuität haben.

Auch im Folgenden werden die Ereignisse – stärker als dies in der Markus-Vorlage der Erzählung der Fall ist – über den Weg, den die Frauen zurücklegen, miteinander verbunden. Erzählerisch wird der Weg der Frauen quasi Schritt für Schritt herausgearbeitet: Die Frauen *folgen* dem Begräbniszug (23,55), sie *kehren um* (23,56), bereiten Salben zu und ruhen den Sabbat

---

42 Vgl. ausführlich Bieberstein, Jüngerinnen 76–85.

43 Vgl. dazu Bieberstein, Jüngerinnen, 86–168.

44 Im Blick auf die Lektüre des Lukasevangeliums ist allerdings zu fordern, dass diese Frauen auch zwischen 8,3 und den Passionserzählungen stets mitgelesen werden, und zwar vor allem aus drei textinternen Gründen: 1) sie werden in einem Summarium eingeführt, das ein generelles Bild der Jesusbewegung zeichnet, das fortan immer gilt; 2) sie werden in 23,49 als diejenigen identifiziert, die Jesus von Galiläa nach Jerusalem nachgefolgt waren, so dass hier im Rückblick ihr gesamter Weg sichtbar wird; 3) die Botschaft der Männer im leeren Grab setzt mit ihrem Verweis auf die Erinnerung der Frauen die Präsenz der Frauen im zwischenzeitlichen Verlauf der Erzählung und insbesondere bei den Leidensankündigungen voraus (vgl. Lk 24,6–8).

über, sie *gehen* am ersten Tag der Woche zum Grab (24,1) und tragen dabei die bereiteten Salben mit sich. Über diesen Weg der Frauen, verbunden mit einem System von lückenlosen Zeitangaben werden die Kreuzigung, das Begräbnis Jesu und die Erzählung vom leeren Grab miteinander verknüpft. Außerdem spielt das Sehen der Frauen, das an jeder Station der Erzählung betont wird, eine bedeutsame Rolle, so dass die Frauen, wiewohl sie niemals explizit als solche betitelt werden, als *Augenzeuginnen* des gesamten Geschehens erscheinen. LeserInnen werden auf diese Weise über den Weg der Frauen durch die erzählten Ereignisse geführt und nehmen diese über die Perspektive der Frauen wahr. Über die Frauen wird also erzählerisch die Kontinuität über diese brüchige Zeit nach dem Tod Jesu hergestellt. Dieser Aspekt der Herstellung von Kontinuität wird nochmals durch einen weiteren Erzählzug verstärkt: Die beiden Gottesboten im leeren Grab fordern die Frauen auf, sich an die Zeit in Galiläa zu erinnern (24,6f): *Erinnert euch an das, was er euch gesagt hat, als er noch in Galiläa war: Der Menschensohn muss den Sündern ausgeliefert und gekreuzigt werden und am dritten Tag auferstehen.*[45] Und die Frauen erinnern sich (24,8). Über die Erinnerung der Frauen wird demnach ein Sinn in das furchtbare Geschehen des Karfreitags und in die verwirrenden Ereignisse danach gebracht. Über die Erinnerung der Frauen wird der Faden der Kontinuität vom Leben und Lehren Jesu in Galiläa bis zu den Osterereignissen gesponnen. Auf diese Weise als kompetent charakterisiert, können die Frauen konsequenterweise zu den ersten Verkündigerinnen der Auferstehungsbotschaft werden (24,9f). Damit haben wir auch in diesen Passions- und Auferstehungserzählungen die beiden Aspekte des Handelns der Frauen vereint. Der sorgend-heilende Aspekt findet sich in ihrer Darstellung als standhaft und treu, wenn sie auch in den dunklen Stunden des Sterbens bei ihrem Freund ausharren und nach seinem Tod Salben bereiten, um ihn zu salben. Der Aspekt der Verkündigung findet sich in ihrer Darstellung als kompetente Interpretinnen des Geschehens und Verkündigerinnen, wenn über ihre Erinnerung ein deutender Zusammenhang in die Ereignisse gebracht wird und sie mit der Auferweckungsbotschaft zu den übrigen der Gruppe eilen.

Erzählerisch wird allerdings die bedeutende Rolle der Frauen im Folgenden konterkariert. Die Auferstehungsbotschaft der Frauen wird von den Aposteln nicht verstanden, sondern als Weibergeschwätz abqualifiziert (24,11), und mit dieser Ablehnung kommt auch die erzählerische Rolle der Frauen zum Erliegen. Die Aufmerksamkeit wendet sich nun anderen Figuren zu. Die galiläischen Frauen können (und müssen) zwar noch bis zum Schluss der Erzählung mitgelesen werden. Auf der Erzähloberfläche erscheinen sie jedoch nicht mehr. Erst in der Fortsetzung des Lukasevangeliums, der Apostelgeschichte, werden sie zu Beginn nochmals kurz als Teil der nachösterlichen Jesusanhängerschaft erwähnt (Apg 1,14). Selbst eine so

---

[45] Einheitsübersetzung.

androzentrische Erzählung wie das lukanische Werk kann also die Frauen aus dieser kritischen Phase des Übergangs nicht „wegerzählen".

Zusammenfassung

Das Lukasevangelium ist das einzige der vier kanonischen Evangelien, das nachfolgende Frauen bereits während der öffentlichen Wirksamkeit Jesu erwähnt (8,1–3). Die Charakterisierung dieser Frauen mit Hilfe des Verbs „dienen" (*diakonein*) macht diese Frauenfiguren für die Fragestellung des vorliegenden Bandes interessant. Allerdings ist die gesamte Charakterisierung der Frauen uneindeutig: Das Bild von wandernden Jesusbotinnen, die das Leben Jesu und der Zwölf teilen, wird überlagert von dem Bild wirtschaftlich unabhängiger Frauen, die mit all ihren Möglichkeiten, d.h. ihrem materiellen Besitz und ihren Fähigkeiten, die Jesusbewegung unterstützten. Doch erlauben die literarischen Bezüge innerhalb des Lukasevangeliums, durch eine aktive Lektüre die Lücken zu füllen, die der Erzähltext lässt. Das Tun der wandernden Jesusbotinnen kann in Übereinstimmung mit den lukanischen Vorstellungen von Nachfolge als eine solche JüngerInnennachfolge identifiziert werden, und das Verhalten der zweiten Frauengruppe lässt sich im Licht dessen interpretieren, was Lukas unter einem gerechten Umgang mit dem Besitz versteht. Das Tun beider Frauengruppen lässt sich zudem als „das Wort Gottes hören und tun" qualifizieren. Im Blick auf ein diakonisches Wirken der Frauen ist von Bedeutung, dass sie bei den zweiundsiebzig Menschen mitgelesen werden können, die nach Lk 10,1–12 von Jesus zum Heilen und Verkündigen ausgesandt werden. Aus Geheilten werden demnach Heilerinnen (Sölle/Schottroff), und dieses heilende Tun ist untrennbar verbunden mit der Verkündigung des Reiches Gottes. Durch beides haben die Frauen Anteil am Auftrag und der Sendung Jesu – an seinen Charismen (Charismateilhabe). Beide Aspekte ihres Tuns, sowohl der sorgende als auch der verkündigende, werden auch zum Schluss des Evangeliums, im Rahmen der Passions- und Auferstehungserzählungen greifbar.

FRIEDERIKE ERICHSEN-WENDT

Tabita: Zur Symbolik der Kleider in Apg 9,39

Erweckung der Tabita, Fresko von Masolino da Panicale (1432-1482), Santa Maria del Carmine, Florenz.

Ein Schneider macht sich auf den Weg und kommt, in einer Kutsche sitzend und in vornehme Gewänder gekleidet, als Graf an. Ein Schustergeselle verschafft sich durch List eine Uniform und versetzt als Hauptmann einen Tag lang die ordentliche Gesellschaft in Unruhe. Ein Kaiser setzt auf Kleidung mit ganz besonderen Qualitäten und macht sich zum Gespött seiner Untertanen.

Eine schweizerische Novelle, ein deutsches Drama und ein dänisches Märchen machen zum Thema, was offensichtlich tief im Bewusstsein unserer Kultur verankert ist: „You were that you wore“[1] oder mit Worten Gottfried Kellers gesagt: „Kleider machen Leute“[2]. Gesellschaftliche Möglichkeiten, Ansehen und Status werden am äußeren Erscheinungsbild gemessen, von dem man vermutet, dass es das Wesentliche am Menschen sichtbar mache.

Die Apostelgeschichte berichtet, dass die Witwen, die bei der verstorbenen Tabita am Totenbett wachen, dem herbeieilenden Petrus Unter- und Obergewänder (*chitonas kai himatia*) zeigen, die Tabita angefertigt hat (Apg 9,39). Dieser auf den ersten Blick ungewöhnliche und bislang nicht befriedigend gedeutete Erzählzug bleibt vom Lukasevangelisten, dem Verfasser der Apostelgeschichte, gänzlich unkommentiert. Dies deutet darauf hin, dass es sich um ein Verhalten handelt, das im zeitgenössischen Kontext völlig plausibel gewesen sein muss. Was könnte der Sinn dieses Gestus sein? Gibt es in der Welt der frühchristlichen Gemeinden ebenfalls eine kulturelle Codierung von Kleidung?

Die These dieses Essays ist: Durch das Vorzeigen der von Tabita gefertigten Kleidung werden die Bindungsverhältnisse der frühchristlichen Gemeinde in Joppe sichtbar gemacht und aktualisiert. Im Moment des drohenden Status-

---

[1] Thomas A.J. McGinn, Prostitution, Sexuality and the Law in Ancient Rome, Oxford 1998, 162.

[2] Gottfried Keller, Kleider machen Leute, Stuttgart 2001; Carl Zuckmayer, Der Hauptmann von Köpenick, Frankfurt am Main 1995; Hans Christian Andersen, Sämtliche Märchen, hg. v. Thyra Dohrenburg, Düsseldorf 2003.

übergangs vom Leben zum Tod ist das diakonische Handeln der Tabita umfassend präsent.[3]

Um diese These plausibel zu machen, werde ich zunächst der Frage nachgehen, welche Funktion Kleidern im lukanischen Doppelwerk im Allgemeinen zukommt (1). Ausgehend von diesen Ergebnissen wird anschließend versucht, die soziale Welt der Erzählung in Apg 9,36–43 zu erhellen (2) und der Frage nach der Funktion des Kleiderzeigens in V. 39 nachzugehen (3), indem die Rolle von Kleidern in Trauerdarstellungen (a) und ihre Bedeutung als Symbol von Gastfreundschaft (b) untersucht wird. In diesem Zusammenhang erweist sich insbesondere ein Blick auf textilthematische Bildprogramme als ertragreich: Was in visuellen Quellen dargestellt wurde, dürfte allgemeine Konnotationen der Kleidersymbolik festgehalten haben. In der Verbindung dieser beiden Bedeutungsebenen wird klar, wie die Pointe der Erzählung funktioniert. Abschließend wird zu fragen sein, inwiefern diese Deutung das Verständnis der Tabita als diakonisch tätiger Christin verändert (4).

1. Kleidersymbolik im lukanischen Doppelwerk

Betrachtet man die Verwendung von Kleidersymbolik im lukanischen Doppelwerk, so lassen sich im Wesentlichen zwei Aspekte herausstellen. Zum einen findet sich die Schilderung von Kleidung, insbesondere ihrer Qualität, in Erzählungen, die auf Dekadenz und moralische Verwerflichkeit der Besitzer von Luxusgütern hinweisen wollen. Zum anderen dient Kleidung dazu, das Verhältnis des Einzelnen zu einem anderen Handlungsträger oder einer Gruppe zu bestimmen: Ist er integriert oder abgesondert, verhält er sich solidarisch oder straft er sein Gegenüber mit Missachtung? Die Qualität der Kleidung spielt hier keine Rolle.

Einerseits findet sich die Kleidersymbolik also in den lukanischen Diskurs um Armut und Reichtum eingezeichnet, andererseits visualisiert sie textuell Bindungsverhältnisse.

a. Kleidung als Wertbegriff im Diskurs um Armut und Reichtum

Der sicherlich prominenteste Beleg für die Vorstellung von Kleidung als Wertbegriff findet sich in der synoptischen Darstellung Johannes des Täufers. Obwohl sich die explizite Charakterisierung des Täufers als Träger eines Gewandes aus Kamelhaar und eines ledernen Gürtels (Mk 1,6) bei Lukas nicht findet, wird doch in Jesu Zeugnis über den Täufer im Lukasevangelium deutlich, dass das Volk einen königlich gekleideten eschatologischen Heilsboten erwartet: „Wolltet ihr einen Menschen sehen in weichen Kleidern? Seht, die herrliche Kleider tragen und üppig leben, die sind an den königlichen Höfen" (Lk 7,25).

---

[3] Auch wenn in diesem Erzählzug das diakonische Handeln der Tabita symbolisch verdichtet zum Ausdruck kommt, erweist sich auch eine Auslegung der sonstigen Charakterisierungen der Tabita als ertragreich, vgl. dazu: Friederike Erichsen-Wendt, Tabitha – Leben an der Grenze. Ein Beitrag zum Verständnis von Apg 9,36–43, erscheint in: BN.NF 127, 2005, 67–90.

Der Text bricht hier nicht nur mit den Vorstellungen der Menge, die eine Übereinstimmung von irdischem Glanz und eschatologischer Herrlichkeit annimmt, sondern zeichnet diesen Diskurs zudem in die Reich-Gottes-Verkündigung ein: Der in Manier eines prophetischen Wüstenpredigers auftretende Johannes der Täufer, nicht ein herrschaftlich gekleideter Machthaber, ist der Größte unter den Menschen und doch kleiner als der Kleinste im Reich Gottes (Lk 7,28).

Im Zusammenhang der Reich-Gottes-Verkündigung findet sich auch der zweite Beleg dieser Vorstellung, dieses Mal im genuinen Lukasstoff: Die Beispielerzählung vom reichen Mann und armen Lazarus beginnt betont mit der Charakterisierung des Mannes: Er ist reich, „kleidete sich in Purpur und kostbares Leinen und lebte alle Tage herrlich und in Freuden“ (Lk 16,19). Auffällig ist hier die konkrete und betonte Schilderung der wertvollen Kleidung. Kritik an teurer Kleidung zielte in der Antike vor allem auf Purpurkleidung, die aufgrund ihrer aufwändigen und kostspieligen Herstellung als Inbegriff von Luxus galt.[4] Zur Kleidung des Lazarus wird demgegenüber nichts gesagt: Sollte man aus dem Erzählzug, dass die Hunde seine Wunden lecken, schließen, dass er nackt war? Reichtum wird in dieser Erzählung nicht unmittelbar kritisiert, sondern seine Charakterisierung als Dekadenz geht mit einer sozialen Missachtung des Armen einher. Diese eröffnet eine soteriologische Kluft zwischen beiden, die für den Reichen nicht mehr zu überwinden ist.

b. Kleidung als Mittel zur Visualisierung von Verbundenheit

Lukas spricht darüber hinaus noch in ganz anderer Weise von Kleidern: Liegt der Fokus der Argumentation nicht auf der Qualität der Kleider, sondern wird ganz allgemein von ihnen gesprochen, so dienen die Kleider dazu, Solidarität bzw. Integration zu symbolisieren.

Die mögliche Dichotomie zwischen Integration und Desintegration wird im Lukasevangelium besonders in 8,26–39 deutlich: Von dem Gerasener, der böse Geister hatte, wird berichtet, dass er „seit langer Zeit keine Kleider mehr hatte“ (Lk 8,27). Von dem Geheilten hingegen wird gesagt, dass er „bekleidet und vernünftig“ war (Lk 8,35).[5] Nacktheit bzw. Bekleidetsein drücken in dieser Erzählung Desintegration bzw. Integration, Ferne bzw. Nähe zur sozialen Gruppe aus.

In diesen Gegensatz passten die sonstigen Verwendungen dieser Symbolik: In Lk 8,44 berührt die blutflüssige Frau Jesu Gewand. In dieser symbolischen Handlung verleiht sie ihrem Glauben Ausdruck, dass Jesus die Kraft hat, Wunder zu tun. Zugleich wird diese Kraft in Geltung gesetzt.

---

[4] Vgl. Beate Wagner-Hasel, Der Stoff der Gaben. Kultur und Politik des Schenkens und Tauschens im archaischen Griechenland (Campus Historische Studien 28), Frankfurt/New York 2001, 250–252.

[5] Lukas baut hier einen Erzählzug aus, der im Markusevangelium bereits angelegt, aber nicht ausgeführt ist. Dort heißt es in Mk 5,15 lediglich, dass der Geheilte bekleidet gewesen sei.

In Lk 15,22–23 wird der „verlorene“, zurückgekehrte Sohn mit dem „ersten“ Gewand[6] ausgestattet und so in sein Vaterhaus reintegriert. Eine Episode bei Josephus zeigt, wie eine Statusaufwertung im Extrem durch Kleidung symbolisiert werden kann. Von Herodes Agrippa berichtet der jüdische Geschichtsschreiber Folgendes: „Hier [in Cäsarea] gab er [Agrippa] zur Ehre des Kaisers Schauspiele, weil er wusste, dass für dessen Heil gerade ein religiöses Fest begangen wurde; zu diesem versammelte sich eine große Schar von Großen und Mächtigen aus der ganzen Provinz. Am zweiten Tag begab er sich mit Anbruch des Morgens in einem Kleid, das mit wunderbarer Kunst ganz aus Silber gewirkt war, zum Theater. Hier erschien das Silber, das von den ersten Strahlen der Sonne getroffen wurde, in wundervollem Glanz, so dass das Auge sich geblendet und erschauert zurück wenden musste. Sogleich riefen seine Schmeichler ihm von allen Seiten zu, nannten ihn Gott und sagten: ‚Sei uns gnädig! Wenn wir dich auch bisher als Menschen geachtet haben, so wollen wir doch von nun an etwas Höheres als ein sterbliches Wesen in dir verehren‘“ (Jos. Ant. 19,8,2).

Eine besondere Bedeutungsnuance kommt Belegen zu, in denen durch Kleider eine besondere Loyalität bzw. dezidierte Ablehnung zum Ausdruck kommt: In Lk 19,35 werfen die Jünger ihre Kleider (*himatia*) auf das Füllen, auf dem Jesus reiten wird; in Lk 23,34 hingegen wird Jesu Kleidung verteilt und verlost. Mit dem Verteilen der Kleidung wird – im Gegensatz zu Lk 15 – symbolisch angezeigt, dass eine Wiederherstellung von Identität und Status ihres Trägers nicht mehr erwartet wird. In Apg 7,58 geben die Steiniger des Stephanus ihre Kleidung und damit ihre Identität in die Obhut von Saulus.[7] Weitere Belege für diese Kleidersymbolik finden sich in Apg 12,8 (Petrus soll sich ankleiden und dem Engel aus dem Gefängnis folgen), Apg 16,22 (Paulus und Silas werden entkleidet und mit Stöcken geschlagen) und Apg 18,6 (als Reaktion auf die Missachtung seiner Verkündigung in Korinth schüttelt Paulus seine Kleider aus).

Auf die Kenntnis eines weit verbreiteten Gestus' weist Apg 20,33 hin: Der Lukasevangelist berichtet hier von einer Rede des Paulus an die Ältesten der Gemeinde von Ephesus, in der er seine Glaubwürdigkeit mit dem Argument verteidigt, er habe „von niemandem Silber oder Gold oder Kleidung begehrt“ (Apg 20,33). Im Zusammenhang mit V. 34 wird dies meist als Hinweis darauf

---

[6] Rengstorf hat überzeugend herausgestellt, dass es sich hier wohl um das „erste“ (*proton*) und nicht um das „beste“ Gewand handeln dürfte. D.h.: Das ursprünglich vom Sohn getragene Gewand wurde aufgehoben, um einen Missbrauch des Gewandes zu verhindern und den Sohn bei seiner etwaigen Rückkehr wieder nach außen hin identifizierbar zu machen. Das Gewand ist an Haus und Status des Sohnes gebunden. Vgl. Karl Heinrich Rengstorf, Die Re-Investitur des Verlorenen Sohnes in der Gleichniserzählung Jesu Luk. 15,11–32 (Arbeitsgemeinschaft für Forschung des Landes Nordrhein-Westfalen. Geisteswissenschaften 137), Köln/Opladen 1967, 43–44.

[7] Dass es sich nicht um eine zufällige Bemerkung handeln dürfte, zeigt Apg 22,20, wo eben dies aus der Sicht des Paulus berichtet wird.

verstanden, dass Paulus seinen Unterhalt mit seiner eigenen Hände Arbeit bestritten habe. Gerade die Zusammenstellung von metallurgischen Wertgegenständen und Kleidung deutet jedoch noch auf einen anderen Zusammenhang hin, in dem die Übergabe von Metallen und Textilien eine besondere Art der Zusammengehörigkeit anzeigt – es handelt sich um die üblichen Gastgeschenke, die Gastgeber als Zeichen von Verbundenheit machen: „Der Gast scheint mir verständig zu sein. Doch auf, lasst uns ihm ein Gastgeschenk geben, wie es sich ziemt [...] Ein jeder möge ihm einen gut gewaschenen Mantel und ein Leinenhemd sowie ein Talent geschätzten Goldes bringen" (Od. 8,388–389; 392–393)[8].

Inwieweit diese Geschenke als Ehrung eines Gastes quasi „kanonisch" waren, zeigt eine andere Stelle: „Keine geschlachteten Rinder können wir bieten und kein Gold, auch keine purpurnen Decken, aber freundlichen Sinn und die süße Muse und in boiotischen Humpen guten Wein." (Bakchylides, fr. 21)

Wenn Paulus in Apg 20,33 nun betont, er habe weder Silber und Gold noch Kleidung erhalten, so drückt er damit gegenüber den Ältesten eine bestehende Distanz zwischen ihm und der Gemeinde in Ephesus aus, die vor allem darin besteht, dass er keinerlei Verpflichtungen ihnen gegenüber hat, denen er nachkommen müsste.

Der Blick auf die Verwendung von Kleidersymbolik im lukanischen Doppelwerk macht deutlich: Die *Qualität* von Kleidern zeigt einen Diskurs um die soteriologische Relevanz von Armut und Reichtum an; die *allgemeine* Symbolik visualisiert Bindungsintensität.[9] Beiden Aspekten soll im Folgenden im Hinblick auf die Tabita-Erzählung nachgegangen werden.

2. Die soziale Welt der Tabita in Joppe

Der Optimismus der älteren Forschungsgeschichte, den sozialen Status der Tabita rekonstruieren zu können, ist in jüngerer Zeit einer Skepsis in dieser Frage gewichen. Man ging etwa davon aus, dass es sich bei Tabita um eine „reiche Dame" handelte[10] – eine Annahme, die viele Exegeten aus der Tatsache schlossen, dass Tabita offensichtlich ökonomisch in der Lage war, „gute Werke" zu tun.[11]

---

[8] Vgl., auch weitergehend, Wagner-Hasel, Stoff, 204–212.

[9] Diese Art von Kleidersymbolik ist weder auf das Lukasevangelium noch auf das NT beschränkt. Als Belege für ein vergleichbares Verständnis seien aus zwei sehr verschiedenen zeitgenössischen Traditionskomplexen angeführt: die Investitur der Herodessöhne in Jos. Bell. 1, 457–466 und das gnostische „Perlenlied" aus den Thomasakten.

[10] Gottfried Schille, Die Apostelgeschichte des Lukas (ThHKNT 5), Berlin (DDR) ²1984, 239.

[11] In der neueren Forschung hat diese These jüngst Plausibilität gewonnen durch die Annahme einer Gruppe von „new women" in der späten Republik und frühen Kaiserzeit, die sich durch Mobilität und Unabhängigkeit in allen Lebensbereichen auszeichnete. Vgl. dazu ausführlich: Bruce W. Winter, Roman Wives, Roman Widows. The Appearance of New Women in the Pauline Communities, Grand Rapids (Mi.)/Cambridge 2003.

Überlieferungen wie Mk 12,41–44 par. sollten skeptisch machen, ob es im (frühen) Christentum wirklich immer die „Reichen" waren, die sich an privater Wohlfahrt beteiligten.[12] Positiv lässt sich sagen: Tabita, als Repräsentantin der TrägerInnengruppe des frühen Christentums in Joppe, gehörte sicherlich nicht zu den Allerärmsten. Lassen sich aus dem Text weitere Indizien für den sozialen Status der Tabita gewinnen?

Richter Reimer hat beobachtet, dass „dieser Name [in rabbinischen Schriften] immer in Verbindung mit Sklavinnen und in der maskulinen Form mit Sklaven"[13] vorkommt.[14]

Einen weiteren Hinweis bekommen wir durch Tabitas Tätigkeit, die der Text erst offen legt, als sie schon auf dem Totenbett liegt: Die Witwen (*chärai*) der Gemeinde zeigen Petrus Unter- und Obergewänder (*chitonas kai himatia*), die Tabita gefertigt hatte.

Aus den Hinweisen, die der Text insgesamt über Tabitas sozialen Status transportiert – ihre mögliche Prostitution,[15] ihr ursprünglicher Sklavenstand und ihre Tätigkeit im textilen Handwerk –, ergibt sich ein für eine hellenistisch geprägte Stadt des 1. Jahrhundert plausibles Gesamtbild: Archäologische und ikonographische Zeugnisse zeigen Frauen, deren Attribute sie als Prostituierte ausweisen, bei der textilen Handarbeit. Nahm man zunächst an, bei letzterer handle es sich um eine Alibibetätigung, so hat die jüngere Forschung[16] ergeben, dass „Wollarbeit und Liebesdienst nicht als Widerspruch, sondern als ökonomisch einander ergänzende Tätigkeiten zu sehen"[17] sind. Was ikonographisch weit verbreitet ist, wird in Apg 9,36–43 textsemantisch angezeigt: Tabita wird als Prostituierte attribuiert,[18] sichtbar wird aber *ihre Handarbeit.*

Darüber hinaus charakterisiert der Text der Apostelgeschichte Tabita als wohltätig: Sie war „voll guter Werke und tat Gerechtigkeit". Eine apologetische

---

[12] Vgl. auch Hermann L. Strack/Paul Billerbeck, Kommentar zum Neuen Testament aus Talmud und Midrasch IV.I, München ^{2}1956, 536–558.

[13] Ivoni Richter Reimer, Die wunderbare Geschichte der Jüngerin Tabitha (9,36–43), in: dies., Frauen in der Apostelgeschichte des Lukas. Eine feministisch-theologische Exegese, Gütersloh 1992, 55–90: 60.

[14] Die synoptische Tradition kennt einen festen Zusammenhang von Sklave-Sein und *diakonein*, vgl. Mk 10,44; Mk 20,27.

[15] Vgl. dazu ausführlich: Erichsen-Wendt, Tabitha (s. Anm. 3).

[16] Vgl. James N. Davidson, Kurtisanen und Meeresfrüchte. Die verzehrenden Leidenschaften im klassischen Athen, Berlin 1999.

[17] Beate Wagner-Hasel, Arbeit und Kommunikation, in: dies./Thomas Späth (Hg.), Frauenwelten in der Antike. Geschlechterordnung und weibliche Lebenspraxis, Stuttgart/Weimar 2000, 311–335, hier: 321. Ein Beispiel des Bildprogramms a.a.O., 333.

[18] Auf diese Möglichkeit weist die nähere Umschreibung Tabitas als „Dorkas/Gazelle" hin. Der Lukasevangelist hat hier möglicherweise nicht allein an die Charakterisierungsgewohnheiten seiner Leserschaft angeknüpft, sondern auch einen Hinweis auf den sozialen Status früher Trägerinnen des Christentums versteckt. Epigraphische Funde bezeugen breit, dass Dorkas ein verbreiteter Name von Prostituierten war; vgl. auch: Otto Keller, Die Antike Tierwelt I, Leipzig 1909, 286.

Absicht könnte man dem Lukasevangelisten zwar unterstellen, der beide Charakterisierungen der Tabita unverbunden nebeneinander stellt (V. 36). Es liegt jedoch von den hellenistischen Zeugnissen her näher, ein unproblematisches Nebeneinander anzunehmen. Dabei dienen die guten Werke (*erga agatha*) sozusagen als „Markenzeichen" für gute Taten überhaupt – für „Krankenbesuch, Beherbergung von Fremden, Ausstattung armer Brautpaare, Teilnahme an Hochzeitsfeierlichkeiten u.[nd] Begräbnissen, Tröstung von Trauernden u. dergl."[19], derer Tabita „voll" (*pläräs*) war. Darüber hinaus sind mit *erga* von Frauen im handwerklichen Kontext der hellenistischen Umwelt immer Web- und Spinnarbeiten gemeint. Es handelt sich dabei um eine Arbeit, die auch freie Frauen nicht entehrt und die eher einen Dienst für andere bzw. eine Statusrepräsentation ihres Hauswesens darstellt, als eine ökonomisch zwingende Tätigkeit.[20] Vom Text her lässt sich also nicht mit Sicherheit bestimmen, ob die Ausübung des textilen Handwerks für Tabita selbst ökonomisch notwendig war oder nicht. Für die Witwen war es dies auf jeden Fall.

Näher qualifiziert werden die Werke der Tabita durch die Werke der Gerechtigkeit (*erga eleämosynon*). Diese sind den „guten Werken" grammatikalisch zwar gleichgeordnet, da ihnen jedoch quantitativ nichts hinzuzufügen ist, muss es sich um eine qualitative Charakterisierung handeln. Was meint der Lukasevangelist mit Gerechtigkeit (*eleämosynä*)?

Gemessen an der sonstigen neutestamentlichen Verwendung von *eleämosynä* ist es ein lukanisches Vorzugswort.[21] Es handelt sich um ein von *eleos* (= Mitleid haben) abgeleitetes Substantiv, das in der Septuaginta mit Treue (*chäsäd*) und Gerechtigkeit (*zedaka*) übersetzt wird. Die Bedeutung als Affekt tritt nun zurück hinter die von gemeinschaftsfördernder Existenz. Gerade der lukanische Gebrauch zeigt, dass der semantische Gehalt von *eleämosynä* mit wohltätigem Tun, näherhin mit Almosengeben, nicht hinreichend beschrieben ist. Dies wird vor allem in Apg 3,1–10 deutlich, wo gerade das Verständnis von *eleämosynä* problematisiert wird: Zur Gebetszeit wird ein lahmer Mann vor die Tempeltür getragen, wo er um *eleämosynä* bittet. Petrus reagiert auf dieses Ansinnen, indem er sagt, dass er zwar kein Silber und Gold habe, ihm aber gebe, was er habe: die Möglichkeit, ihn von seiner Beeinträchtigung zu befreien (V. 6). Die Erzählung kritisiert ein auf „Silber und Gold" beschränktes Verständnis von *eleämosynä* und definiert sie stattdessen als eine Hilfe, die sich an den Bedürfnissen des Bittenden orientiert.[22] In diesem Sinn kann *eleämosynä* auch in Apg 9,36–43 verstanden

---

19 Strack/Billerbeck, Kommentar, 559.

20 Beate Wagner-Hasel, Arbeit und Kommunikation, 318–319; auch: Rosmarie Günther, Matrona, vilica und ornatrix. Frauenarbeit in Rom zwischen Topos und Alltagswirklichkeit, in: dies./Späth (Hg.), Frauenwelten, 350–367: 367.

21 Lk 11,41; 12,33; Apg 3,2.3.10; 9,36; 10,2.4.31; 24,17; dem stehen drei Belege im Matthäusevangelium gegenüber.

22 Luise Schottroff arbeitet dies als Grundzug des neutestamentlichen Diakonats von Frauen heraus: „Das Selbstbewußtsein der Frau beruht darauf, daß der Einsatz der ganzen Person, nicht nur der Einsatz von Geld von ihr geleistet wurde"; Luise Schottroff, DienerInnen

werden. Schafft der Erzähler sogar durch die Sequenz in Apg 3,7, dass Petrus den Geheilten an der rechten Hand ergreift und aufrichtet, einen textinternen Verweis auf Apg 9,41, wo Petrus Tabita die Hand gibt und sie aufstehen lässt? Lukas nennt das am Bedürfnis des anderen orientierte Verhalten *eleämosynä*. Sofern es nicht um einen materiellen Güterausgleich gehen *muss*, ist die Frage des Handelns der Tabita abgekoppelt von ihrem sozialen Status zu betrachten. Die „guten Werke" der Tabita werden näher als „gerechte Werke" qualifiziert, d.h. Tabita tat Dinge, die dem Mangel der anderen abhalfen, und erwies sich so als „Gerechte".

3. Das Herzeigen der Kleider als Ausdruck von Solidarität

Über das Verhältnis der Witwen in Joppe zu Tabita – ist sie eine von ihnen oder steht sie ihnen gegenüber? – ist viel spekuliert worden. Die Vorschläge reichen von der Annahme eines „Witwenstandes"[23] über die Vermutung, die Witwen seien die Armen der Gemeinde[24], bis hin zu der These, es handle sich um die „Gruppe [...], die ganzheitliche Diakonie täglich lebt, also Gottesdienst im Alltag der Welt feiert".[25]

Die Witwen lernt der Leser im Fortgang der Erzählung gleichzeitig mit Petrus kennen. Sie weinen und zeigen ihm Untergewänder (*chitonas*) und Obergewänder (*himatia*), die von Tabita angefertigt wurden. Dies wird allgemein so gedeutet, dass die Witwen durch das Vorzeigen der Kleider als ihrer *erga agatha* beweisen wollten, dass Tabita einer Erweckung „würdig" sei.[26] Diese Deutung erscheint mir allerdings auch dann nicht plausibel, wenn man annimmt, dass hier ein alttestamentlicher Erzählzug, demzufolge die Erweckung als Dank für

---

der Heiligen. Der Diakonat der Frauen im Neuen Testament, in: Gerhard K. Schäfer/Theodor Strohm (Hg.), Diakonie – biblische Grundlagen und Orientierungen. Ein Arbeitsbuch zur theologischen Verständigung über den diakonischen Auftrag (VDWI 2), Heidelberg 1990, 222–242: 231, und verweist auf die Überlieferung einer Konfliktgeschichte, die beredt davon Zeugnis gibt (Tos.Pea 4,12). Ein Logion formuliert so: „Weshalb stiegen die Wolken zuerst auf der Seite auf, wo die Frau des Meisters stand, und nachher erst auf der Seite des Meisters? – Weil die Frau stets zuhause ist und den Armen fertiges Brot gibt, das sie unmittelbar genießen können, während ich Geld gebe, das sie nicht unmittelbar genießen können." (bTaan 23b, vgl. Schottroff, DienerInnen 232).

23 Joseph Viteau, L'Institution des Diacres et des Veuves. Actes VI, 1–10; VIII, 4–40; XXI, 8, RHE 22.1926, 513–537: 532. Aus einer anderen Perspektive über Frauen in gemeindlichen Führungspositionen handelt: Luise Schottroff, „Anführerinnen der Gläubigkeit" oder „Einige andächtige Weiber"? Frauengruppen als Trägerinnen jüdischer und christlicher Religion im ersten Jahrhundert n. Chr., in: dies., Befreiungserfahrungen (ThB 82), München 1990, 291–304.

24 Hans Conzelmann, Die Apostelgeschichte (HNT 7), Tübingen 1963, 61.

25 Ivoni Richter Reimer, Die Apostelgeschichte. Aufbruch und Erinnerung, in: Luise Schottroff/Marie-Theres Wacker, Kompendium Feministische Bibelauslegung, Gütersloh 1998, 542–556: 549.

26 So deuten fast alle Kommentare; vgl. anders: Schille, Apostelgeschichte, 239, der aber offen lässt, weshalb die Witwen die Geschenke der Tabita vorzeigen.

Gastfreundschaft gedeutet wird, umstrukturiert sein sollte.[27] Das Motiv der „Würdigkeit" ist neutestamentlichen Wundergeschichten, auch den Berichten von Totenerweckungen, fremd.[28]

Der Sinn des Kleidervorzeigens erhellt sich zwangloser, wenn man sich zwei Motive, die hier zur Diskussion stehen, im zeitgenössischen Verständnis der Apg vergegenwärtigt: Kleider und ihre spezielle symbolische Funktion in Trauerriten (a) und das vorausgesetzte Verständnis von Gastfreundschaft (b).

a. Kleidersymbolik in Trauerriten

Plutarch (ca. 45–120 n.Chr.) schreibt in seiner Biographie Solons, des athenischen Gesetzgebers: „Er [Solon] erlaubte nicht, einen Ochsen als Totenopfer zu bringen, *mehr als drei Kleidungsstücke aufzuwenden* und fremde Grabmäler zu besuchen außer bei der Bestattungsfeier."[29]

Plutarch erwähnt diese Gesetzgebung im Zusammenhang mit einer Mahnung zur Selbstbeherrschung und Besonnenheit. Zugleich deutet sie jedoch darauf hin, dass Kleidung im Zusammenhang von Trauerriten eine hohe Bedeutung zukam.[30]

Kleidung diente nicht nur zur Versorgung der Toten, sondern repräsentierte auch ihren Status, transportierte den Nachruhm des Toten, indem sie die Funktion hatte, den Toten in der Erinnerung der Lebenden präsent zu halten.[31] Dies wird visuell zum einen daran deutlich, dass Leichentücher auf Krateren und Amphoren abgebildet wurden, die als Stelen auf den Gräbern aufgestellt wurden, zum anderen durch Bildprogramme auf Sarkophagen, die an zentraler Stelle Textilien zeigen (s. Abb. 1, S. 121).[32]

---

[27] „Im AT haftet das Verdienst an den Begünstigten des Wunders – den Müttern –, deren Gastfreundschaft die Erweckung honoriert. Die neutestamentlichen Adaptionen durchbrechen den Konnex von Verdienst und Lohn. Besondere Meriten hat in Apg 9 die Verstorbene erworben, doch die Empfängerin des Wunders ist die Gemeinde, die ihre Wohltäterin als ungeschuldete Gnadengabe zurückerhält"; Hermann-Josef Stipp, Vier Gestalten einer Totenerweckungserzählung (1Kön 17,17–24; 2Kön 4,8–37; Apg 9,36–42; Apg 20,7–12), Bib. 80. 1999, 43–77: 72.

[28] Gleichwohl hat die zeitgenössische Diskussion um diese Frage, die in den alttestamentlichen Totenerweckungserzählungen eine wichtige Rolle spielt, Spuren im Neuen Testament hinterlassen, vgl. Joh 9,2–3. Zumindest der johanneische Jesus lehnt Würdigkeit des zu Heilenden als Voraussetzung eines Wunders ab.

[29] Plutarch Sol. 21,6 (Hervorhebung: Erichsen-Wendt).

[30] Die Kleidung selbst ist in dieser Erzählung kein Ausdruck von Trauer: Dies wäre im biblischen Zusammenhang das Tragen von Sackgewändern und Einreißen der Kleider (vgl. Gen 37,24; 2Sam 13,19 u.ö.).

[31] Vgl., auch zum Folgenden, Beate Wagner-Hasel, Die Reglementierung von Traueraufwand und die Tradierung des Nachruhms der Toten in Griechenland, in: dies./Späth, Frauenwelten, 81–102: 93.

[32] Zur Methodik ikonographischer Exegese vgl. Annette Weissenrieder/Friederike Wendt, Images as Communication. Introduction into the Methods of Iconography, in: dies./Petra von Gemünden (Hg.), Picturing the New Testament. Studies in Ancient Visual Images (WUNT II 193), Tübingen 2005, 3–49.

Für den Kontext hellenistisch-römischer Religiosität kann man formulieren: „Unsterblichkeit, die die Kleider garantieren, ist kein Zustand, sondern ein dauernder Akt der Vergegenwärtigung und der Erinnerung durch die Lebenden, die sich darüber ihrer eigenen Ordnung vergewissern."[33] Das Herzeigen der Kleider hat in Apg 9,39 die Funktion, Petrus (und den LeserInnen!) gegenüber das Leben der Tabita zu visualisieren. Dies diente also nicht dazu, Tabitas Wunderwürdigkeit zu erweisen, sondern ist ein beeindruckendes Mittel, ihr Leben und die Verbundenheit der Anwesenden mit ihr zu demonstrieren.[34]

Die Verbundenheit, die durch die in der Antike nur gemeinsam mögliche Webarbeit entsteht,[35] wird nach Fertigstellung der Kleidung in ihr symbolisch weitergetragen. Dies zeigt sich etwa an einer auffälligen Gemeinsamkeit vieler Textildarstellungen auf Grabmälern. So werden z.B. zwei (oder mehrere) Menschen durch das Gewebe verbunden dargestellt. Lebende demonstrieren dabei ihre Verbundenheit mit den Toten, die gleichsam aus dem gemeinsam Erlebten, aus gemeinsamer Arbeit und gemeinsamer Muße weiterwirkt (s. Abb. 2, S. 121).

Durch den weit verbreiteten Gebrauch von Lekythoi mit frappierend ähnlichen Bildprogrammen als Grabschmuck ist eine Verbindung zum Toten und zur Trauer durch den „Sitz im Leben" des Gegenstandes gegeben, der die Bedeutung seines Bildprogramms vollständig erst im Kontext seiner Verwendung preisgibt.

Auffällig ist, dass sich in den Bildprogrammen kein Hinweis auf Statusdifferenzen zwischen den abgebildeten Personen finden lässt. Dass textile Motivik für die Verbundenheit von Menschen unabhängig von ihrem Status plausibel sein kann, zeigt ein Blick auf ihre Verwendung im Kontext politischer Philosophie: Für Platon etwa besteht die höchste Kunst des Staatsmanns darin, ein Gewebe zu schaffen, in dem die gegensätzlichen Statusgruppen der Polis unauflösbar miteinander verbunden sind (Politikos 311B-C) (s. Abb. 3, S. 121).

Ein selteneres Bildprogramm, das Frauen unter einem Mantel und waffentragende Männer zeigt, weist auf den genderspezifischen Aspekt dieses Themas hin und unterstützt unsere These einer Verbundenheitssymbolik: So wie Frauen bei der Webarbeit Verbundenheit demonstrieren, gilt dies für Männer, indem sie Kriegsdienst leisten (s. Abb. 4, S. 121).

---

[33] Ebd.

[34] Die Verbindung Tabitas mit den Witwen beschreibt Schottroff wie folgt: „Auch die Witwen, die mit Tabitha in Joppe zusammengehören [...], sind von Tabitha durch Kleiderweben ernährt worden und ihre Arbeit ist als das Tun guter Werke und Almosengeben von den ChristInnen anerkannt worden"; Schottroff, DienerInnen 229.

[35] Wagner-Hasel, Arbeit, 321.

Abb. 1: Grabmal, 2.–frühes 3. Jahrhundert n.Chr., Trier.

Abb. 2: Attische Lekythos des Amasis-Malers, ca. 540 v. Chr., New York.

Abb. 3: Schwarzfigurige Kylix, Berlin.

Abb. 4: Schwarzfigurige Dreifuß-Pyxis, Athen.

Die Analyse der Kleidersymbolik im lukanischen Doppelwerk hat gezeigt, dass im Verständnis des Lukasevangelisten zwischen einem Menschen und seinen Kleidern eine sehr enge Beziehung besteht.[36] Wenn die Witwen in Apg 9,39 die von Tabita angefertigten Kleider herzeigen, so visualisieren sie also zweierlei: zum einen ihre enge Verbundenheit mit der Verstorbenen, zum anderen deren unverwechselbare Identität, für die ihre Kleidung nur symbolisch stehen kann.

b. Kleider als Zeichen von Gastfreundschaft

Welche Rolle spielt nun der Umstand, dass die Witwen *Petrus* die Kleider der Tabita zeigen?

Der Kontext der Totenerweckungserzählungen des Elija-Elischa-Zyklus, nach dem der Wundertäter eine „Vorgeschichte" mit dem Haus hat, dem der zu Heilende angehört, fehlt in Apg 9. Man würde aber den Lukasevangelisten unterschätzen, wenn man annähme, es handle sich bei dem Herzeigen der Kleider um ein nunmehr funktionsloses Relikt dieser traditionsgeschichtlichen Vorläufer. Die Erweckung geschieht hier nicht als Dank für die trotz widriger Umstände gewährte Gastfreundschaft (1Kön 17,17–24/2Kön 4,18–37). Vielmehr zeigen die Kleider Petrus an, dass er im Hause der Tabita willkommen ist. Dass von Silber und Gold als weiteren Gastgeschenken hier keine Rede ist, liegt daran, dass es sich beim Herzeigen der Kleider um eine typisch weibliche Geste der Gastfreundschaft handelt. Die Übergabe von Metallen blieb Männern vorbehalten (vgl. Apg 3,6!).[37]

In Apg 9,39 symbolisiert eine einzige Geste also zweierlei: Die Trauer über den Tod der Tabita und die enge Verbundenheit zwischen Tabita und den Witwen einerseits, Gastfreundschaft gegenüber dem neu hinzukommenden Petrus andererseits. Der Zusammenhang der beiden symbolisierten Sachverhalte liegt darin, dass es sich bei beiden um Übergangsriten handelt: Trauer trägt die Verstorbene aus Sicht der Überlebenden vom irdischen in das ewige Leben, Gastfreundschaft macht einen Fremden zu einem Zugehörigen.[38] Beide Situationen sind neuralgisch: der Weg vom Leben zum ungewissen Tod, von gemeinsam gelebtem Leben zum Verlust einerseits und die Frage, ob sich ein Fremder als Feind oder Freund erweist, andererseits.

In dieser neuralgischen Situation reagiert Petrus überraschend. Was sich nun abspielt, sollte man als „überregionalen Ressourcenaustausch" (Wagner-Hasel) deuten. Hier werden Kräfte freigesetzt, die Lösungen jenseits des bislang von den Handlungsträgern Erwarteten ermöglichen. Petrus entzieht der trauernden

---

[36] Vgl. auch Georg Fohrer, Art. Kleidung, BHH 2 (1964) 962–965: 965: „Tausch der K.[leidung] bedeutet Tausch der Persönlichkeiten (1Sam 18,4). Mittels der Kleidung überträgt man Amt, Fähigkeiten, Eigenschaften (Num 20,28; 2Kön 2,13f, Jdt 23)." Vgl. vor diesem Hintergrund auch Röm 13,14; Eph 4,24!

[37] Wagner-Hasel, Stoff, 109.

[38] Vgl. Wagner-Hasel, Reglementierung, 92.

Haltung der Witwen ihren Grund, indem er seine in der Welt der Apostelgeschichte schon sprichwörtliche (Apg 5,15–16) und erzählerisch gerade erst wieder aktualisierte (Apg 9,32–35) Wundertätigkeit zur Anwendung bringt: Tabita lebt. Die zweite Symbolebene des Kleidergestus' bestätigt Petrus: Er nimmt die Gastfreundschaft im Hause Tabitas an, indem er ihr als Zeichen seiner Verbundenheit die Hand reicht.

4. Schlussbetrachtung: Die diakonische Dimension der Kleidersymbolik in Apg 9,36–43

Die diakonische Tätigkeit der Tabita wird in der Auslegung von Apg 9,36–43 vorrangig an den Begriffen „gute Werke" und „Gerechtigkeit" festgemacht.

Ein Blick auf das Motiv der Kleider, das in der zeitgenössischen Umwelt des Textes sowohl textuell als auch visuell sehr weit verbreitet ist, eröffnet einen Blick auf den inneren Zusammenhang diakonischer Tätigkeit in einer frühchristlichen Gemeinde: Tabita ist keine Einzelkämpferin, sondern steht in enger Verbundenheit zu den Witwen, die mit ihr zusammen Kleidung produzierten. Diese Kleidung dient nicht nur zu ihrer eigenen Existenzsicherung und der Versorgung anderer, sondern die vollständige Bekleidung (*chitonas kai himatia*) zeigt zudem eine Statusaufwertung an, die mit sozialer Integration verbunden ist (vgl. Lk 8,26–39): Die verarmten Witwen, die von der Wohltätigkeit der Gemeinde existentiell abhängig sind (vgl. Apg 6,1), erscheinen nun in herkömmlichem Gewand. Die umgekehrte Symbolik findet sich in Mk 12,38–40. Selbstinszenierte Statusaufwertung wird als illegitim empfunden und geht mit ethisch verwerflichem Verhalten einher: „Sie fressen die Häuser der Witwen und verrichten zum Schein lange Gebete" (Mk 12,40).[39]

Diakonisches Handeln, das über die existentielle Grundsicherung hinausgeht, indem es mit Statusaufwertung, Verbundenheit, Solidarität, Loyalität und gastfreundlicher Offenheit für Fremde einhergeht, ermöglicht die Integration in die Gemeinde. Zugleich zeigt die Kleidung die unverwechselbare Identität eines Menschen an. Der Lukasevangelist deutet eben jene Art von Beziehung, die aus Personidentität und weitreichender Verbundenheit zugleich besteht, als Ergebnis von Gerechtigkeit (*eleämosynä*; Apg 9,36). Diese Gerechtigkeit macht etwas sichtbar vom Reich Gottes, in dem purpurne Dekadenz und bittere Armut überwunden sind. Ein hellenistischer Schriftsteller kann sagen: Wer sich in diesem Beziehungsnetz befindet, wird „geehrt wie ein Gott" (Od. 5,36–38).

---

[39] Zu dieser Perikope vgl. Karl Heinrich Rengstorf, Die STOLAI der Schriftgelehrten. Eine Erläuterung zu Mark. 12,38, in: Otto Betz/Martin Hengel/Peter Schmidt (Hg.), Abraham unser Vater. Juden und Christen im Gespräch über die Bibel, FS Otto Michel, Leiden/Köln 1963, 383–404. Der Zusammenhang von luxuriöser Kleidung und Dekadenz ist in der zeitgenössischen Philosophie fest verankert (Hinweis von Prof. Harry O. Maier, Vancouver).

Annette Merz

Phöbe, Diakon(in) der Gemeinde von Kenchreä – eine wichtige Mitstreiterin des Paulus neu entdeckt

Dieser Beitrag ist der einzigen im Neuen Testament namentlich erwähnten Diakonin gewidmet, einer beinahe unbekannten und in ihrer historischen Bedeutung sehr unterschätzten Frau mit Namen Phöbe. Diese Mitarbeiterin des Paulus, die interessanterweise den männlichen Titel *diakonos* („Diakon") führt, gibt der Forschung viele Rätsel auf. Während manche Autoren meinen, in ihr die Vorläuferin einer sich der Armenfürsorge widmenden „Gemeindeschwester" sehen zu können, halten andere sie für die Leiterin der Hafengemeinde von Kenchreä oder gar für die verantwortliche Geldgeberin und Organisatorin der Spanienmission des Paulus, die allerdings aufgrund seiner Verhaftung im Anfangsstadium stecken blieb. Ich werde daher untersuchen, welche der vielen Theorien über die Person und die Funktionen der Phöbe am ehesten den Texten und den historischen Rahmenbedingungen gerecht werden. Dies geht nicht ohne Blick auf die männlichen Kollegen der Phöbe, denn das Neue Testament erwähnt auch einzelne männliche Mitarbeiter der christlichen Verkündigung, die *diakonos* genannt werden oder sich wie im Fall des Paulus selbst so nennen. Schließlich gibt es in der paulinischen Literatur Stellen, an denen eine Gruppe von MitarbeiterInnen „Diakone" genannt werden. Nicht ganz außer Acht bleiben können außerdem die vielen Stellen, die vom „Dienst" und vom „Dienen" sprechen, denn es handelt sich um Wörter derselben griechischen Wurzel. Es ist daher sinnvoll, mit einer kurzen Übersicht über die Grundprobleme der Interpretation dieser Stellen und einer kurzen allgemeinen Betrachtung über den Bedeutungsumfang der Wortgruppe zu beginnen, bevor wir uns der Rolle der Phöbe zuwenden können.

1. Vier Grundprobleme bei der Deutung des Wortfeldes: *diakonia/diakonein*

Vier Grundprobleme erschweren die Interpretation der Texte, die „Dienen" „Dienst" und „Diakone" erwähnen.

1. Die Texte setzten bei ihren ursprünglichen LeserInnen Informationen voraus, die heute verloren sind. Wenn Paulus beispielsweise die Gemeinde in Philippi zu Beginn seines Briefs anredet mit „alle Heiligen in Christus Jesus in Philippi samt den BischöfInnen und DiakonInnen"[1] (Phil 1,1), dann wussten die Angeschriebenen natürlich genau, was die Rolle der BischöfInnen und DiakonInnen in dieser Gemeinde war. 2000 Jahre später lässt sich Hintergrundinfor-

[1] Sofern nicht anders vermerkt, verwende ich eigene Übersetzungen.

mation dieser Art nur noch mühsam, oft hypothetisch und manchmal gar nicht mehr rekonstruieren.

2. Der damals wie heute vorherrschende unreflektierte „androzentrische" Sprachgebrauch verbirgt den Blick auf die Anwesenheit von Frauen in Gruppen, die mit einem Begriff im Plural maskulinum bezeichnet werden. Waren unter den „Bischöfen und Diakonen" von Phil 1,1 auch Frauen, wie meine Übersetzung unterstellt? Die Tatsache, dass Phöbe den männlichen Titel „Diakon" trägt, lässt dies ebenso vermuten, wie die vielen Hinweise auf Mitarbeiterinnen des Paulus in seinen Briefen. Wenn manche Ausleger trotzdem zögern, insbesondere was die Anwesenheit von „Bischöfinnen" in Philippi betrifft, dann liegt dies an dem dritten Grundproblem.

3. Der eigene aktuelle Kontext der AuslegerInnen sowie die jahrhundertealte Geschichte der Interpretation von Texten, bei der Wörter ihr Bedeutungsspektrum oftmals stark verändert haben, lässt sich niemals ganz ausblenden. Bei „Bischöfen" denken die meisten wohl immer noch zuerst an selbstverständlich männliche katholische Amtsträger. Aber es ist kaum zu bezweifeln, dass die zunehmende Anzahl evangelischer Bischöfinnen es für Zeitgenossen erleichtert, sich eine Anfangszeit der Kirche vorzustellen, in der es auch weibliche Bischöfe gab. Dann bleibt allerdings immer noch das Problem bestehen, dass die Aufgaben eines Bischofs bzw. einer Bischöfin wie auch eines Diakons bzw. einer Diakonin zur Zeit des Paulus wenig mit den Zuständigkeiten gegenwärtiger Amtsträger zu tun hatten. Bei der Diakonin denken wir zuerst beinahe zwangsläufig an die Bedeutung, die dies Wort im Gefolge der diakonischen Bewegung Johann Hinrich Wicherns gewonnen hat. Daher gehört es zu den wichtigsten Schritten einer wissenschaftlich verantworteten Textauslegung, den historischen Bedeutungsumfang eines Wortes zu bestimmen und nur auf dieser Basis Rückschlüsse zu ziehen. Dies soll im Folgenden geschehen. Trotzdem muss man sich über die Grenzen dieses Verfahrens im Klaren sein: Aufgrund lückenhafter Informationen und androzentrischen Sprachgebrauchs sowie der Offenheit von Texten ist dies nicht immer zweifelsfrei möglich. Das gilt ganz besonders für Wörter mit einem breiten Bedeutungsspektrum, was uns zum vierten und letzten Grundproblem bringt.

4. Die Wortgruppe um das Verb *diakonein* deckt ein extrem weites Spektrum möglicher Bedeutungen ab. Ursprünglich auf den Tischdienst bezogen („bei Tisch aufwarten"), dann erweitert auf „für den Lebensunterhalt sorgen", ist sein allgemeiner Sinn einfach „dienen", wobei „die ganz persönlich einem anderen erwiesene Dienstleistung im Vordergrund steht".[2] Ein *diakonos* ist der bzw. die Ausführende der durch *diakonein* bezeichneten Tätigkeiten. Diese aber sind äußerst weit gespannt und umfassen neben untergeordneten Dienstleistungen auch die Verkündigung und sämtliche mit ihr verbundenen Führungsaufgaben, die als Dienst an der Gemeinschaft aufgefasst wurden (so wie auch heute noch die höchsten Staatsbeamten als „Minister" bezeichnet werden, was „Diener"

---

[2] Hermann W. Beyer, *diakoneo, diakonia, diakonos,* ThWNT 2 (1935) 81–93: 81.

bedeutet). Völlig zu Recht stellt Alfons Weiser zusammenfassend fest, dass die Wortgruppe in weiten Teilen der neutestamentlichen Überlieferung „zum zentralen Ausdruck für die christl. Grundhaltung“ wird, „die sich an Jesu Wort und Verhalten orientiert, und zur Bezeichnung spezifisch christl., innergemeindlicher Funktionen, nämlich *des karitativen Einsatzes, der Wortverkündigung und der Führungsaufgaben.*“[3] Es ist deutlich, dass angesichts der Breite des Bedeutungsfeldes eine genauere Eingrenzung jeweils nur über den Kontext möglich ist, innerhalb dessen die Wörter begegnen, und durch Vergleich von ähnlichen Kontexten. Exemplarisch sollen im Folgenden zunächst einige für die Interpretation der Rolle der Diakonin Phöbe möglicherweise wichtige Vergleichsstellen betrachtet werden.

2. Paulus und andere urchristliche Missionare als diakonoi

Paulus und die nachpaulinischen Briefe verwenden *diakonos*, um den Dienst des Paulus als Apostel damit zu beschreiben.[4] Das Wort wird auch für andere urchristliche Missionare gebraucht, die zusammen mit Paulus oder unabhängig von ihm in den Gemeinden gewirkt haben. Namentlich genannt werden neben Paulus Apollos (1Kor 3,5), Tychikus (Eph 6,21; Kol 4,7), Epaphras (Kol 1,7), Timotheus (1Tim 4,6), ohne Namen bleiben die *diakonoi* von 2Kor 11,15.23. Es handelt sich in allen Fällen um Menschen, die *übergemeindlich* in der urchristlichen Verkündigung und Mission tätig waren. Die als *diakonoi* Gekennzeichneten sind also keinesfalls Menschen, die in der Gemeinde untergeordnete Hilfsdienste leisteten, sie übten Leitungsfunktionen aus, verstanden sich dabei aber in der Nachfolge Jesu Christi (vgl. Mk 10,42–45!) als Diener. Zwei Aspekte betont Paulus besonders: *diakonos*-Sein ist Dienst am Glauben der Gemeinde: „Wer ist nun Apollos? Wer ist Paulus? Diener sind sie, durch die ihr gläubig geworden seid, jeder wie der Herr es ihm gegeben hat.“ (1Kor 3,5). Zweitens ist für Paulus charakteristisch, dass sein Leiden für Christus erweist, dass er ein echter *diakonos* Christi ist. Dies auch im Vergleich mit anderen *diakonoi*, für die das Leiden als Teil des Dienstes weniger zentral zu sein scheint. So schreibt er in 2Kor 11,23–29, was ihn gegenüber konkurrierenden Missionaren in Korinth auszeichnet:

Sie sind Diener Christi – jetzt rede ich ganz unvernünftig –, ich noch mehr: Ich ertrug mehr Mühsal, war häufiger im Gefängnis, wurde mehr geschlagen, war oft in Todesgefahr. Fünfmal erhielt ich von Juden die neununddreißig Hiebe; dreimal wurde ich ausgepeitscht, einmal gesteinigt, dreimal erlitt ich Schiffbruch, eine Nacht und einen Tag trieb ich auf hoher See. Ich war oft auf Reisen, gefährdet durch Flüsse, gefährdet durch Räuber, gefährdet durch das eigene Volk, gefährdet durch Heiden, gefährdet in der Stadt, gefährdet in der Wüste, gefährdet auf dem Meer, gefährdet durch falsche Brüder. Ich erduldete Mühsal und Plage,

---

[3] Alfons Weiser, *diakoneo, diakonia, diakonos,* EWNT 1 (^{2}1992) 726–731, 727 (Hervorhebung AM).

[4] Paulus als *diakonos*: 1Kor 3,5; 2Kor 3,6; 6,4; 11,23; Eph 3,7; Kol 1,23.25. Von seiner *diakonia* spricht Paulus besonders häufig im zweiten Korintherbrief.

durchwachte viele Nächte, ertrug Hunger und Durst, häufiges Fasten, Kälte und Blöße. Um von allem andern zu schweigen, weise ich noch auf den täglichen Andrang zu mir und die Sorge für alle Gemeinden hin. Wer leidet unter seiner Schwachheit, ohne daß ich mit ihm leide? Wer kommt zu Fall, ohne daß ich von Sorge verzehrt werde? (Einheitsübersetzung)

Es ist umstritten, inwieweit der beschriebene paulinische Gebrauch von *diakonos* helfen kann, die Bezeichnung der Phöbe als *diakonos* der Kirche von Kenchreä zu interpretieren. Denn Röm 16,1 ist die einzige Stelle im Neuen Testament, an der der Titel *diakonos* verbunden wird mit der Zuordnung zu einer konkreten Gemeinde. Dies scheint eher eine Verwandtschaft mit Phil 1,1 anzuzeigen, der bereits erwähnten notorischen crux interpretum. Hier wendet sich Paulus neben „allen Heiligen", an die der Brief gerichtet ist, an zwei hervorgehobene Gruppen: BischöfInnen/EpiskopInnen (*episkopoi*, wörtl.: Aufseher, Verwalter) und DiakonInnen (*diakonoi*, wörtl.: Diener, Helfer). Nur hier in den authentischen Paulusbriefen werden EpiskopInnen genannt, und in Zusammenstellung mit diesen gewinnt der Ausdruck *diakonoi* wahrscheinlich auch eine spezifische Bedeutung. Der erste Eindruck ist, dass hier einander zugeordnete Gemeindeämter genannt werden, wie sie gegen Ende des 1. Jahrhunderts dann deutlicher greifbar werden (1Tim 3,1–13; Did. 15,1; 1 Clem. 42,4f), jedoch zu Zeiten des Paulus selbst anachronistisch wirken. Manche haben darum auch dafür plädiert, in Phil 1,1 eine Interpolation zu sehen. Wahrscheinlicher scheint, dass hier in der Tat der Beginn einer Ausdifferenzierung gemeindlicher Funktionsträger greifbar wird. Wichtig ist jedoch, sich vor Augen zu halten, dass diese zunächst allein für Philippi galt. Wahrscheinlich haben die Philipper in Analogie zu bestehenden religiösen Kultvereinen Funktionäre mit besonderen Aufgabenbereichen bestimmt und diesen, wie dies in Vereinigungen damals üblich war, wohlklingende Titel gegeben. Ob jedoch in Philippi mehr organisatorische neben lehrende Tätigkeiten traten oder leitende Funktionen neben unterstützenden genannt werden, ist angesichts der Offenheit der beiden Ausdrücke *episkopos* und *diakonos* unmöglich zu sagen.[5] Zur Beantwortung der Frage, was der Titel *diakonos* bei Phöbe von Kenchreä bedeutet, ist daher Phil 1,1 keine Hilfe, zumal es denkbar ist, dass in anderen Gemeinden sich andere Assoziationen mit der Bezeichnung verbanden und keinesfalls stillschweigend vorausgesetzt werden darf, dass es in Kenchreä neben Phöbe noch andere *diakonoi* gegeben hat, von *episkopoi* ganz zu schweigen.

Es bleibt uns also angesichts der Tatsache, dass die anderen *diakonos*-Stellen im Corpus Paulinum keine exakten Parallelen zur Verwendung in Röm 16,1 darstellen und daher keine eindeutigen Hinweise zur Interpretation zu erbringen vermögen, nur die Einsicht, dass die entscheidenden Impulse zur Deutung aus dem Text selbst kommen müssen.

---

[5] Einen Überblick über die verschiedenen Deutungen bietet Ulrich Brockhaus, Charisma und Amt. Die paulinische Charismenlehre auf dem Hintergrund der frühchristlichen Gemeindefunktionen, Wuppertal 1972, 98–100.

3. Phöbe und ihre Rolle in der Geschichte des Urchristentums (Röm 16,1–2)

a. Phöbe als Überbringerin des Römerbriefs

Phöbe gehört zu den unterschätzten Gestalten der urchristlichen Geschichte. Ihr haben wir es aller Wahrscheinlichkeit nach zu danken, dass wir heute den Römerbrief kennen und in unseren Bibeln lesen können. Selbst wenn manches in der Deutung von Röm 16,1–2 äußerst umstritten ist, so besteht doch weitgehende Einigkeit darüber, dass wir es mit einem stilgemäßen Empfehlungsschreiben des Paulus für Phöbe zu tun haben, die in seinem Auftrag den Römerbrief überbringt. Dieses Empfehlungsschreiben lautete:

Ich empfehle euch unsere Schwester Phöbe, die Diakon [diakonos] der Gemeinde von Kenchreä ist, dass ihr sie aufnehmt im Herrn, wie es den Heiligen gebührt, und ihr in jeder Sache beisteht, in der sie euch braucht. Denn sie ist in der Vergangenheit eine Patronin [prostatis] für viele geworden, auch für mich selbst. (Röm 16,1–2)

Obwohl unumstritten, wird die Tatsache, dass Phöbe im Auftrag des Paulus einen Brief nach Rom brachte, meist nicht angemessen gewürdigt (zur These, der Bestimmungsort des von Phöbe überbrachten Briefs sei Ephesus gewesen, s.u.). Sie reiht sich damit als einzige Frau in die Reihe anderer bekannter (männlicher) Briefüberbringer ein, die allesamt Mitarbeiter des Paulus waren oder wurden, wie Timotheus (1Kor 4,17), Titus (2Kor 8,6.16–24 in Begleitung zweier namentlich nicht bekannter „Brüder"), Epaphroditus (Phil 2,25), Onesimus (Phlm 12; in Kol 4,7–9 in Begleitung von Tychikus), die namentlich ungenannten Brüder, die den „Kollektenbrief" 2Kor 9 überbringen (2Kor 9,3.5). Briefe wurden zur Zeit des Paulus praktisch ausschließlich durch Boten überbracht oder vertrauenswürdigen Reisenden mitgegeben. In jedem Fall war es ein Vertrauensbeweis, dass Paulus Phöbe seinen längsten und theologisch gewichtigsten Brief anvertraute. In diesem Schreiben stellte er sich und sein Evangelium der ihm unbekannten Gemeinde von Rom vor, verteidigte seine Lehre vor Missverständnissen und Verleumdungen und bereitete gezielt seinen Aufenthalt in Rom vor, der zur Durchgangsstation für die geplante Mission in Spanien werden sollte. Oftmals hatten die Briefüberbringer eine wichtige Funktion als Vertrauensperson des Briefschreibers inne. Sie sollten seine Anliegen bei den Briefempfängern vertreten, weit über den Inhalt des Briefs hinaus. Es gibt Hinweise, dass dies auch im Fall der Phöbe so war. Zunächst sollen die einzelnen Elemente der Charakterisierung der Phöbe untersucht werden: ihre Herkunft aus Kenchreä, ihre Bezeichnung als *prostatis*/Patronin, ihr Titel *diakonos*.

b. Phöbe aus Kenchreä

Wir wissen über Phöbes Gemeinde in Kenchreä fast nichts, können aber eine Menge schlussfolgern auf Basis der engen Verbindungen, die Kenchreä zu Korinth gehabt haben muss, einer der Hauptwirkungsstätten des Paulus. Korinth war aufgrund der günstigen Verkehrslage auf der Landenge von Korinth in klassischer, hellenistischer und römischer Zeit eine bedeutende Handelsmetropole, ein Umschlagplatz von Waren, die in Griechenland auf dem Landweg nordsüdlich und im Mittelmeerraum auf dem Seeweg ostwestlich transportiert werden mussten. Daher besaß die Stadt zwei Häfen, Lechaion nördlich am korinthischen Golf gelegen, und Kenchreä etwa 9 km südöstlich am saronischen Golf gelegen. Die Wege der Waren und Güter waren auch die Wege der zu Schiff reisenden urchristlichen Missionare. Wenn Paulus oder seine MissionarskollegInnen Korinth von Osten kommend besuchten oder in Richtung Osten abreisten, legten sie in Kenchreä an oder schifften sich dort ein. Zugleich war die Entfernung zwischen Kenchreä und Korinth so gering, dass davon ausgegangen werden kann, dass wichtige Ereignisse und Entwicklungen in der Metropole auch in Kenchreä nicht unbemerkt blieben. Die Korrespondenz des Paulus mit den Korinthern lässt erkennen, dass sein Verhältnis zu dieser Gemeinde nicht immer ungetrübt war und dass konkurrierende Missionare seine Position als Gemeindegründer untergruben. Deshalb waren Kurzbesuche von ihm und seinen treuen Mitarbeitern nötig, um das angespannte Verhältnis wieder ins Lot zu bringen.[6] Wir dürfen annehmen, dass die Hafengemeinde in Kenchreä das Kommen und Gehen der Abgesandten dieser konkurrierenden und sich nicht gerade freundlich gesonnenen Missionarsgruppen miterlebte. Paulus musste erfahren, dass seine Theologie „verlästert“ wurde, indem ihm beispielsweise vorgeworfen wurde, seine Verkündigung der Rechtfertigung allein aus Gnade fordere ein unmoralisches Verhalten geradezu heraus (Röm 3,8). Er selbst hatte nicht an scharfer Rhetorik gespart. Seine judenchristlichen Kollegen in Korinth bezeichnete er als: „Überapostel“, gar „falsche Apostel“, „betrügerische Arbeiter“, „Diener [*diakonoi*!] des Satans“, die sich verkleiden als „Diener [*diakonoi*!] der Gerechtigkeit“. All das lag hinter Paulus, als er den Römerbrief schrieb und war wohl teilweise dafür verantwortlich, dass er seine in gewissen Kreisen in Verdacht geratene Theologie den Römern gegenüber entfalten und verteidigen musste. Wenn er mit der Überbringung dieses Schreibens Phöbe aus Kenchreä betraute, dann ist anzunehmen, dass sie in all den Konflikten treu zu ihm gehalten hatte und er in ihr eine durchsetzungsfähige Anwältin seiner Sache sah. Darauf weist auch seine Bemerkung hin, sie sei ihm eine *prostatis* gewesen, der wir uns nun zuwenden wollen.

c. Phöbe, die Patronin vieler, auch des Paulus

Die Bedeutung der letzten Bemerkung über Phöbe, die Paulus den Römern gegenüber machte, ist über Jahrhunderte verkannt worden, was sich in den meisten der heute gängigen Übersetzungen leider immer noch spiegelt. So lesen wir in der Lutherübersetzung: „denn auch sie hat vielen beigestanden, auch mir selbst“ und die Einheitsübersetzung bietet: „sie selbst hat vielen, darunter auch

---

[6] Das wechselvolle Verhältnis zwischen Paulus und seiner Gemeinde, das sich in der Korintherkorrespondenz spiegelt, beleuchtet anhand fiktiver Briefe der KorintherInnen an Paulus in allgemeinverständlicher Form Hans Frör in: Ach Ihr Korinther! Der Briefwechsel der Gemeinde in Korinth mit Paulus, Gütersloh 1994.

mir, geholfen". Durch Verben wie „beistehen" und „helfen" wird das zugrundeliegende griechische Substantiv *prostatis*, das ein terminus technicus ist und hier ausweislich vieler Spezialuntersuchungen wohl „Patronin, Schutzherrin" o.ä. bedeutet, mehr verhüllt als wiedergegeben.[7] Zum angemessenen Verständnis sind einige Worte zum antiken Institut des Patronats nötig.

Die griechisch-römische Gesellschaft war klar zweigeteilt. Zur aristokratischen Oberschicht, die Zugang zu politischer Macht, Bildung und Vermögen besaß und in rechtlicher Hinsicht stark privilegiert war, gehörten allerhöchstens fünf Prozent der Bevölkerung, alle anderen gehörten zu den Unterschichten. Diese hatten keinen Zugang zu politischer Macht, waren auch rechtlich minder privilegiert und lebten zu einem großen Teil am oder selbst unter dem Existenzminimum. Als „Sozialkitt" dieser Gesellschaft fungierte das Patronatssystem, ein System, das auf asymmetrischer Reziprozität beruht, auf Leistungen und Gegenleistungen zwischen einander gesellschaftlich und rechtlich nicht gleichgestellten Personen, die einander keine gleichartigen Leistungen erbringen können. Begüterte und einflussreiche Patrone kümmerten sich um die materiellen und rechtlichen Belange ihrer schutzbefohlenen Klienten, diese lohnten es ihnen durch öffentliche Unterstützung (etwa bei Wahlen in politische Ämter), Bezeugung von Loyalität, gegebenenfalls Dienstleistungen aller Art. Weil der Klassenunterschied erheblich mehr ins Gewicht fiel als das natürlich auch bestehende hierarchische Gefälle zwischen Mann und Frau, konnten reiche Frauen Patronatsfunktionen ausüben. Wie das antike Inschriftenkorpus und Beispiele aus der Literatur beweisen, nahmen sie diese Funktionen regelmäßig wahr.[8] Wenn Paulus in Röm 16,2 sagt, Phöbe sei für viele und auch für ihn selbst zur *prostatis*, d.h. zur Schutzherrin, zur Patronin geworden, dann spricht alles dafür, dass er sich auf das Patronat als auf eine jedermann bekannte Institution bezieht. Als mittellos herumreisender Missionar eines von den Römern gekreuzigten Verbrechers war Paulus darauf angewiesen, an den Stätten seines Wirkens Gastfreundschaft und rechtlichen Schutz durch Angehörige der ortsansässigen

---

7 Zur Bedeutung vgl. Michael Ernst, Die Funktionen der Phöbe (Röm 16,1f) in der Gemeinde von Kenchreai, Protokolle zur Bibel 1 (1992), 135–147, bes. 139–143; Hans Schaefer, prostates, PRE Suppl. IX, Stuttgart 1962, 1287–1304.

8 Eine besondere Rolle bei der Interpretation von Röm 16,2 spielt gegenwärtig eine aus Korinth stammende Inschriftensammlung, in der die prostasia (Patronatsausübung) der römischen Geschäftsfrau Junia Theodora rühmend erwähnt wird. Sie gewährte über Jahre hinweg Mitgliedern des lykischen Bundes Gastfreundschaft in ihrem Haus, bahnte für sie politische und wirtschaftliche Kontakte an und vermachte in ihrem Testament den Lykiern erheblichen Landbesitz. Als finanziell wie diplomatisch aktive Wohltäterin eines Städteverbundes wurde sie von den lykischen Städten vielfach öffentlich geehrt, u.a. in mehreren Inschriften. Vgl. Hans-Josef Klauck, Junia Theodora und die Gemeinde von Korinth, in: Hans-Josef Klauck, Religion und Gesellschaft im frühen Christentum (WUNT 152), Tübingen 2003, 232–247; Rosalinde A. Kearsley, Women in Public Life in the Roman East. Iunia Theodora, Claudia Metrodora and Phoebe, Benefactress of Paul, Tyndale Bulletin 50 (1999), 189–211, und K. Mantas, Independent Women in the Roman East: Widows, Benefactresses, Patronesses, Office-Holders, Eirene 33 (1997), 81–95.

Nobilität zu genießen, spätestens dann, wenn die Behörden auf ihn aufmerksam wurden und seine Predigt als Gefahr für die öffentliche Ordnung einstuften. Die Leidenslisten des Paulus legen noch deutlicher als die Erzählungen der Apostelgeschichte ein beredtes Zeugnis davon ab, dass er, als Angehöriger der Unterschicht, Misshandlungen durch die Ordnungsbehörden ausgesetzt war (siehe den oben zitierten Text aus 2Kor 11,23–29, sowie 1Kor 4,9–13; 2Kor 6,4–10). Solche Übergriffe konnte ein hochgestellter Patron oder eine hochgestellte Patronin abwehren.

In Apg 17,8–9 lesen wir von einem Vorfall in Thessaloniki, wo es nach der Predigt des Paulus zu einem Aufruhr kam, und sein dortiger Gastgeber Jason eine Bürgschaft leisten musste. Hier galt Paulus offensichtlich als Klient des Jason. Analog dürfen wir uns das Verhältnis von Paulus und Phöbe in Kenchreä vorstellen. Was Phöbes Rolle genau war, wissen wir nicht. Eine denkbare Gelegenheit für Mitglieder der örtlichen Nobilität, im Hintergrund für Paulus wirksam zu werden, war mit Sicherheit die Anklage vor dem Statthalter Gallio, die bekanntlich ohne Konsequenzen für Paulus und die frühchristliche Bewegung blieb (Apg 18,12–17).

Manche Ausleger haben gegen diese Interpretation protestiert und postuliert, Paulus verwende das Vokabular des antiken Patronatssystems hier nur im übertragenen Sinn, als ein Wortspiel, um der Empfängergemeinde die von ihr erwartete Unterstützung der Phöbe, die mit einem Verb desselben Stammes bezeichnet wird (vgl. *parastete* = „unterstützt sie" in V. 2a), schmackhaft zu machen. Doch scheint diese Erklärung weniger aus sachlicher Notwendigkeit, als aus dem Unwillen der Ausleger geboren, anzuerkennen, dass Paulus sich hier deutlich als Schutzbefohlenen einer Frau kennzeichnet. Die Patronatsthese wird vor allem durch eine weitere Besonderheit unterstützt: Die Tatsache, dass Phöbe als einzige der im NT genannten weiblichen Mitarbeiter des Paulus *allein* eine Fernreise unternimmt, kann nur bedeuten, dass sie als hinreichend vermögende Frau mit ihrem eigenen Gefolge reiste, bestehend aus SklavInnen, eventuell Familienangehörigen und KlientInnen.

Was der eigentliche Grund für Phöbes Reise war, bleibt leider im Dunkeln. Die Bitte des Paulus an die römische Gemeinde, Phöbe „in jeder Sache, in der sie euch womöglich braucht" zu unterstützen, ist so vage, dass jede Deutung spekulativ bleiben muss. Der Satz ist immer nur in Abhängigkeit von Thesen über den Zweck der Reise zu deuten, die sich auf andere Indizien gründen. Ich komme auf die wahrscheinlichste Theorie im Schlussabschnitt noch zurück.

d. Phöbe, Diakon der Gemeinde in Kenchreä

Was bedeutet nun die Bezeichnung der Phöbe als „unsere Schwester, die *diakonos* der Gemeinde von Kenchreä ist"? Es gibt prinzipiell zwei Grundmöglichkeiten: Mit *diakonos* kann ein gemeindeinternes Amt bezeichnet sein, das Phöbe in Kenchreä ausübte, oder es kann ein gemeindeübergreifender Dienst gemeint sein, den Phöbe im Auftrag der Gemeinde von Kenchreä übernommen hat. Ich werde unten darlegen, warum ich selbst die zweite Möglichkeit für etwas wahrscheinlicher halte, möchte aber angesichts der Dominanz der innergemeindlichen Deutung in der exegetischen Literatur diese Möglichkeit zunächst ausführlich besprechen.

- *Diakonos als innergemeindliches Amt*

Die exegetische Literatur ist überwiegend (wohl in Anlehnung an Phil 1,1 und 1Tim 3,8–13) der Meinung, dass die erste der obengenannten Möglichkeiten zu bevorzugen ist, dass *diakonos* also ein in der Gemeinde von Kenchreä wahrgenommenes Amt der Phöbe bezeichnet. Man betont dann, dass in Röm 16,1 „eines der frühesten Zeugnisse für die Entstehung des Diakonats“ vorliegt, „entstanden aus dem Charisma des ‚Dienens‘ (12,7).“ Inhaltlich sehen die meisten älteren Beiträge den Schwerpunkt von Phöbes Arbeit in karitativer Hilfe und halten sie für eine „Anlaufstelle für ankommende und abreisende Christen“.[9] An manchen Auslegungen kann man die patriarchale Voreingenommenheit direkt ablesen, so etwa, wenn Hans Lietzmann Phöbe als eine „offenbar wohlhabende und wohltätige Dame“ charakterisiert und festhält, dass die weiblichen Diakone „mit ihrer Hilfe vorwiegend dann eintraten, wenn ihr Geschlecht sie dazu besonders geeignet machte, bei Armen- und Krankenpflege und der Taufe von Frauen.“[10] Zu Recht bemerkt Elisabeth Schüssler Fiorenza: „Unbewußt projizieren Exegeten die Pflichten, die Diakonissen in späteren Jahrhunderten hatten, in das erste Jahrhundert zurück.“[11] Aber dieser Typ Auslegung ist glücklicherweise stark im Rückgang begriffen. Feministische Theologinnen haben in den zurückliegenden Jahrzehnten akribisch nachgewiesen, dass in den paulinischen Gemeinden in Übernahme paganer und jüdischer Vorbilder praktisch alle Leitungs- und Lehrfunktionen auch von Frauen wahrgenommen wurden.[12] Diese Einsicht in Verbindung mit der allgemeinen breiten Bedeutung, die die Wörter vom Stamm *diak-* im Urchristentum haben, und insbesondere der häufigen Verwendung für Paulus und seine Missionarskollegen selbst (s.o. 2.) lässt Schüssler Fiorenza zu dem Schluss kommen, Phöbe sei Leiterin der Gemeinde von Kenchreä gewesen, und etliche jüngere Beiträge kommen zu

---

[9] Stellvertretend für viele: Ulrich Wilkens, Der Brief an die Römer. 3. Teilband Röm 12–16 (EKK VI/3), Neukirchen u.a. 1982, 131.

[10] Hans Litzmann, Geschichte der alten Kirche I, Berlin ^{4}1961, 149.

[11] Elisabeth Schüssler Fiorenza, Zu ihrem Gedächtnis ... Eine feministisch-theologische Rekonstruktion der christlichen Ursprünge (übersetzt von Christine Schaumberger), München/Mainz 1988, 218.

[12] Die Literatur ist inzwischen beinahe unübersehbar geworden. Als Standardwerke können immer noch gelten Schüssler Fiorenza, Gedächtnis, und Bernadette Brooten, Women Leaders in the Ancient Synagogue: Inscriptional Evidence and Background Issues (Brown Judaic Studies 36), Chico 1982. Vgl. weiter Paul R. Trebilco, Jewish Communities in Asia Minor, Cambridge 1991; Ute Eisen, Amtsträgerinnen im frühen Christentum (FKD 61), Göttingen 1996; Ross S. Kraemer and Mary R. D’Angelo (eds.), Women & Christian Origins, Oxford 1999.

einem vergleichbaren Ergebnis.[13] Dies lässt sich problemlos mit den bereits diskutierten Ergebnissen zur Bedeutung von *prostatis* verbinden. So schreibt etwa der katholische Exeget Hans-Josef Klauck: „Offenbar hat [...] Phoebe in der dortigen Gemeinde eine führende Aufgabe übernommen. Wahrscheinlich fungierte sie als Gastgeberin und beherbergte die Filialgemeinde von Kenchreä, die von Korinth aus gegründet worden war, in ihrem Haus. Auf solchen äußeren Vorgegebenheiten bauen öfter Ausbildung und Umschreibung von Leitungsaufgaben auf. Hier schon die festen Konturen des späteren Diakonats einzuzeichnen, wäre anachronistisch, weil es zu der Zeit derart klar definierte Ämter noch nicht gab. Aber bestimmte Strukturen sind im Entstehen begriffen, und es sieht ganz danach aus, daß Frauen innerhalb dieses ekklesialen Sozialgefüges grundsätzlich alle Positionen besetzen konnten."[14]

Es bleibt festzuhalten: *wenn* Phöbes Bezeichnung als *diakonos* ihre Aufgaben in der Gemeinde von Kenchreä im Blick hat, dann ist aller Wahrscheinlichkeit nach hier an Führungsaufgaben zu denken, an ein „Dienen in leitender Tätigkeit", das Wortverkündigung genauso umfasst haben dürfte wie Dienste materieller Art. Die Gastgeberrolle sowie die „wirtschaftliche [...] und rechtliche [...] Vertretung [...] von Nicht-Bürgern den Behörden gegenüber"[15] war in jedem Fall ihre Aufgabe, denn diese wird mit dem *terminus technicus prostatis* in Röm 16,2 beschrieben. Wenn aber die Bedeutung der Phöbe für die Gemeinde von Kenchreä in ihrer Bezeichnung als *prostatis* sehr weitgehend enthalten ist, drängt sich die Frage auf, ob mit *diakonos* nicht ein anderer Aspekt ihrer Tätigkeit in den Blick genommen wird, nämlich ihr aktueller Auftrag im Dienst der urchristlichen Mission.

- Diakonos der Gemeinde von Kenchreä als Umschreibung des aktuellen Auftrags der Phöbe[16]

Es besteht ein weitgehender Konsens darüber, dass Röm 16,1–2 ein Empfehlungsbrief des Paulus für Phöbe ist und dass Phöbe die Überbringerin des Briefs war. Keine Übereinstimmung gibt es allerdings in der Frage, wie umfangreich der Brief war, den Phöbe überbrachte und an welche Gemeinde der Brief gerichtet war. Ein erheblicher Teil der Ausleger ist der Meinung, das Schlusskapitel des Römerbriefs (Röm 16) sei vom Rest des Briefs (Röm 1–15) abzutren-

---

13 Z.B. Robert Jewett, Paul, Phoebe, and the Spanish Mission, in: Jacob Neusner et. al. (ed.), The Social World of Formative Christianity and Judaism (FS Howard Clark Kee), Philadephia 1988, 142–161: 149; Caroline F. Whelan, Amica Pauli: The Role of Phoebe in the Early Church, JSNT 49 (1993) 67–85: 82.

14 Hans-Josef Klauck, Gemeinde, Amt, Sakrament. Neutestamentliche Perspektiven, Würzburg 1989, 235.

15 Ernst, Funktionen, 146.

16 Ich habe meine Position ausführlicher begründet in: Annette Merz, Im Auftrag der Gemeinde von Kenchreä: Phoebe als Wegbereiterin der Spanienmission, in: B. Becking/J.A. Wagenaar, M.C.A. Korpel, Tussen Caïro en Jeruzalem. Studies over de Bijbel en haar Context (Utrechtse Theologische Reeks 53), Utrecht 2006, 83–97.

nen, da es ursprünglich ein gesondertes Schreiben nach Ephesus darstellte.[17] Der Hauptgrund für diese Vermutung ist die Vielzahl der in Röm 16 von Paulus gegrüßten Personen. Die von ihm selbst angesprochene Tatsache, dass er noch nie in Rom gewesen sei, und das Faktum, dass etliche der in Röm 16 Gegrüßten bekanntermaßen mit ihm in den Städten des Ostens und namentlich in Ephesus zusammengearbeitet haben, scheint diese Schlussfolgerung nahezulegen. Es liegt auf der Hand, dass die Aufgabe der Phöbe eine andere war, wenn sie mit einem kurzen Schreiben nach Ephesus reiste (eventuell mit einer Kopie des Römerbriefs im Gepäck),[18] als wenn sie diejenige war, die den Römerbrief nach Rom brachte und damit in einem noch näher zu bestimmenden Umfang den bevorstehenden Besuch des Paulus dort vorbereiten half. Ich hoffe jedoch im Folgenden darlegen zu können, dass sich die lange Grußliste von Röm 16 gut mit der Annahme der ursprünglichen Einheit des Römerbriefs und der in Röm 16,1–2 angedeuteten Rolle der Phöbe verbinden lässt.

Halten wir uns zunächst vor Augen, was Paulus in Röm 15,17–29 über seine Situation bei Abfassung des Römerbriefs und seine zukünftigen Pläne verlauten lässt. Paulus betrachtet seine Mission im Osten des Reichs als abgeschlossen (15,18–20.23) und möchte nach Spanien reisen, um dort ein neues, noch unbeackertes Missionsfeld zu erschließen. Rom ist auf diesem Weg eine Durchgangsstation, die er zur logistischen Ausgangsbasis seiner Mission machen möchte (15,24.28b).[19] Was jedoch vor der Abreise noch zu erledigen bleibt, ist die Übergabe der Kollekte, die von den paulinischen heidenchristlichen Gemeinden für die „Armen unter den Heiligen in Jerusalem", d.h. die Jerusalemer Muttergemeinde, zusammengelegt worden war (Röm 15,25–28). Vermutlich hatte sich diese Sammlung über viele Jahre erstreckt und die Übergabe sollte durch eine große Delegation von Vertretern all der Gemeinden erfolgen, die etwas beigetragen hatten (vgl. Gal 2,10; 1Kor 16,1–4; 2Kor 8–9, Apg 20–21; 24,17). Paulus befand sich bei der Abfassung des Römerbriefs in Korinth im Haus des Gajus, der in seinen Räumlichkeiten der ganzen Gemeinde Gastfreiheit gewährte und daher wie Phöbe zu den bessergestellten Gemeindegliedern

---

17 Für die Ephesusthese plädieren z.B. Walter Schmithals, Der Römerbrief: ein Kommentar, Gütersloh 1988, 543–62; Philipp Vielhauer, Geschichte der urchristlichen Literatur, Berlin/New York 1975, 187–190. Eine hervorragende Widerlegung dieser Theorie bieten Wolf-Henning Ollrog, Die Abfassungsverhältnisse von Röm 16, in: Dieter Lührmann/Georg Strecker (Hrsg.), Kirche (FS G. Bornkamm), Tübingen 1980, 221–44, und Peter Lampe, Die stadtrömischen Christen in den ersten beiden Jahrhunderten. Untersuchungen zur Sozialgeschichte, Tübingen ^{2}1989, 124–135.

18 Whelan, Amica Pauli, entfaltet ihre Deutung, nach der die Phöbe zugedachte Rolle die einer Art „Statthalterin des Paulus im Osten" nach dessen Abreise nach Rom sein sollte, ausgehend von der m.E. unwahrscheinlichen Ephesusthese.

19 Die Einheitsübersetzung bietet die korrekte Interpretation der Formulierung des Paulus, wenn sie die als terminus technicus gebrauchte Floskel „ich hoffe, von euch weitergeleitet zu werden" übersetzt mit: „hoffe ich, [...] von euch für die Weiterreise ausgerüstet zu werden."

gehört haben dürfte (Röm 16,23). Bei Paulus sind eine Reihe Personen, die ihn nach dem Zeugnis der Apostelgeschichte und nachpaulinischer Briefe auf seiner letzten Reise nach Jerusalem begleitet haben, die also Angehörige der Kollektendelegation waren. Das gilt sicher für Timotheus, So(si)pater und Gajus (Röm 16,21; Apg 20,4), möglicherweise für Lucius (Röm 16,21), der wahrscheinlich mit Lukas identisch ist und der nach 2Tim 4,11 sogar bis nach Rom mitgereist war.[20] Der Römerbrief wurde also von Korinth aus verschickt, um die Ankunft des Paulus in Rom viele Monate später vorzubereiten, denn Paulus selbst bereiste erst noch einmal große Gebiete seines bisherigen Missionsgebiets, begleitet von einer Gruppe von Gemeindedelegaten (Apg 20,4), deren Anwesenheit die Übergabe der Kollekte in Jerusalem zu einem mächtigen Zeichen der Einheit der Christen aus Juden und Heiden machen sollte (Röm 15,27). Paulus und die in seinem Auftrag reisenden Mitarbeiter hatten viel Zeit und Energie in dieses Kollektenunternehmen gesteckt, dessen Ausgang nun, wie Röm 15,31 überdeutlich zeigt, ungewiss war, weil nach Jahren der Spannung zwischen der gesetzesfreien Heidenmission des Paulus und konkurrierender judaisierender Gegenmission Paulus nicht mehr sicher sein konnte, dass sein „Dienst [*diakonia*!] in Jerusalem von den Heiligen dankbar aufgenommen" werden würde. Aber er war letztlich doch zuversichtlich und hoffte nach gelungenem Abschluss in Jerusalem nach Rom zu reisen, um dort zunächst auszuruhen und unterstützt von der römischen Gemeinde eine neue Phase der Mission in Spanien in Angriff zu nehmen (Röm 15,28–32).

In diese knapp skizzierte Situation ist nun der Dienst der Phöbe einzuzeichnen. Ich gehe dabei zunächst von der These der Einheitlichkeit des Römerbriefs aus, denn eine Rekonstruktion ohne Briefteilungshypothesen ist in jedem Fall vorzuziehen, wenn sie die vorliegende Textgestalt überzeugend zu erklären vermag.

Röm 16,1–2 soll als Empfehlungsschreiben für die Überbringerin des Römerbriefs den EmpfängerInnen die Vertrauenswürdigkeit derselben bestätigen. In diesem Kontext ist m.E. die Erwähnung einer Funktion, die Phöbe in ihrer Heimatstadt ausübte, aber zum Zeitpunkt der Briefübergabe gar nicht ausfüllen konnte, für die Adressaten wenig hilfreich. Sie wäre sogar verwirrend gewesen, da die Adressaten angesichts nicht vorhandener Übereinstimmung in den Funktionsbezeichnungen in den Gemeinden gar nicht genau hätten wissen können, was sich hinter der Bezeichnung als *diakonos* verbarg. Eine solche Erwähnung wäre auch verglichen mit anderen Mitarbeiterempfehlungen des Paulus singulär. Die Form solcher Mitarbeiterempfehlungen ist nämlich relativ fest: Meist folgt auf den Namen die aktuelle Funktion des/der Genannten in Hinsicht auf die Empfängergemeinde (z.B. Mitarbeiter oder *diakonos*). Daran schließt sich oft eine Kennzeichnung der Zugehörigkeit der betreffenden Person im Genitiv an.

---

[20] Dass die drei in Röm 16,21 genannten Judenchristen Mitglieder der Kollektendelegation waren, vermutete bereits Dieter Georgi, Die Kollekte des Paulus für Jerusalem, Hamburg 1965.

Meist ist Paulus die als Referenzpunkt fungierende Person. So grüßt er etwa in Röm 16,3 „Priska und Aquila, meine [des Paulus] Mitarbeiter in Christus Jesus". Der präzisierende Zusatz „in Christus Jesus" kann fehlen, da er sich von selbst versteht (z.B. Phlm 24: Es grüßen „Markus, Aristarch, Demas, Lukas, meine Mitarbeiter"). Aber auch Gemeinden können als verantwortliche Auftraggeber durch ein Genitivattribut genannt werden. Epaphroditus wird in Phil 2,25 als „euer Abgesandter [*apostolos*] und Diener [*leitourgos*]" bezeichnet. Denn er hatte im Auftrag der philippischen Gemeinde eine Spende überbracht, die die Not des Paulus lindern sollte, und wurde im Rahmen desselben Auftrags dann zum Überbringer des Philipperbriefs. Solche „Gemeindegesandte", die eine spezielle Form der „Mitarbeiterrekrutierung" des Paulus in den durch ihn gegründeten Gemeinden darstellen, werden auch in 1Kor 16,15–18; Kol 4,12f und Phlm 13 genannt.[21] In vergleichbarer Weise war m.E. Phöbe *diakonos* der Gemeinde von Kenchreä. Sie war im Auftrag der Gemeinde von Kenchreä für eine konkrete Aufgabe im Rahmen des paulinischen Missionswerks bestimmt. Die sprachlich nächste Parallele zum Nebeneinander der Kennzeichnung der Phöbe als „unsere Schwester, Diakon [d.h. zum Dienst Beauftrage] der Gemeinde von Kenchreä" in Röm 16,1 ist dann 2Kor 8,23, wo Paulus die Kollektengesandten der Gemeinden als „unsere Brüder, Abgesandte [*apostoloi*] der Gemeinden" bezeichnet. Dies ist um so überzeugender, da *apostolos* und *diakonos* von Paulus als Synonyme gebraucht werden können.[22] Mit *diakonos* in Röm 16,1 wird also der aktuelle Dienst der Phöbe bezeichnet, der folgende Vers bittet, diese Dienerin der Gemeinde von Kenchreä nach Kräften zu unterstützen, und begründet das damit, dass auch sie in der Vergangenheit für viele, auch für Paulus selbst, die Funktion einer hilfreichen Patronin (*prostatis*) wahrgenommen hat.

Worin aber sollte die Aufgabe der Phöbe bestehen? Wenn sie als offiziell bestellter *diakonos* der Gemeinde von Kenchreä nach Rom reiste, sollte sie stellvertretend für diese Gemeinde einen Beitrag zur christlichen Mission leisten. Die Überbringung des Römerbriefs kann dann nur ein Teil dieses Auftrags gewesen sein. Paulus bittet ansonsten nur vage um Unterstützung in „jeder Sache, in der sie euch nötig haben sollte". Betrachtet man die Gesamtsituation, liegt es nahe anzunehmen, dass Phöbe die von Paulus ins Auge gefasste Spanienmission in Rom logistisch vorbereiten, eventuell später auch an ihr teilnehmen sollte. Wie oben bereits dargestellt, befand sich Paulus in einer auf mehrere Monate, wenn nicht Jahre berechneten Übergangszeit des Abschlusses seiner Mission im Osten und des Aufbaus eines neuen großen Missionswerks im Westen (Spanien).

---

21 Die Entdeckung der „Gemeindegesandten" ist das Verdienst von Wolf-Henning Ollrog, Paulus und seine Mitarbeiter. Untersuchungen zu Theorie und Praxis der paulinischen Mission, Neukirchen 1979, 95–107; 119–125.

22 2Kor 11,13.23 (von den Gegnern des Paulus, die Apostel und Diener Christi sind); Röm 11,13 parallelisiert das Apostelsein des Paulus und seinen Dienst (diakonia). Vgl. auch Apg 1,17.25, wo die Substantive diakonia (Dienst) und apostole (Apostolat) synonoym verwendet werden.

Dafür brauchte er umfangreiche Mittel und einen Mitarbeiterstab, der ihn unterstützen konnte. Ohne Mithilfe der römischen Gemeinde war dieses Unternehmen nicht zu realisieren. Mit dem Römerbrief warb er um diese Unterstützung. Aber es scheint, dass Paulus auch ganz gezielt auf die Unterstützung der Gemeinden seines alten Wirkungskreises bauen wollte. Er sandte eine offiziell bestellte Diakonin der Gemeinde von Kenchreä zur Überbringung des Briefs. Er ließ eine Reihe bewährter Mitarbeiter grüßen und stellte ihre Verdienste deutlich heraus. So lesen wir in Röm 16,3–4: „Grüßt Priska und Aquila, meine Mitarbeiter in Christus Jesus, die für mich ihr eigenes Leben aufs Spiel gesetzt haben; nicht allein ich, sondern alle Gemeinden der Heiden sind ihnen dankbar. Grüßt auch die Gemeinde, die sich in ihrem Haus versammelt. Grüßt meinen lieben Epänetus, der die Erstlingsgabe der Provinz Asien für Christus ist." Wenn dieser Gruß Teil eines nach Rom gerichteten Briefs ist, dann ist hier vorausgesetzt, dass Priska und Aquila vor noch nicht allzu langer Zeit nach Rom (zurück)gekommen sind.[23] Die Verdienste dieser Rückkehrer im Osten und ihr Lebenseinsatz für Paulus (in Ephesus?) mussten der römischen Gemeinde noch deutlich vor Augen geführt werden. Sie werden als Mitarbeiter des Paulus bezeichnet, was impliziert, dass sie in seine zukünftigen Missionspläne integriert waren. Auffällig ist auch die Erwähnung des Epänetus als „Erstlingsgabe der Provinz Asien für Christus". Steckt dahinter die Vorstellung, dass die Erstbekehrten einer Gegend ihr Leben in besonderer Weise in den Dienst Christi stellen müssen (vgl. 1Kor 16,15), und ist Epänetus deshalb mit nach Rom gereist? Als weitere Mitarbeiter und frühere Missionskollegen des Paulus werden das Apostelehepaar Andronikus und Junia (Röm 16,7) sowie Urbanus (16,9) erwähnt. Dies alles passt hervorragend zu der in Röm 15,18–29 geschilderten Situation. Nicht allein Paulus, sondern eine Reihe seiner bewährten Mitarbeiter brechen ihre Zelte im Osten ab. Sukzessive versammeln sie sich in Rom, um in absehbarer Zeit von dort aus die Spanienmission in Angriff zu nehmen. Der Römerbrief, in dem Paulus ankündigt, die Hilfe der römischen Gemeinde in Anspruch nehmen zu wollen, bot eine hervorragende Gelegenheit, die neuzugezogenen und die alteingesessenen Mitglieder „an einen Tisch" zu bringen, um sich mit der theologischen Botschaft des Paulus und den konkreten Zukunftsplänen auseinanderzusetzen. Daher die vielen Namen in Röm 16, die neben Menschen, mit denen Paulus sehr vertraut war, auch zu grüßende Personen nennt, von denen Paulus offenkundig kaum mehr als den Namen kennt, etwa V. 10b: „Grüßt das ganze Haus des Aristobul" oder V. 14: „Grüße Asynkritus, Phlegon, Hermes, Patrobas, Hermas und die Brüder, die bei ihnen sind." Diese Grüße sind als „Türöffner" zu verstehen. Die römische Gemeinde wird sich vermutlich in Hausgemeinden versammelt haben, wie der in Röm 16,5 explizit

---

[23] Sie waren ursprünglich in Rom ansässig gewesen und wohl im Jahr 49 im Zuge des sog. Claudiusedikts ausgewiesen worden, vgl. Apg 18,2. Im Jahr 54 war Claudius gestorben und Nero an die Macht gekommen, vermutlich war damit die Möglichkeit zur Rückkehr gegeben.

genannten im Haus von Priska und Aquila. Phöbe würde als Briefüberbringerin zunächst darauf achten müssen, dass der Brief des Paulus so viele der „Geliebten Gottes und berufenen Heiligen in Rom" (Röm 1,7) wie möglich erreichte. Aus diesem Grund nennt die Grußliste die Paulus bekannten möglichen Anlaufstellen und, soweit es sich um alte Bekannte handelt, mögliche Verbündete bei der weiteren Vorbereitung seines Besuchs. Soweit es sich um römische Christen handelte, die mit der Theologie des Paulus noch nicht vertraut waren und die womöglich verunsichert waren durch von Opponenten in die Welt gesetzte Falschinformationen (Röm 3,8), ist es angesichts antiker Gepflogenheiten durchaus wahrscheinlich, dass wir uns die Rolle der Phöbe auch vorstellen müssen als die einer Auslegerin des von Paulus geschriebenen Textes. Dies unterstreicht nochmals die vertrauensvolle Beziehung, die zwischen Paulus und Phöbe geherrscht haben muss, und das Ausmaß der theologischen Kompetenz, das er ihr zugetraut haben muss.

Phöbe sollte wahrscheinlich nicht die einzige Vertreterin einer paulinischen Gemeinde bleiben, die Paulus in seinen Spanienplänen unterstützen sollte.[24] Die Liste der Menschen, die sich bei der Briefabfassung in Korinth bei Paulus befanden und die an die Römer Grüße ausrichten lassen, ist vergleichsweise kurz und muss in ihrer Zusammenstellung irgendwie erklärt werden. Da Paulus die römische Gemeinde als Ganzes nicht kennt, kann man nicht unterstellen, dass diese einzelne Korinther oder Mitarbeiter und Reisebegleiter des Paulus kennt. Warum belässt Paulus es nicht bei dem in Röm 16,16b gebotenen allgemeinen Gruß: „Es grüßen euch alle Gemeinden Christi"? Warum fügt er unter der Fülle möglicher Kandidaten ausgerechnet Grüße von Timotheus, Lucius, Jason und Sosipater, Gaius, dem Gastgeber, dem Stadtkämmerer Erastus und dem Bruder Quartus hinzu (Röm 16,21.23)? Es ist bereits erwähnt worden, dass ein Teil der Genannten zur Kollektendelegation gehört haben dürfte. Drei weitere, Gajus, Erastus und Jason (sofern mit dem in Apg 17,5–9 Genannten identisch), gehörten wohl wie Phöbe zu den bessergestellten Christen; von Erastus sind in der Überlieferung Spuren einer Reisetätigkeit für Paulus und einer geplanten Romreise erhalten.[25] Ich habe daher die Vermutung, dass Paulus einen Teil der ihn nach Jerusalem begleitenden Personen nach Rom mitnehmen wollte, damit sie gemeinsam mit ihm die Spanienmission ins Werk setzten.[26] Schon im Zuge der Einsammlung und Überbringung der Kollekte hatten die ihn begleitenden Brüder nicht als seine Mitarbeiter (als solcher wird Röm 16,21 nur Timotheus tituliert), sondern als Abgesandte und Vertreter ihrer jeweiligen Gemeinde fungiert.

---

24 Vgl. Jewett, Paul, der allerdings ausgehend von einem m.E. nicht haltbaren Verständnis von Röm 16,2 davon ausgeht, dass Phöbe als „Patronin der Spanienmission" diese finanziell und organisatorisch im Wesentlichen allein für Paulus realisieren sollte. Das scheint gerade angesichts der von Jewett hervorragend herausgearbeiteten Probleme, mit denen sich Paulus und seine Mitstreiter konfrontiert sahen, nicht realistisch.

25 Apg 19,22; 2Tim 4,20.

26 Ausführlicher in: Merz, Auftrag, 92–97.

Phöbe, Dienstbeauftragte (*diakonos*) der Gemeinde von Kenchreä, wäre demnach die Vorhut einer größeren Delegation von Gemeindevertretern, die als Unternehmung eines Gemeindeverbundes die Spanienmission hätten finanzieren und durchführen sollen. Leider ist es dazu aufgrund der Festnahme des Paulus nicht gekommen. Die Spuren der Phöbe verlieren sich wie die des Paulus in Rom. Geblieben ist uns der Brief, den Phöbe im Auftrag des Paulus als Abgesandte der Gemeinde in Kenchreä überbrachte – und einen größeren Dienst konnte diese Diakonin der Christenheit kaum erweisen.

ANGELA STANDHARTINGER

Witwen im Neuen Testament

Betende Frau, Fresko in den Priscilla-Katakomben, Rom, 3.Jahrhundert.

Das Neue Testament bezeugt vielfach diakonisches Handeln von Frauen. Einige Frauen werden sogar ausdrücklich *diakonos* genannt (Röm 16,1–2; 1Tim 3,11). Diakonisches Wirken äußert sich dabei in der Frühzeit in vielfältiger Weise. Definiert man diakonisches Handeln als Handeln an anderen, so kommt neben der Fürsorge und karitativen Aufgaben eine spirituelle Dimension in den Blick. In der Geschichte der Entwicklung frühkirchlicher Ämter sind ab dem 3. Jahrhundert Frauen und Frauengruppen als Diakoninnen nachweisbar. In einigen neutestamentlichen Quellen erscheint dagegen eine Gruppe von Frauen, die Witwen genannt werden. Diese Witwen, so wird im Neuen Testament deutlich, handeln diakonisch in einem umfassenden Sinn. Als charismatisch-prophetische Frauengruppen wirken sie in Aufnahme jüdischer Traditionen zugleich spirituell, karitativ und missionarisch. Im Folgenden werde ich das Zeugnis dieser Witwen im Neuen Testament untersuchen.

1. Witwen in den ersten Gemeinden

Will man nach den Lebensentwürfen und dem diakonischen und theologischen Wirken der Witwen fragen, muss zunächst geklärt werden, was das Wort „Witwe" in der Antike bedeutete. Anders als im Deutschen bezeichnet das griechische Wort *chēra* ebenso wie das lateinische Wort *vidua* nicht nur eine Frau, deren Ehemann verstorben ist, sondern jede Frau, die ohne Ehemann lebt.[1] D.h. *chēra* bzw. *vidua* kann eine verwitwete, getrennt lebende und geschiedene Frau meinen. In einigen Regionen wurden sogar Jungfrauen „Witwen" genannt.[2] Der

[1] Gustav Stählin, Art. chēra, ThWNT IX. 1973, 428–445: 429; Theodor Mayer-Maly, Art. vidua, PRE II/16,1. 1958, 2098–2107: 2098.

[2] Vgl. IgnSm 13,1: „Grüßt die Häuser meiner Brüder mit Frauen und Kindern und die Jungfrauen, die bei euch Witwen heißen". Vgl. auch Tertullian, De virginibus velandis 9,2; sowie Charlotte Methuen, The „Virgin Widow": A Problematic Social Role for the Early Church?, HTR 90. 1997, 285–298.

Lebensentwurf einer Witwe war nicht nur ein Schicksal, das Frauen widerfuhr, sondern konnte ebenso auf der Entscheidung gründen, nicht oder nicht wieder zu heiraten bzw. sich vom Ehemann zu trennen.[3]

Der älteste Beleg für das Wort Witwe im Neuen Testament (1Kor 7,8) thematisiert im Kontext die vielfältigen Biographien von ehelos lebenden Frauen in den paulinischen Gemeinden. Das Kapitel beantwortet eine Anfrage aus Korinth bezüglich des sexuellen Umgangs von Ehepaaren (1Kor 7,1). Paulus spricht sich für die Sexualität zwischen Eheleuten aus (1Kor 7,1–6), rät aber den Unverheirateten, ehelos zu bleiben (1Kor 7,7f.25–40). Denn während verheiratete Frauen von weltlichen Sorgen um den Mann vereinnahmt würden, seien die Unverheirateten frei, sich ganz auf „die Angelegenheiten des Herrn" zu konzentrieren (1Kor 7,34). Das ganze Kapitel spricht dabei paritätisch von Frauen und Männern in verschiedenen Lebensformen. Ausdrücklich thematisiert werden die Möglichkeiten und Grenzen der Trennung von lebenden Ehemännern (1Kor 7,10f) und des Zusammenlebens mit ungläubigen Ehemännern (1Kor 7,13–16). Eine Wiederheirat „im Herrn" nach dem Tod des Ehemanns hält Paulus für möglich (1Kor 7,39), aber nicht für empfehlenswert (1Kor 7,40). 1Kor 7 zeigt, dass es mindestens vier Gruppen von ehelosen und damit potentiell als „Witwen" zu bezeichnenden Frauen in den paulinischen Gemeinden gegeben haben muss. Frauen, deren Ehemann verstorben war, Frauen, die sich von ihrem zur Gemeinde gehörenden Ehemann getrennt hatten, Frauen, deren ungläubiger Ehemann sich getrennt hatte, und schließlich Frauen, die überhaupt nicht verheiratet waren. Die Frage, ob diese „Witwen" eine spezifische Gruppe in den Gemeinden bildeten, können wir leider ebenso wenig beantworten wie die Frage, ob Chloe (1Kor 1,11), Evodia und Syntyche (Phil 4,2), Phöbe[4] (Röm 16,1f), Maria (Röm 16,6), Tryphäna, Tryphosa, Persis (Röm 16,12), die Schwester des Nereus oder Olympias (Röm 16,15) ehelos lebten. Aber immerhin fällt auf, dass die ethische Regel zur Wiederheirat von Witwen aus 1Kor 7,39 in Röm 7,1–6 in streng theologischem Kontext aufgenommen und christologisch übertragen wird. Das Thema Witwenschaft wurde also über die lebenspraktischen Dimensionen hinaus als ein theologisch relevantes Thema diskutiert. M.E. spricht einiges dafür, dass die Frauen der paulinischen Gemeinden an dieser Diskussion beteiligt waren.[5]

Der nächste Beleg für Witwen im Neuen Testament stammt aus Apg 6,1–7. Historisch spielt der Bericht aus Apg 6 in den ersten Jahren der Jerusalemer Urgemeinde, aufgeschrieben wurde er jedoch erst am Ende des 1. Jahrhunderts. Der Text gibt der Forschung einige Rätsel auf. Erzählt wird von einem unver-

---

[3] Mk 10,12; 1Kor 7,8. Zu weiteren Zeugnissen einer aktiven Scheidung jüdischer Frauen vgl. Hannah M. Cotton, Zur Stellung der jüdischen Frau nach den Papyri aus der judäischen Wüste, ZNT 6. 2000, 23–30.

[4] Vgl. in diesem Band: Annette Merz, Phöbe.

[5] Angela Standhartinger, Geschlechterkonstruktionen bei Paulus. Feministische Zugänge zu Galater 3,27f und Römer 7,1–6, Una Sancta 58. 2003, 339–349.

mittelt auftretenden Konflikt zwischen sogenannten GriechInnen und HebräerInnen in der Urgemeinde, weil die Witwen der GriechInnen „im täglichen Dienst (*diakonia*) übersehen wurden" (Apg 6,1). Im Folgenden wird dieser Dienst als „Dienen an Tischen" (*diakonein trapezais*) näher spezifiziert und Gebet und Dienst am Wort (*diakonia tou logou*) gegenübergestellt (Apg 6,2.4). Die zwölf Apostel schlagen vor, sieben Männer „voll Geist und Weisheit [...] für dieses Bedürfnis" einzusetzen (Apg 6,3), was in der Menge der JüngerInnen Anklang findet und zum Wohl und Wachstum der Gemeinde geschieht (Apg 6,5–7). Der Anfang des Textes lässt viele AuslegerInnen vermuten, der in Apg 6,1–7 erzählte Konflikt gründe in dem Problem, dass die griechischen Witwen von einer karitativen Fürsorge, etwa einer gemeindlichen Armenspeisung oder einer speziellen Witwenversorgung, ausgeschlossen wurden. Diese, so die These, sei durch eine zu große Zahl griechischer Witwen überlastet gewesen.[6] Jedoch stehen dieser Erklärung sozialhistorische und literarische Beobachtungen entgegen.

Historisch ist zunächst festzuhalten, dass es zwar Belege für das Bestehen einer jüdischen Armenfürsorge zur Zeit des Neuen Testaments gibt, jedoch keine Belege für eine spezifische Witwenversorgung.[7] Zwar steht der Ausdruck „arme Witwe" (*chēra ptōchē*) in Mk 12,42f par metaphorisch für eine besonders arme Frau, jedoch wird wenige Verse vorher von den „Häusern der Witwen" gesprochen (Mk 12,40 par). Dies zeigt bereits, dass Witwen zur Zeit des Neuen Testaments nicht zwangsläufig arm waren. Im Gegenteil: Witwen sind ökonomisch gesehen sogar die selbstständigsten Frauen in der Antike. Dies liegt am Institut des Ehevertrags, mit dem Ehen in der Antike geschlossen wurden und der eine ökonomische Gütertrennung für die Zeit nach der Ehe festlegt.[8] Genau wurde aufgeführt, welche Vermögenswerte (Kleidung, Schmuck, Ländereien, Immobilien etc.) die Frau besaß, welche Mitgift (*phernē, dos, ketuba*) sie mitbrachte und wie hoch die Brautgabe war. Während der Ehe wurden Mitgift und Brautgabe vom Ehemann verwaltet. Nach der Ehe mussten diese Mittel an die Frau zurückgegeben werden und wurden jetzt von ihr selbst verwaltet. D.h. anders als Töchter und Ehefrauen verfügten Witwen über ihr Geld selbst. In der Antike sind nicht wenige wohlhabende Witwen bekannt, die ihre Mittel zur Unterstützung ihrer theologischen Überzeugungen einsetzten.[9]

---

6 So etwa Ernst Haenchen, Die Apostelgeschichte (KEK 3), Göttingen [13]1961, 213–216 oder Jacob Jervell, Die Apostelgeschichte (KEK 3), Göttingen [17]1998, 214–218.

7 Angela Standhartinger, „Wie die verehrteste Judit und die besonnenste Hanna." Traditionsgeschichtliche Beobachtungen zur Herkunft der Witwengruppen im entstehenden Christentum, in: Frank Crüsemann u.a. (Hrsg.), Dem Tod nicht glauben. Sozialgeschichte der Bibel. Festschrift für Luise Schottroff zum 70. Geburtstag, Gütersloh 2004, 103–126: 106f.

8 Vgl. Jens-Uwe Krause, Witwen und Waisen im Römischen Reich II: Wirtschaftliche und gesellschaftliche Stellung von Witwen, Stuttgart 1994.

9 Z.B. Helena von Adiabene, Josephus, Ant 20,17–26. Für die spätere Zeit bBekh 10b; bBQ 119a.

Natürlich waren nicht alle Witwen reich. Frauen, die kein Vermögen in die Ehe einbrachten und mit geringer Mitgift heirateten, blieben auch nach der Ehe arm. Nach Auskunft der Papyri mussten viele Witwen um ihre ökonomischen Rechte kämpfen, war der Frauenlohn häufig niedrig, und Frauenarbeitsplätze waren beschränkt.[10] Um so auffälliger ist es, dass sich Witwen nach Auskunft des Neuen Testaments zu Lebens- und Arbeitsgemeinschaften zusammenschlossen. In Apg 9,39–41 wird eine Gruppe von Witwen erwähnt, die mit einer gewissen Tabita[11] eine Textilmanufaktur in Joppe betrieb. 1Tim 5,16 fordert gläubige Frauen auf, Witwengemeinschaften zu unterstützen. Diese sozialhistorischen Überlegungen deuten an, dass das hinter Apg 6,1–7 sichtbar werdende Problem vermutlich komplexer war, als mit der Annahme der Überlastung einer erst zu postulierenden spezifischen Witwenversorgung in den ersten Gemeinden erklärt werden kann.

Literarisch gründet Apg 6,1–7 wahrscheinlich auf historischen Nachrichten, die Lukas vielerorts in seine Erzählung von der Gründungsgeschichte der Kirche einbringt. Jedoch entsprechen diese Quellen nicht überall seinem theologischen Programm. In diesem Fall konkurriert die Gruppe der sieben „Diakone" im Folgenden mit den Aposteln. Die ersten beiden aus der Liste der Sieben (Apg 6,5), Stephanus und Philippus, erweisen sich als theologisch besonders versierte Verkündiger (Apg 6,8–7,60), Philippus ist sogar der erste Missionar außerhalb Jerusalems, von dem die Apg erzählt (Apg 8,4–40). Das in Apg 6,2–5 gefundene Modell verwirklicht sich in der Erzählung der Apg also nicht. Auch das spricht gegen die Annahme, das Problem in Apg 6 gründe in der Überlastung einer gemeindlichen Witwenversorgung.

Lukas betont die einmütige Harmonie und Prosperität in der Jerusalemer Urgemeinde unter der Führung der zwölf männlichen Apostel (Apg 1,21f; 2,42–47 u.ö.). Die Arbeit und Anwesenheit von Frauen erscheint am Rande (Apg 1,14; 9,36–42; 12,12–17). Innergemeindliche Konflikte sind ökonomischer Natur und werden von den Aposteln mit Hilfe des heiligen Geistes sofort gelöst (Apg 4,32–5,11; 8,9–25). Apg 6,1–7 folgt diesem Erzählmuster. Jedoch fällt auf, dass der Konflikt hier nicht in einem Vergehen Einzelner gründet, sondern eine Gemeindeteilung (HellenistInnen und HebräerInnen) zu Tage bringt. Es lässt sich daher fragen, ob die mögliche Quelle von Apg 6,1–7 die Formulierung „täglicher Dienst" (Apg 6,1) bzw. „an Tischen dienen" (Apg 6,2) nicht aktiv im Sinne der Übernahme bestimmter gemeindlicher Aufgaben, etwa bei gemeinsamen Mahlzeiten und liturgischen Feiern, der Gemeindeorganisation oder Verkündigung durch die griechischen Witwen gebraucht hatte.[12]

---

10 Bereits das Alte Testament betont vor allem Gottes Rechtsfürsorge für die Witwen.

11 Vgl. in diesem Band: Friederike Erichsen-Wendt, Tabita.

12 Vgl. Elisabeth Schüssler Fiorenza, Zu ihrem Gedächtnis… Eine feministisch-theologische Rekonstruktion der christlichen Ursprünge, München 1988, 210–212; Luise Schottroff, Lydias ungeduldige Schwestern. Feministische Sozialgeschichte des frühen Christentums, Gütersloh 1994, 304–308; Barbara E. Reid, The Power of the Widows and How to

Angesichts der lukanischen Bearbeitung der Nachrichten aus der Jerusalemer Urgemeinde lässt sich nicht mehr mit Sicherheit rekonstruieren, welche Ursachen und Umstände zu dem Konflikt mit den Witwengruppen führten. Deutlich wird aber auch hier, dass es in den ersten Gemeinden des entstehenden Christentums Frauengruppen unter dem Namen „Witwen" gegeben haben muss. Neben Apg 9,36–42 treten die Witwen als spezifisch benannte Frauengruppen insbesondere in 1Tim 5,3–16 auf. Bevor ich auf diesen Text näher eingehen werde, möchte ich nach dem theologischen Selbstverständnis von Witwen zur Zeit des Neuen Testaments fragen.

2. Witwentraditionen im lukanischen Doppelwerk

Überraschenderweise erscheinen von den 26 Belegen für das griechische Wort *chēra* im Neuen Testament zwanzig allein im lukanischen Doppelwerk und in 1Tim 5.[13] Apg 6,1–7 und Apg 9,39–41 sind nicht die ältesten Belege für ausdrücklich als Witwen bezeichnete Frauengruppen im Urchristentum, schon das Lukasevangelium enthält sechs Witwenerzählungen. In der Geburtsgeschichte erscheint die 84-jährige Prophetin Hanna, die als Witwe im Tempel von Jerusalem lebt und dort „mit Fasten und Beten Gott Tag und Nacht dient." Als sie das Jesuskind sieht, spricht sie über das Kind „zu allen, die auf die Erlösung Jerusalems warten" (Lk 2,36–38). Auch wenn Lukas die Rede der Hanna nicht eigens erzählt, zeigt diese Figur Anklänge an biblische und frühjüdische Witwentraditionen. Mit biblischen und frühjüdischen Witwen teilt Hanna ein Leben in unmittelbarer Beziehung zu Gott, Fasten (*nēsteia*) und Gebet (*deēsis*). Mit ihren Vorschwestern tritt sie durch ihr Wort an die im Tempel Versammelten auch aktiv für die Erlösung Jerusalems bzw. des Gottesvolkes ein.

Bereits das Deuteronomium stellt fest: „Gott schafft Recht den Fremdlingen, den Waisen und den Witwen" (Dtn 10,18), und das Bundesbuch fügt hinzu: „Keiner Witwe und keinem Waisen dürft ihr Unrecht tun. Wenn ihr sie aber ungerecht behandelt und sie zu mir schreien und nach mir rufen, werde ich ihre Stimme hören. Und ich werde mit Wut erzürnen [...]" (Ex 22,21–23). Gott ist „Zeuge der Witwe" (1Kön 17,20), „Richter für die Witwe" (Ps 68,5) und tritt vorbehaltlos für die Witwen ein (Ps 146,8; Jer 49,11). Die Überzeugung, dass Gott sich von den Witwen anrufen lässt, auf sie hört und für sie eintritt, ihr Recht erkämpft und gegen ihre Feinde und Unterdrücker streitet, entwickelt sich im Frühjudentum zu einer spezifischen Witwentheologie. Insbesondere das Buch Judit sowie die Auslegungen von Witwentexten in den Schriften des Philo von Alexandrien zeugen von theologischer Reflexion biblischer Witwentraditionen.

Suppress It, in: Amy-Jill Levine (Hrsg.), A Feminist Companion to the Acts of the Apostles, Cleveland 2004, 71–88: 82–86.

[13] Außerhalb dieser drei Schriften nur 1Kor 7,8; Mk 12,40.42f (siehe oben) sowie Apk 18,7 (Anspielung auf Jes 47,8) und Jak 1,27.

Das Buch Judit erzählt von der reichen Witwe Judit[14], die zurückgezogen mit Fasten (*nēsteuein)* und in ständiger Zwiesprache mit Gott lebt. Als ihre Heimatstadt in Gefahr durch die Assyrer ist, gelingt ihr durch ihren theologischen Verstand und ihre List die Rettung. Bevor Judit ins feindliche Heerlager aufbricht, erinnert sie Gott an sein Eintreten zu Gunsten ihrer vergewaltigten Vorschwester Dina (Jdt 9,2–3) und bittet darum, „ihr, der Witwe, die Macht in die Hand zu geben für ihren Plan" (Jdt 9,9). „Denn nicht in der Menge liegt deine Macht, noch deine Herrschaft bei den Starken, sondern du bist ein Gott der Erniedrigten, du bist Helfer der Geringen, Unterstützer der Schwachen, der Verachteten Beschützer, der Hoffnungslosen Retter" (Jdt 9,11). Die List, mit der sie anschließend den Kopf des assyrischen Heerführers Holofernes erobert, erinnert nicht zufällig an die List der Witwe Tamar aus Gen 38. Wie Tamar schlüpft Judit in die Rolle der verführerischen Frau, und wie Tamar gelingt es ihr, die sexuelle Begierde und Dummheit ihres Widersachers für ihre Sache zu nutzen. Nachdem sie den Heerführer besiegt und Israel die Assyrer verjagt hat, zieht sie an der Spitze des Festzugs der Frauen nach Jerusalem (Jdt 15,13), bevor sie als Witwe in ihre Heimatstadt zurückkehrt und ihr Witwenleben wieder aufnimmt (Jdt 16,21–25).

Im Juditbuch fällt eine Spannung ins Auge, die sich zwischen Rahmenerzählung und Judits Gebet in Kapitel 9 ergibt. Judit ist keineswegs arm (vgl. Jdt 8,4–6). In ihrem Gebet erinnert sie Gott an seine Fürsorge für die Geringen, Schwachen und Verachteten und fordert ihn gerade damit zum Eintreten für sie, die Witwe, auf. Auch der jüdische Philosoph Philo von Alexandrien nimmt dieses Motiv von der besonderen Gottesnähe der Witwen in seinen allegorischen Schriften auf.[15] An einer Stelle nennt er Witwen neben Waisen und Leviten sogar „die zum heiligen Priesterdienst Erwählten" (*De Somnis* II 272f). Weil Gott für die Witwen eintritt, für ihre Sache kämpft, haben Gebete der Witwen eine besondere Macht. Ihr Wort wird von Gott erhört, und mit Gottes Hilfe und ihrer List und ihrem Verstand können sie die Erlösung des bedrängten Volkes bewirken.

Das Buch Judit ist nicht nur die Geschichte einer Witwe, die sich einem heiligen Leben in Zwiesprache mit Gott geweiht hat, theologisch kompetent die Sache Gottes verfolgt und ihr Volk rettet. Die Erzählung nimmt darüber hinaus zahlreiche biblische Frauentraditionen wie die Dinageschichte (Gen 34), Mirjam-, Debora- und Jaelerzählung (Ex 15; Ri 4f) und die Tamargeschichte (Gen 38) auf und erzählt sie neu in veränderter Situation und mit neuen HandlungsträgerInnen. Damit zeugt das Buch Judit von den theologischen Reflexionen biblischer Frauen- und Witwentraditionen.

Reflexion und Neuerzählung biblischer Witwengeschichten lassen sich auch im lukanischen Doppelwerk beobachten. Bereits in der Antrittsrede in Nazareth verweist der lukanische Jesus auf die Geschichte der Witwe von Sarepta (1Kön

---

14 Vgl. in diesem Band: Barbara Schmitz, Die Juditfigur als Modell diakonischen Handelns.

15 Vgl. Philo, SpecLeg I 310; Quaestiones in Exodum II.3.

17,8–24, Lk 4,25f). Die Auferweckung des Sohns der Witwe wird in Lk 7,11–17 und Apg 9,36–42 mit neuen Personen neu erzählt. In Lk 7,11–17 weckt Jesus in der Rolle des Elia den einzigen Sohn der Witwe von Nain auf. Anders als in 1Kön 17,17–24 bleibt die Witwe in Lk 7,11–17 jedoch passiv. Als Herr über Leben und Tod erbarmt sich Jesus angesichts des Leichenzugs ihres Schicksals (Lk 7,13) und beendet die Klage, indem er den Sohn zum Leben erweckt. Weder ein Wort noch eine Reaktion werden von der Witwe von Nain erzählt. Ganz anders ihre Vorschwester aus Sarepta, die den Propheten als Mann Gottes bezeugt (vgl. 1Kön 17,24 mit Lk 7,16).

Apg 9,36–42 enthält eine weitere Variante der Erzählung zu 1Kön 17,17–24 (vgl. 2Kön 4,8–37), diesmal mit Petrus in der Rolle des Wundertäters und Tabita, auch Dorkas (Gazelle) genannt, in der Rolle der Verstorbenen. Die Trauernden sind die Witwen, die zusammen mit Tabita Unter- und Obergewänder gefertigt hatten (Apg 9,39). Wie Elia und Elisa zieht sich Petrus für die Auferweckung ins Obergemach zurück (Apg 9,40; vgl. 1Kön 17,19–22; 2Kön 4,33–35) und präsentiert anschließend die lebendige Tabita den Witwen und allen Heiligen (Apg 9,41; vgl. 1Kön 17,23f; 2Kön 4,36f). Jedoch fällt auch hier auf, dass die Rolle der Frauen im Gegenüber zu den Erzählungen der Königsbücher zurückgedrängt wirkt. Nicht die Witwen, sondern eine Gruppe von JüngerInnen (*hoi mathētai*) aus Joppe senden zwei Männer (*andrēs*), um Petrus aus Lydda zu holen (Apg 9,38). Ebenso offen bleibt am Schluss der Geschichte die Frage, welche theologischen Schlüsse die Witwen aus der Erfahrung zogen und ob und in welcher Weise sie an der Verbreitung der Geschichte (Apg 9,42) Anteil hatten.

Das lukanische Doppelwerk enthält also zwar zahlreiche Witwengeschichten und zeugt von der theologischen Diskussion der biblischen Witwentradition, der Verfasser selbst jedoch scheint an einer aktiven Rolle von Witwengruppen kaum interessiert. Um so erstaunlicher ist die Aufnahme des Gleichnisses der für ihr Recht streitenden Witwe in Lk 18,1–8. Für Lukas veranschaulicht das Gleichnis die Macht unablässigen und unverzagten Gebets (Lk 18,1) und vorbildlichen Glaubens (Lk 18,8). Möglicherweise hat bereits eine vorlukanische Redaktion das Bild der Witwen, „die Tag und Nacht zu Gott schreien", auf die ganze Gemeinde der Erwählten übertragen (Lk 18,7). Gerade angesichts dieser Deutungen ist das Gleichnis allerdings extravagant und provokant. Es erzählt nämlich von einem ungerechten Richter, der „weder Gott fürchtet noch Menschen achtet", und einer Witwe, die diesen Richter auffordert, ihr Recht gegen ihren Widersacher zu verschaffen (18,2f). Zunächst hört dieser Richter natürlich nicht. Später aber besinnt er sich, nicht nur, weil die Witwe ihm Mühe macht, sondern weil er fürchtet, ein blaues Auge von ihr zu erhalten (Lk 18,4f). Das Gleichnis enthält die komödienartige Übertreibung antiker Rechtspraxis, die alltägliches Unrecht benennt und mit beißender Ironie kritisiert.[16]

---

[16] Wendy Cotter, The Parable of the Feisty Widow and the Threatened Judge, NTS 51. 2005, 328–343.

Bevor man sich der expliziten Übertragung des Gleichnisses auf die Situation der Hörenden verweigert, ist zu beobachten, dass das Verhalten der Witwe viel weniger aus dem Rahmen fällt als das des Richters. In den biblischen Witwengeschichten werden nämlich nicht nur Beharrlichkeit in der Zwiesprache mit Gott hervorgehoben, sondern auch Taten. Hanna (Lk 2,36–38) ergreift das Wort im Tempel, Judit ersinnt ihren Plan zur Rettung ihrer Heimatstadt. Bei Judit fällt dies umso deutlicher auf, als sie die Ältesten ihrer Stadt darauf aufmerksam macht, dass sich weder die Ratschlüsse Gottes erzwingen lassen, noch Gott „wie ein Mensch ist, dem man drohen kann", und dass Rettung allein von Gott kommt (Jdt 8,16f). Ihr Plan kann gelingen, weil Gott ihre Stimme erhört (Jdt 8,17; 9,4). Das Gleichnis in Lk 18,2–5 lässt die Frage offen, ob die Witwe dem Richter das blaue Auge androht oder ob er die mögliche Tat der Witwe aus eigenen Stücken fürchtet. Ihre von Gott getragene und bestätigte Überzeugung verhilft ihrer Hartnäckigkeit zum Sieg gegen die Ungerechtigkeit und macht sie deshalb zum Vorbild des wirksamen Gebets.

Aus Mk 12,40 nimmt Lukas schließlich die prophetische Kritik gegen das „Auffressen der Witwenhäuser" auf, das zum Schein (*prophasei)* mit ausführlichen Gebeten verdeckt wird (Lk 20,47). Diese Kritik hat bereits eine lange Traditionsgeschichte in prophetischer und weisheitlicher Diskussion.[17] Die ökonomische Ausbeutung der Witwen ist Höhepunkt der lukanischen Kritik gegen die Schriftgelehrten. Wie im Markusevangelium schließt sich die Geschichte vom „Scherflein" der Witwe (Lk 21,1–4) unmittelbar an, jedoch verzichtet Lukas auf den einleitenden Ortswechsel und nimmt allein die Perspektive Jesu in den Blick. Damit tritt die Handlung der Witwe in den Hintergrund. Erzählungen von der großen kleinen Gabe der Armen haben eine lange Traditionsgeschichte in der Antike.[18] Die Interpretation der Geschichte ist dennoch umstritten.[19] Der Ausdruck *pas ho bios* in Lk 21,4 kann entweder mit „der ganze Lebensunterhalt" oder mit „das ganze Leben" übersetzt werden. Die Witwe hat also entweder ihr ganzes Vermögen oder sogar ihr ganzes Leben Gott als ihre Gabe dargebracht. Man kann das Beispiel der Witwe implizit als Kritik verstehen. Für diese Interpretation spricht zum einen, dass nach Lk 8,43 auch die blutende Frau ihr ganzes Vermögen (*holos ho bios*) an Ärzte verloren hat, und zum anderen, dass in der nächsten Perikope die Tempelzerstörung angekündigt wird. Der Witwen Gabe an den Tempel ist also im Grunde nutzlos. Man kann die Witwe jedoch ebenso als Vorbild verstehen. Sie gibt ihr ganzes Leben Gott hin und ruft Gott als Zeugen gegen ihre Ausbeutung an (vgl. Lk 20,47). Damit handelt sie nicht nur wie ihre Vorschwestern, Judit und Hanna, sondern auch wie Jesus selbst in der sich unmittelbar anschließenden Passion.

---

[17] Vgl. Jes 10,2; Ez 22,7; Mal 3,5; Hi 22,9; 24,3; Weish 2,10. Als Kritik an der Ausbeutung der Armen überhaupt AssMos 7,6.

[18] Xenophon, Anabasis VII.7.36; Memorabilia I.3.3; Horaz, Carmen III.23.16–20; Seneca, De Beneficiis I.8; LevR III.5.

[19] Vgl. auch Reid, Power, 80–82.

Der Überblick über die insgesamt acht Witwenerzählungen im lukanischen Doppelwerk macht zweierlei deutlich. Zum einen enthalten die Witwengeschichten zahlreiche traditionsgeschichtliche Bezüge zu biblischen und frühjüdischen Witwentraditionen. Mit ihrem gottgeweihten Leben im Tempel mit Gebet, Fasten und prophetischem Handeln folgt Hanna (Lk 2,36–38) einem biblisch-frühjüdischen Witwenmodell, das u.a. im Juditbuch sichtbar wird. Zu diesen Witwentraditionen gehört ebenso die Auslegung und Neuerzählung biblischer Witwengeschichten, wie sie in den Neuerzählungen von 1Kön 17,8–24/2Kön 4,8–37 in Lk 4,35f; 7,11–17 und Apg 9,36–42 zu entdecken sind. Im Gleichnis von der hartnäckigen Witwe (Lk 18,2–5) und möglicherweise ebenso in der Erzählung vom „Scherflein" (Lk 21,1–4) wird nicht nur die spirituelle Macht der Witwen deutlich, auf deren Seite Gott kämpft, sondern auch ihr modellhaft machtvolles Wirken (Lk 18,7; vgl. Lk 18,1.8).

Zum andern zeigt sich aber auch, dass Lukas zwar diese Witwentraditionen aufgenommen und in seine Geschichte der Kirche integriert, selbst jedoch kein Interesse an einer aktiven Witwenschaft hat.[20] In der lukanischen Darstellung ist die Rolle der Witwen in Apg 6,1–7 verschleiert. Entgegen den biblischen Vorlagen bleiben die Witwen von Nain (Lk 7,11–17) und Joppe (Lk 9,39–41) ebenso passiv wie die arme Witwe, deren Handlungen im Beispielbild verschwinden. Lukas scheint die spirituelle Macht der Witwen zu kennen (Lk 18,1–8; vgl. Lk 2,36–38). Gerade deshalb, so lässt sich vermuten, verweigert er sich, ihre öffentliche Wirksamkeit zu erzählen.

3. Das Wirken der Witwen nach 1Tim 5,3–16

Am ausführlichsten wird das Thema „Witwen" in den sogenannten Pastoralbriefen (1/2Tim, Tit) diskutiert. Diese Briefe wurden im 2. Jahrhundert von einem pseudepigraphen Verfasser im Namen des Paulus verfasst. Sie enthalten Anweisungen für Gemeindeleiter späterer Generationen über die rechte Ordnung und Frömmigkeit in der Kirche bzw. dem „Haus Gottes" (vgl. 1Tim 3,14f). Auffällig ist die alle Briefe prägende Polemik gegenüber Menschen, die die „gesunde Lehre" und Ordnung nach der Meinung des Verfassers verkehren. Die Aufgabe von Frauen besteht in der Mutterrolle. Öffentliche Lehre vor Männern ist ihnen untersagt (1Tim 2,9–15; Tit 2,3–5). Die Briefe lassen Ansätze einer hierarchischen Kirchenordnung erkennen und enthalten Ämterspiegel für Bischof, DiakonInnen und Presbyter (1Tim 3,1–13; 5,17–22; Tit 1,5–9). Ebenfalls auffällig ist die Aufnahme moralphilosophischer Vorstellungen der frühen römischen Kaiserzeit. Diese spiegeln sich nicht nur in der Altersbegrenzung für

[20] Zu dieser doppelten Tendenz gegenüber Frauengeschichte im lukanischen Doppelwerk, vgl. Turid K. Seim, The Double Message: Patterns of Gender in Luke-Acts, Nashville 1994; Barbara E. Reid, Choosing the Better Part? Women in the Gospel of Luke, Collegeville 1996; Sabine Bieberstein, Verschwiegene Jüngerinnen – vergessene Zeuginnen. Gebrochene Konzepte im Lukasevangelium, Freiburg 1998; sowie dies. in diesem Band.

unverheiratete Frauen (1 Tim 5,9), sondern auch in der Betonung der frommen Pflichterfüllung (*eusebeia = pietas)* gegenüber Gott und den Vorfahren (1Tim 5,4.8).[21]

Die Witwenregel in 1Tim 5,3–16 enthält weitere ethische Kriterien, die zur Auswahl dienen sollen. Zugleich ist es bisher keiner Auslegung entgangen, dass der Verfasser vor allem die Gruppe der Witwen beschränken will. „Ehre Witwen, die wirklich Witwen sind!" (1Tim 5,3). Aus der Gruppe der „wirklichen Witwen" (*ontōs chērai*; 5,3.5.16) sollen diejenigen ausgeschlossen werden, die Kinder oder Enkel haben (5,4.8), die im Luxus leben (5,6), Witwen unter 60 Jahren (5,11–15) und schließlich Witwen, die mit einer Gläubigen zusammenleben (5,16). Warum aber ist der Verfasser um diese Differenzierung bemüht? Was ist mit dem Ehren (*timan*) der „wirklichen Witwen" gemeint? Eine Reihe von Auslegern vermutet, dass der Verfasser über die Aufnahme von Witwen in eine gemeindliche Witwenfürsorge spreche und als „pragmatisch denkender Kirchenmann" die finanzielle Belastung der Gemeinde im Blick habe.[22] Für diese These scheint Vers 16 zu sprechen, wo die Gläubige, die für Witwen zu sorgen hat, aufgefordert wird, diese zu unterstützten (*eparkein*) und die Kirche nicht zu belasten (*bareisthai*). Jedoch hat keines der beiden Verben eine eindeutige finanzielle Konnotation (vgl. z.B. 1Tim 5,10). Vor allem aber sprechen viele Beobachtungen gegen diese These. Die Witwen, die den Kriterien des Verfassers genügen, können nicht finanziell mittellos gewesen sein, wenn sie unter anderem „Fremde beherbergt", „Bedrängte unterstützt" haben und „in jedem guten Werk nachgefolgt sein" sollen (5,10). Die Bedingung, „Kinder aufgezogen" zu haben (5,10), ist nach Vers 4 und 8 gerade ein Ausschlussgrund. Angesichts der Bedingung der einmaligen Ehe (5,9) würde die Aufforderung an die jüngeren Witwen, erneut zu heiraten und Kinder aufzuziehen (5,14), sarkastisch wirken. Vor allem aber widerspricht der These einer Witwenversorgung das Stichwort *timan* (ehren, belohnen, auszeichnen, den Wert abschätzen). Mit *timan* wird eine vollzogene Tat oder ein Wert belohnt (vgl. auch 1Tim 5,17). Vorbehaltlos schenken, was Almosengeben implizieren würde, heißt es nicht.

Daher interpretieren andere die Witwenregel als einen Kriterienkatalog für die Aufnahme in ein gemeindliches und eventuell bezahltes Witwenamt. Für diese These spricht die Parallele zu den Ämterspiegeln der Bischöfe, DiakonInnen und Presbyter (1Tim 3,1–13; Tit 1,6–9), das Verb „auflisten" (*katalegesthai*; 1Tim 5,9) sowie Kirchenordnungen und Grabinschriften aus dem späten 2. bis

---

[21] Die Altersbegrenzung für unverheiratete Frauen entspricht im Grundsatz den Ehegesetzen des Augustus, vgl. Lilian Portefaix, ‚Good Citizenship' in the Houshold of God: Women's position in the Pastorals reconsidered in the light of Roman rule, in: Amy-Jill Levine (Hg.), A Feminist Companion to the Deutero-Pauline Epistles, Cleveland 2003, 145–158; D'Angelo, Eusebeia. Roman Imperial Family Values and the Sexual Politics of 4 Maccabees and the Pastorals, Interpretation 11. 2003, 139–165.

[22] Zitat Jürgen Roloff, Der erste Brief an Timotheus (EKK XV), Zürich und Stuttgart 1988, 302.

5. Jahrhundert, die ein solches Amt belegen.[23] Jedoch gewärtigt auch diese These Probleme. Zum einen fällt auf, dass für das Bischofsamt und andere Ämter eine Liste von Eigenschaften genannt ist, wogegen die Kriterien der „aufzulistenden Witwen" vor allem in Taten aus der Vergangenheit bestehen. Zum andern ist nicht klar, worin die Aufgabe des Witwenamtes nach den Pastoralbriefen besteht. Einige AuslegerInnen verweisen auf 1Tim 5,5 und nennen als Aufgabe die unaufhörliche Hoffnung auf Gott und das Verharren im Gebet bei Tag und Nacht.[24] Tatsächlich hat sich die Zwiesprache mit Gott im Gebet als spezifisches Charakteristikum der frühjüdischen Witwentraditionen erwiesen (vgl. Jdt 8f; Lk 2,36–38; 18,1–8). Auch der Verfasser der Pastoralbriefe ist sich also der außergewöhnlichen spirituellen Macht bewusst, die den Witwen durch ihre besondere Gottesbeziehung nach biblisch-frühjüdischer Tradition eigen ist (vgl. Dtn 10,17; Ex 22,22f).

Dem Verfasser scheinen aber darüber hinaus noch andere Taten der Witwen bekannt zu sein. Er nennt ihre Gastfreundschaft sowohl gegenüber Fremden, als auch gegenüber den Heiligen (1Tim 5,10; vgl. z.B. Joh 13,1–20). Dass Witwen häufig Bedrängte unterstützt haben (5,10) wird auch in späteren Quellen deutlich. So behauptet der Satiriker Lukian (2. Jahrhundert), der Philosoph Peregrinus habe sich eine Zeit lang von Christen finanzieren lassen und sei, als er im Gefängnis war, dort von Witwen begleitet und versorgt worden.[25]

Durch das Stichwort „nachfolgen" (*akolouthein*) in 1Tim 5,10 wird zudem deutlich, dass die Witwen auch aktiv Mission betrieben. Noch klarer tritt dies in der Beschreibung der abzulehnenden jüngeren Witwen (5,11–15) hervor: Zunächst scheint es, als wolle der Verfasser mit quasi väterlichem Rat die jüngeren Witwen vor sich selbst beschützen: „Denn wenn sie Christus satt haben, wollen sie heiraten, womit auf ihnen das Urteil lastet, die erste Treue verworfen zu haben" (*tēn prōtēn pistin ēthetēsan*; 5,11f). Allerdings ist nicht klar, was der Verfasser genau meint. Denn zum einen stehen für das Verb *katastrēnian,* das ich mit „satt haben" übersetzt habe, kaum antike Parallelen zur Verfügung.[26] Zum anderen macht der Ausdruck *tēn prōtēn pistin ēthetēsan* (1Tim 5,12) Schwierigkeiten. Denn als juristischer Fachbegriff scheint das Verb *athetein* (für ungültig erklären, aufheben) eine Art Rechtsverpflichtung oder Treueschwur zu implizieren. Der Ausdruck *prōtē pistis* ist dagegen in der Spezialbedeutung „Treueschwur" nicht bekannt. So muss offen bleiben, ob der Verfasser eine spezifi-

---

[23] Traditio Apostolica 10; Didask.14–15. Zu den durch Grabinschriften bezeugten Gemeindewitwen vgl. Ute E. Eisen, Amtsträgerinnen im frühen Christentum. Epigraphische und literarische Studien (FKDG 61), Göttingen 1996, 138–151.

[24] Ulrike Wagener, Die Ordnung des „Hauses Gottes". Der Ort von Frauen in der Ekklesiologie und Ethik der Pastoralbriefe (WUNT II/65), Tübingen 1994; Bonnie B. Thurston, The Widows. A Women's Ministry in the Early Church, Minneapolis 1989.

[25] Lukian, De morte Peregrini 12f.

[26] strēnian bedeutet nach Apk 18,7.9 „übervoll, üppig sein". Der Lexikonograph Suda übersetzt katastrēnian mit „unordentlich, zuchtlos sein".

sche Selbstverpflichtung der Witwen im Blick hat oder ob er lediglich den Eifer der Witwen ironisiert.

Ab Vers 13 wird jedoch immer deutlicher, was die (jüngeren) Witwen tatsächlich tun. „Zugleich aber lernen sie auch faul zu sein, wenn sie in den Häusern herumlaufen; sie sind nicht nur faul, sondern sie verbreiten auch Unsinn und sind neugierig, wenn sie reden, was sich nicht gehört" (1Tim 5,13). Bereits Martin Dibelius vermutete hinter der Formulierung seelsorgerliche Hausbesuche.[27] Faulheit, Unsinn reden und Neugier sind stereotype Vorwürfe gegen Frauen nicht nur in der Antike. Auffällig ist jedoch, dass das Wort *periergos* (neugierig) auch „Zauberei betreiben" heißen kann.[28] Das Wirken der Witwen ist also keineswegs harmlos. Dies wird im Zusammenhang der Pastoralbriefe noch unterstrichen, denn Besuch und Lehre in den Häusern der MitchristInnen gehört zu den Charakteristiken der GegnerInnen der Briefe. Diese „dringen in Häuser ein, nehmen ‚Frauchen' als Kriegsgefangene," nämlich solche, die „immer nur lernen wollen, aber nie zur Erkenntnis der Wahrheit gelangen können" (2Tim 3,6f). Der Subjektswechsel in diesen beiden Versen lässt erkennen, dass die Frauen keineswegs nur Opfer, sondern selbst Täterinnen der „gegnerischen" Missionspraxis sind. Dass die vom Verfasser bekämpften nicht „wirklichen" Witwen Verbindungen zur Oppositionsgruppe haben, wird schließlich in 1Tim 5,14f deutlich. Ehe und Mutterrolle sollen zum Bollwerk gegen den Einfluss des Widersachers und Satans werden, einem Einfluss, dem die vermeintlichen IrrlehrerInnen in der Meinung des Verfassers längst anheim gefallen sind.[29]

Die Frage, ob die Pastoralbriefe bereits ein kirchlich verfasstes Witwenamt voraussetzen, muss offen bleiben. Deutlich aber wird, dass die Pastoralbriefe mit größeren Gruppen von Witwen in der Gemeinde rechnen. Diese Witwen stehen in der biblisch-frühjüdischen Witwentradition. Sie verfügen durch ihre besondere Gottesbeziehung über eine große spirituelle Kraft (5,5). Darüber hinaus waren und sind sie sowohl mit Taten der praktischen Solidarität und Gemeindeaufbau (5,10) als auch durch Mission und Lehre (5,13) diakonisch und theologisch tätig. Es liegt nicht im Interesse des Verfassers, uns über die Inhalte ihrer Theologie zu informieren. Allein die Aufforderung: „die unheiligen Mythen und Altweiberfabeln weise zurück" (1Tim 4,7) lässt vermuten, dass die Witwen, mindestens diejenigen, die sich der Oppositionsgruppe angeschlossen hatten, ihre eigenen Traditionen überlieferten. Dennis MacDonald hat hinter diesen „Altweiberfabeln" unter anderem die Traditionen der Thekla vermutet.[30] Die heute in den Theklaakten zu lesende Fassung dieser Geschichten ist nicht nur durch die Paulustradition und einzelne Legenden mit den Pastoralbriefen

27 Martin Dibelius, Die Pastoralbriefe (HNT 13), Tübingen ³1955, 60. Vgl. auch Herm. 8,3 (vis II 4,3).

28 Schottroff, Schwestern, 110; vgl. auch Apg 19,19.

29 Vgl. 1Tim 1,6.10–19; 4,1; 2Tim 2,25; 4,4.

30 Dennis R. MacDonald, The Legend and the Apostle. The Battle for Paul in Story and Canon, Philadelphia 1983.

verwandt, sie vertritt zudem eine diametral gegenteilige Auffassung zur Frage des Lehramts von Frauen, Ehe und Ehelosigkeit.[31]

Ausblick

Die spirituelle Macht und die diakonischen und theologischen Kompetenzen der Witwen sind in der frühen Kirchengeschichte hoch geachtet worden. Ein Zeitgenosse der Pastoralbriefe, Polykarp von Smyrna, fordert die Gemeinde in Philippi auf: „Den Witwen (gebietet,) besonnen zu sein in Rücksicht auf den Glauben an den Herrn, unaufhörlich für alle Fürbitte zu halten [...]" (Polyk 4,3). Auch diese Witwen sind also für ihre spirituelle Kraft und die Macht ihrer Fürbitten bekannt. Der Text fährt fort: „Sie sollen erkennen, dass sie ein Altar Gottes sind und dass Gott alles auf einen Makel hin untersucht (*mōmoskopeisthai*) und ihm nichts verborgen ist, weder Überlegungen noch Gedanken noch etwas von den verborgenen Dingen des Herzens" (ebd.). Diese Gleichsetzung von Witwen und Altar ist in sieben weiteren altkirchlichen Quellen als stehende Metapher belegt.[32] Über die biblischen Bezüge zur Witwen einschließenden Armenspeisung am Passa- und Wochenfest (Dtn 16,11.14) fällt die spirituelle Vermittlungsfunktion der Witwen ins Auge, die dieses Bild impliziert. Im Polykarpbrief werden die Witwen darüber hinaus zugleich mit dem Altar und mit der auf dem Altar liegenden Opfergabe gleichgesetzt, die bezüglich ihrer Makellosigkeit geprüft wird.[33] Die Witwen sind also nicht nur der Ort des spirituellen Gottesdienstes, sondern ihr Wirken ist mit der Opfergabe selbst identisch.

Anders als der Verfasser von 1Tim 5,3–16 beansprucht Polykarp keine Autorität über die Witwen, sondern stellt ihre Prüfung dem Gottesurteil anheim. Die zwischen diesen beiden Positionen aufscheinende Spannung im Umgang männlicher Kirchenleiter bzw. Bischöfe mit Witwengruppen setzt sich in den nächsten Jahrhunderten fort.[34] Häufig bezeugt ist der Versuch, die Witwen als eine Art niederen Klerus in die Kirchenverfassung zu integrieren. So bestimmt die in verschiedenen Versionen seit Ende des 2. Jahrhunderts überlieferte *Traditio Apostolica*, Witwen zwar nicht wie den übrigen Klerus durch Handauflegung zu ordinieren, wohl aber mit einem Wort einzusetzen (*kathistanai*).[35] Die Aufgabe

---

[31] Vgl. in diesem Band: Beate Wehn, Thekla.

[32] Vgl. auch Tertulian, Ad uxorem 1.7.4. Bereits die syrische Didaskalia verwendet das Bild als stehende Metapher: Sie versucht, die Gemeindebesuche der Witwen einzuschränken mit dem Argument: „Denn der Altar Gottes streift niemals umher" (15). Zu den weiteren Belegen vgl. Carolyn Osiek, The Widow as Altar: The Rise and Fall of a Symbol, The Second Century 3. 1983, 159–169.

[33] *Mōmoskopeisthai* ist ein technischer Begriff aus der Opfersprache.

[34] Vgl. Anne Jensen, Gottes selbstbewusste Töchter. Frauenemanzipation im frühen Christentum?, Freiburg u.a. 1992, 74–60; Francine Cardman, Women, Ministry, and Church Order in Early Christianity, in: Ross S. Kraemer/Mary Rose D'Angelo (Hrsg.), Women & Christian Origins, New York/Oxford 1999, 300–329.

[35] Traditio Apostolica 10. Vgl. Paul F. Bradshaw, Maxwell E. Johnson und L. Edward Philipps, The Apostolic Tradition (Hermeneia), Minneapolis 2002.

dieser gemeindlichen Witwengruppen ist wiederum Gebet (10) und Fasten (23). Die auf der *Traditio Apostolica* basierenden *Canones Hippolyti* (4. Jahrhundert) fügen den Besuch der Armen hinzu (9), die Apostolische Kirchenordnung (4. Jahrhundert) verweist auf das Vorbild von Judit und Hanna.[36] Am ausführlichsten widmet sich die syrische Didaskalia (3. Jahrhundert) dem Amt der Witwen.[37] Die genannten Aufnahmekriterien sehen ein Mindestalter (50 Jahre) und eine Zeit der Prüfung vor. Die Didaskalia ermahnt die Witwen zu einem möglichst zurückgezogenen und ihren spirituellen Gaben angemessenen Leben und zur Unterordnung unter den Bischof. In den zahlreichen Kritiken wird deutlich, dass die Macht des Gebets der Witwen überaus groß ist. Sie sind mit Besuchen der Gemeindeglieder und Kranken beschäftigt und sogar für die Bußübung und Wiederaufnahme Ausgeschlossener verantwortlich. Zu ihren Aufgaben gehört auch die Taufe und Lehre der zu Bekehrenden. Die Didaskalia versucht zwar die Aktivitäten der Witwen einzuschränken, etwa indem sie mögliche Lehrinhalte begrenzt.[38] Es gelingt jedoch nicht, die spirituelle Macht der Witwen zu übergehen.

Das angestammte Witwenamt in der Didaskalia zeigt, ebenso wie das Wirken der Witwen im Frühjudentum und entstehenden Christentum, alle Charakteristika eines charismatisch-prophetischen Amts, das der sich langsam durchsetzenden kirchlich-bischöflichen Hierarchie im Wesen widersprach. Die durch die unmittelbare Gottesbeziehung der Witwen begründete spirituelle Eigenständigkeit und Vollmacht und die Wirksamkeit ihrer mit Gott vollbrachten Taten sind jedoch niemals in der Kirchengeschichte ganz verloren gegangen.

---

[36] Canones ecclesiastici apostolorum 8,25,1–3. Vgl. auch Pseudo-Ignatius, An die Philadelphier 4,9: „Die Witwen sollen [...] wie die verehrteste Judit und die besonnenste Hanna sein."

[37] Deutsche Übersetzung: Hans Achelis und Johannes Flemming, Die syrische Didaskalia (Die ältesten Quellen des Orientalischen Kirchenrechts II), Leipzig 1904. Vgl. Cornelia Schlarb, Die (un)gebändigte Witwe. Exegetische Überlegungen zur Entwicklung eines Frauenamts in der Syrischen Didaskalia, in: Martin Tamcke/Wolfgang Schwaigert (Hrsg.), Syrisches Christentum weltweit. Studien zur syrischen Kirchengeschichte (FS Prof. Hage), Münster 1995, 36–75.

[38] Die Witwen sollen die Lernwilligen zum Bischof schicken. Wenn sie gefragt werden, dürfen sie antworten, jedoch nur über die „Wohltätigkeit" und „den Glauben an Gott". Letzteres umfasst die Themen „Zerstörung der Idole", „dass Gott nur einer ist", „Qual" und „Ruhe" und „das Königtum des Namens des Messias und über seine Führung". Über Spezialfragen der Christologie, Inkarnation, Passion und Erlösungslehre sollen sie nicht lehren. Die Verfasser der Didaskalia begründen dies mit der fehlenden Überzeugungskraft ihrer Lehre insbesondere für Männer. Cornelia Schlarb, (un)gebändigte Witwe, 49, vermutet neben dem Versuch der generellen Einschränkung der Lehre von Frauen die Furcht vor mangelnder Übereinstimmung mit der Lehrmeinung des Bischofs.

BEATE WEHN

Thekla aus Ikonion

Thekla mit den Löwen, Kalkstein-Medaillon (Ausschnitt), Nelson-Atkins Museum of Art, Kansas City.

Einleitung

Außerhalb des Kanons neutestamentlicher Schriften, in den apokryphen Apostel-Akten[1], wird die Geschichte einer jungen Frau namens Thekla erzählt, die durch die Begegnung mit der Lehre und Person des Paulus in ihrer Heimatstadt Ikonion zum Glauben an Christus kommt, ihr bisheriges Leben aufgibt, sich Paulus anschließt und nach etlichen Gefährdungen schließlich als eigenständige Gotteslehrerin wirkt. Von der Bezeugung der Thekla-Akten her wird ihre Entstehung in der zweiten Hälfte des 2. Jahrhunderts in Kleinasien vermutet.[2] Bereits um das Jahr 200 verweist eine Bemerkung des Kirchenvaters Tertullian in Karthago auf den hohen Bekanntheits- und Verbreitungsgrad der Erzähltradition über Thekla.[3] Eine reale Frau namens Thekla lässt sich allerdings historisch weder zweifelsfrei nachweisen noch völlig ausschließen; es wird daher in Be-

---

1 Eine Sammlung der fünf ältesten apokryphen Apostel-Akten in deutscher Übersetzung bietet Wilhelm Schneemelcher (Hg.), Neutestamentliche Apokryphen in deutscher Übersetzung II: Apostolisches, Apokalypsen und Verwandtes, Tübingen [6]1997. Die Erzählung über Thekla ist darin Bestandteil der Paulus-Akten, bildet aber eine eigenständige Einheit und hat auch eine von den Paulus-Akten unabhängige Überlieferungstradition, so dass ich hier von den Thekla-Akten (ActThecl) spreche. Eine gut zugängliche Übersetzung der Thekla-Erzählung bietet Jensen 1995; eine eigene Übersetzung auf der Basis einer feministisch-sozialgeschichtlichen Untersuchung findet sich auch in: Beate Wehn, „Vergewaltige nicht die Sklavin Gottes!" Gewalterfahrungen und Widerstand von Frauen in den frühchristlichen Thekla-Akten, Königstein/Ts. 2006.

2 Vgl. Wilhelm Schneemelcher, Paulusakten, in: ders. (Hg.), Neutestamentliche Apokryphen, in deutscher Übersetzung II: Apostolisches, Apokalypsen und Verwandtes, Tübingen [6]1997, 193–241, 195f; Anne Jensen, Thekla – die Apostolin. Ein apokrypher Text neu entdeckt, hrsg. und übertr. v. Anne Jensen, Freiburg/Basel/Wien 1995, 71ff.

3 Vgl. Tertullian, De baptismo 17,4.

tracht gezogen, dass die Erzählung über Thekla einen wie auch immer gearteten historischen Kern hat.[4]

Dies führt zu der Frage, warum eine möglicherweise rein literarische Figur wie Thekla einen Platz in einem Band über Frauen der Diakonie bekommen sollte. Damit ist das Verhältnis von literarischer Fiktion und historischer Wahrheit angesprochen. Kann man aus den Thekla-Akten etwas über die Lebenswirklichkeit von Frauen im frühen Christentum erfahren, auch wenn sich nicht nachweisen lässt, ob Thekla tatsächlich gelebt hat? Betrachtet man die Thekla-Erzählung und ihre Hauptfigur als literarisch verdichtete Auseinandersetzung mit Lebens- und Glaubenserfahrungen frühchristlicher Frauen der griechisch-römischen Welt, so gewährt sie einen Einblick in die Geschichte des frühen Christentums und dessen Diakoniepraxis.

Da der Inhalt der Thekla-Akten nicht allgemein bekannt ist, fasse ich diesen kurz zusammen. Zentrale Passagen der Erzählung gebe ich in eigener Übersetzung wieder.[5]

1. Theklas Geschichte – ein Überblick über ActThecl 1–43

Die Erzählung beginnt mit der Ankunft des Paulus in Ikonion, wo er im Haus des Onesiphoros und der Lektra vor den dort versammelten ZuhörerInnen über „Selbst-Beherrschung und Auferstehung" (§ 5) spricht:

„(5) Glücklich, deren Herzen rein sind, denn sie werden Gott erkennen.
Glücklich, die den Körper heilig bewahren, denn sie werden Tempel Gottes werden.
Glücklich die sich selbst beherrschen, denn zu ihnen wird Gott sprechen.
Glücklich, die sich von dieser Weltordnung trennen, denn sie werden Gott gefallen.
Glücklich, die Frauen haben als hätten sie nicht, denn sie werden Gott beerben.
Glücklich, die Gottesfurcht haben, denn sie werden Gottes Engel werden.
(6) Glücklich, die sich vor Gottes Worten fürchten, denn sie werden getröstet werden.
Glücklich, die die Weisheit Jesu Christi empfangen haben, denn sie werden Nachkommen des Höchsten genannt werden.
Glücklich, die die Taufe bewahren, denn sie werden sich beim Vater und beim Sohn ausruhen.
Glücklich, die die Urteilskraft Jesu Christi in sich aufnehmen, denn sie werden im Licht sein.
Glücklich, die aus Liebe zu Gott die Gestalt dieser Weltordnung verlassen haben, denn sie werden Engel auswählen und zur Rechten des Vaters gesegnet werden.
Glücklich die Barmherzigen, denn sie werden Erbarmen finden und den bitteren Tag des Gerichts nicht sehen.

---

4 Vgl. Schneemelcher, Paulusakten; Jensen, Thekla; Ruth Albrecht, Das Leben der heiligen Makrina auf dem Hintergrund der Thekla-Traditionen. (Studien zu den Ursprüngen des weiblichen Mönchtums im 4. Jahrhundert in Kleinasien), Göttingen 1986, 282ff.

5 Eine vollständige Übersetzung findet sich in Wehn, Vergewaltige nicht.

Glücklich die Körper der Jungfräulichen, denn sie werden Gott gefallen und den Lohn für ihre Heiligkeit nicht verlieren, denn das Wort des Vaters bewirkt, dass sie gerettet werden am Tag des Sohnes, und sie werden ausruhen in der Ewigkeit der Ewigkeiten."

Thekla, die als Jungfrau, Tochter der Theokleia und Verlobte eines Mannes namens Thamyris in die Erzählung eingeführt wird, hört diese Predigt vom Fenster des benachbarten Hauses aus und lässt sich für den von Paulus verkündigten Glauben begeistern. Sie setzt daraufhin um, was Paulus in den dreizehn Makarismen (Seligpreisungen) seiner Predigt propagiert hatte und entschließt sich als Ausdruck ihres Glaubens zum ehefreien Leben.

Da sie sich fortan für nichts anderes mehr interessiert, sorgen sich Theokleia und Thamyris um die geplante Eheschließung und setzen alles daran, Paulus unschädlich zu machen. Ihn sehen sie als männlichen Konkurrenten des Thamyris und als Unruhestifter, der die Stadt in Aufruhr bringt, weil seine Predigt viele Menschen, vor allem Frauen und Jungfrauen, anzieht. Thamyris bringt Paulus vor Gericht, wo ihn der Statthalter Kastellios verhört und gefangen nimmt. Thekla besucht Paulus im Gefängnis und lässt sich von ihm unterrichten. Ihre Angehörigen finden sie schließlich zu seinen Füßen sitzend. Daraufhin wird zunächst Paulus, dann aber auch Thekla vor den Richtstuhl des Statthalters beordert. Als Thekla auf die Frage des Statthalters, warum sie die Heirat mit Thamyris verweigere, nicht antwortet, sondern auf Paulus blickt, fordert ihre Mutter: „Verbrenne die Gesetzlose, verbrenne, die die Ehe verweigert in der Mitte des Theaters, damit alle Frauen, die von diesem belehrt wurden, Furcht bekommen." (§ 20)

Der Statthalter lässt Paulus auspeitschen und aus der Stadt verbannen, während er Thekla zum Tod auf dem Scheiterhaufen verurteilt. Im Theater der Stadt wird ein Scheiterhaufen errichtet und Thekla nackt in die Arena geführt:

„*Als sie nackt hereingeführt wurde, weinte der Statthalter und bewunderte die Kraft in ihr. Die Henker schichteten das Holz auf und befahlen ihr, den Scheiterhaufen zu besteigen. Nachdem sie die Form eines Kreuzes dargestellt hatte, stieg sie auf das Holz. Und sie entzündeten, und obwohl das Feuer gewaltig strahlte, berührte das Feuer Thekla nicht. Und Gott hatte Erbarmen und bewirkte ein unterirdisches Getöse, und eine Wolke voll mit Wasser und Hagel verdunkelte von oben her, und die ganze Wölbung ergoss sich, so dass viele in Gefahr gerieten und starben. Das Feuer wurde gelöscht, und Thekla war gerettet.*" (22)

Nachdem Thekla gerettet ist, macht sie sich auf die Suche nach Paulus und findet ihn zusammen mit Onesiphoros und dessen Familie in einer offenen Grabanlage bei Daphne. Paulus und Thekla danken Gott für ihre Rettung. Die Freude ist bei allen groß. Als Thekla Paulus jedoch eröffnet, sie werde sich die Haare abschneiden und ihm folgen, lehnt Paulus ab. Er fürchtet, Theklas Schönheit könne sie in weitere Schwierigkeiten bringen, woraufhin Thekla die Taufe als Schutz vor solchen Schwierigkeiten erbittet. Aber Paulus vertröstet sie auf einen späteren Zeitpunkt.

In der nächsten Szene (§ 26) wird jedoch berichtet, dass Thekla mit Paulus nach Antiocheia kommt:

„(26) ... Gleich bei ihrer Ankunft erblickte ein Syrer namens Alexander Thekla, und er begehrte sie. Und er bat Paulus mit Geld und Geschenken. Paulus antwortete: ‚Ich kenne die Frau nicht, von der du sprichst, sie ist nicht mein.' Weil er (Alexander) ein sehr mächtiger Mann war, umschlang er sie auf offener Straße. Sie aber duldete es nicht, sondern suchte Paulus. Und sie schrie bitterlich und rief: ‚Vergewaltige nicht die Fremde, vergewaltige nicht die Sklavin Gottes! Ich bin die Erste der IkonierInnen, doch weil ich Thamyris nicht heiraten wollte, bin ich aus der Stadt vertrieben!' Und sie ergriff Alexander, zerriss sein Amtsgewand, riss ihm den Ehrenkranz von seinem Kopf und machte ihn zum Gespött. (27) Weil er sie aber liebte und gleichzeitig beschämt worden war durch das, was ihm geschehen war, führte er sie zum Statthalter. Und da jene zugab, dies getan zu haben, verurteilte dieser sie zu den wilden Tieren. Die Frauen gerieten außer sich und schrieen vor dem Richtstuhl: ‚Ein falsches Urteil, ein gottloses Urteil!' Thekla aber bat den Statthalter, bis zum Tierkampf heilig bleiben zu dürfen. Und eine reiche (Königin) mit Namen Tryphaina, deren Tochter gestorben war, nahm sie in Gewahrsam und hatte Trost in ihr.“

Tryphaina weicht fortan nicht mehr von Theklas Seite, nimmt sie in ihr Haus auf und weigert sich, Thekla am Tag des Tierkampfes an Alexander auszuliefern, der diesen ausrichtet. Tryphaina verteidigt Thekla gegen Übergriffe im Vorfeld des Tierkampfes, indem sie deren Hand hält, bis die junge Frau ihr an den Toren der Arena gewaltsam entrissen wird, um entkleidet zu werden. Den Tierkampf selbst kann Tryphaina nicht verhindern und muss schließlich zusehen, wie Thekla unter dem lautstarken Protest der Frauen von Ikonion in die Arena gestoßen und wilden Tieren ausgeliefert wird. Thekla wird zunächst von einer Löwin verteidigt. Als diese umkommt und weitere Tiere auf Thekla losgelassen werden, betet diese mit ausgebreiteten Armen und stürzt sich schließlich in das Robbenbecken mitten in der Arena, um sich vor ihrem Tod mit Gottes Hilfe zu taufen (34):

„(34) ... Als das die Frauen sahen und die ganze Volksmenge, schrieen sie und sagten: ‚Stürze dich nicht selbst ins Wasser!', so dass sogar der Statthalter weinte, weil die Robben eine solche Schönheit fressen würden. Sie aber warf sich ins Wasser im Namen Jesu Christi. Die Robben sahen ein Licht von einem Feuerblitz und trieben tot an der Oberfläche. Und um Thekla herum war eine Wolke aus Feuer, so dass die Tiere sie nicht anrühren konnten und sie als Nackte nicht gesehen werden konnte.

(35) Als noch wildere Tiere hereingestoßen wurden, schrieen die Frauen laut auf, und sie warfen Blätter: Narde, Kassia, Amomum, so dass dort starke (süßliche) Gerüche waren. Und alle wilden Tiere wurden vom Schlaf ergriffen und rührten sie (Thekla) nicht an. Daher sagte Alexander zum Statthalter: ‚Ich habe Stiere, die noch schrecklicher sind, an jene wollen wir die Tierkämpferin anbinden.' Verdrießlich stimmte der Statthalter zu mit den Worten: ‚Tu was du willst!' Und sie banden sie mit den Füßen zwischen die Stiere und hielten unter deren Geschlechtsteile brennende Eisen, damit sie – noch mehr gereizt – sie (Thekla) töten

würden. Sie sprangen nun auf. Und als die Flammen ringsum versengten, verbrannten die Stricke und Thekla war wie nicht gefesselt.

(36) Tryphaina, die neben der Arena an den Toren stand, starb, so dass die Dienerinnen sagten: ‚Die Königin Tryphaina ist gestorben!' Der Statthalter hielt inne, und die ganze Stadt erschrak und Alexander fiel nieder vor die Füße des Statthalters und sagte: ‚Erbarme dich meiner und der Stadt und sprich die Tierkämpferin frei, damit die Stadt nicht mit zugrundegerichtet wird. Wenn nämlich dies der Kaiser hört, wird er vielleicht mit uns auch die Stadt vernichten, weil seine Verwandte, die Königin Tryphaina, an den Zirkustoren gestorben ist.'

(37) Der Statthalter rief Thekla mitten aus den Tieren heraus und fragte sie: ‚Wer bist du? Und was ist um dich, dass dich keines der Tiere angerührt hat?" Diese antwortete: ‚Ich bin des lebendigen Gottes Sklavin.

Das ist um mich: Ich habe an den geglaubt, an dem Gott sein Wohlgefallen hatte – seinen Sohn.

Um seinetwillen hat mich keines der Tiere angerührt. Dieser allein ist das Wegzeichen der Rettung und die Grundlage unsterblichen Lebens. Den vom Sturm geplagten ist er Zufluchtsort, den Gequälten ist er Linderung, den Verzweifelten (ist er) Schutz, und überhaupt:

Wer an ihn nicht glaubt, wird nicht leben,
sondern tot sein für immer.'"

Der Statthalter lässt Thekla nun Kleider bringen und spricht sie öffentlich frei. Die Frauen der Stadt jubeln und loben Gott so lautstark für Theklas Rettung, dass – so heißt es – die ganze Stadt von ihren Stimmen erschüttert wurde. Überraschend taucht auch die zuvor verstorbene Tryphaina wieder auf.[6]

„(39) Und nachdem Tryphaina die gute Nachricht gehört hatte, kam sie herzu mit der Volksmenge und umarmte Thekla mit den Worten: b ‚Nun glaube ich, dass die Toten auf(er)stehen. Nun glaube ich, dass mein Kind lebt! Komm herein, und ich werde allen meinen Besitz dir überschreiben!' Thekla ging nun mit ihr und ruhte sich in ihrem Haus acht Tage aus. Sie lehrte sie das Wort Gottes, so dass Tryphaina und die meisten ihrer Sklavinnen glaubten und große Freude in dem Haus herrschte.

(40) Thekla sehnte sich aber nach Paulus und suchte ihn, indem sie überall herumschickte. Und es wurde ihr bekannt, dass er in Myra war. c Und sie nahm junge Männer und (junge) Sklavinnen, band ihre Tunika hoch und nähte sie zusammen in ein Obergewand nach Männerart und ging nach Myra. Und sie fand Paulus, der das Wort Gottes verkündigte, und ging zu ihm. Als er sie und die Menge, die bei ihr war, erblickte, erschrak er, weil er befürchtete, dass ihr eine neue Prüfung bevorstünde. Als sie das bemerkte, sagte sie zu ihm: ‚Ich habe die Waschung genommen, Paulus. Der mit Dir zusammenwirkt für die frohe Botschaft, wirkte auch mit mir, mich zu waschen.'

(41) Und Paulus ergriff ihre Hand und führte sie in das Haus des Hermeias und hörte alles von ihr, so dass Paulus darüber sehr staunte, und die, die es hörten, wurden gestärkt,

---

6 In der Literatur zur Stelle, an der Tryphainas Sterben erzählt wird, heißt es oft, dass Tryphaina ohnmächtig werde, obwohl das Verb ekpsycho jedoch eindeutig sterben bedeutet. Vgl. Dazu ausführlicher: Wehn, Vergewaltige nicht.

und sie beteten für Tryphaina. Thekla erhob sich und sagte zu Paulus: „,Ich gehe nach Ikonion.' Und Paulus antwortete: ,Geh hin und lehre das Wort Gottes!' Tryphaina schickte ihr viele Kleider und Gold, so dass sie Paulus (davon) für den Dienst an den Bettelarmen zurücklassen konnte.

(42) Sie ging nach Ikonion. Und sie trat in das Haus des Onesiphoros und fiel auf den Boden nieder, wo Paulus gestanden und die Worte Gottes gelehrt hatte. Weinend sprach sie:

,Oh mein Gott und (Gott) dieses Hauses,
wo mir das Licht aufschien,
Christus Jesus, Sohn Gottes,
mein Helfer im Gefängnis,
Helfer vor den Statthaltern,
Helfer im Feuer,
Helfer im Tierkampf,
du bist Gott
und dir sei göttlicher Glanz in den Ewigkeiten.
Amen.'

(43) Sie erfuhr, dass Thamyris gestorben war, ihre Mutter aber lebte. So rief sie ihre Mutter zu sich und sagte zu ihr: ,Theokleia, Mutter, kannst du glauben, dass der Kyrios in den Himmeln lebt? Wenn du Geld brauchst, wird es dir der Kyrios durch mich geben. Wenn dich nach deinem Kind verlangt, siehe, ich stehe dir bei.' Als sie dies bezeugt hatte, ging sie nach Seleukia. Und nachdem sie viele durch das Wort Gottes erleuchtet hatte, entschlief sie eines sanften Todesschlafes."

In der Erzählung über Thekla sind drei Themen von besonderer Bedeutung für das Verständnis von Diakonie in einem weiteren Sinne: 1. Theklas Entschluss zum ehefreien Leben als Alternative zur patriarchalen Ehe, 2. die Gefährdungen, denen ehefrei lebende Frauen im Kontext der griechisch-römischen Welt und des frühen Christentums ausgesetzt waren und 3. die Vorstellung von Frauen als gleichberechtigten Gotteslehrerinnen und Diakoninnen neben ihren männlichen Glaubensgeschwistern. Diese Themen werde ich im Folgenden näher erläutern und dabei, über die Figur der Thekla hinausgehend, den sozialgeschichtlichen Kontext von Frauen im frühen Christentum im Blick halten .[7]

2. Ehefreiheit – ein Lebensentwurf für Frauen im frühen Christentum

In ActThecl 1–22 spielt der griechische Begriff *enkráteia*, von mir mit Selbst-Beherrschung übersetzt, eine zentrale Rolle. Neben Selbstbeherrschung bedeutet er auch Enthaltsamkeit im Hinblick auf Sexualität, aber auch Ausdauer und Standhaftigkeit.

In den Makarismen des Paulus (ActThecl 5f) wird anhand von sechs Seligpreisungen konkretisiert, auf welche Lebensbereiche sich *enkráteia* hier bezieht:

---

[7] Um den Fußnotenapparat überschaubar zu halten, verweise ich für umfassende Belege der dargestellten Ergebnisse auf meine Dissertation.

auf die Körper und den Umgang mit den Körpern von Frauen und Männern und auf ihr Verhältnis zu den gesellschaftlichen Strukturen, in denen sie leben. Um den Umgang mit dem eigenen Körper geht es in Formulierungen wie: „die den Körper rein/heilig bewahren"; „die sich selbst beherrschen/sich enthalten"; „die Körper der Jungfräulichen (die den Lohn für ihre Heiligkeit nicht verlieren)". Den eigenen Körper und den des Gegenübers meint die Formulierung: „die Frauen haben als hätten sie keine". Sie ist explizit an männliche Adressaten gerichtet. Die ActThecl verstehen *enkráteia* als Möglichkeit, den Körper heilig zu bewahren und zu einem Tempel Gottes, d.h. zu einem Ort der Präsenz Gottes zu machen.[8]

Auch in der Glücklichpreisung der Jungfräulichen[9] geht es um Heiligkeit (ActThecl 6). Diese Stelle zeigt deutliche Anklänge an 1Kor 7,34 und seinen Kontext. Sie gehört wie 1Kor 6,12–20 in den größeren Zusammenhang von 1Kor 5–7, in dem es vorwiegend um *porneía*, d.h. um illegale sexuelle Beziehungen gemäß der jüdischen Halacha, wie um Fragen der Ehe bzw. Ehefreiheit geht.[10] Der historische Paulus präferiert für sich selbst und für alle, die noch nicht oder nicht mehr (z.B. Witwen) in ehelichen Beziehungen leben und das Charisma von Gott dazu bekommen haben, unter eschatologischen (7,26.29) und pragmatischen (7,32–35) Gesichtspunkten die *enkráteia* (vgl. 1Kor 7,6ff.38) zu leben: Sie bedeutet mehr, als auf genitale Sexualität zu verzichten, sie beinhaltet in 1Kor 7,32f die Möglichkeit, mit der Kraft der ganzen Person, mit Körper und Geist also, ungeteilt Gott dienen zu können; während Paulus in der patriarchalen Ehe die Gefahr sieht, dass Mann und Frau auf Grund der strukturellen Bedingungen des Zusammenlebens nur teilweise für Gott zur Verfügung stehen. Luzia Sutter Rehmann plädiert daher für die Übersetzung von *evgkra,teia* als „Ehefreiheit",[11] die, als „elementare Bewegungsfreiheit"[12] verstanden, weit über die Engführung auf sexuelle Enthaltsamkeit hinausreicht:

„Paulus' Eschatologie besteht [...] darin, all seine Kräfte auf die Befreiung der Menschen und der gesamten Schöpfung zu richten (Röm 8,18–25). [...] Die Ehe birgt nun nach Paulus die Gefahr in sich, von dieser Umwandlungsarbeit abzulenken, sich um die Dinge dieser Welt mehr zu interessieren, als sich für eine

---

[8] Diese Vorstellung findet sich auch in 1Kor 6 und 7; vgl. Renate Kirchhoff, Die Sünde gegen den eigenen Leib. Studien zu porne und porneia in 1Kor 6,12–20 und dem soziokulturellen Kontext der paulinischen Adressaten, Göttingen 1994; Luise Schottroff, Der erste Brief an die Gemeinde in Korinth. Wie Befreiung entsteht, in: dies.; Marie-Theres Wacker (Hg.), Kompendium Feministische Bibelauslegung, Gütersloh 1998, 575–592.

[9] Die Pluralform parthénōn ist grundsätzlich offen für die Bezeichnung beider Geschlechter. Da aber in ActThecl 6 mit einem femininen Relativpronomen im Plural angeschlossen wird, liegt es hier nahe, dass ausschließlich Jungfrauen angesprochen werden.

[10] Vgl. dazu Schottroff, Korinth, 578ff.

[11] Vgl. Luzia Sutter Rehmann, „Und ihr werdet ohne Sorge sein ..." Gedanken zum Phänomen der Ehefreiheit im frühen Christentum, in: Dorothee Sölle (Hg.), Für Gerechtigkeit streiten. Theologie im Alltag einer bedrohten Welt, Gütersloh 1994, 88–95.

[12] A.a.O., 89.

andere, gerechte Welt einzusetzen (1Kor 7,32–34). [...] Nicht die Sexualität wird als Ablenkung von der eschatologischen Aufgabe betrachtet, sondern das Augenmerk auf die Dinge dieser Welt und den Ehemann, was hier gleichbedeutend ist mit der Ehe als patriarchaler Lebensordnung. Denn diese ist am Fortbestehen dieser Welt und ihrer Gesetze beteiligt und nicht an deren *Überwindung*. Das Heiligsein des weiblichen Körpers und des weiblichen Geistes ist aber etwas, was zur befreiten Schöpfung, zur umgewandelten Welt(ordnung) gehört. Dieses Heiligsein wird kontrastiert zur patriarchalen Ehe und speziell für Frauen betont."[13]

In den ActThecl ergeht, wie in 1Kor 7,29, die Aufforderung an die Ehemänner, Frauen zu haben, als hätten sie keine. Im Kontext der in der Antike üblichen patriarchalen Strukturierung von Geschlechterverhältnis und Ehe, in der der Ehemann das Verfügungsrecht auch über den Körper und die Sexualität seiner Frau hat, fordert Paulus diesen auf, seinen Anspruch aufzugeben. *Enkrateia* kann also grundsätzlich auch innerhalb einer ehelichen Gemeinschaft gelebt werden und hat als Selbst-Beherrschung für Ehemänner und Ehefrauen unterschiedliche Konsequenzen: Für Frauen bedeutet sie das Selbstverfügungsrecht über ihren Körper und ihre Sexualität und somit einen Zuwachs an *Autonomie*. Dagegen erfährt die männliche Verfügungsmacht über den weiblichen Körper eine deutliche Einschränkung und fordert *Selbstbeherrschung* in Bezug auf sexuelle Aktivitäten im wahrsten Sinne des Wortes.[14]

Paulus hat seine Präferenzen, zeigt sich aber bemüht, Heiligkeit nicht exklusiv an eine bestimmte Lebensform zu binden, sondern an die jeweilige Berufung durch Gott und das Halten der Gebote.[15] Die Empfehlung, sich von dieser Weltordnung zu trennen, wie sie im Kontext der Heiligung der Körper und des Umgangs mit den Ehefrauen zweimal in ActThecl 5f ausgesprochen wird, beleuchtet Paulus in 1Kor 7,31: „Und die mit der Welt umgehen, sollen so leben, als gingen sie nicht in ihr auf. Denn die Gestalt dieser Welt geht vorüber."[16]

---

13 A.a.O., 90f.

14 Vgl. Beate Wehn, „Selig die Körper der Jungfräulichen" – Überlegungen zum Paulusbild der Thekla-Akten, in: Claudia Janssen; Luise Schottroff; Beate Wehn (Hg.), Paulus. Umstrittene Traditionen – lebendige Theologie. Eine feministische Lektüre, Gütersloh 2001, 182–198: 184f. Die geschlechtsspezifisch unterschiedliche Bedeutung des Begriffs enkráteia gilt generell – nicht nur bezogen auf die Ehe.

15 Vgl. Schottroff, Korinth, 582. Elisabeth Schüssler Fiorenza, Zu ihrem Gedächtnis ... Eine feministisch-theologische Rekonstruktion der christlichen Ursprünge, Gütersloh ²1993, 281, sieht allerdings in der Meinung des Paulus, Verheiratete seien in ihrem missionarischen Engagement aufgrund ehelicher Verpflichtungen geteilt, eine Herabwürdigung dieser Personen gegenüber den Jungfräulichen, die um so unverständlicher sei, als Paulus doch Priska und Aquila zu seinen hochgeschätzten MitarbeiterInnen zählte. Die Frage ist aber, ob Paulus hier nicht vielmehr die traditionellen Herrschaftsstrukturen und Rollenverteilungen in der Ehe als hinderlich betrachtet – wenngleich er sie an anderer Stelle selbst wieder ohne Rücksicht auf die Interessen von Frauen, z.B. Jungfrauen, propagiert.

16 Übersetzung von Schottroff in Erhard Domay/Hanne Köhler (Hg.) Der Gottesdienst. Liturgische Texte in gerechter Sprache IV, Gütersloh 2001, 319.

Auch hier steht die Aufforderung, das Verhältnis zur herrschenden gesellschaftlichen Ordnung neu zu bestimmen, im Zusammenhang der Gestaltung von (sexuellen) Beziehungen. Die Gegenwart steht für Paulus in 1Korinther im Zeichen einer eschatologischen Erwartung, die das ungeteilte Engagement für Gott erfordert und ermöglicht.

Das Verlassen der gesellschaftlichen Strukturen kann sowohl in 1Korinther als auch in den ActThecl bedeuten: sich außerehelichen sexuellen Beziehungen zu enthalten, die Geschlechterhierarchie der patriarchalen Ehe zu durchbrechen oder unverheiratet zu bleiben. Aus den neutestamentlichen Schriften wird aber auch deutlich, dass diese Lebensform eine ökonomische Grundlage braucht, die z.B. darin besteht, die Häuser für Glaubensgeschwister zu öffnen, die in anderen als den traditionellen hierarchischen Haushaltsstrukturen zusammen leben, und Gütergemeinschaft mit ihnen zu praktizieren.[17] Die in solidarischen Gemeinschaften gerade für Frauen mögliche größere Autonomie mag zusammen mit der paulinischen Höherschätzung der Jungfräulichkeit und Ehefreiheit die Attraktivität der frühchristlichen Glaubens- und Lebenspraxis ausgemacht haben.[18]

Wie im ersten Brief des historischen Paulus an die Gemeinde in Korinth stellen die ActThecl verschiedene Lebensformen – eheliche Gemeinschaft und Jungfräulichkeit bzw. Ehefreiheit in der Ehe – nebeneinander. Sexualität und Körper werden dabei nicht abgewertet, sondern erfahren im Gegenteil durch den Zuspruch, Tempel Gottes zu sein bzw. zu werden, ein hohes Maß an Wertschätzung. Die Präferenz der ActThecl für die *enkráteia* als ehefreie Lebenspraxis ist hier wahrnehmbar, ohne mit einer Abwertung der ehelichen Sexualität verbunden zu sein, wie die positive Darstellung von Lektra und Onesiphoros zeigt, die als Ehepaar mit Kindern ihr Haus für die Gemeinde geöffnet haben.

In ActThecl wird die Predigt des Paulus vom ehefreien Leben als einer Möglichkeit, die Gottesbeziehung zu gestalten, von Thekla begeistert aufgenommen. Sie führt zu einem schwerwiegenden Konflikt, der eine persönliche und eine gesellschaftliche Auswirkung hat: Als Verlobte ist Thekla dem Thamyris zur Ehe versprochen. Damit ist ihr Weg als Ehefrau und künftige Mutter legitimer und erbberechtigter Kinder vorgezeichnet – also eine Art Normalbiografie für freigeborene Frauen der führenden städtischen Familien in der Antike. Verbindungen zwischen diesen Familien sind gleichzeitig politisch und gesellschaftlich wirksame Allianzen und tragen zu ihrem öffentlichen Ansehen, besonders der jeweiligen Hausherren, bei. Theklas Weigerung, ihren Verlobten zu heiraten, schädigt damit dessen Ehre in der Öffentlichkeit. Sie ist zudem, eine Absage an die geltenden Normen und Sitten, in denen die Ehe als Basis der gesellschaftlichen Ordnung verankert ist.

---

[17] Vgl. Schottroff, Korinth, 583.

[18] Vgl. Wehn, Körper, 188.

An Thekla wird also der Konflikt zwischen traditionellem Frauenleben und der Praxis der Ehefreiheit zugespitzt thematisiert und die Unbarmherzigkeit der gesellschaftlichen Ordnung bzw. ihrer VertreterInnen herausgestellt.

3. Freiheit und Gefährdung – Frauen in einer patriarchalen Welt

Die Thekla-Akten thematisieren in der Folge die Gefährdungen, die die ehefreie Lebensweise für Frauen mit sich bringt. Ungeachtet der klaren Herrschaftsverhältnisse im patriarchalen Haushalt stellt dieser doch einen gewissen Schutzraum für Frauen dar. Thekla verliert diesen Schutz. Im ersten Fall droht ihr Gefahr seitens derer, die auf Einhaltung der gesellschaftlichen Normen bestehen. Das ist in ActThecl 20 vor allem ihre Mutter, die als abschreckende Maßnahme für alle, die sich von Paulus begeistern lassen, Theklas Verbrennung fordert.

Im zweiten Fall ist Thekla als alleinstehende Frau mit Paulus unterwegs und kommt in eine Stadt, in der beide Fremde sind. Hier begehrt Alexander, ein hoher städtischer Beamter, Thekla und versucht, sie in seine Verfügungsgewalt zu bringen. Zunächst nimmt er Paulus als Theklas Ehemann wahr. Als dieser jedoch deutlich macht, dass Thekla nicht in seiner Verfügungsgewalt steht, versucht Alexander seine Ansprüche mit körperlicher Gewalt durchzusetzen.

Thekla wehrt sich auf dreierlei Weise: Sie hält hilfesuchend Ausschau nach Paulus, protestiert schreiend und wird schließlich handgreiflich gegenüber Alexander. Ihre Not wird im Text unmittelbar deutlich. Ihr suchender Blick zeigt, dass Paulus gar nicht mehr in der Nähe zu sein scheint. Obwohl er die Prüfung Theklas mit verursacht hat, entzieht er sich dem Konflikt mit Alexander, zu dem sein Eintreten für Thekla hätte führen können. Thekla ist nun als ortsfremde junge Frau schutzlos auf sich allein gestellt und dadurch in besonderer Weise gefährdet.[19] In der Art und Weise, wie die Akten Paulus' Warnung und sein Verhalten in Antiocheia aufeinander beziehen, liegt eine deutliche Kritik, die Luise Schottroff treffend formuliert: „Aus der Theklalegende spricht viel Zorn christlicher Frauen gegen christliche Männer, die Jungfräulichkeit predigen, aber die Gewalt gegen Frauen feige zulassen oder sogar unkritisch akzeptieren."[20] Die Thekla-Akten machen ihre Kritik deutlich, indem sie die Figur des Paulus unsolidarisch zeichnen und dadurch zeigen, dass die propagierte Geschwisterlichkeit unter Glaubensbrüdern und -schwestern in der Praxis nicht immer eingelöst wird.

Obwohl Theklas Widerstand auf der Straße zunächst Erfolg hat, wird sie in einem ungerechten Prozess zum Tod durch Tierkampf verurteilt.

---

[19] Nicht umsonst gehören die Fremden schon in der Hebräischen Bibel neben Witwen und Waisen zu den Bevölkerungsgruppen, für die rechtliche Bestimmungen gelten sollen, die ihr Überleben sichern. Zur Gefährdung von Fremden vgl. exemplarisch Gen 19; Ri 19.

[20] Luise Schottroff, „Ich kenne die Frau nicht ..., sie ist auch nicht mein". Die zwei Gesichter des Paulus, in: Renate Jost; Ursula Kubera (Hg.), Wie Theologen Frauen sehen – von der Macht der Bilder, Freiburg/Basel/Wien 1993, 9–21.

4. Diakonisches Handeln – Von Gott begeisterte Frauen und ihre Netzwerke

An die Stelle des Paulus treten nun die Frauen der Stadt, die gegen das falsche Urteil und die drohende Hinrichtung Theklas öffentlich und lautstark protestieren. Die vornehme Witwe Tryphaina, nutzt ihre Ressourcen und nimmt Thekla in Gewahrsam. Sie verhindert damit Theklas Inhaftierung in einem öffentlichen Gefängnis und die sexuellen Übergriffe von Seiten des Wachpersonals oder anderer Insassen.[21] Sogar beim Umzug der Tiere, bei dem Thekla als Straftäterin öffentlich zur Schau gestellt wird – eine demütigende Prozedur – weicht Tryphaina nicht von ihrer Seite. Sie schreit Alexander in die Flucht und überlässt Thekla auch nicht den Soldaten, die versuchen, Thekla aus Tryphainas Gewahrsam zu holen. Als Tryphaina Thekla zu sich nimmt, ist sie noch keine Christin. Dennoch praktiziert sie Nächstenliebe an Thekla, der Fremden, Verlassenen und zur Straftäterin Degradierten, wie das Verb *diakonein* diese in Mt 25,44 beschreibt. Sie kümmert sich um sie, soweit ihre Möglichkeiten reichen.

Magda Misset-van de Weg fasst das Verhältnis zwischen Tryphaina und Thekla als Patronage-Beziehung auf.[22] Unter Patronage versteht man ein komplexes, hierarchisch strukturiertes, aber dennoch flexibles Netzwerk, das den Austausch und die Interaktion zwischen bestimmten Personen auf der Basis der gesellschaftlichen Ordnung und Machtverhältnisse regelt.[23] Patronage konnte allerdings auch auf die Stadt als Gegenüber angewendet werden, z.B. in der Finanzierung öffentlicher Gebäude und Feste, für die im Gegenzug der Zugang zu politischen Ämtern eröffnet werden konnte.[24] Die folgenden fünf Merkmale sind für Patronage-Verhältnisse charakteristisch:[25]

Reziprozität zwischen PatronIn und KlientIn: Es findet ein langfristiger Austausch von Dienstleistungen zwischen den Parteien statt, der allerdings nicht nur unmittelbar und nicht nur auf die beiden Parteien direkt beschränkt sein muss.

Personale Beziehungen: Der Austausch von Ressourcen und Dienstleistungen ist vermittelt durch persönliche Beziehungen zwischen den Parteien.

Asymmetrische Beziehungen: PatronIn und KlientIn haben einen unterschiedlichen sozialen Status, d.h. es dominiert eine hierarchische Struktur. Der/die PatronIn dominiert das Verhältnis aufgrund des höheren sozialen Status'.

---

[21] Vgl. Jens-Uwe Krause, Gefängnisse im Römischen Reich, Stuttgart 1996.

[22] Vgl. Magda Misset-van de Weg, A wealthy woman named Tryphaena: patroness of Thecla of Iconium, in: Jan N. Bremmer (Hg.), The Apocryphal Acts of Paul and Thecla, Kampen 1996, 16–35.

[23] Vgl. a.a.O., 18f.

[24] Vgl. a.a.O., 22; David A. deSilva, Honor, Patronage, Kinship & Purity. Unlocking New Testament Culture, Downers Grove/IL 2000, 100ff.

[25] Vgl. für die fünf Charakteristika Misset-van de Weg, Tryphaena, 20.

Freiwilligkeit der Beziehungen: Das Verhältnis zwischen PatronIn und KlientIn ist rechtlich nicht durch Vertrag geregelt und deshalb nicht einklagbar.[26] PatronInnen und KlientInnen konnten ihr Gegenüber frei wählen.

Solidarität als Beziehungsgrundlage: Gegenseitige Verlässlichkeit ist eingebettet in Konzepte der personalen Identität, für die Ehre und Verpflichtungen eine Rolle spielen.

Das Funktionieren solcher Patronage-Verhältnisse beruht darauf, dass beide Seiten davon profitieren, indem etwa KlientInnen die Möglichkeit des sozialen Aufstiegs erhalten und PatronInnen dadurch den sozialen Status oder politischen Anspruch ihrer Familie unterstreichen.[27] Magda Misset-van de Weg benennt allerdings auch die Kehrseite des Patronage-Systems:

„Inequality and solidarity do not go togehter well and the same applies to coercion and choice, mutual obligations and a voluntary relationship. Even though one might conclude that the euergetic system is for the good of ‚the people', who receive real benefits in return for giving honour, the true purpose of giving was not (always) to receive honour, but (often) to maintain power and wealth."[28]

Dass auch Frauen als Patroninnen agierten – z.B. durch die Finanzierung öffentlicher Gebäude –, lässt sich anhand literarischer und inschriftlicher Belege nachweisen.[29] In Bezug auf die ActThecl geht Magda Misset-van de Weg nun davon aus, dass trotz des Fehlens einer expliziten Patronage-Terminologie bei Tryphaina und Thekla von Patronin und Klientin gesprochen werden kann.[30] Tryphaina garantiere durch die Aufnahme Theklas deren Schutz vor Vergewaltigung und dem damit verbundenen Ehrverlust.[31] Indem Tryphaina Thekla ihren Besitz überschreibt, ermögliche sie dieser ein unabhängiges Leben und darüber hinaus die Fürsorge für die Armen. Tryphaina sei einerseits Theklas persönliche Wohltäterin, andererseits profitiere auch die christliche Gemeinschaft von ihrem Engagement.[32] Im Gegenzug übernehme Thekla den Dienst der Fürbitte für die verstorbene Tochter Tryphainas und für ihre Wohltäterin selbst.[33] Magda Misset-van de Weg ist darin zuzustimmen, dass das Verhältnis zwischen Tryphaina und Thekla Züge einer Patronage-Beziehung aufweist, allerdings gibt der Text selbst einige deutliche Hinweise darauf, dass diese Kategorisierung das Verhältnis nicht ausreichend beschreibt.

---

26 Anders ist dies in Patronage-Verhältnissen zwischen HerrInnen und Freigelassenen. Hier bleiben die beiden Parteien durch gegenseitige Verpflichtungen aneinander gebunden; vgl. de Silva, Honor.

27 Vgl. Misset-van de Weg, Tryphaena 21.

28 Ebd.

29 Vgl. a.a.O., 23ff; in Bezug auf öffentliche Spiele vgl. Jutta Rumscheid, Kranz und Krone. Zu Insignien, Siegespreisen und Ehrenzeichen der römischen Kaiserzeit, Tübingen 2000.

30 Vgl. Misset-van de Weg, Tryphaena, 27.

31 Vgl. a.a.O., 29.

32 Vgl. ebd.

33 Vgl. a.a.O., 30.

Die ActThecl beschreiben die Beziehung zwischen Tryphaina und Thekla als starke emotionale Bindung, vor allem von Tryphainas Seite, die Thekla an Stelle ihrer verstorbenen Tochter aufnimmt und in der drohenden Hinrichtung Theklas den erneuten Verlust einer Tochter sieht.

Ungeachtet biologischer Familienstrukturen wird der gemeinsame Glaube zum verbindenden, beziehungsstiftenden Element. Thekla wiederum unterrichtet Tryphaina und die Sklavinnen in ihrem Haus in der Lehre Gottes und stiftet damit eine Hausgemeinde in Antiocheia. Von der Paulus-Schülerin ist Thekla nun zur eigenständig wirkenden Gotteslehrerin geworden.

5. Die Gotteslehrerin Thekla – missionarische und diakonische Praxis

Deutlich wird dies auch bei Theklas letzter Begegnung mit Paulus, als sie ihm in Myra souverän gegenübertritt. Hatte sie ihn in der Grabanlage bei Daphne noch vergeblich um die Taufe gebeten, so teilt sie Paulus nun mit, dass sie sich unter Gottes Mitwirkung getauft habe. Damit signalisiert sie ihre Autorisierung als Gotteslehrerin: Thekla hat den Rang der Schülerin verlassen. Paulus und Thekla sind damit gleichgestellt.

Wie das Haus des Onesiphoros in Ikonion, so ist in Myra das Haus des Hermeias der Ort, an dem sich die Gemeinde versammelt. Als Paulus Thekla dorthin führt, ergreift er ihre Hand (41). Im griechisch-römischen Kontext kann dies bei miteinander bekannten Menschen als Geste der freundschaftlichen Verbundenheit verstanden werden.[34] Sie kann hier ausdrücken, dass Paulus Thekla nun neben sich akzeptiert. Vor dieser Hausgemeinde redet Thekla wie Paulus es im Haus des Onesiphoros tat. Da die erzählende Instanz in ActThecl 37–39 das rettende Handeln Gottes an Thekla stark hervorhebt, scheint dies auch der Duktus von Theklas Rede in § 41a zu sein. In ihrer Rede stehen die Erfahrungen einer Frau mit Gewalt und Befreiung, mit Menschen und mit Gott im Zentrum einer gemeindlichen Zusammenkunft. Aber nicht nur das: Dass diese Erfahrungen auch als theologisch relevant erachtet werden, zeigt sich darin, dass sie in ein Gebet für Tryphaina münden.[35] Tryphainas Fürsorge für Thekla wird hier in der Fürbitte erwidert. Göttliches und menschliches Handeln werden in Theklas Bericht offenbar nicht auseinandergerissen.

In Myra konfrontiert Thekla Paulus auch mit der Mitteilung, dass sie nach Ikonion gehen werde. Hier ist keine Rede mehr davon, dass sie mit Paulus ziehen oder ihm folgen will; Thekla geht ihren eigenen Weg. Wenn Paulus sie daraufhin beauftragt, als Gotteslehrerin zu wirken, so hat das eher den Charakter einer nachträglichen Einverständniserklärung als den eines Auftrags.

---

[34] Vgl. Carl Sittl, Die Gebärden der Griechen und Römer, Hildesheim / New York 1970 (Nachdruck der Ausg. v. 1890), 31.

[35] Theklas Geschichte kommt damit eine ähnliche Funktion zu wie die MärtyrerInnen-Akten, die ebenfalls zur Stärkung und Ermächtigung der lebenden ChristInnen dienen sollen.

Die Begegnung mit Paulus endet damit, dass Thekla die von Tryphaina empfangenen Güter verwendet, um dessen *diakonía* an den Ärmsten zu unterstützen. Damit betonen die ActThecl, dass Versorgungsarbeit im Sinne der Fürsorge für die Bedürfnisse derjenigen, die unter dem strukturellen Unrecht der Armut leiden, und Verkündigungsarbeit eine Einheit bilden und von Männern und Frauen gleichermaßen wahrgenommen werden.[36] Dass Thekla Paulus in seiner Arbeit unterstützt, lässt sie zu seiner Patronin werden, obwohl dieser sie zuvor verraten hatte und für die erlittene Gewalt mitverantwortlich war. In der Erzählung wird Paulus damit noch einmal kritisch beleuchtet.

Diakonisches Handeln ist in den ActThecl vor allem praktizierte Hilfe zum (Über-)Leben mit Worten und Taten. Sie ist unabhängig davon, ob die Handelnden ChristInnen sind oder nicht. Die Erzählung über Thekla ermöglicht zudem einen Blick auf eine historische Realität, in der eine geschlechtsspezifische Aufteilung und Hierarchisierung diakonischen Handelns in Verkündigungsarbeit als Amt für Männer und Versorgungsarbeit als (untergeordneter) Dienst von Frauen noch nicht an der Tagesordnung war.

[36] Vgl. dazu ausführlich Luise Schottroff, Lydias ungeduldige Schwestern. Feministische Sozialgeschichte des frühen Christentums, Gütersloh 1994, 299ff.

Pia Luislampe

Makrina die Jüngere (ca. 327–380) Gründergestalt des frühen Mönchtums in Kleinasien

1. Diakonia als Nachfolge

Diakonia, das Tun des Glaubens, bildet neben der Martyria, der Verkündigung des Glaubens, und der Liturgia, der Feier des Glaubens, eine der Grundfunktionen von Kirche. Dabei stehen diese Grundfunktionen nicht additiv nebeneinander und bilden etwa je eigene Bereiche kirchlichen Handelns, sondern sie bedingen und durchdringen sich gegenseitig.

Im frühen Mönchtum ist nun zu erkennen, dass die biblische Bedeutung von *diakonia* in einem Bezugsverhältnis zur Nachfolge steht. Gehört doch zum Grundbestand der Jüngerunterweisung das Wort Jesu: „Wer bei euch groß sein will, der soll euer Diener sein, und wer bei euch der Erste sein will, soll der Sklave aller sein" (Mk 10,43–45; Mt 20,26–28; Lk 22,26–27).[1] Diese Regel vom Dienen als dem Weg zur Größe hat Jesus zur Mitte seiner Jüngerunterweisung gemacht. Der entscheidende Impuls aber ist das Beispiel des dienenden Christus: „Denn auch der Menschensohn ist nicht gekommen, um sich dienen zu lassen, sondern um zu dienen und sein Leben als Lösegeld hinzugeben für viele" (Mk 10,45). Das ist das Ziel seiner Sendung.

So wird das Dienen zum Motiv der Nachfolge Jesu. Denn es gilt: „Ich bin unter euch wie der, der bedient" (Lk 22,27). Und auch das Johanneswort gilt: „Wenn einer mir dienen will, folge er mir nach; und wo ich bin, dort wird auch mein Diener sein. Wenn einer mir dient, wird der Vater ihn ehren" (Joh 12,26).

Diese biblischen Weisungen gehören vom 4. Jahrhundert an zum Grundbestand der Regeln, die ein Leben nach dem Evangelium ermöglichen wollen. *Diakonia* ist hier nicht organisierter diakonischer Dienst, es ist gelebte Diakonie, die natürlich auch Auswirkungen auf die Umgebung hat.

2. Biographische Notizen

Makrina die Jüngere gehört zu den bedeutendsten Frauengestalten der Alten Kirche. Sie war die älteste Schwester der beiden großen Kappadokier, Basilius von Caesarea (329/30–379)und Gregor von Nyssa (335/40–n.394). Gregor nennt Makrina „unsere Schwester und Lehrerin". Ja, er sieht in ihr gar die „Lehrerin seines Lebens" und eine „Mutter nach der eigenen Mutter".[2] Gregor von Nyssa schrieb über seine Schwester eine Vita, die uns aus den Anfängen des

---

[1] Die Bibel wird nach der Einheitsübersetzung zitiert.
[2] Gregor von Nyssa, Ep. 19.

Mönchtums ein ausführliches Lebensbild vermittelt.[3] In dieser Vita schildert Gregor, dass seine Schwester auf ihre Umgebung einen prägenden Einfluss ausgeübt hat, nachdem sie selbst von ihrer Umgebung geprägt worden war. Gregor nennt drei Frauengestalten, die für Makrina eine Vorbild-Funktion hatten: ihre Großmutter väterlicherseits, Makrina die Ältere (um 300), ihre Mutter Emmelia (um 350) und Thekla[4], die im 4. Jahrhundert als Vorbild des jungfräulichen Lebens angesehen wurde. Mit der Großmutter Makrina und mit Thekla wird gleichzeitig die Namensgebung verbunden.[5] Die drei Frauen verkörpern christliche Grundhaltungen, die in Makrina wirksam werden. Makrina die Ältere erlebte die letzten Christenverfolgungen. Gregor erwähnt, dass sie sich durch ihr Bekenntnis zu Christus hervorgetan habe.[6] Basilius nennt sie die „hochberühmte Makrina, von der wir die Worte des seligsten Gregor (des Wundertäters) gelernt haben.[7] Emmelia, die Mutter, lebte eine Generation vor dem Durchbruch des Mönchtums und versuchte, die asketischen Tugenden des Christentums in ihr Ehe- und Familienleben aufzunehmen.[8] Das Mönchtum, wie es um die Wende des 3. zum 4. Jahrhundert erscheint, ist in all seinen Ausprägungen Teil einer älteren Bewegung im Christentum, nämlich des christlichen Asketentums. In den Gemeinden der Urkirche gab es Christen, die die Botschaft Jesu Christi sehr ernst nahmen. Sie wollten dieses Evangelium in ihrem Leben verwirklichen, und sie bemühten sich, ihre Zuwendung zu Gott durch Formen der Enthaltsamkeit zum Ausdruck zu bringen. Diese Männer und Frauen hatten noch keinen besonderen Namen in der christlichen Gemeinde, aber wegen ihrer Enthaltsamkeit nannte man die Frauen „Jungfrauen" oder „Witwen". Für die Männer verwendete man im 2. Jahrhundert die Bezeichnung „Asketen". Im 3. und 4. Jahrhundert vollzieht sich nun der Prozess, dass diese Frauen und Männer sich in die Wüste zurückziehen oder Gemeinschaften bilden, wie es in Kleinasien durch Makrina und Basilius geschieht.

Ein besonderes Vorbild war Thekla, die Paulusschülerin, deren Geschichte in den apokryphen Apostelakten des 2. Jahrhunderts festgehalten wurde. „Thekla" ist der Geheimname Makrinas, und dieser Geheimname wird der Mutter unter geheimnisvollen Umständen in einer Vision mitgeteilt. Gregor berichtet: „Und da die Zeit kam, wo die Wehen durch die Geburt ein Ende nehmen sollten, verfiel sie in einen Schlaf und da träumte ihr, sie trüge schon in Händen, was noch in ihrem Schoß ruhte, und eine Erscheinung von übermenschlich herrlicher Gestalt und Schönheit redete das Kind, welches sie trug, mit dem Namen ‚Thekla' an, jener Thekla, die unter den Jungfrauen so gefeiert ist. Und nachdem

---

3 Gregoire de Nysse, Vie de sainte Macrine, SC 178. Deutsche Übersetzung BKV 56: Gregor von Nyssa, Lebensbeschreibung seiner Schwester Makrina.

4 Vgl. in diesem Band: Beate Wehn, Thekla.

5 Ruth Albrecht, Das Leben der heiligen Makrina auf dem Hintergrund der Thekla-Traditionen, Göttingen 1986.

6 Vita Macrinae, 2.

7 Basilius, Ep. 204,6.

8 Vgl. Albrecht, Makrina, 67.

die Erscheinung dies getan und dreimal wiederholt hatte, sei sie wieder verschwunden und habe ihr eine leichte Geburt verschafft, so dass sie zugleich mit dem Erwachen das im Traum Geschaute leibhaftig vor sich sah. Das war ihr geheimer Name. Ich glaube aber, dass die Erscheinung mit jenem Ausruf nicht so sehr die Gebärende zur Benennung mit dem rechten Namen anleiten, sondern damit das Leben des Kindes voraussagen und durch den gleichen Namen auf die Gleichheit der Gesinnung hinweisen wollte."[9] Schon hier wird deutlich, dass durch den Namen „Thekla" die Lebensform des Kindes vorgebildet wird. Nach dem Stand der heutigen Forschung können wir sagen, dass Makrina um 327 geboren wurde.

Gregor berichtet in der Vita weiter, dass das Kind der Mutter zur Erziehung anvertraut wurde. Zwar hatte Makrina eine Amme, wie dies in aristokratischen Familien üblich war, aber Gregor betont, dass die Mutter „mit eigenen Händen" die Versorgung der Tochter übernahm. Ob Makrina auch mit der klassischen Bildung vertraut wurde, lässt sich nicht mit Sicherheit sagen. Allerdings wird von ihr gesagt, dass sie ihren jüngsten Bruder erzog, ihm sogar alle höhere Bildung vermittelte, ihn in den heiligen Wissenschaften unterrichtete und ihm so alles wurde, Vater, Lehrer, Erzieher, Mutter und Ratgeber zu jeglichem Guten.[10]

Makrina muss auf ihre Umgebung eine große Ausstrahlungskraft gehabt haben, denn es gelang ihr, auch ihre Mutter für ihr eigenes Ideal, das „Ideal der Lebensweisheit", wie Gregor es nennt, zu gewinnen. Auch auf Basilius hat sie einen entscheidenden Einfluss ausgeübt. Gregor berichtet in der Vita: „Sie gab ihrer Mutter durch ihr eigenes Leben eine gute Anleitung zum gleichen Ziel, nämlich zur Lebensweisheit, indem sie dieselbe allmählich zum vollkommenen Leben nach sich zog. Und nachdem die Mutter die ständige Versorgung der Schwestern in Übereinstimmung mit ihren Wünschen geordnet hatte, kehrte von den Bildungsanstalten, wo er lange war, der große Basilius zurück. Sie nahm nun ihn, der von Wissensdünkel mächtig aufgeblasen war, alle Autoritäten verachtete, und in seinem Hochmut sich selbst über erlauchte Machthaber erhaben dünkte, und gewann ihn so schnell für das Ideal der Lebensweisheit, dass er auf weltliche Ehre verzichtete, den Ruhm der Redekunst verachtete und sich diesem tätigen, die Handarbeit übenden Leben zuwandte, indem er durch Besitzlosigkeit sich von den Hindernissen für das Tugendleben frei machte."[11]

Noch ein weiterer Bruder hat sich für die asketische Lebensform entschieden: Naukratius. Auch er war in der klassischen Bildung unterrichtet und zum Rhetor ausgebildet worden. Gregor sagt von ihm: „Mit zweiundzwanzig Jahren gab er im öffentlichen Auftreten von seinen Studien solche Beweise, dass die ganze Zuhörerschaft durch ihn in gewaltige Erregung kam. Trotzdem gab er in einer Art göttlicher Vorsehung alles, was er in Händen hatte, preis und wandte sich in hohem Geistesflug dem einsamen und besitzlosen Leben zu, ohne etwas für

---

9 Vita Macrinae, 2.

10 A.a.O., 12.

11 A.a.O., 6.

sich selbst mit sich zu führen. Dabei folgte ihm auch einer seiner Diener, namens Chrysaphius, weil dieser in vertrautem Verhältnis zu ihm stand und zugleich derselben Lebensausrichtung nachstrebte. Er lebte also für sich an einem entlegenen Ort, den er am Iris gefunden hatte."[12]

Hier taucht die erste Einsiedelei am Iris im Pontus auf, wir werden sehen, wie diese Gegend auch für Makrina zum Ort ihrer asketischen Lebensgestaltung wird. Von ihrem jüngsten Bruder, dem späteren Bischof von Sebaste, war schon kurz die Rede. Auch er entschloss sich bereits in jungen Jahren für die asketische Lebensform und wurde für Makrina und die Gemeinschaft, die sie gründete, zu einer großen Hilfe. Gregor sagt von ihm: „Er hatte in seiner Naturanlage eine tüchtige Lehrmeisterin zu allem Guten; dabei schaute er allzeit auf seine Schwester und wählte sie sich zum Vorbild für jegliches Gute. Dadurch wuchs er zu solcher Tugend heran, dass er in seinem späteren Leben den Tugendvorzügen des großen Basilius keineswegs nachzustehen schien."[13]

Gregor von Nyssa war Bischof und gehört mit Basilius und Gregor von Nazianz zu den berühmten drei Kappadokiern. Gregor hat als „Vater der Mystik" große Bedeutung bis in unsere Zeit. So entsteht vor uns das Bild einer ganz von christlichem Geist geprägten Familie, die in die Bewegung des frühen Mönchtums einbezogen ist und ihre monastische Gestalt zu finden beginnt.

Kehren wir noch einmal zum Lebensweg Makrinas zurück. Makrina wurde mit zwölf Jahren verlobt, wie es damals in ihren Kreisen üblich war. Der Vater hatte einen jungen Mann ausgewählt, der zu großen Hoffnungen berechtigte, da er sich mit seiner Fähigkeit zu gewandter Rede für die Armen und Unterdrückten einsetzte. Aber diese Hoffnungen wurden durch den Tod des jungen Mannes zerstört. Bisher war der Vater der Handelnde, aber nun ist es Makrina selbst, die über ihr Leben und ihren Weg entscheidet. Der erste Schritt zur asketischen Lebensform wird von ihr allein vollzogen. Sie beschließt, „für sich zu bleiben".[14] Gleich im nächsten Satz ihrer Vita heißt es: „Und dieser Entschluss war stärker als in ihrem Alter zu erwarten war."[15] Indem Makrina sich für ein asketisches Leben entschließt, entscheidet sie sich für ein Leben in Einsamkeit. Makrina hat noch nicht die Möglichkeit, in ein Kloster einzutreten, die Bedingungen müssen erst noch geschaffen werden. So ist der erste Schritt zur Askese die Entscheidung für ein „einsames Leben". Aber diese asketische Lebensform wird von Makrina noch in der Familie gelebt. Von diesem ersten Schritt muss ein zweiter unterschieden werden, nämlich das „Zusammenleben mit der Mutter". Das ist ein „Schutzmittel"[16] für ihre Entscheidung. Makrina wählt die Einsamkeit mit der Mutter. Gregor präzisiert: „Aber dieses Zusammenleben mit der Tochter war für die Mutter nicht mühsam und auch nicht ohne Vorteile,

---

[12] A.a.O., 8.
[13] A.a.O., 12.
[14] A.a.O., 5.
[15] A.a.O., 6.
[16] A.a.O., 5.

denn dies ersetzte ihr viele Dienerinnen und zwischen beiden fand ein guter, sich gegenseitig ergänzender Austausch statt. Die eine pflegte die Seele des Mädchens, die andere den Leib der Mutter, indem sie nicht bloß alle erforderlichen Dienste leistete, sondern auch damit, dass sie oftmals der Mutter eigenhändig das Brot bereitete."[17] Makrina gelang es, die Mutter für ihre asketische Lebensgestaltung zu gewinnen. Diese Form der Familienaskese ist auch in anderen Texten des 4. Jahrhunderts belegt. Palladius erwähnt eine Jungfrau Piamun, die bis zu ihrem Tod mit ihrer Mutter lebte, Leinwand spann und nur jeden zweiten Abend Speise zu sich nahm. Sie wurde mit prophetischer Gabe erfüllt.[18] Palladius berichtet noch von einer weiteren Jungfrau, die 60 Jahre mit ihrer Mutter in einem asketischen Leben verbrachte.[19]

3. Makrinas Lebenswerk, die Gründung eines Frauenklosters in Kleinasien

Mit dem Entschluss, „für sich zu bleiben", hat Makrina aber ihr Lebensziel noch nicht erreicht. Vielmehr beginnt der eigentliche Weg erst hier. „Gregor zeichnet das asketische Leben seiner Schwester als ständigen Fortschritt zu dem Ziel hin, das in der Vereinigung mit Christus besteht. Innere und äußere Veränderungen markieren das Fortschreiten. Makrinas Lebensentwurf gewinnt immer mehr Überzeugungs- und Ausstrahlungskraft, so dass die Menschen ihrer Umgebung sich ihr bzw. ihrem Weg anschließen."[20]

Auf Grund des heutigen Forschungsstands lässt sich sagen, dass Makrina 352 einen entscheidenden Schritt vollzieht. Sie verlässt das elterliche Haus in Neocaesarea und zieht in die Einsamkeit des Pontus, nach Annesi. In der Nähe des Dorfes besaß die Familie ein Landgut, auf dem Makrina ihr Kloster gründen konnte. Gregor setzt den Ort als bekannt voraus, darum verliert er für die Schilderung dieses Ortes kein Wort. Aber Basilius hat ihn beschrieben. In Ep. 14 an den Freund Gregor von Nazianz schreibt er: „Ein hoher Berg ist da, mit dichtem Wald bedeckt, an dessen Nordseite klares, kaltes Gewässer herabfließt. An seinem Fuß breitet sich eine flache Ebene aus, die durch die vom Berg kommende Feuchtigkeit ständig befruchtet wird. Um diese herum wächst von selber ein Wald mit mannigfaltigen, bunten gemischten Bäumen und bildet um sie fast so etwas wie einen Zaun, so dass im Vergleich dazu sogar die Insel der Kalypso gering ist, welche Homer doch offenkundig mehr als alles wegen seiner Schönheit bewundert [...] Unsere Behausung nimmt ein anderer Bergsattel auf, der auf einer Anhöhe eine Art Hochebene umfasst, so dass jene Ebene sich vor dem Auge ausbreitet [...] Das beste aber, was wir von diesem Ort zu sagen haben, ist, dass er mir – obwohl er wegen seiner vorzüglichen Lage geeignet ist, jede Art von Früchten hervorzubringen – die schönste aller Früchte bringt: die

---

17 Ebd.
18 Palladius, Historia Lausiaca, Kap. 31.
19 Palladius, Kap. 60.
20 Albrecht, Makrina, 89.

Ruhe"[21], die Hesychia, die für das kleinasiatische Mönchtum eine große Bedeutung hat. Wir sehen, die Einsamkeit des kappadokischen Mönchtums ist keine „Wüste" im strengen Sinn, sie ist „Ort der Hesychia".[22] Mit der Datierung um 352 wird ganz klar zum Ausdruck gebracht, dass Makrinas Gründung eine Priorität vor der Gründung des Basilius gegeben war. Nicht sie folgte den Spuren ihres Bruders; es war gerade umgekehrt: Eine Frau ging wegweisend voraus. Basilius wurde von Makrina zum asketischen Lebensideal bekehrt. Wir dürfen annehmen, dass seine Taufe etwa in das Jahr 356 fällt. Es ist bedeutsam, dass Basilius mit etwa 26 Jahren die Taufe empfängt, die gleichzeitig die Bekehrung zu einem neuen Leben, die Entscheidung für das Mönchtum ist.

Für Makrina ist dieser Schritt in das konkrete zönobitische Leben von grundlegenden Veränderungen begleitet. Ihre Sklavinnen und Dienerinnen werden zu „Schwestern und Gleichen".[23] Eine „soziale Revolution" ereignet sich hier. Doch es geht nicht nur um den Aufstieg der ehemals Abhängigen, sondern Makrina und ihre Mutter wollen „der Gesinnung nach den einfachen Leuten gleich werden."[24]

Dieses Thema der Aufhebung der sozialen Trennungen ist Gregor so wichtig, dass er es noch einmal in aller Deutlichkeit aufgreift. In der Vita heißt es: „Nachdem sie die Mutter bewogen hatte, allen gewohnten Umgang aufzugeben, leitete sie dieselbe zum Streben nach der Demut an, indem sie sie dahin brachte, selber der Gesamtheit der Jungfrauen gleich zu werden, so dass sie den Tisch, das Bett und alles, was zum Leben gehörte, in gleicher Weise mit ihnen teilte, wobei aller Rangunterschied in ihrem Leben aufgegeben war."[25]

Wie die ersten Tage und Wochen des gemeinsamen Lebens in Annesi aussahen, wissen wir nicht. Aber wiederum sind es Basilius und sein Freund Gregor von Nazianz, die uns davon eine Ahnung vermitteln. Gregor von Nazianz, der sich kurze Zeit in der Einsamkeit bei Basilius aufgehalten hat, schildert in der ihm eigentümlichen plastischen Anschaulichkeit die Anfänge des klösterlichen Lebens und gibt damit auch einen Einblick in den Arbeitsalltag: „Ich muss mich nur wundern über dein Pontus, über den pontischen Nebel, über die Stätte, zum Exil wie geschaffen, mit den dräuenden Felsen zu Häupten, über diesen Winkel am Ende der Welt, dieses Mauseloch, das man mit dem glänzenden Namen „Kloster" und „Schule" beehrt, mit dem Kranz von Bergen, von denen ihr mehr eingeschlossen als bekränzt werdet. Loben muss ich mir den schmalen, gewundenen Zugang – man weiß nicht, führt er in ein Königreich oder in den Hades, deinetwegen natürlich in ein Königreich."[26] – „Und kommt man ins Innere: eine Hütte ohne Dach, ohne Türen, ein Herd ohne Feuer, ohne Rauch,

21 Basilius, Ep. 14,2.
22 Ders., Ep. 2.
23 Vita Macrinae, 7.
24 A.a.O.,7.
25 A.a.O., 11.
26 Gregor von Nazianz, Ep. 4.

feuchte Lehmwände; dazu eine hungrige Küche. Ich muss immer denken an das Brot, das einem die Zähne ausbricht, an den Brei, in dem sie wie im Leim stecken bleiben. Wäre nicht deine Mutter, wirklich eine ‚Armenmutter', möglichst bald eingesprungen, wir wären längst nicht mehr am Leben [...] Und soll ich schweigen von dem armseligen Garten, bar jeglichen Gemüses, den wir doch reichlich gedüngt hatten, und schließlich von dem Wagen, den wir zogen, ich, der Gärtner, und du, der feine Herr, gezogen mit unserem Hals und unseren Händen, nur um das Terrain zu ebenen."[27] „Doch im Ernst; wer bringt mir jene schönen Tage wieder, an denen ich die Entbehrungen an deiner Seite als Lust empfand? Wer gönnt mir wieder jenen Psalmengesang, jene Nachtwachen, die Erhebungen der Seele zu Gott im Gebet? Wer ersetzt mir dieses geistliche und vergeistigte Leben? Wer ersetzt mir die Herzensgemeinschaft mit den Brüdern? Wer gibt mir den Ansporn zum Tugendleben, das wir mit geschriebenen Normen und Regeln sichergestellt haben? Wer gibt mir wieder den Eifer für das Studium der Heiligen Schrift und jene Offenbarungen unter der Leitung des Heiligen Geistes [...] Und um auch das weniger Wichtige und Vollkommene zu erwähnen, unsere gewöhnliche Tagesarbeit: Holz tragen, Bausteine herbeikarren, Bäume pflanzen, die Saaten begießen! Wer lässt mich jene goldene Platane wiedersehen, unter der der Mönch ausruhte, die ich gepflanzt, dies Lebenszeichen unserer gemeinsamen Arbeit."[28]

Aus diesen Angaben spüren wir noch die ursprüngliche Begeisterung für das asketische Leben. Und wir dürfen annehmen, dass die Frauen auf der anderen Seite des Flusses ähnliche Aufbauarbeiten geleistet haben, wobei noch typische Frauenarbeiten wie Spinnen und Weben hinzukamen.

Bei aller Betonung der Handarbeit ist sie in den Kategorien des „engelgleichen Lebens" doch nur Nebenwerk. Das eigentliche Werk der Asketinnen besteht in der Beschäftigung mit göttlichen Dingen: Meditation, Gebet und ununterbrochener Psalmengesang. Sozial-karitative Aufgaben werden getätigt, aber sie spielen nicht die Hauptrolle. So wird die Asketinnengemeinschaft schon jetzt zur Stätte unverlierbarer Gottesgemeinschaft, wie Augustinus es formuliert: „Dort werden wir feiern und schauen, schauen und lieben, lieben und loben."[29]

Gregor erwähnt, dass der Psalmengesang nicht aufhörte, dass er gleichmäßig auf Tag und Nacht verteilt war.[30] In Ep. 2, einem Brief Basilius' des Großen an Gregor von Nazianz, der noch ganz die Anfangssituation des kappadokischen Mönchtums beschreibt, heißt es: „Gebete, die den Lesungen folgen, finden dann eine verjüngte und gekräftigte Seele vor, die von Sehnsucht nach Gott umgetrieben wird. Ein gutes Gebet ist das, welches der Seele ein intensives An-Gott-Denken vermittelt. Und dies ist die Einwohnung Gottes: durch das Gedächtnis Gott in sich fest verankert haben. So werden wir ein Tempel Gottes

---

[27] Ders., Ep. 5.
[28] Ders., Ep. 6.
[29] Augustinus, Civ. 22,30.
[30] Vita Macrinae 11.

(2 Kor 6,16), wenn das ständige Gedächtnis von irdischen Sorgen unterbrochen wird, wenn der Geist nicht durch unerwartete Affekte verwirrt wird, sondern der Fromme allem entflieht, sich zu Gott zurückzieht und, indem er die Antriebe zur Bosheit verjagt, sich mit den Verhaltensweisen beschäftigt, die zur Tugend führen."[31] In Ep. 2 schreibt Basilius nur von Gebeten bei Tagesanbruch, als Begleitung der Tagesarbeit, zur Abendzeit und zur Mitternacht. Die sieben Gebetszeiten, die er in Kapitel 37 der Großen Regeln festlegt, sind bei ihm Ergebnis weiterer Entwicklung und des Anschlusses an die monastische Praxis. Mit festen Gebetszeiten wollte das frühe Mönchtum die Forderung des „immerwährenden Betens" erfüllen.

Es geht hier nicht darum, spätere Gemeinschaftsformen, wie Basilius sie in seinen Regeln formuliert, vorzudatieren, aber da wir in Kap. 7 der Großen Regeln einen einzigartigen Entwurf von Gemeinschaft vor uns haben, dürfte er in seinen Ansätzen auch für Makrinas Gemeinschaft maßgebend gewesen sein.

Die Mönchsgemeinschaft ist für Basilius charismatische Gemeinschaft. Das Leben nach dem Evangelium konnte sich für Basilius nur in Gemeinschaft realisieren. Er hatte auf seiner Reise nach Ägypten das eremitische Ideal kennen gelernt, und er bewundert diese Männer. Aber für seine Auffassung vom Menschen gewährt nur die Gemeinschaft die volle Entfaltung aller in ihn gelegten Gaben. Das stärkste Motiv für die Gemeinschaft ist für ihn das paulinische Bild vom Leib und seinen Gliedern. Basilius hat dieses Bild im 7. Kap. seiner Regeln entfaltet: „Wir alle, in einer Hoffnung aufgenommen, sind ein Leib und haben Christus zum Haupt, und wir sind dadurch Glieder, dass wir durch die Eintracht im Heiligen Geist zur Harmonie des Leibes vereinigt werden."[32] Basilius ist überzeugt, dass in diesem „Leib" der Heilige Geist das belebende und bewegende Prinzip ist. Und folglich sieht er erst in der Gemeinschaft die Möglichkeit gegeben, alle Charismen zu empfangen: „Da einer allein nicht imstande ist, alle Charismen des Geistes zu empfangen, sondern der Geist nach dem Maß des Glaubens, der in jedem ist, verliehen wird, so wird im gemeinsamen Leben das einem jeden verliehene Charisma zum Gemeingut der Gemeinschaft. Denn dem einen wird das Wort der Weisheit verliehen, dem andern das Wort der Erkenntnis, einem dritten Glauben, diesem Weissagung, jenem die Gabe zu heilen usw. Und was ein jeder besitzt, das hat er nicht so sehr seinet- als der übrigen wegen empfangen. Darum muss im gemeinsamen Leben die einem jeden verliehene Wirksamkeit des Heiligen Geistes zugleich auf alle übergehen."[33] Auch das Dienen ist ein Charisma (Röm 12,6), und Basilius sieht nur in der Gemeinschaft die Möglichkeit, diese Gabe zu entfalten. Er widmet der Frage, wie man einander gehorchen soll, eine eigene Regel: „Wie Knechte ihren Herren; denn so hat es der Herr befohlen: ‚Wer unter euch groß sein will, soll der Letzte und der Knecht aller sein', und um es noch eindrucksvoller zu ma-

[31] Basilius, Ep. 2,4.

[32] Basilius, Große Regeln 7,2.

[33] Ebd.

chen, fügt er hinzu: ‚Denn der Menschensohn ist nicht gekommen, sich bedienen zu lassen, sondern zu dienen' (Mk 10,44–45). Dazu sagt auch der Apostel: ‚Dienet einander in der Liebe des Heiligen Geistes' (Gal 5,13)."[34]

Eine wahrhaft charismatische Struktur der Gemeinschaft hat Basilius hier entwickelt. Er geht nicht in erster Linie von Forderungen aus, sondern vom Geschenkcharakter. Jeder hat seine Gabe, ist „begabt" durch den Geist, der in der Gemeinschaft wirkt.

Dieser charismatischen Struktur entspricht es, dass Charismen zu den notwendigen Diensten befähigen. Die Gemeinschaft ist der Ort, wo sich die Wirksamkeit des Heiligen Geistes in den Gaben der Einzelnen konkretisiert. So kann Basilius abschließend sagen: „Diese Lebensweise hält das Andenken an die Urgemeinde lebendig, in der die Menge der Gläubigen ein Herz und eine Seele war und niemand etwas sein eigen nannte, sondern allen alles gemeinsam war."[35]

Wir können davon ausgehen, dass Frauen- und Männerkloster nahe beieinander lagen und dass beide Gemeinschaften eine gemeinsame Kirche hatten. Beide Gemeinschaften hatten je einen Oberen, wobei Makrina die Vorsteherin der Frauengemeinschaft war. In der Vita Macrinae wird erwähnt, dass im Frauenkloster eine Schwester namens Lampadia lebte, die im Rang einer Diakonin war.[36] Sie hatte innerhalb der Gemeinschaft eine besondere Stellung, d.h. sie gehörte zu den „Ältesten", die Basilius in seinen Regeln nennt. Wir haben hier also ein Zeugnis für eine frühchristliche Diakonin, die ihre „Berufung zum Dienst" in die Gemeinschaft verlegt.

Nach allem, was wir aus der Vita, den Basilius-Regeln und den Basilius-Briefen erkennen können, geht es in den Klöstern am Irisfluss um ein geordnetes und maßvolles asketisches Leben. Die Familie Makrinas, die sich um des asketischen Lebens willen auflöst, darf nicht als Einzelerscheinung gesehen werden. Sie ist in die umfassende asketisch-monastische Bewegung der Zeit eingebunden. Als Inspirator und Wortführer der asketischen Bewegung in Kleinasien gilt Eustathius von Sebaste. In der Vita Macrinae finden wir aber keinen Hinweis, dass Makrina durch ihn inspiriert worden sei. Bei ihr müssen wir die Prägung und Inspiration auf einer anderen Ebene suchen. Es ist die Gestalt, die schon bei der Namensgebung eine Rolle spielte, die heilige Thekla. Die frühen Mönche und Nonnen verstanden sich als Nachfolger der Propheten, der Apostel und auch der Martyrer. In der Vita wird sehr anschaulich berichtet, wie Gregor in einem Traum sich das Reliquiar einer Martyrin tragen sieht. Er weiß dieses Rätsel zunächst nicht zu deuten, aber der Besuch bei seiner erkrankten Schwester enthüllt ihm dieses Geheimnis. Makrina ist die vom Geist Gottes erfüllte Amma und Lehrerin, die Gregor die „Große" nennt. Durch ihr asketisches Leben, in dem sie mehr und mehr der Sünde gestorben war, wird sie

---

34 Ders., Kleine Regeln 115.
35 Ders., Große Regeln 7,4.
36 Vita Macrinae, 29.

fähig, durch den Gehorsam den Prüfungen des Lebens gegenüber den Weg der Martyrin zu gehen. So kann Gregor sagen, dass er im Leib der von Krankheit aufgezehrten Schwester den Überresten eines Martyrers begegnet, in denen der Glanz Gottes zum Durchbruch gekommen ist. Im paulinischen Bild des Wettkämpfers schildert Gregor die Vollendung dieses Lebens. So wie der Läufer in der Rennbahn voll Freude auf das Ziel zuläuft, so eilt Makrina ihrem Ziel entgegen, um den „Kranz der Gerechtigkeit" zu empfangen.[37] Im Begräbnis seiner Schwester sieht Gregor das große Fest einer Martyrin.

Schluss

Makrina, eine der bedeutendsten Frauengestalten der Alten Kirche, gehört zu jenen Frauen, die für ihre Geschlechtsgenossinnen eine eigene Form christlicher Lebensgestaltung begründeten. Makrina hat mit ihrer Gründung für Frauen im 4. Jahrhundert Unschätzbares geleistet. Sie zeigt auf, dass Frauen sich nicht nur vom Mann und von der Familie her definieren, sondern dass sie einen eigenen geistigen und geistlichen Weg gehen können, der sie zu großer menschlicher Erfüllung führen kann.

Hier wird das Charisma des Dienstes (Röm 12,6) gelebt in einer sehr radikalen Form. Das wird besonders darin deutlich, dass aristokratische Strukturen aufgelöst werden und Sklavinnen und Dienerinnen gleichberechtigte Schwestern werden. Auch Makrina, „die Herrin", und ihre Mutter haben das Verlangen, den armen Menschen gleich zu werden, dem armen Christus zu folgen. Das ist es eigentlich, was als starke Motivation hinter allen diakonischen Diensten in der Kirche steht: Im Dienen einen Weg zu menschlicher Größe zu sehen, wie Jesus es in seiner Jüngerunterweisung verkündet (Mk 10,43–45).

Wir könnten auch mit dem Künstler Antoni Tàpies, der in einem Kunstwerk das Thema DIENEN artikuliert, darauf hinweisen: „Wer dient, begegnet einer Kraft, die über ihn hinausweist."

Makrina hat mit ihrer Form der „diakonia" einen Weg der Lebensgestaltung für Frauen geschaffen, der bis in die Gegenwart lebendig ist. Dass sie wegweisend vorausging und auch ihre Brüder auf diesen Weg mitzunehmen wusste, macht ihre Größe aus. Auch wenn Makrina selbst nicht ihre Lebensform beschrieben hat, so hat ihr Bruder Gregor von Nyssa ihr in der Vita ein „Denkmal" gesetzt und sie vor dem Vergessen bewahrt. Und die „Regeln des Basilius", die im Leben der Brüder und Schwestern Kraft gewonnen haben, gelten bis heute. In der orthodoxen Tradition ist es das einzige verbindliche Regelwerk. So können wir sagen, in diesen Frauengestalten am Anfang lebt gewissermaßen ein Enthusiasmus, dem armen und dienenden Christus ähnlich zu werden und im Dienen einen Weg zu menschlicher Größe zu sehen und zu leben.

---

[37] Vita Macrinae, 21.

LIVIA NEUREITER

Diakoninnen im Umfeld des Johannes Chrysostomus

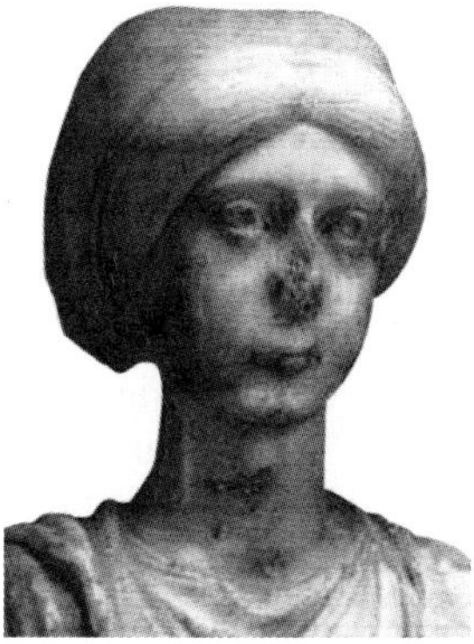

Mamorbüste einer Aristokratin, Byzanz, um 500, Metropolitan Museum of Art, New York.

Einleitung

Als einer der großen griechischen Kirchenväter genießt Johannes aus Antiochia (349–407) im christlichen Westen und Osten herausragende Bekanntheit. Aufgrund seiner außerordentlichen rhetorischen Begabung, die in seinem uns überlieferten umfangreichen Werk, besonders in seinen zahlreichen Predigten, deutlich zu Tage tritt, erhielt er später den Beinamen Chrysostomus (= Goldmund). Peter Brown[1] bezeichnet ihn wohl zu Recht als den letzten großen städtischen Rhetor der Spätantike. Bezüglich der Frauen seiner Umgebung sind bisher, wenn überhaupt, die Kaiserin Eudoxia und die bekannte aristokratische Diakonin Olympias genannt und meist in sehr stereotyper Weise dargestellt worden: Die Kaiserin wurde als maßgeblich verantwortlich für den Fall des Johannes Chrysostomus häufig dämonisiert, Olympias dagegen als seine fürsorgliche Vertraute idealisiert. Olympias und Eudoxia sind jedoch nicht die einzigen Frauen in weltlicher und kirchlicher Machtposition in seiner Umgebung[2], vielmehr finden sich in einer Reihe unterschiedlichster Quellen Informationen über eine Vielzahl an Frauen im Umfeld des Johannes Chrysostomus. Den Briefen aus der Exilszeit des Kirchenvaters kommt in Bezug auf die Dokumentation der intensiven Kontakte, die er zu seinem engsten Kreis auch nach seiner Verbannung aus Konstantinopel gehalten hat, eine besondere Bedeutung zu. Durch den Briefwechsel, den er auch mit mehreren Frauen unterhielt, sind uns deren Namen und Hinweise auf ihre Lebensumstände und ihr Wirken überliefert.[3]

---

[1] Vgl. Peter Brown, Die Keuschheit der Engel. Sexuelle Entsagung, Askese und Körperlichkeit am Anfang des Christentums, München 1991, 316.

[2] Vgl. Wendy Mayer, Constantinopolitan Women in Chrysostom's Circle, in: Vigiliae Christianae 53. 1999, 265–288; Chrysostomus Baur, Der Heilige Johannes Chrysostomus und seine Zeit. Antiochien I u. Konstantinopel II, München 1929/1930.

[3] Die Briefe des Johannes Chrysostomus finden sich in PG 52. Die hier verwendete Zählung folgt der PG; bezüglich der Briefe an Olympias wird die Zählung aus: Jean Chry-

Außer in den Briefen finden sich Informationen zu Frauen, die zu Chrysostomus' engstem Zirkel gezählt haben, in verschiedenen anderen Werken[4], unter anderem in der Geschichtsschreibung[5]. Unter den namentlich überlieferten Frauen sind einige als Diakoninnen belegt: Sabiniana, Pentadia, Procla und Amprucla, Elisanthia, Martyria und Palladia.

Bezüglich der schriftlichen Quellen, die uns Informationen zu diesen Frauen liefern, ergibt sich das „Standardproblem" der Rekonstruktion von Frauengeschichte: Die „female voice", Quellen, die nachweislich von Frauen verfasst worden sind bzw. deren Sichtweise darstellen, sind uns kaum überliefert. Die Belege, die von Frauen zeugen, stammen von männlichen Autoren – in unserem Fall von Johannes Chrysostomus, seinen „Biographen" oder männlichen Geschichtsschreibern, im Fall der Lebensbeschreibung der Diakonin Olympias von einer anonymen Person. Besonders deutlich wird dieser Sachverhalt im Zusammenhang mit dem erhaltenen Briefverkehr. Es sind uns ausschließlich die Briefe des Johannes Chrysostomus überliefert, nicht aber die Schreiben der Frauen, auf die er antwortet, die er einmahnt und erwartet. Im Folgenden werden die vorhandenen Quellen nach ihren Aussagen über Diakoninnen befragt und die Darstellungen zusammengefasst und zusammengelesen. Auf die vielen aktiven christlichen Frauen, die nicht explizit als Diakoninnen überliefert sind, jedoch in einer Reihe mit ihnen aufgezählt werden und die diakonisch gewirkt haben, wird im Rahmen dieses Beitrags am Rande eingegangen.[6] Dadurch werden Hinweise auf die gelebte Vielfalt von Lebensformen wie auch Einblicke in die Tätigkeitsbereiche christlicher Frauen gegeben.[7] Eine dieser diakonisch tätigen Frauen ist Nicarete. Sie wird wegen ihrer lebenslangen Jungfrauenschaft gerühmt. Von ihr ist überliefert, dass sie karitativ tätig war und ihre Heilkunde den Armen zugute kommen ließ. Sie wurde ebenso wie andere Frauen, die zu

---

sostome, Lettres à Olympias et Vie anonyme d'Olympias, éd. Anne-Marie Malingrey (SC 13 bis), Paris ²1968, übernommen.

4 Das Leben und Wirken der Diakonin Olympias; Palladius, Das Leben des heiligen Johannes Chrysostomus, hrsg. v. Lothar Schläpfer OFMCap, Düsseldorf 1966; Palladios, Dialogue sur la vie de Jean Chrysostome, éd. Anne-Marie Malingrey avec la collaboration de Philippe Leclercq (SC 341/342), Paris 1988; Palladius, Historia Lausiaca. Die frühen Heiligen in der Wüste, hrsg. v. Jacques Laager, Zürich 1987; Palladius, The Lausiac History of Palladius I/II, ed. Cuthbert Butler, 1898, repr. Hildesheim 1967.

5 Sokrates, Kirchengeschichte, hrsg. v. Günther Christian Hansen (GCS N. F. 1), Berlin 1995; Sozomenos, Kirchengeschichte, hrsg. v. Günther Christian Hansen (FCh 73), Turnhout 2004; Zosimos, Neue Geschichte, hrsg. v. Otto Veh/Stefan Rebenich (BGL 31), Stuttgart 1990; Zosime, Histoire nouvelle, éd. François Paschoud, Paris 1971ff.

6 Zum Beispiel Nicarete, Silvina oder Carteria, vgl. dazu Mayer, Constantinopolitan Women, 265–288; Roland Delmaire, Les „lettres d'exil" de Jean Chrysostome. Études de chronologie et de prosopographie, in: Recherches Augustiniennes 25. 1991, 71–180; Baur, Johannes Chrysostomus II.

7 Mayer, Constantinopolitan Women, 265–288 liest erstmals alle verfügbaren Quellen zusammen und bietet eine ausgewogene Darstellung der Frauen in Johannes Chrysostomus' Zirkel.

Johannes Chrysostomus engstem Kreis gezählt haben, verfolgt und ging freiwillig ins Exil. Von Nicarete ist uns in der Kirchengeschichte des Sozomenus überliefert, dass sie entgegen den Vorstellungen des Johannes Chrysostomus weder den Rang einer Diakonin erreichen noch die Leiterin kirchlicher Jungfrauen werden wollte.[8]

Bezüglich der Verwendung der Begriffe „Diakonin" und „Diakonissin" sei hier angemerkt, dass die ältere Literatur und Übersetzungen den Terminus „Diakonissin" gebrauchen. Um jedoch eine missverständliche Nähe zu den Diakonissen des 19. Jahrhunderts zu vermeiden, verwende ich im vorliegenden Aufsatz die Bezeichnung „Diakonin".[9]

1. Allgemeine Informationen zu den Diakoninnen in der Umgebung des Johannes Chrysostomus

Für Antiochia und Konstantinopel sind enge Kontakte des Johannes Chrysostomus zu und die Zusammenarbeit mit meist reichen verwitweten aristokratischen Frauen nachweisbar. So wird Antiochia bei Palladius als Ort des Wirkens der Diakonin Sabiniana[10], einer Tante des Johannes Chrysostomus, angegeben. Wie aus den Briefen der Exilszeit hervorgeht, gibt es noch weitere Frauen in Antiochia, die mit Johannes in Kontakt standen und ihn auch unterstützten, als er Konstantinopel endgültig verlassen musste. Außer zu der zweifach belegten Diakonin Sabiniana sind aus seinem Umfeld und dem der Diakonin Olympias schriftliche Zeugnisse zu den größtenteils in Konstantinopel wirkenden Diakoninnen Pentadia, Procla, Amprucla, Elisanthia, Martyria und Palladia überliefert. Darüber hinaus finden sich in den Quellen Hinweise auf mehrere Diakoninnen, deren Namen nicht angeführt sind.

Ein Beispiel dafür ist die folgende Protokollabschrift: „*Domitianus [...] brachte die Abschrift eines Protokolls mit, aus dem hervorging, daß sogar ehrbare Frauen aus konsularischem Geschlecht, Diakonissinnen der Kirche von Konstantinopel, öffentlich vor den Präfekten Optatus geführt und gezwungen wurden, entweder Gemeinschaft mit dem Bischof Arsazius zu halten oder zweihundert Pfund Gold an die Staatskasse zu zahlen.*"[11] Da hier

---

8 Sozomenus, Kirchengeschichte, 8,23; vgl. Anne Jensen, Gottes selbstbewußte Töchter. Frauenemanzipation im frühen Christentum? Münster ²2002, 149–151.

9 Zum Thema Diakonat im frühen Christentum vgl. Anne Jensen, Das Amt der Diakonin in der kirchlichen Tradition des ersten Jahrtausends, in: Peter Hünermann, Albert Biesinger, Marianne Heimbach-Steins, Anne Jensen (Hrsg.), Diakonat. Ein Amt für Frauen in der Kirche – Ein frauengerechtes Amt?, Ostfildern 1997, 33–52: 34; dies., Reiche Witwen – arme Jungfrauen? Geld und weibliche Diakonie in der Antike. Vortrag zum Symposion „Geld und Geist. Ökonomie und Diakonie – Beiträge zu einer verdrängten Wertedebatte in der Gesellschaft", Bern 19. November 2004, in: dies., Grigorios Larentzakis (Hrsg.), Diakonat und Diakonia von Frauen in frühchristlicher und ostkirchlicher Tradition (Grazer Theologische Studien 23), Graz 2006, sowie Evangelos Theodorou, Die Weihe (Cheirotonia) oder Segnung (Cheirotesia) der Diakoninnen; ders., Berühmte Diakonissen der Byzantinischen Zeit, Übersetzung von Anne Jensen, in: a.a.O.

10 Palladius, Das Paradies, 41.

11 Ders., Dialog über das Leben des heiligen Johannes Chrysostomus, 3.

die Frauen namentlich nicht genannt werden, ist offen, ob sich das Protokoll ausschließlich auf die Diakoninnen Olympias und Pentadia, vielleicht auch auf Amprucla bezieht, die nachweislich als Anhängerinnen und Vertraute des Chrysostomus nach seiner Absetzung massiven Repressalien ausgesetzt waren, oder ob es einer Anzahl weiterer Diakoninnen der Kirche von Konstantinopel gilt, die sich ebenfalls geweigert hatten, Arsazius als Nachfolger des Johannes Chrysostomus anzuerkennen.

Sozemenus schildert in seinem Bericht über die Verfolgung, dass der Präfekt Optatus Olympias und den anderen angeklagten Frauen nahe legt, dem neuen Bischof die Gemeinschaft nicht zu verweigern.[12] Die namentlich nicht genannten Frauen kommen laut Sozomenus' Bericht den Forderungen nach, Olympias jedoch weigert sich trotz einer ihr auferlegten hohen Geldstrafe weiterhin. Die hier genannten Geldstrafen, die angedroht wurden und die die Frauen auch zu entrichten hatten, sind ein Hinweis auf ein entsprechendes Vermögen der Frauen.

Namentlich genannt werden die Frauen, von denen sich Johannes Chrysostomus vor dem Verlassen der Hauptstadt gemeinsam mit Olympias verabschiedet hat: Pentadia, Procla und Silvina, die Witwe des Nebridius.[13] *„Dann eilte er in die Taufkapelle, wohin er Olympias, die unentwegt treue Diakonissin der Kirche, hatte rufen lassen, desgleichen erwarteten ihn dort ihre Mitdiakonissinnen Pentadia, Prokla und Silvina: ‚Kommt her, meine geistlichen Töchter', redete er sie an, ‚höret mich an! Was mir bestimmt ist, kommt jetzt zur Erfüllung (Lk 22,37), wie ich sehe. Ich habe meinen Lauf vollendet (2Tim 4,7), und ihr werdet mein Antlitz wohl nicht mehr wiedersehen. Um eines aber bitte ich euch: Keine aus euch möge von ihrer Liebe und ihrem Eifer für die Kirche ablassen! Wer immer nach mir die bischöfliche Weihe empfangen mag, wenn es geschieht, ohne daß er danach strebte und alle ihn für würdig erachten, vor dem beugt euer Haupt, als wäre es Johannes selbst, denn die Kirche kann nicht ohne Bischof sein. So werdet ihr Erbarmen finden, und gedenkt meiner in euren Gebeten!' Tränenüberströmt warfen sich die Frauen ihrem Oberhirten zu Füßen. Da winkte Johannes einem der Priester und sagte zu ihm: ‚Führe sie hinweg, damit das Volk durch ihren Anblick nicht in Verwirrung und Aufregung gerät.'"*[14] Chrysostomus Baur deutet alle genannten Frauen als Diakoninnen und fasst zusammen: „Sie gehörten ja eigentlich mit zum Klerus der Kathedrale, und die großen Dienste, die sie ihm und der Kirche erwiesen hatten, sowie die Geistesgemeinschaft, die ihn mit diesen edlen Frauen verband, lassen diese Aufmerksamkeit vollkommen erklärlich erscheinen."[15] Die vier Frauen sind zum einen dadurch gekennzeichnet, dass drei von ihnen der Oberschicht angehören und Beziehun-

---

[12] Sozomenus, Kirchengeschichte, 8,24.

[13] Palladius, Dialog über das Leben des heiligen Johannes Chrysostomus, 10; Baur, Johannes Chrysostomus II, 90, geht davon aus, dass Silvina auch geweihte Diakonin war. Mayer, Constantinopolitan Women, 270 FN 22, weist darauf hin, dass der Text dies nicht sagt und Silvina nicht ausdrücklich als Diakonin ausgewiesen wird.

[14] Palladius, Dialog über das Leben des heiligen Johannes Chrysostomus, 10.

[15] Baur, Johannes Chrysostomus II, 251.

gen zum Kaiserhof unterhalten, und zum anderen dadurch, dass zwei von ihnen über ein gewisses Vermögen verfügen. Drei von ihnen sind geweihte Amtsträgerinnen.[16] Wendy Mayer folgert berechtigterweise, dass die vier Frauen eng in die Arbeit der Kirche involviert gewesen sind und direkten Kontakt zu ihrem Bischof hatten. Dieser direkte Kontakt wird auch in Palladius' Darstellung sprachlich wiedergegeben: Johannes Chrysostomus spricht die Frauen direkt an. Auch der Hinweis, dass die weinenden Frauen sich nicht der Bevölkerung zeigen sollen, ist ein Zeichen, dass die drei Diakoninnen und die Witwe Silvina in der öffentlichen Wahrnehmung aufs Engste mit Johannes in Verbindung gebracht wurden.[17] Aufgrund der Quellenlage ist schwer feststellbar, wie weit sich der Einfluss der Frauen erstreckt hat; es wird angenommen, dass Olympias, Pentadia und Silvina Beziehungen in den Westen unterhielten.[18]

Nachdem Johannes Chrysostomus die Stadt verlassen hatte, wurden die Fragen um den Brand der bischöflichen Kathedrale[19] und die Anerkennung seines Nachfolgers Arsazius virulent. Dass in diesem Zusammenhang von namentlich nicht genannten Diakoninnen und Frauen berichtet wird, wurde bereits dargestellt, es gibt aber auch Berichte über mehrere namentlich genannte Frauen, die sich in dieser Situation bewähren. So ist Olympias von massiver Verfolgung betroffen, bis sie Konstantinopel verlässt. Ebenso verlässt die karitativ tätige Nicarete die Stadt. Pentadia widersetzt sich allen Anschuldigungen, und auch Amprucla und ihre Gefährtinnen beweisen Standhaftigkeit. Olympias und Pentadia verlassen während des Winters 404/405 die Hauptstadt. Die Briefe an Olympias und Pentadia spiegeln die Verfolgung der beiden wider.[20] Die Ursachen des Kirchenbrandes, für den auch die Diakoninnen zur Verantwortung gezogen wurden, konnten nie geklärt werden. Entgegen der Anweisung des Johannes Chrysostomus weigern sich zumindest Pentadia und Olympias, seinen Nachfolger anzuerkennen.

Häufig feststellbare Gemeinsamkeiten der Diakoninnen und Frauen in Chrysostomus' Umgebung bestehen darin, dass sie aus einflussreichen Familien stammten, über entsprechenden Reichtum verfügten und teilweise verwitwet waren und auch, so zum Beispiel Nicarete, Pentadia und Olympias, Ungerechtigkeiten durch die staatlichen Autoritäten erfahren hatten. Die zuletzt genannte Tatsache dürfte einer der Gründe für die Loyalität sein, die diese Frauen gegen-

---

16 Vgl. Mayer, Constantinopolitan Women, 272: „ordained to ministries within the church".

17 Vgl. a.a.O., 273.

18 Vgl. John Hugo Wolfgang Gideon Liebeschuetz, Friends and Enemies of John Chrysostom, in: Ann Moffatt (Hrsg.), Maistor. Classical, Byzantine and Renaissance Studies for Robert Browning (Byzantina Australiensia 5), Canberra 1984, 85–111: 108.

19 Als Johannes Chrysostomus Konstantinopel verlassen muss, entstehen Tumulte, und ein vernichtendes Feuer zerstört die große Kirche und das nahe liegende Senatsgebäude. Sozomenus, Kirchgeschichte 8,22, berichtet, dass eine unbekannte Person das Feuer in der Bischofkirche gelegt hat und dass die Urheber des Brandunglücks nie ausfindig gemacht werden konnten.

20 Vgl. Delmaire, Les „lettres d'exil", 85.

über Johannes Chrysostomus als dem Repräsentanten der kirchlichen Autorität aufgebracht haben.[21] Die Korrespondenz zwischen ihm und seinen Briefpartnerinnen enthält jedoch, ebenso wie fast alle anderen Quellen, kaum detaillierte Informationen über die Tätigkeiten und Aufgaben der Diakoninnen, Jungfrauen und Witwen. Einzig in der Lebensbeschreibung der Diakonin Olympias wird uns überliefert, dass die drei Schwestern Elisanthia, Martyria und Palladia von ihm zu Diakoninnen geweiht worden sind (cheirotonein). Sie hatten sich für ein Leben in der Gemeinschaft ihrer Verwandten Olympias entschieden und wurden geweiht, damit „die vier Dienste" ohne Unterbrechung aufeinander folgen konnten.[22]

2. Die Diakonin Sabiniana

Eine Diakonin namens Sabiniana ist in den Quellen zweifach belegt.[23] Dass sich beide Beschreibungen auf ein und dieselbe Person beziehen, wird allgemein angenommen und erscheint wahrscheinlich.[24] So erwähnt Palladius eine Diakonin Sabiniana, die er als Tante des Johannes Chrysostomus bezeichnet, im Rahmen einer Aufzählung berühmter Frauen. Dem Beginn der Nennung vieler vornehmer Frauen, Jungfrauen und Witwen stellt er voran, dass im Folgenden „mannhafte Frauen" Erwähnung finden, „denen Gott die Gnade geschenkt hat, gleiche Mühsale bestehen zu können wie Männer, damit nicht etwa geltend gemacht werde, Frauen seien zu einer vollkommenen Ausübung der Tugend zu schwach." [25]

Palladius nennt Paula, Eustochium, Veneria, Theodora, Hosia, Adolia, Basianilla, Photina, dann die Diakonin Sabiniana und ferner Asella und Avita mit Eunomia, Frauen, die er wegen ihres außergewöhnlichen asketischen, besitzlosen, mutigen, und tugendhaften Lebens rühmt. Im Rahmen dieses Lobes der Lebensführung außergewöhnlicher christlicher Frauen berichtet Palladius über Sabiniana: „Auch in Antiochia traf ich eine ‚sehr heilige' und ‚eine mit Gott im Gebet verbundene' Frau, die Diakonissin Sabiniana, die Tante des Bischofs Johannes von Konstantinopel."[26]

Wie Palladius nennt auch Johannes Chrysostomus in einem Brief an Olympias eine Diakonin mit dem Namen Sabiniana. Da es große Übereinstimmung darüber gibt, dass es sich bei der in beiden Belegen erwähnten Diakonin Sabiniana um ein und dieselbe Person handelt, erscheint es naheliegend, auch die anderen von Palladius genannten Frauen, Adolia, Basianilla und Theodora, als

---

[21] Vgl. Mayer, Constantinopolitan Women, 273.

[22] Vgl. Vie anonyme d'Olympias, éd. Anne-Marie Malingrey, 421 FN 5.

[23] Palladius, Das Paradies 41; Johannes Chrysostomus, Brief 6 an Olympias.

[24] Vgl. Edward D. Hunt, Palladius of Helenopolis. A Party and its Supporters in the Church of the Late Fourth Century, in: The Journal of Theological Studies 24. 1973, 456–480: 476f.

[25] Palladius, Das Paradies, 41.

[26] Ebd.

Briefpartnerinnen und Anhängerinnen des Johannes zu identifizieren.[27] Der Brief an Olympias, in dem er die Diakonin Sabiniana erwähnt, stammt vermutlich aus dem Jahr 404 oder 405. Er berichtet darin Olympias, dass am Tag seiner Ankunft in Kukusus, dem Ort seiner Verbannung, auch die Diakonin Sabiniana angekommen sei. Er bezeichnet sie als „meine Herrin, Sabiniana, die Diakonin", die von der Reise erschöpft sei, weil sie bereits ein Alter erreicht habe, in dem jede Art von Bewegung mühsam sei. Unmittelbar danach schreibt er, dass sie jung im Herzen sei und die Mühen nicht wahrnehme. Sabiniana sei bereit zur Reise nach Skythien, wohin er selbst gebracht werden solle. Abschließend berichtet Johannes, dass Sabiniana auch von den Mitgliedern der Kirche schnell und mit großem Wohlwollen aufgenommen worden sei.[28]

Palladius zufolge hatte Johannes Chrysostomus also eine Tante, die offensichtlich auf Grund ihrer außerordentlichen Lebensführung entsprechendes Ansehen genoss und bekannt war. Er charakterisiert sie als eine Frau, die sehr ehrenhaft bzw. heiligmäßig lebte und sich durch ihre Verbindung zu Gott auszeichnete. Johannes selbst beschreibt Sabiniana in einem sehr positiven Bild als alternde starke Frau.

Beide Beschreibungen[29] zusammen gelesen ergeben das Bild einer außergewöhnlichen antiochenischen Diakonin, die sich durch eine enge Gottesverbindung auszeichnet und trotz ihres fortgeschrittenen Alters Strapazen auf sich nimmt. Sabiniana muss aufgrund der Nennung bei Palladius eine angesehene und bekannte Christin gewesen sein. Genauere Informationen, wie sie ihr gerühmtes heiligmäßiges und gottverbundenes Lebens konkretisiert hat, Details über ihre Tätigkeiten, sind uns weder bei Palladius noch bei Johannes Chrysostomus überliefert.

Wenn man bedenkt, dass der bei Palladius angegebene Ort ihres Wirkens und Lebens Antiochia war, eine ebenso einflussreiche Metropole wie Alexandrien oder Konstantinopel, dann müssen die Bedeutung und der Bekanntheitsgrad von Sabiniana durchaus beachtlich gewesen sein. Somit ist wahrscheinlich, dass Johannes Chrysostomus bereits vor seiner Zeit in Konstantinopel in Verbindung zu einer bekannten Diakonin in Antiochia stand, auch wenn der Bekanntheitsgrad von Sabiniana in keinem Verhältnis zu dem von Olympias steht. Überdies lässt sich aus dem Briefverkehr des Johannes schließen, dass er mit weiteren antiochenischen Frauen wie Adolia, Asyncritia, Chalcidia oder Carteria ebenfalls engen Kontakt pflegte.[30] Beispielhaft sei hier die Beziehung zu Carteria genannt. Carteria schickte ihm Medizin, die sie selbst bereitet hat-

---

27 Hunt, Palladius of Helenopolis, 476–477, listet die Frauen auf, die bei Palladius genannt werden, und setzt sie in Bezug zu den Frauen, die in Chrysostomus' Korrespondenz vorkommen.

28 Johannes Chrysostomus, Brief 6 an Olympias.

29 Vgl. Baur, Johannes Chrysostomus I, 2.

30 Vgl. Mayer, Constantinopolitan Women, 282.

te[31], und ein weiteres Geschenk, welches finanzieller Natur gewesen sein dürfte.[32] Somit ist, was die finanzielle Versorgung des Johannes Chrysostomus betrifft, eine antiochenische Frau nachzuweisen, die durch ihre Unterstützung in ähnlicher Weise agiert wie Olympias.[33]

3. Die Diakoninnen Pentadia, Procla und Amprucla

a. Pentadia

Pentadia ist eine der Diakoninnen, von denen sich Johannes Chrysostomus vor seiner Abfahrt aus Konstantinopel verabschiedet. Die Kirchenhistoriker Sokrates und Sozomenus sowie der Geschichtsschreiber Zosimus nennen in ihren Werken Pentadia, ihren Gatten und ihren Sohn. Palladius führt sie als Diakonin an.[34] Es sind drei Briefe des Johannes Chrysostomus an die Diakonin Pentadia erhalten, und er nennt sie in einem Brief an Olympias.[35]

Pentadia war mit sehr großer Wahrscheinlichkeit die Witwe des Timasius. Timasius war ein hochgestellter General und ehemaliger Konsul. Aufgrund von Intrigen des Hofeunuchen Eutropius wurde er nach Ägypten verbannt.[36] Von einem Sohn namens Syagrius berichtet Zosimus.[37]

Sozomenus berichtet, dass auch Pentadia ein Opfer des Eutropius gewesen sei. Pentadia flüchtete in die Große Kirche, um durch das kirchliche Asylrecht geschützt zu sein.[38] Wenn die Verfolgungen so heftig waren, dass auch der Besitz ihres Mannes durch staatliche Repräsentanten konfisziert wurde, ist es durchaus naheliegend, dass Pentadia sich künftig loyal gegenüber denen erwies, die ihr Schutz geboten hatten, und nicht gegenüber dem Staat.[39]

Dass Pentadia aus nobler Familie stammte, lässt der Bericht des Zosismus vermuten. Nach dem Fall ihres Gatten und ihrer Verfolgung hat Pentadia als Diakonin der bischöflichen Kathedrale an der Seite von Olympias und Procla wahrscheinlich zum engsten Kreis der Frauen um Johannes Chrysostomus gehört. Sie blieb diesem treu verbunden und wurde vermutlich während des Winter 404/405 wie Olympias exiliert.[40]

In seinem Brief 94 an Pentadia antwortet Johannes Chrysostomus auf ein Schreiben, in dem ihm die Vorkommnisse in Konstantinopel nach seinem

---

[31] Johannes Chrysostomus, Brief 34 an Carteria, vgl. Wendy Mayer and Pauline Allen, John Chrysostom (The Early Chruch Fathers), London/New York 2000.

[32] Ders., Brief 232 an Carteria.

[33] Vgl. Mayer, Constantinopolitan Women, 282.

[34] Palladius, Über das Leben des heiligen Johannes Chrysostomus, 10.

[35] Johannes Chrysostomus, Brief 94 an Petadia, Brief 104 an Petadia, Brief 185 an Pentadia; Brief 9 an Olympias.

[36] Sozomenus, Kirchengeschichte, 8,7; vgl. Mayer, Constantinopolitan Women, 270–271.

[37] Zosimus, Neue Geschichte, 5,9.

[38] Sozomenus, Kirchengeschichte, 8,7; Sokrates, Kirchengeschichte, 6,5, behauptet, dass Eutropius unmittelbar nach diesem Vorfall die Einschränkung des Asylrechts bewirkte.

[39] Vgl. Mayer, Constantinopolitan Women, 271.

[40] Vgl. Delmaire, Les „lettres d'exil", 85.

Weggang mitgeteilt worden sind.[41] Dieser Brief ist der längste neben den Briefen an Olympias. Eine derartige Länge ist als Hinweis auf eine große Nähe zur Adressatin zu deuten.[42] Auch die Tatsache, dass Johannes Pentadia am Ende des Briefs bittet, etwas über sich, ihr „Haus" und über ihre Verwandten zu berichten, signalisiert die herausragende Stellung dieser Frau.[43] Dieser Brief ist allerdings zunächst ein Dokument für die Verfolgung, der Pentadia und andere Vertraute des Johannes ausgesetzt waren. Sie wurde verurteilt und ins Gefängnis gebracht. Um ihr ein Geständnis zu entlocken, wurden falsche Zeugen geladen und Freunde gefoltert. Auch wurde sie der Brandstiftung beschuldigt. Johannes beglückwünscht Pentadia in seinem Brief, da sie die Attacken, die sie wegen des Kirchenbrandes erlitt, überstanden hat. Er rät Pentadia in seinem zweiten Brief davon ab, Konstantinopel zu verlassen: Kaltes Wetter und die drohende Gefahr durch die Isaurier würden die Reise zu einem gefährlichen Wagnis machen, außerdem sei die Stadt ohne sie vereinsamt, und die Reise wäre eine große gesundheitliche Belastung. Dieser zweite Brief[44] gewährt gleichzeitig Einblick in die Meinung, die Johannes von Pentadia hat, und belegt, wie hoch er ihren Einfluss auf die Kirche und seine Wiedereinsetzung bewertet hat. Der dritte Brief – Pentadia lebt inzwischen nicht mehr in Konstantinopel – ist eher persönlich gehalten, er lässt auf ein langes Schweigen schließen.[45] Die Tatsache, dass Johannes Chrysostomus erwähnt, Pentadias guter Ruf und ihr Ruhm seien weit verbreitet, legt ein entsprechendes Maß an Unabhängigkeit und Öffentlichkeitswirksamkeit ihrer Aktivitäten nahe.[46]

In einen Brief an Olympias[47] nennt Johannes Pentadia im Zusammenhang mit Heraklid[48], den er 400/401 zum Bischof von Ephesus geweiht hat. Er schreibt Olympias, dass er bezüglich des Heraklid nicht viel bewirken konnte und Pentadia ersucht habe, eine Lösung für diesen Fall herbeizuführen. Diese Passage ist ein Beleg dafür, dass Olympias Interesse am Verbleib von Johannes' Anhängerinnen und Anhängern hatte und dass Pentadia die Politik in Konstantinopel mit beeinflusst hat.[49] Insofern ist einmal mehr belegt, dass sowohl Olympias als auch Pentadia in sehr hohem Maß für Johannes Chrysostomus und seinen engsten Kreis aktiv waren.

---

[41] Johannes Chrysostomus, Brief 94 an Pentadia.

[42] Vgl. Mayer, Constantinopolitan Women, 279.

[43] Johannes Chrysostomus, Brief 94 an Pentadia; vgl. Mayer, Constantinopolitan Women, 280.

[44] Ders., Brief 104 an Pentadia.

[45] Ders., Brief 185 an Pentadia.

[46] Ebd.; vgl. Mayer, Constantinopolitan Women, 279.

[47] Johannes Chrysostomus, Brief 9 an Olympias.

[48] Vgl. Delmaire, Les „lettres d'exil", 132.

[49] Vgl. Johannes Chrysostomus, Brief 6 an Olympias, in dem er an Olympias über Pentadia schreibt, sowie Brief 9 an Olympias, in dem er von Sabiniana berichtet.

b. Procla

Zur Diakonin Procla, die ebenfalls zum Kreis derer gehört, von denen sich Johannes Chrysostomus verabschiedet, sind uns keine weiteren Angaben überliefert. Wendy Mayer meint, dass sie vermutlich eine Jungfrau oder Witwe war, die aus einer einflussreichen Familie stammte und der Oberschicht von Konstantinopel angehörte. Chrysostomus Bauer und Roland Delmaire halten eine Identifikation der bei Palladius genannten Procla mit der Diakonin Amprucla für denkbar, an die Johannes Chrysostomus drei uns erhaltene Briefe schrieb. Wendy Mayer dagegen warnt wegen der nicht vorhandenen Beweise vor einer vorschnellen Zusammenschau.[50]

c. Amprucla

Die Briefe 96, 103 und 191 des Johannes Chrysostomus sind an die Diakonin Amprucla gerichtet.[51] Über den Aufenthaltsort, die Herkunft und die Sprachkenntnisse der Diakonin können nur Vermutungen angestellt werden. In den Briefen finden sich lediglich Andeutungen, die unterschiedliche Interpretationen ermöglichen. So meint Roland Delmaire, Amprucla stamme aus dem Westen und lebe in Konstantinopel.[52] Die Schilderung ihrer Probleme in der Kommunikation mit Johannes Chrysostomus erlaubt jedoch auch die Annahme eines anderen Aufenthaltsorts. Wendy Mayer geht in ihrem Beitrag nicht näher auf Amprucla ein, da sie die Frauen aus Johannes Chrysostomus' Zirkel, die nachweislich in Konstantinopel Kontakt zu ihm hatten, in den Mittelpunkt ihrer Untersuchung stellt.[53] Für sie ist Konstantinopel als Aufenthalts- und Wirkungsort der Diakonin Amprucla nicht hinreichend belegt. Die Stimmen, nach denen Amprucla in Konstantinopel gelebt haben muss, argumentieren, dass die Korrespondenz mit ihr zahlreiche Anspielungen auf die Verfolgungen und ihre Widerstandskraft enthält und dass diese Verfolgungen in der Tat im Jahr 404 nur die Gläubigen in der Hauptstadt getroffen hatten. Unter der Voraussetzung, dass mit der Diakonin Amprucla eine unter Verfolgung leidende Aristokratin aus dem engeren Kreis des Johannes Chrysostomus belegt ist, haben einige Autoren eine Identifikation mit der bei Palladius überlieferten Diakonin Procla ins Spiel gebracht.[54]

Die Vermutungen zu Ampruclas Herkunft und Muttersprache variieren. Roland Delmaire meint, dass es Latein gewesen sein müsse, und verweist darauf, dass Johannes selbst diese Sprache beherrschte, wie seine zahlreichen Kontakte zum Westen beweisen. Es finden sich auch Ansätze, die Antiochia als Wohnort

[50] Vgl. Baur, Johannes Chrysostomus II, 321; Delmaire, Les „lettres d'exil", 107; Mayer, Constantinopolitan Women, 272.

[51] Johannes Chrysostomus, Brief 96 an Amprucla, Brief 103 an Amprucla, Brief 191 an Amprucla.

[52] Vgl. Delmaire, Les „lettres d'exil", 107.

[53] Vgl. Mayer, Constantinopolitan Women, 277.

[54] Vgl. a.a.O., 277 FN 58.

Ampruclas annehmen und davon ausgehen, dass Syrisch ihre Muttersprache war.

Im Brief 96 an Amprucla lobt Johannes Chrysostomus die Diakonin für ihren geleisteten Widerstand. Er rühmt ihre Tapferkeit, ihre Geduld, ihre Standhaftigkeit, ihr klares Denken und ihre Rede. Er ermuntert sie, den Kampf gegen die Verfolgungen fortzuführen. Amprucla hat Johannes Chrysostomus geschrieben und von den eingetretenen Ereignissen berichtet. In einem weiteren Brief[55] gratuliert Johannes Chrysostomus der Diakonin zu ihrer Widerstandskraft und Treue. Er merkt an, dass sie ihm, obwohl schon zahlreiche Boten zu ihm gekommen seien, noch nicht geschrieben habe, und lädt sie ein, in ihrer „ursprünglichen Sprache" zu schreiben. Auch in diesem Brief bringt er seine Wertschätzung und Hochachtung gegenüber Amprucla zum Ausdruck: Die Diakonin habe großen Mut und große Standhaftigkeit bewiesen. Im dritten uns überlieferten Brief schreibt Johannes Chrysostomus gleich zu Beginn, dass er zwei Briefe von Amprucla erhalten habe. Auch in diesem Brief, der mit gewissem zeitlichen Abstand zu den ersten beiden verfasst ist, wird deutlich, dass Johannes Chrysostomus Amprucla sehr schätzt.

4. Elisanthia, Martyria, Palladia

Von den Schwestern Elisanthia, Martyria und Palladia wird in der Vita der Olympias berichtet. Sie sind uns als Diakoninnen überliefert, die in der Gemeinschaft der Olympias gelebt und die „vier Dienste" geleistet haben.[56] Elisanthia, Martyria und Palladia werden in der Vita der Olympias als deren Verwandte und als drei Schwestern vorgestellt. Nachdem die Diakonin Olympias sich mit ihren „weiblichen Bediensteten", die in Keuschheit und Jungfräulichkeit lebten, im Gebäudekomplex direkt an der Großen Kirche, der Hagia Sophia, niedergelassen hatte, entschloss sich auch Elisanthia, die von den guten Werken der Olympias Kenntnis bekommen hatte, zu einem der irdischen Welt entsagenden Leben. Elisanthia und ihre zwei Schwestern, die alle als Jungfrauen bezeichnet werden, schlossen sich der Olympias an und übergaben all ihren Besitz der Gemeinschaft. Im Anschluss an diese Schilderung wird von 250 Personen gesprochen, die ein jungfräuliches und heiligmäßiges Leben geführt haben. Diese Personenzahl legt es nahe, dass die Schwestern auch ihre Bediensteten in die Gemeinschaft mitgenommen haben.[57]

In der Lebensbeschreibung der Olympias wird weiter berichtet, dass Johannes Chrysostomus Elisanthia, Martyria und Palladia zu Diakoninnen der Heiligen Kirche geweiht hat, damit die „vier Dienste" – Anne-Marie Malingrey übersetzt mit „die vier Dienste der Loblieder" – ohne Unterbrechung in Olympias'

---

[55] Brief 103.

[56] Das Leben und Wirken der Diakonin Olympias, 7;

[57] A.a.O., 6; bezüglich Olympias ist uns überliefert, dass 50 ihrer Bediensteten im Gebäudekomplex ihrer Gemeinschaft untergebracht waren und ehelos, asketisch, jungfräulich lebten. Vgl. Jensen, Reiche Witwen – arme Jungfrauen?

Gemeinschaft aufeinander folgen konnten.[58] In Olympias' Lebensbeschreibung wird für die „Weihe" der Diakoninnen das Wort „cheirotonein" verwendet.[59]

Diese kurze Passage, in der die vier Dienste und deren ununterbrochene Abfolge genannt werden, kann als Hinweis auf einen liturgischen Dienst der Diakoninnen gedeutet werden. Auch wenn Kommentatoren diesen Text häufig so gedeutet haben, dass mit den vier Diensten karitative Dienste gemeint sind, ist doch die Beifügung, dass es sich um die Sicherung eines ununterbrochen Dienstes handelte, eher ein Beleg für eine liturgische Funktion, die die geweihten Diakoninnen wahrgenommen haben.[60]

Aus der Tatsache, dass Johannes Chrysostomus die drei Schwestern zu Diakoninnen ordiniert hat, kann gefolgert werden, dass er sie auch vorbereitet, instruiert und weiterführend begleitet hat.[61] Somit war Johannes vermutlich in ständigem Kontakt mit Frauen, die einen ähnlichen Status hatten wie die Diakonin Olympias.[62]

Auch die Dienerschaft, die mit ihren Herrinnen die Gemeinschaft bildete, muss in Chrysostomus' Umgebung präsent gewesen sein. Nach dem Tod von Marina, der Nachfolgerin der Olympias, wird Elisanthia Vorsteherin der Gemeinschaft. Sie hält an der eingeführten Regel unverändert fest und folgt Olympias in aller „virtus" nach.[63] Elisanthia, Martyria und Palladia sind die einzigen Diakoninnen, deren Weihe durch Johannes Chrysostomus belegt ist. Die Tatsache, dass Elisanthia die „Nachfolge" der Olympias als Leiterin der Gemeinschaft antrat, zeigt ihre bedeutende Rolle innerhalb dieser Gemeinschaft.

5. Abschließende Bemerkungen

Die Zusammenschau der unterschiedlichen Quellen und der Sekundärliteratur ergibt das folgende Bild: Die Diakoninnen, deren Kontakt zu Johannes Chrysostomus schriftlich belegt ist, waren größtenteils reiche, aristokratische Frauen, die der politischen Elite angehörten. Ihr Status erlaubte es ihnen, selbständig und unabhängig zu agieren. Teil ihrer Unabhängigkeit war, ihre finanziellen Mittel nach eigenem Ermessen einzusetzen und in sozialen und politischen Netzwerken zu nutzen. Manche von ihnen hatten von Seiten des Staates Repressalien erfahren und unter Verfolgung gelitten. Es entsprach den Gegebenheiten des ausgehenden 4. und beginnenden 5. Jahrhunderts, dass Bischöfe, so

---

58 Das Leben und Wirken der Diakonin Olympias, 7.

59 Vgl. Jensen, Das Amt der Diakonin, 42; dies., Reiche Witwen – arme Jungfrauen?; Grigorios Larentzakis, Maria in der orthodoxen Kirche, in: Ökumenisches Forum 11. 1988, 25–42: 39 f.

60 Vgl. Vie anonyme d'Olympias, éd. Anne-Marie Malingrey, 421, FN 5; Mayer, Constantinopolitan Women, 268, FN 16, verweist auf die Unsicherheit bezüglich der Aufgaben der Schwestern, die sich eher auf die Frauengemeinschaft als auf die „Great Church" bezogen haben.

61 Vgl. Mayer, Constantinopolitan Women, 269.

62 Das Leben und Wirken der Diakonin Olympias, 8.

63 A.a.O., 12.

auch Johannes Chrysostomus, durch Gastfreundschaft und finanzielle Zuwendung reicher Frauen unterstützt wurden.[64] Frauen mit entsprechendem Reichtum waren für beide Metropolen, Konstantinopel und Antiochia, in denen Johannes gewirkt hat, eine wesentliche ökonomische Ressource für den Klerus.

Darüber hinaus ist diesen Diakoninnen gemeinsam, dass sie sich in der Zeit des endgültigen Exils von Johannes Chrysostomus dadurch bewähren, dass sie den Beschuldigungen seiner Ankläger Widerstand leisten und seine Wiedereinsetzung bewirken wollen, teilweise sogar selbst ins Exil gehen. Wie sehr sich die Frauen, die offenbar auch untereinander kommunizierten, für Johannes Chrysostomus eingesetzt haben, wird durch das politische Netzwerk deutlich, das Olympias, Pentadia und Theodora für seine Wiedereinsetzung bildeten.[65] Die Briefe aus dem Exil weisen auf intensive Kontakte zwischen Johannes Chrysostomus und den unterschiedlichen Frauen hin, insbesondere ihre Länge kann als Beleg für die enge Verbundenheit gedeutet werden.

[64] Vgl. Jensen, Arme Jungfrauen – reiche Witwen?
[65] Vgl. Mayer, Constantinopolitan Women, 286.

Johannes Hofmann

Melania die Jüngere († 439) Dienerin Gottes und der Menschen[1]

Melania die Jüngere, Buchmalerei (Ausschnitt), Il Menologio di Basilio II, Cod. Vaticano Greco 1613.

Melania die Jüngere ist gewiss eine der interessantesten Frauengestalten des christlichen Altertums, deren vielseitiges Profil in einem Aufsatz nicht hinreichend gewürdigt werden kann. Die nachfolgenden Ausführungen konzentrieren sich daher – nach einer Kurzbiographie und dem Aufriss des historischen Hintergrunds – ausschließlich auf die diakonische Seite Melanias, wenn auch ihr Ehemann Pinianus, der jahrzehntelang in diesem Sinn mit ihr kooperierte, intensiver in die Darstellung einbezogen wird.

1. Die Kurzbiographie

Das Leben Melanias d.J. ist durch eine Reihe von zeitgenössischen Quellen bestens bezeugt.[2] An erster Stelle ist hier der Briefwechsel des Bischofs Augustinus von Hippo († 429) zu nennen;[3] er enthält acht oder vielleicht sogar zehn Briefe, die entweder an Melania d.J., ihre Eltern, ihren Gatten und ihren Onkel gerichtet sind oder sich anderweitig mit diesen Personen beschäftigen.[4] Hinzu

---

1 Zu den in dieser Monographie üblichen Abkürzungen kommen noch hinzu:
- LACL[3] = Siegmar Döpp/Wilhelm Geerlings (Hrsg.), Lexikon der antiken christlichen Literatur, Freiburg u.a. [3]2002.
- PLRE 1 = Arnold H. M. Jones/John R. Martindale/John Morris, The Prosopography of the later Roman Empire, I, Cambridge 1971 (Reprint 1975).
- Die Abkürzungen von Texten der altchristlichen Literatur orientieren sich an LACL[3].

2 Eine hilfreiche Erschließung der zeitgenössischen Quellen findet sich bei Antonysamy Thomai, Die Biographie von Melania d.J. (383–439) im Spiegel der zeitgenössischen Quellen, Eichstätt 2005 (ungedruckte Lizentiatsarbeit).

3 Zu Leben, Werk und Wirkung desselben vgl. zusammenfassend Wilhelm Geerlings, Augustinus, in: LACL[3], 78–98 (mit Quellen und Literatur).

4 Vgl. Augustinus von Hippo, ep. 46f, 94, 124–126, 132, 135, 137 und 202. – Laut Elizabeth A. Clark (Übers.), The Life of Melania the Younger. Introduction, Translation, and Commentary (SWR 14), Lewiston u.a. 1984, 87–89, stammen ep. 46f wohl nicht von Melanias

kommt Augustins Werk *De gratia Christi et de peccato originali*, das er Melania d.J., ihrem Gatten und ihrer Mutter widmet. Aber auch der römische Aristokrat, Dichter, Schriftsteller und spätere Bischof Paulinus von Nola († 431)[5] schreibt in vier Briefen[6] und einem panegyrischen *Carmen*[7] teilweise sehr ausführlich über Melanias Großmutter, Melania die Ältere, über sie selbst, ihre Eltern, ihren Gatten und weitere Familienmitglieder. Hagiographisch geprägt sind die historisch durchaus wertvollen Nachrichten, die der ägyptische Mönch und spätere Bischof Palladius von Helenopolis († 431)[8] in elf Kapiteln seiner *Historia Lausiaca* über die beiden Melanien, ihre Familie, ihre Beziehungen zu anderen Asketen und ihr asketisches und wohltätiges Leben bietet.[9] Einem ähnlichen literarischen Genus gehört schließlich die *Vita sanctae Melaniae* des von Melania d.J. langjährig geförderten Jerusalemer Priestermönchs und späteren Archimandriten Gerontius († 480/85) an,[10] in der ihr Leben und Wirken ausführlichst und historisch zuverlässig beschrieben wird. Auf der Basis dieser Quellen lassen sich die Grundlinien ihrer Biographie schnell skizzieren.[11]

Geboren wird Melania d.J. Ende des 4. Jahrhunderts zu Rom in einer bedeutenden Senatorenfamilie als Tochter des Publicola und seiner Gattin Albina und als Enkelin Melanias d.Ä. Als Dreizehnjährige wird sie gezwungen, den römischen Senatorensohn Valerius Pinianus zu heiraten, und schenkt ihm zwei Kinder, die beide früh sterben. Im Alter von 20 Jahren entscheidet sich Melania mit ihrem Ehemann für ein asketisches christliches Leben; beide verkaufen ihren Besitz, investieren den Erlös in karitative Projekte und schließen sich dem Kreis um Paulinus von Nola an. Kurz vor der westgotischen Eroberung Roms im Jahre 410 verlassen sie die Stadt, segeln zusammen mit Albina nach Sizilien und

---

Vater Publicola; anders Frank Morgenstern, Die Briefpartner des Augustinus von Hippo. Prosopographische, sozial- und ideologiegeschichtliche Untersuchungen (Bochumer historische Studien, Alte Geschichte 11), Bochum 1993, 91f, Katalog, 45 Nr. 135.

5 Zu Leben und Werk desselben vgl. zusammenfassend Matthias Skeb OSB, Paulinus von Nola, in: LACL³, 549–552 (mit Quellen und Literatur).

6 Vgl. Paulinus von Nola, ep. 28f und 31f.

7 Vgl. ders., carm. 21.

8 Zu Leben und Werk desselben vgl. zusammenfassend Karla Pollmann, Palladius von Helenopolis, in: LACL³, 541f (mit Quellen und Literatur).

9 Vgl. Palladius von Helenopolis, h. Laus. 5, 9f, 18, 38, 41, 46, 54f, 58 und 61.

10 Zu Leben und Werk desselben vgl. zusammenfassend Georg Röwekamp, Gerontius, in: LACL³, 287 (mit Quellen und Literatur). – Nach den Ergebnissen der neueren Forschung dürfte von den zwei Fassungen der Vita „die griech[ische] gegenüber der lat[einischen] die urspr[üngliche] sein" (Röwekamp). – Im Folgenden wird die griechische Vita mit „Vita Melaniae" zitiert, die lateinische mit „Lateinische Vita".

11 Die nachfolgende Kurzbiographie stützt sich – wenn in den Anmerkungen nicht anders vermerkt – auf die Artikel von PLRE 1 zu den Lemmata Albina 2 (33), Melania 1 (592f), Melania 2 (593), Pinianus 2 (702) und Publicola 1 (753), in denen die Eckdaten von Melanias Biographie auf der oben dargestellten Quellenbasis hinreichend erschlossen werden.

landen wohl Ende dieses Jahres in Nordafrika,[12] wo sie in Thagaste ein Männer- und ein Frauenkloster gründen und Melania das monastische Leben aufnimmt.[13] Nach siebenjährigem Aufenthalt in Nordafrika segeln sie 416/17[14] nach Ägypten und Palästina und lassen sich schließlich in Jerusalem nieder. Die Todesdaten ihrer Mutter 431[15], ihres Gatten 431/32[16] und ihres Onkels Volusianus 437[17] markieren die Jahre, in denen Melania d.J. hier ein Frauen- und zwei Männerklöster gründet.[18] Von Jerusalem aus besucht sie ihren heidnischen Onkel Volusianus in Konstantinopel, bekehrt ihn kurz vor seinem Tod zum Christentum und kehrt Anfang April 437[19] wieder zurück. Nach einer Begegnung mit Kaiserin Eudokia, die 438[20] nach Palästina pilgert, stirbt Melania am 31. Dezember 439[21] in Bethlehem.

2. Der historische Hintergrund

Melania d.J. lebte in der Spätantike. Diese Epoche ist „durch völlig neue historische Kräfte und Ausdrucksformen, ein neues Selbstverständnis des Menschen, neue ästhetische Maßstäbe, aber auch durch eine neue sozio-ökonomische Struktur gekennzeichnet"[22]. Zur Oberschicht, der Melania und ihre Familie angehörten, zählten „außer dem Kaiserhaus der Senatorenstand, in den formell auch die führenden Verwaltungsbeamten und Offiziere einbezogen wurden, und der selbst ebenfalls in einzelne hierarchische Gruppen gegliedert war, außerdem die weiteren Ranggruppen des Offizierskorps und des Verwaltungspersonals sowie die übrige Bildungsschicht zusammen mit der höheren kirchlichen

---

12 Zur Datierung dieser Flucht nach Nordafrika vor der westgotischen Einnahme Roms vgl. die Hinweise bei Gerontius, Vita Melaniae 14; 19 (ed. Denys Gorce, Vie de Sainte Mélanie. Introduction, traduction et notes [SC 90], Paris 1962, 154–156: 156; 162–168: 164) sowie Clark, Life, 110.

13 Zur Gründung der Klöster und zur Aufnahme des monastischen Lebens vgl. Gerontius, Vita Melaniae 22f (ed. Gorce, Vie, 172–176).

14 Zur Datierung vgl. M[ariano] Rampolla del Tindaro, Santa Melania Giuniore senatrice Romana. Documenti contemporanei e note, Rom 1905, 104f; Clark, Life, 114.

15 Zur Datierung vgl. Rampolla del Tindaro, Melania, 105; Gorce, Vie, 205 Anm. 5; Clark, Life, 115.

16 Zur Datierung vgl. Rampolla del Tindaro, Melania, 105; Gorce, Vie, 220 Anm. 2; Clark, Life, 117.

17 Zur Datierung vgl. Rampolla del Tindaro, Melania, 104f; Gorce, Vie, [274]; Clark, Life, 133f.

18 Zur Gründung der drei Klöster vgl. Gerontius, Vita Melaniae 41; 49; 57 (ed. Gorce, Vie, 204–206, 220–222, 240).

19 Zur Datierung vgl. Rampolla del Tindaro, Melania, 104f; Clark, Life, 134.

20 Zur Datierung vgl. Clark, Life, 134 Anm. 47.

21 Zur Datierung vgl. Rampolla del Tindaro, Melania, 105; Clark, Life, 140.

22 Karl Christ, Die Römer. Eine Einführung in ihre Geschichte und Zivilisation, München ²1984, 11, zit. n. Griet Petersen-Szemerédy, Zwischen Weltstadt und Wüste: Römische Asketinnen in der Spätantike. Eine Studie zu Motivation und Gestaltung der Askese christlicher Frauen Roms auf dem Hintergrund ihrer Zeit (FKDG 54), Göttingen 1993, 42.

Hierarchie, und schließlich die lokalen Stände der Kurialen, die jedoch angesichts ihrer starken Belastung und Bewegungsunfreiheit in mehrfacher Hinsicht in die Nähe der Unterschichten gedrückt wurden“[23]. Neben dieser dünnen, in den meisten Fällen sehr wohlhabenden Schicht gab es eine äußerst breite Unterschicht, deren Angehörige teilweise nicht über das Existenzminimum verfügten.[24] Dazu gehörten „freie Handwerker und Kleineigentümer mit bescheidenem Grundbesitz, freie Landarbeiter, die Kolonen, die nun mehr und mehr an die Scholle gebunden wurden [...], in relativ geringem Umfang Freigelassene und in regional sehr verschiedenem Ausmaß auch immer noch Sklaven“[25]. Diese Menschen litten auf dem Land häufig unter großer Armut und Unterdrückung.[26] Aber auch bei großen Teilen der städtischen Bevölkerung herrschten Armut, Wohnungsnot, Nahrungsmangel und Krankheit. Das Verhältnis zwischen Arm und Reich demonstriert ein Vergleich des Jahreseinkommens: Bei römischen Senatoren konnte es 120.000 Goldstücke betragen, bei konstantinopolitanischen Höflingen 1.000, bei Kaufleuten 200 und bei Kleinbauern 5.[27]

Zu diesem sozialen Spannungsfeld kam die germanische Völkerwanderung, die spätestens Anfang des 5. Jahrhunderts den Erosionsprozess der römischen Macht in Gang setzte.[28] Die Bürger des römischen Reiches sahen sich fortan von außen durch die Expansion des neupersischen Reichs und die Angriffe der wandernden Germanen bedroht und von innen durch die Rivalitäten verschiedener Thronprätendenten.[29] Als weitere Ursachen der Krise sind wegen des Rückgangs der Sklaverei der Mangel an Landarbeitern zu nennen sowie die Inflation und die Stagnation von Handwerk und Handel. Konkret manifestierte sich dieser Niedergang in der Einnahme Roms am 24. August 410 durch König Alarich und die Westgoten.[30] „Drei Tage lang plünderten die Goten die Stadt, [...]. Unter den Erschlagenen waren auch Senatoren [...], auf dem Forum und an anderen Stellen entstanden Brände. Versorgungsschwierigkeiten waren der Grund dafür, daß Alarich am 27. August die Stadt wieder verließ, mit unermeßlicher Beute und zahlreichen vornehmen Gefangenen, darunter die Halbschwester des Honorius Galla Placidia. Verhältnismäßig rasch hat sich Rom von dem Unglück erholt. Ihren alten Glanz aber gewann die Stadt nie wieder.“[31] Insbesondere die römischen Frauen waren damals „von Vergewaltigung und auch

---

[23] Géza Alföldy, Römische Sozialgeschichte (Wissenschaftliche Paperbacks, Sozial- und Wirtschaftsgeschichte 8), Wiesbaden ³1984, 158, zit. n. Petersen-Szemerédy, Weltstadt, 51.

[24] Vgl. Petersen-Szemerédy, Weltstadt, 55.

[25] Christ, Römer, 206, zit. n. Petersen-Szemerédy, Weltstadt, 55.

[26] Vgl. hier und im Folgenden Petersen-Szemerédy, Weltstadt, 56f.

[27] Vgl. Peter Brown, The World of Late Antiquity. From Marcus Aurelius to Muhammad, London 1971 (Reprint 1978), 34–36.

[28] Vgl. Christ, Römer, 244.

[29] Vgl. hier und im Folgenden Petersen-Szemeredy, Weltstadt, 50.

[30] Vgl. Alexander Demandt, Die Spätantike. Römische Geschichte von Diocletian bis Justinian. 284–565 n.Chr. (HAW 3, 6), München 1989, 145.

[31] Ebd.

von anderer körperlicher Misshandlung bedroht, von Kriegsgefangenschaft, dem Verkauf als Sklavinnen und dem Verlust ihrer Heimat, ihrer Familie und ihres Besitzes. Zwischen verheirateten Frauen, Witwen und Jungfrauen machten die Eroberer keinen Unterschied."[32]

Diese Erfahrungen der Vergänglichkeit und Fragwürdigkeit des irdisches Daseins mögen neben anderen Motiven manche vornehme römische Witwe, Ehefrau oder Jungfrau auf die Suche nach bleibenden Werten und damit zur Aufnahme eines asketischen Lebens gebracht haben.[33] Im Unterschied zu ihren aristokratischen Standesgenossinnen, die sehr viel Wert auf ein repräsentatives Äußeres legten, verzichteten die römischen Asketinnen folglich „auf die Zurschaustellung ihres Reichtums und hohen Standes sowie ihrer Weiblichkeit durch Kleidung, Schmuck und Schminke"[34]. Sie orientierten sich fortan in ihrer Kleidung an einfachen Leuten und verwischten so die Unterschiede zwischen Arm und Reich und auch zwischen den Geschlechtern.[35] Sie müssen schon „durch ihr Äußeres in den Straßen Roms aufgefallen sein. [...] Dies erklärt, daß häufig gerade durch den Wechsel der Kleidung die Unwiderruflichkeit des Entschlusses zur Askese deutlich gemacht wurde."[36] Vor diesem Hintergrund entschieden sich auch Melania d.J. und – nach längerem Widerstreben – ihr Ehemann Pinianus „um des für uns arm gewordenen Herrn willen"[37] konsequent für ein asketisches christliches Leben, in dem sie sich nicht nur um die äußere Angleichung an die weniger begüterten Schichten bemühten, sondern auch um den sozialen und wirtschaftlichen Ausgleich zwischen Arm und Reich.

3. Melanias diakonisches Profil

Melania und Pinianus verfügten ursprünglich über riesigen Grundbesitz in Spanien, Kampanien, Sizilien, Nordafrika, Mauretanien, Britannien[38], Rom, Italien[39], Numidien und in der Africa proconsularis[40]. Zudem besaßen sie zahlreiche kostbare Wertgegenstände.[41] Was ihre Immobilien anbelangt, so war Pinians römisches Stadthaus z.B. so wertvoll, dass die römischen Senatoren und selbst die Kaisertochter Serena den Kaufpreis nicht aufbringen konnten.[42] Ge-

---

32 Petersen-Szemerédy, Weltstadt, 46.

33 Vgl. a.a.O., 49.

34 A.a.O., 68.

35 Vgl. ebd.

36 A.a.O 67.

37 Gerontius, Vita Melaniae 35 (ed. Gorce, Vie, 194).

38 Vgl. a.a.O. 11 (ed. Gorce, Vie, 146–148: 146).

39 Vgl. a.a.O. 19 (ed. Gorce, Vie, 162–166: 164).

40 Vgl. a.a.O. 20 (ed. Gorce, Vie, 168–170: 168). – Nach Stephan Krottenthaler (Übers.), Das Leben der heiligen Melania von Gerontius (BKV 5), Kempten München 1912, I–VI, 445–498: 461 Anm. 2 ist Afrika hier im amtlichen Sinn als Africa proconsularis zu verstehen.

41 Vgl. Gerontius, Vita Melaniae 11; 13; 21 (ed. Gorce, Vie, 146–148: 148; 152–154: 154; 170–172: 172).

42 Vgl. a.a.O. 14 (ed. Gorce, Vie, 154–156).

nannt sei des Weiteren ein prächtiger Landsitz am Meer mit einem wunderbar gelegenen Bad, prachtvollen Marmorbauten, 62 zugehörigen Gehöften und reichen Einkünften.[43] Ebenso war ihre sonstige bewegliche Habe unermesslich groß.[44] Schließlich sollen Pinians Jahreseinkünfte – ganz abgesehen von Melanias Einkommen – nahezu 120.000 Goldstücke betragen haben.[45] Freilich geht aus dem griechischen Text nicht hervor, ob es sich hier um Goldpfunde oder Goldstücke (solidi) handelte.[46] Im ersten Fall ergäbe sich eine Summe, die den Einkünften der gesamten Schweiz im Jahr 1904 entspräche, im zweiten Fall ein Wert von 1666 Goldpfunden, was dem mittleren Wohlstandsniveau eines Senators gleichkäme. Da Melania ebenfalls über eigene Einkünfte verfügte, dürfte das Ehepaar auch in dieser Hinsicht zu den reicheren Senatoren gezählt haben.

Laut ihrer Vita wollte Melania d.J. schon als Kind aus „Verlangen nach Christus" und „von göttlicher Liebe verwundet" ein jungfräuliches Leben führen[47] und akzeptierte daher den luxuriösen Lebensstil ihrer senatorischen Gesellschaftsschicht[48] nur widerwillig[49]. Von den Eltern der Nachkommenschaft und Erhaltung des Familienbesitzes wegen zur Heirat mit dem standesgleichen Pinianus gezwungen, war ihre Bitte an ihren Gatten um die Respektierung ihrer religiös begründeten Jungfräulichkeit vergeblich, da dieser sich zwei Kinder und Erben wünschte.[50] Anlässlich der schweren Geburt ihres zweiten Kindes, das kurz danach starb, konnte Melania d.J. ihren Ehemann jedoch vor Gott zum Gelöbnis eines asketischen Lebens bewegen. Als wenig später auch das erste Kind starb, setzten beide das Gelöbnis um, obwohl ihr gemeinsamer Entschluss auf den entschiedenen Widerstand der Eltern stieß.[51]

Die Entscheidung, ein asketisches christliches Leben zu führen, bedeutete für das Ehepaar aber nicht nur die Aufnahme eines einfachen Lebensstils, der sich etwa im Tragen einfacher Kleidung äußerte[52], sondern auch die Hinwendung zu sinnstiftender karitativer Tätigkeit. Zunächst besuchten und pflegten sie Kranke, beherbergten und versorgten Fremde, kümmerten sich um Arme und Bedürftige, besuchten Gefangene und Verbannte, lösten Schuldgefangene aus und begannen schließlich mit dem Verkauf ihrer Besitzungen.[53]

Gerade Letzteres wurde jedoch von vielen Zeitgenossen nicht akzeptiert. Zum einen erschütterte dieser demonstrative Verzicht prominenter Aristokra-

---

43 Vgl. a.a.O. 18 (ed. Gorce, Vie, 160–162: 162).
44 Vgl. a.a.O. 15 (ed. Gorce, Vie, 156–158: 158).
45 Vgl. ebd. (ed. Gorce, Vie, 156–158).
46 Vgl. hier und im Folgenden Clark, Life, 95–97.
47 Vgl. Gerontius, Vita Melaniae 1 (ed. Gorce, Vie, 130–132: 130).
48 Vgl. a.a.O. 31; 53 (ed. Gorce, Vie, 186–188: 186; 228–232: 230).
49 Vgl. a.a.O. 2 (ed. Gorce, Vie, 132).
50 Vgl. a.a.O. 1 (ed. Gorce, Vie, 130–132).
51 Vgl. a.a.O. 6 (ed. Gorce, Vie, 136–138).
52 Zu Melania vgl. diesbezüglich a.a.O. 6; 8; 11f u.ö. (ed. Gorce, Vie, 136–138; 140–142: 140; 146–148; 148–152: 148); zu Pinianus vgl. a.a.O. 8 (ed. Gorce, Vie, 140–142).
53 Vgl. a.a.O. 9 (ed. Gorce, Vie, 142–144).

ten auf Reichtum und Privilegien das traditionelle Selbstverständnis ihrer senatorischen Standesgenossen.[54] Zum anderen wuchsen die finanziellen Verpflichtungen der Senatoren in dem Maße, in dem ihre Zahl sich aufgrund von „Aussteigern" dezimierte. Zugleich bedrohte der von Melania und Pinianus im großen Stil praktizierte Verkauf von Latifundien, Immobilien und Pretiosen das bisherige Preisgefüge. Nicht zuletzt erschien ihre Abreise aus Rom vielen Mitgliedern der Senatorenschicht – angesichts der Bedrohung durch die Germanen – als Fahnenflucht und bedenkliches Beispiel. Daher stellte sich zunächst Melanias Vater ihrem Vorhaben in den Weg.[55] Aber auch Pinians Bruder Valerius Severus widersetzte sich ihnen, „indem er die Sklaven auf ihren Gütern zum Widerstand gegen den geplanten Verkauf anstachelte"[56]. Der römische Stadtpräfekt plädierte im Senat sogar für die Verstaatlichung ihres ganzen Besitzes,[57] da er nicht gewillt war, das Vermögen eines Senatorengeschlechts durch all zu große Wohltätigkeit an die Armen verschleudern zu lassen. Schließlich musste das Ehepaar – wie die Vita in bildhafter theologischer Sprache deutlich macht – bei der Veräußerung seines Besitzes auch gegen die Versuchungen Satans bzw. gegen die verführerische Habgier ankämpfen.[58] Mit Gottes Hilfe[59] und durch Fürsprache der Kaisertochter Serena bei ihrem Vater Honorius konnten die beiden ihr Vorhaben aber trotzdem durchsetzen[60].

Zur Festigung ihres einfachen Lebensstils wandten sich Melania d.J. und Pinianus zunächst den erwähnten Werken der Barmherzigkeit zu,[61] um so einen Rückfall in ihr früheres Luxusleben zu vermeiden.[62] In letzter Konsequenz verkauften sie schließlich ihre Besitzungen, „eingedenk des Wortes, das der Herr zum Reichen sprach: ‚Wenn du vollkommen sein willst, verkaufe deinen Besitz und gib den Armen und du wirst einen Schatz im Himmel haben; und nimm dein Kreuz auf und folge mir nach' (Mt 19,21;16,24)."[63] Ihre Wohltätigkeit umfasste fortan den Raum des ganzen römischen Imperiums. Gewissermaßen wollten sie „der ganzen Welt Gutes tun. Denn welche Stadt oder Gegend hatte keinen Teil an ihren überaus großen Wohltaten? Ob wir von Mesopotamien, dem übrigen Syrien sowie ganz Palästina und von Gegenden Ägyptens und der Pentapolis sprechen: Kurz gesagt, das ganze Abendland und das ganze

---

54 Vgl. hier und im Folgenden Petersen-Szemerédy, Weltstadt, 48f (mit Literatur).
55 Vgl. Gerontius, Vita Melaniae 12 (ed. Gorce, Vie, 148–152: 150).
56 Petersen-Szemerédy, Weltstadt, 49 unter Verweis auf Gerontius, Vita Melaniae 10; 12 (ed. Gorce, Vie, 144–146; 148–152: 150–152).
57 Vgl. Gerontius, Vita Melaniae 19 (ed. Gorce, Vie, 162–166: 166).
58 Vgl. a.a.O. 16f (ed. Gorce, Vie, 158–160).
59 Vgl. a.a.O. 17 (ed. Gorce, Vie, 160).
60 Vgl. Petersen-Szemerédy, Weltstadt, 49, unter Verweis auf Gerontius, Vita Melaniae 12 (ed. Gorce, Vie, 148–152: 152).
61 Vgl. oben bes. Anm. 52.
62 Vgl. Gerontius, Vita Melaniae 9 (ed. Gorce, Vie, 142–144: 142).
63 Ebd. (ed. Gorce, Vie, 142–144: 144); vgl. ähnlich a.a.O. 14 (ed. Gorce, Vie, 154–156: 154).

Morgenland partizipierten an ihren überreichen Wohltaten."[64] Dabei zeichnen sich vier Schwerpunkte ihrer Wohltätigkeit ab, deren Adressaten im Folgenden eingehender betrachtet werden. Hierbei gehen wir chronologisch vor, um so das konsequente diakonische Wirken Melanias und Pinians deutlicher hervortreten zu lassen.

a. Unterstützung und Geldspenden für Bedürftige und Arme

Melania d.J. und Pinianus nahmen sich schon bald nach der Aufnahme des asketischen Lebens tatkräftig der Kranken, Fremden, Bedürftigen und Armen Roms an.[65] Außerdem betrauten sie bereits in dieser frühen Phase vertrauenswürdige Männer, offensichtlich Asketen (hagioi androi), mit dem Dienst externer Almosenspende, indem sie durch diese – je nach Bedarf – auch in fremde Länder hohe Geldbeträge aus ihrem Vermögen überbringen ließen.[66] So war es z.B. der dalmatinische Priestermönch Paulus, dem Melania d.J. ihr Gold und Silber anvertraute, um es durch ihn ins Morgenland bringen zu lassen: 10 000 Goldstücke nach Ägypten und in die Thebais, weitere 10 000 nach Antiochien und in die zugehörigen Bezirke, 15 000 nach Palästina, 10 000 zu den Kirchen auf den Inseln sowie zu denen, die in der Verbannung lebten, und ebensoviel gab sie den Kirchen im Westen.[67] In diesem Zusammenhang konnte es vorkommen, dass sich im Haus des Ehepaars die ungeheuere Summe von 45 000 Pfund Gold zur Übersendung an Arme oder Asketen ansammelte.[68] Daher feierte Paulinus von Nola schon 407[69] Melania d.J. und Pinianus in einem seiner Gedichte als Christen, die Gott zu Brüsten der überfließenden Milch seiner Güte gemacht habe, aus denen jeder Bedürftige reichliche Nahrung und jeder Wohlhabende ein gutes Beispiel empfange; seien sie doch Wasser aus dem Strom der Liebe Christi.[70]

Diesen wohltätigen Stil behielt das Ehepaar auch bei, als es kurz vor 410 vor den Westgoten König Alarichs nach Nordafrika floh und dort wohl Ende dieses Jahres landete. Denn gleich nach der Ankunft verkauften Melania d.J. und Pinianus ihre Besitzungen in Numidien, Mauretanien und Africa proconsularis und verwendeten das Geld zu Gunsten der Armen und zum Loskauf von Kriegsgefangenen.[71] Der noch verbliebene Reichtum des Ehepaars weckte hier allerdings

---

64 A.a.O. 19 (ed. Gorce, Vie, 162–168: 162–164).

65 Vgl. a.a.O. 9 (ed. Gorce, Vie, 142–144).

66 Vgl. a.a.O. 15 (ed. Gorce, Vie, 156–158: 158).

67 Vgl. Palladius, h. Laus. 61 (ed. Cuthbert Butler, The Lausiac History of Palladius, II: The greek text edited with introduction and notes [TaS 6,2], Cambridge 1904, 155–157: 156$^{8-14}$).

68 Vgl. Gerontius, Vita Melaniae 17 (ed. Gorce, Vie, 160).

69 Zur Datierung vgl. Sigrid Mratschek, Der Briefwechsel des Paulinus von Nola. Kommunikation und soziale Kontakte zwischen christlichen Intellektuellen (Hypomnemata. Untersuchungen zur Antike und zu ihrem Nachleben 134), Göttingen 2002, 631f.

70 Vgl. Paulinus von Nola, carm. 21,840–847 (ed. Wilhelm von Hartel, Sancti Pontii Meropii Pavlini Nolani Carmina [CSEL 30], Prag u.a. 1894, 185f).

71 Vgl. Gerontius, Vita Melaniae 20 (ed. Gorce, Vie, 168–170).

im Frühjahr 411 die Begehrlichkeit der Christengemeinde von Hippo Regius, die – nicht zuletzt um des Erbes willen – anlässlich des Besuchs der beiden die sofortige Weihe Pinians zum Presbyter verlangte.[72] Das zögerliche und letztlich nicht zur Ordination führende Verhalten Pinians macht in dieser Situation deutlich, dass er und Melania d.J. nicht gewillt waren, ihr Vermögen ziel- und planlos zu verschleudern, auch nicht an christliche Gemeinden. Freilich spendete Melania d.J. weiterhin reichlich Almosen, legte aber zugleich höchsten Wert auf ihre persönliche Besitzlosigkeit.[73] So konnte sie im Laufe ihres Lebens viele zu ähnlichem Handeln motivieren und das Vertrauen vieler Christen gewinnen, die ihr „wie einem treuen und klugen Verwalter" (Lk 12,42) ihr Vermögen zur sinnvollen Weiterverteilung anvertrauten. Darüber verlor Melania d.J. nie die Not des einzelnen Menschen aus den Augen, motivierte wohl auch Dirnen zum klösterlichen Leben und trug Sorge für die kranken Nonnen ihres im Jahr 431 gegründeten Jerusalemer Frauenklosters.[74]

b. Befreiung von Sklaven, Straf- und Kriegsgefangenen

Bereits in den Anfängen ihres asketischen Lebens[75] ließ Melania d.J. 8000 Haussklaven mit deren Einverständnis frei,[76] während sie die anderen, die offensichtlich „ihr bisheriges [...] gesichertes Dasein dem Leben als Freigelassene"[77] vorzogen, ihrem Schwager für drei Goldstücke pro Mann überließ. Paulinus von Nola verglich Pinianus daher im Jahr 407[78] mit seinem Vorfahren Valerius, der seine römischen Mitbürger befreite, während Pinianus seinen in aller Welt lebenden Haussklaven die Freiheit geschenkt und Kinder aus der Sklaverei losgekauft habe.[79] In der lateinischen Vita findet sich schließlich die Bemerkung, man könne unmöglich die Zahl der von Melania und Pinianus freigelassen Sklaven angeben.[80]

Auch die Sorge um Gefangene, Verbannte und Schuldgefangene reicht in die Anfänge von Melanias und Pinians asketischer Lebensentscheidung zurück.[81] Selbst als sie zusammen mit Melanias Mutter Albina kurz vor 410 nach Nordafrika flohen und wegen schlechter Witterung auf einer Insel landeten, setzten sie

---

[72] Vgl. hier und im Folgenden Morgenstern, Briefpartner, 13f, 76 bei der Interpretation von Augustinus von Hippo, ep. 125f (ed. Al. Goldbacher, Sancti Aurelii Augustini Hipponensis episcopi Epistulae, III [CSEL 44], Wien/Leipzig 1904, 3–18).

[73] Vgl. hier und im Folgenden Gerontius, Vita Melaniae 30 (ed. Gorce, Vie, 184–186).

[74] Vgl. a.a.O. 41 (ed. Gorce, Vie, 204–206: 206).

[75] Diese Datierung legt die a.a.O. 10 (ed. Gorce, Vie, 144–146) festgehaltene Parallel-Überlieferung nahe, die in die Anfänge von Melanias asketischem Leben gehört und worin ebenfalls vom Verkauf von Haussklaven an Melanias Schwager die Rede ist.

[76] Vgl. hier und im Folgenden Palladius, h. Laus. 61 (ed. Butler, Lausiac History, 156^{16-19}).

[77] Petersen-Szemerédy, Weltstadt, 61.

[78] Zur Datierung vgl. oben Anm. 68.

[79] Vgl. Paulinus von Nola, Carm. 21,255–265 (ed. von Hartel, Pavlini Carmina, 166).

[80] Vgl. Gerontius, Lateinische Vita 34 (ed. Rampolla del Tindaro, Melania, 18–20: 19^{7-9}).

[81] Vgl. Gerontius, Vita Melaniae 9 (ed. Gorce, Vie, 142–144).

ihr Vermögen für den Loskauf von Geiseln ein.[82] Barbaren hatten dort die Honoratioren der Stadt samt Frauen und Kindern verschleppt und verlangten ein ungeheures Lösegeld. Auf Bitten des Ortsbischofs ergänzte das Ehepaar die von den Bürgern zusammengelegte Summe um 2.500 Goldstücke und kaufte so die Gefangenen los. Darüber hinaus schenkten sie den Stadtbewohnern weitere 500 Goldstücke, versorgten die hungrigen und verängstigten Leute mit Brot und sonstiger Nahrung und erkauften einer hochangesehenen Frau mit 500 Goldstücken die Freiheit. Schließlich verwendeten sie auch den Erlös ihrer ersten in Nordafrika verkauften Besitzungen unter anderem für den Loskauf von Kriegsgefangenen.[83]

c. Ausschmückung von Kirchen und Stiftung von Klöstern

Die gesamte Wohltätigkeit Melanias und Pinians ist nur vor dem Hintergrund ihres christlichen Glaubens zu verstehen, gemäß dem Gottes- und Nächstenliebe aufs engste miteinander verbunden sind. Daher ist bereits kurz vor ihrer Abreise nach Nordafrika summarisch davon die Rede, dass sie ihre vielen kostbaren Seidengewänder Kirchen und Klöstern als Altarschmuck schenkten und ihr in großer Menge vorhandenes Silber für Gott zu Altären, Kirchengeräten und anderen Weihegaben verarbeiten ließen.[84] Ein konkretes Beispiel bildet die ursprünglich arme Kathedralkirche des Bischofs und hervorragenden Bibelkenners Alypius von Thagaste.[85] Nachdem sich nämlich Melania, Pinianus und Albina gegen Ende des Jahres 410 in seiner armen nordafrikanischen Bischofsstadt niedergelassen hatten, wandte Melania d.J. dieser Kirche aus Hochschätzung ihres bibelkundigen Bischofs reiche Stiftungen zu und schmückte sie mit goldenen und silbernen Kostbarkeiten und wertvollen Teppichen prächtig aus. Die lateinische Vita weiß in diesem Zusammenhang von goldenen und silbernen Patenen und von einem Besitztum zu berichten, das reich an Einkünften und größer als die Stadt Thagaste war und worin sich ein Bad, viele Künstler, Gold-, Silber- und Erzschmiede sowie zwei Bischöfe, ein katholischer und ein häretischer[86], befanden.[87]

In Thagaste errichteten Melania und Pinianus auch zwei große Klöster – eines für 80 Männer und ein weiteres für 130 Jungfrauen – und statteten diese mit ausreichenden Einkünften aus.[88] Den Schwestern leistete Melania außerdem einen geistlichen Dienst, indem sie mit ihnen das klösterliche Leben teilte. So

---

82 Vgl. hier und im Folgenden a.a.O. 19 (ed. Gorce, Vie, 162–168: 168).

83 Vgl. oben Anm. 70.

84 Vgl. Gerontius, Vita Melaniae 19 (ed. Gorce, Vie, 162–168: 164).

85 Vgl. hier und im Folgenden a.a.O. 21 (ed. Gorce, Vie, 170–172).

86 Damit kann nur ein Bischof der damals in Nordafrika sehr verbreiteten Donatisten gemeint sein.

87 Vgl. Gerontius, Lateinische Vita 21 (ed. Rampolla del Tindaro, Melania, 14^{15-19}).

88 Vgl. Gerontius, Vita Melaniae 22 (ed. Gorce, Vie, 172–174: 172). – Zu diesen Klöstern vgl. eingehender Clark, Life, 111.

weckte sie ihre Mitasketinnen,[89] betete mit ihnen das Stundengebet[90] und erteilte ihnen Unterweisungen über Schweigsamkeit und Enthaltsamkeit[91].

Nach dem Tod ihrer Mutter Albina um 431 gründete Melania auf dem Ölberg von Jerusalem ein Jungfrauenkloster, in dem mit Hilfe Pinians eine Gemeinschaft von etwa 90 Asketinnen entstand.[92] Hier sorgte sie nicht nur für die Anlage einer Zisterne und aller anderen lebensnotwendigen Einrichtungen, sondern bemühte sich auch intensiv um das leibliche und geistliche Wohl der Schwestern. Nicht zuletzt motivierte sie sozial schwache Frauen wie Dirnen zum Klostereintritt, übertrug das Amt der Oberin aber einer geeigneten Mitasketin. Sie selbst erteilte den Nonnen aufmunternde Unterweisungen über das klösterliche Stundengebet[93], christliche Askese[94], Gehorsam und Geduld[95] sowie Bescheidenheit und Armut[96]. Da ihre Lehre auf fruchtbaren Boden fiel, ließ sie den Schwestern schließlich im Kloster eine Kapelle bauen und „in diese einen Altar stellen, damit sie gewürdigt würden, regelmäßig an den heiligen Geheimnissen teilzunehmen“[97].

Etwa vier Jahre nach dem um 431/32 erfolgten Tod ihres Gatten Pinianus plante Melania den Bau eines Männerklosters auf dem Jerusalemer Himmelfahrtsberg.[98] Wider alle Erwartungen erhielt sie – inzwischen völlig mittellos – von einem frommen Christen 200 Goldstücke, konnte daher den Priester Gerontius zum Kauf von Steinen beauftragen und so den Klosterbau bereits nach einem Jahr zu Ende führen. Das Kloster besiedelte sie mit Mönchen, „die den Gottesdienst glänzend in der Kirche der Himmelfahrt Christi und in der Apostelkirche feierten, wo die Seligen [Albina und Pinianus] ruhten“[99]. Dadurch sollte neben den Lebenden auch den Verstorbenen ein geistlicher Dienst geleistet werden; denn wie der Vitenverfasser Melania in den Mund legt, sollte das Kloster die Mönche auch deshalb beherbergen, damit „die Gebeine meiner Mutter und meines Herrn [Gemahls] Ruhe finden mögen durch deren Psalmodie“[100].

Ein ähnliches Motiv Melanias führte schließlich zur Gründung eines weiteren Jerusalemer Männerklosters. Nachdem Melania Anfang April 437 vom Toten-

---

89 Vgl. a.a.O. 23 (ed. Gorce, Vie, 174–176: 174).

90 Vgl. a.a.O. 26 (ed. Gorce, Vie, 178–180: 178).

91 Vgl. a.a.O. 23; 29 (ed. Gorce, Vie, 174–176: 176; 182–184).

92 Vgl. hier und im Folgenden a.a.O. 41 (ed. Gorce, Vie, 204–206). – Zu diesem Kloster vgl. eingehender Clark, Life, 116f.

93 Vgl. a.a.O. 42; 46f (ed. Gorce, Vie, 206–208; 214–218).

94 Vgl. a.a.O. 43; 45 (ed. Gorce, Vie, 208–210; 214).

95 Vgl. a.a.O. 44 (ed. Gorce, Vie, 210–212).

96 Vgl. a.a.O. 62 (ed. Gorce, Vie, 250–252).

97 A.a.O. 48 (ed. Gorce, Vie, 218).

98 Vgl. hier und im Folgenden a.a.O. 49 (ed. Gorce, Vie, 220–222). – Zu diesem Kloster vgl. eingehender Clark, Life, 117f

99 Ebd. (ed. Gorce, Vie, 222).

100 Ebd.

bett ihres Onkels Volusianus nach Jerusalem zurückgekehrt war, initiierte sie mit Hilfe des Gerontius den Bau einer Kapelle und siedelte dort Mönche an, damit hier nach ihrem Tod für sie und ihre Verwandten[101] „beständig das Opfer [...] dargebracht werde“[102].

d. Förderung von Asketinnen, Mönchen und Einsiedlern

Melania und Pinianus gründeten nicht nur Klöster und führten selbst ein asketisches Leben, sie besuchten auch Asketinnen, Mönche und Einsiedler und förderten sie und ihre Einrichtungen. So könnte die Spende von 500 Goldstücken, die Melania d.J. einem Priestermönch Dorotheus von Antinoë in der Thebais zur Unterstützung der dortigen Mönche übersenden ließ,[103] bereits in die Frühphase ihres asketischen Lebens zurückreichen, da zu dieser Zeit tatsächlich von Geldspenden nach Ägypten und in die Thebais die Rede ist[104]. Ebenso kauften die beiden schon bald zahlreiche Inseln und schenkten sie Mönchen, wie sie auch Männer- und Frauenklöster erwarben und ihren Bewohnern übereigneten.[105] Dabei waren sie durchaus auf die ökonomische Stabilität der von ihnen geförderten Klöster bedacht. Als sie gegen Ende des Jahres 410 in Nordafrika angekommen waren, hielten sie selbst es zwar für das Beste, ihre Güter zu verkaufen und den Erlös Klöstern zukommen zu lassen.[106] Doch ließen sie sich von den Bischöfen Augustinus, Alypius und Aurelius von Karthago davon überzeugen, dass es sinnvoller sei, den Klöstern kein Geld zu spenden, sondern ihnen Häuser zu kaufen und Einkünfte zuzuwenden. In diesem Sinn behielten sie z.B. ihren Besitz auf Sizilien, in Kampanien und Afrika bei, um damit Klöster zu unterhalten.[107] Die Förderung bestand aber auch in geistigen Gütern. Denn während ihres siebenjährigen Aufenthalts in Nordafrika fertigte Melania auch kalligraphisch ausgeführte Textabschriften an und schenkte sie den Mönchen.[108]

Erst von Jerusalem aus konnten Melania und Pinianus ihre spanischen Besitzungen durch einen zuverlässigen Mittelsmann verkaufen lassen.[109] Den geringfügigen Erlös „weihte [Melania] Gott“[110], indem sie um 419[111] zusammen mit

---

[101] Wörtlich heißt es: „hypèr tēs emēs psychēs kaì tōn emōn kyríōn“. – Mit den „Herren“ sind laut Gorce, Vie, 241, Anm. 4, Melanias Mutter Albina und ihr Gatte Pinianus gemeint. Hinzu kommt wohl auch Melanias Onkel Volusianus, von dessen Totenbett Melania gerade nach Jerusalem zurückgekehrt war.

[102] Gerontius, Vita Melaniae 57 (ed. Gorce, Vie, 240). – Zu dieser Kapelle, zu der auch ein Männerkloster gehörte, vgl. eingehender Clark, Life, 118.

[103] Vgl. Palladius, h. Laus. 58 (ed. Butler, Lausiac History, 151–153: 151^{16-23}).

[104] Vgl. oben bes. Anm. 66.

[105] Vgl. Gerontius, Vita Melaniae 19 (ed. Gorce, Vie, 162–168: 164).

[106] Vgl. hier und im Folgenden a.a.O. 20 (ed. Gorce, Vie, 168–170: 170).

[107] Vgl. Palladius, h. Laus. 61 (ed. Butler, Lausiac History, 156^{19-23}).

[108] Vgl. Gerontius, Vita Melaniae 26 (ed. Gorce, Vie, 178–180: 178).

[109] Vgl. hier und im Folgenden a.a.O. 37 (ed. Gorce, Vie, 196–198).

[110] Ebd. (ed. Gorce, Vie, 196).

[111] Zur Datierung vgl. Rampolla del Tindaro, Melania, 104; Gorce, Vie, 197, Anm. 4.

Pinianus nach Ägypten aufbrach, um dort die Zellen der Mönche und Jungfrauen aufzusuchen und sie – je nach Bedarf – zu beschenken. Keinen Erfolg hatten sie bei Abbas Hephästion, den sie auch durch eine fromme List nicht zur Annahme einer Geldspende bewegen konnten.[112] Immerhin gelang es ihnen aber, in den Zellen einiger – ebenfalls Geldgeschenke ablehnender – Einsiedler und Asketinnen heimlich Geldbeträge zu hinterlegen. Diese offenbar auch für Gerontius etwas befremdliche Spendefreudigkeit erklärt er damit, dass sich Melania davon großen geistlichen Gewinn erhoffte.

4. Arm geworden um des Herrn willen, der für uns arm geworden ist

Melania und Pinianus verkauften also konsequent ihren gesamten Besitz und setzten den Erlös für die Unterstützung von Armen und Bedürftigen, für die Befreiung von Sklaven, Straf- und Kriegsgefangenen, für die Ausschmückung von Kirchen und die Stiftung von Klöstern sowie für die Förderung von Asketinnen, Mönchen und Einsiedlern ein. Angesichts der unbeständigen Verhältnisse der Völkerwanderungszeit priesen christliche Zeitgenossen das Ehepaar deshalb sogar selig, da es seine Güter in „bleibende Projekte“ investierte und so verhinderte, dass sie den einfallenden Barbaren zum Opfer fielen.[113] Offensichtlich entledigten sich Melania und Pinianus bereits während ihres siebenjährigen Aufenthalts in Nordafrika „der ganzen Last des Reichtums“.[114] Aufgrund dieser Tatsache ließen sie sich – wie Melania selbst zu berichten weiß – schon kurz nach ihrer Ankunft in Jerusalem in die kirchliche Armenliste eintragen und mit den Armen versorgen.[115] Als Melania damals erkrankte, hatte sie – abgesehen von Säcken – nichts zum Schlafen, so dass ihr eine Asketin ein Kopfkissen schenkte. „So waren sie äußerst arm geworden um des Herrn willen, der für uns arm geworden ist (vgl. 2Kor 8,9) und Knechtesgestalt angenommen hat (vgl. Phil 2,7).“[116] Folglich liebte Melania ihre Besitzlosigkeit.[117] Als sie kurz vor ihrem Tod noch über 50 geschenkte Goldstücke verfügte, ließ sie auch diese einem Bischof übergeben und ihm zur Erklärung sagen: „Ich möchte nicht einmal das besitzen, was aus unserem väterlichen Erbe stammt.“[118]

---

[112] Vgl. hier und im Folgenden Gerontius, Vita Melaniae 38 (ed. Gorce, Vie, 198). – Zu dieser Ägyptenreise vgl. eingehender Clark, Life, 114.

[113] Vgl. Gerontius, Vita Melaniae 19 (ed. Gorce, Vie, 162–168: 164–166).

[114] Vgl. a.a.O. 34 (ed. Gorce, Vie, 190–192: 190).

[115] Vgl. hier und im Folgenden a.a.O. 35 (ed. Gorce, Vie, 192–194: 194).

[116] Ebd.

[117] Vgl. hier und im Folgenden a.a.O. 30 (ed. Gorce, Vie, 184–186: 184).

[118] Ebd.

Irene Leicht

Klara von Assisi (1194–1253), Elisabeth von Thüringen (1207–1231) und Agnes von Prag (1211–1282) im Kontext der franziskanischen Armuts- und Bußbewegung

Klara von Assisi und Elisabeth von Thüringen, Fresko um 1300 von Simone Martini, Martinskapelle, San Francesco in Assisi (Unterkirche).

Einleitung

Klara von Assisi, Elisabeth von Thüringen und Agnes von Prag – Frauen an verschiedenen Orten des mittelalterlichen Europa, die manches miteinander verbindet. Sie lebten fast zeitgleich und waren adliger Herkunft. Alle drei hatten vorrangig religiöse Interessen. Sie kannten sich zumindest vom Hörensagen und schrieben sich Briefe. In der Regel wird an keine dieser Frauen erinnert, ohne dass nicht auch der Name Franziskus von Assisi fällt. Seine radikale Weise der Jesus-Nachfolge sowie sein charakteristischer Zugang zu den Armen seiner Zeit repräsentieren paradigmatisch die Armuts- und Bußbewegung um 1200, in der auch Klara, Elisabeth und Agnes zu verorten sind.[1] Die Darstellung der durch Franziskus angezeigten frömmigkeitsgeschichtlichen Wende umreißt den Hintergrund, vor dem Biografie und diakonische Praxis dieser drei Frauen betrachtet werden. Es wird gefragt, in welchem Ausmaß Faktoren wie Herkunft, Umfeld, Lebensform, Frömmigkeit und Geschlecht ihr Leben und Handeln jeweils bestimmt haben. Die Synopse lässt die Frauenbiografien in einem größeren Kontext erscheinen. Dabei ist insbesondere auch die jeweilige Nähe und Distanz zu Franziskus ein interessanter Vergleichspunkt.

Dieser Studie stellt sich ein für mittelalterliche Texte typisches Problem. Vom Leben der drei Frauen erzählen in erster Linie Heiligenviten. Diese Quellengattung will nicht historische Vorgänge in chronologischer Abfolge darlegen, sondern sie dient dazu, die feststehende Bedeutung einer Person zu illustrieren. So werden zeitgenössische Werte, Einstellungen, Interessen und Ziele anschaulich. Und insofern sind diese Quellen repräsentativer als etwa literarische Erzeugnis-

[1] Vgl. zur Bußbewegung die Zusammenfassung von André Vauchez, Die Büßerbewegung, in: ders., Gottes vergessenes Volk. Laien im Mittelalter, Freiburg u.a. 1993, 125–133.

se der Neuzeit.[2] Doch aus demselben Grund erschweren sie es, die Frauen in ihrer individuellen Gestalt zu fassen. Nicht zufällig gibt es zwischen den Viten von Klara und Agnes frappierende Ähnlichkeiten.[3] Dasselbe Problem existiert auch im Blick auf die Kanonisationsakten, die für Klara und Elisabeth erhalten sind. Ihnen liegt wie den Heiligenviten und etwaigen Wundererzählungen eine propagandistische Absicht zu Grunde.[4] Ungeachtet dessen lassen auch diese Quellen Rückschlüsse auf geschichtliche Ereignisse zu.[5] Der Schwerpunkt dieser Untersuchung wird auf Klara von Assisi liegen. Denn von ihr existieren selbst verfasste oder diktierte Schriften – darunter vier Briefe an Agnes von Prag –, die ein höheres Maß an Authentizität vermuten lassen als die anderen genannten Quellen.

1. Die Armen im 13. Jahrhundert: „pauperes Christi"

Um 1200 ist ein Bedeutungswandel des Ausdrucks „pauperes Christi" zu beobachten. Vorher wurden nur die Mönche, d.h. die freiwillig Armen, so bezeichnet. Im 13. Jahrhundert heißen alle Notleidenden so. An der Person des Franziskus lässt sich diese neue Sicht der Armen illustrieren.

Die Armen gelten im 12. Jahrhundert als „vicarii Christi", gleichsam als Stellvertreter und Abbilder Christi. Der einzelne arme Mensch verkörpert zum einen Gott, der das Leben der Reichen richtet. Dafür bietet besonders die Geschichte vom armen Lazarus (Lk 16,19–31) Anschauungsmaterial. Zum anderen vergegenwärtigt der Arme den lebendigen Christus, der selbst arm war. Letztlich bedeutet diese zweifache „Funktion" der Armen eine Demütigung für sie. Denn sie haben keinen Selbstzweck. Sie spielen eine Rolle nur in Bezug auf die Reichen. Sie werden zu Objekten der Fürsorge. Die Reichen können an den Armen

---

2 Vgl. hierzu Claudia Opitz, Frauenalltag im Mittelalter. Biographien des 13. und 14. Jahrhunderts (Ergebnisse der Frauenforschung 5), Weinheim/Basel ²1987, 15. Zur Quellenlage und zur Überlieferung der Handschriften (das lateinische Original des Prozesses ist bislang verschollen) im Blick auf Klara vgl. die Einführung in Engelbert Grau/Marianne Schlosser (Hrsg.), Leben und Schriften der heiligen Klara von Assisi, Kevelaer ⁸2001, 21–28, 113–116.

3 Vgl. dazu im Detail Martina Kreidler-Kos, Klara von Assisi: Schattenfrau und Lichtgestalt, Tübingen/Basel 2000, 240, Anm. 688.

4 Opitz, Frauenalltag 35ff. Vgl. zur propagandistischen Absicht von Wundererzählungen auch Hans-Henning Kortüm, Menschen und Mentalitäten. Einführung in Vorstellungswelten des Mittelalters, Berlin 1996, 296–300.

5 Beispielsweise taucht das Motiv des Eheschließungskonfliktes bzw. der „Heiligen Jungfrau" in vielen Heiligenviten auf (d.h. ein Mädchen gelobt schon in jungen Jahren gegen den Willen seiner Familie Keuschheit, um sich mit dem himmlischen Bräutigam Christus zu vermählen). Im Zeitraum 12.–14. Jahrhundert findet sich jedoch eine große Variationsbreite der Darstellungen solchen Widerstandes. Und es gibt auch in hagiografischen Lebensbeschreibungen Abweichungen vom Ideal der Jungfräulichkeit. Dieser Befund legt den Schluss nahe, dass es sich bei den entsprechenden Schilderungen nicht nur um einen literarischen Topos handelt. Vgl. Claudia Opitz, Evatöchter und Bräute Christi. Weiblicher Lebenszusammenhang und Frauenkultur im Mittelalter, Weinheim 1990, 21.

für ihre Sünden büßen und Barmherzigkeit üben. Zugleich jedoch sind die Armen gesellschaftlich Verachtete.[6] Erst gegen Ende des 12. Jahrhunderts kommen Arme als soziales und ökonomisches Problem in den Blick. Zu ihnen zählen Randständige wie Bettler, Leprose, Geächtete, Landstreicher, Krüppel, Prostituierte, Witwen und Gaukler.[7] Insbesondere in den Städten sind diese zu finden, begründet im zunehmenden Diktat der Geldwirtschaft, mit der oft Wucher einhergeht und die zu einer wachsenden Pauperisierung führt.[8]

Franziskus von Assisi gehört zu den Menschen, die den Armen ihre eigene Würde zurückgeben und sie aus ihrem Objektstatus befreien. „Der Arme und Betrübte wird wegen seines eigenen menschlichen und religiösen Wertes geschätzt und nicht nur als diensteifriges Instrument zur Sicherung des Seelenheils der Reichen."[9] – so lässt sich die neue Sichtweise auf die Armen treffend kennzeichnen. Am Anfang der Bekehrung des Franziskus steht seine Begegnung mit dem bzw. seine Umarmung des Aussätzigen. Franziskus erkennt sich selbst in diesem Aussätzigen wieder, seinen eigenen Aussatz und seine eigene Armut. Indem er den armen Anderen annimmt, nimmt er sich selbst so an, wie er ist.[10] In seinem Testament schreibt er rückblickend: „So hat der Herr mir, dem Bruder Franziskus, gegeben, das Leben der Buße zu beginnen: denn als ich in Sünden war, kam es mir sehr bitter vor, Aussätzige zu sehen. Und der Herr selbst hat mich unter sie geführt, und ich habe ihnen Barmherzigkeit erwiesen. Und da ich fortging von ihnen, wurde mir das, was mir bitter vorkam, in Süßigkeit der Seele und des Leibes verwandelt. Und danach hielt ich eine Weile inne und verließ die Welt."[11] Die durch die Begegnung mit dem Aussätzigen in Gang gesetzte Wende nimmt im Leben des Franziskus immer mehr Gestalt an. Auch am Umgang mit den Gauklern und anderen Randständigen wird die Absicht greifbar, die fatalen Trennungen zwischen den Marginalisierten und der ver-

---

6 Vgl. Michel Mollat, Die Armen im Mittelalter, München ²1987, 99–106, 109f.

7 Z.B. folgende sozial- und mentalitätsgeschichtliche Untersuchungen widmen diesen Gruppen eigene Kapitel: Kortüm, Menschen, 136–156: Randgruppen; Bronisław Geremek, Der Außenseiter, in: Jacques LeGoff (Hrsg.), Der Mensch des Mittelalters, Frankfurt a.M. 1996, 374–401. Davon zu unterscheiden sind die übrigen „pauperes", zu denen, von wenigen Ausnahmen abgesehen, fast die gesamte ländliche bzw. bäuerliche Bevölkerung zählt. Vgl. hierzu Kortüm, Menschen, 162–166.

8 Vgl. Aaron Gurjewitsch, Das Weltbild des mittelalterlichen Menschen, München 1989, 305–320: Gott und Mammon; Mollat, Die Armen, 112ff, erklärt, warum wegen der dort wachsenden Armut die Bettelorden sich in festen Wohnsitzen in den Städten niederlassen. Das war nicht von Anfang an so. Auch das bruderschaftliche Prinzip der Bettelorden speist sich aus den Elementen horizontaler Solidarität der städtischen Gesellschaft.

9 Mollat, Die Armen, 109.

10 Dazu Raoul Manselli, Franziskus. Der solidarische Bruder, Freiburg u.a. 1995, 42–70.

11 Lothar Hardick/Engelbert Grau (Hrsg.), Die Schriften des heiligen Franziskus von Assisi, Werl 1980, 213–216: Das Testament.

meintlich besseren Gesellschaft aufzuheben.[12] Franziskus und seine Gefährten sind nicht freiwillige Arme wie noch die Mönche im 12. Jahrhundert, sondern sie leben so wie die unfreiwilligen Armen und wollen sich in nichts von diesen unterscheiden. Deutlichster Ausdruck dessen ist das Betteln und der Verzicht nicht nur auf privates, sondern auch auf gemeinschaftliches Eigentum im langsam entstehenden Orden. Die Radikalisierung hat religiöse Gründe. Sie ist nichts anderes als eine konsequente Aneignung des Evangeliums der Armen. Maßgeblich prägend für das Selbstverständnis des Franziskus und der Seinen ist die Aussendungsrede Jesu (vgl. Mt 10,5–15), die sie sich wortwörtlich anzueignen suchen. In Anbetracht des nahen Himmelreichs Buße predigen und radikal arm leben sind die zwei Merkmale frühen franziskanischen Lebens.[13]

Die Armen sind die „pauperes Christi", die eigentlichen Lieblinge Christi. Zumindest in der ersten Hälfte des 13. Jahrhunderts herrscht diese Sichtweise auf die Armen vor. Die franziskanische Variante der mittelalterlichen Armuts- und Bußbewegung ist getragen von dieser Sicht.[14] Damit unterscheidet sie sich insbesondere vom Armutsideal der katharischen Bewegung, das nicht aus einer Wertschätzung der Armen resultiert, sondern aus einer Verachtung alles Körperlichen und Geschöpflichen, das es durch Fasten und andere Bußpraktiken zu überwinden gilt.[15]

---

[12] Manselli, Franziskus, 147–155; Geremek, Außenseiter, 393f. Die radikale Kehre des Franziskus wird durch ihr Gegenteil nochmals erkennbarer: Zunächst wollte er, der Kaufmannsohn, zum berittenen Adel aufsteigen.

[13] Vgl. z.B. Giovanni Miccoli, Die Mönche, in: LeGoff, Der Mensch, 47–86: 86: „Die in der Gesellschaft zu beobachtende Zunahme der Armut stellt sich nicht länger als bloßes Problem der Fürsorge und Wohltätigkeit dar [...]. Die conversatio inter pauperes, das Leben als Armer unter Armen, erscheint als glaubwürdigere und wahrheitsgetreuere Bezeugung des Evangeliums." Er bezeichnet Franziskus und die Seinen als Höhepunkt dieser Entwicklung. Auch Manselli, Franziskus, 71–103.

[14] Vgl. insgesamt Mollat, Die Armen, 107–121: Eine neue Sichtweise der Armut. Die Seelsorge der Bettelorden war in erster Linie eine Anleitung der Gläubigen zur tätigen und unmittelbaren Hilfe für die Armen. Daraus resultierte eine „Revolutionierung der Caritas" (Vauchez) im 13. Jahrhundert hin zur organisierten und öffentlichen Fürsorge (a.a.O., 122–142).
Hier ist kein Raum, um auf die „franziskanische Frage" einzugehen. Paul Sabatier hatte sie im 19. Jahrhundert angestoßen durch seine Franziskusforschung, die ihn zu der These führte, die ursprüngliche Intention des Franziskus sei massiv verraten worden durch die spätere Ordensbildung. Vgl. dazu den Forschungsüberblick von Franz Xaver Bischof, Die „Franziskanische Frage" – Ein ungelöstes historiographisches Problem, in: Münchener Theologische Zeitschrift 41.1990, 355–382.

[15] Manselli, Franziskus, 326, z.B. äußert sich zum Sonnengesang: „Ohne jemals polemisch zu werden, ist er zweifellos auch eine Antwort auf das Katharertum." Vgl. zum Katharertum und seinen rigorosen Bestimmungen für die „Vollkommenen" Malcolm Lambert, Ketzerei im Mittelalter. Eine Geschichte von Gewalt und Scheitern, Freiburg u.a. 1991, 165–226.

2. Klara von Assisi und die Liebe zur evangelischen Armut

Klara von Assisi bezeichnet sich in ihrem Testament als „kleine Pflanze des seligen Vaters Franziskus“.[16] Dadurch trägt sie selbst dazu bei, dass sie über Jahrhunderte hinweg im Schatten des Franziskus steht. Eine neuere feministische Studie holt Klara aus diesem Schatten ans Licht, indem sie versucht, Klara nicht in einem negativen Beziehungsgefälle zu Franziskus zu sehen.[17] Die vorliegende Lebensbeschreibung verdankt sich diesem anderen Blick auf Klara.

Klara wird um 1194 in Assisi geboren. Sie entstammt einer adligen Familie. Vom Vater Favarone ist so gut wie nichts bekannt. Als Herr im Haus regiert der Onkel Monaldo. Ansonsten rücken von Anfang an Frauen ins Blickfeld: Klaras Mutter Ortulana folgt Klara ebenso ins Kloster wie die beiden jüngeren Schwestern Katharina (später Agnes genannt) und Beatrice. Zudem zählen zum Haushalt Dienerinnen, die Klara ebenfalls anhängen und im Heiligsprechungsprozess zur familiären Situation und zu Klaras Biografie aussagen.

Klara erscheint in den Heiligsprechungsakten und der darauf basierenden Vita als ein Mädchen bzw. eine Jugendliche, die sich bereits früh für ein Leben als Pönitentin entscheidet. Dieses Leben verwirklicht sich in Beten, Fasten, Tragen eines Bußgewandes und Almosen-Geben sowie anderen Werken der Barmherzigkeit. Die Nachbarin und entfernte Verwandte Pacifica z.B. äußert, dass Klara, als sie noch in der Welt lebte, bedacht gewesen sei „auf die Werke der Barmherzigkeit“ und gern die Armen besucht habe.[18] Einiges spricht dafür, dass das der Wahrheit nahe kommt. Klara ist damit ein Kind ihrer Zeit, in der eine vielschichtige lebendige Bußbewegung insbesondere in den Städten an Boden gewinnt.

In Assisi sorgt die Bekehrung des Kaufmannsohnes Franziskus für Aufsehen. Die religiös sensibilisierte Klara dürfte von diesem Franziskus, der sich so ganz der „Frau Armut“ verschrieben hat, fasziniert gewesen sein. Franziskus selbst

---

16 Grau/Schlosser, Schriften, 304: „ego Clara [...] plantula sancti patris“. Dasselbe Bild benutzt Klara in der Ordensregel (a.a.O., 242f: plantula). Zudem spricht sie von Franziskus als „fundatorem, plantatorem et adiutorem nostrum in servitio Christi“ (a.a.O., 308); Franziskus erscheint hier also als Gründer, Pflanzer und Unterstützer des Ordens der Schwestern von San Damiano. Vgl. zur korrekten Einordnung dieser Metapher Kreidler-Kos, Klara, 325–327.

17 Kreidler-Kos, Klara. Eine teils ähnliche Sichtweise hat auch Anton Rotzetter, Klara von Assisi. Die erste franziskanische Frau, Freiburg u.a. 31994.

18 Grau/Schlosser, Schriften, 34f. Weitere ähnliche Äußerungen zu Klaras Kindheit und Jugend macht Bona, die Hausangestellte: Klara habe schon als Kind die Speisen, die sie selbst essen sollte, den Armen geschickt und sich guten Werken gewidmet (a.a.O., 105). Herr Ranieri, Sohn des Bernardo von Assisi, bestätigt, dass Klara schon als Kind Werke der Heiligkeit wie Fasten, Beten und Almosen geben vollbracht habe. Zugleich erwähnt er die vielen Heiratsanträge, denen Klara nie zugestimmt habe (a.a.O., 107). Auch der letzte Zeuge im Heiligsprechungsprozess, Joanni, Sohn des Ventura von Assisi, spricht davon, Klara habe bereits in jungen Jahren sich so verhalten, „als hätte sie schon lange Zeit im Kloster gelebt“. Unter anderem habe sie als jugendliche Büßerin ein weißes Etamintuch getragen, also ein Bußkleid aus rauem Stoff (a.a.O., 110).

behauptet, in einer Vision sei ihm offenbart worden, dass sich zu seiner Bruderschaft auch eine Schwesternschaft gesellen würde. Deshalb sucht er um 1210 Klara auf, deren heiligmäßiges Leben stadtbekannt ist.[19] Es finden mehrere heimliche Gespräche zwischen beiden statt, in denen Franziskus den Quellen zufolge wie ein Erweckungsprediger erscheint, der Klara für Jesus Christus und einen weiblichen Ordenszweig gewinnen will.[20] Am 18. März 1212, kurz vor Palmsonntag, ist die Entscheidung gefällt. Klara verkauft zunächst ihr Erbteil und einen Teil des Erbes der Schwester Beatrice und gibt den Erlös den Armen.[21] Ihr anschließender Übertritt in die Bußgemeinschaft des Franziskus erfolgt in zwei Schritten. Zum einen findet in der Bischofsmesse am Palmsonntag die symbolische Vermählung mit Christus statt. Zum anderen vollzieht Klara in der darauffolgenden Nacht die Flucht aus dem Elternhaus. Als sie mit ihrer Gefährtin in Portiuncula, der Kirche des Franziskus und seiner Freunde, ankommt, schneidet Franziskus ihr die Haare ab und übergibt ihr ein Sackkleid – Zeichen eines Standeswechsels und der Zugehörigkeit zu Christus. Mit diesem Vorgang ist zugleich das Versprechen des Gehorsams Franziskus gegenüber verbunden. Dieses Versprechen bedeutet, dass Franziskus auch in rechtlicher Hinsicht die Bezugsperson für Klara ist.[22]

Danach führt Franziskus Klara zusammen mit ihrer Begleiterin Pacifica in das Benediktinerinnenkloster San Paolo delle Abbadesse. Dort soll sie als „Franziskanerin“ leben, d.h. Dienste wie eine Magd übernehmen. Da Klaras Verwandtschaft sie unter Führung ihres Onkels Monaldo zurückholen will, entblößt sie ihr Haupt, um auf ihren Statuswechsel hinzuweisen.[23] Die Verwandtschaft zieht sich wieder zurück. Doch Klara will keine Benediktinerin werden, und auch das Kloster hat Angst vor weiterer Bedrängnis durch Klaras Verwandtschaft. Deshalb geht Klara zur Kirche Sant'Angelo di Panzo. Es wird

---

19 Vgl. Rotzetter, Klara, 67f. Demnach war es lange Zeit Konsens in der Forschung, Klara habe die Initiative zu einer ersten Begegnung ergriffen. Doch Beatrice, Klaras Schwester, äußert sich im Heiligsprechungsprozess wie folgt: „Als der heilige Franziskus den Ruf ihrer [=Klara] Heiligkeit vernommen hatte, ist er oft zu ihr gegangen, um mit ihr zu sprechen, so daß sie, die Jungfrau Klara, auf seine Predigt hin der Welt und allen irdischen Dingen entsagt hat und hingegangen ist, Gott zu dienen, so schnell sie konnte.“ (Grau/Schlosser, Schriften, 91). Der Kontakt entstand vermutlich über Klaras Cousin Rufin, der schon länger Gefährte des Franziskus und Mitglied seiner Bruderschaft war.

20 Die Hausangestellte Bona war bei diesen Unterredungen Klaras Begleiterin, während Franziskus von Bruder Filippo Longo begleitet wurde. Sie berichtet, wie Franziskus immer wieder davon gesprochen habe, sie „sollte sich zu Jesus Christus bekehren“ (Grau/Schlosser, Schriften, 105). Dieser Aufruf meint nicht eine Bekehrung des Herzens, denn diese hatte Klara längst vollzogen. Anvisiert ist eine andere Lebensform für Klara.

21 Vgl. die Äußerungen Beatrices in Grau/Schlosser, Schriften, 91. Am genauesten berichtet über den Verkauf des Erbteils Cristiana, Klosterfrau in San Damiano (a.a.O., 96).

22 Zur Bedeutung der Vorgänge am Palmsonntag und zum Verkauf des Erbes auch Rotzetter, Klara, 73–77, 78–80.

23 Die Klara-Legende berichtet von dramatischen, gewaltsamen Versuchen der Verwandtschaft, Klara zu holen (Grau/Schlosser, Schriften, 126f).

vermutet, dass dort eine Beginengemeinschaft existierte. Klara und Pacifica leben eine gewisse Zeit bei diesen „Büßerinnen". Nachdem Klaras Schwester Agnes zu ihnen gestoßen ist, machen die drei sich gemeinsam auf den Weg nach San Damiano – das wird Klaras Aufenthaltsort bis zu ihrem Tod (von 1212 bis 1253). Bald schließen sich weitere Gefährtinnen an – Indiz für das große Ansehen, das Klara bereits hat.[24]

Der älteste von Franziskus erhaltene Text ist die „Lebensform für die heilige Klara", der in den Anfangsjahren von San Damiano 1212 oder 1213 verfasst wurde. Darin verspricht Franziskus, dass er selbst und seine Brüder die Schwestern immer gleichsam als Vollmitglieder der Bruderschaft in ihrem „Leben nach der Vollkommenheit des Evangeliums" unterstützen wollen. Dieses Leben bedeutet die „heiligste Armut" bzw. radikale Besitzlosigkeit in der Nachfolge Jesu nach Mt 10. Anders jedoch als den Brüdern ist Klara und ihren Schwestern verwehrt, predigend durch das Land zu wandern. Eine ebenfalls von Franziskus höchstwahrscheinlich für sie verfasste „Regel für Einsiedeleien" verdeutlicht, dass Klaras Leben und das ihrer Schwestern von Anfang an seinen Schwerpunkt in der Kontemplation hat. Es ist geprägt von strengem Fasten und anderen harten Bußübungen und besteht ansonsten im schweigenden Offensein für Gott sowie der Handarbeit, die durch Franziskus eine enorme Hochschätzung erfahren hat.[25]

Klara wird in San Damiano zunächst Oberin und später Äbtissin. Die Mitglieder ihrer Gemeinschaft werden Schwestern vom Orden des Hl. Damian genannt. Nach Klaras Tod, genauer seit 1263, heißen sie „Orden der heiligen Klara" bzw. Klarissen.

---

[24] Die gesamte „Odyssee nach San Damiano" mit all ihren offenen Fragen diskutiert Kreidler-Kos, Klara, 148–153. Sie deutet den langen Weg als Suchbewegung Klaras. Darüber hinaus könnte es sein, dass die Frauen erst, nachdem Klaras Schwester dazugestoßen war (dazu vgl. Rotzetter, Klara, 82–84), eine Klostergemeinschaft bilden können, gemäß dem römischen Rechtsgrundsatz „tres faciunt collegium".

[25] Die „forma vivendi" des Franziskus fand in Klaras eigene Regel Aufnahme; vgl. dazu und zu den Streitpunkten radikale Armut und seelsorgerliche Betreuung der Schwestern Kreidler-Kos, Klara, 154–159. Zur von Anfang an kontemplativen Lebensweise der Schwestern und zur Tatsache, dass sowohl im Blick auf die Grundversorgung der Schwestern als auch im Blick auf die seelsorgerliche Betreuung Franziskus und seine Mitbrüder sich an ihre ersten Versprechen nicht gehalten haben, vgl. auch Rotzetter, Klara, 94–98. In a.a.O., 68f, wird klar, warum im Mittelalter die Schwestern nicht einfach die Lebensweise (Wanderpredigt, randständiges Leben) übernehmen konnten. Im Lauf der Zeit bildet sich das Amt der Martas (Dienstschwestern) heraus, die den Lebensunterhalt für die Gemeinschaft erbetteln. Denn die durch die franziskanischen Brüder zugesagte Unterstützung bleibt bisweilen aus. Dieses Betteln, mit anderen Worten, das Leben wie die unfreiwilligen Armen, ist dringendster Wunsch von Klara selbst ebenso wie die Bußpredigt. Den Dienstschwestern begegnet sie immer mit äußerster Hochachtung (a.a.O., 99f). Vgl. zum Leben in San Damiano auch Edith van den Goorbergh/Theo Zweerman, Klara von Assisi – Licht aus der Stille. Zu ihren Briefen an Agnes von Prag, Kevelaer 2001, 29f.

Papst Innozenz III. gewährt der Gemeinschaft um 1216 das in seiner Echtheit umstrittene „Armutsprivileg"[26]. Das bedeutet, dass die Schwestern in absoluter Besitzlosigkeit leben dürfen und nicht dazu gezwungen werden können, Besitztümer anzunehmen. Für Klara ist dieses Privileg ein Glücksfall – war das Leben in radikaler evangelischer Armut doch ihr größtes Anliegen. 1228 erneuert Gregor IX. nach heftigen Auseinandersetzungen mit Klara dieses Privileg in der Bulle „Sicut manifestum est". Doch handelt es sich bei Gregors Bestätigung eher um ein „Armutsindult", das lediglich einigen franziskanischen Frauenkonventen die völlige Armut erlaubt und zudem weniger Gewicht hat als ein Privileg.[27] Im Prinzip verfolgt Papst Gregor IX., der bereits als Kardinal Hugolin in seiner Funktion eines päpstlichen Legaten von Nord- und Mittelitalien seit 1217 mit Buß- und Armutsbewegungen zu tun hatte, eine andere Politik. Er will den entstandenen Gemeinschaften eine kirchenrechtlich gültige Lebensform oktroyieren, nachdem seit dem 4. Laterankonzil 1215 die Gründung von Gemeinschaften mit neuen Ordensregeln untersagt war.[28] Seine für die Frauengemeinschaften entwickelten Konstitutionen nehmen die Benediktregel zur Grundlage. Es ist völlig klar, dass diese „Regel der Mäßigung" (discretio als ein Schlüsselwort), welche Armut nur im Sinne des Verzichts auf Privateigentum kennt, dem franziskanischen Ideal diametral entgegengesetzt ist. Entsprechend ablehnend fällt die Reaktion Klaras aus. Ihr Leben lang muss sie dagegen kämpfen, dass ihr und ihrer Gemeinschaft eine solche Regel und damit die Annahme kollektiven Besitzes aufgezwungen wird.[29] Klara nimmt zudem nicht freiwillig den Titel

---

[26] In der Forschung gibt es Tendenzen, dieses Privileg für eine Fälschung zu halten. 1215 verbot das vierte Laterankonzil die Gründung von Orden mit einer neuen Regel. Das Privileg von Innozenz III. würde eine Ausnahme bzw. gleichsam die Gewährung eines neuen Ordens bedeuten. Entsprechend wird auch behauptet, Klaras Testament, in dem sie die Bitte dieses Privilegs erwähnt, sei eine Fälschung aus späterer Zeit. Zu dieser Forschungsdebatte vgl. Kreidler-Kos, Klara, 107–116; zum Testament a.a.O., 91–93.

[27] Vgl. a.a.O., 114–116. Zur problematischen Politik Gregors a.a.O., 163–172.

[28] Kreidler-Kos, Klara, 116–123. Zum Folgenden, auch zum genaueren Vergleich zwischen Benediktregel und franziskanischem Radikalismus a.a.O., 118–120. Bei den Konstitutionen Hugolins scheinen nur die strengen Fastenbestimmungen ein Zugeständnis an Klaras Lebensform. Hierin unterscheidet er sich deutlich von den Auffassungen der Benediktregel (a.a.O., 120f).

[29] Die Konstitutionen des Hugolin führen nicht zu einer einheitlichen Regelung für alle Frauenklöster. Deshalb verpflichtet der Nachfolger Innozenz IV. mit der Bulle „Quoties a Nobis" vom 6.8.1247 alle Frauengemeinschaften nach dem Vorbild San Damianos auf eine neue, eigenhändig verfasste Regel. Vor allem die harten Fastenbestimmungen wurden abgemildert. Doch ansonsten blieb der Kern der hugolinischen Konstitutionen bestehen. Insbesondere die „Lösung" der Besitzfrage war ganz und gar nicht in Klaras Sinne. Zugeständnisse an ein „franziskanisches" Leben waren: das Beten des franziskanischen Stundenbuches, das Sprechen der Gelübde auf Franziskus, nicht auf Benedikt; die Bestätigung der von Schwestern gewählten Äbtissin durch den OFM-Generaloberen. Doch wegen ihrer Inkonsequenz konnte die Regel des Innozenz sich nicht durchsetzen, so dass er ihre Allgemeinverpflichtung 1250 wieder zurücknahm. Vgl. Kreidler-Kos, 122f und Jaroslav Polc, Agnes von Böhmen 1211–1282. Königstochter – Äbtissin – Heilige. Mit Beiträgen

einer Äbtissin an, was auch zu schweren Konflikten mit Franziskus führt, der dieses päpstliche Ansinnen unterstützt.[30] Als Beispiel für Klaras Kämpfe sei hier Pacifica, Freundin der ersten Stunde, Mitschwester und erste Zeugin im Kanonisationsprozess, zitiert, die daran erinnert, „dass Klara die Armut ganz besonders liebte, weil sie niemals dazu gebracht werden konnte, Eigentum zu haben, noch Besitz anzunehmen, weder für sich noch für das Kloster. – Auf die Frage, wie sie das wüsste, antwortete sie, daß sie selbst gesehen und gehört habe, wie Papst Gregor seligen Angedenkens ihr viele Dinge geben und Besitz für das Kloster erwerben wollte, aber sie niemals damit einverstanden sein wollte."[31] In seinem Drängen zur Annahme von Besitz erscheint der Papst gleichsam wie ein Verführer, der von Christus selbst abbringen will. Anders ist folgende eigensinnige und widerständige Behauptung Klaras gegenüber Papst Gregor IX. nicht zu verstehen: „Heiliger Vater, auf gar keine Weise will ich in Ewigkeit von der Nachfolge Christi befreit werden."[32] Klara kämpft mit aller Kraft für ihr Ideal evangelischer Armut. Das oben erwähnte Armutsindult Gregors von 1228 ist ein kleiner Etappensieg in diesem Kampf. Doch es dauert noch bis kurz vor Klaras Tod, dass Innozenz IV. dem weiblichen Zweig des Franziskanerordens insgesamt die gemeinschaftliche Armut gestattet bzw. die von Klara selbst entworfene Regel annimmt.[33] Trotz dieses Erfolgs am Lebensende scheinen die Verluste im Leben der Klara schwerer zu wiegen. Klara stirbt als Äbtissin, die sie nie hatte sein wollen, in einem streng klausurierten Frauenorden, obwohl sie die Klausur zu Gunsten eines außenorientierten Engagements gerne gemildert gesehen hätte.[34] Klaras Schwester Beatrice fasst, auf die Frage antwortend, worin die Heiligkeit Klaras während ihres Lebens im Kloster bestanden habe, zusammen: „In der Jungfräulichkeit, in der Demut, in der Geduld und Güte, in den notwendigen Zurechtweisungen, in zärtlichen Ermahnungen der Schwestern, in der Beharrlichkeit im Gebet und in der Beschauung, in der Abstinenz und im Fasten, im harten Bett und in den rauen Kleidern, in der Geringschätzung ihrer selbst, in der Glut der Liebe Gottes, im Verlangen nach dem Märtyrertod und ganz besonders in der Liebe zum Privileg der Armut."[35] Dieses Zitat

---

von Barbara Sasse und Aleš Zelenka (Lebensbilder zur Geschichte der böhmischen Länder 6), München 1989, 79–101.

[30] Vgl. dazu den Bericht der langjährigen Begleiterin Pacifica di Guelfuccio in: Grau/Schlosser, Schriften, 35f. Den Hintergrund der Konflikte mit Franziskus entfaltet Kreidler-Kos, Klara, 175–203, konkret zur Frage nach dem Äbtissinentitel a.a.O., 181–193.

[31] Grau/Schlosser, Schriften, 38.

[32] Grau/Schlosser, Schriften, 133. Zur Beziehung zwischen Hugolin/Gregor IX. und Klara vgl. auch die Analyse seiner Briefe an Klara bei Kreidler-Kos, Klara, 123–126.

[33] Entstehung der Regel und Text bei Grau/Schlosser, Schriften, 227–234, 238–293. Vgl. zur Regel auch Kreidler-Kos, Klara, 90f; die päpstliche Bulle „Solet annuere" vom 9.8.1253 bestätigt endgültig die „Lebensweise des Ordens der Armen Schwestern".

[34] Vgl. die Hinweise bei Kreidler-Kos, Klara, 292–302.

[35] Grau/Schlosser, Schriften, 93.

illustriert, dass nicht diakonische Praxis, sondern – bedingt durch die klösterliche Klausur – allein eine sublimierte Form evangelischer Armut Klaras Leben bestimmt. Klara war zeitlebens schwer krank. Eventuell lässt sich das als Ausdruck ihres Widerstandes gegen das letztlich hohe Maß an Fremdbestimmung lesen.[36] Während im Zitat der Schwester aber die besondere Liebe zum Privileg der Armut wenigstens an exponierter Stelle erwähnt ist, verlagern Heiligsprechungsprozess und Lebensbeschreibung den Schwerpunkt ihrer Aufmerksamkeit auf Klaras Keuschheit. Die aus Klaras Feder stammenden oder von ihr diktierten Schriften sowie die aus anderen Quellen hervortretenden Kämpfe um das Armutsprivileg verlangen nach einer deutlichen Korrektur dieses Bildes. Thomas von Celano, der die Legende Klaras aus Anlass ihrer Heiligsprechung am 15. August 1255 auf päpstlichen Auftrag hin verfasst hat, tut in einem an den Auftraggeber, Papst Alexander IV., vorgeschalteten Brief seine hermeneutischen Voreinstellungen kund. Nach deren Lektüre überrascht die Fokussierung auf das Thema Keuschheit kaum mehr. Offensichtlich zeitigen männliches Vorurteil und Projektion eine solche Gewichtung. Thomas von Celano charakterisiert im ersten Teil des Briefes Franziskus und Dominikus als Geschenke Gottes an eine untergehende Welt. Er fährt fort: „Auch dem ‚schwächeren' Geschlecht durfte die Hilfe nicht fehlen, da es, vom Wirbel der Lust erfasst, kein geringerer Wille zum Sündigen hinzog und eine noch größere Gebrechlichkeit dazu antrieb. Deshalb erweckte der gütige Gott die ehrwürdige Jungfrau Klara und zündete in ihr der Frauenwelt eine Lampe an [...]".[37] Die politische Spitze der franziskanischen Armuts- und Bußbewegung ist damit gebrochen. Es findet eine Entpolitisierung statt und eine Verengung auf das Thema „sittlicher Zucht".

Vor dem Hintergrund solcher Verzerrungen soll Klara selbst das letzte Wort haben. Als sie bereits im Sterben liegt, heißt es von ihr: Sie „erflehte für alle Frauen der armen Klöster, für die gegenwärtigen und kommenden, die Gnade reichsten Segens". Dieser Segen endet: „Seid immer Liebhaberinnen Gottes, eurer eigenen Seele und all eurer Mitschwestern und seid immer besorgt zu beobachten, was ihr dem Herrn versprochen habt."[38] Hier ist die unauflösliche Verbindung von Gottes-, Selbst- und Nächstenliebe auf den Punkt gebracht. Umfassende Lebensbejahung und Klugheit sprechen aus diesem Segen. Er

---

36 Vgl. dazu Kreidler-Kos, Klara, 203–217, 331f. Kreidler-Kos selbst interpretiert das radikale Fasten allerdings als Klaras Weise, die Armut in ihrem Kloster zu institutionalisieren, nachdem das über das Betteln nicht möglich war.

37 Grau/Schlosser, Schriften, 117.

38 Zit. n. Kreidler-Kos, Klara, 133. Die Autorin benutzt diesen Segen als Struktur für zwei wesentliche Momente von Klaras Vita: die religiöse Suche und deren Ziel im Leben der radikalen evangelischen Armut sowie die schwesterliche Gemeinschaft mit anderen Frauen. Einen ganz ähnlichen Segen erteilt Klara auch Agnes von Prag und den Ihren: „Immer sollt ihr in der Liebe zu Gott, zu Eurer eigenen Seele und zur Seele Eurer Schwestern stehen" (Grau/Schlosser, Schriften, 321).

vermittelt ein Klarabild, das der wirklichen Klara wohl gerechter wird als manche vermeintlich fromme Überzeichnung.

3. Elisabeth von Thüringen und die tatkräftige Solidarität mit den Armen

„Bei dem Adel, der in der Heiligkeit liegt, und bei der Schwachheit, die den Menschen anhaftet, wundert es mich sehr, daß Sankt Elisabeth so schnell heiliggesprochen wurde, da sie erst unlängst begraben wurde. Da erklärte mir unser Herr und sprach: ‚Es ist gut für die Boten, daß sie schnell kommen. Elisabeth ist und war ein Bote, den ich zu den unfrommen Frauen, die in den Burgen saßen, gesandt habe. Sie waren von Unkeuschheit so verzehrt und vom Hochmut so überzogen und von Eitelkeit stets eingenommen, daß sie von Rechts wegen in den Abgrund gekommen wären. Ihrem Vorbilde ist manche Frau gefolgt, so wie sie es konnte oder vermochte.'"[39] Die Begine Mechthild von Magdeburg (1207/12–1282/94) erinnert in dieser Passage ihres Werks Elisabeth von Thüringen als eine Botin Gottes, die wie sie selbst ein alternatives Leben zu dem der adligen und „unfrommen" Frauen „in den Burgen" wählte. Elisabeth lebte von 1207 bis 1231 und wurde 1235 heilig gesprochen. Sie, nicht Klara, ist diejenige, die in der Literatur am häufigsten als der weibliche Gegenpart zu Franziskus von Assisi in Erscheinung tritt.[40]

Elisabeth ist die Tochter der Gertrud von Andechs-Meranien und des ungarischen Königs Andreas II. Als Vierjährige wird sie aus politischen Gründen dem ältesten Sohn des thüringischen Landgrafen angetraut und zur Erziehung an dessen Hof auf die Wartburg gebracht. Als ihr Verlobter Heinrich stirbt, heira-

---

[39] Mechthild von Magdeburg, Das fließende Licht der Gottheit 2., neubearbeitete Übersetzung mit Einführung und Kommentar von Margot Schmidt (Mystik und Geschichte und Gegenwart Abt. 1: Christliche Mystik 11), Stuttgart/Bad Cannstatt 1995, 203f.

[40] Zu den Quellen über Elisabeth: Nach ihrem Tod wurden für den Heiligsprechungsprozess die Aussagen der vier Dienerinnen Elisabeths notiert (neben den auch später engen Vertrauten Guda und Isentrude waren es Irmingarde und Elisabeth). Dieser „Libellus" ist die wichtigste Quelle. Die erste Biografie über Elisabeth wird 1237 von Caesarius von Heisterbach OC verfasst, der sich dabei auf die Akten des Kanonisationsprozesses stützt. Gegen Ende des 13. Jahrhunderts schreibt Dietrich von Apolda OP eine zweite Biografie, die viele legendäre Züge aufweist. In beiden Biografien wird adligen und frommen, insbesondere verheirateten Frauen in Elisabeth ein Modell der Heiligkeit zur Nachahmung empfohlen, wie es Papst Gregor IX. bereits in einem Brief gegenüber Königin Beatrix von Kastilien bald nach der Heiligsprechung getan hat. Zudem gibt es noch einen Lebensabriss der Elisabeth von Konrad von Marburg.
Eine deutsche Übersetzung der Quellen zu Elisabeth: Elisabeth von Thüringen, hrsg. und eingeleitet v. Walter Nigg, Düsseldorf 1963; die folgende Lebensbeschreibung orientiert sich sehr eng an André Vauchez, Die Prinzessin und die Armen: Elisabeth von Thüringen, in: ders., Gottes vergessenes Volk, 137–153. Zu den vielen Gemeinsamkeiten zwischen Franziskus und Elisabeth vgl. Kaspar Elm, Die Stellung der Frau in Ordenswesen, Semireligiosentum und Häresie zur Zeit der heiligen Elisabeth, in: Sankt Elisabeth: Fürstin, Dienerin, Heilige. Aufsätze, Dokumentation, Katalog, hrsg. v. der Philipps-Universität Marburg in Verbindung mit dem hessischen Landesamt für geschichtliche Landeskunde, Sigmaringen 1981, 7–28: 23f.

tet sie 1221 dessen jüngeren Bruder Ludwig IV., der nach dem Tod seines Vaters 1218 Landgraf wird. Die Ehe, aus der drei Kinder hervorgegangen sind, wird als glücklich geschildert. Sie dauert allerdings nur wenige Jahre, denn Ludwig bricht 1227 zum Kreuzzug auf und findet bald darauf in Otranto, noch vor der Einschiffung in den Orient, ein frühes Ende durch eine epidemische Erkrankung.

Elisabeth lebt wie eine Prinzessin, begleitet ihren Mann auf seinen Reisen und nimmt an seiner Seite auch am deutschen Reichstag von Würzburg teil. Nach außen hin gibt sie sich standesgemäß und nimmt, gut gekleidet, an öffentlichen Zeremonien und Banketten teil. Doch bereits in dieser Zeit ist sie zugleich sehr fromm und lebt als Privatperson das Leben einer Büßerin, die bekannt ist für ihre Wohltätigkeiten gegenüber Armen. Die Dienerinnen überliefern zwei Geschichten, die davon Zeugnis geben. Zum einen soll Elisabeth auf der Wartburg Leinen gesponnen haben, um die Minderbrüder[41] und die Armen mit Kleidung zu versorgen. Auch zerreißt sie ein großes Leinentuch und stellt daraus Leichentücher her, mit denen die Armen ihre Toten einwickeln können. Zum anderen wacht sie selbst während einer großen Hungersnot 1226 – ihr Mann ist abwesend – über die Lebensmittelverteilung. Dabei beeindruckt sie vor allem durch ihre Großzügigkeit, die von den Verwaltern der Burg gegenüber dem zurückgekehrten Landgrafen als Verschwendung verunglimpft wird. Ihre Sorge gilt den Armen, Gebrechlichen, Kranken und Kindern, die auf Hilfe besonders angewiesen sind. Für diese leert sie einen großen Teil der Kornkammern des Landes und zieht deshalb den Zorn der Mächtigen auf sich.[42] Bei alldem ist entscheidend, dass Elisabeth die „franziskanische" Haltung gegenüber diesen Armen teilt: Sie sucht die direkte Beziehung zu den Hilfsbedürftigen. Sie legt Wert darauf, die Gaben selbst zu verteilen. Sie pflegt gleichsam familiäre Kontakte. Noch bevor sie Witwe ist, besucht sie z.B. in Not geratene Schwangere, um sie mit Geld zu unterstützen oder die Patenschaft ihrer Kinder zu übernehmen. Zusammengefasst lebt Elisabeth eine „authentische Spiritualität der Nächstenliebe, die sich auf drei Ebenen entfaltet: der Gabe, der Erniedrigung, d.h. dem Bemühen, sich den Armen in ihren konkreten Existenzbedingungen zuzuwenden, sowie dem Mitleid, der ergriffenen Aufmerksamkeit für fremdes Leid, welches sie zu Gesten veranlasste, die weit über eine einfache Großzügigkeit gegenüber den Mitmenschen hinausgehen."[43]

Es wird glaubhaft bezeugt, dass Elisabeth als Prinzessin eine besondere Form des Widerstandes ausbildet. Sie verweigert Lebensmittel und Speisen, über de-

---

[41] Das sind die Franziskaner, Mitglieder des Ordo fratrum minorum – OFM, dtsch. Orden der Minderen Brüder.

[42] Vgl. z.B. Optiz, Evatöchter, 44ff, die deutlich macht, inwieweit sich in den Schilderungen auch Konflikte widerspiegeln in Bezug auf die christliche Ehelehre und die hierarchische Gesellschaftsordnung. Zum Lebenswandel der Elisabeth während ihrer Ehe vgl. Nigg, Elisabeth, 73–83.

[43] Vauchez, Prinzessin, 143.

ren Herkunft sie nicht informiert wird. Ludwig IV. klärt sie über die Provenienz der Gerichte auf, wenn er anwesend ist. Doch in seiner Abwesenheit zieht Elisabeth das Hungern dem Verzehr von Speisen zweifelhafter Herkunft vor. Zweifelhaft in ihren Augen sind den Aussagen der Dienerinnen zufolge die Lebensmittel, die von Domänen-Agenten stammen. Diese sind bekannt für ihre Habgier, die sie auf Kosten der Bauern und Armen ausleben. Zweifelhaft sind auch die Einkünfte, die ihr Mann aus der Oberherrschaft in Thüringen bezieht. Elisabeth scheint mit ihrem Verhalten also gegen den Aufstieg des Territorialstaates zu protestieren, der unterdrückerische Verwaltungsstrukturen und ein ausbeuterisches Steuersystem ausbildet. Offensichtlich unterscheidet Elisabeth von diesen lehnsherrlichen Einkünften diejenigen, die ihr Mann aus seinen eigenen vermögensrechtlichen Gütern bezieht. Falls die ihr vorgesetzten Gerichte nicht von dort stammen, nimmt Elisabeth Geld aus ihrer Mitgift, um bei vertrauenswürdigen Personen selbst einzukaufen oder durch Boten einkaufen zu lassen und damit für sich und ihre Gefährtinnen den Lebensunterhalt bestreiten zu können.[44] An diesem Sachverhalt wird bei Elisabeth ein für damalige Verhältnisse „außergewöhnliches Bewusstsein einer kollektiven Dimension von Ungerechtigkeit" anschaulich.[45] Gerade diese politische Ausrichtung lässt Elisabeth auf einer Ebene mit Franziskus erscheinen.[46]

Ein weiteres Indiz für Elisabeths politische Gesinnung zeigt sich in dem hohen Maß, in dem sie unter den territorialen und militärischen Auseinandersetzungen leidet, in die ihr Mann verwickelt ist.[47]

Als Witwe von 20 Jahren mit drei Kindern, von denen das letzte nach dem Tod des Mannes geboren wird, weigert Elisabeth sich konstant, dem Ansinnen ihrer Schwiegerfamilie nachzugeben und erneut zu heiraten. Wegen wachsenden Drucks seitens der Angehörigen verlässt sie 1227 die Wartburg und zieht sich nahe bei Eisenach mit ihren zwei liebsten Gefährtinnen, Guda und Isentrude, in

---

[44] Elisabeth erscheint hier deutlich in der Rolle der Hausherrin (domina). Dazu Opitz, Evatöchter, 36f.

[45] A.a.O., 202, Anm. 40. Vgl. auch Vauchez, Prinzessin, 145.

[46] Ebd. heißt es von Franziskus, dass dieser „gegen die Ungerechtigkeiten der kommunalen Gesellschaft in Italien angegangen war, indem er mit ihr brach und daraufhin eine Bruderschaft begründete, in der alle kulturellen Barrieren und Klassenschranken beseitigt waren. Elisabeth als Frau konnte es ihm nicht gleich tun. Aber sie hatte verstanden, daß die Wiederherstellung der Solidarität mit der Masse der Bedürftigen und Ausgebeuteten zwingend über die Ablehnung eigener Besitztümer und des Geldes führen musste."

[47] Ludwig IV. hat 1219 den Erzbischof von Mainz besiegt und ihm einige Lehen und Rechte abgenommen. Es wurde behauptet (z.B. von Matthias Werner, Die heilige Elisabeth und Konrad von Marburg, in: Sankt Elisabeth, 45–69: 51), dass Konrad von Marburg Elisabeth dazu zwang, von diesen ungerechtfertigt angeeigneten Kirchengütern nichts zu nehmen. Doch ihre Weigerung reiht sich ein in die anderen Formen des Protestes. Der Einfluss des Konrad von Marburg in dieser Hinsicht ist nicht gesichert. Vgl. Vauchez, Prinzessin, 144f.

ein baufälliges Haus zurück, um sich ganz dem Dienst der Armen zu widmen.[48] Ihr Lebensstand als verwitwete Büßerin, die nicht in ein Kloster eintritt, obwohl sie das Kapital dazu hätte, ist eine Neuheit.[49] Die Entscheidung zu dieser Lebensform dürfte beeinflusst gewesen sein durch die ersten Minderbrüder, die um 1221/22 nach Deutschland gekommen waren. Insbesondere der Laienprediger Rüdiger, der wohl vor Konrad von Marburg Elisabeths Beichtvater war, bestärkte Elisabeth vermutlich darin, dieser Spur zu folgen.[50]

Nach einem Zwischenstopp in Schloss Pottenstein, von wo aus sie, veranlasst durch ihren Onkel, Erzbischof Ekbert von Würzburg, der Beisetzung der sterblichen Überreste ihres Mannes beiwohnt, geht Elisabeth 1228 nach Marburg, verkauft ihren restlichen Besitz, verteilt das Geld an die Armen und errichtet für diese ein Hospiz, für das sie Franziskus von Assisi als Schutzpatron wählt. Dieser war kurze Zeit vorher heilig gesprochen worden. In Marburg legt Elisabeth in Gegenwart von Minderbrüdern das graue Bußgewand an. Hier, wie in der Namengebung des Hospitals, zeigt sich Elisabeths Verbundenheit zur franziskanischen Bewegung. Spektakulär ist die große Zeremonie, in der Elisabeth ihren Besitz verteilt. Alle Armen, die im Umkreis von zwölf Meilen leben, werden zusammengerufen. 500 Silbermark, eine beträchtliche Summe, verschenkt Elisabeth gleichmäßig unter diesen Armen. Nachdem bei Anbruch der Nacht die meisten wieder gegangen sind, lässt Elisabeth den verbleibenden Kranken jeweils sechs Denare aushändigen, zündet ein Feuer an und wäscht und parfümiert die Kranken. Ihr Motto, das sie ihren Gefährtinnen gegenüber äußert: „Seht, ich habe es doch gesagt, wir sollen die Menschen froh machen."[51]

Bereits als Verheiratete hat Elisabeth den Traum, mit ihrem Mann zusammen das Schloss zu verlassen und bettelnd durch die Welt zu reisen. Als Witwe nun bittet sie ihren Beichtvater Konrad von Marburg mehrmals um die Erlaubnis

---

[48] Die Beziehung zum thüringischen Hof war aus politischen Gründen wegen Elisabeths Herkunft aus Ungarn im übrigen schon seit langem gestört. Vgl. dazu Opitz, Evatöchter, 27f. Auch wegen des Schicksals ihrer Kinder sei zitiert Nigg, Elisabeth, 84: „So wurde sie von allen Leuten ihres Gemahls ohne Grund verfolgt und ihrer Güter beraubt. Deswegen schickte sie, von der Not gezwungen, ihre Kinder an verschiedene Orte, um sie dort aufziehen zu lassen."

[49] Zur schwer zu fassenden Lebensform Elisabeths vgl. den Aufsatz von Kaspar Elm, Stellung. Elisabeth vergleicht ihr Leben mit der „vita sororum in seculo". Das rückt sie in die Nähe der Beginen. Zugleich wird sie, weil sie nie im Kloster lebt und auch keiner religiösen Gemeinschaft sich anschließt, schon in frühen Quellen vor allem als Vorbild für verheiratete Frauen präsentiert. Auch das Zitat der Mechthild von Magdeburg gibt zumindest indirekt davon Zeugnis.

[50] Vermutlich schon 1226 hatte Ludwig IV. seine Frau Konrad von Marburg anvertraut. Vor allem in den allerletzten Lebensjahren übte er als Beichtvater und päpstlich bestellter Vormund maßgeblichen Einfluss auf sie aus. Zu ihm vgl. Werner, Elisabeth. Rüdiger hat 1225 Elisabeth in der franziskanischen Lebensart unterwiesen. Dazu a.a.O., 48f.

[51] Nigg, Elisabeth, 96. Ebd. auch die Beschreibung der übrigen Vorgänge.

dazu.[52] Dieser sträubt sich. Er entzieht Elisabeth ihre Gefährtinnen Guda und Isentrude und ersetzt sie durch unfreundliche Dienerinnen. Als Elisabeth einmal einen Leprosen umarmt, schlägt Konrad sie. Darüber hinaus verbietet er ihr, weiterhin den Armen Geld zu geben. Er vertritt letztlich die für das 12. Jahrhundert gängige Armutskonzeption, die Armut nur für den Klerus für erstrebenswert hält, damit dessen Lebenszeugnis und Apostolat größeres Gewicht bekommen. Elisabeth hingegen fordert für alle, die Christus nachfolgen, den radikalen Verzicht auf Besitz. Doch in den Realisierungsmöglichkeiten ihres Armutsideals wird Elisabeth in gewisser Weise ebenso eingeschränkt wie Klara. Unter der Herrschaft des Konrad darf sie nicht bettelnd umherziehen und auch keine körperlichen Arbeiten verrichten.[53] Ähnlich wie Klara die Klausur einer Nonne wahren muss, so bleibt Elisabeth am Ende nur der Dienst einer Laienschwester in einem Hospiz. Dort übernimmt sie die niedrigsten Arbeiten. In den Ärmsten der Armen begegnet Christus selbst – wie Franziskus und Klara ist auch Elisabeth davon überzeugt. Ihr umfassendes Engagement lässt sich nur aus einer tiefen Gottverbundenheit heraus erklären. Völlig verausgabt und vermutlich auch geschwächt durch die Misshandlungen Konrads, stirbt sie in Marburg am 17. November 1231 mit 24 Jahren. Während ihrer letzten Atemzüge soll sie gesagt haben: „Schon naht die Zeit, da der allmächtige Herr seine Freunde rufen wird.“[54]

Sogleich nach ihrem Tod beginnt eine enorme Wirkungsgeschichte. Die Armen strömen einen Tag danach in Massen zum Grab und erklären Elisabeth zu ihrer ständigen Beschützerin. Die geistlichen und weltlichen Mächte ihrer Zeit sind bemüht, die subversiven Aspekte ihres Lebens schnellstmöglich zu beseitigen. Bereits an Elisabeths Grab sollen sich Wunder ereignet haben, die unverzüglich erste Untersuchungen zur Eröffnung eines Heiligsprechungsprozesses einleiten. Eine Sammlung von ca. 60 Wundern wird schon bald nach Elisabeths Tod zusammengestellt. 1234 wächst diese Zahl auf ca. 84 an. Dazu werden die

---

52 Zu dem außerordentlich spannungsreichen Verhältnis zwischen beiden vor allem in den Marburger Jahren vgl. Werner, Elisabeth, 56–61, und Nigg, Elisabeth, 144f.

53 Vauchez, Prinzessin, 147, äußert: „Konrad von Marburg brach ihren Enthusiasmus erbarmungslos und verbot ihr alles, was sie gerne getan hatte; er forderte von ihr absoluten Gehorsam und ließ sie von ihren Dienerinnen ausspionieren. Aber dieser Misserfolg und die damit verbundenen Leiden brachten sie schließlich doch dorthin, wo sie sein wollte: an die Seite der Armen und Erniedrigten.“ Zu den Spannungen und Kämpfen vgl. z.B. Nigg, Elisabeth, 104: „Da Magister Konrad ihr verboten hatte, einem Notleidenden mehr als einen Groschen zu geben, bemühte sie sich eifrig, nach und nach zu ergänzen, was sie in einem Male nicht geben durfte.“
Der Kreuzzugsprediger Konrad hat in einer Lebensbeschreibung bald nach Elisabeths Tod versucht, sie als Vorbild einer Kreuzzugsspiritualität hinzustellen. Deshalb betont er ihre Keuschheit und Armut. In Konflikten lässt er sich jeweils in einem günstigeren Licht erscheinen. Zugleich verhehlt er nicht seine Faszination für Elisabeth. Doch, wie gesagt, faktisch hat dieser Mann Elisabeth sicher sehr geschadet und sie eingeschränkt.

54 Nigg, Elisabeth, 106. Ausführungen zu Elisabeths intensiven Gotteserfahrungen finden sich bei Vauchez, Prinzessin, 147f.

Aussagen der vier Dienerinnen Elisabeths notiert. Nach der Heiligsprechung 1235 werden Elisabeths Gebeine feierlich erhoben. Kaiser Friedrich II. ist bei dieser Zeremonie persönlich anwesend. Zeitgleich schickt er einen Brief an den Generalvikar der Minoriten, Elias von Cortona, in dem er auf die verwandtschaftlichen Beziehungen zur Verstorbenen hinweist und deren Verdienste rühmt. Bald darauf wird über dem Grab die Elisabeth-Kirche errichtet, die als eines der Hauptwerke gotischer Architektur in Deutschland gilt.[55]

4. Agnes von Prag und ihr mittlerer Weg zwischen Kontemplation und Aktion

Agnes von Prag wird höchstwahrscheinlich 1211 geboren.[56] Ihr Todesdatum, der 2. März 1282, fällt in die Zeit, als im Franziskanerorden der sogenannte Armutsstreit ausgefochten wird, der schließlich zur Trennung des Ordens in einen radikalen und einen observanten Zweig führt. Unter anderem liegt hier der Grund dafür, dass Agnes nicht wie Klara und Elisabeth sogleich nach ihrem Tod, sondern erst 1989 heilig gesprochen wird. Deswegen gibt es auch keine Kanonisationsakten.

Agnes soll im Folgenden vorrangig in ihrer persönlichen und geistigen Verbindung zu Klara und Elisabeth betrachtet werden. Ihre Biografie weist sie als Erbin beider Frauen aus. Wenn Klara stark typisiert als letztlich unfreiwillige Repräsentantin einer kontemplativen, Elisabeth eher als Vertreterin einer aktiven Lebensausrichtung gesehen werden kann, verkörpert Agnes gleichsam einen mittleren Weg zwischen diesen beiden Existenzweisen.

Agnes' Leben verläuft sehr bewegt. Noch viel vehementer als Klara und Elisabeth wird sie immer wieder Opfer väterlicher bzw. brüderlicher Heiratspläne. Sie verweigert sich diesen konsequent und konstant. Schon mehrfach wurde die Vermutung geäußert, dass sie auch deshalb einer Eheschließung so ablehnend gegenüberstand, weil das „unordentliche" Eheleben ihres Vaters Přemysl Ottokar I. sie abschreckte.[57]

---

[55] Zur weiteren Wirkungsgeschichte vgl. a.a.O., 148–153. Viele berühmte Geschichten über Elisabeth sind Legenden (der Leprakranke in ihrem Bett auf der Wartburg, der sich in Christus verwandelt; das Rosenwunder), die sich weder in den Kanonisationsakten noch in den ersten Biografien finden. Sie vermitteln jedoch ein Elisabeth-Bild, das durchaus authentische Züge trägt.

[56] Auch die Lebensbeschreibung der Agnes ist für die Heiligsprechung bestimmt und trägt entsprechend stark hagiografische Züge. Die Darstellung im Folgenden orientiert sich hauptsächlich an der Biografie Polc, Agnes, und an Kreidler-Kos, Klara, 238–256.

[57] Dieser ist seit 1187 in erster Ehe mit Adele, der Tochter des Markgrafen von Meißen, verheiratet. Anfangs bemüht er sich zur Auflösung dieser Bindung noch um eine päpstliche Dispens, weil die Eheleute Verwandte vierten Grades sind. Diese Angelegenheit wird verschleppt. Das Ehepaar bekommt vier Kinder. Als Ottokar später die ungarische Prinzessin Konstanze kennen lernt, schwindet sein Interesse an einer Dispens. Die Ehe mit Adele wird auf seinen Wunsch hin um 1198/99 vom Prager Bischof für ungültig erklärt. Adele legt bei Papst Innozenz III. gegen dieses Urteil Berufung ein. Es kommt zu einem langwierigen Eheprozess. 1204 nimmt Ottokar Adele und die vier Kinder wieder zu sich.

Agnes selbst ist als neuntes das jüngste Kind des böhmischen Königs Ottokar I. und Konstanzes, der Tochter des ungarischen Königs Bela III. Konstanzes Bruder ist Andreas II. von Ungarn, der Vater der heiligen Elisabeth. Von daher sind Elisabeth und Agnes Kusinen. Sie haben sich mit hoher Wahrscheinlichkeit nie persönlich kennen gelernt. Als Elisabeth stirbt, ist Agnes 20 Jahre alt. Von Agnes' acht Geschwistern sollen hier drei Erwähnung finden: Agnes' Lieblingsschwester ist Anna (1204–1265). Sie heiratet den schlesischen Fürsten Heinrich II., einen Sohn der heiligen Hedwig von Schlesien (1174–1243). Agnes' Bruder Wenzel wird als späterer böhmischer König Wenzel II. eine wichtige Rolle in ihrem Leben spielen. Schließlich lohnt ein Seitenblick auf die ein Jahr ältere Schwester Blažena (geb. 1210). Sie wird 1271 zusammen mit einem Sohn in Mailand als „Guglielma Boema", als Wilhelmine von Böhmen, erwähnt. Nach ihrem Tod 1284 bildet sich eine häretische Gruppierung um sie, die behauptet, Guglielma sei die Inkarnation des Heiligen Geistes gewesen.[58] Verbindungen zu Schwester Blažena sind nicht nachweisbar. Doch anschaulich wird an diesen Blitzlichtern die weite und zugleich eng verwobene Welt, in der Agnes lebt.

Mit ihrer Mutter Konstanze scheint Agnes sehr verbunden. In der Agnes-Biografie wird ein Traum der Königin Konstanze erwähnt, den sie vor der Geburt ihrer jüngsten Tochter gehabt haben soll. Die Mutter erblickt in ihrer Kemenate unter vielen kostbaren königlichen Gewändern „ein Ordensgewand und einen grauen Mantel und eine Schnur, wie sie die Schwestern vom Orden der hl. Klara benützen, um sich zu gürten". Von Gott wird ihr in diesem Traum offenbart, das erwartete Kind werde ein solches Kleid tragen und „zum Licht des ganzen böhmischen Volkes werden".[59] Freilich ist das Legende. Aber die Episode weist auf eine innige Mutter-Tochter-Beziehung hin, die in Agnes' späterem Lebenslauf manifest wird.

Agnes wird bereits als Dreijährige mit dem jüngeren Sohn der heiligen Hedwig und des schlesischen Fürsten Heinrich des Gebarteten verlobt, während ihre Schwester Anna, wie bereits erwähnt, um 1216 den älteren Sohn heiraten wird. 1214 werden deshalb beide Schwestern ins 1202 von Hedwig und ihrem Mann gegründete Zisterzienserinnenkloster Trebnitz gebracht. Hedwig ist die jüngere Schwester von Elisabeths Mutter Gertrud von Andechs-Meranien und

---

Doch 1206, nach erneutem Beziehungsbruch, verlangt Adeles Bruder die Wiederaufnahme des Prozesses. Indem König Philipp von Schwaben in die Verlobung seiner Tochter mit einem Sohn Ottokars und Konstanzes einwilligt, erkennt er damit indirekt die Ungültigkeit der Ehe zwischen Ottokar und Adele an. Mit dem Tod Adeles 1211 findet der Kirchenprozess ein Ende. Ottokar hat sich durch sein Verhalten in einen handfesten Konflikt mit der kirchlichen Obrigkeit hineinmanövriert. Das erschwert die Verfolgung seines Zieles, die böhmische Kirche vom Mainzer Metropoliten unabhängig zu machen und in Prag ein Erzbistum zu errichten.

[58] Vgl. dazu Luisa Muraro, Vilemína und Mayfreda. Die Geschichte einer feministischen Häresie, Freiburg 1987.

[59] Zit. n. Polc, Agnes, 17.

damit Tante von Elisabeth.[60] Hedwig übernimmt die Erziehung von Anna, während sie Agnes ihrer Tochter Gertrud, der späteren Äbtissin, anvertraut, die als Nonne in diesem Kloster lebt. Es ist sehr wahrscheinlich, dass Agnes über Hedwig oder Gertrud von Elisabeth und deren karitativer Tätigkeit erfahren hat. Jedenfalls kann es kein Zufall sein, dass Agnes zwei Jahre nach Elisabeths Tod im Jahr 1233 ebenfalls ein Hospital für Arme und Kranke gründet, das sie wie Elisabeth nach dem heiligen Franziskus benennt.[61]

Das Kloster Trebnitz ist ein Kloster der schlesischen Fürstenfamilie. Die Agnes-Vita erwähnt, dass Agnes hier erstmals in Glaubensdingen unterwiesen wird. Der Literaturgattung gemäß wird Agnes als überaus fromm beschrieben.[62]

Agnes Verlobter stirbt sehr früh. Nach der Heirat ihrer Schwester Anna wird Agnes deshalb wieder nach Prag gebracht. Doch ihr Vater schickt sie als Sechsjährige bereits ins nächste Kloster zur weiteren Erziehung. Das Prämonstratenserinnenkloster Doxan war eine Gründung der böhmischen Königsfamilie. Agnes bleibt dort ungefähr anderthalb Jahre und lernt lesen. Bald darauf schmiedet der Vater neue Heiratspläne für die fast achtjährige Agnes. Kaiser Friedrich II. sucht eine Braut für seinen Sohn Heinrich, der römisch-deutscher König und damit zukünftiger Kaiser werden soll. Agnes kommt von Doxan also wieder nach Prag zurück. Dort trifft von dem zehnjährigen Heinrich ein förmliches Gesuch um ihre Hand ein. Wie wahrscheinlich auf dem Nürnberger Reichstag 1219 abgesprochen, wird Agnes nun nach Wien an den Hof des österreichischen Babenbergerherzogs Leopold VI. geschickt, um dort die höfische Erziehung zu erhalten, die für eine zukünftige Kaiserin gefordert ist. Die Lebensbeschreibung der Agnes kontrastiert in starken Farben Agnes' Wiener Leben als heimliche Büßerin mit der höfischen Zügellosigkeit.[63] Als 14jährige wird Agnes von Wien nach Prag zurückgeschickt. Die Verlobung mit Heinrich, dem Sohn Kaiser Friedrich II., wird aufgelöst. Dahinter stehen politische Gründe, denn Leopold VI. setzt durch, dass seine eigene Tochter Margarete Heinrich zur Frau gegeben wird – Ursache einer erbitterten Feindschaft zwi-

---

[60] Auf die weiteren verwandtschaftlichen Verbindungen zwischen Elisabeth, Agnes und Hedwig kann hier nicht eingegangen werden. Vgl. hierzu Aleš Zelenka, Das Geschlecht der Přemysliden, in Polc, Agnes, 243–256: 254f (mit Stammbaum). Zu Hedwig auch André Vauchez, Das neue Ideal der ehelichen Keuschheit, in: ders., Gottes vergessenes Volk, 154–162.

[61] Der Biograf berichtet: „Um ihre Base, die selige Elisabeth, nachzuahmen, erbaute sie [Agnes] am Kopf der Prager Brücke das berühmte Spital [...]", zit. n. Polc, Agnes, 46. Für die Stiftung des Spitals ist Elisabeth das klare Vorbild.

[62] Gertrud scheint wie ihre Mutter sehr wohltätig gewesen zu sein. Das Kloster wie andere Projekte der heiligen Hedwig werden Orte der Gastfreundschaft. Auch Gertruds Großmut gegenüber den Armen wird immer wieder erwähnt. Diese Vorbilder mögen Agnes von klein auf geprägt haben. Auch zu ihrer Frömmigkeit von klein auf vgl. a.a.O., 20.

[63] Ein kurzer Ausschnitt mag genügen: „Als sie im Hause des erwähnten Herzogs weilte, dachte sie an keine fleischlichen Genüsse, sondern fastete während des ganzen Advents bei Brot und Wein, während die herzogliche Familie nach Sitte des Landes Fleisch aß [...]", zit. n. a.a.O., 26.

schen Österreich und Böhmen. Nebenbei sei erwähnt, dass Landgraf Ludwig von Thüringen, Elisabeths Ehemann, wiederholt erfolglos versucht, Přemysl Ottokar I. mit Herzog Leopold zu versöhnen.[64] Agnes' Vater jedoch sinnt auf Rache. Aber geplante Strafexpeditionen können nicht stattfinden, weil Konrad von Marburg um 1226 nach Elbogen in Böhmen kommt, um den Kreuzzug ins Heilige Land zu predigen. Er begeistert viele böhmische Ritter für dieses Unternehmen und vereitelt durch diese „Abwerbung" Ottokars Pläne. Dieser möchte in seinem Zorn Konrad umbringen lassen. Doch ein von Konrad selbst diktierter Bericht erzählt, Agnes habe seine Ermordung auf wundersame Weise verhindert.[65] Wiederum ergeben sich also über die Person Konrad indirekte Verbindungen zu Elisabeth von Thüringen.

In dem fremdbestimmten Leben der Agnes geht es um die ganz große Politik. Sie gipfelt in einem oder zwei Heiratsanträgen durch den Stauferkaiser Friedrich II. selbst. Aber Agnes' Interessen liegen anderswo. Ungefähr 1224/25 sind die ersten Minoriten in Prag eingetroffen, allerdings nur für kurze Zeit. Doch Agnes erhält durch persönliche Kontakte Kenntnis von dem neu entstandenen Orden. Franziskus wird zu ihrem Vorbild. Für das nach ihm benannte karitativ tätige Hospital gründet Agnes weiter eine aus Frauen und Männern bestehende Spitalbruderschaft, die ebenfalls den Namen des Franziskus trägt.[66] „Die Hospitalgründung war nicht typisch für franziskanische Niederlassungen. Hier wird [...] das Vorbild der Heiligen Elisabeth Pate gestanden haben."[67] Und hier wird auch der mittlere Weg anschaulich, den Agnes zu gehen sucht. Agnes wird sowohl von ihrer Mutter als auch von ihrem Bruder, der inzwischen böhmischer König ist, durch Schenkungen unterstützt. Diese haben zur Folge, dass das Hospital an einen anderen im eigenen Besitz befindlichen Ort verlegt wird. Bald nach der Gründung des Hospitals veranlasst Agnes die Gründung eines Klarissenklosters (ursprünglicher Name: Gemeinschaft der Damianistinnen) bzw. eines Doppelklosters. Dabei soll der männliche Trakt die Schwestern unterstützen, wie es Franziskus von Anfang an Klara und ihren Anhängerinnen versprochen hatte. Die Eheverweigerungen lassen darauf schließen, dass Agnes sich schon seit längerem für eine klösterliche Lebensweise entschieden hatte. Die Erfahrung, von Kindesbeinen an auf einer politischen Bühne zu agieren, könnte bei ihr dazu geführt haben, dass sie in ihrem Kampf für diese Lebens-

---

[64] Ludwig ist von Anfang in diese Heiratspolitik verwickelt, da Herzog Leopold gleichzeitig seinen Sohn der Tochter von Elisabeth und Ludwig, ohne eine Mitgift zu fordern, zur Ehe gibt. Vgl. a.a.O., 27–29.

[65] Vgl. a.a.O., 30–33. Polc, Agnes, 42, macht deutlich, dass Agnes am Hofe ihres Vaters und später ihres Bruders in Prag lebte, aber selten mit ihnen zog, wenn diese sich außerhalb der Stadt aufhielten. Ihre Anwesenheit in Elbogen im Gefolge ihres Vaters ist eines von wenigen Beispielen.

[66] 1237 machte Papst Gregor IX. aus dieser Spitalbruderschaft einen selbstständigen Orden. Dieser ist der einzig in Böhmen entstandene. Bereits 1238 wurde er vollkommen vom Klarissenkloster getrennt. Vgl. dazu a.a.O., 47–49.

[67] Gerald Jaksche, Die selige Agnes von Prag, München 1989, 63.

form den Papst selbst um Rückendeckung angeht. Dessen Intervention zu ihren Gunsten hilft mit, dass Agnes' Widerstand gegen die väterliche und brüderliche Heiratspolitik Erfolg hat.[68] Agnes bittet den Papst um Schwestern für das neu gegründete Kloster. Diese kommen nicht aus Assisi, sondern aus Trient. Doch es ist nicht ausgeschlossen, dass bei der Trienter Gründung Schwestern aus Assisi mitwirkten, die später dann Agnes aus eigener Anschauung von Klara erzählen konnten.[69] Zudem gesellen sich im November 1233 sieben Mädchen aus böhmischen Adelsgeschlechtern zur Gemeinschaft. Agnes selbst tritt erst am 11. Juni 1234 mit sieben weiteren Adligen in dieses Kloster ein. Wie Klara und Elisabeth verschenkt sie vor ihrem Ordenseintritt ihren ganzen Besitz an Hilfsbedürftige. Ganz anders als bei Klara ist ihre Einkleidung ein hochoffizielles festliches Ereignis.[70] Schon sehr bald nach dem Eintritt wird Agnes auf Veranlassung des Papstes zur Äbtissin bestellt. Interessant ist, dass Agnes' tatkräftiger Einsatz vor allem für das St.-Franziskus-Hospital zunächst weitergeht. Dort widmet sie sich insbesondere der Krankenpflege.[71] Doch auf Dauer verträgt die radikale Armut, wie Franziskus und Klara sie leben, sich nicht mit der Unterhaltung eines Hospitals.[72] So folgt, dass das Klarissen-Kloster 1238 definitiv auf alle Besitztümer verzichtet, die nun allein dem Hospital gehören.

Agnes' Kämpfe ähneln teilweise denjenigen der Klara. Wie Klara legt sie unbedingten Wert darauf, dass das Kloster frei von Besitz bleibt, das Armutsideal also in seiner ganzen Radikalität verwirklicht wird.[73] Vermutlich noch entschie-

---

[68] Vgl. Opitz, Evatöchter, 28; auch 57f.

[69] Goorbergh/Zweerman, Klara, 57, und Polc, Agnes, 56f, erwähnen die persönlichen Geschenke, die Klara selbst den Trienterinnen für Agnes mitgegeben hat.

[70] Polc, Agnes, 51 zählt die Anwesenden auf: sieben Bischöfe, Bruder Wenzel (inzwischen böhmischer König, nachdem Agnes' Vater 1230 gestorben war), die Königin, mehrere Adelsfamilien und sehr viele aus dem „einfachen" Volk. Bei den Feierlichkeiten sorgt Agnes dafür, dass auch die Armen und Randständigen verköstigt werden.

[71] Polc, Agnes, 102–104. Zum weiteren diakonischen Engagement der Agnes vgl. auch das Zitat bei Kreidler-Kos, Klara, 244, Anm. 716: „Übrigens lebte Agnes in Prag in einem Kloster, das nebenan ein Hospital hatte, wo die Schwestern Dienst taten. Sie führten also ein aktives Leben." und Jaksche, Agnes, 84f.

[72] So meint Jaksche, Agnes, 64, dass „der Hospitaldienst von Laien mit einfachen Gelübden und der radikale Weg der franziskanischen Orden mit dem Armutsprinzip nicht in Einklang zu bringen" gewesen sei. Ein Hospitaldienst brauche z.B. Gebäude für Verwaltung und Personal, deren Errichtung mit franziskanischen Interessen kollidierten. Vgl. die Beschreibung des Wegs zur radikalen Armut auch bei Kreidler-Kos, Klara, 244f. Das Hospital unterstellte der Papst nach der Trennung den Dominikanern. Das bedeutet eine massive Verfremdung des Willens der Stifterin und hierin gibt es eine Parallele zu Elisabeth, denn das von ihr gegründete Hospital wurde nach ihrem Tod nicht den Franziskanern, sondern dem Deutschen Orden unterstellt. Auch der Vergleich mit Franziskus 1221 legt sich nahe, als ihm gegen seinen Willen eine Regel aufgezwungen wird. Vgl. dazu Jaksche, Agnes, 87f.

[73] Agnes wendet sich mehrmals an den Papst. Dabei geht es ihr um zweierlei. Zum einen will sie das Armutsprivileg für ihr Kloster erlangen. Am 15. April 1238 wird ihr dies gewährt. Zum anderen verlangt sie Milderungen in den Fasten- und Askesevorschriften. Zu ihrem

dener und erfolgreicher wehrt sich Agnes gegen den Titel einer Äbtissin.[74] Und sie entwirft eine eigene Regel, die sich zwar nie durchsetzen wird, aber als Wegbereiterin von Klaras Regel gelten kann, mit der diese kurz vor ihrem Tod den Durchbruch erzielt.[75] Einfach hingegen ist für Agnes, im Unterschied zu Klara, der Wunsch nach einer seelsorgerlichen Betreuung durch die Minderbrüder zu realisieren, da diese in unmittelbarer Nachbarschaft zum weiblichen Konvent wohnen.[76]

Mehr als Klara und Elisabeth bleibt Agnes trotz der Klausur mit der Außenwelt verbunden. Sie ist bei der Gründung von anderen Klöstern und Spitälern beteiligt, und bis zuletzt kümmert sie sich um Angelegenheiten der königlichen Familie.[77] Den Tod aller Mitglieder ihrer engeren Verwandtschaft muss sie erleben, bevor sie selbst am 2. März 1282 das Zeitliche segnet.

Danach beginnt ein langer und holpriger Weg zur Selig- und Heiligsprechung, die 1874 und 1989 erfolgten. Bei dessen Betrachtung wird man „den Eindruck nicht los, dass die Schwierigkeiten mit Papst und Amtskirche eine Rolle dabei spielen".[78]

In diesen Schwierigkeiten, die auch Agnes bis zur Bestätigung der klarianischen Regel in Prag 1260 erleben muss, bleibt – und das ist der erfreuliche Teil dieser Geschichte – Agnes nicht allein. Sie findet Unterstützung durch Klara von Assisi. Wie der Kontakt zwischen den beiden Frauen zustande kam, ist ungewiss. Zwischen ihnen muss eine rege Korrespondenz über einen Zeitraum von über 20 Jahren bestanden haben. Davon sind lediglich vier Briefe Klaras erhalten geblieben.[79] Sie sind die wichtigste Quelle, um die Beziehung zwischen

---

Briefwechsel mit Gregor vgl. Polc, Agnes, 54–61. Die allein erhaltenen päpstlichen Antworten sind zusammengestellt bei Goorbergh/Zweerman, Klara, Anhang I: 325–331.

74 Jaksche, Agnes, 87, meint, Agnes habe 1238 wegen des abschlägigen Bescheids im Blick auf ihre Regel (s.u.) resigniert die Äbtissinnenwürde niedergelegt. Eine andere Sicht auf die Vorgänge hat Polc, Agnes, 98–101. Jedenfalls fällt auf, dass in späteren Dokumenten Agnes nicht mehr Äbtissin, sondern nur noch „sorror maior" genannt wird.

75 Gerade um beide Forderungen, radikale Armut und Anpassung an das rauere Klima, durchzusetzen, formuliert Agnes eine eigene Regel. Dieser Vorstoß wird vom Papst ziemlich barsch zurückgewiesen. Dadurch entsteht die absurde Situation, dass die Prager Schwestern sich an die strengen Askesevorschriften von San Damiano halten müssen, obwohl Gregor ansonsten eher für eine Mäßigung in der Askese eintritt. Vgl. zu diesem Themenkomplex Kreidler-Kos, Klara, 246–248, 249–251 und Polc, Agnes, 62–74.

76 Dazu Polc, Agnes, 95f. Agnes' eigener Beichtvater war Konrad von Worms. Er gilt als sehr verständnisvoll.

77 Zu den politischen und persönlichen Ereignissen im Leben der Agnes zwischen 1253 (Tod des Bruders und Königs Wenzel) und 1278 (Tod des Neffen Přemysl Ottokar. II. in der Schlacht auf dem Marchfeld und damit verbundener Untergang der böhmischen Dynastie) vgl. Polc, Agnes, 111–135.

78 Jaksche, Agnes, 113. Zum Lebensabend der Agnes, ihrem Tod und der anschließenden Verehrung vgl. Polc, Agnes, 142–165.

79 Zu den vier Briefen vgl. Grau/Schlosser, Schriften, 176–179, Kreidler-Kos, Klara, 256–268 und Goorbergh/Zweerman, Klara. Diese zum Teil sehr meditativ gehaltene umfang-

beiden Frauen charakterisieren zu können. Und sie vervollständigen das Bild Klaras jenseits der genannten Verzerrungen der Lebensbeschreibung.

Den ersten Brief schreibt oder diktiert Klara um 1234, nachdem Agnes ins Kloster eingetreten ist. Klara beglückwünscht Agnes dazu, eine Hochzeit mit Friedrich II. ausgeschlagen zu haben zugunsten des wahren Bräutigams Christus, dessen himmlisches Königreich den Armen gehöre und der auch Agnes zur wahren Königin gemacht habe. Dieser Brief unterstreicht, dass Klara in Agnes dankbar eine Gleichgesinnte erkennt. Er enthält zudem ein Loblied auf die Armut. Sein Stil ist höfisch distanziert, geschuldet evtl. der Tatsache, dass sich Klara erstmals mit der Königstochter Agnes in Verbindung setzt.

Im zweiten und dritten Brief, geschrieben zwischen 1234 und 1238, gibt Klara Antworten auf von Agnes gestellte Fragen. Diese Antworten sollen Agnes unterstützen im Disput mit Gregor IX. Geradezu revolutionär und an Deutlichkeit kaum zu übertreffen ist z.B. folgende Passage aus dem zweiten Brief: „Um aber auf dem Weg der Gebote des Herrn um so sicherer auszuschreiten, befolge den Rat unseres ehrwürdigen [...] Elias, des Generalministers. [...] Wenn Dir aber jemand etwas anderes sagen, etwas anderes einreden würde, was Deiner Vollkommenheit hinderlich wäre, was im Widerspruch zu Deiner von Gott gegebenen Berufung erschiene, dann folge dem Ratschlag eines solchen Menschen nicht, auch wenn Du ihm Verehrung schuldig wärest.“[80] Mit dem zuletzt Genannten ist Papst Gregor IX. gemeint, dem Klara selbst auch widerstanden hat, weil er sie durch die Annahme von Besitz von der Nachfolge abbringen wollte. Die in hohem Maß asketische Klara mahnt Agnes – so der dritte Brief –, Maß zu halten im Fasten: „unser Fleisch ist weder Fleisch aus Erz, noch Felsenkraft unsere Kraft [...]. Daher bitte ich Dich, Liebste, daß Du weise und besonnen von jeder unvernünftigen und unmöglichen Strenge der Enthaltsamkeit [...] Abstand nehmest.“[81]

Der vierte Brief entsteht 1253 kurz vor Klaras Tod. Klaras Schwester Agnes hat in ihm teilweise die Feder geführt. Er ist voller Liebe und Zuneigung, im Stil völlig anders als der erste Brief, deutliches Zeichen einer in den Jahren gewachsenen innigen Freundschaft, gerichtet „an die Hälfte meiner Seele, den Schrein meiner herzlichen und ganz besonderen Liebe, die berühmte Königin, die Braut des Lammes und des Ewigen Königs“.[82]

Insgesamt geben die Briefe ein sprechendes Zeugnis von Klaras kontemplativer Lebensform. Im Zentrum steht die Beschauung des armen Jesus, um mit

---

reiche Studie widmet sich allein diesen Briefen. Insbesondere ihr kunstvoller literarischer Aufbau und die liturgischen Anleihen werden herausgearbeitet.

80 Grau/Schlosser, Schriften, 199.

81 A.a.O., 211, 213. 209 macht deutlich, dass dem Brief Anfragen von Agnes vorausgegangen sind: „Nun zu den Fragen, die Du mir vorgelegt hast, dass ich sie bald beantworten solle [...]“.

82 A.a.O., 215. Folgende Passage (ebd.) erhellt die Hindernisse der Korrespondenz: „wenn ich Dir nicht so häufig geschrieben habe, [...] so wundere dich nicht. [...] Das Hindernis liegt am Mangel an Boten und in den bekannten Gefahren der Straßen.“

ihm eins bzw. ihm gleichgestaltet zu werden. Dem Leben der Klara gemäß findet sich kein Aufruf zum Handeln, zum Dienst an den Nächsten. Doch das Leben der Agnes verlief nicht so radikal kontemplativ. Eine vita activa wird bei ihr eher anschaulich.[83] Es liegt wohl daran, dass Agnes nicht so sehr die Hände gebunden waren. Die größere Distanz zu Franziskus und vor allem die Existenz weiblicher Vorbilder wie Klara, Elisabeth, Hedwig und deren Tochter Gertrud dürften ihren Teil dazu beigetragen haben, dass Agnes körperlich gesünder und handlungsfähiger geblieben ist.[84] Das sicher auch standesbedingte Selbstbewusstsein der Agnes wird greifbar in dem ersten Vorstoß einer Frau, eine eigene Regel zu verabschieden. Dass dieses Unterfangen nicht von Erfolg gekrönt war, aber Klara sich mit ihrer Regel durchsetzte, könnte in diesem Fall mit der größeren geistlichen Autorität verbunden sein, die aus der größeren Nähe zu Franziskus resultierte.

Schluss

Alle drei Frauen lebten in einem patriarchalen Kontext. Ihre Kämpfe mit den Päpsten und der eigenen Familie sowie die Abhängigkeiten von männlichen Für- und Widersprechern stoßen aus heutiger Sicht bitter auf. Hier wurden auf Grund männlichen Widerstands Kräfte verschlissen, die sinnvoller hätten eingesetzt werden können.

Die an vielen Stellen aufscheinende praktizierte Schwesterlichkeit und ihr Selbstbewusstsein als Voraussetzung von Engagement, erkennbar an Hospital- und Klostergründungen wie an der Formulierung einer eigenen Ordensregel, faszinieren, gerade auch weil sie unter letztlich so ungünstigen Bedingungen gelebt wurden.

Die radikale Armut war zu Beginn des 13. Jahrhunderts *der* Ausdruck authentischen Christentums. Ihre Verwirklichung bedeutete eine Revolutionierung der Gesellschaft, weil die herkömmlichen Standesunterschiede nivelliert wurden. Klara, Elisabeth und Agnes spielten bei dieser „evangelischen" Revolution eine aktive Rolle. Die Patriziertochter aus Assisi, die thüringische Landgräfin und die böhmische Prinzessin entschieden sich dazu, arm dem armen Jesus nachzufolgen. Sie spürten, dass diese Spiritualität der leeren Hände zur Freiheit führt und Raum für Gottes Ankunft schafft. Dass ihr Leben in unterschiedlichem Ausmaß Züge übertriebener Askese oder gar Züge der Selbstzerfleischung trägt, hängt auch mit dem Erwartungshorizont mittelalterlicher Menschen zusammen. Dieser war endzeitlich geprägt. Damit einher geht eine größere Gelassenheit, aber auch Nachlässigkeit im Blick auf das eigene Wohlergehen, da das Leben in Fülle ohnehin „himmlisch" ist. Gottes-, Nächsten- und Selbstliebe (vgl. Klaras Segen) gilt es in Balance zu halten. Die Betrachtung der drei Frauenleben mag herausfordern zu einer Antwort auf die Frage, wie das heute gelingen kann.

---

[83] Vgl. z.B. Polc, Agnes, 102–104.

[84] Vgl. Kreidler-Kos, Klara, 255.

ADELHEID M. VON HAUFF

Birgitta von Schweden (1302/03–1373)[1]
Jungfrau, Ehefrau, Witwe

Die heilige Birgitta von Schweden. Lithographie nach einem Gemälde im Birgittinerkloster zu Altomünster in Bayern.

Hinführung

Mit Birgitta von Schweden[2] reiht sich eine Visionärin in die Gruppe der hier porträtierten Frauen. Dabei stellt sich sogleich die Frage: Was qualifiziert die „National-Heilige eines protestantischen Volkes“[3] als Frau der Diakonie? Die

---

1 In den lateinischen und schwedischen Texten wird sie Birgitta genannt. Ludwig Clarus verwendet in seinem vierbändigen Werk die Form Brigitta; vgl. Leben und Offenbarungen der heiligen Brigitta. Neu bearbeitet, übersetzt und herausgegeben von Ludwig Clarus, I–IV, Regensburg 1856.

2 Bereits Birgittas Tochter Katharina hinterließ eine handschriftliche Zusammenstellung vom Leben ihrer Mutter. Sie bildet die Grundlage für das Buch der Zeugnisse, liber attestationum, das Birgittas Enkel Magnus Persson zum Zweck ihrer Kanonisation 1390 nach Rom brachte. Darin finden sich zusätzlich Urkunden und Zeugnisse bekannter Männer und Frauen jener Zeit, wie die gesammelten Nachrichten über von ihr gewirkte Wunder. Nach Clarus ist der liber attestationum mit den legendae S. Brigitta gleichzusetzen, von denen Alfonso, der Eremit und ehemalige Bischof von Jaén, im Capitel III seiner Vorrede zum achten Buch von „Brigittens“ Offenbarungen spricht. Der liber attestationum ist verloren gegangen. Ludwig Clarus hat 1856 Leben und Offenbarungen der heiligen Brigitta übersetzt und in vier Bänden veröffentlicht. Er legt seiner Lebensbeschreibung die Quellenschrift „Acta Sanctorum Octobr. IV.“ zugrunde. Sie dient neben anderen Quellen auch Ferdinand Holböck als Grundlage seiner Biografie. Holböck nennt als aufschlussreiche historische Quelle: Margareta Clausdotter, Chronik des Klosters Vadstena, in Scriptores rerum Suecarum (SS. rer. Suec) Tomus III., 507ff. Margareta Clausdotter hatte 14 Jahre lang das Amt der Äbtissin in Vadstena inne, wo sie 1440 ihre Profess abgelegt hatte. Vgl. Ferdinand Holböck, Gottes Nordlicht. Die hl. Birgitta von Schweden und ihre Offenbarungen, Stein am Rhein ^{2}1988. Hier beziehe ich mich auf: Clarus, Brigitta; Holböck, Birgitta; Karola Adalsten, Licht aus dem Norden. Die heilige Birgitta von Schweden, Freiburg im Breisgau 1951; Leben der heiligen Birgitta von Schweden. Nach historischen Quellen bearbeitet und herausgegeben von einer Klosterfrau der ewigen Anbetung in Mainz, zum Besten ihres Gotteshauses, Kirchheim 1875.

3 Adalsten, Licht, 6.

Schwedin gehört mit Recht zu den bedeutendsten visionär begabten Mahnerinnen des ausgehenden Mittelalters, aber gehört sie auch zu den Frauen der Diakonie? Auf ihre Stimme hören Vertreter von Politik und Kirche, so wie es einem Priester in der Nacht vor ihrer Geburt in einer Audition offenbart wurde: „Dem Birger [Vater Birgittas] wird heute eine Tochter geboren, deren mächtige Stimme von der ganzen Welt gehört werden wird.“[4] Birgitta selbst begründet ihr Handeln mit Weisungen, die ihr in Visionen zuteil werden. Ihre erste Marienvision hat sie bereits als siebenjähriges Kind. In ihren Offenbarungen, die nicht selten in einen Dialog münden, wird sie von Christus oder Maria, gelegentlich auch von Gott, dem Vater, angesprochen. Daneben gibt es Verstorbene, wie z.B. ihren Ehemann Ulf, die mit Birgitta in ein Gespräch eintreten.

Was aber hat das mit Diakonie zu tun? Wenn wir unter Diakonie allein das verstehen, was den Begriff im 19. und 20. Jahrhundert geprägt hat, die tätige Nächstenliebe, dann darf Birgitta gewiss nicht zu den Frauen der Diakonie gerechnet werden. Schaut man jedoch genauer hin, so hat auch Johann Hinrich Wichern unter „Innerer Mission“, der Vorläuferin der heutigen Diakonie, nicht nur die praktische Nächstenliebe verstanden. Und geht man gar auf das biblische Zeugnis zurück, so zeigt sich uns der Begriff „diakonein“ (dienen) noch in einer ganz anderen Vielfalt. Ich verweise hier im Besonderen auf den Aufsatz über die Frauen im Lukasevangelium und beziehe einige Aussagen von Sabine Bieberstein[5] auf Birgitta von Schweden, um zu zeigen, dass auch die Visionärin zu den Frauen der Diakonie gerechnet werden darf.

Mit dem Tun der Frauen in Lk 8, 2–3 vergleichbar, steht Birgittas Wirken in einem inneren Bezug zum Hören auf Gottes Wort; in diesem besonderen Fall zum Hören auf das in Visionen und Auditionen geoffenbarte Wort. Ihre Antwort besteht im Gehorsam gegenüber dem Gehörten. Birgittas Tun muss ganzheitlich betrachtet werden, es geschieht sowohl unter Einsatz ihres Besitzes und ihrer Person wie unter Einsatz ihres Intellekts und ihrer Fähigkeiten. Sie verrichtet ihre Aufgabe in Gemeinschaft mit anderen. Obwohl sie die Offenbarungsträgerin ist, gehören zu ihrem Gefolge mehrere geistliche Begleiter, die sowohl ihre Visionen aus der Landessprache ins Lateinische übersetzen als auch als ihre Lehrer und Beichtväter an ihrer Seite stehen.

Birgitta ist nach dem Tod ihres Mannes eine wohlhabende und wirtschaftlich unabhängige Frau, sie kann ihre finanziellen Mittel und ihre Fähigkeiten so einsetzen, dass sie zur Lebensgrundlage für die Gemeinschaft und die Bedürftigen ihrer unmittelbaren Umgebung werden. Birgittas Dienst hat aber noch eine weitere Komponente: Sie fühlt sich in ihren Offenbarungen auch zur Mahnerin der in Politik und Kirche verantwortlichen Männer und Frauen berufen. Ihre Botschaft an die Herrschenden zeichnet ein Bild von Herrschaft, das Herrschen mit Dienen gleichsetzt. Sie fordert sowohl Könige und Königinnen als auch

---

[4] Zit. n. Holböck, Birgitta, 7.

[5] Vgl. in diesem Band: Sabine Bieberstein, Frauen im Lukasevangelium.

Priester und Ordenskleriker zu einem gerechten Umgang mit den ihnen anvertrauten Gütern und zur Mildtätigkeit gegenüber ihren Untergebenen auf.

1. Birgittas erste Lebenshälfte

a. Zur Christianisierung Schwedens und Birgittas Abstammung

Im Jahr 853 missioniert der hl. Ansgar (801–865) in Schweden. Ein Teil des Volkes nimmt die christliche Lehre an, ein anderer, die Svear in Uppland, huldigt weiterhin heidnischen Göttern. Zwischen ihnen und dem Geschlecht der westgötischen Stenkil, die 1060 aus machtpolitischen Gründen Christen werden, kommt es zu heftigen Auseinandersetzungen. Nachdem die Stenkil auf dem Thron sitzen, wird das Christentum weitgehend eingeführt.

Mit König Sverker I. (1130–1156) dem Älteren kommt das Geschlecht der Sverkir 1130 an die Macht. Sverker nimmt seinen Sitz bei Alvastra nahe dem Vättersee. Sein Nachfolger Erik IX. unternimmt Kreuzzüge nach Finnland. 1160 wird er angeblich von den Dänen ermordet. Damit haben die Schweden einen Märtyrer, den sie zum Nationalheiligen erheben. Im Silberschrein von Uppsala werden seine Gebeine aufbewahrt. Von 1250–1363 ist das Königtum im Besitz der Folkunger. Birgitta entstammt mütterlicher- und väterlicherseits diesem Geschlecht der Folkunger.

b. Vorhersagen und Kindheit

Mit biblischen Gestalten[6] vergleichbar, wird von Birgitta berichtet, sie sei von Mutterleibe an zu Besonderem berufen. Auf ihre künftige Bedeutung weisen bereits drei Visionen vor ihrer Geburt hin. Als Birgittas Mutter Ingeborg ein Kloster besucht, nimmt eine Nonne Anstoß an deren aufwendiger Kleidung. In einer Traumvision wird die Nonne in der folgenden Nacht vom Hl. Geist belehrt, dass aus dem Geschlecht dieser Frau eine Heilige hervorgehen werde.[7] In einer weiteren Vorhersage wird Birgittas schwangerer Mutter nach einem Schiffbruch von einer geheimnisvollen Gestalt verkündet: *„Du bist um des Guten willen, das du in deinem Schooße trägst, erhalten worden; ziehe es deßhalb auf; denn es ist dir von Gott auf besondere Weise gegeben.“*[8]

Birgitta wird im Jahr 1302/03 als Tochter des Lagmans[9] von Uppland, Birger Persson, und seiner Frau Ingeborg Bengtsdotter auf deren Herrensitz Finsta in Skederid nordöstlich von Stockholm geboren. Ihre Taufkirche ist bis heute erhalten, sie wurde auf Initiative ihres Vaters gebaut.[10] In Birgittas siebtem Lebensjahr erscheint ihr zum ersten Mal Maria, und in ihrem zehnten schaut sie den

---

6 Vgl. Ri 13,3ff; Jer 4,5; Lk 1,13–17.

7 Vgl. Clarus, Leben I, XIV; Holböck, Birgitta, 15; Holböck zitiert diese Begebenheit nach der Chronik der Äbtissin Margareta Clausdotter. Adalsten, Licht, 10; Adalsten schreibt diese Vision Sigrid, der Großmutter Birgittas, zu.

8 Zit. n. Clarus, Leben I, XV.

9 In Schweden gab es zu jener Zeit neun Lagmänner. Ihnen oblag die Verwaltung und Justiz des betreffenden Landesteils.

10 Vgl. Holböck, Birgitta, 21.

gekreuzigten Christus. Kurze Zeit später stirbt ihre Mutter; das Kind kommt nun in die Obhut einer Tante, Katharina Bengtsdotter. Diese zeigt wenig Verständnis für Birgittas früh ausgeprägte Religiosität und will ihr „Extravaganzen“, wie nächtliches Beten auf den Knien, mit dem Stock austreiben. Als der Stock zerbricht, bevor er das Mädchen berührt, lässt sie die Nichte gewähren.

c. Ehefrau, Herrin und Mutter

Vierzehnjährig will Birgitta sich Gott weihen und in den Stand der Jungfrauen treten. Ihr Vater hat aus politischen Gründen andere Pläne und verheiratet sie und ihre Schwester Katharina mit den beiden Söhnen des Lagmans von Närke, Ulf und Magnus Gudmarson. Die Quellen berichten, Birgitta und Ulf hätten während ihres ersten Ehejahres in Keuschheit gelebt, nachdem Birgitta ihren Mann auf die deuterokanonische[11] Erzählung von Sara und Tobias hingewiesen habe.

Birgitta lehrt den frommen, aber wenig gebildeten Ulf Lesen und Schreiben. Nachdem er sich auch Kenntnisse der Rechtswissenschaft erworben hat, wird er 1330 Lagman von Närke.

Schon früh treten die beiden dem Dritten Orden[12] des heiligen Franz von Assisi bei. Mit dem Gelübde verbinden sich asketische Übungen und karitative Werke. Das Ehepaar stiftet Hospitäler, hilft Armen und Kranken und stellt seinen Reichtum in den Dienst von Notleidenden. Birgitta trägt daneben für die religiöse Bildung ihrer Bediensteten Verantwortung und versammelt Frauen und Männer am Abend in der Spinnstube, um ihnen aus der Bibel und den Heiligenviten vorzulesen.

Eingedenk der Gefahren, die Birgitta mit ihrem Reichtum verbindet, geben ihre Offenbarungen ein Zwiegespräch wieder, in dem Birgitta Christus fragt: *„Wie muss ein Reicher beschaffen sein, der in den Himmel eingehen will, da doch Gott gesagt hat, es sei leichter, dass ein Kamel durch ein Nadelöhr gehe, als dass ein Reicher in den Himmel komme?“*[13] Christus antwortet ihr, Reiche müssten dafür Sorge tragen, nichts auf üble Art zu gewinnen und ihren Besitz nicht zum Missfallen Gottes zu gebrauchen. Diese Erwiderung spiegelt ganz und gar Birgittas eigene Einstellung; sie versteht ihren Besitz als Leihgabe, die ihr von Gott zur Verwaltung überlassen worden ist. Ihren Überfluss teilt sie gern mit den Armen. Als ein Verwalter sie ob ihrer großen Freigebigkeit rügt, antwortet sie: „Wir müssen geben, solange wir haben, [...] Ich bin für die Armen da, weil sie keinen anderen Trost haben.“[14]

Birgitta wird Mutter von acht Kindern. Die Liebe zu ihren Kindern hindert sie nicht, diese mit besonderer Härte zu erziehen. Als sie ihre jüngste Tochter Cäcilia zwingen will, Dominikanerin zu werden, weist eine Christus-Vision sie auf ihren Irrtum hin. Birgitta vernimmt, dass vor Gott nicht der Stand, sondern

---

[11] Vgl. Tob 8.

[12] Die Ersten Orden sind die männlichen, die Zweiten die weiblichen Zweige der jeweiligen Ordensgemeinschaft und die Dritten (Tertiaren) sind fromme Vereinigungen von Weltleuten beiderlei Geschlechts, die sich aus religiösen und sozialen Gründen einem bestehenden Orden anschließen.

[13] Zit. n. Holböck, 36.

[14] Ebd.

die Wahrhaftigkeit zählt. Sie hört: „*Mag deine Tochter nun im jungfräulichen Stand leben oder sich vermählen, so ist es mir gleich angenehm, wenn sie sich nur meinem Willen fügt. Denn was nützt es ihr, wenn sie mit dem Leib eingeschlossen ist, mit den Sinnen aber draußen wäre.*“[15] Diese Antwort weist über das Denken des Mittelalters hinaus, das der Jungfräulichkeit bis dahin die größte Heiligkeit zugeschrieben hatte. Mit Elisabeth von Thüringen (1207–1231) und Birgitta von Schweden werden in der Folgezeit auch Ehefrauen heilig gesprochen.

Birgitta erzieht ihre Kinder zu einer hohen Verantwortung gegenüber ihren Nächsten. Ihrem zweiten Sohn Birger (geb. 1323) gibt sie in einem Brief Ratschläge, die ihre sozial-diakonische Einstellung kenntlich machen. Sie schreibt u.a.:

2. *Wo immer Du Dich befinden magst, denk an die Armen und hilf ihnen, so viel du kannst! Gott wird es Dir überreich vergelten.*
3. *Zahl' dem Arbeiter immer gern den schuldigen Lohn!*
4. *Bei der Zurechtweisung der Untergebenen sei nachsichtig!*
12. *Bevor Du ein Urteil fällst, überlege gut die Umstände der Handlungen und Deine Worte!*
13. *Richte Deinen Nächsten gerecht und denk' daran, dass Du gar bald über alles Rechenschaft ablegen musst!*
14. *Wenn Du von Deinem Nächsten durch ein Unrecht verletzt worden bist, so halte Dich an die allgemeinen Gesetze!*
15. *Im Zorn lass Dich nicht zur Rache hinreissen und sei nicht ungeduldig, wenn man Dir nicht Gerechtigkeit entgegenbringt! Empfiehl Deine Seele dem Herrn Jesus Christus! Amen.*[16]

Von klein auf nimmt sie ihre acht Kinder mit in die Spitäler und Häuser der Notleidenden.

Die Lehrer ihrer Kinder sind zugleich auch Birgittas Lehrer. Von Nils Hermansson, dem späteren Bischof von Linkoping, erwirbt sie ihre ersten Lateinkenntnisse. Einen anderen Geistlichen, Magister Matthias, beauftragt sie, die Bibel in die Landessprache zu übersetzen. Wie Holböck nachweist, ist dessen Pentateuchübersetzung das älteste Bibelsegment in Schwedisch.[17]

Birgittas politische Einflussnahme beginnt, nachdem ihr Vetter, König Magnus VII. Eriksson, im Jahr 1335 die aus Flandern stammende Blanche von Namur geheiratet hat und Birgitta als Hofmeisterin für seine junge Frau an den schwedischen Hof holt. Um dieser Aufgabe nachkommen zu können, trennt Birgitta sich von ihren Kindern und zieht mit Ulf ins Schloss. Nur der jüngste Sohn Gudmar begleitet die Eltern. Eine Tochter ist bereits verheiratet, ein Sohn

---

15 Chron. Marg., in: SS. rer. Suec. P. 215 zit. n. Holböck, Birgitta, 43.

16 Zit. n. Holböck, Birgitta, 39; vgl. zum lateinischen Wortlaut dieses Briefes: Acta Sanctorum Octobr. IV/387.

17 A.a.O., 46.

und die beiden anderen Mädchen werden in Klöstern untergebracht, während die ältesten Söhne von einem Hauslehrer erzogen werden.

d. Am schwedischen Hof

Der Lebenswandel am Hof ist Birgittas Moralvorstellung diametral entgegengesetzt. Anfangs bringt ihr Magnus VII. noch große Wertschätzung entgegen und schenkt ihren Ratschlägen Beachtung. Indem sie jedoch das höfische Treiben und seine Regierungsverantwortung schonungslos kritisiert, wird sie in Kürze zur ungeliebten Mahnerin des als charakterschwach geltenden Königs. Sie selbst nennt ihn ein „Kind auf dem Königsthron" und einen „gekrönten Esel". [18] In einer Christusvision empfängt sie zehn Ratschläge, die sie dem König zur Wahrnehmung seines Amtes überbringen soll. Folgendes muss sie ihm ausrichten:

Der 3. Ratschlag ist der, dass er in allen seinen Gerichten und Handlungen gerecht und barmherzig sei und weder aus Freundschaft, noch aus falschem Mitleid, nicht zu seinem Privatnutzen oder aus zeitlichem Vorteil oder aus Furcht davon ablasse, Gerechtigkeit zu üben. Auch soll er weder aus Zorn, noch aus Ungeduld die Barmherzigkeit vernachlässigen oder vergessen. Denn es ziemt sich für einen König nicht, sich vom Zorn überwältigen zu lassen, noch ziemt es sich für einen Richter, schnell zu urteilen oder sich durch Bitten vom Weg der Gerechtigkeit abwendig machen zu lassen.
Der 4. Ratschlag ist, dass der König die Verwaltungsämter und Richterstellen nicht solchen anvertrauen soll, von denen er weiss, dass sie parteiisch und begehrlich sind, noch solchen, die auf betrügerische Weise Geld zu erpressen verstehen, [...] Der König soll vielmehr um solche sich umsehen, die [...] es mehr lieben, Werke der Gerechtigkeit zu verrichten als Reichtum zu erwerben.
Der 5. Ratschlag ist, dass der König beständig sein Gewissen danach erforsche, wie Gesetz und Gerechtigkeit in seinem Reiche gehandhabt werden, und er soll jene nicht ungestraft lassen, die er zu bestrafen imstande sein wird. Auch soll er sich hüten, den Gesetzesübertretern zu hohe Geldbussen aufzuerlegen. Ebenso soll er die Unschuldigen nicht mit Arglist unterdrücken, sondern soll mit den Demütigen sanft verfahren, die Verstockten aber soll er härter strafen, gegen alle jedoch soll er Gerechtigkeit und Barmherzigkeit üben. Wo er grössere Demut sieht, soll er die Barmherzigkeit über die Gerechtigkeit setzen.[...]
Der 7. Ratschlag ist der: der König solle im Handeln nicht zu hastig sein, sondern vorsichtig und umsichtig handeln, indem er an das Ende dessen denkt, das er sich vornimmt. [...]
Der 8. Ratschlag ist der: der König soll sich vor leichtfertigen Worten und Sitten in allen Dingen, auch vor Freunden und Hausgenossen hüten. Er soll Schmeichler wie Skorpione fliehen, [...].
Der 9. Ratschlag ist: der König soll keine Gemeinschaft mit jenen pflegen, die von der Kirche in den Bann getan sind, er soll auch jene nicht begünstigen, die Gott und seine Gebote verspotten, [...].

[18] Vgl. Offenbarungen VIII, Kap. 16, zit. n. a.a.O., 52.

Der 10. Ratschlag ist der, dass der König das Volk und sein Reich liebe, seine Soldaten gut behandle und der Wohltaten der Eltern gegen die Kinder eingedenk sei.[19]

Obwohl diese Ratschläge einer himmlischen Offenbarung entstammen, tragen sie in ihrer sozial-ethischen Ausrichtung unverkennbar Birgittas eigene Handschrift. Wenn Benz über Birgitta schreibt, sie sei zeitlebens eine Frau von großer praktischer Lebenserfahrung gewesen, die nicht nur von Geistlichen, sondern auch von Juristen und Politikern umgeben war,[20] so spiegeln die Worte an den jungen König mit Sicherheit auch diesen Umgang.

Sowohl eine humanere Gesetzgebung als auch eine größere Gerechtigkeit gegenüber Armen, Notleidenden und Unterdrückten ist auf Birgittas Autorität rückführbar. Ihre Ratschläge befolgend, lässt der König beim Eintreiben von Steuern mehr Milde walten. Auf Dauer kann Birgitta dem Leichtsinn und wenig reflektierten Tun des jungen Monarchen jedoch nicht wehren.

Als Magnus durch den Erwerb neuer Provinzen die Staatskassen über die Maßen belastet und seinen Schulden gegenüber Dänemark nicht mehr nachkommen kann, lässt er seine Bürgen ins Exil bringen. Birgitta will dieses Vorgehen nicht gutheißen und versucht, das Unrecht zu verhindern. Sie scheut sich nicht, dem König ihre eigenen Söhne Karl und Birger als Geiseln anzubieten. Magnus aber entzieht sich ihren Mahnungen.

Nur wenige Jahre weilt Birgitta am Königshof. Clarus schreibt über ihren Weggang: „Ob nun die Ueberzeugung von ihrem Unvermögen, am Hofe mit ihren Bemühungen um Herstellung besserer Zustände daselbst eine Reformation herbeizuführen, oder die Sehnsucht nach einem geruhigeren Leben, oder beide Gründe, oder welcher andre sonst sie zu dem Entschlusse bewog, sich zurückzuziehen, darüber findet sich nichts verzeichnet."[21]

e. Pilgerreisen und Ulfs Tod

Mit ihrem Mann begibt Birgitta sich ab 1338 auf Pilgerreisen. Die erste führt nach Trontheim zum Grab des Märtyrerkönigs Olaf II. und die zweite nach Santiago de Compostela. Auf der Rückreise wird Ulf in Flandern todkrank. Eine Offenbarung bringt Birgitta die Gewissheit, dass ihr Mann diese Krankheit überleben und mit ihr heimkehren wird. Sie hört: „Ich bin Dionysius, und von Rom in diese Gegend Frankreichs gekommen, das Wort Gottes zu predigen. Dir, die du mir mit besonderer Andacht zugethan bist, sage ich, dass Gott auch durch dich der Welt bekannt werden will. Du bist meiner Hut und meinem Schutze übergeben. Deshalb will ich dir allezeit beistehen. Dieß zu beweisen, versichere ich dir, daß dein Gemahl an seiner gegenwärtigen Krankheit nicht sterben wird."[22]

---

19 Offenbarungen VII, Kap. 4 (Clarus, Leben III, 349ff), zit. n. a.a.O., 50f.
20 Vgl. Ernst Benz, Die Vision. Erfahrungsformen und Bilderwelt, Stuttgart 1969, 19.
21 Zit. n. Clarus, Leben I, XXVf.
22 Zit. n. a.a.O., XXVI.

Bei dieser Wallfahrt schaut Birgitta auch ihre späteren Aufenthalte in Rom und Jerusalem.[23] Nach ihrer Rückkehr aus Santiago de Compostela endet Birgittas Eheleben. In Schweden geht Ulf in beiderseitigem Einvernehmen in das Zisterzienserkloster Alvastra. Birgitta lebt in einem Gästehaus des Ordens. Ulf stirbt bereits vor Beendigung seines Noviziats. Birgitta ist 42 Jahre alt und trägt sich mit dem Gedanken, ebenfalls einem Orden beizutreten; diesen Überlegungen widerspricht ihr Beichtvater allerdings energisch. Daraufhin verteilt sie ihren Besitz an ihre Kinder und Bedürftige. Zugleich legt sie ihre standesgemäßen Kleider und ihren Schmuck ab. In einer Vision wird ihr die Vermählung mit Christus zuteil. Er spricht: *„Fürchte dich nicht; denn ich bin der Schöpfer aller Dinge und kein Betrüger. Du musst wissen, daß ich nicht um deinetwillen allein rede, sondern auch zum Heil aller Christen. [...] daß du meine Braut und mein Canal sein sollst, Geistliches hören und sehen wirst und mein Geist bei dir bleiben wird bis an deinen Tod.“*[24]

f. Ratgeberin des Königs und Ordensvision

Wiederum in einer Vision bekommt sie den Auftrag, als kritische Ratgeberin noch einmal an den Königshof zurückzukehren. Nach Birgittas ethischem Verständnis ist jegliche Herrschaft dem Dienst am Volk verpflichtet. Diese Vorstellung bringt sie unmissverständlich zum Ausdruck, als sie vor Magnus die Verbrechen der Regierung anprangert und weder Adel noch Klerus schont. Mit apokalyptischen Drohungen untermalt sie ihre sozialkritische Ansprache vor dem König. Sie kritisiert die Grausamkeit der Vögte und die Missachtung des Sonntags durch Frondienste, zugleich fordert sie eine gerechtere Steuerpolitik.

Vorübergehend ist ihrer Sozialkritik Erfolg beschieden: 1344 erlässt Magnus ein Sendschreiben gegen den Wucher, 1345 eine Verordnung zum Schutz der Witwen und Waisen, und 1346 veröffentlicht er eine Abbitte an die Bauern für zuvor eingeforderte Extrasteuern. Birgitta lässt sich von diesen erfreulichen Ansätzen aber nicht blenden und bleibt den Machenschaften des Herrschers gegenüber kritisch. Als der Regent sie in einen Beutefeldzug gegen Russland einspannen will, versagt sie ihm die Gefolgschaft. Obwohl er sein Vorhaben als heiligen Krieg gegen Heiden und Schismatiker tarnt, kann er Birgitta nicht für seine Absicht gewinnen. Mit ihrer Weigerung verliert sie nun endgültig die Gunst am Königshof. Sie ist Spott und Verleumdungen ausgesetzt. Im Rückblick auf diese Zeit berichtet ihr Sohn Birger nach ihrem Tod: „Ich erinnere mich, wie oft ich betrübt und gesenkten Hauptes vor meinem Herrn, dem König Magnus stand, wenn er oft zu mir sagte: ‚Was mag unsere Verwandte, deine Mutter, wohl heute Nacht wieder geträumt haben?‘“[25] Birgittas Mission am Königshof ist nun endgültig beendet.

---

[23] Ebd.

[24] Zit. n. a.a.O., XXIX.

[25] Zit. n. Emilia Fogelklou, Die hl. Birgitta von Schweden, München 1929, 129, in: Peter Dinzelbacher, Heilige oder Hexen? Schicksale auffälliger Frauen in Mittelalter und Frühneuzeit, München/Zürich/London 1995, 26f.

Zwei Jahre nach dem Tod ihres Mannes empfängt sie in Ekstase den Auftrag, in Vadstena am Vättersee einen neuen Orden zu gründen. Mit König Magnus VII. verhandelt sie über dessen dortiges Gut und verspricht ihm: „*Wenn Ihr ein Kloster baut, könnt Ihr eure Sünden tilgen [...]*"[26] Magnus schenkt ihr das Anwesen und erbittet als Gegenleistung die Gunst, dereinst zusammen mit seiner Frau in der Klosterkapelle bestattet zu werden.[27]

2. Birgittas zweite Lebenshälfte

a. Rom

Ihre Visionen weisen Birgitta nun den Weg nach Rom. In einer Christusvision hört sie: „*Jetzt ist die Regel geschrieben, [...] Zieh nun an den Ort, wo du den Papst und den Kaiser sehen wirst!*" Noch konkreter lautet die Aufforderung in einer weiteren Offenbarung: „*Geh' nach Rom und bleibe daselbst, bis du den Papst und den Kaiser gesehen hast, und rede mit Ihnen jene Worte, die Ich dir eingeben werde.*"[28]

Der Papst residiert noch in Avignon,[29] deshalb zweifelt Birgitta, ob Christus sie tatsächlich nach Rom gerufen habe. Eine dritte Vision macht die Schwedin dann ihrer Sendung gewiss: „*Geh' nach Rom, wo die Straßen mit Geld gepflastert und*

---

[26] Zit. n. Holböck, Birgitta, 69.

[27] Das grausame Ende des Königspaares verhindert dessen Bestattung in der Klosterkapelle. Magnus verliert seinen Thron und ertrinkt bei einer Seefahrt, nachdem er durch Vermittlung seines Sohnes aus siebenjähriger Haft befreit worden war. Königin Blanche wird auf der Hochzeit ihres Sohnes Håkon vergiftet.

[28] Rev. Extrav. Kap. 87 zit. n. Holböck, Birgitta, 77.

[29] 1294 beginnt das Pontifikat von Bonifaz VIII (–1303). In sein Pontifikat fällt 1300 die Ausrufung des ersten Heiligen Jahres. Dieser innerkirchliche Höhepunkt bringt Bonifaz einerseits einen Prestigegewinn, verführt ihn andererseits aber zu einer Fehleinschätzung seiner Macht und der politischen Realität. Nach Auseinandersetzungen mit der französischen Krone beabsichtigt er im Jahr 1303, den französischen König Philipp den Schönen zu exkommunizieren. Beim Attentat von Anagni wird Bonifaz jedoch vom französischen Legaten Wilhelm von Nogaret gefangengenommen; er kann sich mit Hilfe der Bürger der Stadt befreien und nach Rom fliehen, dort stirbt er am 11. Oktober 1303. Mit ihm verlässt einer der großen Päpste die kirchliche und politische Bühne. Zu Beginn des 14. Jahrhunderts hat das Papsttum im König von Frankreich einen Gegner, der nicht gewillt ist, seine Interessen der Kirche unterzuordnen. Nach fast einjährigem Konklave wird 1305 der Erzbischof von Bordeaux zum Papst gewählt. Er nennt sich Clemens V. (1305–1314), lässt sich in Lyon krönen und erhebt neun Franzosen zu Kardinälen. Während seines gesamten Pontifikats bleibt er in Frankreich, vorwiegend in Avignon. Die von seinem Vorgänger über Philipp den Schönen verhängten Kirchenstrafen nimmt er zurück und gerät immer mehr in Abhängigkeit zur französischen Krone. Sein Nachfolger Johannes XXII. (1316–1334) nimmt dann seinen ständigen Sitz in Avignon. Bis zur Rückkehr von Gregor XI. (1370–1378) im Jahr 1378 residieren alle künftigen Päpste in Avignon.

vom Blut der Heiligen gerötet sind [...] Ich sage dir, in deinen Tagen wird man noch rufen: ‚Es lebe der Nachfolger Petri!' Und du wirst ihn mit deinen eigenen Augen sehen!"[30]

Rom befindet sich in einem katastrophalen Zustand. Die Kirchen sind verfallen; in St. Peter und im Lateran weiden Viehherden; das Forum ist ein Gemüsegarten. Das Gesetz wird missachtet, wo Recht gelten sollte, herrscht brutale Gewalt. Die Rompilger werden von der Bevölkerung ausgeplündert. Bei ihrer Ankunft ist Birgitta tief betroffen von der Sittenlosigkeit der Bewohner und dem gottlosen Treiben des Klerus. Eine ihrer Marienvisionen zeichnet ein Bild vom Zustand Roms: „*Rom ist wie ein Acker, auf dem das Unkraut üppig gewachsen ist. Deshalb muß es zuerst durch scharfes Eisen und durch Feuer gereinigt werden [...]. Für diese Stadt bereitet sich eine Strafe von solcher Art vor, als ob der Richter sprechen würde: Schindet ihm die ganze Haut ab! Zieht ihm alles Blut aus dem Fleisch heraus!*"[31]

Birgitta kann dazu nicht schweigen. Sie tritt mit ihren Offenbarungen an die Öffentlichkeit und wird von der Stadtbevölkerung massiv angegriffen. Einige drohen ihr, sie lebendig zu begraben, andere beschimpfen sie als Hexe.[32] Die Schwedin lässt sich davon nicht beirren.

Zunächst lebt Birgitta im Palast des Kardinals Hugo von Beaufort, der an die Titelkirche „San Lorenzo in Damaso" angrenzt. Dieser Wohnsitz entspricht ihrer adligen Herkunft. Als ihr die standesgemäße Unterkunft jedoch gekündigt wird, fürchtet sie, keine vergleichbare Bleibe zu finden. Sie ist gezwungen, ihre Einstellung zu ändern. Folgende Begebenheit schildert ihren Sinneswandel: Nachdem sie einen Monat lang nach einer Wohnung gesucht hat, ist sie bereit, in einer Fremdenherberge Quartier zu nehmen. Visionär erkennt Birgitta, dass ihre Notlage sie mit den nach Rom kommenden Pilgern solidarisiert. Sie hört die Worte: „*[...] damit du aus Erfahrung die Armut und die Schmerzen, die die armen Pilger zu leiden haben, die [...] auf Pilgerfahrt gehen, empfindest, und dabei lernst, mit ihnen Mitleid zu haben.*"[33] Wenig später wird ihr von einer Witwe ein Haus zum ständigen Wohnsitz angeboten.

Weihnachten 1349 beginnt das zweite Heilige Jahr der Kirche; unzählige Pilger strömen nach Rom. Auch aus dem hohen Norden reisen viele Wallfahrer an. Birgitta nimmt sich ihrer Landsleute an und gewährt den Armen Obdach in ihrem eigenen Haus. Sie selbst erhält während ihres gesamten Aufenthalts in Rom aus Schweden Bezüge zur Bestreitung ihres Lebensunterhaltes. Mit diesem Geld unterstützt sie einzelne Pilger finanziell und gerät dadurch mehrmals in wirtschaftliche Not. Plastisch schildern Birgittas Offenbarungen einen Dialog mit der Gottesmutter. Maria spricht: „*Sorge dich nicht für den morgigen Tag, denn auch dann, wenn du nichts anderes als den bloßen Leib hast, mußt du doch ganz auf Gott vertrauen! Er, der die Spatzen ernährt, wird auch für dich, die ER mit seinem Blut erlöst hat,*

---

[30] Offenbarungen, Buch IV, Kap. 5, zit. n. Holböck, Birgitta, 77f.

[31] A.a.O., Buch III, Kap. 29, zit. n. a.a.O., 90.

[32] Vgl. Peter Dinzelbacher, Heilige oder Hexen? Schicksale auffälliger Frauen in Mittelalter und Frühneuzeit. München/Zürich/London 1995, 27.

[33] Vgl. Rev.extrav., Kap. 107, zit. n. Holböck, Birgitta, 86.

sorgen." Birgitta antwortet: „*Wir haben zwar noch für heute unsere Nahrung und unseren Unterhalt, für morgen aber fehlt uns alles, wir stehen ganz bloß da. Wie sollen wir da ohne Sorgen sein können, wenn wir nichts haben? Gewiss empfängt die Seele von Gott Erquickung, aber der Esel Leib verlangt halt auch nach seiner Nahrung.*" Maria: „*Wenn ihr in eurer Wohnung etwas übrig habt, das ihr entbehren könnt, so verkauft oder verpfändet es, und lebt dann ohne Sorgen!*" Birgitta entgegnet, sie habe nur die Kleider, die sie Tag und Nacht trage, und der Priester in ihrem Haus besitze nur seine Bücher und die Ausstattung für die Heilige Messe. Diese Dinge zu verkaufen, wird ihr verwehrt. Sie sieht sich nun gezwungen zu fragen: „*Soll ich etwa arbeiten, um meine Nahrung zu verdienen?*" Maria antwortet: „*Was tust du denn jetzt täglich?*" Birgitta: „*Ich lerne Latein, bete und schreibe.*" Maria: „*Solche geistige Arbeit solltest du um der körperlichen Arbeit willen nicht unterlassen.*" Birgitta: „*Was sollen wir dann morgen zu essen haben?*" Maria: „*Bettle in Jesu Christi Namen, wenn ihr wirklich nichts mehr habt.*"[34]

In diesem Dialog werden mehrere Konfliktfelder angesprochen: Birgitta steht zum einen vor der Frage, ob sie Jesu Zusagen in der Bergpredigt vertrauen und Gott die Sorge für den Lebensunterhalt ihrer kleinen Gemeinschaft überlassen will. Zum anderen ist die stolze Aristokratin herausgefordert, zu prüfen, ob sie sich so tief herablassen und für ihre tägliche Versorgung zur Bettlerin degradieren kann. Des Weiteren geht es um die Frage, in welcher Rangordnung die verschiedenen Dienste zueinander stehen.[35] Was hat Priorität, der Dienst am Wort oder die Versorgung des Leibes? Birgitta ist in der Hauptsache an theologischen Fragen und am Studium der Bibel interessiert. Nun lernt sie – ganz nach franziskanischer Manier –, auch für ihren Lebensunterhalt zu betteln.

Bevor Birgitta Schweden verließ, hatte ihr eine Vision eröffnet, dass ihr in absehbarer Zeit ein Familienmitglied nach Rom folgen werde. Unter den skandinavischen Pilgern befindet sich schon bald ihre Tochter Katharina. Für Birgitta steht fest: Das ist die versprochene Hilfe. Sie setzt alles daran, Katharina in Rom zu halten. Sie geht dabei soweit, der Tochter den baldigen – und tatsächlich auch eintreffenden – Tod ihres Ehemanns Eggard Lydersson anzukündigen. Trotzdem will die Tochter abreisen; Birgitta zwingt sie zu bleiben. Dinzelbacher zitiert Quellen, nach denen das nicht ohne Härte geschehen sei, vielmehr habe Birgitta ihre Tochter mit Haft und Prügel zur Heiligen erzogen.[36] Als Witwe bleibt Katharina an der Seite ihrer Mutter in Rom. Die zwei Frauen führen fortan mit den beiden schwedischen Priestern Petrus von Alvastra und Petrus von Skänninge ein klösterliches Leben.

b. Eingriff in die schwedische Politik

Im Jahr 1355 muss Magnus VII., König von Norwegen und Schweden, seinem Sohn Haakon VI. Norwegen zur Nebenregierung überlassen. Aus politischen

---

34 Vgl. Offenbarungen, Buch IV, Kap. 46, zit. n. Holböck, Birgitta, 96.
35 Vgl. Lk 10,42.
36 Vgl. Dinzelbacher, Heilige, 277.

Gründen verheiratet er Haakon 1363 mit der Tochter des Dänenkönigs Waldemar IV. Atterdag (1340–1375). Der schwedische Adel setzt Magnus ab und wählt seinen Neffen Albrecht III. von Mecklenburg-Schwerin (geb. um 1340) zum König von Schweden. Magnus selbst verzichtet 1371 auf den schwedischen Thron. Er ertrinkt 1374 bei einer Seefahrt.

Birgitta ist auch in Rom bestens über die politischen Verhältnisse in ihrer Heimat informiert und versucht, in die schwedische Politik einzugreifen. Dabei verfolgt sie nicht nur friedliche Pläne. Sie beabsichtigt, einen Dynastiewechsel zugunsten eines ihrer Söhne herbeizuführen. Zu ihren Plänen gehört es, König Magnus zu stürzen. Ihr Umsturzprogramm von 1361 ist eines der wenigen Fragmente, das in ihrer eigenhändigen Aufzeichnung erhalten geblieben ist.[37] Sie scheint dabei mit dem schwedischen Adel kooperiert zu haben, der sich seinerseits ihres Pamphlets bediente. Nach Adalsten[38] enthält die von der Aristokratie gegen Magnus gerichtete Anklageschrift eindeutige Parallelen zu Birgittas Texten.

Wie ihr sonstiges Handeln begründet Birgitta auch ihr diesbezügliches Vorgehen religiös. Das gottlose Treiben des Königs ist Anlass ihrer Klage. Dinzelbacher hat sicher Recht, wenn er Birgittas Verhalten kritisiert und an eine Aussage Karl Rahners erinnert, der feststellt, dass „göttliche[s] Einwirken keine Garantie dafür biete, daß der imaginäre Inhalt auch einer ‚echten' Vision nicht von der Eigenart des Visionärs so mitbestimmt ist, dass historisch Unrichtiges, theologisch Schiefes und Falsches, Einseitiges, Geschmackloses mit in diesen Inhalt einfließen."[39] Auch wenn Birgitta eine gerechtere Politik für Schweden vor Augen steht, können ihr eigennützige Interessen nicht abgesprochen werden.

c. Pilgerreisen in Italien

Mehrere Pilgerreisen führen die Schwedin und ihre Begleiter zu den süditalienischen Heiligtümern. Während dieser Reisen besucht sie 1366 auch Königin Johanna von Neapel. Johanna war nach dem Tod ihres Großvaters, Robert des Weisen von Anjou (ca. 1279–1343), auf den Thron von Neapel gekommen. Mit Johanna beginnt der Abstieg dieses Königshauses; ihre spätere Entscheidung für den avignonesischen Papst kostet sie nach Ausbruch des Großen Schismas 1381 den Thron und 1382 das Leben.

Johanna ist eine leidenschaftliche Frau; ihre politischen Schachzüge entsprechen nicht immer den Zehn Geboten. So wird sie bezichtigt, die Ermordung

---

37 Vgl. Peter Dinzelbacher, Das politische Wirken der Mystikerinnen in Kirche und Staat: Hildegard, Birgitta, Katharina, in: ders., Religiöse Frauenbewegung und mystische Frömmigkeit im Mittelalter, Wien 1988, 287. Dinzelbacher bezieht sich auf Carlsson, Birgitta (ohne nähere Angabe).

38 Vgl. Adalsten, Licht, 56.

39 Vgl. Dinzelbacher, 287; Karl Rahner, Visionen und Prophezeiungen. Zur Mystik und Transzendenzerfahrung, hrsg. v. Josef Sudbrack, Freiburg/Basel/Wien 1989, 60f.

ihres ersten Mannes, Andreas von Ungarn, angestiftet zu haben. Als Birgitta Johanna besucht, lebt diese bereits in dritter Ehe.

Die Regentin begegnet der Schwedin mit Achtung. Birgitta jedoch kann nicht umhin, Johanna in 14 Punkten ins Gewissen zu reden. Es geht darin um deren Ehe und ihre Liebhaber, um Schulden, um hohe Steuerlasten, um falsche Ratgeber, um Ungerechtigkeit bei der Bestrafung von Verbrechen, um den Frieden des Landes, um ihre äußere Erscheinung und unterlassene Beichten. Birgitta spricht in einer diskursiv-belehrenden Art ethische Fragen an, die wohl kaum auf eine Vision rückführbar sind, sondern ihre persönliche Moral spiegeln. Vorübergehend ändert Johanna ihr Verhalten, um es schon kurze Zeit später wieder aufzunehmen.

d. Der Kampf für die Rückkehr des Papstes

Birgittas größte Sorge gilt dem noch immer in Avignon residierenden Papsttum. Viele ihrer Offenbarungen haben die Behebung dieser Not zum Inhalt. Bereits im Jahr 1354 hatte sich die Lage im Kirchenstaat vorübergehend zugunsten des Papstes verändert, so dass dessen Rückkehr nach Rom nichts im Wege stand. Aber der amtierende Pontifex, Innozenz VI., konnte sich nicht zum Kommen entschließen. Sein Nachfolger, Urban V., ein Benediktiner; verlässt tatsächlich am 30. April 1367 Avignon und reist per Schiff nach Italien. Nach 60 Jahren Sedisvakanz zieht der Papst am 16. Oktober wieder in Rom ein. Zu diesem Zeitpunkt weilt auch Kaiser Karl IV. in Italien. Papst und Kaiser treffen sich in Viterbo und reisen gemeinsam nach Rom. Für Birgitta erfüllt sich damit eine Vision, in der ihr offenbart worden war, sie würde Kaiser und Papst in der heiligen Stadt sehen.

Sie setzt nun alle Energie ein, um den Papst zu bewegen, ihre Ordensregel zu approbieren. Im Frühsommer 1369 führt sie mit Urban in dessen Residenz Montefiascone Verhandlungen. Der Papst beruft sich jedoch auf die Entscheidung des IV. Laterankonzils (1215), nach der kein neuer Orden mit einer neuen Regel gegründet werden darf. Vor diesem Hintergrund erhält sie lediglich die Erlaubnis, ihrem in Schweden konstituierten Orden die Augustinerregel zugrunde zu legen und ihre eigene Regel als Anhang beizufügen.

Mittlerweile hat sich die Situation im Kirchenstaat erneut verändert, und der Papst plant seine Rückkehr nach Avignon. Birgitta empfängt dazu eine Offenbarung, in der sie den Tod des Papstes vorhersieht – sofern er wieder nach Frankreich geht: *„Nun will ich etwas reden von diesem Papste, der Urban heißt [...], daß er durch Italien nach Rom zu keinem anderen Zwecke sich wenden solle, als um Barmherzigkeit zu üben, den katholischen Glauben zu stärken, den Frieden zu befestigen und so die heilige Kirche zu erneuern. [...] so habe ich den Papst Urban durch mein Gebet und das Werk des heiligen Geistes, ohne daß ihm irgend eine leibliche Gefahr zugestoßen, von Avignon nach Rom geleitet [...] Jetzt wendet er mir den Rücken zu und nicht sein Angesicht, und gedenkt, von mir zu weichen [...] Es zieht ihn auch der Teufel mit weltlicher Lust, denn er hat nach weltlicher Gewohnheit sein Vaterland viel zu lieb. [...] Gelingt es ihm, in das Land zurückzukehren, wo er zum Papst gewählt ward, so wird er in kurzer Zeit einen Schlag oder* *einen Backenstreich erhalten, daß seine Zähne zusammenschlagen und klappern werden.*“[40] Sie übergibt Urban diese Offenbarung in Begleitung eines Bischofs. Die Rückkehr nach Avignon kann sie aber nicht mehr verhindern. Urban verlässt Rom im September 1370 und stirbt – wie Birgitta vorhersagte – am 19. Dezember desselben Jahres.

Auch für seinen Nachfolger, Gregor XI., empfängt Birgitta Offenbarungen. Sie ermahnt ihn ebenfalls, nach Rom zurückzukehren; ihre Worte finden allerdings zu ihren Lebzeiten kein Gehör. In der letzten Offenbarung, die sie im Juli 1373 über Gregor empfängt, heißt es am Schluss: „*Weil der Papst zweifelt, ob er nach Rom kommen solle, um den Frieden und meine Kirche wieder herzustellen, so will ich, dass er durchaus im nächstfolgenden Herbste komme. Und er soll auch wissen, dass er mir nichts Angenehmeres erweisen könne, als daß er nach Italien kömmt.*“[41]

Bis zu ihrem Lebensende ist die Rückkehr des Papsttums Birgittas größte Sorge. Noch kurz vor ihrem Tod behauptet sie in einem Gespräch mit Robert Orsini: „*Ich sage dir, der Papst kommt nach Rom und du selbst wirst dabei zugegen sein.*“[42] Vier Jahre später trifft ihre Vorhersage ein. Der oben genannte Orsini ist dabei und stellt fest: „Jetzt begreife ich, dass Birgitta die Wahrheit gesagt hat.“[43] Mittlerweile hat eine andere Frau, Caterina von Siena,[44] die Sorge für das Papsttum übernommen; zu ihren Lebzeiten kehrt der Pontifex maximus nach Rom zurück.

e. Pilgerreise ins Heilige Land – Visionen für Zypern

Bereits 1350 war Birgitta ihre Reise nach Jerusalem offenbart worden. Im Mai 1371 hört sie erneut: „*Macht euch bereit, nach Jerusalem zu pilgern, um Mein Grab und andere heilige Stätten aufzusuchen, die sich dort befinden. Sobald Ich es euch sage, brecht von Rom auf!*“[45]

Ihre Söhne Birger und Karl kommen nach Rom, um die Mutter zu begleiten. Zur Reisegruppe gehören weiter ihre Tochter Katharina und fünf geistliche Herren. Zunächst machen die Pilger in Neapel Station. Hier stirbt ihr Sohn Karl. Am Tag seines Begräbnisses reist Birgitta mit ihrem Gefolge weiter nach Zypern.

Das Königreich Zypern (1192–1489) wird Mitte des 13. Jahrhunderts durch den Niedergang des Königreichs Jerusalem zum führenden Kreuzfahrerstaat. Unter Peter I. (1359–1369) steigt es zur europäischen Macht auf; Peter wird am 17. Januar 1369 ermordet. Mit seiner Witwe, Königin Eleonore, einer Prinzessin von Aragón, nimmt Birgitta nach ihrer Ankunft sogleich Kontakt auf. Die Königin regiert unter Aufsicht der Vettern ihres Mannes und möchte wieder zu-

---

40 Zit. n. Clarus, Leben II, 295.
41 Zit. n. a.a.O. 306.
42 Zit. n. Holböck, Birgitta, 169.
43 Ebd.
44 Vgl. in diesem Band: Hanna-Barbara Gerl-Falkovitz, Caterina von Siena.
45 Offenbarungen, Buch VII, Kap. 6, zit. n. Holböck, Birgitta, 145.

rück in ihre spanische Heimat. In einer Vision erfährt Birgitta: Die Königin soll nicht nach Spanien zurückkehren, keine neue Ehe eingehen, die Ermordung ihres Mannes nicht rächen und ihrem Sohn Peter II. (1369–1382) als Ratgeberin zur Seite stehen. Birgitta teilt dies Königin Eleonore mit, ohne dass ihre Worte wirklich Gehör finden.

Der Zustand in Zypern ist katastrophal. Infolge von Übergriffen aus Venedig und Genua herrscht Uneinigkeit und Feindseligkeit auf der Insel. Ihre Zukunftssorgen verdrängen die Zyprioten mit schlimmen Ausschweifungen. Birgittas Offenbarungsschriften enthalten mehrere Prophezeiungen über Cypern:

„*Diese Stadt [Famagusta] ist ein Gomorrha [...]. Darum werden ihre Gebäude einstürzen, die Stadt wird zerstört und verwüstet werden, ihre Einwohner werden auswandern und vor Schmerz und Kummer seufzen: sie werden abnehmen und ihre Schande wird in vielen Ländern bekannt werden, weil ich Ihnen zürne.*"[46]

Auch über den künftigen König empfängt sie eine Offenbarung, darin geht es um die Ehre und die Bürde, König zu sein. Die Ausführungen über das Amt eines Königs zeigen Parallelen zu den Worten, die sie vor Jahren an den schwedischen König richtete. Unschwer ist auch hier Birgittas persönliche Einstellung zu erkennen.

Während ihres vier Monate währenden Aufenthalts in Jerusalem beschäftigt Birgitta sich fortwährend mit Zypern. Ihre weiteren Prophezeiungen über den Untergang dieses Königreichs haben im Heiligen Land ihren Ursprung. Die nachfolgende Geschichtsschreibung bestätigt ihre Offenbarungen. Im Oktober 1372 kommt es zu blutigen Straßenkämpfen mit den Genuesen; die Königin rächt den Tod ihres Mannes, lässt den Reichsverweser ermorden und kehrt selbst nach Aragón zurück. Ihr Sohn, König Peter II., stirbt mit 26 Jahren, ohne einen Erben zu hinterlassen.

Birgitta kehrt krank und gebrechlich in der Fastenzeit 1373 nach Rom zurück. Die letzten vier Monate ihres Lebens durchzieht eine geistliche Dunkelheit. Ihren Körper plagen heftige Fieberattacken, und ihre Seele wird von Todesängsten gequält. Erst wenige Tage vor ihrem Tod findet sie inneren Frieden. Am 23. Juli 1373 stirbt die schwedische Visionärin. Zusammen mit ihren geistlichen Gefährten bringt ihre Tochter den Leichnam der Mutter nach Schweden, wo er in der Krypta der noch unvollendeten Klosterkirche in Vadstena beigesetzt wird. Katharina bemüht sich um die Heiligsprechung ihrer Mutter. Infolge des Großen Schismas (1378–1418) bedarf es dreier Kanonisationen (1391, 1415 und 1419), bis Birgittas Heiligkeit feststeht. Damit ist sie die meist-kanonisierte Heilige der römischen Kirche.

3. Birgittas diakonisches Wirken: Sie hört und handelt

a. Die Visionärin

Birgittas Handeln geht ein inneres Schauen und Hören voraus. Ihre erste Vision hat sie als siebenjähriges Kind. Von da an empfängt Birgitta immer wieder Bot-

[46] Vgl. Offenbarungen, Buch VII, Kap. 16, Zusatz, zit. n. Holböck, 147.

schaften aus der geistigen Welt. Ihre Offenbarungen bewegen sich aber nicht in einem luftleeren Raum. Birgitta kennt die Heilige Schrift, und sie kennt zahllose Heiligenbiographien, beides bildet die Folie ihrer inneren Schau. Die Bilder ihrer Visionen entstammen der Welt einer nordischen Aristokratin, die Verantwortung für ihr Personal und Hauswesen übernommen und dabei auch gesellschaftliche Probleme zu bewältigen hat. Vor einem Abgleiten ins Spekulative bewahren sie die hochgebildeten Theologen an ihrer Seite; ihnen vertraut Birgitta ihre religiösen Erkenntnisse und Botschaften an. Die Männer übersetzen Birgittas Diktat ins Lateinische und redigieren so manchen Text. Zu Birgittas visionärer Hinterlassenschaft gehören drei große und etwa 600 mittlere und kleinere Offenbarungstexte. Sämtliche großen und viele der kleineren Visionsschriften geben an, unter welchen Umständen Birgitta die Offenbarungen empfangen hat. In den Texten aus Birgittas zweiter Lebenshälfte kommen vielfach ethische Fragen in einer diskursiv-belehrenden Form zur Sprache. Hier ist weniger an eine echte Vision als Ausgangspunkt zu denken. Vielmehr fordern konkrete Begebenheiten Birgittas Nachdenken, Gebet und Eingreifen heraus. Was ihr daraufhin in den Sinn kommt, betrachtet sie als Gottes Urteil in Bezug auf ihre Fragestellung. Den Charakter einer Botschaft erhalten diese Texte erst durch ihre Niederschrift und Redigierung.[47]

b. Die schwedische Aristokratin

Birgittas Familie gehört zu den mächtigsten und angesehensten Geschlechtern Schwedens. Sie ist sich stets ihrer Herkunft bewusst und bewegt sich sicher im Raum des weltlichen und geistlichen Adels; ihre Abstammung öffnet ihr die Türen der römischen Patrizierhäuser ebenso wie die der Königshäuser in Neapel und Zypern. Sie lernt im Laufe der Jahre aber immer mehr, ein Leben in der Nachfolge Christi zu führen. Nach dem Tod ihres Mannes legt sie die standesgemäßen Kleider ab und erscheint am prachtvollen Hof in Stockholm im Gewand einer Büßerin; ihre Lebensart veranlasst die Höflinge, sie zu verspotten.

Sie teilt ihr Vermögen mit den Armen und gibt großzügig Almosen. Nicht selten gerät sie dadurch in finanzielle Schwierigkeiten. Wenn nötig, setzt sie sich auf die Stufen der römischen Kirchen und bettelt, bis weitere Geldmittel aus der Heimat eintreffen.

c. Die Herrin, Ehefrau und Mutter

Als junges Mädchen beugt Birgitta sich dem Willen ihres Vaters und heiratet Ulf Gudmarson, obwohl sie viel lieber im jungfräulichen Stand geblieben wäre. Trotzdem wird ihre Ehe glücklich. Birgitta und Ulf ergänzen sich in weltlicher und religiöser Hinsicht. Birgitta versteht ihren Herrinnenstand – ganz im Sinn

[47] Vgl. Tore Nyberg, Birgitta von Schweden – Die aktive Gottesschau, in: Frauenmystik im Mittelalter, hrsg. v. Peter Dinzelbacher/Dieter R. Bauer, Ostfildern ^{2}1990, 275–289: 285.

von Lk 22, 26f[48] – als Dienst an den Menschen, die ihr als Frau eines Lagman anvertraut sind. Sie nimmt ihre Verantwortung als Vorsteherin des großen Herrenhauses ernst und ist ihrem Mann eine kluge Ratgeberin, solange er ein Leitungsamt innehat. Als Ulf auf der Rückreise von Santiago de Compostela beschließt, Zisterzienser zu werden, versteht sie dies als Ruf Gottes, dem auch sie folgen muss.

Ihr Verhalten gegenüber ihren Kindern erscheint in mancher Hinsicht unverständlich, wenn nicht sogar rücksichtslos. Trotzdem hängt sie mit großer Liebe an ihnen. Als sie aus Liebe zu den Kindern und der schwedischen Heimat nicht nach Rom ziehen will, weist eine Vision ihr die einzuschlagende Richtung. Sie sieht einen Topf über einem Feuer stehen, dessen Kohlen von einem Knaben angeblasen werden. Birgitta fragt den Knaben, weshalb er sich bemühe, den Topf zu erhitzen. Sie erhält zur Antwort: *„Damit die Liebe zu deinen Kindern in dir noch stärker entzündet und entflammt werde."* Nun erkennt sie, dass ihre Mutterliebe ihre Liebe zu Christus übersteigt und zum Hindernis wird für den vor ihr liegenden Dienst. Sie beschließt, diese Bindung zu lösen.[49] Trotzdem bleibt sie auch während ihrer Zeit in Rom in enger Verbindung mit den Kindern. Herzlos erscheint die Visionärin, als sie den Tod ihres als Lebemann charakterisierten Sohnes Karl sogar begrüßt, weil dadurch eine sich anbahnende Liaison mit Königin Johanna von Neapel beendet wird, ehe sie wirklich beginnen konnte. Zieht man dabei jedoch Birgittas Verständnis von irdischem und ewigem Leben in Betracht, so war es die Sorge um das ewige Heil dieses Kindes, die hinter ihrer vordergründig herzlosen Haltung die tiefe Liebe zu ihrem leichtfertigen Sohn durchscheinen lässt.

Birgitta hat ihren Auftrag, Ehefrau, Herrin und Mutter zu sein, angenommen. Sie hat ihre Kinder gelegentlich religiös und auch politisch instrumentalisiert. Sie hat aber auch akzeptiert, als ihre jüngste Tochter Cäcilia sich weigerte, in den geistlichen Stand zu treten und ihren Lebensweg als wohltätige Ehefrau fortsetzte.

„Sorge dafür, dass diese deine Kinder auch meine Kinder werden."[50], so hört sie Maria in einer Vision. Die religiöse Erziehung, zu der die Karitas untrennbar gehört, kennzeichnet sowohl ihre Aufgabe als Mutter ihrer leiblichen Kinder als auch ihre Aufgabe als „Mutter" ihres Gesindes.

d. Die Asketin

Nach Benz ist die „visionäre Atmosphäre [...] charakterisiert durch ein strenges System geistlicher, seelischer und leiblicher Zucht, deren Erhellung von elemen-

---

[48] „[...] der Größte unter euch soll sein wie der Jüngste, und der Vornehmste wie ein Diener." Lk 22,26.

[49] Vgl. Holböck, Birgitta, 80.

[50] Zit. n. a.a.O., 43.

tarer Bedeutung für das Verständnis der Phänomene der visionären Erfahrung ist.“[51]

Bereits während ihrer Ehe bestimmen harte Askesepraktiken Birgittas Leben. So soll sie während der Abwesenheit von Ulf ganze Nächte durchwacht und mit Kniebeugen und Züchtigungen ihren Leib gebändigt haben.

Ihre Askesepraktiken finden in ihren Visionen ihren Niederschlag, sie wird z.B. wegen eines „üppigen“ Bettes gerügt. Nach dem Tod ihres Mannes – der „bequeme Betten liebte“ – schläft sie lieber auf Spreu oder Bärenfellen als in einem Bett. Es gibt aber auch Visionen, in denen sie gewarnt wird, ihren Körper durch übertriebene Askese so zu schwächen, dass er zum Dienst für Gott unfähig würde. Ernst Benz schreibt über die Schwedin: „Persönlichkeiten wie Birgitta (von Schweden) und Teresa von Avila waren energische, aktive Frauen von einer höchst dynamischen Vitalität, einem zielbewußten ehernen Willen, und von einem Temperament, vor dem nicht nur [...] Fürsten, sondern auch Bischöfe, Kardinäle und Päpste zitterten; Frauen, die ein hervorragendes praktisches Organisationstalent besaßen und über eine große Welt- und Menschenkenntnis verfügten, und alle Symptome einer ungebrochenen körperlichen und geistigen Gesundheit aufwiesen, selbst wo sie sich bemühten, diese Gesundheit durch eine harte asketische Disziplin zu ruinieren, [...]“.[52]

e. Die Prophetin

Birgitta gilt auch als Prophetin. Wie die Propheten des Ersten Bundes wird sie abgelehnt von denen, die sie warnen muss. Man unterstellt ihr, sie selbst wolle das Übel, das sie ankündigt. Nach Benz gibt es nur einen Unterschied zwischen den Propheten Israels und den Propheten der Kirche: Während Erstere einen eigenen Stand bilden, wird die Tätigkeit der freien Charismatiker vom kirchlichen Amt weitgehend geächtet. Die prophetische Vision ist eine Reaktion auf den Verfall der Kirche. Zukunftsweisend hat Prophetie ihre Erneuerung zum Thema. Durch die Verflechtung von Kirche und Imperium hat Vorausschau immer auch eine politische Komponente. Birgittas Visionen haben den Verfall und die Zukunft der Kirche wie auch die Herrschsucht der weltlichen Regenten im Blick. Wenn sie Päpste, Welt- und Ordenskleriker, Könige und Fürsten im Visier hat, dann will sie sowohl die Kirchen- wie die Weltpolitik verändern und zu mehr Gerechtigkeit im Diesseits aufrufen. Birgitta behält ihre Offenbarungen zu keiner Zeit für sich. Was sie empfängt und was sie durch eigenes Nachdenken erkennt, das verkündigt sie öffentlich in Briefen und Gesprächen.

f. Die Ordensgründerin

Als Birgitta 1346 die Offenbarung eines neuen Ordens zuteil wird, ist das Zeitalter der monastischen Gründungen im eigentlichen Sinn vorbei. Ihren eigenen Angaben zufolge währt die Ordensvision nur einen Augenblick und hinterlässt

---

[51] Benz, Vision, 37.

[52] A.a.O., 19.

einen dauerhaften Eindruck. Christus zeigt ihr in einer inneren Schau seine Weinberge (Klöster), die lange guten Wein getragen haben, nun aber saftlos geworden sind. Er beauftragt Birgitta, einen neuen Weinberg im königlichen Hof von Vadstena anzulegen.

Birgitta sieht ein Doppelkloster, an dessen Spitze eine Frau als Äbtissin stehen wird. Die Gemeinschaft soll sich aus 85 Personen rekrutieren, die das apostolische Kollegium repräsentieren.[53] Mit 60 Nonnen übersteigt die Zahl der Frauen weit die der Männer. Die Gruppe der Mönche setzt sich aus 13 Priestern (dem Zwölferkreis und Paulus), vier Diakonen (als Repräsentanten von Ambrosius, Augustinus, Gregor dem Großen und Hieronymus) und acht Laienbrüdern zusammen.

Ein streng kontrollierbarer Klausurbereich, regelmäßige Predigt und Beichte sollen die Missstände innerhalb des monastischen Lebens im Keim ersticken. Die Klostergemeinschaft soll sich selbst versorgen und den Jahresüberschuss an die Armen abgeben.

Birgitta widmet den Orden Maria und würdigt damit nicht nur die Gottesmutter, sondern die Frau an sich. Es gibt zu jener Zeit in Skandinavien bereits viele von Priorinnen geleitete Nonnenklöster, aber keines, an dessen Spitze eine Äbtissin steht. Wenn Birgitta ihre Gründung einer Äbtissin unterstellt, geht sie einen Schritt weiter und setzt damit zugleich ein Zeichen für die neue Stellung der Frau in Kirche und Gesellschaft.

g. Die Botschafterin einer besseren Welt

Als Hofmeisterin im Schloss von Stockholm nimmt Birgitta Einfluss auf den charakterschwachen jungen König. Sie setzt sich u.a. für eine gerechtere Steuerpolitik und die Rechte der Armen ein. Als Magnus sich dauerhaft ihren Ratschlägen widersetzt, verlässt sie den Hof, ohne der dortigen Politik den Rücken zu kehren. Noch von Rom aus unterstützt sie das Umsturzprogramm des Adels gegen König Magnus.

Ihre Pilgerreise nach Santiago de Compostela konfrontiert Birgitta mit der Not des Hundertjährigen Krieges (1339–1453) zwischen England und Frankreich. Sie will Einfluss nehmen und meint, den Krieg durch die Vermittlung einer Ehe beenden zu können. Ihre Offenbarungen zur Herbeiführung des Friedens lässt sie von Bischof Hemming von Abo den Verantwortlichen überbringen.

Ihr größter Einsatz aber gilt der Rückführung des Papsttums nach Rom und der Reform der Kirche. Sie scheut sich nicht, ihre Einsichten vor hohen und niederen Gremien auszusprechen. Sie nimmt Verleumdungen und Spott auf sich und fürchtet keine Morddrohung.

Sie begründet ihre Sendung religiös, lässt das politische Geschehen aber zu keiner Zeit außer Acht. Es kann nicht geleugnet werden, dass ihre resolute Per-

---

[53] Es setzt sich aus 13 Aposteln (den Zwölfen und Paulus) und 72 Jüngern des Herrn zusammen.

sönlichkeit wesentlich dazu beiträgt, dass ihre Stimme Gehör findet und erkennbare Spuren hinterlässt. Birgitta ist nicht nur visionär, sie ist intelligent, gebildet und tatkräftig und nicht zuletzt auch hartnäckig.

Die Aristokratin spielt mit den Privilegien ihres Standes und ist zugleich bereit, sowohl im Büßergewand vor den König zu treten als auch vor römischen Kirchen um Almosen zu betteln.

Als Visionärin kritisiert sie eine Kirche, deren geistliche Ämter von Männern besetzt sind. Vielen Zeitgenossen scheint es absurd, den Worten einer Frau zu glauben. Birgitta kämpft nicht um das Recht, als Frau Gehör zu finden, sie will verkündigen, was sie gehört und geschaut hat, und mit ihren Fähigkeiten verantwortlich am Bau von Gottes Reich mitwirken.

Hanna-Barbara Gerl-Falkovitz

„Mit Feuer das Feuer löschen“: Caterina von Siena (1347–1380)

Caterina von Siena, Fresko von Andrea Vanni in der Basilika San Domenico in Siena, um 1375.

Forschungsperspektiven

Die „Frau im Mittelalter“ erfreut sich – im Zuge der Rekonstruktion weiblicher Lebenswelten – seit Jahren großer Aufmerksamkeit der interdisziplinären Forschung. Auch die Analphabetin und im heimatlichen Dialekt sprechende Färberstochter Caterina Benincasa trifft im selben Rahmen auf ein großes Forschungsinteresse in verschiedensten Geisteswissenschaften – sie scheint eine Art Brennpunkt vorangegangener, großräumiger Entwicklungen zu bilden. Tatsächlich gehört sie an hervorragender Stelle zur Frauenliteratur und -bewegung des 13. und 14. Jahrhunderts, wo sich Frauen, in der Regel ohne formale Bildungsvoraussetzungen, nachhaltige und anerkannte Zugänge zu Schrift und Kulturtradition bahnten. In diesem Sinne stellte Caterina bisher ein Thema der (Spät-)Mittelalterforschung und natürlich der Theologiegeschichte dar; und in der Tat erscheint vieles an ihr auf bestürzende Weise „mittelalterlich“, besonders was ihren visionären Charakter angeht.

Diese Zuordnung verdeckt aber einige nicht ausreichend beleuchtete Phänomene kulturgeschichtlicher Art, die sich erst aus einem anderen Bezugsrahmen erhellen. Das Trecento ist, wie heute weithin anerkannt wird, nicht allein als Endphase des Mittelalters zu lesen, sondern als Beginn der europäischen Moderne. Insbesondere in den Städten, namentlich in Florenz, aber auch in Siena, werden eine neue Kunst und ein neues Denken vorbereitet; Caterina ist auch Zeitgenossin von Petrarca, Boccaccio und Salutati; ihr Großvater ist der Dichter Puccio Piacenti. Ihre Verschränkung in den geistigen Aufbruch der Epochenschwelle ist kaum aufgearbeitet. Das muss bei genauem Zusehen verwundern. Denn nicht minder als in das Spätmittelalter ist Caterinas Sprache und Denken in den Nominalismus und Frühhumanismus des Trecento verflochten. Zweifellos verkörpert sie zunächst eine dem Mittelalter entstammende unterschwellige, nie abgerissene Paralleltradition zur Schultheologie. Es ist jene riskante Tradition, die sich auf ein übernatürliches Belehrtwerden beruft und die verständlicherweise besonders von Frauen, aber nicht nur von ihnen zur Geltung gebracht wurde. Aber: Erst im folgenden Jahrhundert, dem schon neuzeitlichen Quattrocento, wird sich der endgültige Übergang von der Mönchs- zur Laienkultur durchsetzen. Die Gestalt des idiota, des Nichtklerikers und nicht scholastisch Gelehrten, stellt sich herausfordernd dar. Caterina ist „ungelehrter Mund" und idiota. Die illitterata kann nicht lesen und schreiben, hilft sich mit Diktieren meist mehrerer Briefe auf einmal. Und doch beansprucht sie „Wissenschaft" – eines neuen Inhalts, der nicht in den überkommenen mittelalterlichen Denkformen aufgeht.

Darin bündeln sich erste Anstöße des Humanismus mit einem eigenständigen und kraftvollen Vorgriff auf die Diskussion über Elend und Würde des Menschen. Das neue „Welt- und Selbstverhältnis", die „Sinnlichkeit" als Merkmal einer wachsenden Individualisierung, überhaupt die Ich-Erfahrung und die Betonung der Notwendigkeit des politischen und gesellschaftsbezogenen Handelns sind als initiale Züge der Neuzeit gerade an Caterina – an der ihr eigentümlichen Subjektivität – beobachtbar. In diesen großräumigen Zusammenhang gehört auch Caterinas Diakonie, die gleichfalls außerordentliche Züge trägt und über das seinerzeit mögliche fromme Tun hinausreicht.

Zugleich ist an Caterina ein „darüber hinaus" zu untersuchen. Ihre Erfahrungen der humanitas und spiritualitas versteht sie selbst als allgemein gültig, nicht als – im heutigen Sinn – rollenspezifisch. Statt einer vertrauten Ontologie der Geschlechterzuordnung zu folgen, worin der Mann mit Geist, die Frau mit Leib und concupiscentia parallelisiert wurde, fragt Caterina nach geschichtlich-exemplarischer Verwirklichung des jeweiligen Auftrags, mithin nach Gelingen und Misslingen von Selbstsein im geschichtlichen Anspruch. Dies stützt sie durch ein Gottesbild, welches die eigenschöpferische Entfaltung der Vorgaben, der offenen Potenzen der Individualität gerade in der Zeit politischen und geistigen Umbruchs herausfordert. Damit rückt das Frausein in eine dem Mannsein gleiche und nicht mehr nur polare oder beigeordnete Aufgabenstellung ein. Das Denkschema von Männlichkeit und Weiblichkeit ist für diese Form menschlicher Selbstdeutung nicht erforderlich – wie Caterina durch ihren eigenen Lebensstil auch deutlich die Grenzen der Geschlechterzuordnung sprengt und einem biblisch inspirierten Erfassen des Geschichtlich-Personalen Bahn bricht.

Damit wird für die beginnende Neuzeit die immer wiederkehrende Frage beleuchtet, ob sich letzten Endes männliches von weiblichem Denken, Erfahren, Tun unterscheide, oder noch empfindlicher gefragt, ob es denn wirklich zwei unterschiedliche und wie weit unterschiedliche Erfahrungswelten gebe. In Caterinas Ansatz, der natürlich nicht die gesamte Frage abdeckt, ist das Anderssein der Frau gegenüber ihrem Eigensein erstaunlich „modern" zurückgetreten. Mit dieser Selbstdeutung ist freilich die Deutung des Phänomens Caterina noch nicht abgeschlossen.

1. Ferne und Nähe Caterinas

Seit die Sieneser Färberstochter 1970 zur Kirchenlehrerin erhoben wurde, wird – noch mehr als zuvor – in den verschiedensten Geisteswissenschaften, über sie geschrieben, Abträgliches, Spöttisches und Verehrendes – sie scheint eine Art Brennpunkt im Drama des 14. Jahrhunderts zu bilden, in seiner Faszination und Wildheit gleichermaßen. Was an Caterina schnell und stark berührt, ist das allen Rahmen sprengende Leben: Fast alles an ihr ist ungewöhnlich – „wir Wildbäume"[1] nennt sie sich in einem Brief. Aber in dem Ungewohnten stecken Anziehung und Befremdung. Caterina gehört dem endenden Spätmittelalter an; ihre Art zu leben und mit Gott umzugehen, ist heute auf bestürzende Weise fern: ihre heftigen, den ganzen Leib fordernden Visionen, ihre Theologie des Blutes, ihre Sinnlichkeit auch im Geistigen. Auf der anderen Seite steht ihrem Charme und Charisma eine ursprüngliche Theologie nicht aus Studium, sondern aus Eingebung gegenüber. Oft lässt sich auf Anhieb auch schwer unterscheiden, ob diese Einheit von Mystik und Politik, von Inspiration und Leib, von Gottes- und Weltliebe heutig oder vorgestrig ist – um nur erst ein Gefühl, keineswegs ein Urteil aufzurufen.

Auf der Suche nach ihrer Kontur muss daher an erster Stelle diese Fremdheit auftauchen, sonst ist der sechshundertjährige Abstand über die gesamte Neuzeit hinweg nicht ernstgenommen. Zu schnelle Identifikation mit Caterina enthebt in Wirklichkeit von der Anstrengung, einen bis heute nachhallenden Anstoß dieser Frau aus der Zeitbindung herauszulösen. Zweierlei wäre demnach im Auge zu behalten: die Ferne der Lebenswelt des 14. Jahrhunderts und die heutige Gültigkeit von Caterinas Lebens- und Denkentscheidungen. Beides soll im Folgenden in einem konzentrischen Einkreisen ihrer Gestalt zur Wahrnehmung kommen, und zwar in sich vertiefenden Kreisen.

2. Caterinas Leben in den Wehen des 14. Jahrhunderts

Die Mitte des von Krisen gepeinigten 14. Jahrhunderts kennt ein einschneidendes Datum: die Schwarze Pest von 1348; Caterina ist gerade ein Jahr alt. Unaufhaltsam Europa durcheilend, von Sizilien über die Hafenstädte des Mittelmeers bis zum nördlichsten Europa, riss die Pest etwa ein Drittel der Bevölkerung mit sich, blitzartig, wo immer sie eintraf. Das Grauen dieser Epidemie drang in alle Lebensbereiche: Tod hing in der Luft, ein anschaulicher, handgreiflicher Schatten des Lebens. Siena verlor die Hälfte seiner Bevölkerung und war aus Mangel an Arbeitern und Geld gezwungen, den Bau der größten Kathedrale der Welt einzustellen – der heutige Dom besteht nur aus dem Querschiff. 1374 rollt eine zweite große Welle der Pest; Caterina verliert zwei Pflegekinder sowie acht Neffen und Nichten. Allgegenwärtig durchtränkte der Tod auch die Literatur: Francesco Petrarca (1304–1374) stößt die abendländische Reflexion an mit seinen „Gesprächen über die Weltverachtung" und den stoisch unterlegten

[1] Katharina von Siena, Politische Briefe. Übers. u. eingel. v. Ferdinand Strobel, Einsiedeln 1944, 46.

„Heilmitteln gegen Glück und Unglück". Eitelkeit, tiefe Vergeblichkeit, Auslieferung an das Ende, miseria hominis sind die Akkorde: Das Leben verlor die Zuversicht des wenigstens auf Zeit Gesicherten. Das Todesmotiv, ja die fast magische Zelebration des Todes (als wollte man den Allherrscher in solcher Verherrlichung bannen) durchzieht den „Herbst des Mittelalters"[2]. Die große Pest von 1348 wird eigenartigerweise zeitgleich von einem Erdbeben begleitet, das sich auch in den Folgejahren immer wieder rührt – von Italien bis in die Niederlande – und eine apokalyptische Grundstimmung herausfordert.[3]

Die unmittelbare Bedrohung für Leib und Leben schien jedoch nur ein kleinerer Spiegel von unüberschaubaren, großräumigen Umwälzungen in der Politik. Die Päpste hatten schon zu Beginn des 13. Jahrhunderts aus politischen Rücksichten Rom verlassen müssen – Bonifaz VIII. war 1303 vom französischen König verhaftet worden. Avignon wurde zum „Gegen-Rom" erhoben, gedeckt vom zynischen Satz Charles' V., Rom sei, wo immer sich der Papst gerade aufhalte. Die französischen Träger der Tiara standen unter den Forderungen der französischen Krone. Birgitta von Schweden (1303–1373)[4], in vieler Hinsicht die „ältere Schwester" Caterinas, sieht auf einer Pilgerreise nach Compostela in Avignon die Dämonen hausen.

Petrarca, in der Provence aufgewachsen und dort zum Studium gekommen, brandmarkt zur selben Zeit die Huren-Stadt Babylon-Avignon in seinem „Buch ohne Namen" als Hauptstadt aller Verworfenheiten, Weltmitte der Todsünden. In drei Sonetten ruft er die äußersten Bilder auf für die „babylonische Gefangenschaft" der Kirche. Die kaiserliche Macht hielt sich fern von Italien, dem kulturell führenden europäischen Staat, in dem sich die alte Feudalordnung in entsetzlichen Kämpfen auflöste. Dante nennt schon zu Beginn des Jahrhunderts sein Vaterland eine „wilde Stute, bösartig, unbändig und grausam"[5]. Im Geburtsjahr Caterinas, 1347, ruft Cola di Rienzo in Rom einen Volksstaat nach altrömischem Muster gegen die Herrschaft der Adligen aus – ein abenteuerlich-naiver Versuch, der bald im Blut unterging. Petrarca vergleicht Italien später mit einem von Wunden übersäten Todkranken, und zwar in einem Brief vom Sep-

---

2 Vgl. Kap. XI „Das Bild des Todes" bei Johan Huizinga, Herbst des Mittelalters. Studien über Lebens- und Geistesformen des 14. und 15. Jahrhunderts in Frankreich und in den Niederlanden, (1941), Stuttgart 1987. Huizinga gibt die wohl eindrucksvollste Darstellung des spätmittelalterlichen Lebensgefühls, seiner Erregung und Überästhetik, schließlich seines Niedergangs vor der aufdämmernden Renaissance.

3 Francesco Petrarca, Dichtung und Prosa, Berlin 1968, 421f (Seniles X, 2; Brief an Guido Scetten in Genua vom Herbst 1367): „Italien und ein großer Teil von Deutschland wurde zugleich erschüttert, so heftig, daß mancher Unerfahrene glaubte, das Ende der Welt sei gekommen [...] Allen stand Leichenblässe im Gesicht. Im nächstfolgenden Jahre bebte Rom, so daß Türme und Kirchen zusammenstürzten. Zur gleichen Zeit bebten ganze Teile der Toskana [...] Sieben Jahre darauf bebten Niederdeutschland und das ganze Rheintal, und bei diesem Erdbeben stürzte Basel zusammen."

4 Vgl. in diesem Band: Adelheid M. v. Hauff, Birgitta von Schweden.

5 Purgatorio VIII, 94–101.

tember 1370 an Urban V., den er (vergeblich) zur Rückkehr als „Arzt" beschwört.[6] Die langwierigen Fehden der italienischen Stadtstaaten, die unaufhörliche Selbstzerfleischung – mit Hilfe ausländischer Söldner, die sich nach Art von Banden gegebenenfalls selbständig machten – und die politische Dauerunruhe scheinen unbefriedbar. Am Ende des Jahrhunderts gibt es zwei Kaiser, zwei und schließlich drei Päpste: die verheerendste Zerrüttung der höchsten Ordnungsmächte in Europa, womit im Grunde in epochalem Maßstab auch das Ende des Mittelalters markiert ist. Ein selten zerstörerisches Jahrhundert also, dessen äußere wie innere Destruktion an den Massenneurosen und -psychosen sichtbar wird, die, religiös unterlegt, die Öffentlichkeit heimsuchen: Geißlerzüge, welche die offenkundigen Zerstörungen als Strafgericht deuten und durch Selbstquälung aufhalten wollen.[7]

Aus solchen Schattierungen taucht das „herbstliche" Lebensgefühl der Zeit Caterinas auf: Wand an Wand mit dem Tod gestaltet sich der Alltag der reichen und von Florenz bedrohten Stadt Siena. Als Rückseite dieser Todesnähe lebt die Zeit eine betonte Körperlichkeit und Anspannung aller Sinne, fast bis zur Brutalität. Jede mittelalterliche Stadt ist in einem heute unvorstellbaren Maße sinnlich geprägt: von Farben, von Geräuschen und vor allem von Gerüchen. Caterina, 1347 kurz vor der mörderischen Pest geboren, wächst in einem Färberhaus, d.h. vor allem zwischen Gerüchen auf; sie wird später das Blut der Hingerichteten, die sie zum Block begleitet, nicht aus ihren Kleidern herauswaschen, weil sie darin das Blut Jesu riecht; sie wird auch dem Gestank der Verwesung und ihrer Nase nachgehen, wenn sie unbestattete Tote in verlassenen Pesthäusern sucht, auf ihrem Mantel vor die Stadt schleift und dort begräbt – am Beginn ihrer „öffentlichen" Laufbahn, etwas älter als 20 Jahre. Caterina ist von der Anlage her sinnlich, auch geschlechtlich sinnlich – ihr Leib irritiert und quält sie immer wieder. Sie bändigt (nicht ohne Mühe) ihre Geschlechtlichkeit; die Sinne bleiben aber ihre Grundmotorik. Caterina riecht und schmeckt die Welt und Gott. Sapientia: bei ihr wirklich in der Urbedeutung „Geschmack" und nicht bloß Weisheit.

Das Elternhaus Benincasa, reich im reichen Siena, ist eine vielfältige Welt: Dreiundzwanzig leibliche Geschwister, viele davon schon verheiratet und mit eigenen Kindern, Domestiken und Arbeiter in der Färberei ergeben einen übergroßen Haushalt. Die beiden vorletzten Kinder, Zwillinge, werden am Palmsonntag, den 25. März 1347 geboren. Aber der Tod ist schon anwesend: Er nimmt Caterinas Schwesterchen als Säugling mit; Caterina überlebt und wird von der Mutter, Monna Lapa, lange gestillt. Geliebt, aber in dem offenen Haushalt auch nicht abgeschirmt, nimmt die Kleine früh die bösen Unruhen ihrer Zeit wahr, auch die Dauerbedrohung der Vaterstadt durch das feindliche Flo-

---

[6] Petrarca, Dichtung und Prosa, 396 (Variae 3; Brief an Papst Urban V.).

[7] Barbara Tuchman, Der ferne Spiegel. Das dramatische 14. Jahrhundert, München [5]1985, 115–118.

renz, das tatsächlich über die kulturell und ästhetisch raffiniertere Stadt siegen wird.

Im Alter von sieben Jahren erfährt das wache und deswegen verletzliche Kind Trost: Über der Nachbarkirche San Domenico erscheint ihr Christus in weißen, päpstlichen Gewändern, von ebenfalls weißgekleideten Heiligen umringt. Im Lächeln und im Segen Christi empfindet sie sich erstmals ihm tief verbunden, von Grund auf eigen. Sie beginnt, ihm zu dienen und zu helfen: In Bußübungen geißelt sie sich mit ihren kindlichen Freundinnen zur Sühne und Stellvertretung. Später wählt die Heranwachsende in einem Traum zwischen verschiedenen Kleidern den weißen Mantel des Dominikus. Die Familie knüpft freilich andere Interessen an das schöne Mädchen; die Mutter veranlasst sie, der Mode entsprechend, ihre Haare zu bleichen, man denkt an rasche und günstige Heirat. Caterina schließt sich eng an die geliebte Schwester Bonaventura an, die ihr erstes Kind erwartet, jedoch bei der Geburt stirbt. Eines Tages erscheint Caterina bei Tisch mit rasiertem Kopf und eröffnet der empörten Familie, sie möchte Mantellatin im Drittorden der Dominikaner werden. Diese Mantellaten oder Schwestern „von der Buße" waren 1285 vom Ordensgeneral mit einer Regel bestätigt worden und trugen das dominikanische Gewand: ein weißwollenes Kleid unter einem schwarzen Mantel. Doch der Wunsch erscheint sachlich unerfüllbar: Zum Drittorden zählen nur ältere, in der Regel verwitwete Frauen, die die Werke der Nächstenliebe und Buße ohne öffentliche Gelübde und unklausuriert in den eigenen Häusern betreiben. So wehrt nicht nur die Familie, sondern auch der Orden ab: Caterina ist zu jung und anziehend. Darauf fällt sie in eine schwere, sichtlich seelisch ausgelöste Krankheit, die ihr Äußeres entstellt. Vor der Entschiedenheit der Siebzehnjährigen geben Familie und Orden nach: 1364 wird Caterina Mantellata, was zunächst Gebet und Barmherzigkeit meint, sonst aber keine näher beschriebenen Aufgaben markiert und außerdem den Verbleib im Elternhaus voraussetzt.

Nun tritt eine weitere Merkwürdigkeit ein, nachdem der Starrsinn durchgesetzt ist: Caterina lebt drei Jahre lang schweigend und betend nur in einer ihr überlassenen Kammer, isst allein, schläft wenig, verlässt den Raum nur morgens zum Gottesdienst, ist für die Familie und die sonstige Welt wie gestorben. In diese stummen, von außen nicht einsichtigen Jahre fallen unerhörte Grunderlebnisse: die geistliche Vermählung mit Christus, der Herzenstausch und eine mehrstündige Todesstarre bei der Einung mit Gott.

Mit 21 Jahren erscheint Caterina unerwartet wieder zum Essen am gemeinsamen Tisch und übernimmt nun zum ersten Mal von 1368–1374 die Außendienste einer Mantellatin, die noch näher zu kennzeichnen sind. Im Anschluss daran hat sie nur noch sechs Jahre Lebenszeit, um jene kaum vergleichbare politische Wirkung zu erreichen, die bis heute mit ihrem Namen verknüpft ist. 1375 verwirrt sich die schlechte politische Lage Oberitaliens ins Heillose. Florenz, dem ein Getreideimport aus den Kirchenstaaten in der Hungersnot von 1374/75 verweigert worden war und das um schweres Geld von den ausländischen Söldnertruppen erpresst wurde, rechnete dies dem Papst an und rief zu einer antipäpstlichen Liga auf. Im Gefühl äußerster Not sprengt Caterina den gewohnten Rahmen ihres Handelns und reist nach Pisa und Lucca. Sie entwirft Konzepte der Aussöhnung, schreibt starke und klare Briefe: kein Bündnis irgendeiner Art gegen den Papst, sofortige Rückkehr des Papsttums von Avignon nach Rom, um den Frieden jenseits aller politischen Interessen bedingungslos zu vermitteln, und zwar als moralische und nicht als selbstsüchtige Größe, Abzug der ausländischen Söldnerbanden aus Italien durch die Konzentration auf einen anderen, würdigeren Kampfplatz, die Eroberung Jerusalems. In der Mitte dieser verflochtenen Überlegungen steht das Papsttum, das sich bisher allen ähnlichen Appellen verschlossen hatte. Schon Birgitta von Schweden hatte das Äußerste unternommen: Sie stellte sich Urban V., der 1367 für einige Jahre in den wiedererstarkten Kirchenstaat zurückgekehrt war, bei seinem neuerlichen Aufbruch in Montefiasone in den Weg. Falls er die Reise fortsetze, werde er sterben, so ihr Spruch – aber auch sie hinderte Urban nicht, tatsächlich nach Avignon – in seinen Tod – zurückzukehren (1370).

Für Caterina gilt nur eines: das Unerreichbare doch zu erreichen. 1375 sucht sie von Pisa aus das Verhängnis zu entflechten: Zunächst versendet sie Aufrufe zum Kreuzzug, um die verhassten Söldner einzubinden in die Ritterschaft, um das christliche Zypern von der Türkengefahr zu entsetzen, um das Heilige Land zu befreien und um die italienischen Streitigkeiten durch den gemeinsamen Feind zu einen. Keines dieser Ziele wird erreicht, im Gegenteil verkehrt sich alles ins Fruchtlose: Im Juli 1375 schließen sich auch das heimatliche Siena, danach Pisa und Lucca der antipäpstlichen Liga an; Perugia und Bologna empören sich gegen Rom. Caterinas Auftreten in Pisa ist gescheitert; zu dieser Zeit empfängt sie – in fünf durchbohrenden Lichtstrahlen – die Wundmale Christi, die auf ihren Wunsch hin unsichtbar bleiben. Nun verdichtet sich alles bei ihr auf den einzigen Ausweg, das von den Franzosen als politisches Instrument benutzte Avignon aufzuheben, das Papsttum selbst von seinem unsäglichen Schmutz zu reinigen. Seit Februar 1376 schreibt Caterina an Gregor XI. (1329–1378) Mahnungen, Warnungen, Aufrufe, Nötigungen. Sie tritt für das in Bann stehende Florenz ein (das Caterina zwei Jahre später ermorden will): „Man kann den Teufel nicht mit dem Beelzebub austreiben und durch Krieg keinen Frieden gewinnen. Frieden, Frieden, Frieden, liebster Vater, und keinen Krieg mehr.“[8] Schließlich wird Caterina, die politisch Naive, vom listenreichen Florenz als Vermittlerin der streitenden Parteien im Juni 1376 nach Avignon gesandt, ohne dass Florenz ernsthaft an einer Befriedung gelegen war. In Avignon wird sie hingehalten, dann aber doch vorgelassen – Caterina spricht mit aller Glut und mit Freimut; ihr Sieneser Dialekt muss übersetzt werden. Das nicht Erwartbare geschieht: Der weiche, von seiner Familie und der französischen Krone gegängelte Gregor gibt dem Mädchen nach. Zu seinem Erstaunen und zur Glaubwürdigkeit ihrer Sendung erinnert sie ihn an sein geheimes Gelöbnis, in die

---

[8] Brief 218, zit. n. Caterina von Siena, Gotteserfahrung und Weg in die Welt, hrsg., eingel. u. übers. v. Louise Gnädinger, Olten/Freiburg 1980.

Hauptstadt der Christenheit zurückzukehren. Genötigt hat ihn wohl auch der Gedanke, Rom und den Kirchenstaat endgültig einzubüßen.

Caterina hatte den Papst waffenlos gewünscht; in ihrer Naivität sah sie ihn mit einem Kreuz in der Hand in Rom einziehen. Der Franzose schätzte die Italiener anders ein; ein ganzes Heer von zweitausend Mann bewegte sich mit ihm vom September 1376 bis Januar 1377 durch Oberitalien. Eine Schandtat vergiftet kurz nach der Ankunft des Papstes in Rom die Lage aufs Äußerste. Durch einen Befehlshaber der bretonischen Söldnertruppen, den skrupellosen Kardinal Robert von Genf, kommt es am 3. Februar 1377 zu einer maßlosen, widerwärtigen Schlächterei in Cesena, der etwa dreitausend Menschen zum Opfer fallen. Caterina schreibt voll brennender Trauer nach Rom: „Ach, mein Vater, wie unglücklich bin ich. Gott haben wir den Krieg erklärt! Dem Fluch des Todes sind wir verfallen. Satan besitzt offenbar die Herrschaft über die Welt. Bei solchen Kriegen und Wirren können Sie doch keine einzige ruhige Stunde haben. Ich möchte Sie bitten, Frieden zu gewähren unter jeder Bedingung, einzig mit Rücksicht auf Wahrung ihres Gewissens. Sie müssen auf friedliebende Personen hören, nicht auf Kriegshetzer, selbst wenn man den Krieg nur aus Eifer für die Gerechtigkeit führen wollte. Es ist viel besser, das Geld des weltlichen Besitzes fahren zu lassen als das Gold des geistlichen Besitzes. Frieden, Frieden um der Liebe des Gekreuzigten willen, nicht mehr Krieg! Sonst ist uns nicht zu helfen. Ich kann nicht mehr!“[9] Dennoch bleibt der politische Zustand hochgefährdet; Florenz – als Wortführer der „Libertas“ – bleibt im Bann, und Caterina vermittelt im Auftrag des Papstes weiter. Kurz vor einem sich abzeichnenden Erfolg stirbt Gregor XI. im März 1378, nicht ohne den bitteren Satz geäußert zu haben, er würde keiner weiblichen Prophetin mehr Glauben schenken. Im Juni desselben Jahres gerät Caterina in einen Aufstand in Florenz, bei dem ein gedungener Mörder sie anfällt. Sofort vom Gedanken eines notwendigen Opfers erfüllt, ruft sie: „Stoß zu!“, was den Mann voller Verwirrung fliehen lässt. Tatsächlich kommt im Juli 1378 der von Caterina selig begrüßte Friede zustande (Brief 303), der Florenz aus dem Kirchenbann löst. Unmittelbar danach verdichtet sich das Unheil endgültig.

Der neue Papst Urban VI., ein Neapolitaner aufrichtigen, jedoch cholerisch-ungeschickten Charakters, erhält schon im August 1378 einen französischen Gegenpapst, eben jenen zynischen „Schlächter von Cesena“. Königin Johanna von Neapel, die ihn zusammen mit Charles V. stützt, muss Folgendes lesen: „Aber ich kann Euch nicht mehr Mutter nennen und ehrerbietig mit Euch reden, [...] denn aus einer Dame ist eine Sklavin geworden, [...] untertan der Lüge und dem Teufel, der nicht der Vater ist.“[10] Caterina eilt mit einigen ihrer geistlichen Famiglia nach Rom, um das Schisma zu schließen und den Papst in seinem vielfach übereilten Handeln zu beraten. „Arbeiten Sie mit männlicher

---

[9] Zit. n. Werner Pleister, Caterina von Siena, in: Exempla historica Bd. 25, Humanismus, Renaissance und Reformation, Frankfurt 1983, 31.

[10] Brief 317, zit. n. Gnädinger, Gotteserfahrung.

Kraft, in der Stille und mit Maß wohlwollend und ruhigen Herzens, denn das Tun ohne Maß verwüstet mehr, als daß es ordnet. [...] Die Welt kann nicht mehr weiter. [...] Haben Sie Geduld mit mir. Denn so lange ich lebe, werde ich nicht aufhören, Sie schriftlich und mündlich mit Bitten aufzustacheln, bis ich in Ihnen und der Heiligen Kirche das sehe, wonach meine Sehnsucht dürstet. Dafür möchte ich mein Leben hingeben."[11] Bereits todkrank, schleppt sie sich jeden Morgen nach St. Peter zur Messe. Dabei sieht sie eines Morgens in der Vorhalle das Mosaik Giottos mit dem Kirchenschifflein, navicula, sich neigend auf ihre Schultern stürzen. Man trägt die Zusammengebrochene heim zu einem schweren Sterben. Ihr leibliches und noch mehr geistiges Martyrium für die Einheit der Kirche endet am 29. April 1380, eine tragische, unverhüllte Ergebnislosigkeit vor Augen: Das Große Abendländische Schisma spaltet und zerreißt die Christenheit, zuletzt zwischen drei Päpsten geteilt, noch bis zum Konzil von Konstanz 1417.

Während Caterinas Körper in Rom beigesetzt wurde, empfing Siena das Haupt der toten Tochter im Triumph, allen voran Caterinas Mutter, die hochbetagte Monna Lapa. – Es bleiben Caterinas Briefe, 381 erstrangige Geschichtsdokumente des 14. Jahrhunderts, an Menschen aller Stände und aller Bildungsgrade diktiert. Leider haben die späteren Kopisten aus den meisten Briefen die Alltags-Mitteilungen Caterinas entfernt, so dass ihr privates Bild darin kaum zum Ausdruck kommt, es sei denn in der eigenartigen Sprachkraft und Geradlinigkeit auch gegenüber den höchsten Potentaten.[12] Es bleibt ihr Hauptwerk von 1377/78, „Libro della divina dottrina volgarmente detto dialogo della divina provvidenza"[13], das auch ihre inspirierten hochtheologischen Gebete enthält. Die Jungfrau und Prophetin mit der Lilie wurde zur Patronin Roms (1866) und Italiens (1933) ernannt und von Paul VI. 1970 neben Teresa von Avila zur Kirchenlehrerin erhoben – eine bisher unvorstellbare Auszeichnung.

---

11 Brief 324, zit. n. a.a.O.

12 Die vollständige italienische Ausgabe lautet: S. Caterina da Siena, Epistolario. Introduzione e note a cura di D. Umberto Meattini, Roma ^{3}1979. – Auswahlausgabe (aus dem „Libro" und dem „Epistolario"): Caterina von Siena, Gotteserfahrung und Weg in die Welt, hrsg., eingel. u. übers. v. Louise Gnädinger, Olten/Freiburg 1980. Adressaten des Epistolario sind Päpste, Kardinäle, Bischöfe, der hohe und niedere Klerus, Könige und Königinnen, Herzöge, Condottieri, Damen der hohen Aristokratie, Mantellatinnen-Mitschwestern, Familienangehörige, Handwerker, Künstler, Ärzte und Juristen, Scholaren und Leute aus dem Volk.

13 Von den deutschen Übersetzungen seien hervorgehoben: Caterina von Siena, Gespräch von Gottes Vorsehung. Eingeleitet von Ellen Sommer-von Seckendorff und Hans U. von Balthasar, Einsiedeln 1964; Caterina von Siena, Gottes Vorsehung, hrsg. v. Louise Gnädinger, München (serie piper 527) 1989.

3. Caterinas diakonische Kontur

Die 33 Lebensjahre der Färberstochter fallen bereits beim flüchtigen Hinschauen durch das Abweichen von aller Norm, auch der religiösen, auf. Es beginnt mit einer undeutlichen Berufung – der Vision Christi des siebenjährigen Mädchens und später mit dem Manteltraum –; undeutlich bleibt, was eigentlich ihre Aufgabe sein könnte, da sie sich nicht einem „normalen" Ordensleben anschließt. Wie es ihrer frühen Liebe zur Zurückgezogenheit, zu Gebet und Kasteiung entspricht, hätte man erwarten können, sie würde bei den Nachbarinnen eintreten, den streng klausurierten Dominikanerinnen. Stattdessen wählt sie mit 17 Jahren die Lebensform älterer, frommer Witwen, die zwar Gelübde ablegen, aber doch selbständig „in der Welt" bleiben. Diese Institution ist also keineswegs für junge, heiratsfähige Mädchen gedacht, ist sogar eher ein Kompromiss zwischen Kloster und relativer Freiheit; Caterina nutzt gerade diese Unabhängigkeit für die freie Bewegung, für das Eingreifen ins Leben – je länger je mehr gewährt man ihr überall Zutritt.

Was ist der Inhalt dieser sechs Jahre lang ausgeübten „Werke der Barmherzigkeit"? Bezeichnend ist, dass es für Caterina einen fließenden Übergang zwischen der leiblichen und der geistlichen Barmherzigkeit gibt. Sie beginnt mit der normalen Krankenpflege im Sieneser Ospedale de la Scala neben dem Dom, wobei sie auch ältere Mitschwestern betreut, darunter eine böszüngige, die ihr öffentlich geschlechtliche Laster nachschreit. Caterina widerspricht nicht, sondern erträgt es schweigend, bis die alte Frau sie um Verzeihung bittet. Diese Diakonie umschließt auch die Leprosenstation San Lazzaro außerhalb von Siena, die besonders durch den Gestank des faulenden Fleisches hervorsticht. Hier fällt Caterina der Dienst schwer; von ihrer Nase war schon die Rede. Um ihren Ekel ein für allemal zu überwinden, wird berichtet, sie habe zumindest einmal das stinkende, eitrige Waschwasser getrunken. Bei der zweiten Pestwelle wird sie, wiederum durch den Gestank geleitet, die verlassenen Toten vor der Stadt allein begraben, offenbar ohne Furcht vor Ansteckung. Verbürgt ist auch die klassische Armenspeisung und -kleidung; wie Franziskus von Assisi gibt sie dabei einmal ihr eigenes Gewand weg und greift – vom Vater geduldet – in die Kleidertruhe zuhause.

Untrennbar mit diesem leibhaften Handeln ist das geistliche Tun verknüpft. Als die „mütterliche" Qualität dieses jungen Mädchens deutlich wird, führt sie im Auftrag des Rates Trostgespräche mit den Gefangenen im städtischen Kerker; sie begleitet offiziell Todeskandidaten zur Richtstätte, weil sie in ihrer Nähe ruhiger werden – all dies unterlegt von einer unerklärlichen Bekehrungsgabe und Überzeugungskraft. Zwei ihrer leiblichen Brüder geraten – als mitverschworene Parteigänger einer gestürzten Sieneser Regierung – in Acht und Bann; Caterina nimmt sie, als das Todesurteil droht, ebenso einfach wie voller Autorität bei der Hand und führt sie durch die feindlichen Viertel in Sicherheit. Zu der Gabe der psychologischen Hellsicht kommt das Charisma des tiefen Trostes einer dolcissima mamma, wie das Volk sie rasch nennt. Und – dem Trost verwandt – das Charisma der Bekehrung: Alt-verfeindete Familien öffnen sich unter ihrem Zuspruch; ein zum Tod verurteilter junger Adliger verliert bei Caterinas Gefängnisbesuch alle Verstocktheit und geht fast freudig mit ihr zum Sieneser Richtplatz, wo sie ihn küsst, sein Haupt hält und es in ihren Kleidern auffängt – hier will sie das Blut nicht aus ihrem Mantel waschen.

Fast unmittelbar scharen sich auch Anhänger beiderlei Geschlechts und aus allen sozialen Schichten um sie: Eine „famiglia" beginnt die „dolcissima mamma" zu umgeben und wird von ihr zu Gebet und caritas angespornt. Ihre „nicht-institutionalisierte" Aktivität überträgt Caterina also unabsichtlich auf ihre Gefährten, Frauen wie Männer, Adlige wie Bürger – eine Mischung außerhalb der gesellschaftlichen Regeln. Tatsächlich handelt es sich um eine Nachahmung Caterinas ohne Auftrag und ohne Verankerung in einer Ordensregel. Drückt sich in diesen Caterinati die Ur-Idee eines heutigen Säkularordens aus? Eine Art charismatischer Laienbewegung? Dies würde Caterinas vorauseilende Feinfühligkeit beweisen, wird sich doch im folgenden Jahrhundert, dem schon neuzeitlichen Quattrocento, der endgültige Übergang von der Mönchs- zur Laienkultur durchsetzen.

Kirchlicher Verdacht bleibt nicht aus: Ihr Orden bestellt sie im Mai 1374 vor das Generalkapitel in Florenz, um ihre eigenartige Lebensführung – wohl auch ihre Visionen – zu durchleuchten. Caterina besteht das Verhör offenbar glänzend. Sie gewinnt sogar nicht vorausgesehene Hilfe: Der Dominikaner Raimund von Capua wird ihr als geistlicher Begleiter zugeordnet, der sie in ihren neu zuwachsenden Aufgaben bedeutend unterstützt und später ihre Lebensbeschreibung mit dem Blick des wirklich vertrauten und doch nicht unkritischen Zeugen niederlegt.

So vertritt Caterina den neuen Typus des Laien, der im Keim die Züge des kommenden neuzeitlichen Denkens trägt.[14] Sie greift aber nicht nur in die Zukunft, sie verkörpert auch eine Herkunft: eine unterschwellige, nie abgerissene Paralleltradition zur Schultheologie. Es ist jene riskante Tradition, die sich auf Eingebung Gottes, also auf das übernatürliche Belehren beruft und die verständlicherweise besonders von Frauen, aber nicht nur von ihnen, zur Geltung gebracht wurde.

Caterina ist „ungelehrter Mund", und dennoch, ja gerade deswegen, ist ihr Wissen treffsicher, „eingegossen, nicht erworben", wie der aus Siena stammende Humanistenpapst Pius II. (Enea Silvio Piccolomini) zur Begründung der Heiligsprechung 1461 lakonisch sagt. Und er fügt hinzu: „Sie war mehr Lehrerin als Schülerin, so daß sie Professoren und selbst Bischöfen großer Kirchen die schwierigsten, die Gottheit betreffenden Fragen mit großer Weisheit beantwortet und dieselben so vollkommen befriedigte, daß sie, die wie Wölfe und wilde Löwen gekommen waren, wie gezähmte Lämmer von ihr gingen."[15] Wie

---

[14] Vgl. Hanna-Barbara Gerl, Einführung in die Philosophie der Renaissance, Darmstadt ^{2}1995, bes. die Einleitung.

[15] Pleister, Caterina von Siena, 18. Das Brevier vom 30. April wiederholt den zentralen Satz: „Doctrina eius infusa, non acquisita fuit."

sehr ist die Ungebildete in der Tat eine Kennerin und Leserin des menschlichen Herzens: Sie besitzt das Charisma des durchdringenden Blicks bis auf den Grund der Seele. Vielen, die sie um Rat angingen, enthüllte sie erst die eigentliche, oft unbewusste Wurzel ihrer Verwirrungen. Hier kommt der Wissenstypus durch, der nicht Schul- und Bücherstudium vorweist, sondern Lebenskenntnis durch den Blick auf den Grund meint, durch den Rückgang auf die Untiefen der menschlichen Seele und die abgründigen Tiefen Gottes. Mit welcher Souveränität konnte sie – anders als zwei Generationen später Jeanne d'Arc – vor den Schultheologen der Dominikaner, des Inquisitionsordens, bestehen! Ida Friederike Görres kommentiert: „Bei Catarina von Siena fällt mir immer wieder die enorme Gescheitheit dieses Mädchens aus dem Volk auf, und zwar nicht nur als Mutterwitz, Intuition usw., sondern ausgesprochen als ‚Geistigkeit', unglaubliche, erstaunliche Schärfe des Verstandes, der begrifflichen Klarheit, Sauberkeit, Durchdringung und Kraft, das Analysieren der Seelenkräfte wie der Glaubenslehren und -geheimnisse – und all das mit prachtvoller, treffender Gabe des Wortes. Es ist richtig Lehre, Doktrin, was sie über die Selbstliebe, die Gottesliebe, die Freiheit des Willens, die Würde des Menschen usw. sagt, und zwar nicht nur in einzelnen blitzhellen Sätzen, wie es die kleine Therese hie und da auch tut, sondern in regelrechten Abhandlungen, die bei ihr, illiterate wie sie war, nicht Gelesenes, Gelerntes, Nachempfundenes, Weitergegebenes sind, sondern Selbstgeschautes und ursprünglich Ausgedrücktes – und das ist wirklich unerhört. Sie ist schon ‚genial', und man wüßte gerne, wieviel davon Natur und wieviel Charisma war."[16]

4. Diakonie an der Kirche

Anders gelesen bedeuten die ungewöhnlichen Charismen der jungen Frau einfach auch Charme. Schon die famiglia wird statt durch deutliche Anordnungen wohl ausschließlich durch die große Anziehungskraft Caterinas zusammengehalten. Zu ihrer Faszination gehört sicherlich auch ihr starkes Selbstbewusstsein, oder genauer: Sendungsbewusstsein. Als ihr Auftrag immer deutlicher wird, wird sie selbst mit dem Auftrag identisch – mit der Reform der Kirche, kreisend um die Kreuzzugsidee und die Befriedung eines selbstmörderischen Italien, endgültig zielend auf das Papsttum. Hier geht sie aufs Ganze, und das heißt, sie greift zunächst sich selbst an. „Die entsetzliche Kasteiung und Erniedrigung, mit denen sie sich geißelte, die bis zur Zerstörung des Körpers führende Sucht, zu entbehren und zu leiden, abtötenden Ekel gewissermaßen sich einzuverleiben, sind nur zu verstehen als Antwort an die Zeit, als Versuch, der Last ihrer Laster ein Gewicht entgegenzuwerfen. ‚Von neuem opfere dein Leben!' Das war der Auftrag der ewigen Liebe an sie. Und: ‚Sogar wenn der Papst der verkörperte Teufel wäre, darf ich nicht das Haupt gegen ihn erheben', das war ihr Glaube, entschied ihre Haltung gegenüber dem Hofe von Avignon."[17]

---

[16] Ida Friederike Görres, Nocturnen. Tagebuch und Aufzeichnungen, Frankfurt 1949, 173f.
[17] Reinhold Schneider, Pfeiler im Strom, Wiesbaden 1958, 200.

Skrupel oder Anfechtungen bei diesem Auftrag sind an ihr nicht sichtbar, auch nicht Skrupel über sich selbst, wie sie aus mancher religiösen Biographie hervorstechen, obwohl sie das durchdringende Empfinden ihrer Sündhaftigkeit – im Licht des Sündelosen – immer betont. „Du, der Arzt, warst von meiner Krankheit nicht abgestoßen. Du, die ewige Reinheit, hast meine vielen Leiden nicht verachtet. Du, der Grenzenlose, hast darüber hinweggesehen, daß ich begrenzt bin.“[18] Zugleich sucht sie das Selbstbewusstsein anderer zu stärken, sie mit dem Auftrag Gottes ebenso identisch werden zu lassen. An den grausamen, gefürchteten Barnabo Visconti, Herzog von Mailand, diktiert sie: „Ich fordere Sie auf, nichts mehr gegen den Papst zu unternehmen. Mischen Sie sich nicht weiter in seine Angelegenheiten, sondern regieren Sie Ihren Staat in Frieden und Gerechtigkeit. [...] Keine Herrschaft, die wir in dieser Welt besitzen, gibt uns das Recht, uns als Herrscher zu betrachten. Was ist denn das für eine Herrschaft, die mir entrissen werden kann und nicht von meinem freien Willen abhängt? Ich glaube, man sollte niemand den Titel Herrscher geben oder ihn dafür halten, sondern ihn vielmehr Verwalter nennen.“[19] Oder an den englischen Condottiere John Hawkwood (Giovanni Aguto), der seine blutigen Dienste dem Meistbietenden verkaufte und das Gemetzel in Cesena mitinszeniert hatte: „Wäre es wirklich eine so große Tat, wenn Sie bei sich Einkehr halten und überlegen würden, wieviel Mühe und Strapazen Sie im Dienst und im Sold des Teufels auf sich genommen haben? Meine Seele wünscht, Sie möchten umkehren zum Sold und zum Kreuze Christi, Sie und alle Ihre Söldner und Genossen, und so zur Kompanie Christi werden, die gegen die ungläubigen Hunde im Heiligen Lande zieht. [...] Ist es nicht greulich, daß wir, die wir doch Christen, Glieder an dem Leibe der Heiligen Kirche sind, uns angreifen und gegenseitig zu Boden schlagen?“[20] Bei dieser kühnen Sprache mag ein Ausdruck heute im Halse stecken bleiben: Die „ungläubigen Hunde“ stehen unabgeschwächt als Gegner fest. Neben diesem zeitbedingten Blick gehört zur „ganzen“ Caterina aber auch folgende großempfundene Vision: „Während das Feuer des heiligen Verlangens in mir zunahm, gewahrte ich schauend das christliche Volk und das ungläubige in die Seite des gekreuzigten Jesus eingehen, und ich trat aus Sehnsucht und Liebenswunsch mitten unter sie und mit ihnen in Christus, den liebsten Jesus ein. [...] Dann gab er mir das Kreuz auf die Schultern und den Ölzweig in die Hand, wie wenn er wollte – und so sagte er auch –, daß ich sie dem einen und dem anderen Volk reiche.“[21]

Caterinas Identität, oder zutreffender: ihre Identität mit dem Willen Gottes, bringt sie überhaupt in die Öffentlichkeit. „Gott will es, und ich will es“, so leitet sie mehrfach ihre Briefe ein, in denen sie die Reform am Haupt, dann an den Gliedern der Kirche entwickelt. In einigen herben Adressen an Gregor XI.

---

18 Gebet, in: Lisa Sergio (Hrsg.), Sei du mit mir. Frauengebete, Frankfurt 1985, 24.

19 Thomas M. Käppeli (Hrsg.), Briefe der hl. Caterina von Siena, Oldenburg 1931, 183.

20 Katharina von Siena, Politische Briefe, 108.

21 Brief 219; in: Caterina von Siena, Gotteserfahrung und Weg in die Welt, 157.

stellt sie ihm die Macht vor, die er mit seiner Stellung erhielt – wolle er sie nicht wahrnehmen, so müsse er sie zurückgeben. Das Unheil seiner Umgebung riecht sie schon im Voraus „bis nach Siena“, wie sie in Avignon sagte. „Da wandte sich der Papst an Caterina und fragte: Wie willst du nach ein paar Tagen schon die Zustände am Hofe beurteilen? Da richtete sie sich unversehens hoch auf und erwiderte mit fester Stimme: Ich bekenne furchtlos, da es um die Ehre des allmächtigen Gottes geht, daß die Sünden des päpstlichen Hofes bis nach Siena stinken, von wo ich herkomme, und mir dort noch mehr Ekel einjagen als den Leuten hier, die sich damit besudelt haben und sich noch jeden Tag besudeln.“[22] Raimund von Capua wand sich vor Verlegenheit beim Übersetzen, wie er selbst bekannte.

Caterinas erste Vision war Christus in den weißen päpstlichen Gewändern gewesen; von daher stammt ihr Maßstab und ihre Unerbittlichkeit gegenüber dem Stellvertreter. „Ich wünschte in Ihnen einen Fruchtbaum zu sehen, voll von süßen und reifen Früchten, gepflanzt auf dem fruchtbaren Boden der Selbsterkenntnis. [...] Wer in sich selbst vernarrt ist und sich nicht mehr um Gottes willen und in Gott liebt, kann nur noch das Böse tun. Denn das Gute in ihm ist erstorben. Er ist wie eine Frau mit Totgeburten. Ist ein solcher Mensch über andere gesetzt, so tut er Schlechtes, denn wegen seiner Eigenliebe und Menschenfurcht, der er ja gerade wegen seiner Selbstsucht verfallen ist, erstirbt in ihm die heilige Gerechtigkeit: er sieht seine Untergebenen sündigen und tadelt sie doch nicht und gibt sich den Anschein, nichts zu sehen. [...] Er ist immer besorgt, nicht Anstoß zu erregen und Widerstand heraufzubeschwören. Und warum? Weil er sich selber sucht. Alles friedlich vertuschen zu wollen, ist grausamer als alles andere. [...] Ich sage Ihnen im Auftrag des Gekreuzigten: drei Dinge vor allem müssen Sie mit Ihrer Gewalt vollbringen. Zunächst sollen Sie im Garten der Heiligen Kirche, dessen Hüter Sie sind, die stinkenden Blumen ausrotten, die voll Schmutz und Gier und von Stolz aufgebläht sind. Das sind die schlechten Hirten und Hüter, die diesen Garten verpesten und ihn verfallen lassen. [...] Aber bedenken Sie, daß Sie das schwerlich vollbringen können, wenn Sie nicht die zwei anderen Bedingungen vorher erfüllen: Ihre Rückkehr und die Entrollung der Kreuzzugsfahne. Ich sage Ihnen, kommen Sie, kommen Sie, warten Sie nicht auf die Zeit! Denn die Zeit wartet nicht auf Sie. [...] Jetzt heißt es nicht weiterschlafen, sondern aufwachen und kühn beginnen. [...] Enttäuschen Sie mich nicht, sonst müßte ich bei dem Gekreuzigten Berufung einlegen, dem einzigen, der noch bleibt; auf Erden haben Sie ja niemanden über sich.“[23]

Caterina hält alles Irreguläre ihres Lebensstils und einzigartigen Auftrags kraft der Überzeugung durch, unmittelbar von Gott ergriffen zu sein. Dies ist die von ihr ausstrahlende Stärke. Ihre drängenden, ja vorwurfsvollen Adressen nach Avignon entspringen dem Willen Gottes, mit dem sie eins ist und mit dem der Papst gleichermaßen eins zu werden habe. Bestätigt wird Caterina durch ihre

---

[22] Raimund von Capua, in: Pleister, Caterina von Siena, 32.
[23] Katharina von Siena, Politische Briefe, 43ff.

mystische Vermählung und die nur ihr offenbare Stigmatisation. Sie wirkt nur aus diesem Bezug nach Oben. Innen und Oben sind bei ihr in einem unendlichen, stärkenden Zwiegespräch. Das macht sie furchtlos, dabei liebenswürdig und klar. Die Beweggründe, in kirchliche und weltliche Politik einzugreifen, sind ausschließlich religiöser Natur. Naiv, aber wegen ihrer Naivität im Chor der Diplomatie so ungewöhnlich, erhebt sie ihre Stimme. Freilich zermürbt sie am Ende ihres Lebens die Vergeblichkeit ihres Tuns: Das auf ihre Schultern fallende Kirchenschiff tötet sie. Ihr schweres Sterben hat den Charakter eines Martyriums, jenes Blutopfers, von dem sie in ihrem letzten Brief gesprochen hatte: „So auf dem Boden liegend dachte ich, meine Seele verlasse den Leib, aber nicht in der Art, wie es in jener frühen Zeit geschah, als ich die Wonne der Seligen fühlte und mich mit ihnen des allmächtigen Gottes erfreute. Jetzt war ich voller Angst und Pein wegen meiner schmerzlichen Sehnsucht, die von neuem vor dem Antlitz Gottes aufgebrochen war, und ich war Gott auf eine ganz neue Art gegenwärtig, als ob Gedächtnis, Verstand und Wille nichts mehr mit meinem Körper zu tun hätten. Und so leuchtend spiegelte sich in mir jene Wahrheit, daß in abgründiger Tiefe die Geheimnisse der Heiligen Kirche sich wiederholten und all die empfangenen Gnaden meines Lebens und der Tag meiner Vermählung mit Gott wieder ganz lebendig wurden. Alles das entschwand dann wieder wegen des wachsenden Feuers, und mein Verlangen entflammte sich mehr und mehr. Ich schrie: Ewiger Gott, nimm das Opfer meines Lebens für den mystischen Leib der Heiligen Kirche. Ich habe nichts anderes zu geben, als was Du selbst mir gegeben hast. Nimm mein Herz und drücke es auf das Antlitz dieser Braut. Da wandte Gott das Auge seiner Gnade, riß mein Herz heraus und preßte es der Heiligen Kirche ein."[24]

5. Caterinas weibliche Kontur

Als Caterina einmal Zweifel an ihrer Durchsetzungskraft kamen, rief sie aus: „Herr, wie könnte ich so handeln, wie Du mir gesagt hast, [...] denn mein Geschlecht ist für mich ein Hindernis, das du wohl kennst." Da habe der Herr geantwortet: „Mit der Gnade meines Geistes beschenke ich, wen ich will; es gibt nicht Mann oder Frau, nicht Gemeine oder Adlige, denn alle sind vor mir gleich."[25]

Dieses Zitat ist nur vordergründig modisch. Vielmehr führt es mit Genauigkeit an den „theologischen Ort", an den Caterina gehört. Es ist der „Brunnenraum" der Kirche, eine Art Grundgeschoss, der das Grundwasser speichert und aus dem der Kirche beständig Leben nachquillt. Dieser tiefste und zugleich der Mitte zugehörige Raum ist das eigentlich Mütterliche an der Kirche, in dem alle Kinder, Schaf und Herde sind – noch vor aller hierarchischen Stufung, die die Hirten sondert. Es ist der Raum der unbedingten Gleichheit, nicht der eingeklagten, sondern der den Kindern zustehenden Gleichheit kraft der Geburt aus

[24] A.a.O., 198ff (Brief an Raimund von Capua).

[25] Zit. n. Canon R. W. Howard, Should Women Be Priests?, Oxford 1949, 20.

Geist und Wasser durch dieselbe Mutter.[26] Caterina hat aus der Dignität dieser fundamentalen Kindschaft heraus die Hierarchie ermahnt, unbeschadet aller sonstigen Aufgaben und Ordnungen des kirchlichen Organismus. Dies ist nicht Anmaßung, es ist Einsicht in die erste und letzte Bestimmung der Kirche: allen geöffnet zu sein, als eine Verwalterin des Blutes, das allen zugedacht ist. Die Stände in ihr, Laien oder Klerus, sind Berufungsunterschiede, nicht Gnadenunterschiede, denn die Hauptaufgabe bleibt dieselbe: sich der Gnade, dem Blutstrom auszusetzen. Gerade die fehlende Offenheit der Kirche, als Organismus, in dem das Blut Christi nicht mehr kreisen konnte, brachte Caterina zum Handeln.

Diese Kirchenlehrerin lebt aus der nicht selbstbewussten, sondern selbstvergessenen Kindschaft, mit der sie die anderen Kinder derselben Mutter anspricht. Vielleicht ließe sich sagen: Caterina entspringt dem Ort, wo die Kirche einfach und im tiefsten Sinne Mutter ist. Dem Ort, wo alle ihre weiblichen Symbole wurzeln: Schiff, Arche, Haus, Baum – wo vor aller Differenz das Gehören zum Einen, Gemeinsamen gelebt wird. Sendung also aus nichts anderem als der Taufe heraus, vor allem ordo und ihn begründend. Dies ist auch der Ort, an dem einer für den anderen stehen kann: Stellvertretung aller Wiedergeborenen füreinander – wie auch der Herr „die Frucht des Blutes" gleichmäßig allen zudachte. In Caterinas „Buch von Gottes Vorsehung", das von Bildern überquillt, gibt sie eine Kontur der Kirche und ihres Hauptes, die um diese Mitte der Hingabe, der Stellvertretung, des Austausches, der Ergänzung kreist.

Dieses Buch ist in mehrfacher Hinsicht erstaunlich. Die Ungebildete entwirft ohne theologische Schulung eine deutlich selbständige Theologie, die doch gänzlich in der Orthodoxie bleibt. Das Grundmuster: Caterina fragt, Gott antwortet. Dabei sind die eindringlichen Fragen nicht angelesen, und die Antworten Gottes fallen ungewöhnlich und leidenschaftlich aus. Kraftvoll, im sienesischen Idiom, findet Caterina Worte über Gott, die ungeglättet wirken, wie pazzo d'amore, „ein Narr der Liebe". Mehr als das: Die Themen des Buches sind voller Eigenheiten, für die es bis dahin kein Beispiel gibt, und sie sind mit dem Geheimnis des innersten Raumes der Kirche beschäftigt.

Darin wirkt einmal der eigentümliche Charakter der göttlichen Liebe. Sie ist ohne alle Vorleistungen gegeben, überströmend und ohne Berechnung. Das Haupt also ist es, von dem alle Kraft, und zwar im Übermaß, ausgeht – der Vergleich mit dem flutenden Meer drängt sich oft auf. „In Wahrheit, dieses Licht ist ein Meer – denn die Seele schwelgt in Dir, ewige Dreieinigkeit, Meer des Friedens. Das Wasser dieses Meeres ist nicht trübe; es ängstigt die Seele nicht, denn sie kennt die Wahrheit. Es ist eine Tiefe, die süße Geheimnisse offenbart, so daß die Seele, wo das Licht Deines Glaubens im Überfluß vorhanden ist, ihres Glaubens gewiß bleibt."[27] Dieses Übermaß erweckt auch eine

---

[26] Zum „gynäkologischen" Verständnis der Taufe siehe Hanna-Barbara Gerl, Die bekannte Unbekannte. Frauen-Bilder in der Kultur- und Geistesgeschichte, Mainz [2]1995, Kap. III.

[27] Gebet, in: Sergio (Hrsg.), Sei Du mit mir, 24.

besondere Art der menschlichen Liebe: Diese muss ebenfalls dem anderen mehr tun als erwartet; grundlos und antwortlos muss sie ihm zuvorkommen, als ein Echo der überwältigenden Erstliebe Gottes, als Fortsetzung seiner Dynamik, die sich einzig aus ihm speist, deswegen keine Bestätigung braucht. Alle Beziehungen erhalten so den Charakter eines Geschenks, das aber nicht auf die Gegengabe aus ist. Gerade die „Nutzlosigkeit" des Schenkens holt eigentümlich Gottes Vorbild ein; gerade das Vergebliche nähert sich ihm. So geht die Antwort auf Gott unmittelbar an den Nächsten, nicht unmittelbar zurück. Kirche: Dynamik des Hauptes in seinen Gliedern, durch die Glieder weitergegeben; ihr Grundcharakter ist Überfluss.

Ein Zweites: Caterina bildet eine Theologie des Blutes aus, wohl das dichteste Sinnbild der Nähe und des Verströmens Gottes. Blut hat verschiedene Eigenschaften, die sich zu dem einen Wirkstoff der Gnade verbinden: Es nährt, es reinigt im Waschen, es berauscht. Und etwas gänzlich Caterina Eigentümliches: Blut wärmt, es erhellt, ja es ist selbst Feuer und Licht. Man muss „mit Feuer das Feuer löschen".[28] Die Kirche wird ihr zur „Braut auf dem Bett von Blut und Feuer". Caterina vereint damit die schwere Stofflichkeit des Blutes mit dem geistigsten Element: Blut wird auf Flamme durchsichtig. Caterina kennt keine Leibfeindlichkeit, im Gegenteil: Erlösung beginnt in Fleisch und Blut, genau wie Jesus in Fleisch und Blut gemartert wurde. Und die Kirche isst und trinkt in ihren Feiern diesen bis aufs Blut geöffneten Leib. Sie selbst ist Leib, der in jedem seiner Glieder ergriffen, gefordert, in der Erlösung ausgepresst wird, bis er der göttlichen Liebe ein offenes Haus bietet. Und Blut ist der Wirkstoff, der alle gleichermaßen erreicht, alle eins sein lässt, alle im selben Rhythmus durchpulst.

Von Caterinas Sinnlichkeit war schon die Rede. Vielleicht müsste man hier das Gesagte noch tiefer fassen: dass bei ihr Sinnlichkeit unmittelbar das Unsinnlichste ausdrückt, dass die Natur auch sofort Gnade meint. Ob das Caterinas weibliche Mitgift ist? In der Kulturgeschichte steht die Frau für die Nähe zum Unmittelbaren, zur Intuition, zur religiösen Wahrnehmung über die Sinne, besonders auch über die Synästhesie, also die Verschmelzung der sonst fünffach gesonderten Sinneserkenntnisse. Eine solche „versinnlichte Transzendenz", besonders übrigens in einer feinen Duftempfindung bei geistigen Vorgängen, hat vielfach die Schriften von Frauen der mystischen Tradition durchzogen.

Caterinas Leben und Tun wirken wie ein Schacht, der zurück in den Brunnenraum führt, quer durch die Verschüttungen menschlicher und kirchlicher Eitelkeit hindurch. Dort klären sich alle Ämter, auch das höchste, zum Dienst am strömenden Blut. Caterinas Gültigkeit: den gleichen Adel aller in der Kirche, den gleichen Anteil am Lebensüberschuss ihres Hauptes, die gleiche nicht demütigende, sondern freie Kindschaft aller begriffen zu haben. Diese Kindschaft nährt sich in hoch realistischer Weise vom Gesamtleib, nimmt daraus Kraft und gibt sie zurück. Aus der Nahrung stammt das jedem entsprechende, ganz eigene Maß des Zurückgebens, und je mehr erstattet wird, desto mehr wird gekräftigt:

---

[28] Katharina von Siena, Politische Briefe, 45.

„Alle habe ich Euch in den Weinberg des Gehorsams geschickt, um auf verschiedene Art darin zu arbeiten. Jedem wird der Lohn nach dem Maß seiner Liebe entrichtet und nicht nach dem geleisteten Werk und der aufgewendeten Zeit. [...] Nach der Liebe ihres Gehorsams empfängt die Seele ihren Lohn und füllt ihr Gefäß in Mir, dem friedvollen Meer.“[29]

---

[29] Gnädiger, Gottes Vorsehung, 165.

Martina Wehrli-Johns

Schwestern in der Welt: Beginen in Mittelalter und Neuzeit

Beginen, Buchmalerei (Ausschnitt), Manuscrit Bruxelles, 14.Jahrhundert, Bibliothèque royale Albert Ier, Brüssel.

Die mittelalterlichen Beginen werden zu Recht als die ersten Sozialarbeiterinnen angesehen, als die ersten Frauen, die die ambulante Krankenpflege und die Begleitung Sterbender zu ihrem Beruf gemacht haben, als die ersten Frauen, die als „Schwestern in der Welt" tätige Nächstenliebe und kontemplatives Gebet, die beiden Lebensweisen der biblischen Schwestern Martha und Maria, zu vereinen suchten. Das mittelalterliche Beginentum ist nie zu einem einheitlichen Orden zusammengewachsen, sondern begegnet uns in einer Fülle von Erscheinungsformen. Seine Anfänge reichen zurück in das erste Drittel des 13. Jahrhunderts, als das Papsttum auf dem Höhepunkt seiner Macht unter Innozenz III. (1198–1216) auch dem in der Welt verbleibenden Laien gewisse Möglichkeiten zur Teilhabe innerhalb der hierarchisch strukturierten Kirche bot.

1. Der mittelalterliche Stand der Büßer und Büßerinnen

Die ältere Forschung ließ sich von der Vorstellung leiten, dass das Beginentum als Teil einer spontanen religiösen Frauenbewegung im Rahmen des allgemeinen religiösen Aufbruchs gegen Ende des 12. Jahrhunderts entstanden sei und infolge des auf dem 4. Laterankonzil von 1215/16 ausgesprochenen Verbots neuer Ordensformen keinen klar definierten Platz in der kirchlichen Hierarchie finden konnte, sondern eine Zwitterstellung zwischen den etablierten Orden und der säkularen, zivilen Gesellschaft einnahm. Für diese Auffassung maßgeblich wurde das 1935 erstmals erschienene und 1961 erneut aufgelegte Buch von Herbert Grundmann, „Religiöse Bewegung im Mittelalter".[1] Neuere Untersu-

[1] Herbert Grundmann, Religiöse Bewegungen im Mittelalter. Untersuchungen über die geschichtlichen Zusammenhänge zwischen der Ketzerei, den Bettelorden und der religiösen Frauenbewegung im 12. und 13. Jahrhundert und über die geschichtlichen Grundlagen der deutschen Mystik, Darmstadt ³1970, 319ff; vgl. dazu Martina Wehrli-Johns, Voraussetzungen und Perspektiven mittelalterlicher Laienfrömmigkeit seit Innozenz III. Eine Auseinandersetzung mit Herbert Grundmanns „Religiösen Bewegungen", in: Mitteilungen

chungen des belgischen Dominikaners Gilles G. Meersseman haben jedoch gezeigt, dass die Beginen dem laikalen Büßertum zuzurechnen sind, das unter Papst Innozenz III. (1198–1216) erstmals institutionell in die Kirchen eingeführt wurde.[2] Meersseman kommt das Verdienst zu, den kirchenrechtlich anerkannten Stand der Buße als eine spezifische Form religiösen Lebens für Laien beiderlei Geschlechts überhaupt erst einmal begrifflich klar umschrieben und in seiner historischen Entwicklung von der Spätantike über das hochmittelalterliche Konversentum bis zu den neuen Formen laikalen Büßertums im 13. Jahrhundert aufgearbeitet zu haben. Meerssemans Arbeiten haben vor allem deutlich gemacht, dass der volkssprachliche Name „Begine", der 1223 in den Kölner Schreinsbüchern erstmals auftaucht und dessen Etymologie leider noch nicht befriedigend geklärt ist, die synonyme Bedeutung von Büßerin/Pönitentin hatte. Die Beginen vertraten also jene Lebensform, die die Bürger der italienischen Stadtkommunen seit 1221 im Rahmen eines eigenen Bußordens (*Ordo de poenitentia*) zu verwirklichen suchten. In den Augen des nordfranzösischen Augustiner-Chorherren und späteren Kardinals Jakob von Vitry wurden die Beginen sowohl den italienischen Humiliaten wie den *Bizzoche*, d.h. den weiblichen Mitgliedern dieses Bußordens, gleichgesetzt.[3] Der Humiliatenorden war bereits 1201 von Innozenz III. bestätigt worden. Er verfügte erstmals über einen sogenannten Dritten Orden für Laien beiderlei Geschlechts, für den eine besondere Lebensregel erlassen wurde. Diese war den Vorschriften des frühchristlichen Standes der Büßer nachempfunden.[4] In der Theologie der Frühscholastik bildete die Buße den Anfang des geistlichen Heilswegs eines jeden Christen, demzufolge bedeutete der Terminus „Dritter Orden" auch die unterste Stufe auf dem Weg der Vollkommenheit. Nur auf dieser Stufe war es dem Laien möglich, ein Leben gemäß den Vorschriften des Evangeliums zu führen. Die beiden höheren Stufen waren den Ordensgeistlichen und den Prälaten als den „Leitern der Kir-

---

des Instituts für Österreichische Geschichtsforschung 104. 1996, 286–309; dies., Das mittelalterliche Beginentum – Religiöse Frauenbewegung oder Sozialidee der Scholastik, in: Peter Modeler/Stephan Lennartz (Hrsg.), „Zahlreich wie die Sterne des Himmels". Beginen am Niederrhein zwischen Mythos und Wirklichkeit. Dokumentation einer Studienkonferenz (Bensberger Protokolle 70), Bergisch Gladbach 1992, 9–40, auch in: Martina Wehrli-Johns/Claudia Opitz (Hg.), Fromme Frauen oder Ketzerinnen? Leben und Verfolgung der Beginen im Mittelalter (Herder Spektrum 4692), Freiburg 1998, 25–51 (danach zitiert); vgl. dort auch Wehrli-Johns, Einleitung: Fromme Frauen oder Ketzerinnen?, 11–23.

2 Gilles G. Meersseman, Dossier de l'Ordre de la Pénitence au XIIIe siècle (Spicilegium Friburgense 7), Freiburg/Schweiz [2]1982, 21f, 71; ders., Ordo Fraternitatis. Confraternite e pietà dei laici nel Medioevo (Italia Sacra 24–26), Rom 1977, 217–304. Die Werke Meerssemans sind leider nicht ins Deutsche übersetzt und deshalb erst in jüngster Zeit rezipiert worden, vgl. dazu die Arbeiten von Wehrli-Johns.

3 Jakob von Vitry, Secundus sermo ad virgines, ediert von Joseph Greven, Der Ursprung des Beginenwesens, in: Historisches Jahrbuch 35. 1914, 26–318: 44ff.

4 Vgl. Meersseman, L'Ordre, 276–281; vgl. zum Folgenden auch Wehrli-Johns, Das mittelalterliche Beginentum, 45f; dies. Der Laie als Büßer, 292–301.

che" vorbehalten. So gesehen war auch der italienische Bußorden ein „Dritter Orden", obgleich er anfänglich noch keinem Ordensverband angegliedert war. Dies änderte sich erst, als Papst Nikolaus IV. im Jahr 1289 den Bußorden der Aufsicht des Franziskanerordens unterstellte und damit den heute noch bestehenden säkularen Dritten Orden der Franziskaner begründete. Wie die Humiliaten verpflichteten sich die Mitglieder dieses Laienordens lebenslänglich zur Einhaltung bestimmter Lebensvorschriften, ohne einem Kloster beizutreten und ohne ihre Familie und ihre bürgerliche Existenz aufzugeben. Sie widmeten sich vornehmlich karitativen Aufgaben und erwarben sich durch ihre Spitäler und ihre Armenfürsorge großes Ansehen bei der Bevölkerung der italienischen Stadtkommunen.[5]

Nördlich der Alpen konnte sich das Modell des italienischen Bußordens für verheiratete Laien nur ansatzweise durchsetzen. Unter Mitwirkung der Kurie gelang es aber, in den wirtschaftlich fortgeschrittenen Gebieten im Nordwesten Europas ein zweites Modell laikalen Büßertums zu entwickeln, das auf die Bedürfnisse alleinstehender Frauen zugeschnitten war. Diese Einrichtungen waren gedacht für enthaltsam lebende Jungfrauen und Witwen, die außerhalb des Klosters ein religiöses Leben führen wollten. Zwischen 1230 und 1240 entstanden vielerorts mit päpstlicher Billigung Hospize für arme und kranke Beginen, die auch für die allein lebenden Beginen einer Stadt gewisse Zentralfunktionen erfüllten.[6] Derartige Frauengemeinschaften hatte es schon früher gegeben. Sie waren häufig bei einem Chorherrenstift oder in der Nähe von Leprosenhäusern und Spitälern angesiedelt, wo die InsassInnen im Spitaldienst ihr Auskommen finden konnten.[7] Viele dieser informellen Gruppierungen wurden jetzt von der sie aufnehmenden Institution abgetrennt und unter dem neuen Namen Beginen/Büßerinnen organisatorisch selbständig zu einem eigenen Verband zusammengefasst. Papst Gregor IX. hatte seit 1230 den Beginen in Deutschland eine Reihe von Schutzbriefen ausgestellt,[8] so dass diese Maßnahmen auch auf die Billigung durch den Hl. Stuhl zählen konnten. Als letzte Stufe der Entwicklung ist dann die Errichtung eines Beginenhofs anzusehen, bei dem die Lebensform der alleinstehenden Büßerin mit derjenigen der gemeinschaftlich organi-

---

[5] Die italienische Literatur zum Bußorden ist sehr umfangreich, als neuere Publikation ist neben Meersseman, L'Ordre, von Seiten der franziskanischen Forschung zu nennen: Raffaele Pazzelli/Lino Temperini (Hrsg.), La „Supra Montem" di Niccolò IV (1289): Genesi e Diffusione di una regola, Atti del 5° Convegno di Studi Francescani Ascoli Piceno, 26–27 ottobre 1987, Rom 1988.

[6] Das geht hervor aus einer Urkunde des Bischofs von Cambrai zugunsten des Spitals für Beginen in Cambrai aus dem Jahr 1236, vgl. Alphonse Wauters, Table chronologique des chartes et diplômes imprimés concernant l'histoire de la Belgique, t. IV (1226–1250), Brüssel 1874, 233ff.

[7] Zu diesen „informellen" Gemeinschaften vgl. Walter Simons, Cities of Ladies. Beguine Communities in the Medieval Low Countries 1200–1565, Philadelphia 2001, 35–48.

[8] Vgl. die Übersicht bei Frank-Michael Reichstein, Studien und Katalog zum Beginenwesen in Deutschland (Wissenschaftliche Schriftenreihe Geschichte 9), Diss. Berlin 2001, 88–94.

sierten Beginen in einem eigenen Stadtbezirk räumlich verbunden wurde. Diese bemerkenswerte Einrichtung wurde zuerst in den nacheinander von zwei Frauen regierten Grafschaften von Flandern und Hennegau verwirklicht.

2. Der große Beginenhof St. Elisabeth in Gent

Johanna von Konstantinopel, Gräfin von Flandern und Hennegau, war die Tochter des Grafen Balduin IX. von Flandern und späteren ersten Kaisers von Konstantinopel. 1206 hatte sie das Erbe ihres Vaters übernommen und regierte bis zu ihrem Tod am 5. Dezember 1244 in den beiden Grafschaften. Die Nachfolge ging an ihre jüngere Schwester Margaretha († 1280), die 1278 zugunsten ihres Sohnes Gui von Dampierre abdankte. Während der langen Herrschaft dieser beiden Regentinnen wurden in mindestens zehn Städten Beginenhöfe gegründet, der älteste noch zu Lebzeiten Johannas in der bedeutenden Handelsstadt Gent.[9] Die Idee der Beginenhöfe stammt möglicherweise aus Kreisen der Dominikaner, die sich etwa gleichzeitig in der Stadt Gent niedergelassen hatten und Gräfin Johanna als geistliche Berater zur Seite standen.[10] 1228 übergab Gräfin Johanna den Dominikanern für ihr Kloster die Gebäude eines ausgedienten Armen- und Krankenspitals bei der Kirche St. Michael. Das Spital selbst, das zuvor der Zisterzienserinnenabtei Ten Bossche gehört hatte, wurde mit seinen Einkünften und Rechten an einen anderen Ort verlegt und der neu gegründeten Zisterzienserinnenabtei la Byloke übergeben. Im Zuge dieses Transfers wurde auf Anraten der Dominikaner auch ein erstes Beginenhospiz für arme „religiöse Frauen" bei der Abtei Bijloke errichtet. Es wurde ausgestattet mit der Kaplanei des alten Spitals, stand aber in keiner rechtlichen Beziehung mehr zu den Zisterzienserinnen und war vermutlich für eine Gruppe von Frauen bestimmt, die durch den Einzug der Dominikaner gezwungen waren, das alte Spital zu verlassen. 1236 wurde der erste Geistliche für die Beginen ernannt. Er trug nach dem Willen der Dominikaner und der Abtei Byloke zugleich die Verantwortung für die übrigen Beginen auf dem Gebiet der Stadt Gent. Im Jahr 1242 erbat sich Gräfin Johanna von den Stadtschöffen ein mehrere Hektar großes Grundstück, auf dem sie ein Spital für notleidende Beginen errichten wollte. Das alte Beginenhospiz wurde aufgehoben, und die Rechte der Kaplanei wurden auf das neue Hospiz überschrieben. Zusätzlich gestattete die Abtei St. Bavo als Inhaberin der Pfarreirechte den Bau einer eigenen Kapelle und eines Friedhofs. Gleichzeitig wurde das ganze Gelände auf Bitten der Stifterin aus der städtischen Gerichtsbarkeit gelöst. Zur Patronin des Hospizes bestimmte Grä-

---

[9] Simons, Cities of Ladies, 105.

[10] Vgl. zum Folgenden Gilles G. Meersseman, Les frères prêcheurs et le mouvement dévot en Flandre au XIIIe siècle, in Archivum Fratrum Praedicatorum 18. 1948, 69–130: 81–88; ders., Jeanne de Constantinople et les frères prêcheurs, in: Archivum Fratrum Praedicatorum 19. 1949, 122–168: 132–134; Werken en Kerken. 750 Jaar Begijnhofleven te Gent, Tentoonstelling Gent, Bijlokemuseum 1984, 17–19; Simons, Cities of Ladies, 276–277, Nr. 40A.

fin Johanna die heilige Elisabeth von Thüringen[11] († 1231), die nach dem Tod ihres Gatten in Marburg ebenfalls ein Spital für Bedürftige gegründet hatte. Elisabeth soll dort nach Aussagen ihrer Dienerinnen im Kanonisationsprozess sogar selbst das Leben der „Schwestern in der Welt" geteilt haben.[12] Wie Kaspar Elm bemerkt, bezieht sich dieser Ausdruck ohne Zweifel auf die neue Lebensweise der Beginen/Büßerinnen, der Papst Gregor IX. mit der Kanonisation Elisabeths im Jahre 1235 zusätzliche Anerkennung verliehen hatte. Seit der Doppelheirat zwischen dem Hause Brabant und der Familie der Landgrafen von Thüringen 1239/40 wurde der Kult Elisabeths in den südlichen Niederlanden besonders gefördert.[13] Der große Beginenhof zu Gent ist der älteste der ihr gewidmeten dreizehn Beginenhöfe.

Hinter dem Konzept der Beginenhöfe stand die Absicht, die isoliert und über das Stadtgebiet verstreut lebenden Beginen räumlich in der Art eines Klosters zusammenzufassen, ohne ihnen die für die Erwerbsarbeit notwendigen Kontakte zur städtischen Wirtschaft unmöglich zu machen. Im Unterschied zu den verheirateten Büßern des italienischen Bußordens, in dem die Ehefrauen und die ledigen Frauen nur als Teil ihrer Familien in Erscheinung traten, mussten die Beginen als zur Keuschheit[14] verpflichtete ledige Frauen in ähnlicher Weise von der Welt abgeschirmt werden wie andere „Bräute Christi", auch wenn die strengen Klausurbestimmungen, die zu jener Zeit bei den Zisterzienserinnen, Klarissen und Dominikanerinnen eingeführt wurden, für sie nicht anwendbar waren.

Der Genter Beginenhof St. Elisabeth bildete eine rechtliche Sondergemeinde innerhalb der Stadt. Das ihm zur Verfügung gestellte Grundstück befand sich ursprünglich außerhalb der Stadtbefestigung und war ringsum von Wasser umgeben.[15] Noch in der zweiten Hälfte des 13. Jahrhunderts erhielt der Hof eine eigene Pfarrkirche. Die Häuser der Beginen waren in der Art einer kleinen Stadt entlang von Straßen und Plätzen angelegt. Sie mussten aus den eigenen Mitteln der Bewohnerinnen erstellt und später dem Hof vermacht werden, der sie dann

---

11 Vgl. in diesem Band: Irene Leicht, Klara von Assisi, Elisabeth von Thüringen und Agnes von Prag.

12 Kaspar Elm, Die Stellung der Frau in Ordenswesen, Semireligiosentum und Häresie zur Zeit der heiligen Elisabeth, in: Sankt Elisabeth. Fürstin, Dienerin, Heilige. Katalog der Ausstellung zum 750. Todestag der hl. Elisabeth, Marburg 1982, 7–28: 8, 14.

13 1239 hatte sich Sophie, eine Tochter Elisabeths von Thüringen, mit Herzog Heinrich II. von Brabant vermählt, 1240 heiratete ihr Onkel Heinrich Raspe, Landgraf von Thüringen, in dritter Ehe Beatrix, die Tochter Heinrichs II. von Brabant. Simons, Cities of Ladies, 88, Kerken, Begijnhofleven, 18; Sankt Elisabeth, Katalog, 342.

14 Die Beginen legten beim Eintritt in den Beginenstand ein Keuschheitsgelübde auf Zeit ab, von dem sie beim Austritt aus dem Beginenhof oder der Beginensammlung entbunden werden konnten. Die Profess wurde vor dem zuständigen Pfarrer geleistet. Zum Keuschheitsideal bei den Beginen vgl. Florence W. J. Koorn, Ongebonden Vrouwen. Overeenkomsten en verschillen tussen begijnen en zusters des gemenen levens, in: Ons Geestelijk Erf 59. 1985, 393–402.

15 Kerken, Begijnhofleven, 18.

an nachkommende Beginen zur lebenslänglichen Nutzung verkaufte. Wer dazu nicht in der Lage war, konnte in den Beginenkonventen unterkommen und durch eigene Arbeit seinen Lebensunterhalt bestreiten. Kranke Beginen wurden im Spital des Hofs aufgenommen, seit 1278 gab es außerdem die Institution der „Heilig Geist Tafel“, eine Art Armenstiftung, die gesondert vom Spitalgut verwaltet wurde und Almosen und Pfründen an bedürftige Beginen ausrichtete.[16] Die Gesamtleitung des Beginenhofs lag in den Händen einer gewählten Großmeisterin, der ein Rat von erfahrenen Beginen zur Seite stand.[17] Die Ernennung der Großmeisterin gehörte an sich zu den Vorrechten der Grafen von Flandern. 1284 hatte aber Guy de Dampierre unter Berufung auf seine Mutter Margaretha und seine Tante Johanna von Konstantinopel den Beginen ausdrücklich das Wahlrecht bestätigt.[18] Die Statuten des Beginenhofs wurden ebenfalls von der Stifterfamilie erlassen. Die älteste Hofregel, überliefert in einer Abschrift aus dem 14. Jahrhundert, war vermutlich noch vor 1244 von den Dominikanern aufgesetzt worden.[19] Auch in späteren Jahren übertrugen die Grafen meist den Dominikanern von Gent die Aufsicht über den Beginenhof.[20] Zur dominikanischen Auffassung vom Beginenleben gehörte nicht nur ein genau geregeltes Gebetsleben, sondern auch die Verpflichtung zur Arbeit. Die Beginen mussten selbst für ihren Lebensunterhalt aufkommen, Bettel war ihnen strengstens verboten. Einige Beginen wurden in der Krankenpflege und in der eigenen Landwirtschaft eingesetzt, die Mehrzahl fand jedoch Beschäftigung im Textilgewerbe.[21] Die flämische Tuchindustrie war für gewisse Arbeitsgänge auf die Mitarbeit von Frauen angewiesen, und die Beginenarbeit wurde wegen der steuerlichen Privilegien und der religiös motivierten Arbeitsethik in den Beginenhöfen besonders geschätzt.

Der Erfolg der Beginenhöfe beruhte also im Wesentlichen auf den spezifischen Voraussetzungen der südniederländischen Wirtschaft und ließ sich außerhalb dieses Wirtschaftsraums nur schwer wiederholen. In jeder größeren Stadt mit Textilgewerbe wurde jetzt mindestens ein Beginenhof gegründet, die meisten von ihnen noch im Verlauf des 13. Jahrhunderts. Allein in der Stadt Gent mit rund 60 000 Einwohnern wurden mit Hilfe der Landesherrin Margaretha von Flandern neben dem großen Beginenhof St. Elisabeth mit einer Bewohnerschaft von ca. 600–730 Personen der heute noch zu besichtigende Beginenhof Ter Hooye sowie der Beginenhof Portakker für arme Beginen errichtet.[22] Es gelang aber auch in den Niederlanden nicht vollständig, alle Beginen

---

16 Simons, Cities of Ladies, 97.

17 Kerken, Begijnhofleven,106.

18 Jean Bethune, Cartulaire du Béguinage de Saint-Elisabeth à Gand, Brüssel 1883, 40 Nr. 51.

19 Bethune, Cartulaire, 17–22, Nr. 23; Meersseman, Les frères prêcheurs, 85, Kerken, Begijnhofleven, 94–96.

20 A.a.O., 108.

21 Simons, Cities of Ladies, 85–87.

22 A.a.O., 54, 276–278, Nr. 40A, 40B, 40C. Zu den Beginenhöfen der nördlichen Niederlande siehe Florence W. J. Koorn, Begijnhoven in Holland en Zeeland gedurende de Midde-

einer Stadt in Beginenhöfen anzusiedeln. Die dafür notwendigen Landschenkungen überstiegen die Möglichkeiten bürgerlicher Stifter, so dass sich seit etwa 1260 wieder vermehrt die Institution der unabhängigen Konvente mit 10–40 Beginen verbreitete, die auch sonst in Europa üblich wurde.[23]

3. Buße und Fürbitte

König Ludwig IX. von Frankreich hatte 1260 dem großen Beginenhof St. Elisabeth einen Besuch abgestattet und kurz darauf in Paris nach diesem Prototyp gleichfalls einen Beginenhof gegründet. Sein Nachfolger Philipp VI. bezeichnete 1341 im Vorwort zu den Statuten des Hofs diese Stiftung als eines der zahlreichen Werke der Barmherzigkeit Ludwigs des Heiligen, bestimmt zur Aufnahme von Beginen, die dort dem Herrn dienen und in Keuschheit heilige Werke vollbringen würden.[24] Der Beginenhof stand unter der Aufsicht des königlichen Almoseniers aus dem Dominikanerorden. In der Kapelle des Beginenhofs predigten an Sonn- und Feiertagen die besten Theologen der Universität Paris. Eine sehr genaue Vorstellung von den Inhalten dieser religiösen Unterweisung gibt uns die Predigtsammlung des Klerikers Petrus von Limoges († 1306) mit allen im Lauf des Kirchenjahres 1272–1273 vor den Beginen gehalten Predigten.[25] Die Niederschrift der Predigten ist auf lateinisch, gepredigt wurde aber in der Volkssprache Französisch. Mit Nachdruck wird den Beginen darin die Notwendigkeit der Buße und der Fürbitte für die leidenden Seelen im Fegefeuer vor Augen geführt.[26] Die Buße, theologisch verknüpft mit den drei Teilen des Bußsakraments, wird präsentiert als ein Mittel, um den Menschen innerlich zu ordnen und sich nach außen durch Arbeit, Almosen und Nächstenliebe gerecht zu erweisen.[27] Zu den Früchten der Buße gehört die Befreiung von der Pein des Fegefeuers. Die Buße wappnet die Menschen im Kampf gegen den Teufel, deshalb ist es notwendig, und den Beginen besonders angemessen, im Stand der Buße zu verbleiben.[28] Der Zyklus enthält auch Predigtauszüge einer anonymen Großmeisterin des Beginenhofs, die Bériou mit guten Gründen Agnès d'Orchies, der langjährigen Leiterin des Beginenhofs, zuschreibt. Agnès d'Orchies, gebürtig aus Orchie bei der Stadt Douai in der Grafschaft Flandern, gehört zu den wenigen namentlich bekannten historischen Persönlichkeiten der mittel-

---

leeuwen, Assen 1981 und dies., Von der Peripherie ins Zentrum. Beginen und Schwestern vom Gemeinsamen Leben in den nördlichen Niederlanden, in: Wehrli-Johns/Opitz, Fromme Frauen, 95–118.

23 Simons, Cities of Ladies, 51.

24 Léon Le Grand, Les béguines de Paris, in: Mémoires de la société de l'histoire de Paris 20. 1883, 295–357: 342: Nicole Bériou, La prédication au béguinage de Paris pendant l'année liturgique 1272–1273, in: Recherches Augustiniennes 13. 1978, 105–229: 120.

25 Vgl. zum Folgenden Bériou, La prèdication.

26 A.a.O., 184–193.

27 A.a.O., 154, Nr. 47.

28 A.a.O., 160, Nr. 55.

alterlichen Beginenhöfe.[29] Sie war vermutlich auf Geheiß des Königs oder dessen Beraters aus dem Dominikanerorden nach Paris gekommen, um den Beginenhof nach flämischem Vorbild einzurichten. Da Frauen das Predigen in der Öffentlichkeit untersagt war, hielt sie ihre Ansprachen wohl im kleinen, privaten Kreis der Beginen. Nach den überlieferten Textfragmenten zu schließen, verfügte die Großmeisterin über beachtliche theologische Kenntnisse. In der von Bériou edierten Predigt zum Tag der Kirchweihe[30] zeigt sie sich durchaus vertraut mit den Methoden der mittelalterlichen Bibelexegese und belehrt ihre Zuhörerschaft mit den gleichen Mitteln der traditionellen Schultheologie wie die Autoren der übrigen Predigten. Anhand des Bibeltextes zur Kirchweih, 1Kor 3,16: „Wisst ihr nicht, dass ihr Gottes Tempel seid und der Geist Gottes in euch wohnt", behandelt sie das Thema der Vereinigung Gottes mit der Seele. Sie beginnt mit der Aussage: „Jeder von uns muss Tempel Gottes, das heißt die Gott geweihte und ihm durch den Glauben und die Liebe anvertraute Kirche, sein." Darauf folgt eine schulmäßige Abhandlung über die Vorbereitung der Seele zum Empfang Gottes in genauer Analogie zu den materiellen Vorbereitungen vor und nach der Einweihung einer wirklichen Kirche. So wie als erster liturgischer Akt der Weihe das Zeichen des Kreuzes gesetzt und die Wände mit Weihwasser besprengt werden, so muss sich das Kreuz der Passion Christi im Gedächtnis einprägen und in der Seele die innere Reue mit ihren Tränen gezeichnet werden. Die dreimalige Benediktion durch den Bischof bezeichnet die Reinigung der Seele von den drei Arten der Sünde, der Sünde aus Unwissenheit, der Sünde aus fleischlicher Begierde und der schlimmsten Sünde, der Sünde aus Bosheit. Das Aufhängen der Lampen bedeutet, dass in der Seele die Klarheit des Glaubens und der Gnade und des ehrenhaften Lebenswandels leuchten muss. Dann werden die inneren Bilder der Seele aufgehängt, das Kruzifix und das Bild der Jungfrau sowie überall an den Wänden und auf den Glasfenstern Kreuze gemalt zur Erinnerung an das Leiden des Herrn. Nach den Opfergaben folgt das Befestigen der Vorhänge in den Farben der Keuschheit, der Gottesfurcht, der Hoffnung und der Liebe. Den Schlussstein bilden die obersten Seelenkräfte Wille, Vernunft und Gedächtnis, ohne die der innere Tempel Gottes nicht erbaut und geweiht werden kann.

Die Lehre vom Fegefeuer, die in diesem Predigtzyklus einen zentralen Platz einnimmt, wurde nur wenige Monate später auf dem 2. Konzil von Lyon (1274) mit der Konstitution *Cum sacrosancta* definitiv bestätigt. Darin wurde festgehalten, dass „diejenigen, die nach der Taufe in Sünden verfallen [...] durch wahre Buße Vergebung ihrer Sünden" erlangen und die Seelen der Verstorbenen, die „verschieden sind, ohne zuvor durch würdige Früchte der Buße für das Begangene [...] Genugtuung geleistet zu haben [...] nach dem Tod durch Reinigungs- bzw. Läuterungsstrafen gereinigt [werden]: Und zur Milderung derartiger Strafen nützen ihnen die Fürbitten der lebenden Gläubigen, nämlich Meßopfer,

---

[29] A.a.O., 193–194.
[30] A.a.O., 200–202.

Gebete, Almosen und andere Werke der Frömmigkeit [...]".[31] Die Fürbitte der Beginen erhielt dadurch einen neuen Stellenwert in der mittelalterlichen Gesellschaft.[32] Die Sorge um das eigene Seelenheil führte zu einer raschen Zunahme der bürgerlichen Stiftungen zugunsten der Beginen. Ein frühes Beispiel bietet die testamentarische Verfügung eines Ehepaars der Stadt Worms aus dem Jahr 1275 zugunsten von 40 Beginen, die als Gegenleistung für 40 Schilling Heller am Grabe der Stifter die Totenwache halten sollten.[33] Es wurde üblich, sogenannte „Seelhäuser" zu stiften, in denen unbemittelte Frauen als „Seelschwestern" auf Kosten des Stifters oder der Stifterin gegen bestimmte Gebetsverpflichtungen für die Wohltäter aufgenommen wurden. Nicht selten wurden diese Schwesternhäuser der Aufsicht der Bettelorden unterstellt. In Städten wie Köln, Straßburg und Zürich lassen sich seit dem letzten Drittel des 13. Jahrhunderts in unmittelbarer Nähe der Dominikaner- und Franziskanerklöster ganze Beginenquartiere nachweisen, in denen die Beginen entweder allein oder in Gemeinschaft lebten und komplementär zur priesterlichen Vermittlung der Sakramente durch die Ordensbrüder im Totendienst eingesetzt werden konnten.[34] Die Franziskaner benutzten ihre Verbindung zu den Beginen auch für die Verwaltung von Jahrzeitstiftungen. Da der Bettelorden wegen seiner strengen Armutsgebote keine festen Einkünfte aus liturgischen Leistungen entgegen nehmen durfte, ging das Stiftungskapital zunächst an einen Beginenkonvent, der den Franziskanern bestimmte Abgaben als Almosen ausrichtete. So stiftete der Schultheiß des Domstiftes zu Worms, der bei den Franziskanern seine letzte Ruhestätte gewählt hatte, in seinem Testament aus dem Jahr 1288 den Richardikonvent für 20 arme Schwestern, die verpflichtet wurden, den Brüdern alljährlich am Jahrtag des Begräbnisses des Stifters sowie an hohen Feiertagen eine bestimmte Summe für Fische und Wein auszurichten.[35] Die Beginen des Richardikonvents waren gehalten, das graue Gewand der franziskanischen Büßer und Büßerinnen zu tragen, sie waren aber noch keine Terziarinnen. Der franziskanische Dritte Orden von der Buße tritt erst ab 1289 in Erscheinung, als der italienische Bußorden durch Papst Nikolaus IV insgesamt unter die Leitung des Franziskanerordens gestellt wurde. Von diesem Moment an versuchten die Franziskaner auch das Beginenwesen im Deutschen Reich nach italienischem

---

[31] Heinrich Denzinger, Enchiridion symbolorum definitionum et declarationum de rebus fidei et morum. Kompendium der Glaubensbekenntnisse und der kirchlichen Lehrentscheidungen. Lateinisch-Deutsch, hrsg. von Peter Hünermann, Freiburg i. Br. [38]1999, 381, Nr. 855–856; vgl. auch Jacques Le Goff, La naissance du Purgatoire, Paris 1981, 380–383.

[32] Le Goff, La naissance, 426–428; Reichstein, Studien, 169.

[33] Eva Gertrud Neumann, Rheinisches Beginen- und Begardenwesen (Mainzer Abhandlungen zur mittleren und neueren Geschichte 4), Mainz 1960, 98.

[34] Martina Wehrli-Johns, Geschichte des Zürcher Predigerkonvents (1230–1524). Mendikantentum zwischen Kirche, Adel und Stadt, Zürich 1980, 104–142; Reichstein, Studien, 69–72.

[35] Reichstein, Studien, 383–384.

Vorbild neu zu organisieren. In manchen Städten, wie beispielsweise in Basel, gelang es etwa ab 1329, alle franziskanischen Beginen sowie die weniger zahlreichen Begarden[36] einer Stadt zu einem Drittordensverband unter der Gesamtleitung einer Regelmeisterin zusammenzufassen. Der Regelmeisterin fiel nun die Aufgabe zu, als Treuhänderin der Barfüßer Jahrzeitstiftungen in Empfang zu nehmen und zu verwalten. Für diese verantwortungsvolle Stelle wurden Frauen aus den angesehenen Geschlechtern der Stadt Basel ausgewählt.[37] Allgemein bewirkten die neuen Verdienstmöglichkeiten im Totenwesen ein sprunghaftes Ansteigen der Beginenkonvente.[38] In Frankfurt am Main wurden 25 der insgesamt 30 Beginenhäuser im Zeitraum von 1300 bis 1400 errichtet. Zu ihrer Hauptaufgabe gehörten der Totendienst und die Hauspflege von Kranken, für die sie auch von der Stadt entlohnt wurden.[39] In Bern widmeten sich alle im Laufe des 14. Jahrhunderts gegründeten sieben Beginenhäuser neben der Krankenpflege der Begehung von Jahrzeiten. Die Beginen waren als Trauernde bei der Totenmesse und den Gedächtnisgottesdiensten am Jahrtag des Verstorbenen zugegen, sie besuchten die Gräber und verrichteten Gebete und gute Werke für die Seele der Verstorbenen. Im 15. Jahrhundert wurden die Beginenhäuser auf Betreiben des Rates zu vier Konventen zusammengelegt und räumlich so über das Stadtgebiet verteilt, dass je einer der vier Stadtkirchen ein Beginenhaus zugeordnet war.[40] Mit dem Ausbau der Pfarrkirchenorganisation auf dem Land ergab sich auch außerhalb der Städte die Möglichkeit, als Leidschwester in einer bei der Kirche gelegenen Klause eine eigene Existenz aufzubauen, so kärglich die Einnahmen aus den dafür gestifteten Seelgeräten auch sein mochten.[41]

4. Verfolgung und Kritik

Nach dem Konzil von Vienne (1311/12), das mit seinen Dekreten gegen die Beginen viel Unruhe und Verwirrung stiften sollte, nahmen viele Beginenkonvente zum Schutz vor der Inquisition die franziskanische Drittordensregel an. Die erst 1317 rechtlich wirksam gewordenen Dekrete waren an sich nicht gegen die große Mehrheit der rechtgläubigen Beginen gerichtet. Mit der Konstitution

---

36 In den deutschsprachigen Gebieten wurden die männlichen Beginen Begarden genannt.

37 Brigitte Degler-Spengler, Die Beginen in Basel, Sonderdruck aus: Basler Zeitschrift für Geschichte und Altertumskunde 69/70. 1970, 55–58; Bernhard Neidiger, Mendikanten zwischen Ordensideal und städtischer Realität. Untersuchungen zum wirtschaftlichen Verhalten der Bettelorden in Basel (Berliner Historische Studien 5: Ordensstudien III), Berlin 1981, 90–126.

38 Reichstein, Studien, 51.

39 Martina Spies, Beginengemeinschaften in Frankfurt am Main. Zur Frage der genossenschaftlichen Selbstorganisation von Frauen im Mittelalter, Dortmund 1998, 174–176; dies., Stiftungen für Beginengemeinschaften in Frankfurt am Main – ein Austausch zwischen Beginen und Bürgerschaft, in: Wehrli-Johns/Opitz, Fromme Frauen, 139–167: 164f.

40 Kathrin Utz Tremp, Zwischen Ketzerei und Krankenpflege – die Beginen in der spätmittelalterlichen Stadt Bern, in Wehrli-Johns/Opitz, Fromme Frauen, 169–194.

41 Viele Beispiele dazu bietet: Helvetia Sacra, Abt. IX/2, Die Beginen und Begarden in der Schweiz, redigiert von Cécile Sommer-Ramer, Bern 1995.

Ad nostrum hatte die Glaubenskommission des Konzils eine Liste von acht häretischen Lehrsätzen aufgestellt, die einer Sekte, die sich selbst den Namen Apostoliker zugelegt hatte, angelastet wurden.[42] Die gleichen Vorwürfe wurden wenig später auch gegen die Fratizellen erhoben, eine Dissidentengruppe innerhalb des Franziskanerordens, die durch ihre heftige Kritik am Papsttum und an ihrem Orden ins Visier der Inquisition geraten war. In Südfrankreich wurden die Anhänger dieser Richtung Beginen genannt. Um rechtlich gegen sie vorgehen zu können, wurde in das zweite Dekret *Cum de quibusdam mulieribus* ein generelles Verbot des Beginenstandes aufgenommen, gleichzeitig wurden in einer Schlussklausel aber fromme Frauen, die als Büßerinnen allein oder in Gemeinschaft lebten, von der Verurteilung ausgenommen. Diese zweideutige Aussage stellte die ursprüngliche Gleichsetzung der Beginen mit den laikalen Büßerinnen in Frage und brachte die Beginen in große Bedrängnis. Es kam 1317 in Straßburg und Mainz zu ersten bischöflichen Verfolgungen, in deren Verlauf die Beginen ihren Namen und ihre Beginenkleidung ablegen mussten.[43] Auch die Beginenhöfe in den Niederlanden waren zunächst davon betroffen, konnten aber Dank Protektion von Seiten der Landesherren und der Bettelorden innerhalb eines Jahrzehnts rehabilitiert werden.[44] Sie blieben auch weitgehend verschont von den nachfolgenden Inquisitionsprozessen im deutschen Reich unter Karl IV. (1346–1378),[45] bei denen erneut Begarden und Beginen verdächtigt wurden, der radikalen Armutsauffassung der verurteilten Fratizellen anzuhängen. Im Basler Beginenstreit (1405–1411) schließlich wurden alle Beginen der Stadt, selbst Beginen des franziskanischen Dritten Ordens, angegriffen und aus der Stadt ausgewiesen. Der dafür verantwortliche Dominikaner Johannes Mulberg († 1414) hatte mit anderen Klerikern der Stadt Anstoß genommen an der engen Zusammenarbeit zwischen den Barfüßern und Terziarinnen im Totendienst. Er warf ihnen vor, von Almosen zu leben, anstatt von ihrer Hände Arbeit, wie es sich für Laien geziemt.[46]

---

42 Dazu Denzinger, Enchiridion, Nr. 891–899, 388/89; Reichstein, Studien, 105ff, Martina Wehrli-Johns, Mystik und Inquisition. Die Dominikaner und die sogenannte Häresie des Freien Geistes, in: Walter Haug/Wolfram Schneider-Lastin (Hrsg.), Deutsche Mystik im abendländischen Zusammenhang, Kolloquium Kloster Fischingen 1998, Tübingen 2000, 223–252.

43 Alexander Patschovsky, Straßburger Beginenverfolgungen im 14. Jahrhundert, in: Deutsches Archiv zur Erforschung des Mittelalters 30. 1974, 56–198.

44 Simons, Cities of Ladies, 132–135.

45 Robert E. Lerner, The Heresy of the Free Spirit in the Later Middle Ages, Berkely u.a. 1972, 96–103.

46 Vgl. dazu Neidiger, Mendikantenarmut, 126–132; Alexander Patschovsky, Beginen, Begarden und Terziaren im 14. Und 15. Jahrhundert am Beispiel des Basler Beginenstreits (1400/04–1411),1993, in: Wehrli-Johns/Opitz, Fromme Frauen, 195–209; Sabine von Heusinger, Johannes Mulberg OP († 1414). Ein Leben im Spannungsfeld von Dominikanerobservanz und Beginenstreit (Quellen und Forschungen zur Geschichte des Dominikanerordens NF 9), Berlin 2000.

Die Beginen waren zwischen die Fronten der sich gegenseitig rivalisierenden Bettelorden geraten. Die Dominikaner, die bei der Errichtung der Beginenhöfe eine Pionierrolle gespielt hatten, verfügten bis 1405 noch über keine eigene Drittordensregel und bekämpften nun das Monopol der Franziskaner in der Beginenseelsorge.[47] Unter Berufung auf die Dekrete von Vienne erklärten sie den Beginenstand für verboten und sprachen den Beginen das Recht ab, unter dem Deckmantel der päpstlich anerkannten franziskanischen Drittordensregel ihre Lebensform weiterzuführen.

Der Basler Beginenstreit brachte keine abschließende Klärung in der Frage des Beginenstatus, ebenso wenig wie die Reformkonzilien von Konstanz (1414–1418) und Basel (1431–1449), auf denen das Problem nochmals zur Debatte stand.[48] Sowohl von Seiten der Kurie und der einzelnen Orden wie von Seiten der weltlichen Obrigkeit gab es aber verschiedene Reformversuche. So wurden die Ratspflegschaft über die Beginen verstärkt und striktere Hausordnungen erlassen. Kleinere Gemeinschaften wurden aufgelöst oder umgewandelt in Drittordensgemeinschaften.[49] Viele Beginenhäuser und Beginenhöfe gerieten zudem in den Einflussbereich der Devotio moderna.[50] All diese Reformen zielten darauf, die Beginenhäuser durch eingebrachtes Gut und Arbeit wirtschaftlich autark zu machen, die Solidarität der Gemeinschaft zu stärken und die einzelnen Beginen vor sittlichen Verfehlungen zu bewahren. Für viele Beginenansammlungen sollte sich das Arbeitsgebot aber als eine zweischneidige Forderung erweisen. Seit der Mitte des 15. Jahrhunderts wuchs der Widerstand der Zünfte gegen die billige Konkurrenz der Beginen und veranlasste den Rat, die Erwerbsarbeit der Beginen im Textilgewerbe einzuschränken.[51] In Köln musste der Rat von 1421 bis 1452 mehrmals vermittelnd in einer Auseinandersetzung

---

[47] Zur Drittordensregel der Dominikaner siehe Martina Wehrli-Johns, L'osservanza dei Domenicani e il movimento penitenziale laico. Studi sulla „regola di Munio" e sul Terz'ordine domenicano in Italia e Germania, in: Giorgio Chittolini/Kaspar Elm, Ordini religiosi e società politica in Italia e Germania nei secoli XIV e XV, Bologna 2001, 287–329.

[48] Siehe das Gutachten vor der Glaubenskommission gegen Begarden und Beginen in: Acta Concilii Constanciensis, IV, hrsg. v. Heinrich Finke, Münster 1928, 676–680 sowie die Vorschläge des Andreas von Escobar zuhanden des Konzils von Basel in: Concilium Basiliense. Studien und Quellen zur Geschichte des Concils von Basel, hrsg. von der Historischen und Antiquarischen Gesellschaft von Basel, I: Studien und Dokumente 1431–1437, Basel 1896, 214–233, Nr. 8: 226ff.

[49] Vgl. Reichstein, Studien, 130–134.

[50] Vgl. Koorn, Von der Peripherie, 105f; Gerhard Rehm, Die Schwestern vom gemeinsamen Leben im nordwestlichen Deutschland. Untersuchungen zur Devotio moderna und des weiblichen Religiosentums (Berliner Historische Studien 11: Ordensstudien V), Berlin 1985, 72f, 252–255; Karl Zuhorn, Die Beginen in Münster, in: Westfälische Zeitschrift 91, 1935, 1–149: 101, 125–133.

[51] Reichstein, Studien, 134–136.

zwischen dem Sartuch-Amt und dem Schelenkonvent eingreifen.[52] 1456 beschränkte er das Recht, Seide zu spinnen, in allen Frauenklöstern und Beginenhäusern. 1470 brachen erneut Streitigkeiten zwischen den weltlichen Seidenspinnern und den Beginen aus, die erst 1482 beigelegt werden konnten.[53] In Freiburg mussten die Regelschwestern des Hauses zum Lämmlein – die Bezeichnung „Regel-Haus" ist abgeleitet von der franziskanischen Drittordensregel –, die stolz darauf waren, „Gott zu dienen, ihr Handbrot zu leben und niemand mit Almosen zu beschweren", fast ein Jahrhundert lang, von 1489 bis 1578, beim Rat kämpfen, um die Aufstellung eines Webstuhls für breitere Tuche bewilligt zu erhalten, obwohl sie bereit waren, Steuern zu bezahlen und die gleichen Preise für ihre Produkte zu verlangen wie die Zünfte.[54]

5. Weiterleben in der Neuzeit

Angesichts dieser Kritik ist es erstaunlich, wie viele der mittelalterlichen Beginengemeinschaften die Reformationszeit überlebten. Obwohl die Abschaffung des Fegefeuerglaubens in den reformierten Gebieten die Fürbitte der Beginen überflüssig machte, tat sich die Obrigkeit manchen Orts schwer mit der Auflösung dieser Konvente. In der reformierten Stadt Schaffhausen tolerierte man die säkularisierte Terziaren-Sammlung zum Hl. Kreuz weiterhin wegen der „pflege krancker lüte", obwohl die Franziskaner selber längst die Stadt verlassen hatten.[55] Nach dem Tod der letzten Schwester (1580) richtete der Rat dort unter dem Namen „Schwesternhaus" ein Krankenhaus für Frauen ein. In Konstanz lässt sich die Krankenpflege der „Mäntellerinnen" noch bis 1541 verfolgen, die Pflegschaft über das gleichnamige Haus bestand noch bis zum Jahr 1612.[56] Auch in Frankfurt war die Frage, ob man den Beginen weiterhin eine Existenzberechtigung zugestand, an die Ausübung der Krankenpflege geknüpft.[57] In vielen norddeutschen Städten wie Hamburg, Bremen, Lübeck und Braunschweig existierten ausreichend dotierte Beginenkonvente bis ins 19. Jahrhundert weiter.[58]

In den katholisch gebliebenen Gebieten konnten sich ebenfalls nur wirtschaftlich gut abgesicherte Konvente halten, hier stellte sich jedoch seit dem Ausgang des 16. Jahrhunderts das Problem, inwieweit die mittelalterlichen Beginen- und Terziarinnenkonvente in Einklang mit den Reformbeschlüssen des Konzils von Trient gebracht werden konnten. Das Konzil duldete nur noch Frauengemeinschaften mit Klausur. Eine Reform der Schwesternhäuser im Sinne der Tridentiner Beschlüsse, wie sie im süddeutschen Raum von den Ka-

---

52 A.a.O., 277; Die Kölner Zunfturkunden, bearbeitet von Heinrich von Loesch, II, Bonn 1907, 324–327, Nr. 555.

53 Die Kölner Zunfturkunden, 419–421, Nr. 651, 653.

54 Sully Roecken/Carolina Brauckmann, Margaretha Jedefrau, Freiburg 1989, 122–126: 122.

55 Helvetia Sacra IX/2, 649.

56 A.a.O., 449.

57 Spies, Beginengemeinschaften, 88–89.

58 Reichstein, Studien, 143.

puzinern angestrebt wurde, musste deshalb gleichbedeutend mit der Aufgabe der früheren Tätigkeit als Leidschwestern und Krankenpflegerinnen sein. In der Stadt Luzern lässt sich dieser Umformungsprozess sehr genau verfolgen. Das 1498 gegründete Schwesternhaus St. Anna im Bruch lebte von den Einnahmen aus dem „Grabmütterdienst", der Kerzenherstellung und der Krankenpflege.[59] Mit der Reform im Jahr 1597 wurde den Schwestern das Verlassen des Hauses und alle damit verbundenen Erwerbsmöglichkeiten in der Stadt untersagt. Der Besuch der Gräber und die Pflege der Kranken im Spital und in Privathäusern waren nicht mehr möglich. Mit dem Ausfall dieser Einkünfte wäre die Weiterführung des Schwesternhauses bedroht gewesen, wenn sich nicht im Zuge der Reform auch die soziale Zusammensetzung des Konvents vollständig geändert hätte. Das Luzerner Patriziat erkannte das reformierte Terziarinnenkloster als standesgemäße Versorgungsstätte für seine Töchter an und war bereit, eine neue, nicht mehr auf Dienstleistung, sondern auf Rentenbesitz basierende Vermögensstruktur zu finanzieren.

6. Renaissance der Beginenhöfe

Die verbliebenen Schwesternhäuser im deutschsprachigen Raum hätten kaum vermocht, die Erinnerung an das mittelalterliche Beginentum bis in die Moderne wach zu halten, wenn sich nicht bis heute dem Betrachter und der Betrachterin das urbane Bild der niederländischen Beginenhöfe einprägen würde. Die Beginenhöfe hatten sich in der Reformationszeit als Horte des alten Glaubens erwiesen, die meisten von ihnen, darunter auch der große Beginenhof St. Elisabeth in Gent, waren aber während des Bildersturms (1566) und der niederländischen Revolte gegen die katholischen Habsburger schwer verwüstet und praktisch unbewohnbar geworden. Erst die Regierung der Erzherzöge Albrecht und Isabella (1599–1633) brachte Abhilfe. Die von ihnen initiierte Renaissance der Beginenhöfe im 17./18. Jahrhundert war Bestandteil der katholischen Reform in den südlichen Niederlanden.[60] In Übereinstimmung mit den Beschlüssen des Konzils von Trient wurde der Beginenhof St. Elisabeth zur Verstärkung der Klausur mit mächtigen Mauern und Stadttoren versehen. Kirche und Spital wurden neu erbaut, die bescheidenen Lehmhäuser aus dem Mittelalter durch Steinbauten ersetzt und mit Heiligenfiguren geschmückt. Das mittelalterliche Konzept der Beginenhöfe blieb unverändert, aber erst jetzt wurde die Idee des „besloten Hofes" mit den Mitteln barocker Stadtbaukunst architektonisch umgesetzt: inmitten der Welt ein „verschlossene[r] Garten" zu sein nach der bekannten Stelle aus dem Hohelied (Hhld 4,12 und 5,1), die seit der Patristik in

---

[59] Vgl. dazu die exemplarische Studie von Fritz Glauser, Das Schwesternhaus zu St. Anna im Bruch in Luzern 1498–1625 (Luzerner Historische Veröffentlichungen 22), Luzern 1987, 74–84.

[60] Kerken, Begijnhofleven, 24–28, 65, vgl. auch Abbildung des Beginenhofs St. Elisabeth nach einer Gravur von P. Wauters (1781) in: A.a.O., 56.

Hinblick auf Maria und die Kirche ausgelegt wurde.[61] Eine gleich lautende Inschrift geleitet noch heute die Eintretenden durch das barocke Eingangstor des ehemaligen Beginenhofs in Diest:

H. Maria Besloten Hof, can 4
Comt in mynen Hof
Myn suster Bruyt, can 5

---

61 Zu dieser Auslegungstradition vgl. Emile Bertaud, Art. Hortus, in: Dictionnaire de Spiritualité 7, Paris 1969, Sp. 766–783.

Anne Conrad

Angela Merici (1470/75–1540)
Karitas als „geistliche Barmherzigkeit“

Angela Merici mit Gefährtinnen, Ausschnitt aus einem Stich nach einem Gemälde in der Kirche S. Afra, Brescia (1945 zerstört).

Die Ursulinen bildeten den wichtigsten weiblichen Schulorden im Katholizismus der Frühen Neuzeit und waren Vorbild für zahlreiche andere Frauengemeinschaften. Gegründet wurde die Gemeinschaft der Ursulinen von Angela Merici im Jahr 1535 im Kontext der kirchlichen Reformbewegung in Norditalien, geleitet von der Idee, sich wieder neu am Evangelium zu orientieren, Lebensformen in authentischer Jesus-Nachfolge zu finden und dabei gleichzeitig den Notwendigkeiten der Zeit, die durch gesellschaftliche, politische und kirchliche Krisen gezeichnet war, zu entsprechen. Fast zeitgleich, aus ähnlichen Motiven heraus, aber unabhängig von den Ursulinen, hatte Ignatius von Loyola die Gesellschaft Jesu gegründet, die sich zum wichtigsten männlichen Schulorden entwickelte. Der intellektuelle Impetus, der Ursulinen wie Jesuiten gemeinsam ist, hat seine Wurzeln in einem bestimmten Verständnis der christlichen Karitas, das zur Zeit Angela Mericis und Ignatius' von Loyola nicht neu war, das von ihnen aber neu entdeckt und auf die Anforderungen ihrer Gegenwart hin weiterentwickelt wurde.

Im Folgenden soll dies an Leben und Werk Angela Mericis verdeutlicht werden. Die Verwurzelung Angela Mericis in der mittelalterlichen Tradition einerseits und die von ihr ausgehenden innovativen Impulse für eine neue Lebensform von Frauen andererseits sind die beiden Pole, zwischen denen sich ihr Lebenswerk erschließt.[1]

1. Suor Angela Terziaria

Die biographischen Angaben, die zu Angela Merici überliefert sind, sind in ein dichtes Netz legendarischer Traditionen verwoben, so dass es nicht immer leicht ist, zwischen historischen Ereignissen und Hagiographie zu unterschei-

---

[1] Ich danke Sr. Brigitte Werr OSU für kritische Lektüre und inhaltliche Anregungen.

den. Einiges lässt sich dennoch mit hoher Wahrscheinlichkeit rekonstruieren:[2] Angela Merici wurde zwischen 1470 und 1475 in Desenzano del Garda am südwestlichen Ufer des Gardasees geboren. Sie wuchs in einer gut situierten Familie auf, erhielt eine entsprechende Bildung und genoss eine intensive religiöse Erziehung. Die erste entscheidende Wende erfuhr ihr Leben um 1490, als kurz nacheinander ihre Eltern und ihre Schwester starben. Angela Merici zog daraufhin zu Verwandten in die nahegelegene Stadt Salò. Hier lernte sie das mondäne Leben einer italienischen Renaissancestadt kennen, kam aber auch in Kontakt mit kirchlichen Reformkreisen, die eine religiöse und gesellschaftliche Erneuerung anstrebten. Das Zentrum der religiösen Bewegung bildete in Salò das Kloster der Franziskanerobservanten, eines Reformzweigs des Franziskanerordens. Angela Merici schloss sich ihnen an und wurde „Tertiarin", also Mitglied im Dritten Orden der Franziskaner.

Die Dritten Orden waren Laienvereinigungen, die sich seit dem Mittelalter im Umkreis der eigentlichen Orden gebildet hatten. Ihr Ziel war es, das jeweilige Ordensideal im „weltlichen" Leben zu verwirklichen, also ohne in den Orden selbst einzutreten und die Gelübde abzulegen. Dazu gehörte einerseits ein durch regelmäßigen Sakramentsempfang und Gebet intensiviertes geistliches Leben, andererseits die Hinwendung zur Karitas als praktischer Nächstenliebe. Angela Merici verstand sich Zeit ihres Lebens als „Suor Angela Terziaria" („Schwester Angela Tertiarin"), identifizierte sich mit dem franziskanischen Drittordensideal[3] und lässt sich so eindeutig in die Tradition katholisch-kirchlicher Diakonie einordnen.

Das Wirken der Franziskanertertiaren stand im Zusammenhang des mittelalterlichen Armen- und Fürsorgewesens. Die Auffassung, dass es gottgewollt, notwendig und geboten sei, die „Werke der Barmherzigkeit" zu tun, war wesentlicher Bestandteil jüdisch-christlicher Ethik. Im Anschluss an die biblische und altkirchliche Überlieferung, die ihrerseits wieder Vorbilder im Judentum hatte[4], hatte sich eine klare Vorstellung von „Werken der Barmherzigkeit" herausgebildet, die in der Almosenlehre des Thomas von Aquin[5] spezifiziert und

---

2 Vgl. zum Folgenden: Anne Conrad, Mit Klugheit, Mut und Zuversicht. Angela Merici und die Ursulinen, aktualisierte und ergänzte Auflage, Leutesdorf 2003; dies., Zwischen Kloster und Welt. Ursulinen und Jesuitinnen in der katholischen Reformbewegung des 16./17. Jahrhunderts (Veröffentlichungen des Instituts für Europäische Geschichte, 142), Mainz 1991. Die Quellen zu Angela Merici und der Gründung der Ursulinen sind ediert und kommentiert in: Luciana Mariani/Elisa Tarolli/Marie Seynaeve, Angela Merici. Beitrag zu einer Biographie, Werl 1995.

3 1532 schickte sie allerdings eine Bittschrift an den Heiligen Stuhl, dass man sie von der Verpflichtung, nach ihrem Tod in einer Franziskanerkirche bestattet zu werden, entbinde; dementsprechend wurde sie später zwar nicht in einer Franziskanerkirche, wohl aber im grauen Tertiarinnenkleid beigesetzt.

4 Vgl. Hermann L. Strack/Paul Billerbeck: Kommentar zum Neuen Testament aus Talmud und Midrasch, 4/I, München 1965, 559– 610.

5 Thomas von Aquin, Summa Theologica II II q. 32 a 1–4; vgl. Die Deutsche Thomas-Ausgabe, hrsg. v. d. Albertus-Magnus-Akademie Walberberg bei Köln, 17 A, Heidelberg

theologisch gedeutet wurde. Man unterschied zwischen sieben „leiblichen“ und sieben „geistlichen“ Werken. Nach dem Matthäusevangelium (Mt 25,35f) zählte man zu den „leiblichen“ Werken: Hungrige speisen, Durstige tränken, Nackte bekleiden, Fremde beherbergen, Kranke besuchen und Gefangene befreien; nach dem Buch Tobit kam noch hinzu: Tote begraben (Tob 1,20). Diese „leiblichen“ Werke bezeichneten also konkrete physische und materielle Notsituationen, in denen Menschen praktischer Hilfe bedurften. Als „geistliche“ Werke galten: Unwissende belehren, Zweifelnden raten, Trauernde trösten, Sünder zurechtweisen, dem Beleidiger verzeihen, die Lästigen und Schwierigen ertragen, für alle beten. Während die „leiblichen Werke“ die verschiedenen Facetten mittelalterlicher Kranken- und Armenfürsorge umschrieben und – wie die zahlreichen ikonographischen Darstellungen zeigen – meist im Vordergrund standen, weil sie unmittelbarer Bedürftigkeit begegneten, gewannen in der Frühen Neuzeit die „geistlichen Werke“, die eher auf geistige, physische und emotionale Not verwiesen, zunehmend an Gewicht. In Person und Selbstverständnis Angela Mericis wird dieser Übergang vom Mittelalter zur Neuzeit manifest. Die „geistlichen Werke“ verweisen auf das, was angesichts der Krisenstimmung, Orientierungslosigkeit und Dekadenz der Epoche, die einerseits durch die Höchstleistungen der Renaissancekultur, andererseits durch gesellschaftliche Umbrüche und Verunsicherungen geprägt war, notwendig zu sein schien: nicht nur Sorge um die materiellen Bedürfnisse zu tragen, sondern auch Beistand in seelischen und geistigen Nöten zu leisten.

Im Zusammenhang mit der Entstehung verschiedener Konfessionen, die zu einem bewussten und überlegten Bekenntnis herausforderten, und im Zuge der allgemeinen „Intellektualisierung“ der Frömmigkeit gewannen die „geistlichen Werke der Barmherzigkeit“ weiter an Bedeutung. Man dachte über Frömmigkeit und ihre Formen sehr persönlich nach und suchte nach dem individuell besten Weg; der Glaube und seine Ausdrucksformen sollten intellektuell erfahrbar und nachvollziehbar sein. Angela Merici und auf eine andere, aber vergleichbare Art auch Ignatius von Loyola vermittelten eine Spiritualität, die diesem Bedürfnis entgegenkam. Der Anspruch, „Unwissende zu belehren“ und „Zweifelnden zu raten“, gewann vor diesem Hintergrund eine neue Dimension, die sich allerdings erst in den 1530er Jahren und mehr noch im Zuge der Reformen des Konzils von Trient seit der zweiten Hälfte des 16. Jahrhunderts voll entfalten konnte.

Die Phase des Übergangs zwischen dem Eintritt bei den Franziskanertertiaren und der Gründung der Ursulinen war für Angela Merici durch die Nähe zur Reformbewegung in Brescia gekennzeichnet, die sich im Umfeld des dortigen Hospitals gebildet hatte.

1959, 253–269. Das Wort Almosen leitet sich ab von dem griechisch-lateinischen Wort eleemosyna = Barmherzigkeit. Vgl. Joachim Wachten, Art. Barmherzigkeit, in: Lexikon des Mittelalters, 1, München, Zürich 1980, Sp. 1471f.

2. Hospitäler als geistliche Zentren

Im Jahr 1516 ging Angela Merici im Auftrag des Franziskanerordens nach Brescia; sie sollte der Witwe Caterina Patengola beistehen, deren Kinder gerade gestorben waren. „Trauernde trösten" war eines der „geistlichen Werke der Barmherzigkeit", entsprach also ihrer Aufgabe als Tertiarin. Brescia gehörte um die Wende zum 16. Jahrhundert zu den reichsten Städten Italiens. Es war ein Zentrum der Renaissance, in dem Handwerk und Handel ebenso blühten wie Kunst und Wissenschaft. Die Kehrseite, die von Bußpredigern und Kirchenreformern gleichermaßen angeprangert wurde, war, dass der Wohlstand der kleinen Oberschicht eine wachsende Verarmung der Bevölkerungsmehrheit beförderte. Krankheiten, besonders die Syphilis, breiteten sich aus und gesellschaftliche Konflikte brachen auf. Religiöse Bindungen verloren an Bedeutung; die kirchlichen Amtsträger vernachlässigten ihre Pflichten und gerieten durch Ämterhäufung und Nepotismus in Verruf.

Als Reaktion darauf hatten reformatorische Lehren Anklang gefunden; aber auch innerkatholische Reformbewegungen, die in einer gewissen Distanz zum Klerus vor allem von Laien getragen wurden, gewannen an Gewicht.[6] Dem offensichtlichen Versagen des Klerus stand eine selbstbewusste und sehr engagierte Laienbewegung gegenüber, die von den führenden Persönlichkeiten Brescias und dem Rat der Stadt unterstützt wurde. Ihr Ziel war eine religiöse und gesellschaftliche Erneuerung. In Brescia, wie auch in anderen Städten, versuchte man dies zunächst durch soziale Einrichtungen zu realisieren und gründete Hospitäler und andere „luoghi pii" („fromme Orte") für die Armenfürsorge.

An den Hospitälern und „frommen Einrichtungen" wirkte in Brescia die 1525 gegründete „Compagnia di Divino Amore" („Gesellschaft der göttlichen Liebe") mit, mit deren Mitgliedern Angela Merici in enger Verbindung stand.[7] Ihr Ziel war es, „in die Herzen die göttliche Liebe, das heißt die Nächstenliebe, einzupflanzen und zu verwurzeln". Dazu gehörten – ganz auf der Linie der mittelalterlichen Almosenlehre[8] – die „Werke der Barmherzigkeit", und zwar „leibliche" ebenso wie „geistliche". Die „geistliche" Barmherzigkeit manifestierte sich vor allem in Gebet und persönlicher Frömmigkeit. Ihr hauptsächliches

---

6 Vgl. Manfred Welti, Kleine Geschichte der italienischen Reformation, Gütersloh 1985; Peter Hersche, Italien im Barockzeitalter (1600–1750). Eine Sozial- und Kulturgeschichte, Wien 1999.

7 Ursprünglich 1497 in Genua gegründet, in den folgenden Jahrzehnten dann in Rom (1513) und anderen italienischen Städten. Die Verbindung Angela Mericis zur Compagnia di Divino Amore wurde möglicherweise über Caterina Patengola vermittelt, deren Neffe dort Mitglied war.

8 In der Diskussion der Frage „Ist Almosengeben ein Akt der Gottesliebe?" kommt Thomas von Aquin zu dem Schluss, dass zwar die „äußere Tat des Almosengebens ohne Gottesliebe sein [kann]; aber das Almosengeben im wesentlichen Sinne, d.h. um Gottes willen und freudig und rasch und in jeder Weise so zu geben, wie es sein muß, ist nicht ohne Gottesliebe möglich." (Summa theologica, II, II, q. 32, a. 1, Deutsche Thomasausgabe, 256).

Engagement galt jedoch der „leiblichen" Karitas in den Hospitälern, besonders in den „Hospitälern der Unheilbaren", die eigens für Syphiliskranke eingerichtet worden waren, die von den anderen Hospitälern nicht aufgenommen wurden. Außerdem engagierte sich die „Gesellschaft der göttlichen Liebe" in Krankenhäusern für Pestkranke, in Waisenhäusern und in Häusern für „Büßerinnen", zu denen ehemalige Prostituierte zählten.

Es ist nicht ganz klar, welche Rolle Angela Merici im Hospital von Brescia spielte. Sie war wohl nicht unmittelbar mit der Betreuung der Insassen befasst; eher scheint sie als „geistliche Mutter" oder „geistliche Freundin" jener Männer und Frauen gewirkt zu haben, die für die Organisation des Hospitals verantwortlich waren. Charismatische Frauen als geistlicher Mittelpunkt eines Freundeskreises reformbewegter Christen finden sich in dieser Zeit nicht selten. Beispiele aus Norditalien sind Osanna Andreasi († 1505), Stefana Quinzani (†1530) und Laura Mignani (†1525). Mit letzterer, die ebenfalls in Brescia lebte und zu den Initiatorinnen der „Gesellschaft der göttlichen Liebe" gehörte, war Angela Merici wohl auch persönlich bekannt.

Auch um Angela Merici fand sich in Brescia ein Freundeskreis zusammen, der sich ihrer spirituellen Führung anvertraute. Die Zeitgenossen berichten, dass sie hohes Ansehen als Ratgeberin genoss, Ansprachen über biblische Texte und theologische Fragen hielt und ihre Zuhörer zum Gebet anleiten konnte. Die Männer und Frauen, die im Hospital tätig waren, erhielten bei ihr offenbar jenen theologischen und spirituellen Rückhalt, der ihnen für ihre Arbeit sinnvoll erschien. Wie anerkannt Angela Merici in dieser Funktion war, zeigen die Berichte über ihre Reisen nach Venedig, Rom und Mailand in den 1520er Jahren.[9] Sie traf sich dabei mit hochrangigen Persönlichkeiten: in Venedig (1524) mit dem Patriarchen, in Rom (1525) mit dem Papst und in Mailand (1528/29) mit dem Herzog. In den Gesprächen in Rom und Venedig ging es um die geistliche Unterstützung der dortigen Hospitäler; der Herzog von Mailand bat sie, ihn als „geistlichen Sohn" anzunehmen und in Mailand zu bleiben. In allen drei Fällen lehnte Angela Merici diese Angebote ab.

Bemerkenswert an diesen Berichten, die in der Überlieferung hagiographisch überformt wurden, aber immer noch einen historischen Kern erkennen lassen, ist, dass Angela Merici von ihren Zeitgenossen offensichtlich im Zusammenhang mit den karitativen Einrichtungen gesehen wurde, dass sie sich dabei aber in einer bestimmten Weise positionierte, die auch eine deutliche Distanz zum Alltag des Fürsorgebetriebs erkennen lässt. Die „geistlichen Werke der Barmherzigkeit" hatten für sie deutlichen Vorrang vor den „leiblichen". Der Tätigkeit in den Hospitälern stand sie nahe, wollte sich davon jedoch nicht vereinnahmen lassen.

---

[9] Insgesamt wird von mehreren Reisen Angela Mericis berichtet: nach Mantua zum Grab Osanna Andreasis (vor 1524), ins „Heilige Land" nach Jerusalem (1524), nach Rom (1525), zweimal zum „Sacro Monte" in Varallo/Norditalien (1528?/1532); 1528 oder 1529 traf sie sich mit dem Herzog Francesco II. Sforza von Mailand.

Ihr eigenes Verständnis einer „geistlichen Karitas" verwirklichte sie schließlich in der Gründung der Ursulinen, ein für die damalige Zeit völlig neues, geradezu avantgardistisches Projekt.

3. „Lehre", „Rat" und „Gebet" – die geistliche Barmherzigkeit

Die beiden ersten „geistlichen Werke der Barmherzigkeit" waren „Unwissende belehren" und „Zweifelnden raten", sie gehörten nach Auffassung der mittelalterlichen Almosenlehre eng zusammen. Für alles christliche Tun grundlegend war das letzte „geistliche Werk": „für alle beten".[10]

Das Zeitgefühl in den norditalienischen Renaissancestädten war um 1500 geprägt von Überdruss und Orientierungslosigkeit einerseits, von der Suche nach neuen Lebensmodellen und einer neuen Spiritualität andererseits. In diesem Sinn waren „Lehre und Rat" gefragt. Angela Merici antwortete auf diese Herausforderung im Jahr 1535 mit der Gründung der „Compagnia di Sant'Orsola" („Gesellschaft der hl. Ursula"), aus der sich in den folgenden Jahrzehnten die Ursulinen als weibliche Ordensgemeinschaft entwickelten.[11]

Bereits seit Anfang der 1530er Jahre ist um Angela Merici eine religiöse Frauengemeinschaft im engeren Sinn nachweisbar. Junge ledige Frauen („Jungfrauen") trafen sich regelmäßig in einem eigens von Isabetta Prato, einer jungen wohlhabenden Witwe, eingerichteten Oratorium und verpflichteten sich zu einem asketischen Leben, das sie nach dem Vorbild Jesu und seiner Jüngerinnen „in der Welt" verwirklichen wollten. Die formelle Gründung dieser „Compagnia di Sant'Orsola" genannten Gemeinschaft erfolgte am Festtag der hl. Katharina von Alexandria, dem 25. November 1535: 28 Frauen wurden feierlich aufgenommen und schrieben sich in das „Buch der Gesellschaft" ein; in den folgenden Jahren kamen jeweils am Katharinatag weitere Frauen dazu. Grundlegend für das Selbstverständnis der Gesellschaft wurden drei Schriften, die Angela Merici für die Frauen verfasste: neben der „Regel" von 1536 die „Ricordi" („Gedenkworte", 1539) und die „Legati" („Vermächtnisse", 1539).

---

[10] Thomas von Aquin verstand „Lehre" und „Rat" als „geistige Akte", mit denen dem „Mangel des Verstandes" begegnet werde, und zwar in zweifacher Weise: „wenn es ein Mangel des schauenden Verstandes ist, so wird ihm das Heilmittel gereicht durch die Lehre; wenn [es] aber [ein Mangel] des auf die Tat gerichteten Verstandes [ist], so wird ihm das Heilmittel [gereicht] durch den Rat." (Summa Theologica, II II, q. 32, a. 2; Deutsche Thomas-Ausgabe, 260.) Allerdings: „Nicht jede Unwissenheit bedeutet einen Mangel des Menschen, sondern nur jene, kraft deren er in Unkenntnis ist über das, was er eigentlich wissen müßte; und diesem Mangel durch die Lehre abzuhelfen gehört zum Almosen. Doch sind dabei die Umstände der Person sowie auch des Ortes und der Zeit zu berücksichtigen, wie bei den anderen tugendlichen Akten." Ebd., 263

[11] Das Patronat der hl. Ursula wird nicht explizit begründet, verweist jedoch auf die in Norditalien verbreitete Ursulaverehrung und auf das Frauenbild der Ursulalegende, das in den konfessionellen Auseinandersetzungen des 16. Jahrhunderts wieder neu zur Geltung gebracht werden konnte: Ursula und ihre „11000 Jungfrauen" galten als mutige, kämpferische Frauen, die allen Widrigkeiten zum Trotz selbstständig und unabhängig ihren Glauben bekannten und verteidigten.

Die ersten Mitglieder der „Compagnia di Sant'Orsola" kamen aus unterschiedlichen sozialen Verhältnissen, einige waren als Bedienstete in Brescia beschäftigt, andere stammten aus dem brescianischen Adel und Bürgertum. Sie lebten nicht in Gemeinschaft und waren keiner spezifischen Aufgabe verpflichtet, sondern suchten ihr spirituelles Ziel im jeweiligen Alltag zu verwirklichen. Auch nach dem Eintritt in die „Compagnia" wohnten die Frauen bei ihren Familien, im Haus ihrer Arbeitgeber oder in einer eigenen Wohnung in der Stadt. Sie trafen sich jedoch jeden Freitag zum Kommunionempfang, sollten täglich an einer Messe teilnehmen, regelmäßig beichten, sich dem Gebet widmen und einmal im Monat zusammenkommen, um die „Regel" zu hören, die Angela Merici für sie verfasst hatte und die 1536 bischöflich approbiert wurde.

Die „Compagnia di Sant'Orsola" glich damit den Bruderschaften und semireligiosen Gemeinschaften, deren Tradition ins Mittelalter – ein bekanntes Beispiel sind die Beginen[12] – zurückreicht und die in der katholisch-konfessionalistischen Reformbewegung eine neue Blüte erlebten. Der wesentliche Unterschied bestand jedoch in dem Anspruch, das „weltliche" Leben in einer offenen religiösen Gemeinschaft mit dem „geistlichen" Leben von Ordensfrauen zu verbinden. Deutlich wird dies in einigen Besonderheiten der „Regel": Wie jede Ordensregel enthielt sie die Verpflichtung (aber kein Gelübde!) auf die drei Evangelischen Räte (Gehorsam, Jungfräulichkeit, Armut), wobei jedoch deren spirituelle Dimension besonders betont wurde: Jungfräulichkeit als „geistige Reinheit" von „Herz", „Gewissen" und „Gedanken", Armut als „wahre Armut des Geistes", die „in Gott all ihre Güter hat", und Gehorsam vor allem gegenüber „den Ratschlägen [...], die der Heilige Geist beständig dem Herzen eingibt". Die übrigen Kapitel der Regel behandelten die Aufnahme in die Gesellschaft, die Kleidung der Mitglieder, ihren „Umgang mit der Welt", Fastenvorschriften, das Gebet, den regelmäßigen Sakramentenempfang und die gegenseitige Unterstützung der Mitglieder in Not und Krankheit.

Die „Compagnia di Sant'Orsola" war in ihrer Zeit singulär und in gesellschaftlicher Hinsicht konfliktträchtig. Es handelte sich weder um eine (monastische) Ordensgemeinschaft im traditionellen Sinn, noch entsprach sie den üblichen Bruderschaften. Ihr Status war kirchenrechtlich nicht geklärt, so dass die Frauen beim Eintritt in die Gesellschaft keinen Anspruch auf eine Mitgift hatten und finanziell nicht abgesichert waren. Zudem setzten die Frauen mit dem „freien" Leben „in der Welt" – außerhalb der Klostermauern und ohne verheiratet zu sein – ihr gesellschaftliches Ansehen aufs Spiel.

Anders als die „Compagnia di Divino Amore" stand die „Compagnia di Sant'Orsola" in keiner unmittelbaren Beziehung zum Hospital der Stadt. Dass einzelne Mitglieder sich dort engagierten, ist möglich, wird aber in den Quellen nicht thematisiert. Mit der Gründung der Ursulinen verlagert sich vielmehr endgültig der Akzent von der „leiblichen" auf die „geistliche" Karitas. Fürsorge im

[12] Vgl. in diesem Band: Martina Wehrli-Johns, Schwestern in der Welt: Beginen in Mittelalter und Neuzeit.

Sinn von Seelsorge, „Lehre“ und „Rat“, aber auch Gebet und spirituelle Begleitung war das, was zeitgemäß und notwendig erschien. Dass es genau darauf ankam, spiegeln die ältesten Darstellungen Angela Mericis wider: Die Initiale einer Regel-Abschrift von 1569[13] zeigt Angela Merici im Profil mit mahnend oder belehrend erhobenem Zeigefinger; ein Gemälde aus der zweiten Hälfte des 16. Jahrhunderts[14] stellt Angela Merici sitzend im Kreis der ersten Ursulinen dar – ebenfalls mit lehrend erhobener, die Richtung weisender Hand.

Diese Konzentration auf die „geistlichen Werke der Barmherzigkeit“ ging einher mit einem neuen geistlichen Selbstverständnis der „Compagnia di Sant'Orsola“, das mit den kirchenrechtlichen Vorgaben für religiöse Frauenvereinigungen nicht zu vereinbaren war und dem weite Teile der kirchlichen Obrigkeit, aber auch der Bevölkerung zunächst mit Unverständnis, Skepsis oder gar Ablehnung begegneten. Nach Angela Mericis Tod am 27. Januar 1540 kam es daher zu heftigen Auseinandersetzungen darüber, wie der „geistliche“ Status der Gesellschaft kirchenrechtlich zu verstehen sei – Konflikte, die teils von außen an sie herangetragen wurden, teils unter den Frauen selbst aufbrachen und schließlich zu einer Spaltung der Gesellschaft führten. Die Bewältigung der Krise ging zuletzt mit einer grundlegenden Veränderung der „Compagnia di Sant'Orsola“ einher und war verbunden mit einer neuen Organisation[15] und einer neuen Aufgabe. Seit Ende der 1550er Jahre arbeiteten die Frauen in Brescia mit der neugegründeten „Compagnia della pace“, einer Vereinigung von Priestern, zusammen und widmeten sich der Katechese und dem Unterricht von Mädchen und Frauen.

Das Konzil von Trient hatte in seinem Reformdekret eine regelmäßige Katechese vorgeschrieben (24. Sitzung, Cap. 4) und damit das „geistliche Almosen“, die „Unwissenden zu belehren“, in den Vordergrund gerückt. Reformbischöfe wie Carlo Borromeo waren bemüht, dies mit Hilfe von Christenlehrbruderschaften und entsprechenden weiblichen Gemeinschaften möglichst flächendeckend umzusetzen. 1566 initiierte Borromeo eine Gemeinschaft von Ursulinen als Katechetinnen in Mailand, 1576 schrieb er vor, in sämtlichen Diözesen des Erzbistums Mailand Ursulinengemeinschaften zu gründen. Parallel dazu wurde die von Angela Merici verfasste Regel überarbeitet, der neuen Zielsetzung angepasst und mit den kirchenrechtlichen Vorschriften in Einklang gebracht. Eine wesentliche Neuerung gegenüber der ursprünglichen Regel Angela Mericis war, dass die Mailänder Ursulinen nun zur „vita communis“ verpflichtet und in allen Angelegenheiten der Leitung eines männlichen Geistlichen, und zwar des Oberen der Christenlehrbruderschaft, unterstellt waren.

---

13 Abbildung in: Conrad, Mit Klugheit, Mut und Zuversicht, 8.

14 Das Gemälde befand sich in der Kirche Sant'Afra in Brescia. Es wurde bei der Bombardierung Brescias 1944 zerstört. Ein Ausschnitt aus einem Stich nach diesem Gemälde ist unsere Eingangsvignette.

15 So wurden die einzelnen Ursulinengemeinschaften nun einem männlichen Geistlichen als Oberen unterstellt und verloren ihre Unabhängigkeit.

Seit Ende des 16. Jahrhunderts war damit die eindeutige Hinwendung zum Bildungsauftrag vollzogen. Die Ursulinen entwickelten sich zum Schulorden. Die ursprüngliche Aufgabe, durch Katechese „Unwissende zu belehren", wandelte sich – entsprechend den Anforderungen der Zeit – zu einer umfassenden Unterweisung von Mädchen in Schulen, wobei die Bildung in „höheren Schulen" in den Vordergrund rückte und die ursulinischen Mädchenschulen als weibliches Pendant zu den Jesuitengymnasien galten. Die Verwurzelung in der mittelalterlichen Almosenlehre war kaum mehr bewusst. Dennoch war diese Entwicklung nur konsequent. Angela Merici war vor allem anderen Seelsorgerin gewesen. Die Begegnung mit und die Sorge für die Menschen hatte für sie im Vordergrund gestanden. Dabei war jedoch immer eine „geistliche" – belehrende und ratende – Komponente im Spiel. Sie führte Gespräche, hielt Ansprachen, beriet und wirkte als Vermittlerin in Konfliktsituationen. Der Anspruch, „Unwissende zu belehren" und „Zweifelnden zu raten", hatte zudem die Konsequenz, dass Angela Merici und die Ursulinen von Anfang an, anders als die meisten traditionellen Frauenorden, selbstverständlich in der Öffentlichkeit präsent waren: Ursulinische Identität entfaltete sich nicht hinter engen Klostermauern und nicht im Rückzug auf die eigene Innerlichkeit, sondern es ging im Gegenteil darum, das Wort zu ergreifen, sich einzumischen und für eigene Überzeugungen offensiv und mutig einzustehen und nicht zuletzt diese Haltung an andere Menschen, besonders an Frauen, weiterzugeben. Diese sozialen und kommunikativen Kompetenzen verbanden sich bei Angela Merici mit Reflexion und Wissen; Klugheit war für sie eine wichtige Kategorie. Dem gängigen Frauenbild, das Frauen allzu schnell allein auf den sozial-karitativen Bereich im engeren Sinn einschränkte, stand diese „intellektuelle" Dimension strikt entgegen. Sie fand in der Entwicklung der Ursulinen zum Schulorden eine folgerichtige Ausprägung.

URTE BEJICK

Margarete Blarer (1493–1541) Humanistin, Reformatorin und Diakonin in Konstanz

Nach Margarete Blarer sind zahlreiche diakonische Einrichtungen der Jugend- und Altenhilfe im süddeutschen Raum benannt. Bereits zu ihren Lebzeiten galt sie als „archidiakona“. Die Humanistin, Reformatorin und Geschäftsfrau war für ihre Sorge für Kinder und Kranke bekannt – doch schriftliche Zeugnisse ihres Wirkens sind rar. Über Leben und Denken Margarete Blarers sind wir nur indirekt, über die Briefe, die ihre Brüder Thomas und Ambrosius Blarer ihr schrieben, und vor allem über die Briefe des Straßburger Reformators Martin Bucer (1491–1551) informiert.[1] Die eigene Korrespondenz dieser Frau, deren Wort als „scharf geschnitten“ galt, ist nicht mehr erhalten. Über ihre diakonische Tätigkeit geben Nachrufe Auskunft.[2]

Margarete Blarer wurde 1493 in Konstanz geboren; ihr Vater Augustin war Ratsherr, ihre Mutter Katharina stammte aus Ravensburg. Ihre Brüder Thomas und Ambrosius waren maßgeblich an der Reformation der Stadt Konstanz beteiligt. Margarete Blarer stand in Korrespondenz mit wichtigen Reformatoren in Süddeutschland, vor allem mit Martin Bucer[3] in Straßburg. Sie las und kommentierte theologische Schriften, ermöglichte ihren Brüdern durch Spekulation im Leinenhandel eine ungestörte, unbesoldete Tätigkeit im Dienst der Kirche und wirkte über Kindererziehung und Armenfürsorge auf die soziale Ausgestaltung der Reformation in Konstanz ein. Sie starb 1541 an den Folgen der Pest.

1. Die Humanistin

In ihrer Zeit bekannt und berühmt wurde Margarete Blarer zunächst durch ihre humanistische Bildung. „In Spanien und Italien gibt es nicht wenige vornehme Frauen, die es mit jedem Mann aufzunehmen vermögen. In England gibt es solche im Hause des Morus, in Deutschland in den Familien Pirckheimer und

---

1 Traugott Schieß (Hrsg.), Briefwechsel der Brüder Ambrosius und Thomas Blaurer. Bd. 1, Freiburg 1908; Bd. 2, Freiburg 1910. Martin Bucers Briefe an Margarete Blarer sind in Schieß 2 in einem Anhang abgedruckt. Hierbei wird nicht immer das Original wiedergegeben, es finden sich Übersetzungen, Paraphrasen, Zusammenfassungen.
Literatur über Margarete Blarer: Maria Heinsius, Das unüberwindliche Wort. Frauen in der Reformationszeit, München 1951, 3 7–67; Art. „Blarer (Blaurer) von Giersfeld, Margareta, in: Wilhelm Bautz (Hrsg.) Biographisch-bibliographisches Kirchenlexikon 1, Hamm o.J., 615; Katharina Goodwin, Margarete Blarer. Soror literata – „unsere belesene Schwester“, www.kloster-denkendorf.de/margarete-blarer-haus.htm (eingesehen März 2006).

2 Ein Klaglied um die christlichen Jungkfrauw Margret Blaurerin, 1542, in: Schweitzerisches Museum 5, 1789, 436ff.

3 Arnold Mathieu (Hrsg.), Martin Bucer zwischen Luther und Zwingli, Tübingen 2003.

Blarer. Wenn ihr nicht auf der Hut seid, wird es so weit kommen, dass wir in den theologischen Schulen den Vorsitz führen, in den Kirchen predigen und eure Mitren in Beschlag nehmen," lässt Erasmus von Rotterdam in einem literarischen Dialog die gebildete Magdalia dem ungebildeten, genusssüchtigen Abt Antonius androhen.[4]

Am Ende der Renaissance wiesen Frauen in den Städten ein hohes Maß an „elementarer Alphabestisierung" auf, für die ein „bunte(s) Gewirr von Klosterschulen, Nachbarschaftsschulen, privaten Schulen und städtischen Schulen"[5] sorgte, in denen Lehrerinnen Mädchen aus Handwerker- und Kleinbürgerkreisen Grundlagen des Lesens, Schreibens und Rechnens beibrachten. Frauen, die es sich leisten konnten, lasen Lektüre in der Volkssprache – Romanzen, Erbauungsbücher oder Ratgeber. Anders verhielt es sich mit den studia humanitatis, den im aufkeimenden Humanismus geförderten Künsten der Rhetorik, Grammatik, Poesie, Geschichte und Moralphilosophie. Für diese Studien waren Kenntnisse der klassischen Sprachen Latein und Griechisch unerlässlich, um die antike Literatur als Quelle verstehen zu können. Der Bildungsbewegung des Humanismus kam es dabei nicht auf die „Kenntnis" antiker Literatur, sondern auf die Menschenbildung an. „Humanismus" ist nach klassischer Definition eine Denkrichtung, für welche die „Bildung des Geistes an und für sich selbst Zweck ist."[6] „At homines, mihi crede, non nascuntur, sed finguntur" („Wir werden nicht als Menschen geboren, wir werden dazu gemacht"), proklamierte Erasmus von Rotterdam nicht nur das humanistische Bildungsideal, sondern theoretisch auch die Bildungsfähigkeit der Frau.[7] Als der Humanist Konrad Celtis (1459–1508) von einer Bildungsreise aus Italien nach Deutschland zurückkehrte, brachte er von dort neben Ideen des italienischen Humanismus die Erinnerung an gelehrte Frauen wie Isotta Nogarola, Laura Cerata und Kassandra Fedele mit, Frauen, die im kultivierten Klima der italienischen Stadtstaaten Zugang zu humanistischer Bildung und gelehrten Zirkeln hatten. Celtis erklärtes Ziel war es, mit der Gründung deutscher „Sodalitäten", d.h. Gelehrtenzirkeln, den Italienern ein ebenbürtiges Pendant entgegenzusetzen.[8] Dieses Programm führte dazu, dass, sollten auch Frauen zu diesen Sodalitäten Zugang bekommen, diese erst einmal gesucht und ausgebildet werden mussten. Geeignete Frauen wurden in den Töchtern, Schwestern und Ehefrauen der Patrizierfamilien großer Handelsstädte gefunden: In Nürnberg die Schwestern der Familie Pirck-

---

[4] Erasmus von Rotterdam, Colloquia Familiaria. Vertraute Gespräche, übers. v. Werner Welzig, Darmstadt 1967, 263ff.

[5] Margaret L. King, Frauen in der Renaissance, München 1993, 206.

[6] Wolfgang Förster, „Humanismus", in: Jörg Sandkühler (Hrsg.), Europäische Enzyklopädie zu Philosophie und Wissenschaften 2, Hamburg 1990, 560.

[7] August Buck, Humanismus. Seine europäische Entwicklung in Dokumenten und Darstellungen, Freiburg/München 1987, 154.

[8] Lewis W. Spitz, Art. „Humanismus/Humanismusforschung", in: Theologische Realenzyklopädie (TRE) 15, 639–661; J.A. Bowen, History of Western Education II, Civilization of Europe sixth to sixteenth Century, London 1975, 281, 286.

heimer, in Augsburg die Kaufmannstochter Margarete Welser und in Konstanz Margarete Blarer.[9] Wurden die genannten Frauen von Erasmus von Rotterdam noch enthusiastisch gefeiert, stellte ihre Bildung und Korrespondenz doch bereits Höhe- und Endpunkt humanistischer Frauenbildung in Deutschland dar. Die „erudita" verdankte ihre Bildung männlichen Lehrern und Mentoren. Sie bezog ihre Attraktion aus ihrer Ausnahmesituation, „der Wolle das Buch, der Kunkel die Feder, der Nadel den Griffel" vorzuziehen und sich „weit über die gewöhnliche Fassungskraft weiblichen Verstandes zu solch wissenschaftlichem Höhepunkt" aufzuschwingen.[10]

Im Umfeld dieser kurzen Blüte humanistischer Frauenbildung in Deutschland lernte auch Margarete Blarer Latein. Ihre Studien wurden unterbrochen, als ihre Brüder die Stadt verließen. Thomas Blarer studierte in Freiburg Jura und Ambrosius trat in das Kloster Alpirsbach ein. Margarete musste sich dagegen nach dem Tod des Vaters um ihre Mutter, die Haushaltung und das Leinengeschäft kümmern.

2. Die Reformatorin

Dennoch verstand sie es, sich Unabhängigkeit zu bewahren: Eine Ehe lehnte sie ebenso ab wie den Eintritt in ein Kloster. Ambrosius Blarer, Mönch im Kloster Alpirsbach, konnte diese Haltung nicht fassen: „Meine liebe Schwester, es befremdet mich, dass du mir zunächst geschrieben hast, dir stünde der Sinn nicht danach, in ein Kloster zu gehen. Ich möchte gern wissen, was die Ursache ist. Denn als du mir geschrieben hast, hast du nur den einen Grund genannt, dass dir Gott nicht die Gnade verliehen habe, die er zuerst mir verliehen hat." Margarete begründete ihre Abneigung mit der mangelnden Disziplin in den Klöstern, der Konkurrenz zwischen den Schwestern und ihrer Verantwortung für die eigene Mutter.

Bald sollten auch Ambrosius Blarer Zweifel am Sinn des klösterlichen Lebens kommen. 1519 hatte Bruder Thomas aufgrund einer Pestepidemie fluchtartig Freiburg verlassen und war nach Wittenberg übersiedelt. Von dort erreichten Ambrosius und Margarete begeisterte Briefe über die Lehre Luthers. Von seinem Bruder Thomas überzeugt, verließ Ambrosius das Kloster und hielt sich unter dem Dach des elterlichen Hauses versteckt.

Der Rat der Stadt Konstanz bekannte sich frühzeitig zur Reformation, wodurch es der Stadt möglich wurde, sich von der Herrschaft des in Meersburg residierenden Bischofs von Konstanz zu lösen. Stadtprediger Bernhard Wanner

---

9 Urte Bejick, Deutsche Humanistinnen, in: Elke Kleinau/Claudia Opitz (Hrsg.), Geschichte der Mädchen- und Frauenbildung 1, Vom Mittelalter bis zur Aufklärung, Frankfurt/New York 1996, 152ff; Wolfgang Zorn, Die soziale Stellung der Humanisten in Nürnberg und Augsburg, in: Otto Herding/Robert Stupperich (Hrsg.), Die Humanisten in ihrer politischen und sozialen Umwelt, Boppard 1976, 35–49, 38f.

10 So der Humanist Christoph Scheurl, zit. n. Briefe von und an Caritas Pirckheimer (aus den Jahren 1498–1530), hrsg. v. Josef Pfanner, Landshut 1966, Nr. 66, 142.

hielt reformierte Gottesdienste, und nach einer Predigt in der Kirche St. Stephan 1525 galt Ambrosius Blarer[11], ohne bislang ein Pfarramt inne zu haben, als eigentlicher Reformator der Stadt. Thomas Blarer wurde 1525 Bürgermeister von Konstanz. Über ihre Brüder wie über ihre als Ratsherren eingesetzten Vettern Johannes und Konrad Zwick nahm Margarete Blarer am religiösen und politischen Leben der Stadt teil.

Bei einem Besuch in Ulm lernte Margarete Blarer 1531 den Straßburger Reformator Martin Bucer kennen, mit dem sie einen lebenslangen Briefwechsel führte. Über die Briefe Bucers an seine gelehrte Freundin haben wir überhaupt erst weitere Kenntnis über Denken und Handeln Margaretes. Mit seiner „recht liebe(n) mutter und schwester", der „charissima mater et soror" und „soror melitissima"[12] diskutierte Bucer forthin auf Deutsch und Latein theologische und politische Fragen und teilte häusliche Sorgen mit. Durch die Anrede ist ein egalitäres Verhältnis angedeutet, das in der Diskussion theologischer Fragen auch eingelöst wurde, während Bucer andererseits gerade in der Frage humanistischer Studien als Mentor und „Bildner" zu wirken suchte. Er übersandte der Freundin Schriften Oekolampads, Melanchthons, Luthers und eigene Werke – nicht allein zur Belehrung, sondern auch zur Stellungnahme. Weiter regte er die Freundin zu Sprachstudien an. Margarete nahm nach Jahren das – aus welchen Gründen auch immer – unterbrochene Lateinstudium wieder auf. Auch hierüber sind wir nur durch männliches Urteil informiert: Ambrosius Blarer und Martin Bucer tauschten sich regelmäßig über die Erfolge der Ausnahmefrau aus. „In ihren Studien fährt sie mit unerwartetem Erfolg fort: ich hätte nie geglaubt, dass nach sechsjähriger Unterbrechung noch soviel hafte", wunderte sich der Bruder[13], und Bucer spornte die Freundin an: „(Ich) wünsche Glück zum Fortgang Deiner Studien. Warum sollten wir nicht das Griechische beifügen? Wie wäre Dir da das Neue Testament noch lieber!"[14] Soviel weibliche Energie und Verfügungsgewalt über die eigene Zeit wurde den beiden Männern aber bald unheimlich. Ambrosius, um die häusliche Versorgung besorgt, wandte sich an Bucer: „Was meine Schwester betrifft, bitte ich dich, dass du sie nicht dazu veranlasst, Griechisch zu lernen, sie wird genug vom Latein in Anspruch genommen. Wunderbar ist sie für die Schriften entbrannt, dass es nötig ist, ihr eher den Zügel als die Sporen zu geben."[15] Sofort lenkte Bucer in männlicher Solidarität ein: „Sei darum nicht so eifrig in den Sprachen. Ich schrieb kürzlich vom Griechischen; doch alles zu seiner Zeit, in seinem Alter und wo nichts Notwendigeres zu tun ist."[16] Das „Notwendige", die Sorge für kranke Verwandte, Arme und Waisenkinder sowie die Hochzeitsvorbe-

---

11 Bernd Moeller, Art. „Blarer, Ambrosius (1419–1564), in: TRE VI, 711–715.

12 Schieß 1, Anhang II, Nr. 7,73.

13 A. Blarer an Bucer, 10.September 1533, Schieß 1, Nr. 359, 420.

14 Bucer an A. Blarer, 3. Dezember 1554, Schieß 2, Nr. 261, 805.

15 A. Blarer an Bucer, 23. Februar 1534 (lat.), Schieß 1, Nr. 400, 474.

16 Bucer an M. Blarer, 3. März 1534, Schieß 2, Anhang II, Nr. 26, 806.

reitungen für ihren Bruder, diente hier als Argument, der weiblichen Gelehrsamkeit Zügel anzulegen.

3. Die Unabhängige

Freiheit von häuslichen Pflichten konnte sich Margarete Blarer vor allem durch ihre konsequent vertretene Ehelosigkeit erkämpfen. Bereits bei ihrer ersten Begegnung scheint sich Bucer, einer der ersten verheirateten Priester, über die Ehelosigkeit Margaretes gewundert zu haben. Er erinnert sich: „Ich hielt(e) Euch wieder wie in Ulm Eueren meisterlosen Stand vor. Doch Ihr sagt: wo Christus Meister, sei man nicht meisterlos, und dabei bleibe es."[17] Hin und wieder wurden für Margarete Blarer Heiratskandidaten gesucht. 1531 kam der soeben verwitwete Wolfgang Capito (1478–1541) in Betracht; vor dem warnte Bucer allerdings, „dass er eine recht Niedrige begehrt, die sich mehr als Dienerin denn als Herrin fühlte [...]."[18]

Da Margarete Blarer jedoch weder Capito noch weitere Heiratskandidaten in Betracht zog, räumte selbst Bucer ein, „wäre ich ledig, ich begehrte nichts Höheres, als Gott Euch gegeben hat."[19]

Ehelosigkeit war im Jahr 1531 noch eine durchaus mögliche Option. Trotz seiner Angriffe auf den Zölibat hatte Luther „Keuschheit" als Charisma akzeptiert und Menschen zugestanden, „mit lust und liebe keusch (zu) leben."[20] So konnte auch Bucer seine Freundin „dispensieren" und ihr konzedieren, „yn disem eweren mutwilligen leben und standt zu beharren; denn je mutwilliger und lustiger yr also dem herren dienet, je baß er ym gefallen wurdt."[21] Hatte Luther sich zunächst noch gegen „Ehelosigkeit" als besonderes geistliches Werk und als Vorwand für die Verantwortungslosigkeit vor allem von Männern gewandt, verstärkte sich in den 1530er Jahren der Druck auf ehelos lebende Menschen. 1528 war in den Konstanzer Männerklöstern die Messe verboten worden, und die Besitzverhältnisse der Klöster wurden eingeschränkt. 1527 wurden Beginen ausgewiesen und später auch die Tertiarinnen entlassen. Das Vermögen dieser Konvente wurde eingezogen und floss in das Spital und in die Kirchenpflege. Lediglich eine Tertiarinnengemeinschaft konnte sich aufgrund ihrer Aufgaben in der Krankenpflege bis 1547 halten. Kloster und klosterähnliche Formen ehelosen Lebens wurden so immer weiter ausgetrocknet. Hier gingen aber nicht allein nicht-eheliche Lebensformen verloren, sondern auch die organisierte (weibliche) Krankenpflege und Totenversorgung. Diese musste nun von der Stadt reorganisiert werden, wobei wiederum Margarete Blarer vorbildlich wirkte. Margaretes Ehelosigkeit wurde von männlicher Seite daher auch aufgrund ihrer Wohltätigkeit und „sozialen Mütterlichkeit" geduldet.

---

[17] Bucer an M. Blarer, 20. Februar 1532, Schieß 2, Anhang II, Nr. 10, 795.

[18] Bucer an A. Blarer, 19. Januar 1532, Schieß 1, Nr. 259, 317.

[19] Bucer an M. Blarer, 10. Februar 1533, Schieß 2, Anhang II, Nr. 14, 797.

[20] Martin Luther, Predigt über 1. Korinther 7, 1523, WA 12, 100,1–2.

[21] Bucer an M. Blarer, 9. Juli 1537 (?), Schieß 2, Anhang II, Nr.1, 789.

4. Die Geschäftsfrau

Neben ihrer Ehelosigkeit verhalf auch ein größeres Vermögen Margarete Blarer zu Freiheit und Autorität. Sie spekulierte im Leinenhandel und konnte so bedürftige Menschen und immer wieder auch den Haushalt der Bucers mit Geld unterstützen. Bucer resümiert halb neidvoll: „Ihr haltet Haus, dass ihr wirklich etwas haben oder bald entlaufen müsst; dann kommt zu uns; ich will Euch den Bettelreim lehren."[22] Für verarmte Mädchen und Frauen gründete Margarete einen Armenverein christlicher Frauen und Jungfrauen. Nach einer schweren Erkrankung musste sie 1537 aufgrund einer Fehlspekulation große finanzielle Verluste hinnehmen. „Scripsit ad me sorar nostra de hac re mercaturam suam übel übel provenire,"[23] informierte Bucer Ambrosius Blarer, der sich zu jener Zeit in Tübingen aufhielt. Dieser tröstete seine Schwester: „Weit leichter ist der Verlust all jener Dinge als der eines freien Sinnes. Sei überzeugt, wenn mir ganze Goldberge verlorengegangen wären und ich hungern müsste, [...] Du bist mir teurer als Gold, Edelsteine und Perlen [...]." Ganz so leicht wog dieser Verlust jedoch nicht. Ambrosius Blarer hatte bisher ohne Besoldung im Dienst der Kirche gestanden. Nun musste er bei seiner Entlassung 1538 aus dem Dienst der württembergischen Reformation Herzog Ulrich um Bezahlung bitten und sich in Konstanz um eine bezahlte Stelle bemühen.

5. Der Streit um das Abendmahl

Margarete Blarer zeigte sich bald widerspenstig gegen ihren Freund. 1534 deuteten sich Konflikte mit Martin Bucer an. Am 12. Oktober des Jahres hatte er noch freudig mitgeteilt, dass er und Philipp Melanchthon zur Vorbereitung der späteren „Wittenberger Konkordie" nach Kassel berufen seien: „Ich schreibe dies nur für deinen Bruder, die [Brüder] Zwick und allenfalls Dich, obschon Du eine Frau bist."[24] Margarete reagierte auf diese Mitteilung allerdings ungnädig. In Konstanz hatte man gehört, dass Melanchthon und Bucer die Einigung mit der französischen Kirche suchten und bereit waren, Zugeständnisse an die politische und kirchliche Rolle der Bischöfe zu machen. Im Konstanzer Rat witterte man sofort Gefahr von Seiten des nach Meersburg vertriebenen Bischofs und begegnete Bucer nun auch im Fall der Verhandlungen über die rechte Deutung des Abendmahls mit Misstrauen. Insbesondere der Bürgermeister Thomas Blarer wandte sich heftig gegen den Straßburger Reformator, von dem er zu große Zugeständnisse an das katholische Verständnis der Wandlung befürchtete. Nach Ambrosius Blarers Berufung nach Württemberg, wo ihn Herzog Ulrich mit der Reformation beauftragt hatte, nahm Johannes Zwick eine führende Stellung in Konstanz ein.[25]Auch Zwick wandte sich energisch gegen Bucer. Der verzweifelte Bucer, dem es bei der Einigung mit den Lutheranern um die Ein-

---

[22] Bucer an M. Blarer, 9. Juli 1533, Schieß 2, Anhang II, Nr. 19, 798.

[23] Bucer an A. Blarer, 25. Oktober 1537, Schieß 1, Nr. 785, 859.

[24] Bucer an M. Blarer, 12. Oktober 1534, Schieß 2, Anhang II, Nr. 38, 812.

[25] Bernd Moeller, Johannes Zwick und die Reformation in Konstanz, Gütersloh 1961.

heit der evangelischen Christinnen und Christen ging, warb wiederum zunächst bei Margarete Blarer um Verständnis: „Nach dem Volk frage ich nicht; mit diesen Männern nicht eins zu sein ist der Tod. An diesen Zwistigkeiten werden wir zu Grunde gehen."[26] Margarete dagegen stand fest auf der Seite ihrer Brüder, die an einem streng reformierten Verständnis des Abendmahls als Gedächtnismahl mit Brot und Wein festhielten. Sie wollten damit auch die Verbindung zu den reformierten Kirchen der Schweiz erhalten. Bucer tadelte Margarete: „Ich kann nicht billigen, dass schon der Name Franzosen Dir anstößig ist. Was sind denn Deutsche, Italiener, Spanier etc.? An sich alle verloren, doch Brüder in Christus, dem der Vater alle Völker zu eigen gegeben hat."[27] Hier wird Bucers Anliegen deutlich: Einheit der Kirche bei Kompromissen in strittigen Fragen. Margarete Blarer dagegen dachte wie ihre Brüder eher an die politischen Folgen eines Zugeständnisses an die katholische Kirche. In einem Schreiben warf sie Bucer Sinneswandel vor. Weder könne man sich auf die Väter berufen noch bringe ein Konzil irgendeinen Nutzen. Bucer wandte dagegen ein: „Das Evangelium bekämpft sich nicht, und die es wahrhaft angenommen, wollen allen alles werden, damit noch einige gewonnen werden."[28] Bucer übersandte wiederholt, aber vergeblich, Erklärungen zu seiner Deutung des Abendmahls an Margarete und Thomas Blarer.[29]. Nach seinem Verständnis blieben Fleisch und Blut Christi in der Gestalt von Brot und Wein, wobei der persönliche Glaube die Wandlung vollzog. Mehrmals bat er die Freundin, zwischen ihm und ihren Brüdern zu vermitteln. 1537 bat er sie inständig, Johannes Zwick dazu zu bewegen, sich mit ihm in der Nähe von Konstanz zu treffen. „Darum nehmt um meinetwillen die kleine Reise auf Euch, um derentwillen ich eine so weite unternommen habe [...]."[30] Die beiden Eingeladenen weigerten sich. „Ihr sagt: ‚Wir wissen, dass wir uns nicht einigen werden, und wollen nicht umsonst Ärgernis geben' [...]. Ich fürchte, Ihr vertraut zuviel auf Euere Klugheit [...] was die ‚conspirationes' und ‚concepta verba' betrifft, so streben wir im Herrn und seiner Wahrheit und nur mit den Worten der Schrift nach Ewigkeit [...] das Wort von den Ärgernissen habt wahrlich Ihr zu fürchten, die Ihr hartnäckig das einzige Mittel zu ihrer Beseitigung zurückweist. [...] Doch wir lieben Euch wahrhaft und sind darum betrübt."[31] Margarete und ihre Brüder blieben bei ihrer Haltung: Die Konstanzer nahmen die Wittenberger Konkordie nicht an und orientierten sich an den reformierten Gemeinden der Schweiz. Der Freundschaft zwischen Martin Bucer und Margarete Blarer tat dies jedoch keinen Abbruch.

---

[26] Bucer an M. Blarer, 15. Februar 1535, Schieß 2, Anhang II, Nr. 43, 814.
[27] Bucer an M. Blarer, 12. April 1535, Schieß 2, Anhang II, Nr. 47, 817.
[28] Bucer an M. Blarer, 20. Mai 1535, Schieß 2, Anhang II, Nr. 51, 819.
[29] Schieß 2, Anhang II, Nr. 32, 54.
[30] Bucer an M. Blarer, 29. Juni 1537, Schieß 2, Anhang II, Nr. 75, 826.
[31] Bucer an M. Blarer, 5. November 1537, Schieß 2, Anhang II, Nr. 78, 29.

6. Unterweisung von Kindern

Zu Margarete Blarers Haushalt gehörte nicht nur ihr Bruder Ambrosius bis zu seiner Heirat 1533, sondern auch ihre Tante Barbara und die stets kränkelnde Base Elisabeth. Neben zahlreichen Gästen[32] versorgte sie auch die schwangeren Frauen ihrer Verwandtschaft[33] und nahm Waisenkinder in ihr Haus auf, die sie selbst unterrichtete. Bucer kommentierte: „Zu den Söhnen und Töchtern wünsche ich Dir Glück, doch sieh zu, dass auch für eines der Meinen, wenn sie Waisen werden, Platz ist."[34] Nach dem Tod der Gattin ihres Bruders Thomas 1539 nahm Margarete auch deren Kinder in ihr Haus auf. Bucer lobte: „Im Wohltun mit Dir zu wetteifern, ist nicht möglich; Du hast Dein Haus voll von Kindern, die allein durch Dich erhalten werden."[35] Obwohl Ambrosius Blarer wie Martin Bucer immer wieder die „Mütterlichkeit" Margarete Blarers betonten, war ihre Fürsorge für Kinder auch kirchenpolitisches Programm und eine Konsequenz der von den Reformatoren betonten Wichtigkeit der Kindererziehung und Unterweisung. Besonders ihr Neffe Johannes Zwick sorgte sich um die Unterrichtung von Kindern, und 1531 wurde in Konstanz eine „Deutsche Schulordnung" erlassen.[36] Die religiöse Unterweisung der Kinder in Margarete Blarers Haus entsprach der Praxis des Konstanzer Waisenspitals, wo die Kinder Predigten und vor jedem Essen Bibellesungen hörten.[37] Ambrosius setzte seiner Schwester nach deren Tod ein literarisches Denkmal:

„Der armen Kind hast viel ernährt,
sie treulich g'lehrt
Gottesfurcht, Arbeit und Lesen.
Drin g'habt groß Fleiß
Auf b'sondre Weis."[38]

Neben der Unterrichtung von Kindern regelte Margarete für ihren Bruder Thomas auch Belange, die Stipendien betrafen. Im April 1534 hatte der reiche Patrizier Peter Buffler aus Isny Geld gestiftet, das die Städte Isny, Lindau, Biberach und Konstanz zu gleichen Teilen ergänzen sollten. Mit diesen Geldern wurde je zwei Studenten jeder Stadt ein Studium in Straßburg finanziert. Die Vergaben der Stipendien wurden von städtischen Kommissionen geregelt, wobei es in Konstanz bald Misshelligkeiten gegeben haben muss, so dass Margare-

---

32 Schieß 2, Anhang II, Nr. 5, 9f.

33 Schieß 2, Anhang II, Nr. 41, 42, 76.

34 Bucer an M. Blarer, 3. Februar 1534, Schieß 2, Anhang II, Nr. 26, 806.

35 Bucer an M. Blarer, 22. Mai 1540, Schieß 2, Anhang II, Nr. 89, 837.

36 Moeller, op.cit., 158.

37 Hans-Christoph Rublack, Die Einführung der Reformation in Konstanz. Von den Anfängen bis zum Abschluß 1531, Gütersloh 1971, 18ff, 119.

38 Ambrosius Blarer, Klaglied, s. Anm. 2.

te Blarer stellvertretend für ihren Bruder mit deren Verwaltung beauftragt wurde.[39]

7. Krankenpflege

Margarete Blarer wirkte zunächst „privat" diakonisch durch die Pflege von Verwandten in ihrem Haus. 1537 selbst von schwerer Krankheit genesen, widmete sie sich der öffentlichen Krankenpflege. Dabei ging es nicht um private Mildtätigkeit: Die Auflösung der Klöster und Orden, die Ablehnung „milder Gaben" als für die Erlösung irrelevante Werke durch die Reformation entsprach in den Städten einer Neubewertung und Neuordnung des Armenwesens. Die Schließung der Klöster und die Ausweisung von Beginen und Tertiarinnen aus Konstanz hatte die Tradition der klösterlichen und weiblichen Krankenpflege und Sterbebegleitung unterbrochen, die in der Reformation neu geregelt werden musste.

Zwischen 1472 und 1545 kam es auch auf deutschem Gebiet jedes Jahr zu Ausbrüchen der Pest. 1541 wurde Konstanz von einer dieser Pestwellen heimgesucht. Innerhalb von zwei Wochen starben 19 Erwachsene und 30 Kinder. Da es keine Heilmittel gegen die Seuche gab, wurden Pestkranke gemieden und starben oft einsam in ihren Häusern oder auf der Straße. Hieronymus von Braunschweig beschreibt die Folgen solch einer früheren Epidemie: „Alle Liebe und Freundschaft war in den Menschen erloschen, statt dessen wurde alle Unbarmherzigkeit und Wut erweckt. Der Nachbar verliess seinen Nachbarn, der Bruder seinen Bruder, der Mann seine Frau, die Frau ihren Mann, der Vater die Mutter und das Kind. Denn die Menschen starben nicht allein an der Pest, sondern auch von der Bedürftigkeit und weil sie niemand hatten, der ihnen die Hand reichte. [...] Und noch schlimmer war es, dass die Pfarrer und Brüder der Bettelorden bei den Kranken weder die Beichte hören wollten noch sie mit dem heiligen Sakrament versehen wollten, noch die Leichname in ihren gekauften Gräbern begraben lassen. Sobald es vor die Amtleute kam, dass ein mensch gestorben oder krank sei, wurde sofort eine grosse Schar von Knechten und Schergen dazu angehalten, mit grossem Wüten und Ungestüm den Kranken aus dem Haus auf den Friedhof zu bringen oder aber ihn im Haus einzuschließen."[40]

In Konstanz wurden die Kranken in einem eigenen Pestspital im Inselkloster isoliert, wo Margarete Blarer und Johannes Zwick sie besuchten. Ambrosius Blarer berichtet über seine Schwester, „die jetzt als Erzdiakonin (im Original lateinisch: archidiacona) für unsere Kirche arbeitet, egal ob die Sache, das eigene Leben und alles zugrunde gehen könnte. Täglich besucht sie jene öffentlichen Gebäude, wo Pestkranke, einfache Knechte und Mägde und diese Art Menschen behandelt werden, und das mit einem starken und entschlossenen Geist.

---

[39] Schieß 2, Anhang II, Nr. 52, 58.

[40] Nach Hieronymus von Braunschweig, Liber pestilentialis de venenis epidemie, Straßburg 1500.

Sie hat auch jetzt zu Hause ein Mädchen, das um die zehn Jahre alt sein mag und das von dieser Krankheit infiziert ist. Aber das beunruhigt ihre Seele kein bisschen."[41] Diese Wiederbelebung des Diakonninnenamtes wurde jäh unterbrochen. Zehn Tage nach Abfassung des genannten Briefes starben Margarete Blarer und Johannes Zwick an der Pest. Ambrosius Blarer berichtet: „Sie hat voll vertrauen auf Christus unter heiligen Worten den letzten Atem ausgehaucht, dass man ihren Tod eher als ein sanftes Einschlafen im Herrn und ein Niederlegen der Seele in die Hände des treuen Schöpfers bezeichnen möchte."[42]

Zusammenfassung

Margarete Blarer war eine durch ihre Herkunft, ihren Stand und ihre Bildung „privilegierte" Frau. Sie nutzte aber auch ihre Gelehrsamkeit, um auf die kirchenpolitische Entwicklung in Konstanz Einfluss nehmen zu können. Ihre bewusste Ehelosigkeit sicherte ihr Freiheit. Gemäß den Lehren der Reformation versuchte sie, im privaten und bürgerlichen Leben „diakonische" Aufgaben zu erfüllen, vor allem in der Kindererziehung und Krankenpflege. Aus schriftlichen Quellen ist nur bruchstückhaft etwas über diese Werke zu rekonstruieren, die mündliche Überlieferung, die tradierte Erinnerung in Konstanz spricht für sich.

---

[41] A. Blarer an Heinrich Bullinger, 5. November 1541, Schieß 2, Nr. 916, 91.
[42] A. Blarer an Heinrich Bullinger, 30. November 1541, Schieß 2, Nr. 919, 93.

CHARLOTTE METHUEN

Nächstenliebe als Verkündigung: Das diakonische Amt der Katharina Schütz Zell (1497/8–1562)

„Dabey aber sollen wir gegeneinander/ unser (von Gott befohlen) ampt der sorg und lieb/ ieben unnd brauchen/ wie auch der Herr Christus am letzten gericht wird sagen: Jhr haben mich in kranckhait und gefengknus haimgesu°cht/ unnd getro°st/ gand in das Reich meins vatters."[1]

Diese Worte schrieb Katharina Schütz Zell im Jahr 1558 in einem öffentlichen Brief an den Junker Felix Ambruster, einen ehemaligen Straßburger Ratsherrn, der sich wegen einer Leprakrankheit aus der Stadt zurückgezogen hatte. Der Brief diente als Einleitung zu einer Sammlung kleinerer, von Katharina Schütz Zell verfasster Schriften über die Psalmen 51 und 130 sowie einer Auslegung des Vaterunsers, die Katharina „zum trost in seiner kranckheit/und andern angefochtenen hertzen und Concientzen/der sünd halben betrübt &c" drucken ließ.[2] Für Katharina Schütz Zell war solcher Trost Ausdruck der göttlichen Liebe. Aber es ging dabei noch um mehr: Dem Nachbarn Trost anzubieten gehört zu den zentralen evangelischen Aufgaben. Jede Christin, jeder Christ sollte sich dazu verpflichtet fühlen, das von Gott befohlene Amt der Fürsorge und Liebe auszuüben.

Katharina Schütz Zell, Ehefrau und später Witwe des Straßburger Reformators Matthias Zell, hat dieses Amt ihr Leben lang ernst genommen. Anders als andere Frauen hat sie obendrein ihr Tun theologisch begründet und diese Überlegungen – freilich zum Teil gegen den Widerstand des Straßburger Rats – auch drucken lassen. Katharina Schütz Zell ist somit eine der wenigen Frauen der Reformationszeit, die ein theologisches Zeugnis über evangeliumsgemäßes Denken und Tun hinterlassen haben.

Katharina Schütz entstammte einer angesehenen Straßburger Familie und wuchs als gläubiges Kind auf. 1523 heiratete sie den Straßburger Reformator Matthias Zell (1477–1548) und verfasste 1524 eine „Entschuldigung", in der sie die eigene Ehe sowie die Priesterehe im allgemeinen verteidigte. Im selben Jahr veröffentlichte Katharina Schütz Zell außerdem einen Trostbrief an die Frauen im elsässischen Kenzingen, deren Männer nach Straßburg geflohen waren. 1534–36 gab sie Kirchenlieder aus dem Gesangbuch der Böhmischen Brüder von Michael Weisse (1531) in deutscher Übersetzung heraus.

---

1 Katharina Schütz Zell, Den Psalmen Miserere (Meditations on Psalms and Lord's Prayer), in: Elsie Anne McKee, Katharina Schütz Zell, II: The Writings, Leiden u.a. 1999 (= Studies in Medieval and Reformation Thought LXIX.2), 312.

2 A.a.O., 310.

Als Frau eines führenden Straßburger Pfarrers kümmerte sich Katharina Schütz Zell um Kranke, Gefangene und zum Tode Verurteilte sowie um die in die Stadt strömenden Flüchtlinge. Sie stand – sowohl brieflich als auch persönlich – in Kontakt mit anderen Reformatoren und reiste mit ihrem Mann nach Wittenberg, um Luther persönlich kennen zu lernen.

Bei der Beerdigung von Matthäus Zell im Januar 1548 hielt Katharina Schütz Zell eine Ansprache an seinem Grab. 1556 geriet sie in einen heftigen Konfessionsstreit mit dem Nachfolger ihres Mannes, Ludwig Rabus, und veröffentlichte 1557 einen offenen Brief an die Straßburger Öffentlichkeit, in dem sie ihre Tätigkeit an der Seite von Matthäus Zell beschrieb und seine konfessionelle Toleranz verteidigte. Als letzte Druckschrift brachte sie 1558 die Auslegung der Psalmen 51 und 130 zusammen mit der bereits 1532 verfassten Auslegung des Vaterunsers heraus. Kurz vor ihrem Tod im Jahr 1562 beerdigte Katharina Schütz Zell eine Anhängerin des Spiritualisten Kaspar von Schwenckfeld (1489–1561), die kein Straßburger Pfarrer bestatten wollte.[3]

Ihr Leben und ihre Schriften zeigen, dass Katharina Schütz Zell eine Frau war, die bewusst karitativ gehandelt und in diesem Sinne Diakonie betrieben hat. Aber ihre Tätigkeit hatte für sie noch einen tieferen Sinn. Als Frau durfte Katharina Schütz Zell nicht Pfarrerin werden oder das Predigtamt bekleiden. Trotzdem bezeichnete sie sich selbst bei der Ausübung ihrer Tätigkeit als Kirchenmutter und als Helferin – und folglich doch in gewisser Weise als Amtsinhaberin. Somit sah sie sich in einer repräsentativen Führungsrolle innerhalb der Gemeinde und verstand ihr diakonisches Handeln durchaus als „soziale Dimension gemeindlich-kirchlicher Leitungsfunktionen"[4]. Dies soll im Folgenden

---

[3] Zum Leben Katharina Schütz Zells, siehe Elsie Anne McKee, Katharina Schütz Zell, I: The Life and Work of a Sixteenth-Century Reformer, Leiden u.a. 1999 (= Studies in Medieval and Reformation Thought LXIX.1); vgl. auch Martin H. Jung, Katharina Zell geb. Schütz (1497/98–1562). Eine „Laientheologin" der Reformationszeit? in: Zeitschrift für Kirchengeschichte 107, 1996, 145–178; Thomas Kaufmann, Pfarrfrau und Publizistin. Das reformatorische „Amt" der Katharina Zell, in: Zeitschrift für historische Forschung 23, 1996, 169–218. Vgl. auch Ruth Albrecht, Wer was Katharina Zell? in: Heide Wunder/Gisela Engel (Hrsg.), Geschlechterperspektiven. Forschungen zur Frühen Neuzeit, Königstein/Taunus 1998, 135–144; Anne Conrad, „Ein männisch Abrahamisch Gemuet". Katharina Zell im Kontext der Straßburger Reformationsgeschichte, in: Wunder/Engel, Geschlechterperspektiven, 120–134; Gabriele Janke, Prophetin – Pfarrfrau – Publizistin. Die Straßburger „Kirchenmutter" Katharina Zell, in: Frauen mischen sich ein, Wittenberg 1995, 55–81; dies., Die Kirche als Haushalt und die Leitungsrolle der Kirchenmutter, in: Wunder/Engel, Geschlechterperspektiven, 145–155. Eine Bibliographie ihrer Schriften hat Marc Lienhard zusammengestellt: Catherine Zell née Schütz, in: André Séguenny (Hrsg.), Bibliotheca Dissidentium. Répertoire des non-conformatistes religieux des seixième et dix-septième siècles. Katharina Schütz Zells größere Schriften sowie einige ihrer Briefe sind ediert: McKee, Katharina Schütz Zell, II: The Writings (vgl. Anm. 1). Die Schriften werden im Folgenden nach dem deutschen Titel zitiert. Die in der Edition verwendete englische Übersetzung der Titel wird bei der ersten Erwähnung in Klammern hinzugefügt.

[4] Art. „Diakonie" in: TRE VIII, Berlin/New York 1981, 621.

anhand des diakonischen Ansatzes von Katharina Schütz Zell sowie ihrer theologischen Begründung dargelegt werden.

1. Kindheit und Jugend

Katharina Schütz wurde wahrscheinlich als fünftes Kind und dritte Tochter des wohlhabenden Handwerkers und Straßburger Bürgers Jakob Schütz und seiner Ehefrau Elisabeth Gerster Ende 1497 oder Anfang 1498 geboren.[5] Sie bekam eine gute, aber keine humanistische Ausbildung, so dass sie fließend und grammatikalisch korrekt Deutsch schreiben konnte, jedoch ohne rhetorische Figuren und klassische Andeutungen: Katharina selbst beschrieb ihre Sprache als „grob aber warhafftig" im Vergleich zum „kleine(n) subtile(n) und guͦte(n) Wort [...] aus glißnerey", die sie bei den Beginen, Klosterfrauen, Heuchlerinnen und adligen Frauen zu hören meinte.[6] Auch eine handwerkliche Ausbildung durfte die junge Katharina Schütz absolvieren: Sie lernte Bildteppiche (das sogenannte „Heidnischwerck") weben – ob professionell oder lediglich als Familientradition, ist nicht bekannt.

Am wichtigsten war jedoch die religiöse Ausbildung, die Katharina Schütz erhielt. Bereits als junges Mädchen entwickelte sie „einen besonderen religiösen Ernst",[7] der im Alter von zehn Jahren zu dem Entschluss führte, sich bewusst einem religiösen Leben zu widmen. 1557 schrieb sie rückblickend: „Jch bin seit jch zehen jar alt/ein kirchen mutter/einziererin des predigstuͦls und schuͦlen gewesen/alle gelerten geliebt/viel besuͦcht/und mit ihnen mein gespraͤch/nit vom dantz/weldtfreüden/reichtumb noch fassnacht/sonder vom reich gottes mit Jnen gehabt."[8] Obwohl zwei Verwandte ihrer Mutter wahrscheinlich in Straßburg Beginen waren, hat Katharina Schütz diesen Weg nicht gewählt. Stattdessen bildete sich eine Art Frauengemeinschaft um sie herum. In den Predigten des Dompredigers Geiler von Kaysersberg (†1510) bekam das Kind Katharina durchaus kirchenkritische Aussagen zu hören, gleichzeitig aber auch die Ermahnung, man solle, um zum Heil zu gelangen, das tun, was in einem sei: *facere quod in se est.*[9] Als junge Frau versuchte Katharina Schütz gemeinsam mit ihren Weggenossinnen danach zu handeln: Sie gingen zur Messe und zur Beichte, lasen theologische Bücher und Flugschriften und waren karitativ tätig.[10] Gemeinsam machten sie aber auch die erschreckende Erfahrung, dass sie durch ihre religiösen Bemühungen keine Heilssicherheit erlangen konnten. Die Lösung – oder Erlösung – fand Katharina Schütz durch die Begegnung mit dem

---

5 Zur Familie Schütz vgl. McKee, Katharina Schütz Zell, I, 4–7.

6 Katharina Schütz Zell, Ein Brieff an die gantze Bürgerschafft der Statt Straßburg (The Rabus Correspondence; hiernach Ein Brieff), McKee, Katharina Schütz Zell, II, 221. Zu ihrer Ausbildung vgl. McKee, Katharina Schütz Zell, I, 7–12.

7 Vgl. auch McKee, Katharina Schütz Zell, I, 13.

8 Ein Brieff, in: McKee, Katharina Schütz Zell, II, 170; vgl. auch McKee, Katharina Schütz Zell, I, 13–14.

9 McKee, Katharina Schütz Zell, I, 15–16, 27.

10 A.a.O., 14–15.

Evangelium in der Auslegung Martin Luthers. Fünfunddreißig Jahre später beschrieb sie – in einem Luther sehr ähnlichen Stil –, wie sie aus der Aussichtslosigkeit und Angst ihres damaligen religiösen Leben durch das Evangelium befreit worden war:

„*Da aber mein anfechtung umb deß himmelreichswillen groß ward/ unnd jch in all mein schwaͤren wercken/ Gottes dienst um sie herum/ unnd grosser pein meins leibs/ auch von allen gelerten kein trost noch sicherheit der lieb unnd genaden Gottes kündte finden/ noch überkummen/ bin jch an seel und leib biß auff den todt kranck und schwach worden/ und ist mir gangen wie dem armen weiblin im Evangelio/ dass alles sein guͦt unnd kraͤfft beyden artzten ye mer verlor. Da es aber von Christo hoͤret unnd zuͦ jm kam/ da warde jm durch den selbigen geholffen/ also mir auch unnd manchem bekümmerten hertzen/ die dazuͦmal mit mir/ in grosser anfechtung/ viel herrlicher alten frawen unnd Jungfrawen/ die meiner gesellschaft begierig/ unnd mit freyden meine gespielen waren. Und da wir also/ in solcher angst und sorg/ der genaden Gottes stuͦnden/ und aber in allen unsern viel wercken, uͤbung und sacramenten der selbigen kirchen nie kein ruͦhe finden mochten/ da erbarmet sich Gott unser und viler menschen/ erweckte undsandt auß mit mund und schrifften/ den lieben und jetz saͤligen Doctor Martin Luther/ der mir und anderen den Herren Jesum Christum so lieblich fürschribe/ das ich meinte man zuge mich erdtreichs tieff/ auß dem erdtreich herauff/ ja auß der grimmen bittern hell/ in das lieblich suͦß Himmelreich.*“[11]

Für Katharina Schütz bedeutete die Begegnung mit der neuen reformatorischen Lehre und die kurz danach erfolgte Einführung der Reformation in Straßburg einen Neuanfang, der ihrem Leben eine völlig andere Richtung gab.

Es ist nicht bekannt, wann Katharina Schütz zu dieser Erkenntnis kam. Auf jeden Fall predigte von 1521, spätestens von 1522 an der seit 1518 an der Straßburger Laurentiuskirche tätige Priester Matthias Zell biblisch und evangelisch. Zell selbst berichtete, er habe erst angefangen, sich mit den Schriften Luthers zu beschäftigen, als viele seiner Gemeindemitglieder sich bereits dafür interessierten. Infolge ihres theologischen und kirchlichen Engagements ist es denkbar, dass Katharina Schütz dieser Gruppe angehörte und Luthers Schriften schon vor Zell gelesen hat.[12]

Die Begegnung mit dem Evangelium war nicht nur für Katharina Schütz selbst, sondern auch für diejenigen, die sich um sie versammelt hatten, eine Heilserfahrung. Sie fühlte sich schon zu diesem Zeitpunkt dazu berufen, nicht nur für das eigene, sondern auch für das Heil anderer zu sorgen:

---

[11] Ein Brieff, McKee, Katharina Schütz Zell, II, 170–171.

[12] Matthias Zell, Christeliche verantwortung, zit. n. McKee, Katharina Schütz Zell, I, 34, Anm. 15. Zur Reformation in Straßburg siehe: Laura Jane Abray, The People's Reformation. Magistrates, Clergy, and Commons in Strassburg 1500–1598, Oxford 1985; Thomas A. Brady, Jr., Ruling Class, Regime and Reformation at Strasbourg, Leiden 1978 (= Studies in Medieval and Reformation Thought XXII); William S. Stafford, Domesticating the Clergy. The Inception of the Reformation in Strasbourg 1522–1524, Missoula, MO, 1976 (= American Academy of Religion Dissertation Series 17).

„Ich gedacht an das Wort des Herrn Christi/ da er zu° Petro sagt/ Jch will dich zu° menschen vischer machen/ unnd hinfür soltu menschen fahen. Und hab mich tag und nacht bearbeitet/ das ich den weg der warheit (welcher ist Christus der Sun Gottes) ergriffe/ was anfechtung ich darüber auffgenommen/ da ich hie das evangelium hab lernen erkennen und helffen bekennen/ laß ich Gott befohlen sein.“[13]

Das Evangelium zu *erkennen,* hieß für Katharina Schütz das Evangelium gleichzeitig zu *bekennen* oder bekennen zu helfen.[14] Welchen Weg aber konnte eine junge Frau beschreiten, um das Evangelium zu bekennen?

2. Die Pfarrehe: Ein Zeichen des Bekenntnisses

Durch die reformatorischen Predigten Matthias Zells und seit 1523 seiner Kollegen Wolfgang Capito, Kaspar Hedio und Martin Bucer erkannte Katharina Schütz eine neue Möglichkeit, ihren Glauben verkündigend zum Ausdruck zu bringen. Als junge Frau hatte sie sich entschlossen, nicht zu heiraten und sich ganz dem Dienst Gottes zu widmen. Damit folgte sie dem Keuschheitsideal der mittelalterlichen Kirche. Jetzt begegnete ihr in der Predigt der Reformatoren ein anderes Ideal: Nicht der Zölibat, sondern die Ehe wurde als göttliche Lebensform angepriesen.

In Straßburg waren Auseinandersetzungen zum Thema Priesterzölibat durchaus üblich. Der Münsterpriester Geiler von Kaysersberg hatte zwar den Zölibat als beste Lebensform gepriesen, zugleich aber die Ehe als biblisch begründeten, von Gott gesegneten Lebensweg gelobt.[15] Einige Straßburger Bürger kritisierten den Zölibat als Ursache einer Doppelmoral, die zur Beleidigung und zum Missbrauch der jungen Frauen Straßburgs führe. 1519 und 1520 kam es auf Grund solcher Kritik zu heftigen und zum Teil gewalttätigen Auseinandersetzungen bzw. zu Prozessen zwischen Bürgern und Klerikern.[16] Vor diesem Hintergrund scheint die reformatorische Lehre, die Priesterehe werde eine Besserung des moralischen Stands der Geistlichen zur Folge haben, viele überzeugt zu haben.

Im Jahr 1523 kam der ehemalige Augustinermönch Martin Bucer als verheirateter Priester in Straßburg an. Seine Ehefrau, Elisabeth Silbereisen, war früh von ihrer Familie in ein Kloster „gesteckt“ und dort von Priestern sexuell missbraucht worden. Da Bucer der Sohn eines Straßburger Bürgers war, gewährte der Stadtrat ihm Schutz und verteidigte dem Bischof gegenüber diese Entscheidung.[17] Die Stadt Straßburg hatte damit ihren ersten verheirateten Priester. Bald folgten weitere: Am 18. Oktober 1523 heiratete Martin Enderlin und wurde

---

[13] Ein Brieff, in: McKee, Katharina Schütz Zell, II, 171.

[14] Vgl. auch McKee, Katharina Schütz Zell, II, 171, Anm. 21.

[15] François Wendel, Le mariage à Strasbourg à l'époque de la réforme, Strasbourg 1928, 23–26; vgl. auch Miriam U. Chrisman, Women and the Reformation in Strasbourg 1490–1530, in: ARG 63, 1972, 143–168, 147.

[16] Ebd.

[17] A.a.O., 148–149; vgl. auch Martin Greschat, Martin Bucer. Ein Reformator und seine Zeit 1491–1551, München 1990, 52–53, 67–68.

sogleich von seiner Stelle entlassen; drei Wochen später ließen sich Antonius Firn, Priester an St Nikolas, und seine langjährige Haushälterin Katharina trauen; Martin Enderlin hielt den Gottesdienst; Matthias Zell predigte über die vielen Vorteile der Ehe für einen Priester.[18] Am 3. Dezember 1523 ließen sich Katharina Schütz und Matthias Zell von Martin Bucer trauen. Katharina zog, wohl zum Entsetzen vieler Gemeindemitglieder, ins Pfarrhaus.

Für viele evangelisch gesinnte Priester war die Entscheidung zur Heirat gleichzeitig ein Bekenntnis zur neuen Lehre. Aber nicht nur für die Priester war die Ehe ein entscheidender, bekenntnismäßiger Schritt. Auch die Frauen mussten sich entschließen, diesen Schritt zu wagen – oder sich dazu berufen fühlen. Bei den meisten Frauen ist uns ihre Motivation nicht bekannt; wie bei Matthias Zell beschreiben die überlieferten Trauansprachen lediglich die Vorteile der Priesterehe für den männlichen Partner. Wir können aber sicher sein, dass die Entscheidung Katharina Schütz', als erste Bürgerstochter Straßburgs den Priester Matthias Zell zu heiraten, ebenso als Zeugnis ihres Glaubens zu verstehen ist. Denn neun Monate nach der Eheschließung, im September 1524, veröffentlichte sie eine „Entschuldigung Katharina Schützin/für M. Matthes Zellen/jren Eegemahel/der ein Pfarrher und dyener ist im wort Gottes zuͦ Straßburg", in der sie die Gründe ihrer Entscheidung zur Heirat darstellte und den Ablauf ihrer Ehe gegen öffentliche Kritik als sittlich und standesgemäß verteidigte. Sie wolle die Wahrheit über ihre Ehe schreiben, weil beleidigende Gerüchte kursierten, die einige Bürger vom evangelischen Glauben abschreckten.[19]

Katharina Schütz Zell war sich bewusst, dass für eine erfolgreiche Durchführung der Reformation nicht nur eine theologische Begründung der Pfarrehe wichtig war, sondern auch – da für viele Bürger ausschlaggebend – das Verhalten des Ehepaars. Dieses Verhalten stellte sie in ihrer Schrift dar. Dazu begründete sie theologisch ihre Entscheidung zu heiraten. Zudem verteidigte sie ihr Recht, als Frau eine derartige Verteidigungsschrift zu verfassen. Die Begründung ihres Entschlusses – sowohl zur Heirat als auch zum Schreiben – zeigt ihre Selbstwahrnehmung als Verkünderin und als Mitverantwortliche für die Menschenseelen der Stadt. Katharina Schütz Zell verstand sowohl ihre Ehe mit Matthias Zell als auch ihre Schrift als Versuch, zur Seelenrettung des Straßburger Volkes beizutragen, indem die Pfarrehe als Mittel gegen die „Hurerei" der Priester eingeführt und respektabel gemacht wurde:

„Meinstu das mir diese sach nit auch anlige/das ich sihe wie vil selen bißher und noch/also dem teuffel sind worden/Welchs auch ein ursach ist gsein/das ich die pfaffen Ee hab helffen

---

[18] McKee, Katharina Schütz Zell, I, 47–48.

[19] Katharina Schütz Zell, Entschuldigung Katharina Schützinn/für M. matthias Zellen/jren Eegemahel (An Apologia for Matthias Zell; hiernach Entschuldigung), in: McKee, Katharina Schütz Zell, II, 23–25. Für die Widerlegung der Gerüchte siehe a.a.O., 41–43.

uffrichten/Und die erst in Straßburg mit gots hülff hab zu° wegen bracht [20] *da ich dannocht nach willens was überal kein man zu nehmen. Da ich aber sahe die grosse forcht unnd wu^e^tende widerstand auch die grosse hu°rey/Hab ich selber einen genommen/damit ich meint allen Christen ein hertz und weg zu° machen/als ich auch hoff ist gescheen.* "[21]

Die Kirche sollte nicht Ärgernis, sondern Mittlerin von Gottes Wort sein. Ihre eigene Ehe sollte der evangelischen Verkündigung dienen und zugleich die Ängste und Sorgen des Volkes abbauen. Bei ihrem Entschluss zur Heirat gehörten Seelsorge und Verkündigung für Katharina Schütz Zell stets untrennbar zusammen.

3. Die Fremden aufnehmen: Versorgung der Flüchtlinge

Nicht nur die Entscheidung zu heiraten, sondern auch ihr Eheleben kann bei Katharina Schütz und Matthias Zell als Verkündigung des Evangeliums verstanden werden. Die Ehe ermöglichte Katharina Schütz Zell das von ihr angestrebte Leben im Dienst des Evangeliums. Diese Aufgabe nahm sie bewusst wahr. Seit Beginn ihres Ehelebens hat sie sich stets um andere gekümmert, Flüchtlingen Unterkunft geboten – „da ich die armen veriagten unnd Ellenden (die Wasser und Feüwr geflohen seind) hab auffgenohmmen"[22] – und die Kranken, Sterbenden und Gefangenen der Gemeinde besucht: „ich aber in Armer unnd Reicher Leüth heuser gangen/mir aller Lieb/Trew unnd mitleiden/Pestilenz und Todten getragen/die angefochtenen unnd leidenden inn Thu^e^rnen/Gefencknüß und Todt heimgesu°cht/und getro^e^st".[23] Katharina Schütz Zell verrichtete diese karitative Arbeit als eine ihr von Gott aufgetragene Aufgabe: „wie Gott im Propheten leret/understütz unnd sterck/die mieden Kney."[24] Als Pfarrfrau hatte sie sich um die Schwachen und Müden zu kümmern.

Das Pfarrhaus Schütz Zell wurde bald Zufluchtsort für Glaubensvertriebene, zum Beispiel für Flüchtlinge aus Baden: „da ein mal fünffzehen lieber Menner auß der Marggraffschafft Baden müsten weichen/sie wollten dann wider ihr gewissen thu°n/under welchen ein gelerter alterr Mannware/heiß Doctor Mantel/der mich sampt ander zu° Baden innen warde/zu° mir kame/rath unnd trost von mir degerte /da er mit weinen sagte/Ach ich alter Mann/mit vil kleinen Kinden/do ich jhm aber Mattheus Zellen Hauß und Herberge zu° sagte/wie ward sein hertz erfrewet/und seine nieden knye gestrerckt".[25] Zusam-

[20] Wie oben bereits erwähnt, war Katharina Schütz entgegen ihrer eigenen Aussage nicht die erste Pfarrfrau in Straßburg. Sie war aber wohl die erste Tochter aus einer Straßburger Bürgerfamilie, die die Ehe mit einem Pfarrer einging.

[21] Entschuldigung, in: McKee, Katharina Schütz Zell, II, 39–40.

[22] Ein Brieff, in: McKee, Katharina Schütz Zell, II, 231.

[23] Ebd.

[24] A.a.O., 232.

[25] A.a.O., 233.

men mit vier anderen Emigranten verbrachte Mantel den ganzen Winter im Haus des Ehepaars Zell.

Mantel und seine Gesinnungsgenossen bildeten lediglich den Anfang eines regelrechten Stroms von Flüchtlingen, die in Folge der Reformation und vor allem des Bauernkrieges nach Straßburg kamen und Unterkunft suchten. Als Ortsfremde wurden sie von der 1523 nach Vorbild der Nürnberger Ordnung verabschiedeten Almosenordnung Straßburgs nicht unterstützt.[26] 1523 wurde Lukas Hackfurt zum „Schaffner" der Armenfürsorge in Straßburg ernannt. Um die Flüchtlinge zu versorgen, organisierte er zunächst eine private Fürsorge für die „fremden Armen", die um 1525 in einen Unterstützungsfond umgewandelt wurde. Untergebracht wurden die Flüchtlinge in dem von der Stadt übernommenen Franziskanerkloster. Im Zusammenhang mit dieser Maßnahmen übernahm Katharina Schütz Zell sowohl in praktischer als auch finanzieller Hinsicht eine wichtige Funktion:

> „*Wie habe ich im Fünff und zwentzigsten jar/ mir und vil frümmen leüthen/ so grosse arbeit unnd unruhe gemacht/ da nach der Todtschlag der armen Bauren/ so vil ellender/ erschreckter leüth gen Straßburg khamen/ die Meister Lux hackfurt des gemeinen almusen schaffner/ Jch, Alexander Berner, zwo ersamen Witwen/ die krefftinen genant/ inn das Barfu°sser kloster fu°rten/ da es ein grosse menge warde/ ich vil ehrrlicher Leüth Mann und Weib anrichtet/ das sie jhn dienten/ unnd grosse steüren unnd Almosen geben wurden.*"[27]

Ihre führende Rolle bei der Fremdenfürsorge wurde auch von der Stadt anerkannt: Katharina Schütz Zell, Lukas Hackfurt, Alexander Berner und Batholomäus Cun bildeten zusammen die *diaconi exili*.[28] Auch nach dem Tod ihres Mannes im Januar 1548 nahm Katharina Zell diese Pflicht weiterhin wahr. Mehr als zwei Jahre blieb sie im Pfarrhaus und beherbergte weiterhin Flüchtlinge und Arme:

> „*da jch noch zwey jare und elff Wochen nach seinem abscheidt [d.h. dem Tod Matthias Zells]/ im Pfarrhauß bliben/ die verjagten unnd armen auffgenummen/ die kirchen helffen halten/ derselbigen gu°ts getan in meinem kosten on jedermans steür.*'[29]

---

[26] Zur Reform der Straßburger Armenfürsorge siehe Otto Winckelmann, Das Fürsorgewesen der Stadt Strassburg, Leipzig 1922, 2 Bde. (= Quellen und Forschungen zur Reformationsgeschichte V; Neudruck in einem Band: New York/London 1971), I, 75–87. Angeregt von Geiler gab es seitens der Stadt noch vor der Reformation Ansätze zur Reform des Fürsorgewesens, bei denen dessen Organisation aus kirchlicher Verantwortung an die Stadt übertragen wurde (a.a.O., 72–75).

[27] Ein Brieff, in: McKee, Katharina Schütz Zell, II, 233–234.

[28] Siehe McKee, Katharina Schütz Zell, I, 67–68; II, 234, Anm. 238. Vgl. Winckelmann, Fürsorgewesen, I, 99–104 und für Auszüge aus den Registern, II, 242–245.

[29] Ein Brieff, in: McKee, Katharina Schütz Zell, II, 169.

Diese Aufgabe scheint sie jedoch nicht im Auftrag der Stadt versehen zu haben, da diese das Pfarrhaus für Zells Nachfolger in Besitz nehmen wollte.[30] Trotzdem wurde Katharina Schütz Zell noch einige Jahre als Trägerin der Flüchtlings- und Fremdenarbeit betrachtet: Nach dem Tod Lukas Hackfurts im Jahr 1554 wurden ihr die notwendigen Unterlagen und Abrechnungen überlassen.[31] Zwei Jahre später zog Katharina Schütz Zell mit ihrem Neffen ins Blatterhaus und musste feststellen, dass die dortigen Zustände unhaltbar waren. Vom Aufsichtsrat wurde sie beauftragt, Besserungsvorschläge vorzubereiten, die zum Teil auch realisiert wurden.[32] Ihr Engagement und ihre Kenntnisse in diesem Bereich wurden seitens der Stadt gewürdigt und respektiert.

Katharina Schütz Zell verstand ihre diakonische Tätigkeit durchaus als ein das Pfarramt ergänzendes Amt. So erklärte sie bei der Beerdigung Matthias Zells im Januar 1548, dass sie in den 24 Jahren ihrer Ehe stets „sein gehülff/nach meiner maas und vermögen in seinem hauß auch im amt und dienst" gewesen sei.[33] Gegen die Kritik seines ehemaligen Assistenten und späteren Nachfolgers Ludwig Rabus beanspruchte sie für sich, genau so viel für das Evangelium getan zu haben wie mancher Prediger:

> *„ich hab auch (Gott sey lob) vil darinnen geleret/unnd rede vor Gott/das ich mehr arbeit meins Leibs/und Mauls gethan habe/dann kein helffer oder Caplan der Kirchen/gewacht unnd gelauffen/Nacht und Tag/und vil mal zween drey Tag nichts gessen noch geschlaffen/Deshalb mich auch mein frummer Mann (dem es so wolgefallen) nur seinen helffer genant hat/ob ich schon mit uff der Cantzel bin gestanden/dern ich auch zuͦ solchen meinen geschefften nit beduͤrfft hab/sonder mich nach der leer/des heiligen Paulus/der regel der glaubigen Weiber zuͦ seinen zeitten gelebt/und von jhm geliebt worden/gahalten hab [...] niemandt mein hulff unnd beystand in seinen noͤten versaget."*[34]

Die karitative Arbeit war für Katharina Schütz Zell eine wichtige, ihr von Gott anbefohlene Ergänzung der Arbeit ihres Mannes, die ihrer Meinung nach zum Amt der Verkündigung gehörte, auch wenn sie selbst nie predigte. Krankenbesuche waren typische Frauenaufgaben, wie Katharina in einem Brief an Caspar Schwenkfeld ironisch feststellte: „jch bin nuͦn ein armes einiges wib/deren gebuͤret (wie etlich sagen) die kunckel zuͦ spinnen/und kranken zuͦ

---

30 Vgl. McKee, Katharina Schütz Zell, II, 169, Anm. 9.

31 Vgl. a.a.O., 234, Anm. 238.

32 Vgl. McKee, Katharina Schütz Zell, I, 188–193; Winckelmann, Fürsorgewesen, I, 173–176. Für die Briefe sowie die Verbesserungsvorschläge der Katharina Schütz Zell siehe a.a.O., II, 72–77.

33 Katharina Schütz Zell, Klag red und ermahnung Catherina Zellin zum volk bey dem Grab m: Mattheus Zellen (Lament and Exhortation at the Burial of Matthias Zell; hiernach Klag red), in: McKee, Katharina Schütz Zell, II, 73–74.

34 Ein Brieff, in: McKee, Katharina Schütz Zell, II, 231–232.

wartten/etc."[35] Allerdings meinte sie, es ginge bei ihr um etwas anderes, denn anhand dieser Arbeit könne man sehen, „daß jch nit nach der maß eins weibs/sondern nach der eingeschenckten maß/die mir Gott durch seinen geist gegeben hat/treülich und einfaltig gethon habe". Dadurch war sie ihrem Mann „ein trewe hilff in seinem ampt und haußhaltung gewesen bin/zuͦr ehren Christi", hat aber auch „dir/du liebes Straßburg mit allem guten willen" gedient.[36] Daraus wird ersichtlich, dass Katharina Schütz Zell wesentlich mehr getan hat, als lediglich Kranke zu besuchen. Sie verstand ihre karitative Arbeit nicht als private, sondern als öffentliche Tätigkeit, als Beitrag zum Wohl und zum rechten Glauben der Stadt, den sie in göttlichem Auftrag durchführte.

4. Die Leidenden stärken: Seelsorgerin und Pastoraltheologin

Die bewusst theologisch reflektierte Einstellung zu ihren karitativen Aufgaben wird in Katharina Schütz Zells Schriften deutlich. In diesen Abhandlungen ging es ihr darum, die Sorge für die Kranken und Armen in der Gemeinde, die Flüchtlingsarbeit sowie die Leiden, denen sie begegnete, theologisch zu reflektieren. Schon sehr früh – noch vor der „Entschuldigung" ihres Ehemanns – hatte Katharina Schütz Zell eine erste Schrift verfasst, die das wesentliche Verhältnis zwischen Seelsorge, Leiden, Leben im Glauben und Verkündigung zur Sprache brachte. Im Jahr 1524 waren rund einhundertfünfzig aus Speyer emigrierte Männer mit ihrem evangelischen Prediger Jakob Otter aus der Stadt Kenzingen im Breisgau vor den vorrückenden katholischen Soldaten geflohen. Nach der Besetzung der Stadt kamen diese Männer nach Straßburg als nächstgelegener evangelischer Stadt, wo sie auch herzlich aufgenommen wurden.[37] Später berichtete Katharina Schütz Zell, sie habe „auff dieselbig nacht Achtzig im unser Hauß bracht/und vier Wochen lang nie minder dann Fünfftzig oder Sechszig speiset."[38] Die nach Straßburg geflohenen Männer machten sich um die in Kenzingen zurückgebliebenen Frauen und Kinder Sorgen – zu Recht, denn die Frauen wurden tatsächlich von den Besatzungstruppen misshandelt.[39] Zur Unterstützung widmete Katharina Schütz Zell „den leydenden Christglaubigen weyberen der gemein zuͦ Kentzingen minen mitschwestern in Christo Jesu" eine kurze Schrift, um ihnen in ihrer „große quelung/so jr leyden umb Christus willen" zu stärken und sie in diesen schwierigen Zeiten zu ermutigen.

Katharina Schütz Zell bezieht sich auf die biblische Begründung von Qual und Leiden, insbesondere auf die Geschichte Abrahams und die Kreuzigung Jesu. Die Frauen sollten Abraham, der im Glauben bereit war, seinen Sohn zu töten, zum Vorbild nehmen:

---

[35] Brief an Caspar Schwenkfeld, 19. Oktober 1553 (Treatise-Letter 1553), in: McKee, Katharina Schütz Zell, II, 127.

[36] Ein Brieff, in: a.a.O., 169.

[37] Vgl. McKee, Katharina Schütz Zell, I, 56–58; II, 1–2.

[38] Ein Brieff, in: McKee, Katharina Schütz Zell, II, 233.

[39] A.a.O., 2.

„nemen an uch ein maͤnnisch Abrahamisch gemuͤt so jr also in noͤten seint/ in allerley schmach und leydunen/ damit jr werden geschmecht/ eß sey glich mit thürnen/ halßysen/ ertrencken/ verieichen/ unnd was der glichen uch begegnen mag/ io so uch uger mann werden getoͤdt/ unnd jr selb/ so gedencken an den styffen Abraham unser aller vatter. “[40]

Sie sollten sich dessen sicher sein, dass sie durch das Leiden zur Seligkeit gelangten, gemäss dem Wort Christi: „wer mich bekent vor disem Ebrechischen und argen geschlecht/den will ich auch bekennen vor minem vatter und seinen engelen.“[41] Katharina Schütz Zell wusste, dass solche Erfahrungen den Eindruck vermitteln könnten, Gott habe sich aus dem Leben zurückgezogen. Dem gegenüber betonte sie, dass es in Wirklichkeit anders sei: „Sein barmhertzigkeit und gelübt des ewigen frids/werd sich in solichem ungewitter nit von euch scheiden .. Solicher wort sind in gedenck/das er euch nicht verlassen wil/... wie er auch im propheten sagt. Sowenig als die muͦter jrs sugenden kinds mag vergessen so wenig mag ich ewer vergessen.“[42] Im Glauben zu verharren ist „ein seliger kampff“, durch den das Werk Gottes sichtbar wird. Das Leiden – und vor allem der Umgang mit dem Leiden – wird somit zum Zeugnis des Evangeliums für andere:

„gott will euch und ewern nachkommen und uns allen zeigen das jr glauben und er euch lieb hab. [...] Also lieber Christlichen weiber/ kan ich uch jetzund nit baß und mer trösten und ermanen dann dz jr solich leyden mit rechter gedult und geistlicher freüd/ dz dann frucht des geists sind annemen/ damit gott ein ruͦm in uch vor allen beruͦfften die nach nitt so hoch versucht sind haben moͤg. “[43]

Der Brief an die hinterbliebenen Frauen in Kenzingen zeigt die tiefe Überzeugung Katharina Schütz Zells, das ganze Leben sei als Verkündigung Christi zu verstehen. Der Text bezeugt aber gleichzeitig Katharina Schütz Zells Selbstbewusstsein als Interpretin dieser Erfahrung. Ihr geht es nicht nur darum, den Leidenden beizustehen und sie zu ermutigen, ihr Leiden zu ertragen, sondern auch darum, ihnen zu helfen, die furchtbaren Erlebnisse theologisch zu reflektieren und als Bestandteil des christlichen Lebens zu deuten. Nicht nur praktische Unterstützung, sondern auch theologische Reflexion war Bestandteil ihres Dienstes.

Trotz eines 1524 vom Straßburger Rat verhängten Publikationsverbots findet Katharina Schütz Zells besonderes Interesse, den Glauben des „gemeinen Menschen“ zu stärken, in weiteren Schriften Ausdruck. So veröffentlichte sie 1533/34 das böhmische Gesangbuch in deutscher Übersetzung. Diese Samm-

---

[40] Den leydenen Christglaubigen weyberen der gmein zoe Kentzingen (Letter to the Women of Kentzingen); hiernach Den weyberen zu Kentzingen), in: a.a.O., 6.

[41] A.a.O., 7.

[42] A.a.O., 11.

[43] A.a.O., 12.

lung verstand Katharina Schütz Zell als Mittel zur Verbreitung der rechten Lehre und als Anregung zum Gotteslob: „ich hab solchen verstandt der werck Gottes inn diesem Gesangbuoch funden: das ich winsch: das es alle menschen verstyenden: Ja ich muoß es vil meer eine Leer: Gebett und dankbuoch (dann ein gesangbuoch) heyssen: wiewol das wörtlin gsang recht und wol geredt ist: Dann das gröst lob Gottes inn gsang außgesprochen ist worden."[44] Gesang gehört zur Freude des Lebens, aber es sollen statt „so vil schandtlicher Lieder" göttliche Lieder gesungen werden,[45] „darinn sye ermanet werden: erkantnuß jrs heyls zusuochen".[46] Katharina Schütz Zell betont, dass das Singen kein Werk ist, behauptet aber, dass im Gegensatz zum „unverstendigen Chorgesang" oder „thorechte andacht" der römischen Kirche[47] ein evangeliumsgemäßes, aus dem Glauben gesungenes Lied in jeder Lebenssituation helfen kann – und dabei Gott gefallen müsse:

„*Eine arme muoter sogern schlieff: unnd aber zu mitternacht muoß das weynent kindel wagen: jm also ein Lied von götlichen dingen singt: Das heysset und ist das recht kindelwagen (so es geschieht im glauben) das gfellt Gott: und nicht die orgel oder der orgler [...] Der handtwercks gsell ob seiner arbeyt: Die dienstmagt ob jrem schisselweschen: Der acker und rebmann uff seinem acker: und die muoter dem weinenden kind inn der wiegen: sollich Lob: Begett und Leer gseng braucht: Psalmen oder andere jrs gleichen: so es alles gschieht im glauben und erkantnuß Christi: unnd ir gantz leben gottselig anrichten inn aller trew und gedult gegen yederman.*"[48]

Das Gesangbuch beinhaltet keine direkte theologische Reflexion des diakonischen Werks der Katharina Schütz Zell, entstammt jedoch ihrer Überzeugung, dass der Glaube jedes Christen, jeder Christin einen Ausdruck finden und gestärkt werden müsse.

Die wesentliche Verbindung zwischen Glauben und diakonischer Tätigkeit wird in einer 1532 für zwei Frauen in Speyer verfassten Auslegung des Vaterunser deutlich, die Katharina Schütz Zell erst 1559 als Teil der Schrift „Den Psalmen Miserere" veröffentlichte. Hier wird das Thema Trost konkret anhand eines Geburtsgleichnisses gedeutet:

„*[Christus] gibt ein gleichnus des sauren geberens unnd sagt: Ein weib wenn sie gebiert/ hat sie angst unnd traurigkeit/ unnd zeucht das alles auff sein leiden/ darinnen er uns so hart und*

---

44 Christliche und trostliche Lobgesaeng (An Edition of the Bohemian Brethren Hymnbook), in: a.a.O., 59.

45 A.a.O., 60.

46 A.a.O., 62.

47 Ebd.

48 A.a.O., 63.

saurlich geboren hat/ uns erneeret und lebendig gemacht/ getrenckt auf seiner brust und seiten mit wasser und bluͦt/ wie ein muͦter jr kind mit seugen.“[49]

Vaterliebe ist für Katharina Schütz Zell zugleich Mutterliebe, denn „wie er [Gott] selbs im Propheten sagt: sowenig die muͦtter jhrs seügenden kinds vergisst/so wenig mag ich ewer vergessen.“[50] Beim Vaterunser geht es darum, diese Liebe zu erwidern, das heißt, sich stets als Kind Gottes zu wissen und Gott stets gehorsam zu sein. Das Gebet ist gleichzeitig Ausdruck menschlicher Bedürftigkeit: „Wir seind jetzt hungerig an unsern seelen/darumb bitthen wir dich von hertzen/speiß uns onunderlaß unnd onverzug heütt und allezeit/mit deinem hailigen wordt/durch welches wir deinen willen erfaren/zuͦ warer erkantnuß dein unnd des/den du gesandt hast/Jhesum Christum.“[51] Das Wort Gottes bewirkt „ein ehrbar züchtig/redlich leben/gezierdt mit glauben / demuͦt/gedult/künschait/barmmhertzigkait/fride und Gottseligkait“, das „offenbar in dem hauß auffstecken zuͦ einem liecht“[52] werden müsse. Das Wort Gottes ist aber gleichzeitig Fundament der Gemeinschaft des Leibes Christi, ausgedrückt in der Taufe, bei der „wir auch den kelch moͤgen mit Christo trinken und mit ihme getaufft werden im Creutz“[53], sowie in der Nächstenliebe. Gestärkt werden vom Wort Gottes heißt also Gemeinschaft zu erleben, auch im Leiden. In dieser Hinsicht ist gegenseitige Vergebung wichtig – „O du Gott alles guͦten/gib das wir also verzeihen und uns von hertzen verainigen mit unsern widersaͤcheren“[54] – sowie die Kraft, in Zeiten der Armut, Krankheit oder Verfolgung der Versuchung zu widerstehen.[55]

Die Auslegung des Vaterunser wurde mit dem zutiefst pastoraltheologischen Brief an Junker Felix Armbruster 1559 veröffentlicht. Wie oben erwähnt, war Armbruster wegen einer ansteckenden, leprösen Krankheit aus der Stadt ausgewiesen worden. Da Katharina Schütz Zell ihren behinderten Neffen betreute, konnte sie Junker Felix nur selten besuchen. Stattdessen schrieb sie ihm, um ihm auf diesem Wege beizustehen. Solcher Beistand, „das Amt der Sorge und Liebe“ sei jedem Christ und jeder Christin von Gott anbefohlen.[56]

Diese sorgende Gemeinschaft war für Katharina Schütz Zell Ausdruck der Nachfolge Christi. In den 1550er Jahre enthielt ihre Kritik an Ludwig Rabus unter anderem den Vorwurf, er habe die Nächstenliebe verletzt und somit das diakonische Amt der Kirche vernachlässigt. Diesen Vorwurf verbindet sie mit

---

49 Den Psalmen Miserere/[…] bedacht/gebettet/und paraphrasiert von Katharina Zellin […] sampt dem Vatter unser mit seiner Erklaerung (Meditations on Psalms and Lord's Prayer; hiernach Den Psalmen Miserere), in: a.a.O., 343f.

50 A.a.O., 346.

51 A.a.O., 354.

52 A.a.O., 355.

53 A.a.O., 357.

54 A.a.O., 361.

55 A.a.O., 362–363.

56 A.a.O., 312.

einer Auslegung der Sakramentenlehre. In Taufe und Abendmahl erfährt die Gemeinde, was Nachfolge Christi heißt:

„mit dem eusserlichen Tauff und Brotbrechen so die gemein Gottes zůsamen kumpt / alles bezeuget / Da kan man dann dem alten Adam absterben / Teuffel / Weldt und fleisch / widerstandt thůn unnd uberwünden (wie den heiligen unnd gereinigten Kindern Gottes unnnd Jüngeren Christi zůsteth) unnd alß dann auch in das ampt Christi tretten / (nit der erlœsung) sondern der lieb dem næchsten thůn wie Christus uns gethan hatt / wie er an seinem Abendtmal lerte / da kummet dann / das rechte fůß wæschen / viler gůter werck im dienst und lieb der næchsten.“[57]

Die Menschen können am Werk der Erlösung nicht Teil haben,[58] nehmen aber durch die Nächstenliebe an der Berufung und Nachfolge Christi teil. Diese Aufgabe hat Katharina Schütz Zell stets wahrgenommen.

5. Diakonie: Evangelisches Amt im Dienste Gottes

Die Überzeugung der Katharina Schütz Zell, karitative und diakonische Arbeit seien wesentlicher Bestandteil der Verkündigung, ist für die frühe Reformation in Straßburg kennzeichnend. Kirchliches Leben sollte im ganzen Leben verankert sein: „Les strasbourgeois excellaient dans l'art de tirer les conséquences éthiques et de faire les appellations sociales des principes de la réforme.“[59] Auch die Liturgie sei „une culte qui soit engagé dans la vie“ und sollte dies ausdrücken.[60] Besonders der Stadtrat war eher um die ethischen Folgen als um konfessionelle Klarheit der Reformation bemüht und bevorzugte die Ethik vor der Dogmatik.[61] Diese Einstellung begründet und verteidigt Katharina Schütz Zell. Insofern sind ihre karitative Tätigkeit sowie die von ihr mitentwickelten diakonischen Strukturen keine Randerscheinung der Straßburger Reformation, sondern ihr Mittelpunkt. Katharina Schütz Zell hat maßgeblich an diesen Aspekten der Reformation in Straßburg mitgewirkt. Das heißt, sie hat auch zur Entwicklung der protestantischen Diakonie beigetragen, denn die Straßburger Armen-

---

[57] Ein Brieff, in: a.a.O., 254f, 210–213. Katharina Schütz Zell bezieht sich insbesondere auf den Umgang mit Fremden und evangelischen Andersgläubigen (d.h. auch Täufer, Schwenkfelder usw.), die in Straßburg toleriert wurden, obwohl ihr Glaube offiziell verurteilt war. Vgl. Abray, People's Reformation, 174.

[58] „am werck der Erloesung /will gott und Christus/niemandt neben jmm haben/und sin eher keinem anderen/lossen/am dienst der berueffung aber will/er/wie ein grosser kinig/vil knecht und botten haben [...] dorumb er auch die apostel uß geschickt hat zuo predigen/puoß und vergebung der sinden.“ Brieff an Caspar Schwenkfeld, in: McKee, Katharina Schütz Zell, II, 146.

[59] René Bornert, La Réforme protestante du culte à Strasbourg au XVIe siècle (1523–1598). Approche sociologique et interprétation théologique, Leiden 1981 (=Studies in Medieval and Reformation Thought XXVIII), 37.

[60] Ebd.

[61] Abray, People's Reformation, 179–181.

fürsorgeordnung diente als Vorbild für andere reformatorische Ansätze in diesem Bereich.

Ihren pastoralen und diakonischen Dienst hat Katharina Schütz Zell nie als reine Frauenarbeit verstanden, sondern durchaus als öffentliches Amt. Sie war der Meinung, ihr stehe als „Kirchenmutter" dieser Aspekt des kirchlichen Amtes und der Gemeindearbeit zu. Sie fühlte sich nicht nur für konkrete Einzelfälle, sondern auch für Organisation und Planung zuständig. Als „Kirchenmutter" wurde sie zur „Haushälterin" des öffentlichen, kirchlichen Haushaltes.[62] Dabei ist allerdings nicht zu übersehen, dass das Amt der Katharina Schütz Zell doch zutiefst von den Erwartungen an Frauen und den Möglichkeiten für die Frauen ihrer Zeit geprägt war. Als Frau durfte sie nicht predigen, nicht lehren, nicht Theologie studieren. Ihre Schriften – vor allem die Streitschriften – hat sie gegen zum Teil heftige Kritik auch seitens der Mitreformatoren ihres Mannes veröffentlicht: Es wurde ihr eher zugestanden, Erbauliches zu verfassen, als in Streitschriften wie der Entschuldigung reformatorisch mitzuargumentieren. Einer Frau, die den Dienst der Verkündigung ernst nehmen wollte, blieb keine andere Möglichkeit, als ihn in Gestalt einer diakonischen, erbaulichen, karitativen Tätigkeit auszuüben. Viele reformatorisch denkende Frauen haben ähnliche Wege gewählt.[63] Doch nur wenige konnten diesen Weg inhaltlich so kompetent füllen und reflektieren wie Katharina Schütz Zell: als Diakonin, als Seelsorgerin und als Theologin der Diakonie.

---

62 Für die Stadt als ausgedehnten, öffentlichen Haushalt vgl. Jancke, Kirche als Haushalt.

63 Hier wäre auf Ursula von Münsterberg hinzuweisen, die sich ebenso mit der Frage auseinandergesetzt hat, wie sie als Frau das Wort Gottes verkündigen könne. Vgl. „Christlich vrsach des verlassenen Klosters zuo Freyberg" in: Merry Wiesner-Hanks (Hrsg./Übers.), Convents Confront the Reformation. Catholic and Protestant Nuns in Germany, Milwaukee 1996, 40–63.

IRINA BOSSART

Wibrandis Rosenblatt (1504–1564) – „euer Diener im Herrn" oder: Das Wort gewinnt Gestalt im Tun

Porträt der Wibrandis Rosenblatt.

In der Wochenendausgabe der Neuen Zürcher Zeitung vom 17./18. Juli 2004 erschien ein umfangreicher Artikel zum 500. Geburtstag des Theologen und Zwinglinachfolgers Heinrich Bullinger (1504–1575): „Ein Leben für die Reformation".[1] Darin wird der außerordentlichen Leistungen des „begnadete[n] Bewahrer[s] und Erneuerer[s] der Zürcher Reformation" gedacht, sein vielseitiges Engagement nachgezeichnet und sein Verdienst für den „gesamten reformierten Protestantismus" gewürdigt. Der Beitrag schließt mit der Feststellung: „Gründe gibt es also genug, dieses hervorragenden Reformators zu gedenken."

In dasselbe Jahr fiel auch der 500. Geburtstag von Wibrandis Rosenblatt, der „Frau der Reformatoren".[2] Der Verein Frauenstadtrundgang Basel wollte diesen ins Gedächtnis rufen und beschloss, in Zusammenarbeit mit der Evangelisch-reformierten Kirche Basel-Stadt eine entsprechende Feier zu organisieren,[3] auch im Sinn eines kleinen Kontrapunkts zu den großen Bullinger-Feierlichkeiten in Zürich.[4] Allerdings stellte sich die Frage: Weshalb ist der Geburtstag von Wibrandis Rosenblatt erinnerungswürdig? War sie nicht einfach die Frau an der Seite berühmter Männer, die darüber hinaus noch einen wohl-

---

1 Emidio Campi, Ein Leben für die Reformation. Zum 500. Geburtstag des Theologen Heinrich Bullinger, in: NZZ Nr. 164 vom 17./18. Juli 2004, 59f.

2 Susanna Burghartz, Wibrandis Rosenblatt – Die Frau der Reformatoren, in: Theologische Zeitschrift – Basel 60. 2004, 337–349.

3 Sie fand am 19. August 2004 in der Martinskirche in Basel statt. Höhepunkte waren der Vortrag von Prof. Dr. Susanna Burghartz (Uni Basel) und die Enthüllung einer Gedenktafel zu Ehren von Wibrandis Rosenblatt am Pfarrhaus der Martinskirche, einer früheren Wirkungsstätte Rosenblatts.

4 Während des Bullinger-Jahrs fanden u.a. ein Internationaler Kongress, ein offizieller Festakt mit einer Ansprache eines Schweizer Bundesrats, Ausstellungen im Grossmünster Zürich und in der Zentralbibliothek Zürich, Bullinger-Leseabende und Stadtführungen im Geburtsort Bremgarten (Kanton Aargau) statt.

klingenden Namen hatte? Für Wibrandis Rosenblatt hatte schon früh eine Erinnerungskultur eingesetzt, und ihr Name war innerhalb der Basler Historiographie stets präsent geblieben. So nennt zum Beispiel die 1624 erschienene „Kurtze Baßler Chronick“ in ihrem Bericht über das große Sterben des Jahres 1564 neben Pfarrern, Juristen, Ärzten und Druckerherren, die der Pestseuche zum Opfer fielen, namentlich auch: „Fraw Wiprand Rosenblat / Herren Joh. Oecolampadii, Wolfgangi Capitonis vnd Martini Buceri seligen / Witwe“.

1. Perspektivenwechsel

Wibrandis Rosenblatt, Pfarrfrau der ersten Stunde, viermal verheiratet, elffache Mutter, wohnhaft in Basel, Strassburg und Cambridge, hinterließ außer ein paar wenigen Briefen keine schriftlichen Zeugnisse. Anders als Katharina Schütz Zell oder Argula von Grumbach[5], mischte sie sich nicht öffentlich mit eigenen theologischen Stellungnahmen in die reformatorische Debatte ein. Was wir über Wibrandis Rosenblatt wissen, stammt größtenteils aus der Feder von Männern ihres Umfelds. Historiographisch gesehen kommt hinzu, dass aus dem Quellenstudium im Großen und Ganzen das Fazit resultiert: „Der Beitrag Wibrandis Rosenblatts zur Reformation lag wie der Katharina von Boras eher im häuslich-familiären Bereich.“[6] Oder: „Und wenn Wibrandis auch nicht ‚im Weinberg des Herrn‘ tätig gewesen ist, so doch auf den Rebäckern der Oekolampad draussen auf dem Gellert und vor dem Steinentor“ in Basel.[7]

Angesichts dieser Ausgangslage drängt sich ein mehrfacher Perspektivenwechsel auf. Zunächst müssen die vorliegenden Quellen neu, gewissermaßen „gegen den Strich“ gelesen werden, mit dem Ziel, wenn auch nicht neue oder bisher unberücksichtigte Fakten zu entdecken, so doch Akzentverschiebungen vorzunehmen. Zweitens gilt es, biographische Daten wie zum Beispiel Wibrandis’ Priesterehen im Licht der neueren frauengeschichtlich orientierten Reformationsforschung zu betrachten und das Paradigma von der Reformationsgeschichte als der Geschichte großer Männer-Theologen durch ein Paradigma „gelebter Theologie“ zu ersetzen oder zumindest relativierend zu ergänzen. In diesem Sinn schreibt die Historikerin Susanna Burghartz: Wibrandis Rosenblatt „ist nicht mit theologischen Programmen und Lehrmeinungen hervorgetreten. Stattdessen hat sie über ihre Handlungen, ihre Praxis, wie wir heute sagen, intensiv an den Auseinandersetzungen und Debatten ihrer Zeit teilgenommen. Sie hat als Ehefrau von drei führenden Reformatoren zusammen mit anderen Priesterfrauen der ersten Generation [...] einen neuen Rollentyp entwickelt: die re-

---

5 Zu Argula von Grumbach vgl. Roland H. Bainton, Frauen der Reformation. Von Katharina von Bora bis Anna Zwingli. 10 Porträts, Gütersloh ²1996, 103–119.

6 Roland H. Bainton, Wibrandis Rosenblatt, in: ders. Frauen der Reformation, 84–102: 84.

7 René Teuteberg, Wibrandis Rosenblatt, in: Der Reformation verpflichtet. Gestalten und Gestalter in Stadt und Landschaft Basel aus fünf Jahrhunderten, hrsg. vom Kirchenrat der Evangelisch-reformierten Kirche Basel-Stadt, Basel 1979, 39–42: 41. Vgl. auch Maria Heinsius, Wibrandis Rosenblatt, in: Das unüberwindliche Wort. Frauen der Reformationszeit, München 1951, 68–95: 68, 95.

formierte Pfarrfrau und damit aufs engste verknüpft das reformierte Pfarrhaus." Und: „Wenn sich also Wibrandis Rosenblatt 1528 auf die Eheschliessung mit Johannes Oekolampad eingelassen hatte, so wusste sie mit Sicherheit von der öffentlichen Aufmerksamkeit für diesen Schritt. Sie legte damit ganz bewusst ein Bekenntnis zum reformatorischen Glauben, seiner neuen Geschlechteranthropologie und Ehelehre ab, aber auch zum neuen Verständnis von Priesteramt und Gemeinde und den Aufgaben, die daraus für die Pfarrfrau und die Pfarrfamilie resultierten."[8] Drittens bedarf es auch einer „Um-Wertung" bestimmter Werte mit einer entsprechenden Evaluierung ihres Gehalts. Wenn im Hinblick auf Wibrandis Rosenblatt von ihrem „dienstwilligen Charakter" die Rede ist,[9] klingt das in heutigen Ohren anders als zur Zeit der Reformation; und noch einmal anders erscheint ihr Dienen im Licht der Bibel.

2. Diakonie: „Das Herz des Christentums"[10]

Das Matthäusevangelium überliefert im 20. Kapitel folgende Jesusworte: Wenn jemand unter euch groß sein will, der sei euer Diener [griech. diakonos], und wer unter euch der Erste sein will, der sei euer Knecht, so wie der Menschensohn nicht gekommen ist, dass er sich dienen [griech. diakonäsai] lasse, sondern dass er diene und gebe sein Leben zu einer Erlösung für viele. (Mt 20,26b–28) Gemäss dieser Selbstaussage steht das Dienen im Zentrum der „Sendung Jesu". Es ist Programm und Ziel des Lebens Jesu. Entsprechend sagt Jesus im Lukasevangelium von sich selbst: Ich aber bin unter euch wie ein Diener [griech. diakonon]. (Lk 22,27b) Der Kirchenhistoriker Paolo Ricca sieht im Dienen nicht nur einen Teil des Vorhabens Jesu, „sondern das Vorhaben selbst".[11] „Diakonie ist der Inbegriff, die ganze Substanz des Lebens Christi. [...] Diakon ist der einzige Titel, den sich Jesus zweifelsohne selbst gegeben hat. [...] Das ist wichtig, um die Identität Jesu zu begreifen. Wenn man die Identität Jesu versteht, dann kann man auch die Identität des Christseins, die Identität der Kirche verstehen."[12] Ricca sieht die Diakonie als „Herz des Christentums" an; er bezeichnet sie als „die grosse Sache Gottes auf Erden", und – für unseren Zusammenhang besonders instruktiv – er qualifiziert sie als eine Haltung: „Diakonie ist darum in erster Linie nicht ein Tun, sondern ein Sein." Für Jesus bedeutete das Evangelium, so Ricca, zweierlei, nämlich Wort und Tat; es bestehe „im Tun des Wortes und im Reden der Taten".[13] Mit diesem Ansatz einer jesuanischen Auffassung von Diakonie lässt sich zum einen – im Vergleich zum

---

8 Burghartz, Rosenblatt, 338, 341.

9 Bainton, Wibrandis, 91.

10 Vgl. den gleichnamigen Artikel von Paolo Ricca, in: Annex. Die Beilage zur Reformierten Presse Nr. 39/2001: 3–6. Ricca ist Professor für Kirchengeschichte an der Facoltà Valdese di Teologia in Rom.

11 A.a.O., 3.

12 Ebd.

13 A.a.O., 3f.

Lutherischen – noch ein „Kanon im Kanon“[14] gewinnen; anderseits ergibt sich daraus auch ein hermeneutischer Schlüssel, um das Wirken von Wibrandis Rosenblatt adäquater zu erfassen und um neue Akzente in der Historiographie zu setzen.

3. Eine Ehefrau wie ein Phönix

Wibrandis Rosenblatt kam im Jahr 1504 als Tochter der Magdalena Strub und des Hans Rosenblatt im damals vorderösterreichischen Städtchen Säckingen zur Welt.[15] Ihren Vornamen erhielt sie nach einer zu jener Zeit protegierten Lokalheiligen namens Wibrandis von Eichsel, einer Frau Gottes aus dem Kreis der sagenumwobenen 11 000 Jungfrauen.[16] Der Vorname bedeutet „Kampfschwert“;[17] der Familienname leitet sich wahrscheinlich vom Wohnsitz der Familie, einem Haus „zum Rosenblatt“ ab. Von Hans Rosenblatt ist wenig überliefert. Für das Jahr 1510 ist er als Schultheiß[18] von Säckingen bezeugt. Die Mutter stammte aus einem im Gerbergewerbe tätigen Basler Geschlecht, von dem mehrere Familienmitglieder im Basler Rat saßen. Magdalena Rosenblatt kehrte mit ihren Kindern Wibrandis und Adelbert zu einem nicht näher bekannten Zeitpunkt nach Basel zurück, wohl weil ihr Ehemann infolge seines Engagements in kaiserlichen Diensten mehrheitlich abwesend war. Über die Kindheit und Jugend von Wibrandis ist nichts bekannt. 1524 heiratete Wibrandis den an der Universität ausgebildeten Magister der freien Künste Ludwig Keller. Im Jahr darauf gebar sie ihre erste Tochter; diese wurde auf den Namen Wibrandis getauft. Die erste Ehe währte nur kurz, denn bereits am 25. Juli 1526 starb Keller. Die junge Witwe kehrte ins mütterliche Haus zurück. Ein halbes Jahr später, im Januar 1527, erwog der Basler Reformator Johannes Oekolampad erstmals für sich eine Verehelichung. Offenbar hatte seine Magd das Ge-

---

14 Martin Luther betrachtete die Botschaft von Christus als Kernstück der Bibel („solus Christus“). Als „Kanon im Kanon“ oder inneres Kriterium galt ihm demnach „Was Christum treibet“.

15 Zur Biographie von Wibrandis Rosenblatt vgl. Ernst Staehelin, Frau Wibrandis. Eine Gestalt aus den Kämpfen der Reformationszeit, Bern/Leipzig 1934; ders., Wibrandis Rosenblatt, SA aus: Zeitwende. Die neue Furche, 26. H.6, Hamburg 1955; Heinsius, Rosenblatt; Alice Zimmerli-Witschi, Frauen in der Reformationszeit, Diss., Zürich 1981, 111–123; Roland H. Bainton, Rosenblatt.

16 Um der Wallfahrt zu den heiligen drei Jungfrauen Kunegundis, Mechtundis und Wibrandis in Eichsel auf dem Dinkelberg bei Rheinfelden einen neuen Impuls zu geben, wurden am 16. Juni 1504 auf Betreiben örtlicher Würdenträger die Gebeine der Jungfrauen vom päpstlichen Kardinallegaten Raymundus Peraudi, der sich damals in Basel aufhielt, feierlich auf den Altar erhoben und damit ihre seit dem 13. Jahrhundert bezeugte Verehrung kirchlich approbiert. Vgl. Staehelin, Frau Wibrandis, 9f; vgl. auch ders., Erhebung der Gebeine der heiligen Christina (Chrischona) zu offizieller Verehrung, in: Das Buch der Basler Reformation, Basel 1929, 5–8.

17 Von viga = Kampf und branda = Schwert, vgl. Staehelin, Frau Wibrandis, 9.

18 Schultheiß ist die Bezeichnung für einen Vorsteher einer städtischen oder dörflichen Gemeinde, betraut mit der niederen Gerichtsbarkeit.

rücht verbreitet, dass er in den Ehestand treten werde, obwohl er nach eigenen Angaben solches nicht im Sinn gehabt hatte.[19] Oekolampad kam gewissermaßen in Zugzwang. Er schrieb seinem Kollegen Wolfgang Capito nach Straßburg: „Entweder werde ich eine christliche Schwester suchen, das heisst einen Phönix, oder ich werde ehelos bleiben, wenn nur der Herr es möchte. Jener Vogel ist selten und daher wenigen bekannt, und es kann geschehen, dass in mein Netz ein anderer [Vogel] fliegt, als ich wollte."[20] Dass der Basler Reformator hier auf den Phönix rekurriert, ist vielsagend. Dieser mythische Vogel erscheint in der frühchristlichen Literatur als Symbol für die Auferstehung. Im Mittelalter fand dann mit der Veränderung der Christusvorstellung – „aus dem ‚Herrn der Herren' wird immer mehr der leidende und sich für die Welt hingebende Christus" – auch in der Phönixsymbolik eine Bedeutungsverschiebung statt; sie lebte fortan „immer mehr aus dem sich hinschenkenden Tun des Symbolvogels".[21] Der humanistisch gebildete Oekolampad wünschte sich demnach eine Frau, die ebenso wie er in der Nachfolge Christi stand: Sich aufopfernd in einem Dasein für Andere. Im Februar 1528 war seine Mutter Anna Oekolampad-Pfister, die ihm zuletzt den Haushalt geführt hatte, gestorben. Mitte März[22] heiratete dann der 45jährige Oekolampad die 20 Jahre jüngere Wibrandis Rosenblatt. Oekolampad teilte dies seinem Kollegen Huldrych Zwingli in Zürich mit und bemerkte überdies, dass es in der Familie seiner Frau sowohl Feinde als auch Freunde des Evangeliums gebe.[23] An Wilhelm Farel, der zu jener Zeit in Aigle wirkte, schrieb er, „[...] dass mir der Herr für meine verstorbene Mutter eine Schwester [und] Ehefrau gegeben hat, eine rechte Christin [...] und eine, die seit einigen Jahren Erfahrung gewonnen hat mit dem Kreuz".[24] In einem andern Brief an Farel urteilte er über seine junge Frau: „Sie ist in Christus einigermassen gründlich unterrichtet und besorgt den Haushalt eifrig; genau wie ich

---

19 Ernst Staehelin, Briefe und Akten zum Leben Oekolampads, 2: 1527–1593 (Quellen und Forschungen zur Reformationsgeschichte XIX), Leipzig 1934, Dokument Nr. 457: Brief vom 29. Januar 1527, 6–7: 7.

20 A.a.O., 7: „Vel Christianam sororem, hoc est phoenicem, quaeram, vel coelebs, modo velit Dominus, manebo." Für die hilfreiche Unterstützung bei der Übersetzung der lateinischen Zitate danke ich Frau Dr. Marina Coray.

21 Dorothea Forstner/Renate Becker, Neues Lexikon christlicher Symbole, Innsbruck/Wien 1991, 242.

22 Zum Datum der Hochzeit vgl. Staehelin, Akten, Dokument Nr. 553, 144.

23 Zit. n. Staehelin, Frau Wibrandis, 13.

24 Staehelin, Akten, Dokument Nr. 559: Brief vom 22. März 1528, 162: „Dominum mihi pro defuncta matre sororem uxorem dedisse, satis Christianam [...] et expertam crucem aliquot annis". – Das Tragen des Kreuzes war (auch) damals keineswegs etwas Frauenspezifisches, sondern es gehörte zu einer christlichen Existenz. Das kommt im folgenden Brief von Martin Bucer an Wibrandis Rosenblatt anschaulich zum Ausdruck; Bucer schrieb den Brief (im August 1549) im englischen Exil aus einem Gefühl des Heimwehs: „Das Kreuz müssen wir tragen, wir haben es verschuldet. Es ist auch wahrlich nicht ein kleines Kreuz, der so lieben Kirchen, Schulen, Kinder, Freunde und seiner eigenen Hausgenossin beraubt [zu] sein." Zit. n. Bainton, 97.

es gewünscht habe."[25] Ein Jahr nach der Eheschließung berichtete er übereinstimmend an Capito in Straßburg: „Sie ist die Frau, wie ich sie mir immer gewünscht habe, und ich wollte keine andere."[26] Der Reformator schrieb diesen Satz rund einen Monat nach dem Basler Bildersturm und vierzehn Tage vor der Einsetzung der Reformationsordnung; Letztere bedeutete die politisch-obrigkeitliche Legitimation der Neuerungen.[27] In turbulenter Zeit hatte Oekolampad also den gesuchten Phönix gefunden. Das neu verheiratete Paar hatte nicht nur unter den politisch-religiösen Unruhen zu leiden, sondern auch hämischen Spott zu erdulden, sind doch von Bonifatius Amerbach oder auch von Erasmus von Rotterdam entsprechende Äußerungen überliefert.[28] Die Gründe dafür lagen zum einen darin, dass eine Priesterehe immer noch sehr provokativ wirkte. Zum andern war es der große Altersunterschied; seit dem Spätmittelalter war das Motiv des „ungleichen Paares" ein häufig karikiertes Sujet.[29]

4. Die Ehe als relationale Diakonie

Die Reformation etablierte eine neue Geschlechterordnung. Sie beruhte auf der Vorstellung, dass die Geschlechtlichkeit wesenhaft zum Menschen gehört. Gott habe den Menschen als Frau und als Mann geschaffen, damit sie sich miteinander verbinden und Kinder in die Welt setzen.[30] Die Ehe wurde zur primären, von Gott geschaffenen gesellschaftlichen Ordnung.[31] Die Kinderpflege oblag nach Luthers Auffassung beiden Ehepartnern. Zudem sollten sich die Eheleute „lieb haben" und aufeinander achtgeben/füreinander sorgen.[32] Luther nahm Mann und Frau zu gleichen Teilen in die Pflicht und übertrug ihnen dieselben Rechte und Aufgaben. Er lässt einen christlich gesinnten Mann angesichts des

---

25 A.a.O., Dokument Nr. 576: Brief vom 11. Mai 1528, 183: „ Christum aliquantulum edocta est et rem domesticam sedulo curat, qualem scilicet optavi."

26 A.a.O., Dokument Nr. 639: Brief vom 6. März 1529, 286: „Uxor ea est, qualem sempor optavi neque aliam vellem."

27 Der Basler Bildersturm fand am 9. Februar 1529 statt; die Reformationsordnung wurde am 1. April 1529 eingesetzt.

28 Vgl. Bonifatius Amerbach: „Unlängst hat Oekolampad eine Ehefrau heimgeführt. Ein Mann in schon vorgerücktem Alter, mit zitterndem Haupt, mager und erschöpft am ganzen Körper wie ein lebender Leichnam – soll man das nicht töricht nennen!?" Zit. n. Burghartz, Rosenblatt, 340. Vgl. auch Staehelin, Akten, Dokument Nr. 554, 144.

29 Burghartz, Rosenblatt, 340.

30 Martin Luther, Vom ehelichen Leben (1522), hrsg. von Dagmar C.G. Lorenz, Stuttgart, 1994, 14 und 34. Vgl. auch 41: „Das Allerbest aber im ehlichen Leben, um welchs willen auch alles zu leiden und zu tun wäre, ist, dass Gott Frucht gibt und befiehlt aufzuziehen zu Gottes Dienst, das ist auf Erden das alleredelst, teuerst Werk, weil Gott nichts Liebers geschehen mag denn Seelen erlösen."

31 Burghartz, Rosenblatt, 342, sowie Gerta Scharffenorth, „Im Geiste Freunde werden". Mann und Frau im Glauben Martin Luthers, in: Wandel der Geschlechterbeziehungen zu Beginn der Neuzeit, hrsg. von Heide Wunder und Christina Vanja, Frankfurt/M. 1991, 97–108: 105f. Vgl. auch Luther, Vom ehelichen Leben, 37.

32 Luther, Vom ehelichen Leben, 39.

ehelichen Lebens mit seinen Aufgaben, insbesondere der Kinderpflege, sagen: „Ach Gott [...], so weiss ich auch gewiss, dass dir's aufs allerbeste gefället, und bekenne dir, dass ich nicht würdig bin, dass ich das Kindlein wiegen solle, noch seine Windel waschen, noch sein oder seiner Mutter warten. Wie bin ich in die Würdigkeit ohn Verdienst gekommen, dass ich deiner Kreatur und deinem liebsten Willen zu dienen gewiss geworden bin?"[33] Eine Ausnahme bildete die im ersten Buch Mose verordnete Gehorsamspflicht der Frau.[34] Allerdings wird dieses Herrschaftsverhältnis durch die Taufe relativiert, denn das Sakrament bewirkt, dass Frau und Mann „viel näher im Geist Freunde[35] werden denn durch äusserliche Gevatterschaft."[36] Luther bewertete also die geistig-geistliche Verwandtschaft, gestiftet durch den gemeinsamen Glauben, höher als die familiär-weltliche Verwandtschaft. Die Taufe erinnert zudem daran, dass Mann und Frau in der Schöpfungsordnung Gottes gleichwertig sind, „ein göttlich gut Werk".[37] Das Gute des ehelichen Lebens bilanzierend, schrieb Luther in einem kühnen Satz, dass der eheliche Stand „mit allen seinen Werken" Gott gefalle, „der sie also verordnet hat und unser damit pflegt als eine Mutter in aller Güte."[38] Die Ehe als gutes Werk Gottes erscheint als ein relationales Dasein für Andere, sei es in Bezug auf die Sorge für das Wohl des Ehepartners oder im sich Kümmern um die Kinder. Dennoch hatten Frau und Mann auch unterschiedliche Aufgaben und Zuständigkeiten, sie waren sowohl ein Ehe- als auch ein Arbeitspaar.[39]

In diesem neuen Kontext von Geschlechteranthropologie und Eheverständnis kam der Priesterehe eine Signal- und Vorbildfunktion zu. Außerdem konnte sie exemplarisch zeigen, dass es nicht mehr um die bisherige Ungleichheit zwischen Klerus und Laienstand ging, bei der ein Stand gegenüber dem Rest der Gesellschaft als besonders gottgefällig galt, sondern dass die reformatorische Bewegung die Heiligung der gesamten Lebensführung im Sinn hatte.[40]

Oekolampads Rede über seine Frau Wibrandis Rosenblatt erhellt sich im Licht des anthropologischen und theologischen Diskurses seiner Zeit. Luthers Schriften wurden in Basel gedruckt, so auch seine Schrift „Vom ehelichen Leben": Sie erschien 1522 auf Deutsch in der Offizin von Adam Petri.[41] Es ist gut

---

33 A.a.O., 35.

34 Ebd.

35 Freundschaft steht bei Luther häufig in der Bedeutung von „Verwandtschaft".

36 Zit. n. Scharffenorth, Freunde, 107. Vgl. auch Luther, Vom ehelichen Leben, 20f, wo es um päpstliche Ehehindernisse und deren Widerlegung durch Luther geht.

37 Luther, Vom ehelichen Leben, 14.

38 A.a.O., 38.

39 Vgl. Heide Wunder, „Er ist die Sonn', sie ist der Mond." Frauen in der Frühen Neuzeit, München 1992, 98 und 102–117.

40 A.a.O., 66.

41 Martinus Luther, Vom Eelichen Leben: Da zu dz er auch ytzt newlich gemacht hat, welche person verpotten syen zu eelichen früntschafft und mogschafft halb: Lev. 18, [Basel], [Adam Petri] 1522.

möglich, dass auch Wibrandis Rosenblatt den Inhalt von Luthers Eheschrift kannte. Sie hätte darin im Elternamt einen guten Dienst erkennen, ja Gott selbst als „diakonisch" erfahren können, nämlich in dem Sinn, dass Gott für die Menschen sorgt wie eine gütige Mutter.

Wibrandis Rosenblatt brachte kurz nacheinander die drei Kinder Eusebius (1528; der Name bedeutet griech. „fromm"), Irene (1530, griech. „Friede") und Aletheia (1531, griech. „Wahrheit") zur Welt. Die junge Pfarrfrau wuchs bald in das Beziehungsnetz ihres Ehemannes hinein; sie tauschte Grüße mit Anna Zwingli, Agnes Capito und Elisabeth Bucer aus. Aber auch Johannes Oekolampad profitierte von den Familienbanden seiner Frau. Anfang Januar 1530 wurde er zusammen mit seinem Sohn in die Gartnernzunft aufgenommen, deren Mitglied bereits Wibrandis' Großvater gewesen war; damit war Oekolampad nun auch Bürger von Basel. Im Pfarrhaus – die Familie hatte inzwischen von St. Martin ans Münster gewechselt – herrschte ein reger Besucherbetrieb: Zwingli war zu Gast sowie Capito, Bucer, Servet oder Angehörige der Waldenserkirche. Im Herbst 1531 erkrankte Oekolampad schwer und starb schon kurze Zeit später am 23. November. Wenig vorher war auch Wolfgang Capitos Frau Agnes Röttel gestorben. Nun fädelten befreundete Kollegen von Capito, allen voran Martin Bucer, eine neue Ehe zwischen dem verwitweten Reformator und der verwitweten Reformatorengattin ein. Mit diesem Anliegen schrieb Bucer am 19. Januar 1532 an Ambrosius Blarer nach Esslingen, dass eine solche Verbindung sehr passend und zugleich fromm wäre, weil dadurch für die Witwe und die Waisen gesorgt wäre. „Ausserdem ist diese so sehr von sanfter, bescheidener und zum Dienen geeigneter Veranlagung, dass ich sicher weiss, dass sie so diensteifrig wie möglich sein wird."[42] Die vermittelte Ehe kam schließlich am 11. April 1532 zustande. Wibrandis Rosenblatt zog mit ihren vier Kindern und mit ihrer Mutter Magdalena Strub ins Pfarrhaus von Jung-St. Peter nach Straßburg und blieb damit ihrer Lebensform als Pfarrfrau treu. Wolfgang Capito ergänzte nicht allein die neue Familie, sondern ihn begleiteten sechs Kinder aus erster Ehe. Rosenblatt regelte zunächst Capitos Finanzhaushalt, denn er war aufgrund unsicherer Bürgschaften in Schulden geraten. In den folgenden Jahren kamen weitere Kinder auf die Welt: Agnes (1533), Dorothea (1535), Johann Simon (1537), Wolfgang Christoph (1538) und Irene (1541), die den Namen ihrer inzwischen verstorbenen Halbschwester erhalten hatte. Als Paten für die Kinder konnten unter anderen Katharina Schütz Zell, Martin Bucer und der Basler Professor Simon Grynaeus gewonnen werden.

Das Geburtsjahr 1541 des jüngsten Kindes Irene war ereignisreich: Die älteste, nach der Mutter benannte Tochter Wibrandis Keller heiratete den Straßburger Hans Jeliger. Zudem wütete eine verheerende Pestepidemie in der Stadt. Sie forderte auch in der Familie Capito-Rosenblatt vier Opfer: Eusebius, Dorothea, Wolfgang Christoph und Anfang November auch den Familienvater selbst. Nur einen Tag nach Capitos Tod wurde auch Elisabeth Silbereisen, ehemalige Non-

---

[42] Staehelin, Akten, Dokument Nr. 965, 723.

ne und seit 1522 Ehefrau von Martin Bucer, dahingerafft. Einem Brief von Martin Bucer an Ambrosius Blarer zufolge hatte die sterbende Elisabeth, der Capitos Tod zu Ohren gekommen war, ihren Mann gebeten, an dessen Stelle zu treten. Und sie hatte Wibrandis Rosenblatt rufen lassen, um auch sie zu bitten, ihren Mann zu heiraten.[43] Elisabeths Bitte erfüllte sich ein knappes halbes Jahr später: Am 16. April 1542 verbanden sich die Familien Capito-Rosenblatt und Bucer-Silbereisen, indem Wibrandis und Martin heirateten. Wibrandis Rosenblatt wechselte mit ihren Kindern ins Pfarrhaus von St. Thomas. Sie wurde nun auch Mutter für den behinderten Nathanael, den einzigen Sohn, der Bucer von seinen ehemals zehn Kindern übriggeblieben war. Neben Wibrandis' Mutter, die wiederum mitgekommen war, gehörten zum Haushalt zeitweilig auch Bucers Vater und dessen zweite Frau. Bucer schrieb zwei Monate nach der Hochzeit an Ambrosius Blarer: „Meine Hochzeit ist vollzogen und ich habe Angst um mich angesichts der zu grossen Nachgiebigkeit [‚obsequio'] der besten Frau. Meine frühere war freier im Mahnen, und jetzt empfinde ich deren Freimütigkeit nicht als Nützlichkeit, sondern als Notwendigkeit. Ich könnte wohl nichts vermissen an dieser meiner [jetzigen Frau] ausser dass ihr Bemühen [‚studium'] um mich und ihre Nachgiebigkeit [‚obsequium'] mir gegenüber übergross sind."[44] Und zwei Monate später schrieb er in einem weiteren Brief an Blarer: „Gewiss ist es der Herr, der mir diese Hilfe in [meinen] Sorgen und Arbeiten geschenkt hat; er gebe, dass ich Ihm ebenso gehorche und dienstbar sein werde, wie sie mir ohne Zweifel dienstbar und willfährig sein wird."[45]

Nicht einmal ein Jahr nach der Hochzeit reiste Bucer für mehrere Monate nach Köln, wo er dem evangelisch gesinnten Erzbischof bei der Reformation seines Fürstentums behilflich sein sollte. Unterdessen kam ein Sohn auf die Welt: Martin (1543); später folgte noch Elisabeth (1545). Zudem hatte Wibrandis die jüngste Tochter ihres verstorbenen Bruders Adelberg, Margaretha Rosenblatt, in ihr Haus aufgenommen. Wibrandis Rosenblatt kümmerte sich aber nicht nur um die eigene Familie, sondern als Pfarrfrau und Reformatorengattin oblag ihr auch die Sorge für Gäste, Glaubensflüchtlinge und Bedürftige aus der Gemeinde.

---

[43] Staehelin, Akten, Dokument Nr. 989: Brief vom 6. April 1542 von Martin Bucer an Ambrosius Blarer, 785.

[44] Staehelin, Akten, Dokument Nr. 989: Brief vom 19. Juni 1542, 786: „Nuptiae meae confectae sunt, et metuo mihi a nimio obsequio optimae matronae. Mea prior liberior fuit monendo, et nunc sentio eius libertatem non utilitatem, sed necessitatem. Nihil possim praeter nimium studium mei et obsequium in mea hac desyderare."

[45] Staehelin, Akten, Dokument Nr. 989: Brief von Anfang Juli 1542, 786: „Certe Dominus mihi praestans sublevamen hic dedit curarum et laborum; ipse donet, ut ita sibi optemperem et inserviam, quam non dubito ipsam inservituram et morigeram fore mihi." Im Zitat, das sprachlich nicht ganz korrekt ist, spiegelt sich die Hierarchie von 1Kor 11,3.

5. Das Pfarrfrauen-Amt: Dasein für Andere und Verkündigung durch die Tat

Die Pfarrfrau als neue „Institution“ war unabdingbarer Teil des Pfarr-„Amtes“. „Das ‚Amt‘ des Pfarrers und das ‚Amt‘ der Pfarrfrau waren aufeinander bezogen“.[46] Diese Verknüpfung entsprach dem während der Reformation neu definierten Verhältnis von Mann und Frau, von „Hausmutter“ und „Hausvater“.[47] Die Verbindung Pfarrer und Pfarrfrau überbot die allgemeine häusliche Konstellation jedoch darin, als sie nach außen zu wirken hatte und die Ansprüche dementsprechend hoch waren. Die Pfarrehe sollte bezüglich Partnerschaft, Hauswirtschaft, Kindererziehung und vor allem bezüglich einer christlichen Lebenspraxis möglichst das Idealbild verkörpern und es im Alltag exemplarisch umsetzen. Letzteres beinhaltete auch den Dienst an Armen und Kranken; dieser oblag wie auch die „geistlich[e] Anleitung der Pfarrfamilie im weitesten Sinne“ der Pfarrfrau.[48] Etwas von diesem anspruchsvollen Programm bringt Martin Bucer in einer Würdigung zum Ausdruck, die er nach dem Tod seiner ersten Frau Elisabeth Silbereisen zu Papier gebracht hatte: „Der liebe Gott hat mir zuvor ein Gemahl gegeben bis ins 20. Jahr [d.h. während 20 Jahren], die mit solcher Zucht, Ehrbarkeit, Gottseligkeit, auch Arbeitsseligkeit in aller Haussorg und Arbeit begabt gewesen, wie das viel frommer Christen wissen, dass ich durch sie zu meinem Dienst merklich bin gefördert worden, nicht allein in dem, dass sie mich aller Haussorg und zeitlicher Geschäfte enthoben, sondern auch in dem, dass sie durch ihren Fleiss und Mühe die leibliche Versorgung, so uns bisweilen nicht so reichlich zukommen, also ratlich [vorsorglich] angelegt und ausgeteilt hat, dass wir hier in Strassburg vielen Pilgern und Dienern Christi viel mehr Dienst bewiesen haben, als ich, wo ich allein gewesen wäre, nimmer vermocht hätte.“[49]

Wibrandis Rosenblatt übernahm als Nachfolgerin von Elisabeth Silbereisen dieselben Aufgaben, die sie ihrerseits während ihrer früheren Pfarrehen eingeübt hatte. In Bucers Würdigung klingt auch ein – gemäss den Studien von Schorn-Schütte – häufig für Pfarrfrauen propagiertes Vorbild an, nämlich das der Martha und Maria. Die Pfarrfrau verkörperte in einer Person beide durch die biblischen Schwestern (vgl. Lk 10,38–42) repräsentierten Aspekte: in den Worten Bucers „Arbeitsseligkeit“ und „Gottseligkeit“.[50] Sie war nicht nur „Hausmutter“, sondern sie stand auch im Dienst der Kirche.[51] Letzteres kommt in einem Nachtrag von Bucers Testament zum Ausdruck, worin er die Testamentsvollstrecker bittet, besonders die starke Beanspruchung seiner Gattin

---

46 Luise Schorn-Schütte, „Gefährtin“ und „Mitregentin“. Zur Sozialgeschichte der evangelischen Pfarrfrau in der Frühen Neuzeit, in: Wandel der Geschlechterbeziehungen, 109–153: 112f.

47 A.a.O., 116f.

48 A.a.O., 132; vgl. auch Wunder, Sonn’, 71.

49 Zit. n. Heinsius, Rosenblatt, 73.

50 Vgl. Schorn-Schütte, Pfarrfrau, 149, 151.

51 A.a.O., 153.

Wibrandis Rosenblatt während der ersten Jahre im Kirchendienst zu berücksichtigen.[52]

Einen Eindruck von der Atmosphäre im Pfarrhaus Bucer-Rosenblatt vermittelt ein Bericht des Florentiners Peter Martyr Vermigli, der im Oktober 1542 als Glaubensflüchtling nach Straßburg gekommen war und während 17 Tagen im Pfarrhaus von St. Thomas logiert hatte. Wibrandis Rosenblatt wird darin allerdings mit keinem Wort erwähnt, obwohl er gerade auch Verhältnisse beschreibt, die in ihrem Verantwortungsbereich lagen. Zudem hatte Bucer von sich selbst gesagt, dass er kein guter Haushalter sei.[53] Hier ein Ausschnitt aus Vermiglis Brief nach Lucca: „Sein [Bucers] Haus gleicht einer Herberge, so sehr ist er gegen alle Fremden, die um Christi und des Evangeliums willen in die Fremde gehen müssen, gastfreundlich. [...] Sein Tisch ist weder glänzend noch gewöhnlich, es herrscht die einem Frommen geziemende Mässigkeit; in der Wahl der Speisen macht er keinen Unterschied der Tage; er geniesst von allem [...]. Vor und nach der Mahlzeit wird eine Stelle aus der heiligen Schrift vorgelesen. Dies gibt dann zu frommen und heiligen Gesprächen Anlass. Ich darf wohl sagen, dass ich stets unterrichteter von diesem Tisch weggegangen bin. Denn jedesmal hörte ich etwas, das ich früher nicht so klar erkannt hatte oder über das mir noch Zweifel geblieben waren."[54] Vermigli lobt Bucers Verkündigung wie auch seine Lebensführung als „wunderbare Äusserungen evangelischen Glaubens".[55]

6. „Diener im Herrn"

Sieben Jahre nach der Eheschließung mit Wibrandis Rosenblatt musste Bucer infolge der Auswirkungen des Augsburger Interims (1548) Strassburg verlassen. Am 6. April 1549 ging er nach England ins Exil und folgte so einer Einladung des Erzbischofs von Canterbury, Thomas Cranmer. Angesichts der unsicheren Zeiten hatte Bucer jedoch für seine Familie schon vorgesorgt und bereits im Januar 1548 ein Testament aufgesetzt. Darin ordnete er unter anderem an, dass „meine liebe getreue Gattin Wibrandis Rosenblättin und unsere lieben Kinder

---

52 Staehelin, Akten, Dokument Nr. 1007: Nachtrag zum Testament vom 22. Febr. 1551, 828: „[...] quod uxor mea primis annis in ministerio ecclesiae admodum graviter exercita est, primum apud severum et laboriosum Oecolampadium, et tum apud perpetuo cum morbis conflictantem Capitonem, postremo apud me peregrinorum laboribus plurimum sollicitatem ac etiam morbis".

53 Im August 1549 hatte der sich in England aufhaltende Bucer an seine Frau geschrieben: „Wie gern ich dich hätte [...] Solltest du aber je nicht kommen und dann ein Paar Völklin (Leute) vorhanden wäre, ein treuer Bruder mit einer dienstbaren Frau, die uns kochen könnte den Winter, und andere Notdurft versehen im Hause (du weißt, was ich für ein Haushalter bin), so möchte ich dein im Herrn bis zu besserer Zeit desto bass (lieber) entbehren. Ob aber das schon auch nicht sein könnte, und ich dich noch so gerne hätte und wohl bedürfte, so will (ich) doch nicht, dass mein Wille, sondern der des Herrn geschehe." Zit. n. Bainton, Rosenblatt, 96.

54 Zit. n. Heinsius, Rosenblatt, 82, vgl. auch Schorn-Schütte, Pfarrfrau, 153: „Die Ehefrau des Pfarrers war eine ‚Kirchendienerin', eine ‚Kirchenmutter'."

55 Heinsius, Rosenblatt, 82.

beider Teile in dem Glauben und der Lehre mit allem Fleiss fortfahren und bis ans Ende verharren mögen [...]. Was das Zeitliche betrifft, so ist mein Wille, dass meine Frau Wibrand unser Töchterlein Elisabeth alle Tage ihres Lebens bei sich behalte und es mit allem Fleiss in Frömmigkeit und Gottesfurcht erziehe. Damit meine Frau das um so leichter tun kann und weil sie mir und meinen Kindern bisher aufs treulichste gedient hat und ohne Zweifel noch weiter dienen wird, solange ihre Kräfte ausreichen, so will ich, dass das Witwengut, das ich ihr von Anfang an, als wir unsern Bund geschlossen haben, zugesagt habe, um hundert Gulden vermehrt werde; auch die Zinsen von Basel, die sie mir zugebracht, sollen ihr bleiben."[56] Die Bemerkung über die Dienstbarkeit seiner Ehefrau korrespondiert mit dem, was Bucer am Anfang seiner Ehe in einem Brief an Ambrosius Blarer geschrieben hatte. Waren es damals noch vorwiegend erste Eindrücke und wohl auch Erwartungen an die künftige Gefährtin, so spricht nun aus diesen Worten Erfahrung und Dankbarkeit. Im selben Jahr, in dem Bucer sein Testament verfasste, heiratete Aletheia Oekolampad einen jungen Mitarbeiter ihres Stiefvaters, den aus Tirol stammenden Pfarrer Christoph Söll.

Bucer, ebenso wie sein mit ihm emigrierter Kollege Paul Fagius, hatte Mühe, sich in England zu akklimatisieren. Das betriebsame Leben am Hofe des Erzbischofs wie auch das üppige Essen machte beiden zu schaffen. Im Brief vom 13. August 1549 an seine Frau klagte Bucer: „Hertzliebe, fromme, getrewe Wibrand [...] Hie ist gantz mir eine ohngewohnte speysung, die immer fleisch und fleisch ist, nichts oder gar selten etwas von eyer, krut oder irgend gmies [Gemüse]".[57] Als der Erzbischof den beiden Männern offerierte, ihre Familien nachkommen zu lassen, nahmen sie das Angebot mit Freuden an. Noch im Spätherbst reisten beide Ehefrauen nach Cambridge, wo ihre Männer inzwischen an der Universität wirkten. Es sind weder das genaue Datum noch die Zusammensetzung der Reisegruppe bekannt; sicher dabei war Agnes Capito und wohl noch ein männlicher Begleiter, denn Bucer hatte Wibrandis angewiesen: „on einen mann solt ir nit faren".[58] Bucer hatte seiner Frau zudem eine ganze Einkaufliste aufgetragen: „in Antwerpen solle Frau Wibrandis Gewürze, Zucker, gute Zwetschgen und, was des Dings sei, kaufen, weil in England alles so teuer sei; auch eine Medizin solle sie von Dr. Ulrich Geiger in Strassburg mitbringen".[59]

Am 13. November 1549 starb Paul Fagius. Seine Witwe Agnes Buchbaum kehrte im Folgejahr vor dem Pfingstfest zusammen mit Wibrandis Rosenblatt nach Straßburg zurück – Rosenblatt mit der Absicht, die übrigen Familienmitglieder nach England zu holen.

---

56 Zit. n. Heinsius, Rosenblatt, 85.

57 Staehelin, Akten, Dokument Nr. 1002, 820.

58 Ebd. Betreffs der ersten Englandreise von Wibrandis Rosenblatt und Agnes Buchbaum, Fagius' Ehefrau, vgl. Anm. 17, 822.

59 Zit. n. Staehelin, Frau Wibrandis, 32f.

In Straßburg erwarteten Rosenblatt verschiedene Unannehmlichkeiten. Dennoch fuhr sie für ein paar Tage ins Mineralbad Hub bei Ottersweier. Von dort berichtete sie ihrem Mann in einem Brief vom 25. Juni 1550 über die Vorkommnisse, unter denen sie zu leiden hatte: „Gnad und trost von Gott durch unseren herrn Jhesum Crist! Lieben vatter! Wüsen, das ich als hüt gen Baden in die Hub bin gefaren mit doctor Ulrich siner frowen, frow Meigerin, junckfrow Elsbett, her Jergen München frow. Ich hof, ich wel wol baden. Ich hab gutte geselschaft, Gott sy lob! Was sych aber witter zugetragen hatt, davon mus ich uch schriben“. Sie teilte ihrem Mann mit, die „babisten“, also Anhänger des Interims, hätten ihr Hab und Gut konfiszieren wollen. Doch sie sei von verschiedenen Seiten gewarnt worden. Sie habe geantwortet, „sy sollen numen kumen, ich forcht sy nitt.“ In der Zwischenzeit habe sie zwei Fässer mit Habe gefüllt und nach England abgeschickt. Des Weiteren seien sie und Christoph Söll aufgefordert worden, vor dem geistlichen Gericht zu erscheinen. Diese Anweisung hätte man Söll überbracht; der hätte aber geantwortet, sie seien Bürger; wenn die Anhänger des Interims etwas wollten, so sei hier gutes Recht[60]. So habe Söll den Boten weggewiesen und ihr nichts davon gesagt, bis er weg war; denn er sei besorgt gewesen, „ich wurd ettwan bos wort geben, als hett dorfen beschehen.“ Sie sei daraufhin ins Bad gefahren und habe Christoph Söll befohlen, er solle ihnen keine Antwort geben, bis sie wiederkäme. Wibrandis fügte noch hinzu, sie wolle Gott walten lassen, „er wurt mir woll helfen.“[61] Rosenblatt besaß also durchaus auch eine resolute Seite und zeichnete sich durch Unerschrockenheit aus. Im Spätsommer reiste sie dann zusammen mit ihrer Mutter Magdalena Strub und den Kindern Elisabeth Bucer und Margaretha Rosenblatt, diesmal in Begleitung von Christoph Söll, nach Cambridge. Nach wenigen Monaten erkrankte Bucer schwer; er starb in der Nacht vom 28. Februar auf den 1. März 1551. Im April kehrte die abermals verwitwete Wibrandis Rosenblatt mit ihrer Familie nach Straßburg zurück. Vor der Überfahrt über das Meer schrieb Rosenblatt aus Gravesend den Testamentsvollstreckern und Beiständen in Cambridge einen Brief, worin sie verschiedene finanzielle Sachverhalte darlegte. Sie unterzeichnete den Brief mit „Wibrand Bucerin, ewer diener im Herren“.[62]

7. Wibrandis predigt die Weisheit Gottes

Im Frühjahr 1553 hatte eine neue Pestepidemie Wibrandis' Schwiegersohn Christoph Söll dahingerafft. So entschloss sie sich, mit ihrer Mutter und ihren

---

[60] Gutes Recht meint hier staatliches Recht; es wird dem kirchlichen Recht entgegengestellt.

[61] Staehelin, Akten, Dokument Nr. 1006, 825.

[62] Staehelin, Akten, Dokument Nr. 1007, 829. – In der Folgezeit schrieb Wibrandis Rosenblatt noch mehrmals an ihre Testamtentsvollstrecker und informierte sie über finanzielle Angelegenheiten; zudem hatte sie ihnen mitgeteilt, dass sie mit ihrer Mutter und ihren Töchtern nach Basel übersiedeln werde. Vgl. Dokumente Nr. 1007, 829, und Nr.1011, 841.

Kindern nach Basel zurückzukehren. Unter den Kindern waren Agnes, Johann Simon und Irene Capito sowie Elisabeth Bucer und wahrscheinlich auch die Nichte Margaretha Rosenblatt. Aletheia Oekolampad hingegen blieb in Straßburg, wo sie später den Kannengießer Hans von Lampertheim heiratete. Johann Simon, der einzig verbliebene Sohn, studierte in Basel Theologie, wechselte aber bald nach Marburg. Er gab seiner Mutter offenbar Anlass zu größter Sorge. Im Brief vom 14. März 1557 – es handelt sich zugleich um das letzte schriftliche Zeugnis von Wibrandis Rosenblatt – redete sie ihm ins Gewissen. Sie ermahnte ihn, Gott und den Menschen nützlich sowie sparsam zu sein und fleißig zu studieren, weder zu trinken noch zu spielen, sich vor schlechter Gesellschaft zu hüten, das Gute zu wählen, um ein Diener Christi zu werden, wie es sein Vater gewesen sei. Auf dem Umschlag steht: „Dem dugensamen und gelerten Johan Simon Kapido, studios jetz zu Marburg, minem lieben sun, zu handen. Gnad und drost und vill wisheit und ler [Lehre] von Gott durch unseren heren Jesum Christ!" Und in der Fortsetzung im Briefinnern: „Lieber Hans Simon! Ich hab kein bottschaft von dir [...]. Ich versich [weiss] mich aber woll, wen ich schon bottschaft von dir haben wurt, das sy mich nit erfrewen wurt. [...] Es sol kein mensch leben, er sol lugen, das sien leben Gott und den menschen nüzlich sy. [...] Lug, bys sperlich und studier flisig. Gang dim befelch trüllich nach, bis gottsforchtig, trink nit, spill nit, lüg nit, bis ufrecht in allen dingen, hutt dich vor huren und beser [böser] geselschaft, erwell dirs gutt und las das bos, do mit du magest sin ein tempell Gottes. Flüch die bos welt mitt allen iren lüsten und erwell dir zu sein ein diener Christe, wie din lieber vatter selig gsin ist; so wurst du mir, der grosmuter, dinen lieben schwester und schweger und der ganzen frunschaft [Verwandtschaft] ein gros freud und wolgefallen thun. Es ist keins under uns, es wurd lib [Leib] und gut zu dir sezen, wen du numen ein wenig dich schikest. Sust werden wir dich das din lasen verthun, und, wen du grech [fertig] bist, so mustu lugen, wo du ander uberkumest; den do ist niemen, der ein heller fur dich geb. Darnach wus dich zu richtten. Hiemit bis Gott befollen!".[63] Am Schluss des Briefs fügte Wibrandis Grüsse von der Großmutter Magdalena Strub, von Irene Capito und Elisabeth Bucer an. Die mütterlichen Ermahnungen von Wibrandis Rosenblatt an ihren Sohn muten wie eine moralische Predigt an, voller Anklänge an die Bibel.[64] Sie schreibt aus dem Bewusstsein heraus, dass Gnade und Trost sowie alle Weisheit und Lehre von Gott kommen. Von Johann Simon jedoch blieb jedes Lebenszeichen aus; er galt später als verschollen.[65]

---

[63] Staehelin, Akten, Dokument Nr. 1013, 842f. Rosenblatt beauftragte zudem ihren Sohn, den Griechischprofessor Johannes Lonicerus (1499–1569) zu grüßen: „Du weist wol, das ich nit wol kan grosen heren schriben; aber wo ich im als eine arme wittwe kontte dienen, wolt ich alle zitt willig sin."

[64] Vgl. die Kapitel 1–3 und 6 aus dem Buch der Sprichwörter, bes. Spr 1,24–26; 10,1b.4.17; sodann Ps 34,15; 1Kor 6,18–19; vgl. auch 2Kor 6,3–8; 2Tim 3,1–10.

[65] Staehelin, Akten, Dokument Nr. 1013, Anm. 16, 844.

8. Täterin des Wortes

Im Jahr 1564 wütete in Basel eine weitere Pestepidemie, die viel Leid anrichtete. Am 1. November fiel ihr auch Rosenblatt – sie war 60 Jahre alt – zum Opfer. Sie wurde im Kreuzgang des Basler Münsters im Grab ihres zweiten Mannes Johannes Oekolampad beigesetzt. Die Grabinschrift würdigt Oekolampads humanistische Bildung und seinen reinen Lebenswandel wie auch seine Bedeutung für die evangelische Lehre und für die Basler Kirchenordnung. Der Name von Wibrandis Rosenblatt hingegen fehlt auf dem Epitaph. In einer ergänzenden Inscriptio müsste Rosenblatts entschiedenes Bekenntnis zum „neuen Glauben" in Form ihrer Priesterehen wie auch ihr ganzes Dasein für Andere Erwähnung finden. Vordergründig erschiene das wie eine typische Rollenverteilung: der Mann als Verkündiger des Wortes, die Frau als Täterin des Wortes; auf den zweiten Blick jedoch käme hier zum Ausdruck, dass Wibrandis Rosenblatt mit dem Zeugnis ihres gelebten Glaubens im Zentrum der christlichen Botschaft steht.

Aus den wenigen erhaltenen schriftlichen Zeugnissen von und über Wibrandis Rosenblatt und unter Berücksichtigung der Möglichkeit, dass es sich bei einzelnen Aussagen um zeitbedingte Redewendungen (Formeln) oder Idealaussagen handelt, lässt sich nur mit Vorsicht etwas über das Selbstverständnis dieser Frau sagen. Nimmt man die (Selbst-) Zeugnisse jedoch beim Wort und würdigt sie unter Anwendung des reformatorischen Prinzips „sola scriptura", die Schrift als alleiniger Maßstab, dann erweist sich Wibrandis Rosenblatt als wahre Nachfolgerin Jesu. Wibrandis Rosenblatt baute mit ihrem Kirchendienst an einer „‚Dienst'-Kirche im matthäischen Sinn".[66] Das Selbstverständnis der Basler Kirche als „ecclesia semper reformanda" hätte hierin einen Orientierungs- und Referenzpunkt.[67]

---

[66] Vgl. Ulrich Luz, Das Evangelium nach Matthäus, EKK Band I/3, Zürich u.a. 1997, 166.

[67] Vgl. Hans R. Guggisberg/Peter Rotach (Hrsg.), Ecclesia semper reformanda. Vorträge zum Basler Reformationsjubiläum 1529–1979, Basel 1980 (Theologische Zeitschrift Sonderband 9).

HERMANN EHMER

Maria Andreae (1550–1632) – Heilkundige und Helferin der Armen

Maria Andreae ist keine Unbekannte. Die erbauliche Literatur und das heimatkundliche Schrifttum des 19. und des 20. Jahrhunderts bieten nicht wenige Lebensbilder dieser Frau.[1] Der Reigen dieser Darstellungen beginnt mit einem Aufsatz des Tübinger Professors der klassischen Literatur und der Eloquenz Karl Philipp Conz (1762–1827), den dieser im November 1812 in Cottas „Morgenblatt für gebildete Stände" und später in einem Sammelband erscheinen ließ. Fortgesetzt wird die Reihe von Gustav Schwab (1792–1850), dem Oberkonsistorialrat und seinerzeit hochgeschätzten Dichter, dann von dem Prälaten Heinrich Merz (1816–1893) und seinem Sohn Johannes (1857–1929). Letzterer war von 1924 bis zu seinem Tod württembergischer Kirchenpräsident.

Die Bedeutung, die diese Autoren Maria Andreae zugemessen haben, ist nicht zuletzt darauf zurückzuführen, dass sie einer berühmten württembergischen Familie angehörte. Sie war Ehefrau des württembergischen Pfarrers und Prälaten Johannes Andreae (1554–1601) und somit Schwiegertochter des württembergischen Theologen Jakob Andreae (1528–1590), der sich beim Zustandekommen der Konkordie von 1580 hohe Verdienste erworben hatte. Zugleich war sie die Mutter von Johann Valentin Andreae (1586–1654), der als Theologe zu den Vorläufern des Pietismus zählt. Maria Andreae selbst entstammte der Familie Moser, die schon im frühen 16. Jahrhundert den württembergischen Herzögen diente und später den Staatsrechtler Johann Jakob Moser (1701–1785) und den Minister und politischen Schriftsteller Friedrich Karl von Moser (1723–1798) hervorbrachte.

Alle Lebensbilder von Maria Andreae gehen – unmittelbar oder mittelbar – zurück auf den Nachruf, den ihr Sohn Johann Valentin Andreae am 25. Januar 1632 auf ihren Tod verfasst hat und der noch im selben Jahr im Druck erschienen ist. Eine erneute Beschäftigung mit Maria Andreae muss also auf diesen Text zurückgreifen, der immerhin noch durch Angaben aus der Autobiogra-

---

[1] Ohne Anspruch auf Vollständigkeit: Karl Philipp Conz, Johann Valentin Andreäs Mutter. Züge aus ihrem Leben, in: ders., Kleinere prosaische Schriften vermischten Inhalts 1, Tübingen 1821, 86–106; Gustav Schwab, Maria Andreä, in: Ferdinand Piper, Evangelischer Kalender. Jahrbuch für 1851, 220–223; desgl. in: Ferdinand Piper, Die Zeugen der Wahrheit. Lebensbilder zum evangelischen Kalender auf alle Tage des Jahres 4, Leipzig 1875, 267–270; Heinrich Merz, Christliche Frauenbilder II. Aus der neueren Zeit, bearb. von Johannes Merz, Stuttgart [6]1898,1–12; Hildegard Veil, Maria Andreae, die Mutter der Armen, in: Schwabenspiegel. Wochenschrift der Württemberger Zeitung 26 (1932) 57f; Else Boger-Eichler, Von tapferen, heiteren und gelehrten Hausfrauen, München [3]1940, 40–46; Louise Schlenker, Maria Andreä, die Stuttgarter Hofapothekerin, in: Schwäbische Heimat 7 (1956) 27f; Armin Wankmüller, Noch einmal Maria Andreä, in: a.a.O.,75.

phie[2] von Johann Valentin Andreae ergänzt werden kann. Erleichternd kommt hinzu, dass der Nachruf in der gegenwärtig erscheinenden Werkausgabe Johann Valentin Andreaes gut zugänglich ist.[3] Es ist freilich zu bedenken, dass der Nachruf des Sohnes auf die Mutter in einem hohen Maße literarisch gestaltet ist, d.h., dass es in diesem Text nicht nur um Fakten geht, sondern dass diese in einem rhetorisch höchst anspruchsvollen Gewand dargeboten werden. Johann Valentin Andreae sah sich nicht nur aus Sohnesliebe veranlasst, diesen Nachruf zu verfassen, vielmehr will er darin auch von den vielen und großen Verdiensten seiner Mutter sprechen, die wohl die Verdienste anderer Mütter übersteigen.

Andreae gibt zu Beginn einen kurzen Überblick über den Lebenslauf seiner Mutter, um danach von ihren Tugenden zu sprechen. Diese werden zunächst im Allgemeinen dargestellt, um dann im Besonderen aufgezählt zu werden. Genannt werden Frömmigkeit, Stärke, Freigebigkeit, Mäßigkeit, Fleiß und Geistesruhe; das sind alles Eigenschaften, die den herkömmlichen Tugendkatalogen entsprechen. Hierauf erzählt Andreae vom Sterben seiner Mutter, um ihr dann noch eine persönlich gehaltene Würdigung als letzten Gruß nachzurufen. Er vergleicht sie dabei mit biblischen Frauengestalten und solchen aus der Geschichte, denen sie nacheiferte, wie der Elisabeth von Thüringen und der Monika, der Mutter des Kirchenvaters Augustinus.

Geboren wurde Maria Andreae im württembergischen Herrenberg am 23. Oktober 1550 als Tochter des dortigen Vogts Valentin Moser und seiner Ehefrau Margareta Hiller, der Tochter des Herrenberger Bürgermeisters Marx Hiller und dessen Ehefrau Katharina Kurrer. Die Mutter starb, als Maria neun Jahre alt war. Als das zweitjüngste von sechs Kindern wurde Maria daraufhin ihrer Großmutter Katharina Kurrer anvertraut, die ihr offenbar zum Vorbild wurde. Insbesondere nahm sich die Großmutter der Armen an, die an die Türen der Reichen klopften. Hier wurden täglich Mahlzeiten für die Bedürftigen bereitet, und die Enkelin half der Großmutter dabei. Daneben erlernte Maria bei der Großmutter auch andere Fertigkeiten, darunter Lesen und Schreiben. Als die Großmutter starb, war Maria in der Lage, die Führung des väterlichen Haushalts zu übernehmen.

Marias Vater, der sich noch drei Mal verheiratete, starb am 2. Mai 1576, hatte aber noch vor seinem Tod die Zustimmung zur Verheiratung seiner Tochter

---

2 Diese Autobiographie liegt in folgender Ausgabe vor: Joannis Valentini Andreae Vita ab ipso conscripta ex autographo in bibl. Guelferbytano recondito, hrsg. v. Friedrich H. Rheinwald, Berlin 1849. Die maßgebende Übersetzung ist: Selbstbiographie Joh. Valentin Andreä's, übers. und hrsg. v. [David Christoph] Seybold, Winterthur 1799.

3 Mariae Andreae Merita Materna praedicata a filio Johanne Valentino Andreae Anno Christi M.DC.XXXII. – Die Verdienste der Mutter Maria Andreae, beschrieben von ihrem Sohn Johann Valentin Andreae im Jahre Christi 1632, in: Johann Valentin Andreae, Nachrufe, Autobiographische Schriften, Cosmoxenus. Bearbeitet, übersetzt und kommentiert von Frank Böhling u.a. (Johann Valentin Andreae, Gesammelte Schriften 2) Stuttgart-Bad Cannstatt 1995, 30–97. – Die Ausgabe enthält leider zahlreiche Fehler und Versehen, die im Folgenden nicht nachgewiesen, sondern stillschweigend verbessert werden.

Maria mit Johannes Andreae, dem Sohn des Theologen Jakob Andreae und der Anna Entringer, gegeben. Johannes Andreae war im selben Jahr 1576 Pfarrer in Hagelloch bei Tübingen geworden, 1578 wurde er nach Mössingen versetzt, und 1582 wurde er Spezialsuperintendent in Herrenberg. Insgesamt schenkte Maria acht Kindern das Leben, worunter fünf, so auch Johann Valentin, in Herrenberg zur Welt kamen.

Johann Valentin Andreae beschreibt seine Mutter als vorbildliche Ehefrau und Schwiegertochter. Seinen Vater stellt er als musischen und geselligen Menschen dar, während seine Mutter offenbar eine herbere Natur war. Gleichwohl stimmte das Ehepaar nach dem Zeugnis des Sohns in allem dadurch überein, dass der eine sich der Wesensart des anderen anglich. Beide hingegen, Johannes Andreae ebenso wie seine Frau Maria, waren großzügig. Sie setzte ihre Großzügigkeit zur Linderung der Armut ein, während er bisweilen auf Betrüger hereinfiel. Zu ihrer Großzügigkeit gehörte selbstverständlich auch die Gastfreundschaft. Obwohl Maria Andreae eine reiche Mitgift mit in die Ehe gebracht hatte, war ihre Lebensart einfach. Sie verstand es auch, Heilmittel für Arme zuzubereiten. Diese Kenntnisse kamen ihr schon deswegen zustatten, weil ihr Mann häufig krank war.

1591 war Johannes Andreae zum Abt von Königsbronn ernannt worden, wo auch das achte und jüngste Kind, die Tochter Regina, geboren wurde. In dem ehemaligen Zisterzienserkloster befand sich seit 1556 eine Klosterschule, damals eine „niedere" Klosterschule, deren Schüler in eine der höheren Klosterschulen aufrückten, wenn sie ein bestimmtes Lernziel erreicht hatten. Von der „höheren" Klosterschule ging es dann zum Theologiestudium nach Tübingen.[4] Die ursprünglich 13 Klosterschulen in Württemberg waren – als Johannes Andreae als Prälat nach Königsbronn berufen wurde – in der letzten Phase eines einschneidenden Reformprozesses.[5] Dieser sollte die Zahl der Klosterschulen verkleinern, ohne die Zahl der Stipendiaten – ungefähr 200 – zu beschränken. Die Königsbronner Schule wurde, wie einige andere auch, 1595 – also während der Amtszeit von Johannes Andreae – geschlossen. An seiner Stellung änderte sich dadurch nichts, er blieb, wie die anderen Prälaten auch, Mitglied des württembergischen Landtags, der in jenen Jahren harte Kämpfe mit Herzog Friedrich I. (1593–1608) durchzustehen hatte. Johannes Andreae gehörte allerdings nicht zu den politisch tonangebenden Prälaten. Er starb, erst 47 Jahre alt, am 9. August 1601 in Königsbronn.

Die Hinterbliebenen eines Prälaten hatten zwar als Abfindung noch Anspruch auf eine volle Jahresbesoldung des Verstorbenen, mussten aber binnen

---

4 Gustav Lang, Geschichte der württembergischen Klosterschulen von ihrer Stiftung bis zu ihrer endgültigen Verwandlung in Evangelisch-theologische Seminare, Stuttgart 1938, 78.

5 Dazu: Lang, Klosterschulen, 92–129; Die württembergischen Klosterschulen und Seminare, hrsg. v. Verein für Württembergische Kirchengeschichte in Zusammenarbeit mit dem Landeskirchlichen Archiv Stuttgart und dem Landeskirchlichen Museum, Metzingen 1991, 23–27.

eines Monats die Dienstwohnung räumen. Maria Andreae scheint eine besondere Vergünstigung bekommen zu haben, denn sie blieb noch ein Vierteljahr in Königsbronn und zog erst im November 1601 mit ihren Kindern nach Tübingen. Im dortigen Stift hatte der älteste Sohn Jakob seit 1593 studiert. Den drei jüngeren Söhnen, Johann Valentin, Johannes und Johann Ludwig, wurde durch den Umzug nach Tübingen das Studium ermöglicht, und für die vier Töchter Anna, Margarete, Maria und Regina fand sich in Tübingen leichter eine eheliche Versorgung. Johannes Andreae hatte zu Lebzeiten noch dafür Sorge getragen, dass seine Familie nach seinem Tod nach Tübingen ziehen konnte, damit die dort lebenden Verwandten und Bekannten seiner Frau und den Kindern beistehen konnten.

In Tübingen setzte Maria Andreae ihre geringen Mittel so klug ein, dass viele Menschen dadurch an das Beispiel der Witwe von Zarpat (1Kön 17) erinnert wurden. Es gelang ihr, die Töchter standesgemäß zu verheiraten und den Söhnen das Magisterexamen mit guten Abschlüssen zu ermöglichen. Maria Andreae hatte darauf bestanden, dass alle ihre Söhne studierten. Johann Valentin Andreae erinnerte sich später noch genau an die Szene, als seine Mutter den gutgemeinten Vorschlag, einen ihrer Söhne aus finanziellen Gründen ein Handwerk lernen zu lassen, entrüstet ablehnte.

Bereits während der Königsbronner Zeit war Maria Andreae mit der Herzogin Sibylla von Württemberg (1564–1614), geb. Fürstin von Anhalt, in persönliche Verbindung gekommen. Als Herzog Friedrich zusammen mit seiner Frau und den beiden ältesten Töchtern für einige Wochen in Königsbronn weilte, hatte die Herzogin Gelegenheit, die medizinischen Fähigkeiten von Maria Andreae kennenzulernen. Der Herzog hing schon länger, wie Marias Sohn Johann Valentin Andreae schreibt, derselben „Sekte“ an wie Marias Mann Johannes Andreae, der sich zeitlebens mit der Alchemie befasst und sich auch mit einigen betrügerischen Vertretern dieses Faches abgegeben hatte. Dadurch waren der Familie manche Kosten entstanden.

Die Alchemie ist der Versuch, chemisch-physikalische Vorgänge ganzheitlich zu verstehen, ein Zugang, der dem neuzeitlichen Gegensatz von Natur- und Geisteswissenschaften fremd ist. In der alchemistischen Praxis wurden chemisch-physikalische Prozesse als biologisch-physiologische Vorgänge gedeutet und in den Kategorien von Zeugung, Schwangerschaft, Geburt und Tod verstanden. Ein Ziel der Alchemie war es, die Panacée zu finden, das Mittel, das alle Krankheiten heilt und lebensverlängernd wirkt. Damit verband sich freilich auch die Suche nach dem Stein der Weisen, mit dem die Verwandlung unedler Metalle in Gold möglich sein sollte. Die Goldmacherei, die gewöhnlich mit der Alchemie verbunden wird, bildete daher lediglich einen Aspekt dieser Sache. Wie andere Standespersonen jener Zeit, bis hin zu Kaiser Rudolf II. (1576–1612), pflegte der Landesherr, Herzog Friedrich I., ebenfalls diese kostspielige Liebhaberei. Auch er fiel auf Betrüger herein, auf die er zunächst große Hoffnungen setzte und die er fürstlich belohnte, von denen aber einige, die sich nicht rechtzeitig in Sicherheit gebracht hatten, mit dem Tod bestraft wurden, als sich herausstellte, dass sie auf Betrug aus gewesen waren. Maria Andreae hatte zwar mit ihrem Mann dessen alchemistischen Interessen geteilt, doch war sie darauf bedacht, diese unmittelbar zum Nutzen der Menschen anzuwenden. Die aus der Alchemie entstandenen Verfahren, wie die Destillation und die Herstellung von Salzen und Pulvern, hatten für sie eine rein praktische Funktion und waren darauf gerichtet, Arzneien zuzubereiten, um Krankheiten zu heilen.

Seit der Königsbronner Begegnung war Herzogin Sibylla in Verbindung mit Maria Andreae geblieben und wollte sie in ihrem Witwenstand wegen ihrer medizinischen Fähigkeiten an den Hof holen. Dem Wunsch der Herzogin gab Maria Andreae aber erst im November 1607 nach, als ihre Kinder alle versorgt waren und auf eigenen Füßen standen.

Nach Johann Valentin Andreae war seine Mutter in Stuttgart mit der Führung der Hofapotheke betraut gewesen. Dieser Angabe wurde neuerdings entgegengehalten, als Hofapotheker sei bis 1645 immer ein männlicher Apotheker in Stuttgart – gelegentlich auch in Esslingen – verpflichtet gewesen.[6] Von 1608 bis 1635 war dies der Stuttgarter Apotheker Hans Jakob Kienlin.[7] Neben diesen offiziellen Hofapothekern gab es im Hofstaat der Herzoginnen aber stets auch Frauen, die mit solchen Aufgaben betraut waren und deswegen auch Hofapothekerinnen genannt wurden.[8] Eine der Vorgängerinnen Maria Andreaes war Helena Rucker (1523–1597), die Tochter des aus Blaubeuren stammenden Nürnberger Stadtarztes Johann Magenbuch. Sie gehörte als Hofapothekerin zum Hofstaat der Herzogin Anna Maria (1526–1589) geb. Markgräfin von Brandenburg, der Witwe von Herzog Christoph (1550–1568), die in Nürtingen residierte.

Maria Andreae bekleidete also die Stelle einer Hofapothekerin im Hofstaat der Herzogin Sibylla. Den Beleg dafür, dass es sich so verhalten hat, bietet Johann Valentin Andreae mit seiner Angabe, dass seine Mutter ihr Amt acht Jahre lang, und zwar in Stuttgart und Leonberg, versehen habe. Herzogin Sibylla hatte nach dem Tod von Herzog Friedrich I. im Jahr 1608 ihren Witwensitz im Schloss in Leonberg bezogen. Die zu ihrem Hofstaat gehörende Maria Andreae muss demzufolge mit nach Leonberg übersiedelt sein. In ihrem Amt als Hofapothekerin war es Marias Aufgabe, im Frühling Kräuter zu sammeln und zu destillieren, im Sommer Gewürze herzustellen und im übrigen Jahr Salze und Pulver zu bereiten.

An dem frühabsolutistischen Hof Herzog Friedrichs I. muss sich Maria Andreae wie eine Gestalt aus der patriarchalischen Welt seiner Vorgänger ausgenommen haben, denn sie kleidete sich einfach und schlicht und beklagte den Verfall der Zucht bei Hof. Ihre Stellung nutzte sie dazu, die Armen zu unterstützen. Sie lehnte es ab, sich nach den Bedürfnissen der Reichen zu richten oder dem Luxus zu dienen. Wenn ihr Sohn es für wichtig erachtet, diese Verhal-

---

[6] Zum Folgenden vgl. Wankmüller.

[7] Walther Pfeilsticker, Neues württembergisches Dienerbuch 1, Stuttgart 1957, § 353.

[8] Pfeilsticker, § 352.

tensweise seiner Mutter zu betonen, so verbirgt sich dahinter die Kritik an den offiziell bestellten Hofapothekern, die nicht nur der Gesundheit dienten, sondern auch für die Herstellung und Lieferung von Konfekt und anderen Leckereien für den Hof zuständig waren. Maria Andreae hingegen sorgte dafür, dass die Reste der Hoftafel den Armen zugute kamen, und versuchte, die Angehörigen des Hofs und sogar den Herzog persönlich für die Anliegen der Notleidenden zu gewinnen. Sie selbst gab für karitative Zwecke jährlich mehr als hundert Gulden aus, was ungefähr dem Gehalt eines Pfarrers entsprach. Wenn sie frei über sich und ihr Vermögen hätte verfügen können, wäre sie gern Leiterin eines Hospitals geworden, um sich der Versorgung von Kranken widmen zu können. Es war ihr Wunsch, von ihrem Vermögen ein Hospital zu stiften; dazu kam es wegen der Kriegsereignisse jedoch nicht mehr. Besonders in Leonberg hatte sie sich den Bedürftigen und anderen Bittstellern zugewandt. Dies war Maria Andreae umso mehr möglich, als die Fürstin ein Ohr für ihre Anliegen hatte. Sie selbst nahm keine Geschenke an.

In ihrer Funktion als Hofapothekerin verbrachte Maria Andreae acht Jahre am Hof. Herzogin Sibylla starb am 16. November 1614 in Leonberg. Ihr Hofstaat wurde deshalb aufgelöst und Maria Andreae mit einer Abfindung entlassen. Nun wollte Sibyllas Sohn, Herzog Johann Friedrich (1608–1628), sie an seinen Hof berufen, zumal auch seine Frau, Herzogin Barbara Sophie (1584–1636) geb. Kurfürstin von Brandenburg, Maria Andreae kannte und Interesse an ihren Diensten hatte. Diese ehrenvolle Berufung lehnte Maria Andreae aber ebenso ab wie das Ansinnen der Leonberger, die ihr eine Wohnung und ein Gehalt boten, damit sie am Ort bleibe. Sie verteilte ihre Habe, behielt nur einige jährliche Einkünfte für sich und zog zu ihren Kindern. Zunächst hielt sie sich vor allem in Heidenheim im Haus ihres Schwiegersohns Sixt Brauch auf, der dort als Vogt amtierte. Sie veranlasste auch ihn zur Unterstützung der Armen. Nach seinem Tod zog Maria Andreae 1622 nach Calw zu ihrem Sohn Johann Valentin. In dessen Familie verbrachte sie ihre letzten zehn Lebensjahre, nur wenig berührt von den Vorboten des Dreißigjährigen Krieges, die damals bereits Württemberg heimsuchten. Sie nannte deshalb Calw ihr Gosen (vgl. Ex 9,26 u.ö.), weil sie dort von den „ägyptischen Plagen" verschont blieb. Nur einmal reiste sie nach Tübingen, um die noch lebenden alten Freunde zu sehen.

In Calw hatte man auf Veranlassung ihres Sohns Johann Valentin Andreae, der dort seit 1620 als Spezialsuperintendent wirkte, das Kirchenwesen vorbildlich eingerichtet, besonders durch das 1621 errichtete Färberstift. Es handelte sich hierbei um eine Stiftung mit vielfältiger Aufgabenstellung, wozu die Förderung der christlichen Unterweisung gehörte, die Austeilung von Almosen, die Vergabe von Stipendien und Schulgeldern, die Unterhaltung einer Bibliothek, die Unterstützung armer Handwerker, die Aussteuer bedürftiger Waisen, die Unterhaltung kirchlicher Gebäude, die Unterstützung von Kirchen- und Schuldienern und der Unterhalt Behinderter. Am dringlichsten war zunächst wohl die Einrichtung von Armenspeisungen, da die auf den Krieg folgende Inflation das

Heer der Bettler sprunghaft vermehrt hatte. Andreae schreibt, man habe in Calw von 1626–1631 die staunenswerte Zahl von über 110 000 Armen gespeist.

Maria Andreae nutzte auch die Zeit in Calw, um sich der Notleidenden anzunehmen. Sie gab den Armen, tröstete die Kranken und stand den Sterbenden bei. Ihre Sorge galt nicht dem Lauf der Welt, sondern dem armen Lazarus vor ihrer Tür. Sie selbst war in ihrem Leben nur drei oder vier Mal krank gewesen. Eine Hüftverletzung, die ihren Rücken beugte, kündigte ihr Lebensende ein halbes Jahr zuvor bereits an. Im Januar 1632 erkrankte sie noch an einer Rippenfellentzündung. Nach einer siebentägigen Leidenszeit starb sie am 25. Januar 1632.[9]

---

[9] Die Angaben zu Maria Andreaes Todesjahr schwanken zwischen 1631 und 1632. Dies ist auf den Nachruf von Johann Valentin Andreae zurückzuführen, in dem beide Jahreszahlen vorkommen. Wegen des Verlusts der Calwer Kirchenbücher beim Brand 1634 ist diese Frage nicht mehr letztlich zu klären, doch datiert Andreae in seiner Autobiographie den Tod seiner Mutter ins Jahr 1632. Diese Angabe wird dadurch bestätigt, dass nach der Darstellung Andreaes der Tod des Stuttgarter Stiftspropstes Erasmus Grüninger, eines Onkels seiner Frau, unmittelbar dem seiner Mutter vorausging.

MONIKA GLOCKANN

Mary Ward (1585–1645)[1] „Die göttliche Liebe gleicht einem Feuer, das sich nicht einschließen lässt ...“

Mary Ward, Gemälde von 1621, Maria-Ward-Haus, Augsburg.

1. Gott dienen hat Folgen

Gott dienen kann Folgen haben – für Leib und Leben. Das war die alltägliche Erfahrung der Menschen in England nach König Heinrich VIII. Um seine eigenen Interessen zu verfolgen, hatte sich Heinrich VIII. 1534 selbst zum Oberhaupt der Kirche von England gemacht. Seine Tochter Maria die Katholische, auch „die Blutige“ genannt, ließ in ihrer Regierungszeit unzählige Protestanten hinrichten. Ihre Nachfolgerin Elisabeth I. (1558–1603) dagegen verfolgte gnadenlos die Katholiken. Zu Beginn des 17. Jahrhunderts standen die Engländer vor der Entscheidung: Zu wem halte ich? Zum überlieferten Glauben und damit zum Papst in Rom oder zur Königin?

Die Entscheidung für den katholischen Glauben hatte zur Folge: Wer dem Sonntagsgottesdienst der Staatskirche fernblieb, musste hohe Steuern zahlen. Wer einem vertriebenen Priester oder einem Ordensmann Unterschlupf gewährte, musste mit Folter und Tod rechnen. Klöster und Kirchen waren zerstört. Diözesen und Pfarreien gab es nicht mehr. Gemarterte Laien und Geistliche wurden zur Schau gestellt. Viele Katholiken flohen aufs Festland in die damaligen Spanischen Niederlande, im Wesentlichen die heutigen Beneluxstaaten. Dort traten sie in Priesterseminare und Klöster ein, um sich für eine künftige Mission in England vorzubereiten, mit der sie Gott und der Heimat dienen wollten.

In dieser Zeit lebt Mary Ward. Ihre Familie gehört zum Landadel von Yorkshire. Die Familien der Oberschicht blieben katholisch, obwohl sie bekämpft und verfolgt wurden. „Meine Eltern waren sehr tugendhaft, rechtschaffen und

[1] Die Literaturangaben beziehen sich auf Quellen, die der Congregation Jesu (CJ) vorliegen.

litten viel für die katholische Sache."[2] Hausdurchsuchungen, Anklagen und hohe Abgaben gehören zur Tagesordnung. Marys Großmutter Ursula Wright verbringt wegen ihres Glaubens insgesamt 14 Jahre in Gefängnissen. Sie prägt die kleine Mary. Das Mädchen nimmt sich vor, Gott mit der ganzen Kraft seines Herzens zu dienen. Das Martyrium steht Mary als erstrebenswert vor Augen. Sie ist 15 Jahre alt, als sie ihre Berufung zum Ordensstand erkennt. Ihre Familie stellt sich zunächst dagegen und gibt doch am Ende ihre Zustimmung.

2. Gott dienen in Abgeschiedenheit

Mit 21 Jahren verlässt Mary Ward illegal ihre Heimat. Jenseits des Kanals, 30 Kilometer von Calais entfernt, liegt das Städtchen St. Omer. Dort tritt sie bei den Klarissen ein: Sie will Gott in Abgeschiedenheit und im Schweigen dienen. Doch die Gemeinschaft hat andere Pläne: Sie braucht eine Schwester, die für die Kongregation in der Umgebung den Lebensunterhalt erbettelt. Mary Ward wird ungefragt zur Bettelschwester eingeteilt. Dieser Dienst bringt sie nicht nur an den Rand ihrer physischen Kraft, sondern auch an ihre psychischen Grenzen. Sie ist innerlich zerrissen. und steht vor der Frage: Was ist der richtige Weg? Gott in Beschaulichkeit und Weltabgeschiedenheit zu dienen oder als Bettelschwester nach draußen zu gehen? Ihr Ideal bleibt weiterhin der Dienst innerhalb eines Klosters. Sie beginnt mit der Planung eines Klarissenklosters für englische Emigrantinnen. Aber inmitten ihrer Planungen vernimmt sie den Ruf Gottes, der anderes für sie vorgesehen zu haben scheint.[3] Sie ist unsicher über ihren Weg und will in der Heimat Klarheit finden.

In England erkennt sie die Not der Menschen, die durch die Wirren der Zeit halt- und ziellos geworden sind. Deren Anliegen und Fragen macht Mary Ward sich zu eigen. Ihr Verständnis von Gottes-Dienst hatte sich inzwischen erweitert; sie will Gott ganz gehören und den Menschen inmitten der Welt dienen. Fortan betätigt sie sich als Seelsorgerin. Nach der Verfolgungszeit war seelsorgliche Tätigkeit bedingt wieder möglich geworden. Dass Frauen in der Seelsorge tätig waren, war neu und ungewöhnlich, ja sogar revolutionär. Trotzdem bleibt das kontemplative Leben weiterhin Mary Wards Ideal.

3. Gott bei den Menschen dienen

Inmitten ihres apostolischen Wirkens greift Gott im Jahr 1609 erneut in ihr Leben ein. In der sog. Gloriavision erfährt sie, dass Gott mit ihr etwas vorhat, das „noch mehr zu seiner Ehre sein wird". Was es sein wird, ist ihr zu diesem Zeitpunkt noch nicht bekannt. Doch jetzt schließen sich ihr andere Frauen an, die ebenfalls seelsorgerlich in England wirken wollen. Diese Gefährtinnen wol-

---

[2] Autobiographische Skizzen Mary Wards, ohne Orts- und Zeitangabe, 1.

[3] Die Niederlassung der Klarissen in Gravelines bestand bis zur Französischen Revolution, dann siedelte die Gemeinschaft nach England um.

len Ordensfrauen werden und „gemeinsam dort leben, wo ich sein würde“[4], schreibt Mary Ward.

Zusammen mit diesen ersten fünf Frauen entschließt sie sich, nach St. Omer zurückzukehren. Bei ihrem Vorhaben kommen Mary Ward die Erfahrungen während ihrer Zeit bei den Klarissen zugute. Die kleine Gruppe von Engländerinnen beginnt ihre seelsorgliche Arbeit unter englischen Emigranten. Die Frauen unterrichten und erziehen englische Mädchen, die dann später, in die Heimat zurückgekehrt, Gott in einem Orden dienen oder selbst als Lehrerinnen und Erzieherinnen unterrichten – oder auch heiraten. In dieser Unterrichtstätigkeit erkennen die Frauen ihren Dienst für England. Trotzdem fragt Mary weiter nach dem je besseren Dienst.

Im Spätherbst 1611 kommt sie zur Erkenntnis ihres endgültigen Wegs. Sie hört in einer Audition die Worte: „Nimm das Gleiche der Gesellschaft Jesu. Der Pater General wird es nie erlauben. Geh zu ihm.“[5] Das ist ihr Lebensauftrag. Mary Ward ist sich ganz sicher: Die Gründung einer Frauengemeinschaft nach der Regel des Ignatius von Loyola ist ihre Aufgabe: Sie soll eine Gemeinschaft gründen, die in der Nachfolge der Apostel dahin geht, wo die Not am größten ist; es soll eine Gemeinschaft sein, die Kinder unterrichtet und seelsorgerlich unter den Menschen wirkt. Das beinhaltet Katechismusunterricht, Vorbereitung auf die Taufe, die Firmung und das Bußsakrament; dazu gehört aber auch der Dienst an Menschen am Rande der Gesellschaft, an Prostituierten, an Gefangenen, an Kranken und Sterbenden.

Jetzt weiß Mary, sie ist berufen zu einem Leben bei den Menschen und unter den Menschen; sie soll Gott nicht hinter Klostermauern und allein in Kontemplation, sondern inmitten der Menschen dienen. Sie soll kontemplativ in der Aktion, aktiv in der Kontemplation leben. Sie beginnt, Satzungen für ihre Gemeinschaft auszuarbeiten, auch, um diese später dem Papst zur Bestätigung vorlegen zu können. Die Schülerinnen strömen in ihr Haus und wollen von ihren Gefährtinnen unterrichtet werden. Zugleich schließen sich weitere junge Frauen ihrer Gemeinschaft an.

Während Mary Ward am inneren Aufbau ihrer Vereinigung in St. Omer arbeitet, wird ihr 1619 erneut eine geistliche Erfahrung geschenkt, die wegweisend wird. Die Vision bestätigt ihr noch einmal den bereits eingeschlagenen Weg. Es wird ihr bewusst, „dass den Seelen zur Seligkeit verhelfen eine weit vortrefflichere Gabe sei als das klösterliche Leben, ja als die Marter selbst“.[6]

Der Auftrag ihres Instituts ist, den Menschen dort zu dienen, wo sie sind: Er gilt Männern und Frauen, Reichen und Armen, Mächtigen und Untergebenen, Gebildeten und Ungebildeten, Gesunden und Kranken, Gläubigen (aller Konfessionen) und Ungläubigen.

---

[4] Staatsarchiv für Oberbayern, München, kl. 432/I,16–19.

[5] Parchment Book, Institutsarchiv München, 41–42.

[6] Aufschrift zu: Gemaltes Leben Mary Wards, 50 Bilder über ihr Leben, im Haus der Congregatio Jesu in Augsburg, 30 (unterer Ausschnitt).

Das Besondere dabei ist: Mary soll außerhalb von Klostermauern und damit ohne Klausur einen Orden gründen, der von einer Frau geleitet wird und der nur dem Papst unterstellt ist. Für das 17. Jahrhundert war dieses Konzept zur Konstitution einer Frauenkongregation noch ganz und gar ungewöhnlich. „Die größte Schwierigkeit aber lag letztlich in der Stellung der Frau in der Gesellschaft und leider auch in der Kirche jener Zeit. Der Mann war der Herr, die Frau war sein Werkzeug. Rechte besaß sie kaum, wohl aber Pflichten.“[7]

4. Mary Wards apostolischer Dienst in England

Zwischen 1614 und 1621 fährt Mary Ward immer wieder für mehrere Monate nach England. Besonders geeignete, couragierte Gefährtinnen wählt sie für den Dienst in der Heimat aus. Wegen der immer noch gefahrvollen politischen Situation arbeitet nur eine kleine Gruppe dort. Alle Frauen, die sich der Gemeinschaft anschließen wollen, müssen aber für die Zeit ihres Noviziats nach St. Omer.

In England verkleidet Mary Ward sich als einfache Frau und betreut seelsorgerlich Personen, zu denen ein Priester nur unter größter Gefahr gelangen kann. Sie führt geistliche Gespräche mit Menschen, die ihre Beziehung zu Gott verloren haben, oder die nach dem erzwungenen Eintritt in die anglikanische Kirche wieder in die Kirche ihrer Kindheit zurückkehren wollen. Sie bereitet suchende Menschen auf die Sakramente vor, besucht und tröstet Kranke[8] und geht sogar zu den Gefangenen im Londoner Tower. Dabei setzt sie sich der Gefahr aus, verhaftet und gefangen genommen zu werden. „Mary Ward ist gefährlicher als 6 Jesuiten“[9], sagt der anglikanische Erzbischof George Abbot von Canterbury über ihr Wirken in der Heimat.

Um zu einer ratsuchenden Verwandten zu kommen, zieht Mary die Kleider einer Dienerin an. So bleibt sie unerkannt. In Coldham Hall führt sie eine reiche Dame wieder zurück in die katholische Kirche. Was hochgeistigen Männern misslang, gelingt ihr durch einfaches, liebevolles Tun.

Über ihren apostolischen Dienst in England schreibt Mary Ward selbst: „Es war eine sehr ehrenvolle Arbeit; sie ist aber auch sehr anstrengend, wenn sie nicht für den unternommen wird, dem wir alles schulden und mit dessen Gnadenhilfe allein wir sie gut und beharrlich ausführen können.“[10] Ihre Begleiterin und Freundin Mary Poyntz spricht aus Erfahrung, wenn sie über Mary Ward sagt: „Die Rücksicht auf ihre Gesundheit gehörte zu ihren geringsten Sorgen; sie versäumte keine Gelegenheit, wenn sich eine solche für den Dienst Gottes und das Wohl des Nächsten bot. Auch übersah sie keine körperliche und geistliche Not, der sie abhelfen konnte [...]; ihr einziges Warum und Was war auf

[7] Henriette Peters, Mary Ward, ihre Persönlichkeit und ihr Institut, Wien 1991, 202.
[8] Gemaltes Leben 17, linker Ausschnitt.
[9] Vita E – Älteste Lebensbeschreibung Mary Wards in englischer Sprache, f. 21r.
[10] Schulungsbriefe, 46.

Gottes größere Ehre und die Seelen gerichtet, die sich ihm [Gott] zuwandten."[11] Ihre Aufenthalte in England sind äußerst gefahrvoll. Die englische Vita berichtet, dass Mary Ward bei einer Hin- und Rückfahrt über den Kanal zweimal in Gefangenschaft geriet.[12] Trotzdem ist sie so erfüllt von ihrem Dienst, dass sie im Vertrauen auf Gott alle Furcht vergisst: „Du sollst nur dies fürchten, zuviel Furcht zu haben."[13]

Während der Regierungszeit von Jakob I. arbeitet ein anderes Institutsmitglied zwischen 1621 und 1623 in England im Untergrund. Wir kennen nur ihren Vornamen: Dorothy.[14] Sie arbeitet in der Seelsorge, der alleinigen Domäne der Priester. Dorothy lebt bei einer armen Frau, die ihre wahre Identität nicht kennt. Da es gefährlich ist, Kinder öffentlich zu unterrichten, geht Dorothy zu den Familien und betreut dort Kinder und Eltern. Sie lehrt die Menschen beten, vermittelt bei Streitigkeiten, betreut Kranke und versorgt sie mit selbst hergestellten Medikamenten. Priester und Gläubige schätzen sie sehr; freilich war ihnen nicht bekannt, dass Dorothy Mitglied des Institutes war, also ein „gallopping girl" oder eine „running nun", wie die Gruppe um Mary Ward abschätzig genannt wurde.

5. Schuldienst in St. Omer

Die Frauengemeinschaft in St. Omer vergrößert sich zusehends. Auch die Zahl der Schülerinnen nimmt rasch zu. 1615 wohnen in dem Haus in St. Omer ca. 30 Erwachsene und 30 Schülerinnen. Die Schule steht in gutem Ruf. So kommen neben den englischen auch wallonische Mädchen zum Unterricht.

Gelehrt wird: Religion, Französisch, Englisch, Latein, Rechnen, Hauswirtschaft, Handarbeit, Musik, aber auch Krankenpflege. Dabei achten die „Englischen Fräulein", wie die Gemeinschaft mittlerweile in St. Omer genannt wird, besonders auf gute Sitten und Umgangsformen. Der Unterricht ist unentgeltlich.

Über den Unterricht schreibt Mary: „Ich empfehle Ihnen nicht das Lernen, sondern das Wissen, wahres Wissen, welches Sie alle haben können, wenn sie es lieben [...] und suchen. Mangel an wahrem Wissen ist ein großer Mangel [...]"[15]

Bei der Heranbildung ihrer Schwestern und Schülerinnen geht es Mary Ward um die Erziehung zum „Gutsein"; sie meint dabei das „Gutsein" vor Gott. Zu ihren Erziehungszielen gehören auch: Freiheit, Gerechtigkeit und Wahrhaftigkeit.

Unter Freiheit versteht Mary Ward „ein Loslassen, um die Hände frei zu bekommen, um etwas für Gott tun zu können; es ist die Drangabe des Eigenwillens, um frei zu werden für die Erfüllung des Willens Gottes, um mitzuhelfen

---

[11] Älteste Lebensbeschreibung, 37.
[12] A.a.O., f. 22.r.
[13] Nymphenburger Schriften 53, München, 19. Dez. 1628 an Frances Brooxby.
[14] Brief Nr. 8, Institutsarchiv München.
[15] LR = das sog. Liber ruber 241–242.

am Aufbau des Reiches Gottes."[16] Ein freier Mensch ist nach Mary Ward ein Mensch, der sein Glück in der freien Bindung an Gott gefunden hat. Die Verbindung zu Gott schenkt dem Menschen innere Freiheit, so dass er sich selbst und andere annehmen kann. Mary ist überzeugt: Ein in allem nach Gott ausgerichteter Mensch ist gerecht; er bringt alles, was ihm begegnet, in Beziehung zu Gott. Er ist ein Mensch ohne Verstellung: Er ist so, wie er sich zeigt, und er zeigt sich so, wie er ist. Er ist wahrhaftig. Dieses Ideal stellt eine große Herausforderung dar und bringt Mary Ward selbst in Schwierigkeiten. Denn, wer Wahrheit so auffasst, muss alle kluge Diplomatie außer Acht lassen.

6. Der Dienst des Institutes – gefragt, gefürchtet und gehasst

Mittlerweile gründet Mary Ward Niederlassungen in Lüttich, Köln und Trier. Die Zahl der Gönner und Freunde wächst, aber auch die Zahl der erbitterten Gegner. Gerade der Widerstand im englischen Klerus ist groß; hinter der Gründung werden die verhassten Jesuiten vermutet. Aber auch unter den Jesuiten gibt es viele Gegner. Einen Frauenorden nach den Konstitutionen des Ignatius von Loyola, also einen Orden in offener Seelsorgearbeit für Frauen durfte es nicht geben.

Im Jahr 1621 reist Mary Ward zu Fuß mit einigen Gefährtinnen von Lüttich nach Rom, um die Genehmigung für ihre Gründung persönlich beim Papst zu erbitten. Papst Paul V. ist offen für die neue Gemeinschaft. Er verspricht Mary Ward, alles für die Bestätigung ihres Ordens zu tun, sofern die Gesetze der Kirche dafür sprechen.

Und gerade an diesem Punkt wird es schwierig. Das Konzil von Trient (1545–1563) hatte die Regeln für Ordensgemeinschaften neu festgelegt. Die weiblichen Orden unterstanden einer strengen Klausur. Die Frauen durften weder Besuch empfangen noch das Kloster verlassen. Der Dienst von Mary Ward und ihrer Gemeinschaft aber konnte nicht hinter Klostermauern ausgeübt werden. Die Engländerin hofft auf eine Ausnahmeregelung. Aber es ist bereits Sand ins Getriebe gekommen. In Rom liegen gehässige Beschwerden und Verleumdungen aus England vor. Der päpstliche Stuhl verweigert Mary die Bestätigung ihres Ordens.

Um dem Papst die Integrität ihrer Gründung zu zeigen, eröffnet Mary Ward Schulen in Rom, Neapel und Perugia. Aber trotz großen Zulaufs schweigt der Papst. Die Kongregation Propaganda Fidei hat schon längst die Vernichtung dieses neuartigen Ordens beschlossen. Die Häuser in Rom, Neapel und Perugia müssen wieder geschlossen werden.

Als Mary Ward erkennt, dass sie die Approbation nicht erhalten wird, verlässt sie Rom. In München wird sie von Kurfürst Maximilian I. freudig aufgenommen. Weitere Schulgründungen folgen in Wien und Pressburg (Bratislava). Der Plan für ein Haus in Prag jedoch scheitert am Widerstand der Gegner.

---

16 Schulungsbriefe, 111.

Erneut reist Mary Ward nach Rom, um dem Papst und seinen Kardinälen ihren Institutsplan vorzustellen. Aber auch dieses Mal muss sie unverrichteter Dinge zurückkehren. Nach einer Bulle, in der Urban VIII. das Institut als „Unkraut in der Kirche" bezeichnet, das ein für allemal ausgerissen und vernichtet werden müsse[17], wird die Einrichtung aufgehoben. Viele verlassen die Gemeinschaft. Mary Ward selbst kommt als Gefangene für zweieinhalb Monate in den Anger in München.

Danach reist sie noch einmal nach Rom, um beim Papst ihre Rehabilitation zu erbitten. Dem Pontifex gegenüber äußert sie: „Heiliger Vater, weder bin ich, noch war ich jemals eine Häretikerin". Er unterbricht sie mit den Worten: „Wir glauben es, Wir glauben es, Wir brauchen keinen weiteren Beweis."[18] Es scheint, dass Urban VIII. sowohl ihre Schuldlosigkeit als auch die Boshaftigkeit ihrer Gegner erkannt hat. Wenn sie der Klausur zustimmen würde, wäre er bereit, ihrem Institut die Genehmigung zu erteilen. Diese Bedingung aber kann sie nicht erfüllen, denn sie widerspricht dem Ideal, der freien apostolischen Tätigkeit. Somit bleibt das Institut aufgehoben. Sie erhält von Urban VIII. lediglich die Erlaubnis, dass ihre Getreuen weiter in der religiösen Erziehung arbeiten und private Gelübde ablegen dürfen.

Mary Ward kehrt nun nach England zurück. Dort stirbt sie 1645 ohne jede Verbitterung in dem Vertrauen, dass Gottes Wort wahr ist und dass er „für alles seine Zeit hat"[19]. Auf ihrem Grabstein steht: „Die Armen lieben, in dieser Liebe verharren, mit ihnen leben, sterben und auferstehen, das war alles, was Mary Ward erstrebte [...]" Die Armen, das waren zur Zeit Mary Wards die von Kirche und Gesellschaft benachteiligten Mädchen und Frauen, und es waren die Menschen, die von Verfolgung und Kriegen heimgesucht waren.

7. Die Gefährtinnen Mary Wards nach ihrem Tod

Die Gefährtinnen Mary Wards geben nicht auf, sie glauben, dass ihre Vision eine Zukunft hat. Der Hauptsitz der Englischen Fräulein, ist zunächst München. Mary Poyntz, eine der engsten Vertrauten Mary Wards, gründet 1662 eine Niederlassung in Augsburg. Es ist die erste Neugründung nach ihrem Tod. Die Einrichtung besteht aus einer Grundschule für Arme, einem Tagesheim und einem Internat für die mittleren und oberen Klassen. Bislang gab es in Augsburg so gut wie keine Unterrichtsmöglichkeiten für Mädchen. Bischof von Freyberg stellt die Englischen Fräulein 1680 als Ordensfrauen für das Augsburger Bistum unter seinen Schutz; ein wichtiger rechtlicher Schritt für eine Gemeinschaft, die nach dem eigentlichen Kirchenrecht nicht existiert. Von Augsburg aus entstehen Häuser in Bayern und in England, die den Ortsbischöfen

---

17 Vgl. Peters, Mary Ward, 855ff. Der vollständige Text der Bulle „Pastoralis Romani Ponticis" findet sich z.B. bei Jakob Leitner, Geschichte der Englischen Fräulein und ihrer Institute, Regensburg 1869.

18 Vgl. Peters, Mary Ward, 886, zit. n. Älteste Lebensbeschreibung, f. 50r.

19 Nymphenburger Schriften 31.

unterstehen. Das ist ein Kompromiss, den die Gefährtinnen Mary Wards um der Zukunft willen eingehen. Auch die Bischöfe von Freising und Salzburg nehmen die Englischen Fräulein als Gemeinschaft in ihr Bistum auf.

Immer wieder versuchen die Frauen, eine offizielle Bestätigung für das Institut zu bekommen. 1703 bestätigt Papst Clemens XI. die sog. 81 Regeln, nach denen die Schwestern leben. Sie sind ein kleiner Ausschnitt aus den Konstitutionen des Ignatius von Loyola. Dies ist eine erste päpstliche Anerkennung. Die Gemeinschaft kann die Privilegien von Ordenshäusern nutzen, die Frauen sind aber nicht an die strengen Vorschriften der Klausur gebunden, weil sie nicht als richtige Ordensleute gelten. Das Institut wird jetzt „Institutum Mariae" genannt. Verschiedene Häuser werden in Bayern, Österreich, Südtirol errichtet. 1749 erkennt Papst Benedikt XIV.[20] das Amt der Generaloberin an mit den berühmten Worten: „Lasset die Frauen durch Frauen regieren."[21] Das Institut hat nun eine Generaloberin, aber nach außen hin keine Gründerin. Mary Ward darf nicht genannt werden, da das jetzige Institut nichts mit der Gründung Mary Wards gemein habe! Daher wird das „Institutum Mariae" umbenannt in „Institutum Beatae Mariae Virginis", um sicher zu gehen, dass sich der Name Maria nicht auf Mary Ward bezieht. Die Gemeinschaft erhält die Klausurfreiheit, untersteht aber dem Bischof.

Von Österreich aus werden Häuser in Prag und Budapest errichtet. Während der Säkularisation (1803) werden die meisten Häuser in Bayern aufgehoben. Augsburg, Bamberg und Aschaffenburg bleiben bestehen. Sie sind zu arm an materiellen Gütern, um für den Staat interessant zu sein. Außerdem bringt der Unterricht der Mädchen den Städten viel Nutzen. Neue Institutsmitglieder dürfen die Schwestern aber nicht mehr aufnehmen. Die drei verbliebenen Häuser helfen beim Neuanfang nach der Säkularisation tatkräftig mit. Von München aus gehen Schwestern wenig später auch nach Patna (Indien) und nach Bukarest.

Noch während der Säkularisation hatte der Bischof von Dublin zur Gründung eines eigenen Zweiges animiert. In Rathfarnham entsteht der irische Loretozweig. Frances Ball gründet verschiedenste Niederlassungen in Irland, England, Spanien, in Nordamerika, in Kalkutta und in Gibraltar. Von Toronto aus entsteht ein weiterer Zweig, der sich vor allem in Australien ausbreitet.

Im 19. Jahrhundert unternehmen die Schwestern wiederum einen Vorstoß zur Bestätigung der Gemeinschaft, diesmal von England aus mit Unterstützung des englischen Jesuiten Morris. Erstaunlicherweise bestätigt Papst Pius IX. die Gemeinschaft 1877 als Institut päpstlichen Rechts. Inzwischen sind 232 Jahre seit dem Tod Mary Wards vergangen!

Pius X. erkennt Mary Ward 1909 als Gründerin des Institutes an. Seit dieser Zeit dürfen die Schwestern öffentlich von ihrer Gründerin sprechen.

---

20 Vgl. Wright Mary, Mary Ward´s Institute, The Struggle for Identity, Sydney 1997, 71ff.

21 Vgl. Institutum Beatae Mariae Virginis IBMV, Maria Ward und ihr Institut, 89.

8. Der Dienst der Congregatio Jesu heute

Heute sind die Schwestern Mary Wards auf allen Kontinenten tätig. In Westeuropa lag der Schwerpunkt in den vergangenen Jahrhunderten fast ausschließlich im Schuldienst und im erzieherischen Bereich. Mittlerweile haben sich die Akzente des Engagements der Schwestern verschoben. Andere Tätigkeitsfelder sind – weltweit – in den Vordergrund getreten: Exerzitien- und geistliche Begleitungsarbeit, Mitarbeit in der Pfarr- und Kategorialseelsorge, besonders in der Jugendarbeit, der Krankenhaus- und Telefonseelsorge, als Formen des Dienstes an den Sinn und Orientierung suchenden Menschen unserer Zeit.

Traudel Weber-Reich

Louise von Marillac (1591–1660)[1] Urheberin der Mutterhäuser

Louise von Marillac, Gemälde von Gaspard Duchange (1662–1756), Mutterhaus der Kongregation vom hl. Vincent de Paul, Paris.

1. Rezeptionsgeschichte

In der Geschichtsschreibung wird das Lebenswerk von Louise von Marillac, verwitwete Le Gras, niemals für sich allein dargestellt, sondern immer in engster Verbindung mit dem des Missionspriesters Vinzenz von Paul (1581–1660), ihrem geistlichen Weggefährten. Beide Persönlichkeiten hat die katholische Kirche als überragende Gestalten der Karitas in Frankreich anerkannt und heiliggesprochen, Vinzenz von Paul schon 1737, Louise von Marillac, mit einer bemerkenswerten Verzögerung von fast 200 Jahren, erst 1934. Dennoch ist sie bis heute weit weniger bekannt als er: Die Pflegegenossenschaft der *Barmherzigen Schwestern vom heiligen Vinzenz von Paul* trägt seinen Namen, der mit der weltweiten Ausbreitung der *Vinzentinerinnen* auch hohe Bedeutung erlangte. Mithin ist Vinzenz von Paul in der Pflegegeschichte als der Initiator der organisierten weiblichen Krankenpflege des christlichen Abendlandes fest verankert.[2]

Otto Schnelle, einer seiner Biographen, verweist auf seine geistige Verwandtschaft mit dem Gründer der Inneren Mission, Johann Hinrich Wichern (1808–1881), der Leitfigur der evangelischen Diakonie in Deutschland.[3] Wichern seinerseits ließ bereits 1848 in seinem Periodikum „Fliegende Blätter aus dem

---

[1] Frau Dr. Adelheid von Hauff danke ich herzlich für ihre Anregung zu diesem Beitrag und Frau Dr. Heidi Gidion für ihre hilfreichen Kommentare bei der Abfassung des Textes.

[2] Vgl. u.a. Mary Adelaide Nutting/Lavinia Lloyd Dock, Geschichte der Krankenpflege. Die Entwicklung der Krankenpflegesysteme von Urzeiten bis zur Gründung der ersten englischen und amerikanischen Pflegerinnenschulen. Aus dem Englischen übersetzt und ergänzt von Agnes Karll, Berlin 1910, 427ff; Erwin Gatz, Kirche und Krankenpflege im 19. Jahrhundert. Katholische Bewegung und karitativer Aufbruch in den preußischen Provinzen Rheinland und Westfalen, Paderborn u.a. 1971, 256ff; Eduard Seidler, Geschichte der Medizin und der Krankenpflege, Stuttgart u.a. [6]1993, 132ff; Horst-Peter Wolff/Jutta Wolff, Geschichte der Krankenpflege, Basel/Eberswalde 1994, 88ff.

[3] Otto Schnelle, Vinzenz von Paul aktuell, Leutesdorf 1980, 27.

Rauhen Hause“ einen ausführlichen Bericht über „Vincentius von Paula“ erscheinen, worin dieser ohne Einschränkung als Vater und Lehrer der Barmherzigkeit im europäischen Raum gewürdigt wurde. Und hier wurden die Lesenden zugleich auf Louise von Marillac aufmerksam gemacht. *Sie* sei es gewesen, die dem Freund Vinzenz vorschlug, junge Frauen ohne familiäre Bindung für die Armen- und Krankenpflege zu gewinnen, und *sie* „erbot sich selbst, augenblicklich eine Anzahl derselben in ihr Haus zu nehmen, um ihnen [sie] den Dienst zu lehren“. Zwei Jahre danach, Ende 1633, begann die „Ausbildung“ mit vier zum Krankendienst geeigneten Bewerberinnen. „Schon im folgenden Jahre“, so der Bericht weiter, „begannen diese ersten sœurs grises [graue Schwestern], oder wie sie das Volk so schön nannte, filles de charité [Töchter der Nächstenliebe/Barmherzige Schwestern] ihre so unendlich segensreiche Tätigkeit“.[4] Offensichtlich hob der Berichterstatter Louise von Marillacs Eigenständigkeit bei der Initiierung und Konstituierung der *Filles de la Charité* sowie der Etablierung des Modells *Mutterhaus* hervor, in dem Frauen institutionalisiert den geschulten Beruf Pflege ergriffen. Inhaltlich entspricht dies einem zeitgenössischen Bericht von Louis Abelly (1604–1691), der 1710 in deutscher Übersetzung erschienen war. Abelly schrieb Louise von Marillac eindeutig die Stiftung und Leitung der Gemeinschaft der Barmherzigen Schwestern zu, wenn es heißt: „Sie war Stiffterin und erste Oberin der Versammlung einiger lediger Weibsbilder / welche Töchter der Göttlichen Nächsten-Lieb /und Dienerinnen der Armen genannt werden. Ihr End-Ziel aber und Vorhaben ist /die Armen bedienen /absonderlich wann sie erkrancken.“ Gott selbst habe sie „mit erforderten Tugend und Geschicklichkeit darzu begabet“.[5]

Weit nachhaltiger als Abelly und Wichern dürfte jedoch der lutherische Theologe Gerhard Uhlhorn (1826–1901), ein Förderer der weiblichen Diakonie, insbesondere der Diakonissenbewegung, das Bild von Louise von Marillac in Deutschland geprägt haben. In seinem 1890 erschienenen viel beachteten Standardwerk „Die christliche Liebesthätigkeit seit der Reformation“ beschreibt er ihre Position als Vinzenz von Paul untergeordnet, vergleichbar mit der geschlechterhierarchischen Stellung von Vorsteher (Inspektor, Mutterhauspastor) und Vorsteherin in einem Diakonissenmutterhaus Kaiserswerther Prägung. So meint Uhlhorn, Luise von Marillac sei „immer nur Vinzenz Mitarbeiterin gewesen, und so innig ihr Verhältnis zu einander ist, so unbedingt sich Luise von Vinzenz leiten lässt, immer hat ihr Verhältnis zu einander nur Bedeutung für ihre gemeinsame Arbeit [...] während Vinzenz in den barmherzigen Schwestern

---

[4] Anonym, Vinzentius von Paula, in: Fliegende Blätter aus dem Rauhen Hause zu Horn bei Hamburg, hrsg. v. Johann Hinrich Wichern, 5, 1848, 17ff, 33ff, 49ff, 69ff, bes. 51.

[5] Louis Abelly, Neuer Und von allem eygennutzigen Absehen Gantz reiner Spiegel Der Uhralten Apostolischen Vollkommenheit. Oder Lebens- und Tugend-Beschreibung Des Verehrungs-Würdigen Diener Gottes Vincens von Paul [...]; Sambt einem kurzen Bericht Von unterschiedlichen vornehmen Damen [...], erste Übersetzung aus dem Französischen von Georg Adam, Wien 1710, 316–319.

eine Genossenschaft stiftet, welche für die Liebesthätigkeit epochemachend wird."[6] Dem Missionspriester allein wird hier das bahnbrechende Werk zugeschrieben, während Louise von Marillac der zweite Rang genügen sollte: eine so geschätzte wie gehorsame Dienerin des Mannes gewesen zu sein. Diese Konstellation entspricht Luthers Familienmodell; sie erfüllt hier die Funktion eines starken Gegengewichts zu den Emanzipations- und Bildungsbestrebungen der zeitgleich an Einfluss gewinnenden Frauenbewegung. Dabei erscheint die um 1890 aufgeworfene *Diakonissenfrage* als besonders brisant, durch welche erstmals der Drang zur Alleinherrschaft von Pastoren in Diakonissenmutterhäusern öffentlich angeprangert wurde.[7]

Verfolgen wir die Rezeptionsgeschichte von protestantischer Seite her noch einen Schritt weiter mit dem 1905 von Eduard Freiherr von der Goltz (1870–1939) veröffentlichten biographischen Überblickswerk „Der Dienst der Frau in der christlichen Kirche". Auch von der Goltz zählt die Katholikin zu den herausragenden Frauengestalten der Christenheit, und auch er hält sie lediglich für eine gehorsame Mitarbeiterin des Mannes. Bildlich dargestellt mit freundlichem Lächeln, schleierartiger Kopfbedeckung und bekleidet mit einem einfachen Gewand aus grobem Stoff, steht Louise von Marillac vorbildhaft am Anfang der Geschichte der organisierten weiblichen „Liebestätigkeit", die er mit Protestantinnen wie Gräfin Erdmuthe Dorothea von Zinzendorf, geborene Gräfin von Reuß (1700–1756), Fürstin Pauline von Lippe-Detmold, geborene Prinzessin von Anhalt-Bernburg (1769–1820), Amalie Wilhelmine Sieveking (1794–1859) und der ersten evangelischen Diakonisse Gertrud Reichardt (1788–1869) aus Kaiserswerth würdig fortsetzt. In seinen theoretischen Ausführungen preist von der Goltz – ausdrücklich in Abwendung vom „sehr gefährlichen Feind" Frauenbildung – die Familie als die von Gott gewollte einzige Lebensform der Frau, entweder im eigenen Haus oder mit größerer Bewegungsfreiheit in einer familienartigen Gemeinschaft, die ihr eine berufsmäßige Arbeit ermögliche. Aber in jedem Fall müssten sich ihre Arbeitsbereiche auf das Nähren, Pflegen, Behüten, Bewahren und Ordnen beschränken, während alle Aufgaben der Leitung, der Vermögensverwaltung, der Organisation im größeren Stil und überhaupt des Kampfes um Macht und Sicherheit dem Mann zufielen. Vinzenz von Paul erschien ihm geradezu als Musterbeispiel für seine zentrale Behauptung: „Die schöpferischen Organisationen sind auch in der Geschichte überall von Männern ausgegangen."[8]

---

[6] Gerhard Uhlhorn, Die christliche Liebesthätigkeit seit der Reformation, Stuttgart 1890, 182ff, 212ff.

[7] Traudel Weber-Reich, „Wir sind die Pionierinnen der Pflege...". Krankenschwestern und ihre Pflegestätten im 19. Jahrhundert am Beispiel Göttingen, Bern u.a. 2003, 104ff.

[8] Eduard Freiherr von der Goltz, Der Dienst der Frau in der christlichen Kirche. Geschichtlicher Überblick mit einer Sammlung von Urkunden, Potsdam 1905, 54ff, 101ff.

2. „Makel ihrer irdischen Existenz“

Wenden wir uns nun der neueren Marillac-Forschung zu. Die wissenschaftliche Aufarbeitung der Geschichte der Vinzentinerinnen wird heute mit Akribie vor allem von Angehörigen der Kongregation der Vinzentinerinnen anhand von Quellentexten betrieben. Zum 400. Geburtstag von Louise von Marillac veröffentlichte 1990 der holländische Vinzentiner und Professor für Kirchengeschichte Sjef Sarneel eine geistliche Biographie über sie. Hierzu ist zu erwähnen, dass die historischen Dokumente für die weltliche Forschung bisher nicht in vollem Umfang frei zugänglich sind. Alfonsa Magdalena Richartz vom Mutterhaus in Köln-Nippes stellt in ihrer 1988 veröffentlichten Biographie über Louise von Marillac und in mehreren bisher unveröffentlichten Schriften aufschlussreiche neue Erkenntnisse vor, die den Ursprung der geschulten Schwesterntätigkeit vom weiblichen Standpunkt aus plausibel erklären. Auf sie stützen sich hauptsächlich die vorliegenden Ausführungen.[9]

Louise von Marillac wuchs ohne Mutter auf. Sie wurde wahrscheinlich am 12. August 1591 in Paris von einer Frau geboren, die sie nie kennen lernte und deren Namen sie nicht wissen sollte. Unter Heinrich IV. (1553–1610) war Paris nach mehreren Kriegen zwischen der „katholischen Partei“ und den Hugenotten (der calvinistischen „Kirche des reformierten Wortes“) verwüstet.[10] Es ist nicht auszuschließen, dass die Mutter in den Kriegswirren umkam. Der Vater Louis von Marillac, Seigneur der Herrschaft von Ferrières, stammte aus einem einflussreichen Adelsgeschlecht. Sein Bruder Michel war der Siegelbewahrer des Reiches und vertrat somit eines der höchsten königlichen Ämter. Seit drei Jahren war Louis von Marillac Witwer, und sein erstes Kind Louise nannte man seine „natürliche Tochter“, ein uneheliches Kind also, dem man den Namen der Mutter vermutlich verheimlichte. Aber der wohlhabende Vater gab ihr seinen Namen und sicherte ihr in einem notariellen Vertrag eine jährliche Rente auf Lebenszeit zu.[11] Doch ein Elternhaus gab er ihr nicht, auch nicht, nachdem er 1595 Antoinette Le Camus geheiratet hatte und die zweite Tochter Innocente geboren war.[12]

Louise von Marillac kam mit kaum vier Jahren in die Obhut einer Tante gleichen Namens, die Nonne im königlichen Dominikanerinnenkloster in Poissy bei Paris war, wo sie eine standesgemäße Erziehung und schließlich sogar eine humanistische Bildung erhielt. Später, vermutlich nach dem frühen Tod des

---

9 Ich bedanke mich bei Schwester Alfonsa M. Richartz für die unveröffentlichten Schriften und edierten Quellen, die sie mir freundlicherweise für diesen Beitrag zur Verfügung gestellt hat.

10 Ernst Walter Zeeden, Hegemonialkriege und Glaubenskämpfe 1556–1648 (Propyläen Geschichte Europas 2), Frankfurt am Main 1977, 286–320.

11 Vertrag im Wortlaut siehe Sjef Sarneel, Den Menschen zuliebe. Louise von Marillac. Geistliche Biographie in Selbstzeugnissen, mit einem Vorwort von Otto Schnelle, Freiburg u.a. 1990, 11.

12 Hier und im Folgenden vgl. Alfonsa Magdalena Richartz, Eine ungewöhnliche Mutter, Louise von Marillac, Leutesdorf 1988; Sarneel, Menschen.

Vaters 1604, zog die Heranwachsende in ein einfaches Pensionat, das einer „armen Demoiselle" gehörte und in dem sie das gewöhnliche Haushalten erlernte. Hier malte sie Aquarelle mit religiösen Motiven, die noch heute erhalten sind. Richartz hebt Louises breit gefächerte Bildung hervor, insbesondere ihre Kenntnisse der philosophischen und theologischen Literatur sowie ihre Begabung in der bildenden Kunst.[13]

Kirche und Gesellschaft sahen damals für Frauen nur zweierlei Existenzberechtigungen vor: entweder in der Ehe oder im Kloster. Louise von Marillac entschied sich für das harte entsagungsvolle Leben bei den „Töchtern der Passion" im Orden der Kapuzinerinnen. Hier zeigt sich zum ersten Mal ihr Verlangen, sich mit dem Leiden auseinanderzusetzen und an ihm teilzuhaben. Ungeachtet dessen wurde sie im Alter von 22 Jahren von ihren Verwandten mit Antoine Le Gras verheiratet, einem Sekretär der Maria von Medici (1573–1642), die nach der Ermordung ihres Gemahls Heinrich IV. die Regierung vorübergehend übernommen hatte. Fortan trug Louise Le Gras den Titel „Mademoiselle", nicht „Madame", der dem Adel vorbehalten blieb, denn ihr Ehemann war von niederer Herkunft.[14] Aus der Ehe ging der Sohn Michel-Antoine als einziges Kind hervor. Das Familienleben in angesehenen, begüterten Kreisen erlebte Mademoiselle Le Gras zunehmend als seelische Belastung. Bald löste es in ihr eine schwere depressive Krise aus, in der sie erwog, ihren Mann zu verlassen. Im Kern ging es wohl um das Stigma ihrer unehelichen Geburt, also um „den Makel ihrer irdischen Existenz" und ihr nicht eingehaltenes Gelübde, Nonne zu werden.[15]

3. Vision vom freien Kommen und Gehen

In den Jahren 1618 und 1619 hielt sich der Bischof von Genf, Franz von Sales (1567–1622), in Paris auf. Zu ihm unterhielt Mademoiselle Le Gras enge Kontakte, und es ist naheliegend, dass er ihr von den *Salesianerinnen* berichtet hat, dem Orden von der Heimsuchung Mariens, auch *Visitandinnen* genannt, der 1610 von Johanna Franziska von Chantal (1572–1641) mit seiner Unterstützung für den Armen- und Krankendienst gegründet worden war.[16] Jedenfalls besuchte Louise Le Gras danach mehrmals eine Pariser Gruppe von Visitandinnen, als deren Superior Vinzenz von Paul fungierte.[17]

Sie kam somit schon während ihrer Ehejahre mit Persönlichkeiten in Berührung, die einer in Frankreich aufbrechenden religiösen Erneuerungsbewegung angehörten. Man sprach vom *milieu dévot*, einem frommen gesellschaftlichen Klima, das von aristokratischen Laien, neuzeitlichen Seelsorgern und reformwil-

---

13 Richartz, Mutter, 9ff.

14 Sarneel, Menschen, 14.

15 Richartz, Mutter, 22ff.

16 Leonard Holtz, Geschichte des christlichen Ordenslebens, Zürich ^{2}1991, 230f.

17 Sarneel, Menschen, 19.

ligen Bischöfen geschaffen und getragen war. Franz von Sales und Vinzenz von Paul gelten bis heute als deren wichtigste Repräsentanten.[18]

Im Jahr 1623 erfuhr Louise Le Gras an Pfingsten eine Vision, die ihr eine neue Perspektive eröffnete: Sie schaute ihre Aufgabe in der Armen- und Krankenpflege. Später schrieb sie darüber: „Es wurde mir klar, daß ich bei meinem Gatten bleiben müsse und daß eine Zeit kommen und ich imstande sein würde, Armut, Keuschheit und Gehorsam zu geloben, und daß ich in einer kleinen Gemeinschaft leben würde, in der einige dasselbe täten. Und ich begriff, daß ich dann an einem Ort sein würde, um dem Nächsten zu dienen. Doch ich konnte nicht begreifen, wie das alles möglich sein sollte, weil da ein Kommen und Gehen sein muß [...] Gott war es, der mich über alles unterwies, und da es einen Gott gibt, durfte ich am übrigen nicht zweifeln [...].“[19]

Ein offenes Haus von Frauen schien ihr schon allein deshalb unvorstellbar, weil freie religiöse Frauengenossenschaften von der römisch-katholischen Kirche, trotz des eingeschlagenen Reformkurses, nicht geduldet waren, wie es das Konzil von Trient 1563 bestätigt hatte.[20] Zwar war mit der Italienerin Angela von Merici (1474–1540)[21] erstmals eine Frau hervorgetreten, die einen unabhängigen weiblichen Verein für Mädchenerziehung und -bildung unter dem Patronat der heiligen Ursula gegründet hatte, die jedoch in ihrer ursprünglichen Form von Papst Pius V. (1566–1572) 1566 aufgelöst wurde. Danach mussten sich die Ursulinen neu zu einem Orden mit strenger Klausur, Gelübden, Ordenskleid und Chorgebet konstituieren. Ähnliches erlebten Johanna Franziska von Chantal mit ihren Salesianerinnen und die Engländerin Maria Ward (1585–1645)[22] mit ihrem Institut der Englischen Fräulein. Sie zählen heute zu den wichtigsten Vorreiterinnen für die weibliche Berufstätigkeit, die sich im kollektiven Rahmen bald für die Aufgaben der Erziehung, Schulbildung, Krankenpflege, Mission und Seelsorge auf Dauer durchsetzen sollte.[23]

Demgegenüber förderte die kirchliche Erneuerung von Rom aus die Entstehung freier religiöser Männergemeinschaften. Eine dieser neuen Kongregationen, die *Frères de la Charité,* hat der Portugiese Johann Ciudad (1495–1550) 1540 in Granada ins Leben gerufen zur Ausübung der barmherzigen Krankenpflege. Die *Barmherzigen Brüder* legten wie Ordensbrüder die Gelübde des Gehorsams, der Armut und der Ehelosigkeit ab und dazu noch ein viertes, das der Hospitalität, der Verpflichtung zum Krankendienst, aber nur für den Dienst an männlichen Kranken.[24]

---

18 Holtz, Ordensleben, 228f.

19 Louise von Marillac, zit. n. Sarneel, Menschen, 17f.

20 Vgl. Wolfgang Schaffer/Erwin Gatz, Sozial-caritativ tätige Orden, in: Erwin Gatz (Hrsg.), Caritas und soziale Dienste (Geschichte des kirchlichen Lebens in den deutschsprachigen Ländern seit dem Ende des 18. Jahrhunderts 5), Freiburg u.a. 1997, 91–110.

21 Vgl. in diesem Band: Anne Conrad, Angela Merici.

22 Vgl. in diesem Band: Monika Glockann, Mary Ward.

23 Holtz, Ordensleben, 218f, 230f.

24 Vgl. a.a.O.,215; Wolff/Wolff, Krankenpflege, 85ff.

Nach 13-jähriger Ehe starb Antoine Le Gras am 21. Dezember 1625. Daraufhin nahm seine Witwe ihren Geburtsnamen von Marillac wieder an, verließ das vornehme Pariser Stadtviertel Marais, in dem sie bisher gewohnt hatte, und zog in die Pfarrei St. Nicolas du Chardonnet, wo sie mit Vinzenz von Paul zusammentraf. Dieser betätigte sich als Pfarrer auf den Landgütern der Familie de Gondi und gründete mit finanzieller Unterstützung von Madame de Gondi das Priorat St. Lazarus, das große Ländereien und eine Vielzahl von Gebäuden umfasste: Bauernhöfe, eine Kirche, Kreuzgänge, ein Irrenhaus und Krankenstationen. Hier bildete er Seelsorger heran, die 1625 die *Kongregation der Missionspriester* bildeten, auch *Lazaristen* oder *Vinzentiner* genannt, und bei denen er als Generalsuperior auch für die Finanzverwaltung verantwortlich war. Seiner Vorstellung entsprechend: „wie die Priester, so das Volk", förderte er im weiten Umkreis von Paris mit gut ausgebildeten Priestern die Evangelisierung der Landbevölkerung und entwickelte dazu seit 1617 mit Laien ein Netz von regionalen Caritasvereinen. Diese trugen den Namen *Confrérie*, *Bruderschaft*, welche mit *Schwesternschaft* zutreffender bezeichnet gewesen wären, genossen doch deren weibliche Mitglieder, *Les Dames de Charité*, wie die Männer die Freiheit, die Notleidenden in ihren Häusern aufzusuchen, um ihnen Nahrung, Kleidung, Medikamente und sonstige Almosen zu bringen – eine Wiederbelebung kirchlich-diakonischer Praxis![25] Auf Vinzenz von Pauls Antrag hin wies die Königin alle zivilen und militärischen Behörden an, die Helfer und Helferinnen bei ihren Aufgaben nicht zu behindern, und übertrug ihm die Vollmacht eines Staatssekretärs für die verwüsteten Provinzen. Infolgedessen richteten die Städte und Dörfer ihre Hilfegesuche an ihn. Klug und weitsichtig setzte er seine Ressourcen ein, wobei der Grundsatz galt: „Wenn jemand Kraft hat, soll man ihm Werkzeug je nach seinem Beruf besorgen, damit er arbeitet [...] und dann nichts mehr."[26]

Damit reagierte Vinzenz von Paul quasi sozialpolitisch „von unten" auf die von Kriegszerstörungen, Steuerlasten, Missernten, Hungersnot und Seuchen heimgesuchte Bevölkerung, also auf das Elend, das Ludwig XIII. und seine ehrgeizigen Kardinäle Richelieu und Mazarin mit ihrem Machtstreben noch verschärften, da sie an vielen Fronten gleichzeitig Krieg führten. Besonnene Männer im Umkreis des Königs, darunter Michael von Marillac, hatten vergeblich versucht, eine friedliche Wende herbeizuführen; Michael starb 1632 in der Festungshaft in Chateaudun. Unter dem Eindruck katastrophaler Verheerungen erhob Vinzenz von Paul am 13. Januar 1648 in einer Sitzung des Pariser Parlaments seine Stimme zu einem Appell: „Die Armen – Millionen von Unschuldi-

---

25 Holtz, Ordensleben, 233f; vgl. Alfonsa Magdalena Richartz, Auf dem Weg mit Vinzenz von Paul, Louise von Marillac, Vorträge und Ansprachen 1998–2005 (Vinzentinische Spiritualität 2), Köln (Selbstverlag) 2005, 19ff, 51ff, 72ff; Schnelle, Vinzenz von Paul.

26 Vinzenz von Paul, zit. n. Richartz, Vorträge, 2005, 57.

gen, die von Haferbrot und Kleie leben müssen – besitzen nichts mehr, ausgenommen ihre Seele, und diese nur, weil man sie ihnen nicht versteigern kann."[27]

Aus dieser Situation heraus erklärte der Missionspriester die Barmherzigkeit und die Mitleidensfähigkeit Christi zum Leitmotiv der Armen- und Krankenfürsorge. Er schrieb: „Erbarmen ist das innerste Geheimnis Gottes. So sagt auch die Kirche, es sei Gott eigen, sich zu erbarmen und den Geist des Erbarmens zu verleihen. Gott schenke uns diesen Geist des Mitleidens und des Erbarmens in Fülle."[28]

4. Die Filles de la Charité – Barmherzige Schwestern

Louise von Marillac war 37 Jahre alt, als sie den Entschluss fasste, sich den *Dames de Charité* anzuschließen. Nach Vinzenz von Pauls Vorschlag begann sie ihre Aufgabe mit einer Visitationsreise zu den *Bruderschaften* in Montmirail, Saint-Cloud, Villepreux, Beauvais, Montreuil, Mesnil, Villaine-Saint-Georges, Asnières Verneuil, Pont-Saint-Maxence, Gournay, La Neufville, Roy und Bulles. Ein weiter, beschwerlicher Weg zu Kutsche und Pferd – zudem eine ungewöhnliche Aktion für eine Frau ihres Standes, da sie unterwegs in Wirtshäusern übernachtete und Versammlungen in Pfarrgemeinden abhielt, was zuweilen Missfallen auch bei Dorfpfarrern erregte. Solche Hürden überwindend, verschaffte sie sich einen Eindruck von der Organisation und der Arbeitsweise der verschiedenen Gruppen der *Dames de Charité*, bot ihnen Unterstützung und griff nötigenfalls korrigierend ein. Die elenden Lebensverhältnisse der Landbevölkerung müssen schockierend auf sie gewirkt haben. Das Ausmaß ihrer Hilfsdienste veranlasste Vinzenz von Paul zu der Mahnung: „Man muß mit den Kräften haushalten, die Gott einem zugeteilt hat. Unser Herr will, daß wir ihm mit Klugheit dienen. Das Gegenteil ist blinder Eifer."[29] Als sie den Vorschlag machte, einen Priester als Schatzmeister für einen Verein zu berufen, lehnte Vinzenz von Paul entschieden ab, und zwar mit der bemerkenswerten Begründung, er habe die Erfahrung gemacht, „daß die Frauen bei diesen Aufgaben von Männern unabhängig sein sollten, sicherlich in Geldangelegenheiten."[30]

Nach Paris zurückgekehrt, unterstützte Louise von Marillac die Gründung derartiger Frauenvereinigungen, die sich meist aus der wohlhabenden Schicht rekrutierten und ihrer Leitung unterstanden. Die karitativen Einsätze erfolgten neben anderen an der Seite von Augustinernonnen im Pariser Großkrankenhaus Hôtel-Dieu, dessen hygienische und organisatorische Missstände berüchtigt waren. Doch erwies sich die Hilfe der Dames de Charité oft als wirkungslos oder zumindest als unzureichend, vor allem wenn diese aus Standesgründen direkte Kontakte zu Kranken mieden und ihre Dienstboten als Ersatz schickten. Zugleich fehlte es den Helferinnen an Kenntnissen und Fertigkeiten für

---

27 Vinzenz von Paul, zit. n. Zeeden, Hegemonialkriege, 316ff.

28 Vinzenz von Paul, zit. n. Schnelle, Vinzenz von Paul, 59.

29 Vinzenz von Paul, zit. n. Richartz, Mutter, 35.

30 Vinzenz von Paul, zit. n. Sarneel, Menschen, 25.

pflegerische Aufgaben.[31] Diese Erfahrung war ausschlaggebend für die Gründung der organisierten geschulten Pflege mit unabhängigen Frauen aus den niederen Ständen.

Unter dem Schutz der Bruderschaft nahm Louise von Marillac am 29. November 1633 erstmals in ihr Haus einige junge Frauen aus dem Bauernstand auf, die sich auf der Grundlage des christlichen Glaubens zu Pflegerinnen ausbilden ließen. Sie nannte sie „Compagnie des Filles de la Charité", und gab ihnen das, was sie selbst nie hatte, nämlich ein Mutterhaus.[32] Louise von Marillac übernahm die Rolle der *Directrice*, *Oberin,* und sprach die jungen Frauen mit *Schwester* an. Sie kleideten sich einheitlich mit der schlichten Tracht von Landfrauen, bestehend aus einem grauen Kleid und einer Haube, deshalb nannte man sie auch *Graue Schwestern*. Für die exklusive Gemeinschaft verfasste die Oberin ein verbindliches *Règlement*, eine Haus- und Lebensordnung.[33]

Zur Gründungsgeschichte gehört auch die Version, die Vinzenz von Paul immer wieder den Barmherzigen Schwestern vortrug, sie lautet: „Euer Beruf, meine Töchter, ist nicht Menschenwerk, sondern Gotteswerk. Gute Werke, deren Urheber nicht aufzufinden ist, kommen ganz gewiss von Gott. Zweifellos hat Gott euch dieses Wirkungsfeld bereitet. Mademoiselle Le Gras [Vinzenz von Paul akzeptierte ihre Namensänderung nicht; Anm. W.-R.] war es nicht, sie dachte nicht daran. Ich selbst noch weniger. Die erste, die diese Liebestätigkeit ausübte, war ein gutes Landmädchen, Marguerite Naseau. Das gute Landmädchen dachte aber keineswegs daran. Somit steht fest, meine Töchter, dass Gott selbst euch auf so geheimnisvolle und ausgezeichnete Weise in diesem Beruf zusammengeführt hat, dass bisher noch kein Mensch auf der Welt etwas daran zu beanstanden fand. Ich suche noch die Person, die da sagt: ‚Das ist nicht gut'. Wer wollte also noch daran zweifeln, dass Gott selbst der Gründer eurer Gemeinschaft sei?"

Die Bauerntochter Marguerite Naseau aus dem Dorf Suresnes bei Paris verkörperte auf ideale Weise das, was man unter einer Barmherzigen Schwester verstand. Sie war arm, oder vielmehr, sie wollte arm sein aus Solidarität mit den Notleidenden, und sie lebte eigenständig; ihre Frömmigkeit erlaubte ihr, sich von Tätigkeiten, Orten und Menschen zu lösen. Neben dem Kühehüten hatte sie aus eigenem Antrieb Lesen und Schreiben erlernt, nur mit Hilfe von Passanten, die sie nach Buchstaben und Wörtern befragte. Ihren Wissensschatz gab sie weiter an Kinder und Erwachsene in den umliegenden Dörfern. Als sie von den

---

31 Richartz, Mutter, 27ff.

32 Nach Richartz wurde der Begriff „La Maison" erstmals für das 1641 erworbene Doppelhaus in der Rue Faubourg-Saint-Denis, Paris, verwendet. Nach dem Tod der beiden Stifter im Jahr 1660 nannte die Kongregation das Pariser Stammhaus „La Maison-Mère", Mutterhaus. Zum Begriff Mutterhaus vgl. Horst-Peter Wolff, Zum Problem der Unschärfe des in der deutschsprachigen Pflegegeschichte benutzten Begriffes „Mutterhaus", in: ders. (Hrsg.), Studien zur deutschsprachigen Geschichte der Pflege, Frankfurt am Main 2002, 10–36.

33 Vgl. Sarneel, Menschen, 27. Zum Titel „Schwester" siehe Richartz, Mutter, 62.

Dames de Charité erfuhr, ging sie nach Paris und unterstützte die Arbeit in der Pfarrei vom heiligsten Erlöser. Den Kranken gegenüber soll sie hingabebereit und geduldig gewesen sein. Vinzenz von Paul sagte von ihr: „Alle Welt liebte sie, weil es nichts gab, was nicht liebenswert an ihr gewesen wäre.“[34] Es war ihr gelungen, weitere junge Landfrauen in die Fürsorgetätigkeit einzubeziehen. Sie trafen sich seit 1630 von Zeit zu Zeit in der Wohnung von Louise von Marillac. Die Sichtweise in diesem Kreis bewirkte etwas Neues: Die Armen dienten den Armen! – Das beinhaltete eine radikale Abkehr vom traditionellen Denken, nämlich vom Almosengeben der Reichen, mit dem sich die Wohltäter das Himmelreich verdienen wollten. Marguerite Naseau starb bereits im Februar 1633, nachdem sie ein pestkrankes Mädchen in ihrem Bett hatte schlafen lassen.[35]

Neun Monaten später nahm Louise von Marillac die verbliebene kleine Gruppe – es mögen fünf oder sechs Landfrauen gewesen sein – bei sich auf, ihre Pfingstvision leitete sie bei dieser Entscheidung.[36] Die Gemeinschaft nahm das *Règlement* als Grundlage für eine neuartige Lebensform und erprobte es intensiv über viele Jahre hinweg. Seine ersten Worte lauteten: „Die Genossenschaft der Barmherzigen Schwestern wurde errichtet, um Gott zu lieben, ihm zu dienen und unseren Heiland, Ihren Schutzherrn, sowie seine jungfräuliche Mutter zu ehren [...] im Dienste der armen Kranken, indem Sie ihnen alles in leiblicher Hinsicht Notwendige besorgen und auch um ihren Geist sich mühen, daß sie im Stande der Gnade leben und sterben.“[37] Dafür war das freie Kommen und Gehen der Schwestern – Louises Vision entsprechend – eine Grundvoraussetzung. Niemals hatte man zuvor erlebt, dass Kranke in ihren Wohnungen aufgesucht und betreut wurden, und genau dies machten sie zu ihrer Aufgabe.[38]

Zu den einzelnen Punkten im Règlement hielt auch Vinzenz von Paul mit den Schwestern Konferenzen ab, die als das Kernstück seiner geistlichen Führung gelten. Doch arbeitet Richartz gerade diesbezüglich aus dem überlieferten Briefwechsel heraus, dass er allein vom März 1640 bis Juni 1642 in 28 Briefen den Konferenztermin absagte, verschob oder sich für einen vergessenen Termin entschuldigte. Und was sich zuvor abgespielt hatte, war für Louise von Marillac enttäuschend wenig: Er hatte seit seiner ersten Konferenz im Juli 1634

---

[34] Pierre Coste, Konferenzen des heiligen Vinzenz von Paul für die Barmherzigen Schwestern. Beruf und Berufstugenden, Bd. I/2, übersetzt aus dem Französischen und zusammengestellt von Norbert Tix, Köln-Nippes (Selbstverlag) 1967, 60ff.

[35] Richartz, Vorträge, 2005, 72ff.

[36] Vgl. Pauline Thorer, Luise von Marillac (1591–1660). Ein Beispiel christlicher Nächstenliebe, in: Paul Imhoff (Hrsg.), Frauen des Glaubens, Würzburg 1985, 155–167: 160.

[37] Pierre Coste, Konferenzen des heiligen Vinzenz von Paul für die Barmherzigen Schwestern, Beruf und Berufstugenden, Bd. I/1, übersetzt aus dem Französischen und zusammengestellt von August Oligschläger, Köln-Nippes (Selbstverlag), 1966, 32.

[38] Coste, Konferenzen, 1966, 51.

keine Sitzung mehr abgehalten bis zum Jahr 1640.[39] Erst danach, das heißt, eine geraume Zeit nachdem sich die Barmherzigen Schwestern konstituiert und etabliert hatten, kam es zu regelmäßigen Zusammenkünften, die letzte, die hundertzwanzigste, am 27. August 1660, vier Wochen vor dem Tod von Vinzenz von Paul.

Tatsächlich also handelte es sich um die Stiftung eines Mutterhauses, nicht eines Vaterhauses. Mutter Louise von Marillac – die im Übrigen weiterhin den Kontakt zu ihrem Sohn aufrecht erhielt – nahm ihre Leitungsfunktionen in der Schwesternschaft umfassend wahr: Sie initiierte und organisierte, sie lehrte und sie formte. Als erste Lehrerin der Barmherzigen Schwestern war sie zunächst weitgehend auf sich gestellt. Sie erteilte den Unterricht in Religion, Lesen, Schreiben und Rechnen, dann in den Regeln der Krankenpflege und der Arzneikunde. Das praktische Lernen vollzog sich im ständigen Erfahrungsaustausch bei der Pflegetätigkeit. Mit äußerster Konsequenz verfolgte sie das Ziel, „gute Christinnen mit soliden Tugenden und brauchbaren Kenntnissen in der Krankenpflege“[40] heranzubilden. Aber nicht alle Bewerberinnen hielt Louise von Marillac für den Pflegedienst befähigt. Eine der Schwestern hielt sie vom Krankendienst fern, indem sie der praxisanleitenden Schwester schrieb: „Ich glaube nicht, daß Sie unserer Schwester das [eine bestimmte Heilmethode; Anm. W.-R.] beibringen sollten, auch nicht, daß sie es lernt. Sie ist nicht fähig dazu, und ich möchte niemanden ihren Versuchen aussetzen.“[41]

Der Form nach bildeten die Töchter der Nächstenliebe eine freie Gemeinschaft von gleichgesinnten Frauen. Sie strebten keine Anerkennung als Orden an, weil eine Klausur die Krankenpflege in den Gemeinden behindert hätte. Allerdings legte Louise von Marillac zusammen mit vier weiteren Schwestern am 25. März 1642 private Gelübde auf Lebenszeit ab, nämlich der Armut, der Keuschheit (Witwenschaft) und des Gehorsams (gegenüber dem Willen Gottes und dem der von Gott eingesetzten Oberen) sowie des Dienstes an armen Kranken. Andere Schwestern folgten ihrem Beispiel, meist jedoch in Form eines einjährigen zeitlichen Gelübdes.[42] So richtete die Schwesternschaft sehr wohl ihr Selbstverständnis an den traditionellen Vorstellungen eines gottgefälligen Lebens aus. Unter den Bedingungen der *Bewegungsfreiheit* jedoch mag ihr Verhalten noch strenger kontrolliert und ihr Seelenleben noch intensiver hinterfragt worden sein, als wenn ein fest gefügter äußerer Rahmen sie umschlossen hätte. Erklärtermaßen musste der persönliche Wille zum Gehorsam, zur Gottesfurcht und zur Bescheidenheit Kräfte auslösen, die Begrenzungen wie Klos-

---

[39] Alfonsa Magdalena Richartz, Auf dem Weg mit Vinzenz von Paul, Louise von Marillac. Vorträge, Ansprachen 1986–1998 (Vinzentinische Spiritualität 1), Köln (Selbstverlag) 1998, 102–113.

[40] Richartz, Mutter, 48. Louise von Marillac verfügte über ein erstaunliches Wissen über Arzneien, Pflege, Medizin und therapeutische Hilfsmittel. Siehe dies., Vortragsmanuskript, Salzburg 2000, 8.

[41] Louise von Marillac, zit. n. Richartz, Vorträge, 1998, 122.

[42] Richartz, Mutter, 77.

termauer, Gitter und Schleier ersetzten. Vinzenz von Paul vermittelte dies für alle Zeiten in seinem populär gewordenen programmatischen Satz:

> „*Ihr habt als Kloster die Häuser der Kranken,*
> *als Zelle eine Mietwohnung,*
> *als Kapelle die Pfarrkirche,*
> *als Klostergänge die Straßen der Stadt und die Säle der Spitäler,*
> *als Klausur den Gehorsam,*
> *als Gitter die Furcht Gottes,*
> *als Schleier die Bescheidenheit*“.[43]

5. Mutterhausgemeinschaft: Erste weibliche Kongregation

Die Schwesternschaft vergrößerte sich und zog im Mai 1636 nach La Chapelle, damals ein Dorf nördlich von Paris. Auch hier fehlte es bald an Räumen, deshalb mietete Louise mit finanzieller Unterstützung einiger Damen der Bruderschaft 1641 in Paris, Pfarrei St. Laurentius, Rue Faubourg-Saint-Denis, zwei Gebäude, und zwar so lange, bis die Gemeinschaft sie als Rechtsträgerin kaufen konnte. Louise von Marillac ließ nach eigenen Vorstellungen notwendige Umbauten zu einem Krankenpflegehaus vornehmen, zu dem Wohnräume für Schwestern, Wirtschaftsräume, Schulzimmer, Krankenzimmer und Ambulanz gehörten, wie ihre Ausführungen belegen: „Im Anschluß an die Backstube die Schule; dann die Verbandsstube für die Kranken; weiter das große Eingangstor, dann ein Wirtschaftshof, wenn möglich, wo der Stall, das Hühnerhaus, ein Schweinekoben, ein Brunnen oder Wasserbehälter, wenn möglich, und eine Düngergrube sein sollen. Oben im Anschluß an das Sprechzimmer ist ein Schlafsaal einzurichten, über dem Schlafsaal die Krankenstube und darüber ein Speicher. In alle oberen Räume muß man über die große Treppe des alten Hauses gelangen können, und wenn möglich ist gegenüber dem Schlafsaal noch ein Klosett anzubringen.“ An den Architekten richtete sie die Erklärung: „Es ist absolut notwendig, daß unser Haus möglichst dörflich und gewöhnlich aussieht. Ich weiß, Sie können sich nur mit Mühe dazu herablassen, weil Sie im allgemeinen groß und vornehm bauen. Aber wenn Sie ein wenig darüber nachdenken, daß unsere Gemeinschaft, wenn sie Zukunft haben soll, in allem ärmlich auftreten muß, werden Sie einsehen, mein Herr, daß es das Werk unseres Herrn ist.“[44]

Federführend in allen Angelegenheiten der Schwesternschaft war zweifellos Louise von Marillac, die entschlossen ihre Ziele verfolgte. Wichtig ist festzuhalten, dass bereits die Filles de la Charité im Besitz eines Krankenhauses mit Ambulanz waren, das sie eigenständig führten und unterhielten. Die Schwestern betätigten sich als heilkundige Pflegerinnen, indem sie Wunden verbanden, zu Ader ließen, aus Kräutern Medikamente bereiteten und diese verabreichten. Im

---

[43] Vinzenz von Paul, zit. n. a.a.O., 75.
[44] Louise von Marillac, zit. n. Sarneel, Menschen, 45.

Umgang mit Kranken waren Respekt, Freundlichkeit, Bescheidenheit und *wahre Demut* die vorrangigen Tugenden. Mit der berufsmäßig ausgeübten Pflege verdienten die Schwestern ihren Lebensunterhalt. Das Geldverdienen war eminent wichtig, weil es die Unabhängigkeit der Schwesterngruppe sicherte. Louise von Marillac schrieb: „Wir müssen arbeiten, um uns das Leben zu verdienen [...] Gott hat uns nicht der Sorge enthoben, unser Brot zu verdienen [...].“[45]

Pflegedienste wurden auch in Landgemeinden, Gefängnissen und Hospitälern geleistet, meist im Zusammenwirken mit den Damen der Bruderschaften. Dabei stießen die Schwestern auf verwandte Berufsgruppen, was gewisse Regelungen erforderlich machte. Als wundärztlich praktizierende Chirurgen sich über den Rückgang ihrer Arbeit durch die begehrten Pflegedienste der Schwestern beklagten, gab Louise von Marillac aus Rücksicht auf diese ihren Pflegerinnen die Anweisung, „unbedingt zu vermeiden, dorthin zu gehen, wohin die Chirurgen gerufen werden könnten.“ Die Schwester „Apothekerin“ wies sie an, „niemanden zur Ader zu lassen, der die Mittel und die Möglichkeit hat, zum Chirurgen zu gehen.“[46] Denn die Methoden der Chirurgen waren auch den Schwestern vertraut und erlaubt, was Konkurrenzsituationen begünstigte.[47] Dagegen ging es im Kontakt mit gelehrten Ärzten einerseits um medizinische Belehrung und andererseits um Arztassistenz, wie Ärzte dies von Chirurgen gewohnt waren. Louise von Marillac beobachtete die Formen der Zusammenarbeit und griff gegebenenfalls regulierend ein: „Daß die Übung in der Behandlung der Kranken und was Sie [die Schwestern] von den Ärzten gelernt haben, Sie nicht zu kühn macht; daß Sie nicht die Klugen spielen und dabei nicht auf die ärztlichen Vorschriften hören und den Anordnungen nicht gehorchen, die man Ihnen erteilt. Und wenn man Ihnen die Ehre erweist, Sie um Ihre Meinung zu fragen, antworten Sie mit großer Demut.“[48]

Demnach warnte die Oberin ihre Schwestern vor dem Trugschluss, eine Einführung in die ärztliche Wissenschaft erlaube ihnen ärztliches Handeln. Vielmehr habe die Schwester den Beruf des Arztes zu respektieren, indem sie dessen Anordnungen annehme und ausführe. Sollte der Arzt seinerseits einen Rat aus dem Berufsfeld Pflege erbitten, so sei die Schwester zur Kooperation bereit, wohl wissend, dass die Pflege einen gesonderten Beitrag zur Krankenbehandlung leiste. Grundsätzlich stellte die Zusammenarbeit von Schwester und Arzt im organisierten Ineinandergreifen von Pflege und Medizin einen wesentlichen Fortschritt dar.[49]

---

[45] Louise von Marillac, zit. n. Richartz, Vorträge, 2005, 47f.

[46] Louise von Marillac, zit. n. Richartz, Vorträge, 1998, 122ff.

[47] Vgl. Seidler, Medizin, 134. Wolff/Wolff, Krankenpflege, 88.

[48] Louise von Marillac, zit. n. Richartz, Vorträge, 1998, 123f.

[49] Vgl. Wolff/Wolff, Krankenpflege, 115f. Die Autoren weisen zu Recht darauf hin, dass die Assistenztätigkeit für den Arzt nicht, wie vielfach angenommen, in der karitativen Krankenpflege wurzelt, sondern im Beruf der früheren Barbiere und Chirurgen.

Eines der großen Pflegeprojekte der Filles de la Charité war die lebensrettende Hilfe für unehelich geborene Kinder. *Bastarde* und *Kinder der Sünde* nannte man sie verächtlich und überließ sie gewöhnlich mitleidlos ihrem Schicksal, ganz nach der gängigen – als christlich missverstandenen – Moral.

Vinzenz von Paul schrieb Anfang 1638 an Louise von Marillac: „Die Dames de Charité sind der Meinung, Ihnen, Mademoiselle, die Bitte vorzutragen, mit den Findelkindern den Versuch zu machen, ob sie mit Kuhmilch ernährt werden können, und deshalb zwei oder drei aufzunehmen."[50] Aus der ersten kleinen Säuglingspflegestelle im Mutterhaus erwuchs ein Kinderheim, untergebracht im Schloss Bicêtre nahe Paris, in dem die Barmherzigen Schwestern eine größere Anzahl von Ammen gegen Entgelt beschäftigten. Das Haus, das die adligen Damen erworben hatten, brachte jedoch Probleme mit sich, weil die Räume zu groß und für die Aufzucht von Kindern ungünstig waren. Aber die Hauptschwierigkeit stellten die Finanzierung und der Materialmangel dar. Dass bald auf den Äckern rund um Bicêtre eine Getreide- und Weinwirtschaft in Betrieb genommen wurde, änderte die ruinöse Lage kaum. Im Oktober 1649 schrieb die Oberin einen verzweifelten Brief an Vinzenz von Paul: „Hochgeehrter Vater, Ich komme gewiß sehr ungelegen, aber wir sind jetzt so weit, daß wir Hilfe bekommen müssen, sofort, oder wir müssen alles aufgeben [...]. Gestern mussten wir Geld leihen, um Getreide für die Kinder in Bicêtre zu kaufen. Es gibt keine Windeln mehr [...]. Lassen Sie die Damen morgen in der Versammlung etwas tun: lassen Sie am Sonntag Geld in den Pfarrkirchen sammeln, lassen Sie Opferstöcke an einem gut sichtbaren Platz aufstellen, lassen Sie die Sammlungen von den Herren Pfarrern und Predigern empfehlen [...]. Ich brauche jetzt Gottes besonderen Beistand, denn alles, was mir begegnet, ist nur Not und Elend."[51] Auch den Ammen konnten die Schwestern nicht mehr gerecht werden: „Mein Gewissen kann das Elend, in dem sich die Ammen auf dem Land befinden, nicht mehr ertragen. Sie fordern ihren gerechten Lohn und sterben vor Hunger. Sie kommen drei- bis viermal die Woche nach Paris und erhalten doch kein Geld [...]."[52] Ein weiterer Hilferuf erging an Kanzler Pierre Séguier: „Weil uns jetzt alles fehlt, nehme ich mir die Freiheit, Ihnen diese Zeilen zu schreiben, weil ich mir nicht die Ehre geben kann, Sie persönlich zu besuchen, um Ihnen zu sagen, daß hundert dieser kleinen Kinder keine Nahrung mehr haben, um die nächsten Festtage zu überleben. Das bedrückt mich so sehr, daß ich mich schuldig fühlen würde, wenn ich nicht Zuflucht zu Ihnen nähme; zu Ihnen, der Sie in so vielen anderen Angelegenheiten schon bewiesen haben, daß sie eine wirkliche Zuflucht der Armen sind [...]."[53] Mit der bedingungslosen Säuglingspflege, die im Kinderheim Bicêtre gut zwanzig Jahre lang aufrechterhalten werden konnte, lieferte Louise von Marillac vielleicht den überzeugendsten

[50] Vinzenz von Paul, zit. n. Richartz, Mutter, 55.
[51] Louise von Marillac, zit. n. Sarneel, Menschen, 64.
[52] Louise von Marillac, zit. n. a.a.O., 65.
[53] Louise von Marillac, zit. n. a.a.O., 62.

Beweis dafür, dass für sie das entscheidende Motiv zur Fürsorge die Bedürftigkeit eines Menschen war, und nicht dessen Missionierung!

Darüber hinaus erwirkte Louise von Marillac die staatliche Erlaubnis zur Erteilung eines unentgeltlichen Schulunterrichts. Arme Kinder, für die keine Bildung vorgesehen war, lernten im Mutterhaus Lesen und Schreiben. Louise von Marillac verfasste für sie einen verständlichen Katechismus und unterwies sie in Religion. Insbesondere die Mädchen- und Frauenbildung entwickelte sich zum zweiten Schwerpunkt der Schwesternschaft. Überall, wo zwei oder drei Barmherzige Schwestern sich auf den Weg machten, um eine neue Niederlassung zu gründen, war wenigstens eine unter ihnen für den Unterricht bestimmt.[54]

Vom Mutterhaus weiter entfernte Einsätze wagte man erstmals 1640, nachdem eine der einflussreichsten Vereinsdamen, Madame Goussault, eine Niederlassung in ihrer Heimatstadt Angers für das dortige Armenhospital Saint-Jean-l'Evangéliste durchgesetzt hatte. Eine Gruppe speziell vorbereiteter Pflegeschwestern zog in den etwa 300 Kilometer entfernt gelegenen Ort, wo Louise von Marillac eigenhändig einen Schwesternvertrag mit den städtischen Administratoren abschloss. In der Pflegegeschichte gilt der Schwesternvertrag von Angers als Muster für alle späteren sogenannten *Mutterhaus-Gestellungsverträge*. Doch die angeblich in dem Vertrag enthaltene Klausel „den ärztlichen Anordnungen hatten sie [die Filles de la Charité] Gehorsam zu leisten," welche also ein Unterordnungsverhältnis von Arzt und Schwester vorgab, das „von schwerwiegender Bedeutung für die weitere Entwicklung der Krankenpflege"[55] gewesen sein soll, erweist sich bei näherer Betrachtung als Fiktion. Denn bei der Sichtung einer vollständigen Abschrift des bisher nicht veröffentlichten historischen Vertrags von Angers, datiert am 1. Februar 1640,[56] stellt sich heraus, dass ein Arzt überhaupt keine Erwähnung fand. Bei dem betreffenden Hospital handelte es sich um ein gewöhnliches Krankenhaus, in dem es keine angestellten Ärzte gab. Wichtig waren geschulte Pflegerinnen, Barmherzige Schwestern, die in der damaligen Zeit eine optimale Versorgung garantierten.

Der Gestellungsvertrag beinhaltete Rechte und Pflichten beider Vertragspartner:

- Die Schwestern blieben in geistlichen und fachlichen Belangen weiterhin dem Pariser Mutterhaus unterstellt. Die Administratoren mussten den Schwestern „alle Freiheit einräumen, nach ihrer Regel zu leben." Das heißt, die Schwestern akzeptierten keine bedingungslose Anpassung.

---

[54] Richartz, Mutter, 72.

[55] Seidler, Medizin, 134ff; Wolff/Wolff, Krankenpflege, 88f.

[56] Alfonsa M. Richartz und Elisabeth Charpy, Generalmutterhaus der Vinzentinerinnen in Paris, sei gedankt für die Einsicht in das Dokument 280: Contrat avec l'Hopital Saint-Jean a Angers (1640) aus der Dokumentensammlung von Elisabeth Charpy, Paris; Übersetzung von Rolf Lutze, Göttingen.

- Die Schwestern waren in weltlicher Hinsicht „vollständig der Autorität der genannten Administratoren unterstellt, die ihnen nach eigenem Gutdünken Anweisungen erteilen können und denen sie genau zu gehorchen haben."
- Die Schwestern erhielten die Erlaubnis, „ihre Aufgabe gegenüber den Armen alleine wahrzunehmen, so dass sie durch die Gemeinschaft und das Verhältnis untereinander den Armen besser dienen könnten." Dies bedeutete auch eine Absicherung gegenüber Konkurrenten.
- Den Schwestern standen Nahrung und Kleidung sowie bei Krankheit Medikamente zu. Sie wurden „insgesamt wie Töchter des Hauses behandelt und nicht wie Dienstmädchen."
- Die Pflicht zur Übernahme der Aufgabenbereiche Pflege, Verwaltung und Ökonomie bestand nur innerhalb der Hospitalmauern, die angrenzenden Räume für Wöchnerinnen einbezogen. Die Administratoren verlangten darüber Rechenschaft.
- Die Schwestern erhielten eine umfassende Weisungsbefugnis sowohl gegenüber „Funktionsträgern und Dienern des Hauses als auch gegenüber den Armen, [denen sie] nur das Gute tun können, von dem Gott will, daß sie es tun."
- Starb eine Schwester, so war die bei den Schwestern übliche Begräbniszeremonie am Ort gestattet.
- Beide Seiten, sowohl das Mutterhaus als auch die Administratoren, konnten im Bedarfsfall bis zu drei Schwestern zurückziehen bzw. entlassen. Das Mutterhaus sorgte in jedem Fall für geeigneten Ersatz.

Die Schwesternschaft fungierte demnach als selbstbewusste Vertragspartnerin, die im städtischen Hospital eine umfassende Verantwortung übernahm. Die Oberin unterzeichnete den Vertrag in einer bemerkenswert ausgedehnten Weise, nämlich: „Frau Louise von Marillac, Witwe des verstorbenen Edelmanns Antoine Le Gras, zu Lebzeiten Sekretär der Königin-Mutter, Oberin [Directrice] der Schwestern im Dienste der armen Kranken zum Wohlgefallen des Herrn Vinzenz, Generalsuperior der Kongregation der Missionspriester und der Töchter [der Nächstenliebe] aufgrund des Protokolls des Herrn Vertreter des Königs [Lieutenant général], des Seneschalls von Anjou, um daran gebunden zu sein und um sich gegebenenfalls darauf berufen zu können."[57]

Die komplizierte Unterzeichnung war notwendig, weil die Schwesternschaft bis dahin über keine verbindliche Rechtsgrundlage verfügte. Erst 1646 erhielt sie von der Diözese Paris die bischöfliche Approbation unter dem Titel „Caritas-Bruderschaft der Dienerinnen der armen Kranken in den Pfarren". Doch vermisste Louise von Marillac in der Approbationsurkunde die Verbindung mit der Leitung der Missionspriester. Dadurch bestand die Gefahr, dass nach dem Tod von Vinzenz von Paul die freie Gemeinschaft der Schwestern in den unmittelbaren Machtbereich der Amtskirche übergehen und klausuriert werden

[57] Ebd.

könnte. Das war der Grund, weshalb Louise von Marillac die Bitte um den Passus, der Generalsuperior der Lazaristen sei zugleich der Generalsuperior der Schwestern, bis vor den Heiligen Stuhl in Rom brachte. Damit bewirkte sie, dass 1655 von Kardinal de Retz eine erneute kirchliche Approbation erfolgte mit der Anerkennung der Gemeinschaft als *Säkularinstitut* oder *Kongregation*, im Unterschied zu Orden oder Religiosen.[58] 1658 erwirkte die *Kongregation der Vinzentinerinnen* die staatliche Anerkennung, zu der erst 1668 der Papst seine Zustimmung erteilte.[59] Letzteres erlebte Louise von Marillac nicht mehr, sie starb am 15. März 1660 im Beisein von Mitschwestern im Mutterhaus in Paris.

Ein großes Werk war geschaffen mit einem Höchstmaß an weiblicher Entscheidungs- und Bewegungsfreiheit. Ungehindert verbreiteten sich fortan Mutterhäuser unterschiedlicher Namen und Konfessionen in allen Teilen der Welt und sorgten pionierhaft für eine Infrastruktur der pflegerisch-medizinischen Versorgung, von ambulanten Gemeindestationen und Institutionen der Kinder- und Erwachsenenfürsorge bis hin zum Krankenhausbau. Wenn auch nicht jedes Mutterhaus den Namen Louise von Marillac tradierte und ihren Leitgedanken des freien Kommens und Gehens garantierte, so hat doch ganz allgemein die Arbeit der Schwestern vor allem im 19. und beginnenden 20. Jahrhundert viel zum Prestige der christlichen Kirchen beigetragen und Regierungen zu einem kostengünstigen Gesundheitssystem verholfen.

---

[58] Richartz, Vorträge, 1998, 140ff.

[59] Richartz, Mutter, 75f.

ROBERT LANGER

Das Wirken der Henriette Catharina von Gersdorff, geb. von Friesen (1648–1726) [1]

Zeitgenössisches Gemälde der Henriette Catharina von Gersdorff, Brüder-Unität Herrnhut.

Mit Henriette Catharina von Gersdorff begegnet uns eine der begnadetsten und tatkräftigsten, leider auch relativ unerforschten Frauen[2] der Frühen Neuzeit. Schon zu Lebzeiten genoss sie den Ruf einer Ausnahmeerscheinung, was sich hauptsächlich auf ihre Sprachbegabung und ihr dichterisches Talent bezog. Die Frauenenzyklopädien[3] zählen sie zu den „wohlgelahrtesten Frauenzimmern" Deutschlands. Dieser Bedeutung von Gersdorffs soll jedoch hier nicht vertieft

---

[1] Dieser Beitrag ist Teil der Forschungen des Autors über Leben und Werk der Henriette Catharina von Gersdorff, zu der in nächster Zeit eine Monographie erscheinen soll.

[2] Es existieren Forschungen im Zusammenhang mit dem Pietismus, in denen H.C. von Gersdorff einen Teilaspekt darstellt. Vgl. Martin H. Jung, Henriette Katharina von Gersdorff (1648–1726), in: ders., Frauen des Pietismus. Von Johanna Regina Bengel bis Erdmuthe Dorothea von Zinzendorf. Zehn Porträts. Gütersloh 1998, 27–43, sowie Ulrike Witt, Das praktische Christentum der Henriette Katharina von Gersdorf, in: dies., Bekehrung, Bildung und Biographie. Frauen im Umkreis des Halleschen Pietismus (Hallesche Forschungen 2) Tübingen 1996, 151–167.

[3] Vgl. u.a. Georg Christian Lehms, Teutschlands Galante Poetinnen Mit Ihren sinnreichen und netten Proben; Nebst einem Anhang Ausländischer Dames/So sich gleichfalls durch Schöne Poesien Bey der curieusen Welt bekannt gemacht und einer Vorrede. Daß das Weibliche Geschlecht so geschickt zum Studieren/als das Männliche. Franckfurt am Main 1745. Und zu Lehms: Elisabeth Gössmann, Georg Christian Lehms. Teutschlands Galante Poetinnen, 1715, in: dies. (Hrsg.), Ob die Weiber Menschen seyn, oder nicht? (Archiv für philosophie- und theologiegeschichtliche Frauenforschung 4), München ²1996, 202–264; Christian Franz Paullini, Hoch und Wohl-gelahrtes teutsches Frauenzimmer, Abermahl durch Hinzusetzung unterschiedlicher Gelehrter/Wie auch etlicher Ausländischer Damen hin und wieder um ein merckliches vermehret. Franckfurth und Leipzig/Erben in Erffurth, 1712. Und zu Paullini: Elisabeth Gössmann, Christian Franz Paullini. Zeit=kürtzende erbauliche Lust, 1695. Philosophischer Feyerabend, 1700. Das Hoch= und Wohl=-gelahrte Teutsche Frauen=Zimmer, 1705 (1712), in: dies. (Hg.), Eva – Gottes Meisterwerk (Archiv für philosophie- und theologiegeschichtliche Frauenforschung 2), München ²2000, 247–420.

nachgegangen werden. Vielmehr soll ihre Person unter dem Aspekt ihres diakonischen Wirkens beleuchtet werden.[4]

1. Herkunft und Bildung der Henriette Catharina von Gersdorff

Henriette Catharina kam 1648 im heutigen Sulzbach, dem damaligen Sitz des Fürstentums Pfalz-Sulzbach, zur Welt. Ihr Vater, Carl Freiherr von Friesen, bekleidete die Stelle eines Hofmeisters und Kanzleidirektors am Hof des Pfalzgrafen Christian August. In dem Ort, den eine für diese Zeit recht ungewöhnliche Religionsfreiheit[5] kennzeichnet, entwickelte sich eine Grundtoleranz, die vor allem für die Familie von Friesen eine weitreichende Bedeutung hatte. Die Friesens gehörten der relativ jungen Strömung des Pietismus[6] an, die von den leitenden lutherischen Geistlichen in der Regel als schwärmerische Reformbewegung abgetan wurde. Mit dem Pietismus ging auch ein verändertes Verständnis von der Rolle der Frau einher. Diese neue Sichtweise trug dazu bei, dass den Töchtern derer von Friesen eine Erziehung zuteil wurde, die der Ausbildung der Söhne vergleichbar ist. Das stand im Gegensatz zur gängigen Praxis. Da Frauen weder Ämter noch Funktionen übernehmen durften, die Gelehrsamkeit voraussetzten, schien es wenig einsichtig, in ihre Bildung mehr als notwendig zu investieren. Außerdem hätte es dem Ansehen einer Universität geschadet, wenn Frauen eine derartige Bildungseinrichtung betreten hätten.

Als Carl von Friesen den Dienst beim Sächsischen Kurfürsten aufnahm, übersiedelte die Familie nach Rötha bei Leipzig. Zunächst wurden die Kinder auf dem elterlichen Schloss von Hauslehrern unterrichtet. Später besuchten die Jungen die Universität, während die Mädchen weiterhin eine private Unterweisung erhielten. Gelehrt wurde neben den Inhalten des Christentums Genealogie sowie alte und neue Sprachen. Henriette Catharina brachte es beim Erlernen der Gelehrtensprachen Griechisch und Latein zu solcher Sicherheit, dass sie gerade in Letzterer dichtete, korrespondierte und Konversation betrieb. Das war so ungewöhnlich, dass man sie bald respektvoll als ein Wunder des weiblichen Geschlechts bezeichnete, zumal sie auch mit berühmten Gelehrten ihrer Zeit in Kontakt stand. Die ihr zuteilgewordene Bildung, aber auch ihre späteren Erfahrungen von Be-

---

[4] Der Begriff der Diakonie wird hier in seiner weiteren Bedeutung als soziale Tätigkeit verstanden. Henriette Catharina von Gersdorff war weder dem geistlichen Amt des Diakons noch der Rolle der Diakonisse zugetan. Ihr Leben war jedoch geprägt von Frömmigkeit und Einsatz für Bedrängte. In diesem Zusammenspiel erscheint sie durchaus als Vertreterin des hohen sächsischen Adels und Hofdame als Ausnahme.

[5] Religionsfreiheit bezog sich zu dieser Zeit noch auf verschiedene Strömungen innerhalb der christlichen Kirche. Als der Pfalzgraf 1655 zum Katholizismus konvertierte, ließ er seinen evangelischen Untertanen ihren Glauben.

[6] Der Pietismus gilt als bedeutendste religiöse Erneuerungsbewegung innerhalb der evangelischen Kirche. Kennzeichnend waren Individualisierung und Verinnerlichung des religiösen Lebens sowie neue Formen persönlicher Frömmigkeit und gemeinschaftlichen Lebens. Zu den Hauptvertretern gehören Philipp Jakob Spener, August Herrmann Francke und Nikolaus Ludwig von Zinzendorf, die im Weiteren noch näher betrachtet werden.

drängung und Unterdrückung, manifestierten in ihr das Selbstverständnis weiblicher Bildung. Sie ließ nicht nur alle eigenen Kinder und Enkel unterrichten, sie kämpfte zeitlebens auch für die höhere Bildung von Mädchen.

2. Ehe und Familie

Man kann weder die Person noch das Wirken der Henriette Catharina von Gersdorff ermessen, wenn man die Person und die Beziehung zu ihrem Gemahl Nicol von Gersdorff außer Acht lässt. Er bedeutete für sie nicht nur finanzielle Absicherung und Schutz. Mit ihm führte sie eine 30jährige Ehe, in der sie einander in Liebe und Leid zugetan waren, und in der sie sich in der gegenseitigen geistigen und geistlichen Erbauung einig waren.

Damals wurden Ehen selten aus Liebe, eher aus politischen oder Standesinteressen heraus geschlossen. Nicol von Gersdorff kannte sowohl den Vater als auch den Onkel Henriette Catharinas aus dem Geheimen Rat, dem obersten kurfürstlichen Beratergremium. Da die Männer sich über viele Jahre hinweg nahe standen, ist anzunehmen, dass Gersdorff durch diese Kontakte auch seine zukünftige Gemahlin kennen gelernt hatte.

Nicol von Gersdorff wurde 1629 in Doberschütz nahe Bautzen geboren. Er stammte aus verarmtem Adel, was seine Chancen auf eine Staatsbeamtenlaufbahn eigentlich geschmälert hätte. Durch sein Wesen und seine Begabung schaffte er es jedoch, vom Kammerpagen zum Minister und später bis zum Landvogt der Oberlausitz aufzusteigen, einem Posten, der ihm vom Kurfürsten übertragen worden war. Während seiner Dienstzeit erlebte er fünf Kurfürsten; er wurde immer wieder in den höchsten Beraterposten bestätigt und für verschiedene Gesandtschaften und Vertretungen seiner Landesfürsten verwendet. Sogar der Kaiser bat sich des Öfteren seine Dienste aus. Gersdorff weilte längere Zeit als sächsischer Gesandter beim Reichstag in Regensburg. Bei Zwistigkeiten zwischen den deutschen Herrscherhäusern konnte er manchen Vergleich herbeiführen. Einer seiner großen diplomatischen Erfolge war 1679 der Friedensschluss von Lund zwischen Schweden und Dänemark.

Bei der Eheschließung im Jahr 1672 war Nicol 43 Jahre alt und schon zwei Mal verwitwet. Er hatte am kursächsischen Hof eine steile Karriere hinter sich, die noch nicht beendet war und ihn zum zweitwichtigsten Mann im Fürstentum machte. Henriette Catharina war zum Zeitpunkt ihrer Hochzeit 24 Jahre alt; sie hatte damit das für Frauen übliche Heiratsalter bereits überschritten. Dieser Umstand und eine gewisse Wesensverwandtschaft lassen darauf schließen, dass die Ehegatten eine harmonische Beziehung führten.

Durch ihre exzellente Bildung war Henriette Catharina durchaus bekannt und bereits mit der Veröffentlichung ihres Buches *Heilsame Betrachtung/Der Gnaden und trostreichen Historie/Von dem seligmachenden/Leiden und Sterben/Unseres Heylandes JESU CHRISTI/Zu eigener Erbauung/auffgesetzt/Durch eine Liebhaberin der Teutschen Poesie* im Jahr 1665 an die Öffentlichkeit getreten. Das Buch einer Frau zu veröffentlichen war zu jener Zeit ganz und gar unüblich. Veröffentlichten Frauen dennoch Bücher, so geschah dies entweder unter dem Namen eines Mannes, eines Pseudonyms oder, wie bei Henriette Catharina, nur unter Nennung ihrer Anfangsbuchstaben.

Durch die Eheschließung mit Nicol von Gersdorff wurde Henriette Catharina Hofdame und gewann allmählich einen gewissen Einfluss, den sie geschickt zu nutzen wusste, jedoch nicht zu privaten Zwecken, sondern zur Unterstützung Bedrängter und zur Beförderung christlicher Werke. Als Nicol und Henriette Catharina heirateten, lebten von den neun Kindern aus seinen beiden ersten Ehen noch vier. Henriette Catharina selbst brachte dreizehn weitere Kinder zur Welt, von denen nur sechs das Erwachsenenalter erreichten.

Nach 30jähriger Ehe brachte das Jahr 1702 in zweifacher Hinsicht eine Zäsur in das Leben Henriette Catharina von Gersdorffs. Nachdem im Frühjahr eine ihrer Töchter im Kindbett gestorben war, vollendete auch ihr innig geliebter Mann seinen Lebenslauf. Er hinterließ ihr einen beachtlichen Besitz. Die drei Söhne Johann George, Gottlob Friedrich und Nicol erbten je drei Güter in der Oberlausitz. Der jüngste Sohn Nicol stand noch unter der Vormundschaft seiner Mutter Henriette Catharina. Sie wählte sein zwischen Löbau und Zittau gelegenes Gut Großhennersdorf als ihren Witwensitz. Die Söhne mussten laut Testament ihre Schwestern und die Mutter versorgen. Gottlob Friedrich trat in die Fußstapfen des Vaters und wurde später ebenfalls Direktor des Geheimen Rats. Die älteste Tochter Charlotte Justine heiratete den Grafen Georg Ludwig von Zinzendorf und Pottendorf. Aus dieser Beziehung stammt Nikolaus Ludwig Graf von Zinzendorf, dessen Name unauslöschlich mit dem Ort Herrnhut und der von ihm gegründeten Brüdergemeine verbunden ist. Henriette Sophie, die jüngste Tochter, setzte ihrer Mutter mit der Gründung eines Waisenhauses in Großhennersdorf ein noch heute bestehendes Denkmal. Der nach Catharina Henriette von Gersdorff benannte Katharinenhof widmet sich vornehmlich der Pflege und Betreuung behinderter Menschen.

3. Bildung – Frömmigkeit – Tat

Henriette Catharinas Bildungsengagement muss auch im Zusammenhang mit Philipp Jakob Spener (1635–1705) und August Hermann Francke (1663–1727) betrachtet werden. Mit Spener, dem Begründer des Pietismus, stand Henriette Catharina jahrelang in enger Verbindung, besonders als er von 1686 bis 1691 unter Kurfürst Johann Georg III. als Oberhofprediger am sächsischen Hof angestellt war.

Spener sensibilisierte die Eheleute von Gersdorff für die schwere Lage der protestantischen Kirche in Schlesien. Dort, wie auch in Böhmen und Mähren, war der Katholizismus Staatsreligion, da der Kaiser die Oberhoheit über diese Gebiete besaß und trotz verschiedener Konzessionen die Gegenreformation konsequent durchzusetzen gedachte.

Glaubensflüchtlinge erhielten die Erlaubnis, auf den Gersdorffschen Besitzungen zu siedeln. Den Kindern verarmter Adliger vermittelte Henriette Catharina Ausbildungsplätze in Halle und Altenburg, die sie nicht selten selbst finanzierte.

Auch Francke, der, durch Spener inspiriert, den pietistischen Gedanken und das damit verbundene praktische Christentum nach Halle transportierte und ihn dort schließlich in Form eines Waisenhauses als sozialpolitische Bildungsstätte institutionalisierte, genoss Henriette Catharinas Vertrauen und Unterstützung.

Später, bei der Gründung des Freiadligen Magdalenenstifts in Altenburg, wirkte die Freifrau als Hauptinitiatorin im Verbund mit ihrem Bruder Otto Heinrich von Friesen, der sich, selbst hoher kursächsischer Hofbeamter, entscheidend für die finanzielle Verwirklichung des Projekts einsetzte.

Henriette Catharina von Gersdorff war eine tief religiöse Frau. Frömmigkeit bedeutete für sie keineswegs, ein kontemplatives Dasein im stillen Kämmerlein zu führen. Ihr Glaube war praktischer Natur, und so bekannte sie in der zwölften und letzten Strophe des Liedes: „Von der Erfahrung der Herrlichkeit Gottes unter dem Geheimnis des Creutzes“:

So mag mich denn die Welt, und selbst ihr Fürst bekriegen;
ich werd in deiner Kraft doch wieder alles siegen,
und unbeweglich stehn:
kein Feind hat nichts an mir,
wie groß und klug er ist;
der HERR ist mein Panier.[7]

Das hieß jedoch nicht, dass ihre Frömmigkeit unangefochten blieb. Ängste, Zweifel, Verluste und Unverständnis quälten auch sie. An manchen Tagen haderte sie sehr mit ihrem Schicksal und mit ihrem Gott. Dann konnte sie an nichts und niemanden glauben. Auch davon handeln ihre Lieder.

Wie viel und grosse Angst hab ich, mein GOTT, erfahren!
Wie hat mich deine Hand in meines Lebens-Jahren
So manchen herben Kelch voll Leidens eingeschenckt,
und bis auf diesen Tag mit Wermuth mich getränckt.[8]

In einem anderen Lied heißt es:

16. Hab aber auch, mein GOtt, Gedult
mit meinem schwachen und verzagten Glauben,
daß ich nicht möge selbst, aus eigner Schuld,
des guten und der Wohlthat mich berauben,
so deine Lieb und Treu, die für mich wacht, mir zugedacht.
[...]
20. Wenns nicht geht wie mein Sinn gedenckt,
der Muth sinckt hin, das Hoffen ist zerrunnen,
es siehet nicht auf den, der alles lenckt,
und macht sich hier und da vergebne Brunnen;
wächst denn die Noth, und schmacht ich noch so sehr, so bleib ich leer.[9]

---

7 Henriette Katharina von Gersdorf, Geistreiche Lieder und poetische Betrachtungen, Halle 1729, Nachdruck Karben 1997, 145.

8 A.a.O., 165. Das Lied wird nach der Weise: Nun danket alle Gott gesungen und hat 16 Strophen.

Auf der anderen Seite gehörten regelmäßige Gottesdienstbesuche, feste Andachts- und Gebetszeiten sowie religiöse Singstunden zu ihrem Tages- und Wochenablauf. Und da sie dem Haushalt und der Wirtschaft vorstand, hatten alle Familienmitglieder und Hausangestellten ihrem Beispiel zu folgen.[9] Die Ausübung der Religion gehörte in dieser Zeit zum alltäglichen Leben. Frömmigkeit bedeutete für Henriette Catharina aber auch praktische christliche Nächstenliebe, so wie es folgender Liedvers zum Ausdruck bringt:

15. Laß sich deine Huld erbarmen
über aller Menschen Noth;
allen Witwen, Waysen, Armen
gib ihr täglich Bißlein Brodt;
Kinder und verlaßne Krancken,
wem mit traurigen Gedancken
Satan stöhrt des Hertzens Ruh,
heile, pfleg und tröste du.[10]

Bedürftige und Bedrängte wurden an ihrer Tür nie abgewiesen. Sie half finanziell, gewährte Unterschlupf und Schutz. Ihren Untertanen gegenüber war sie milde und nachsichtig und sorgte zugleich dafür, dass die Regeln des Zusammenlebens nicht verletzt wurden. Als Verwalterin von mehreren Gütern und den zugehörigen Dörfern lag die Verantwortung für Mensch, Haus und Vieh in ihren Händen. Selbst Pfarrer und Lehrer waren ihr durch die Sonderstellung der Oberlausitz im Kurfürstentum Sachsen unterstellt und mussten sich im Notfall von ihr rügen lassen.

Frömmigkeit hieß aber auch, über Gottes Wirken, das eigene Leben und den Glauben nachzudenken. Und diese Gedanken brachte sie zu Papier. Bereits in ihrer Jugend war Henriette Catherina eine bekannte Dichterin. Sie schrieb sowohl in deutscher Sprache als auch in der damaligen Gelehrtensprache Latein. Ihre Dichtung war vornehmlich religiöser Art. So hieß das Buch, das drei Jahre nach ihrem Tod von Paul Anton in der Druckerei des Waisenhauses in Halle herausgegeben wurde: *Geistreiche Lieder und poetische Betrachtungen.*

Die Wirkungen, die auf Philipp Jakob Speners Aufenthalt in Sachsen zurückgehen, sind besonders für die Oberlausitz noch viel zu wenig bekannt. Auch wenn Spener nur fünf Jahre am Dresdner Hof wirkte, waren die Impulse, die von ihm ausgingen, weitreichend.

Vertreter des hohen sächsischen Adels, die damals Regierungsämter innehatten, bemühten sich um die Berufung Speners zum Oberhofprediger nach Dresden. Dazu zählten die Brüder Carl und Heinrich von Friesen, Georg Ludwig von Zinzendorf und eben auch der Ehemann Henriette Catharinas, Nicol von Gersdorff. Sie standen alle mit Spener im Kontakt, auch wenn dies in der For-

---

9 A.a.O., 56f. Das Lied Was häufst du doch, du armes Herz ist überschrieben mit Es kostet viel ein Christ zu seyn und hat 29 Strophen.

10 A.a.O., 255. Das Morgen-Lied hat 17 Strophen und wird nach der Melodie Jesu der du meine Seele gesungen.

schung bisher kaum dokumentiert wurde. Mit Spener trat ein Mann in ihre Mitte, der ihnen aus dem Herzen sprach. Er kam aus der lutherischen Kirche und setzte sich in seinem Amt für Veränderungen ein, welche neben der Bekämpfung von Unmoral mehr Menschlichkeit, Brüderlichkeit und praktische christliche Nächstenliebe zum Ziel hatten. Es war ihm wichtig, dass der Adel sich für Bedrängte einsetzte, Missstände beim Namen nannte und sich dem fürstlich monarchischen Pomp entzog.

Spener, selbst während des 30jährigen Krieges geboren und aufgewachsen, stellte eine Verrohung und Verderbtheit des Staates und der Menschen fest. Er wollte das „wahre Christentum" und den lebendigen, persönlichen Glauben in den Herzen der Menschen wieder erwecken. Dieser sollte an einem frommen Leben erkennbar werden, zu dem die Werke der Nächstenliebe selbstverständlich dazugehörten. Das ausschweifende Hofleben voller Feste und Maskeraden, Intrigen und Verschwendung, aber vor allem das eines christlichen Monarchen unwürdige Mätressentum prangerte er an und nutzte seine Stellung als Beichtvater des Kurfürsten Johann Georg III. dazu, ihm dies zu offenbaren. Damit ging Spener in den Augen des Kurfürsten zu weit. Johann Georg III. wollte seine Worte nicht hören und suchte nach einer Möglichkeit, sich dieses frommen Querulanten, der nichts von fürstlicher Herrlichkeit verstand, zu entledigen. Dies gelang ihm dann auch 1691, als Friedrich Wilhelm, Kurfürst von Brandenburg, Spener eine Stelle in Berlin anbot. Da sein Handlungsspielraum eingeschränkt und seine Einflussmöglichkeiten am sächsischen Hof versiegt waren, nahm Spener den Ruf nach Berlin an.

Es gehörte zur Pflicht eines jedes Christen, sonntags den Gottesdienst zu besuchen. Dies wurde von den Kirchenbehörden kontrolliert und die Ausnahmen protokolliert. Die freiwilligen Katechismusunterweisungen, die Spener in Sachsen eingeführt hatte und zur Verlebendigung der Kirche überall befördern wollte, wurden ebenfalls von einigen Adligen, auch von den Gersdorffs, besucht. Daraus resultierte, dass der Gedanke des wahren Christentums, das sich dem Land und seinen Menschen gegenüber verantwortlich weiß, auch bei den Gersdorffs Gestalt annahm. Von außen in ihren eigenen Vorstellungen bestätigt, wirkte Henriette Catharina als Verwalterin der Güter ihres Mannes äußerst human und nachsichtig. Dennoch lag das letzte Wort bei ihm, der häufig als Gesandter in diplomatischen Geschäften oder als Vertreter des Kurfürsten in Europa unterwegs war. So musste Nicol von Gersdorff z.B. entscheiden, welche Strafe für eine voreheliche „Copulation" auf dem Gut in Großhennersdorf zu erteilen sei.

Auf den Gersdorffschen Gütern in der Oberlausitz lebten auch wendische/sorbische Untertanen[11]. Spener hatte darauf aufmerksam gemacht, dass es noch keine Übersetzung der Heiligen Schrift ins Wendische/Sorbische gab. Die Familie von Gersdorff bemühte sich in Zusammenarbeit mit der Lausitzer

---

[11] Ethnische Bevölkerungsminderheit westslawischen Ursprungs in der Lausitz, mit eigener Sprache und eigenem Brauchtum.

wendischen/sorbischen Geistlichkeit zunächst um die Übersetzung einzelner Teile, später dann des ganzen Neuen Testaments. Henriette Catharina und Nicol von Gersdorff finanzierten das gesamte Projekt und auch den Druck. Die Schriften wurden nicht nur auf ihren eigenen Besitzungen verteilt, vielmehr erhielt jede Kirche in der Lausitz zwei Exemplare. Ebenfalls auf die Initiative Henriette Catharinas geht zurück, dass junge Wenden/Sorben in Halle zu Pfarrern und Lehrern ausgebildet wurden.

4. Bildung für adlige Mädchen: Das Magdalenenstift in Altenburg[12]

Das Magdalenenstift zu Altenburg verdankt seine Entstehung und Existenz zu einem großen Teil Henriette Catharina von Gersdorffs. Auf ihre Initiative und durch ihren Einsatz, sowohl ideeller als auch finanzieller Art, und unter Hinzuziehung gleich gesinnter Mitstreiter wurde 1705 das Stift eröffnet. Es war ein Ort, an dem unverheiratete adlige junge Frauen protestantischer Konfession standesgemäß leben konnten, wenn sie nicht aus begüterten Elternhäusern kamen. Zugleich diente das Stift der Erziehung von Töchtern aus adligen evangelischen Familien.

a. Vorgeschichte

Um die Außerordentlichkeit dieser Gründung zu verstehen, muss man sich mehrere Umstände vergegenwärtigen. Während des Übergangs vom 17. zum 18. Jahrhundert war öffentliche Frauenbildung weder institutionalisiert noch üblich. Bildung erhielten junge adlige Mädchen bestenfalls durch Hauslehrer. Bei dem Stift handelte es sich um eine evangelische Neugründung. Die Oberlausitz, in der die von Gersdorffs ihren Besitz hatten, stellte zu dieser Zeit nicht nur die Grenze Kursachsens, sondern auch des evangelischen Territoriums nach Osten dar. Das hussitisch geprägte Böhmen und Mähren, aber auch Schlesien befanden sich unter kaiserlich-österreichischer Regierung, und somit galt – wie bereits festgestellt – der Katholizismus als Staatsreligion. Zwar wurden im Zuge des Westfälischen Friedens von 1648 den Schlesiern drei protestantische Friedenskirchen (in Jauer, Schweidnitz und Glogau) zugestanden, doch verschärfte sich der Druck der habsburgischen Gegenreformation in den folgenden Jahren noch mehr. Über 600 Kirchen wurden den Protestanten im Gegenzug genommen, Gottesdienste wurden verboten, Prediger durften ihr Amt nicht mehr ausüben. Auf diese Weise sahen sich viele Menschen gezwungen, das Land zu verlassen. Da der materielle Wohlstand des schlesischen Adels aus seinen Besitzungen und den damit verbundenen Einnahmen resultierte, war die

---

[12] Literatur zur Geschichte des Magdalenenstifts: Samuel Benjamin Reichel, Versuch einer kurzen Geschichte des freyen adelichen Magdalenen=Stifts in Altenburg mit Urkunden, Beylagen und einigen Kupfern. Altenburg 1791; Gotthold Besser, Beiträge zur Geschichte des freiadligen Magdalenen=Stifts zu Altenburg im Herzogtum Sachsen=Altenburg. Altenburg 1892; Reinhild von Capitaine, Unser liebes Stift – 267 Jahre Mädchenerziehung im Magdalenenstift in Altenburg/Thüringen, Altenburg 2005.

Auswanderung gleichbedeutend mit finanziellem Ruin. Unter Gewaltandrohung vollzogene Übertritte zur katholischen Kirche und die Beschlagnahmung protestantischen Besitztums drängten immer mehr schlesische Adlige dazu, ihre Kinder ins Ausland, also nach Sachsen oder Brandenburg, in Schutz und Ausbildung zu bringen. Auch aus Henriette Catharina von Gersdorffs Umfeld kamen Bedrängte nach Kursachsen und fanden bei ihr Aufnahme.

Obwohl Sachsen eines der Bollwerke des Protestantismus im Deutschen Reich zu sein schien, ergaben sich mit dem Übertritt Friedrich August I., bekannter unter der Bezeichnung August der Starke, zum Katholizismus neue Probleme. Der Kurfürst, der nach seiner Konversion 1697 polnischer König wurde, zwang zwar niemanden, es ihm gleichzutun, jedoch konnte keiner absehen, wie sich die Lage weiter entwickeln würde.

1698 übertrug August der Starke die Aufsicht und Leitung der evangelischen Kirche innerhalb und außerhalb der kursächsischen Lande seinem Vetter Herzog Friedrich II. von Sachsen-Gotha-Altenburg. Der zu diesem Zeitpunkt 22 Jahre alte Friedrich regierte das benachbarte Herzogtum von 1691 bis 1732 und garantierte durch seine eigene Frömmigkeit die Stabilität des evangelischen Glaubens im Land. In seiner Person schien also die Schirmherrschaft für eine Stiftsgründung gegeben.

b. Die Stiftsgründung

Selbst für eine adlige Frau war es zu jener Zeit unmöglich, solch ein Projekt ohne fremde Hilfe in Angriff zu nehmen. Henriette Catharina brauchte einen repräsentativen Mann an ihrer Seite, der die Geschicke mit in die Hand nahm und nach außen vertrat. Da Henriette Catharinas Ehemann 1702 verstorben war, suchte sie die Unterstützung ihres Bruders. Otto Heinrich von Friesen war hoher sächsischer Staatsbeamter und verfügte als Erbfolger der Friesenschen Linie auf Rötha bei Leipzig auch über die nötigen finanziellen Mittel. Im Verbund mit ihm wandte sich Henriette Catharina von Gersdorff an Herzog Friedrich II. mit der Bitte, ihr christliches Vorhaben, die Schulgründung, zu unterstützen. Dieser zeigte sich sehr angetan von dem Projekt und schenkte den Geschwistern ein unvollendetes Schlossgebäude in der Nähe der Residenzstadt Altenburg. Nachdem das Gebäude in Besitz genommen wurde, konnte es im Folgejahr fertig gestellt werden. Zur Finanzierung des Stifts war jedoch noch weitere Unterstützung nötig. Sophie Elisabeth von Haugwitz, eine verwitwete Adlige aus Schlesien und Bekannte Henriette Catharinas, schloss sich den beiden Gründern an.

In den Gründungsstatuten von 1705 wurde unter anderem zur Bestimmung des Stiftes ausgeführt: „Die Fundation und Stiftung dieses sogenannten Magdalenen-Stifts ist vornehmlich auf Versorgung und Erziehung armer evangelisch-lutherischer verwaister und solcher Religion halber refugierter Töchter angesehen und die Haupt-Anstalt darauf einzurichten.“[13]

---

[13] Besser, Beiträge, 38.

Es wurde auch festgelegt, wie der Tagesablauf und der Unterricht vonstatten gehen sollten. Neben der Unterweisung ins Christentum sollten Lesen, Schreiben und Rechnen, aber auch Griechisch, Latein und Hebräisch unterrichtet werden.

Zwar sollte es sich nicht um eine klosterähnliche Einrichtung handeln, aber da die meisten Adligen gewohnt waren, von Bediensteten versorgt zu werden, mussten sie sich bei ihrer Unterbringung im Stift trotzdem bescheiden.

5. Das pietistische Bildungswerk des August Hermann Francke in Halle[14]

Noch schwieriger war es für die jungen adligen Damen, sich an die eher spartanische Lebensweise in den Bildungseinrichtungen von August Herrmann Francke zu gewöhnen.

Mit der zweiten Hauptgestalt des Pietismus, August Hermann Francke, stand Henriette Catharina von Gersdorff seit 1696 in brieflichem Kontakt[15]. Der Spenerschüler Francke gründete bald, nachdem er als Pfarrer eine Stelle in Glaucha angetreten hatte, ein Waisenhaus. Glaucha, damals ein Vorort Halles, war ein von Armut, Not und Krankheit gezeichneter Ort. Francke schaffte es immer wieder, finanziell potente Gönner zu finden, die seine Ideen begrüßten und unterstützten. Bei der Versorgung armer Waisenkinder blieb es jedoch nicht. Die Welt sollte nachhaltig im pietistischen Sinn verändert und verbessert werden. Es galt, mit Hilfe der Gründung eines Pädagogiums das Volk zu bilden und im wahren Glauben zu unterweisen. Die Methoden, die Francke dabei anwandte, waren damals durchaus neu und richteten sich an alle Schichten. Spätestens mit dem 1710 erfolgten Eintritt Nikolaus Ludwig Graf von Zinzendorfs in die Franckesche Lehranstalt wurde diese „geadelt". Sie wurde somit auch für Angehörige des hohen Adels attraktiv, was wiederum neben Prestige auch Geld einbrachte. Zinzendorfs Mutter, die Tochter der Henriette Catharina von Gersdorff, schickte ihren Sohn nach Halle zur Ausbildung. Seine Großmutter Henriette Catharina finanzierte über viele Jahre Franckes Bildungswerk mit und ließ sich über dessen Fortgang und Entwicklung unterrichten. Gleichzeitig nutzte sie ihre eigenen Kontakte immer wieder dahingehend, dass Kinder nach Halle geschickt wurden. Zugleich stellte sie dort ausgebildete Pastoren und Lehrer auf ihren Gütern an. Nicht selten bat sie Francke um geeignete Hauslehrer für ihre Kinder und ihr anvertraute Verwandte. Mit dem Eintritt Zinzendorfs in das Pädagogium war die Großmutter allerdings zunächst nicht einverstanden. Der erst zehnjährige Graf hatte die letzten Jahre in ihrer Obhut verbracht, war also in seiner Glaubens- und Lebenswelt stark von ihr beein-

---

[14] Über die Rolle Henriette Catharina von Gersdorffs für Halle vgl. u.a.: Ulrike Witt, Bekehrung.

[15] Im Hauptarchiv der Franckeschen Stiftungen in Halle befindet sich ein Briefkonvolut der Henriette Catharina von Gersdorff an August Herrmann Francke aus den Jahren 1696–1722. Die Antwortschreiben Franckes sind bislang noch nicht gefunden worden.

flusst. Hinzu kam die Abgeschiedenheit, in der Henriette Catherina auf ihrem Witwensitz in Großhennersdorf in der Oberlausitz lebte. Sie hielt die egalitäre Hallenser Ausbildung für einen jungen Grafen, der später ganz klar eine Staatsbeamtenlaufbahn einschlagen musste, für unpassend. In Halle sollte der Enkel weitgehend auf seine Adelsprädikate und z.B. auch auf das Tragen eines Degens verzichten. Ebenso würde das Heer von Bedienten, die jede Form von Ungemach von ihm fernhielten, dem jungen Grafen nicht mehr zur Verfügung stehen. Das größte Problem aber stellte die großmütterliche Liebe dar. Es fiel Henriette Catharina von Gersdorff sehr schwer, ihren kleinen Enkel ziehen zu lassen, da er all die guten und frommen Eigenschaften in sich vereinte, die ihrem jüngsten Sohn Nicol fehlten.

Auch in Halle versuchte man die Mädchen- und Frauenbildung zu institutionalisieren. Zuerst wurde 1698 ein Gynäceum zur Erziehung adliger und vornehmer Mädchen gegründet. Henriette Catharina unterstützte die Mädchenbildungsanstalt nicht nur finanziell, sie versorgte auch die ersten adligen Töchter, die aus ihrem eigenen Familien- und Bekanntenkreis stammten. Nachdem das Gynäceum 1703 auf Grund mangelnder Zugänge geschlossen wurde, plante Francke für 1704 die Errichtung eines „Frauenzimmerstifts“, das sowohl verarmte adlige Witwen, als auch junge Damen aus gutem Hause aufnehmen sollte. Auch für dieses Unternehmen brauchte er die Unterstützung Henriette Catharina von Gersdorffs. Zu diesem Zweck traf er sich im Januar 1704 mit seinem langjährigen Mitstreiter Baron von Canstein[16] bei der Freifrau in Großhennersdorf. Die beiden Männer versuchten nun, Henriette Catharina von Gersdorff von ihren eigenen Plänen in Altenburg abzubringen und zu erreichen, dass sie das Hallesche Projekt unterstützte. Doch Henriette Catharina hatte ihre eigenen Vorstellungen und Probleme. Zum einen hatte ihr Bankier Rappold in Leipzig Bankrott gemacht, und so war ihre finanzielle Lage äußerst gefährdet. Zum anderen drohten ihre Verbündeten in Altenburg mit der Aufkündigung ihrer Unterstützung und der Rückforderung ihres finanziellen Einsatzes, wenn sie sich an dem Konkurrenzprojekt beteiligte. So entschloss sie sich, Altenburg den Vorrang zu geben und Halle als Privatperson und nicht als Stifterin zu unterstützen. Als daraufhin Henriette Catharinas finanzielle Zuwendungen für Halle geringer ausfielen, reduzierte sich auch das Interesse Franckes an ihr, und der Briefverkehr brach vorerst ab.

---

16 Carl Hildebrand Freiherr von Canstein (1667–1719) begann seine Laufbahn am kurbrandenburgischen Hof, bekleidete aber keine Ämter. Er lernte den nach Berlin berufenen Spener kennen, der ihn wiederum mit Francke bekannt machte. Canstein aquirierte immer wieder adlige Sympathisanten, die Francke und sein Bildungswerk unterstützten. Cansteins Schwester heiratete in zweiter Ehe Otto Heinrich von Friesen, den Bruder Henriette Catharina von Gersdorffs. Die Gründung der nach ihm benannten Bibelanstalt der Franckeschen Anstalten geht auf ihn zurück.

6. Ende und Neubeginn

Auch an der Gründung Herrnhuts hatte Henriette Catharina ihren Anteil. Nicht nur, dass sie ihren Enkel Nikolaus Ludwig Graf Zinzendorf entscheidend prägte. Als im Jahr 1722 drei aus Mähren geflüchtete Familien in Großhennersdorf um Aufnahme baten, wies sie ihnen einen Platz auf dem Gut Berthelsdorf zu, das sie ihrem Enkel verkauft hatte. Damit die Flüchtlinge ihren Lebensunterhalt verdienen konnten, wurde ein Platz an der Handelsstraße zwischen Löbau und Zittau gewählt. Mit dem ersten Baum, der an dieser Stelle von einem mährischen Exulanten gefällt wurde, wurde der Grundstein für Herrnhut gelegt, für den Ort, dessen brüderlicher Geist sowohl in die Alte als auch in die Neue Welt ausstrahlte.

Zinzendorf lebte anfänglich auf Schloss Berthelsdorf, zog jedoch später in ein Haus am zentralen Platz Herrnhuts, um als Bruder unter Brüdern in dem sich entwickelnden Gemeinwesen zu leben. Henriette Catharina war weiterhin an der Arbeit und dem Lebensweg ihres Enkels Nikolaus Ludwig interessiert und unterstützte dessen Aufbauwerk.

Als sie 1726 starb, hielt Zinzendorf eine seiner großen menschlichen Reden: „Sie gehen hin und weinen, die Tapfern / die Großmüthigen und Sieghaften / die königl. Gemüther / welche man aus ihrem Bezeigen einiger maßen erkennen / aber nicht nennen kann; Leute / die sich eines höhern als bloß natürlichen Ursprungs rühmen können/ wunderbahrer / heiliger ja herrlicher Führungen / die aber von dem allen weniger Worte machen/als diejenigen / die das mindeste haben. Ihr mit Gott geheimer Wandel / weises Zurückstehen/ bescheidene Enthaltung und unermüdete Beschäfftigung / lässt ihnen entweder nicht Zeit / oder verbietet ihnen / oder verhindert seiner Natur und Zweck nach / sich sehr bekannt zu machen. Und weil nicht nur ihre Absichten / sondern auch ihre Vortheile denen meisten verborgen bleiben; so ist leicht zu erachten / daß sich wenig Exempel, und / aus eben diesem Grunde/noch weniger Nacheiferer ihrer großen Art finden. (...) Wollte man von ihrer Herkunfft/ Gaben und wohl=verdienten Ehren=Zeichen viel Redens machen / so würde ich doch behaupten müssen / daß alles das / was man von ihr am meisten gerühmt / und rühmen würde/ ihre wahre Grösse nicht ausmacht.“[17]

[17] Das Opfer der Liebe und der Dankbarkeit, Welches der Weyland Hoch=Wohlgebohrenen Frey=Frauen, Frn. Henrietten Catharinen, Verwittibten Frauen Geheimbden= Raths= Directorin und Land=Voigtin, Frey=Frauen von Gerßdorf, gebohrner Freyin von Friesen, zum Beschluß dero gehaltenen Exequien, bey Ansehnlicher Trauer=Versammlung, in nachfolgender Parentation, und Arie auch beygefügten Gedichte abstattete Der Hochseligen hinterlassener ältester Enckel Nicol Ludwig, Graff und Herr von Zinzendorff und Pottendorff (Leichenpredigt, Parentation), Sächsische Landes- und Universitätsbibliothek, H. Sax. D108.

Hermann Ehmer

Beata Sturm (1682–1730) – Mystikerin und Wohltäterin

Bildnis der frommen Beata Sturm. Augsburger Titelkupfer von I.I. Kleinschmidt nach I.I. Lieffkopp (um 1730).

Tabea ist eine der anziehendsten Frauengestalten des Neuen Testaments (Apg 9,36–43)[1]. Sie lebte in Joppe, dem heutigen Jaffa, und von ihr heißt es in der Übersetzung Martin Luthers: „[...]die war voll guter Werke und Almosen". Diese Wohltäterin wurde – nach der Erzählung der Apostelgeschichte – krank und starb, weshalb die dortige Christengemeinde in das nahe Lydda sandte, wo sich der Apostel Petrus aufhielt. Als er kam, wurde er auf den Söller des Hauses geführt, wo man Tabea aufgebahrt hatte, „und traten um ihn alle Witwen, weinten und zeigten ihm die Röcke und Kleider, welche die Tabea machte, als sie noch bei ihnen war." Von dieser Szene bewegt, erweckte der Apostel, nachdem man ihn mit der Leiche alleingelassen hatte, die Tabea wieder zum Leben und gab sie der Gemeinde zurück.

An diese Geschichte knüpft ein Buch des württembergischen Theologen Georg Konrad Rieger (1687–1743) an, das 1730 erschienen ist und 1732, 1737 und auch später wieder aufgelegt worden ist, mit dem Titel: *Die Würtembergische Tabea, oder das merckwürdige äussere und innere Leben und seelige Sterben der Weyland Gottseeligen Jungfrauen Beata Sturmin.*[2] Dieses Buch machte Beata Sturm über ihren ursprünglichen Lebenskreis hinaus bekannt.[3] In einem Abschnitt mit dem Titel

---

1 Vgl. in diesem Band: Friederike Erichsen-Wendt, Tabita.

2 Georg Konrad Rieger, Die Würtembergische Tabea, oder das merckwürdige äussere und innere Leben und seelige Sterben der Weyland Gottseeligen Jungfrauen Beata Sturmin, welche den 11. Jan. 1730 zu Stuttgardt im Hertzogthum Würtemberg durch einen seeligen Tod ist vollendet worden, aus eigenem Umgang und Erfahrung wahrgenommen, in der Furcht des Herrn unpartheyisch abgefaßt, zur Offenbahrung der herrlichen Gnade Gottes und Preiß des Nahmens Jesu Christi wohlmeynend mitgetheilet. – Zitiert wird hier nach der dritten Auflage, Stuttgart 1737.

3 Riegers Arbeit folgen alle späteren Darstellungen. Unter ihnen ist zu nennen: Carl Friedrich Ledderhose, Beata Sturm, genannt die Würtembergische Tabea: nach ihrem Leben dargestellt, Eisleben u.a. 1854; ders.: Art. Sturm, Beata, in: Allgemeine Deutsche Biographie 37, Leipzig 1894, 2–4; Heinrich Merz, Christliche Frauenbilder, II. Aus der neueren

Ihre thätige Liebe gegen den Neben-Menschen heißt es: *Im übrigen genossen Ihrer Liebe absonderlich die, welche der Liebe am bedürfftigsten waren, die verborgene, die sich säuerlich nährende, die in Schulden steckende, die Angefochtene, die Wittwen und Waysen, die Armen überhaupt, die Krancken, die in Spitälern, Lazarethen und andern Löchern und Stübgen liegende, zu welchen sonsten nicht leicht jemand einzukehren pflegt.*[4]

Bei der so Beschriebenen handelt es sich um eine diakonische Frau, auch wenn sie keine Werke und Anstalten gegründet oder geleitet, sondern nur mit ihrer Person und ihren Möglichkeiten als Wohltäterin, Seelsorgerin und Beraterin gewirkt hat. Ihr Wirkungskreis war die Stadt Stuttgart, wo sie geboren wurde und – mit einem kurzen auswärtigen Aufenthalt – ihr Leben zugebracht hat und schließlich auch verstorben ist. Der Verfasser ihrer Lebensbeschreibung, Georg Konrad Rieger (1687–1743), seit 1721 Lehrer am Stuttgarter Gymnasium, ist ihr Seelsorger gewesen. Seiner Biographie verdanken wir die allermeisten Kenntnisse über sie.

Rieger nennt Beata Sturm die württembergische Tabea und charakterisiert sie ganz ähnlich wie die biblische Tabea in der Apostelgeschichte. Die Berechtigung, Beata Sturm unmittelbar mit einer biblischen Gestalt in eins zu setzen, nahm Rieger offensichtlich auch daraus, dass der Name Beata sich durch eine einfache Umstellung in Tabea verwandeln lässt. Diese Übereinstimmung lässt sich aber noch weiter verfolgen. So wie die neutestamentliche Tabea durch Petrus vom Tod auferweckt wurde, hat Rieger mit seiner Biographie die Beata Sturm *geistlich erweckt*[5]. Georg Konrad Rieger ist somit als der Petrus der württembergischen Tabea anzusehen. Dass er eine Biographie der Beata Sturm verfasste, begründet er damit, dass er ein Glaubenszeugnis überliefern wollte. Beata Sturm hätte ein solches Unterfangen gewiss nicht gebilligt. Sie hat sogar kurz vor ihrem Tod ihre eigenen Aufzeichnungen verbrannt, offenbar weil sie nicht wollte, dass diese der Nachwelt bekannt gemacht würden. Es handelt sich daher bei der Riegerschen Arbeit eigentlich nicht um eine Biographie im strengen Sinne, sondern um eine erbauliche Abhandlung, die in der Gestalt der „Sturmin“ ein frühes Beispiel pietistischer Biographie darstellt.

Beata Sturm war die Tochter des württembergischen Landschaftskonsulenten Johann Heinrich Sturm (1651–1709). Dieses Amt könnte man als das eines Geschäftsführers des Landtags bezeichnen, der Ständeversammlung, die in der altwürttembergischen Verfassung ein bedeutendes Gegengewicht zum Herzog und seiner Regierung darstellte. Beatas Mutter war Brigitta Beata, geb. Zeller.

Zeit, 6. Aufl., bearb. von Johannes Merz, Stuttgart 1898, 48–66; Wilhelm Claus, Von Bengel bis Burk. Bilder aus dem christlichen Leben Württembergs (Württembergische Väter 1), Stuttgart ³1926, 104–127; Otto Raithelhuber, Beata Sturm und wir Pfarrer. In: Kirchlicher Anzeiger für Württemberg 39 (1930) Nr. 1, 2–4; Martin H. Jung, Lebensweg und Frömmigkeit der Jungfer Beata Sturm. Die württembergische Tabea, in: ders., Nachfolger, Visionärinnen, Kirchenkritiker. Theologie- und frömmigkeitsgeschichtliche Studien zum Pietismus, Leipzig 2003, 65–74.

4 Rieger, 46.

5 Rieger, Vorrede, Bogensignatur)()(5v.

Der Großvater väterlicherseits war einst Hohenlohe-Neuensteinscher Kanzleidirektor, der Großvater mütterlicherseits, Johann Konrad Zeller (1603–1683), ist als Abt von Bebenhausen verstorben. Beata Sturm stammte also aus einer Familie gehobenen Standes. Sie bekam daher schon früh Unterricht, der jedoch bald unterbrochen werden musste, da sie 1691 den Star in beiden Augen bekam. Ein weiterer tiefer Einschnitt in den Kindheitsjahren der Beata war, dass ihr Vater im August 1693 bei dem Einfall zweier französischer Heere in Württemberg mit anderen Honoratioren als Geisel für die dem Land auferlegten Kriegskontributionen verschleppt wurde. Die Mutter starb vier Wochen später; das verwaiste Kind wurde wohl von der Verwandtschaft aufgenommen, die dafür sorgte, dass noch 1693 einige Staroperationen vorgenommen wurden, durch die Beatas Augenlicht einigermaßen wiederhergestellt wurde. Für ihre weitere Genesung waren Badekuren in Teinach im Schwarzwald und in Zaisenhausen (im Kraichgau in Baden) förderlich. Doch blieb sie zeitlebens sehbehindert.

Der Vater kehrte nach vier Jahren Gefangenschaft wieder heim. Er sorgte dafür, dass Beatas Unterricht fortgesetzt wurde. So entwickelte Beata zu ihm ein besonders enges Verhältnis und suchte ihn in mancher Hinsicht nachzuahmen. Johann Heinrich Sturm war ein eifriger Bibelleser. Er hatte die 31 171 Verse der Bibel in tägliche Lektionen zu 73 Versen aufgeteilt und las somit die Bibel in 61 Wochen oder 427 Tagen einmal durch. Auf diese Weise hat auch Beata nach dem Zeugnis Riegers trotz ihres Augenleidens die Bibel mehr als 30mal vom Anfang bis zum Ende gelesen. Hierbei soll ihr jedoch ein gutes Gedächtnis zustatten gekommen sein, da sie den Text weitgehend auswendig wusste. Somit war die Bibel lange Zeit fast ihre einzige Lektüre, bis der jüngere Bruder Georg Gottfried ihr die Schriften Luthers empfahl, die sie ebenfalls eifrig las. Beata Sturm soll gesagt haben: *Luthers Schrifften gebe Sie nach der Bibel den Preiß über alle andere Bücher, weil er ihr den Glauben so herrlich beschreibe.*[6]

Ein weiteres geistliches Vorbild der Beata Sturm war der Stuttgarter Geistliche Johann Georg Unkauf († 1734), der seit 1703 Diakonus an der Leonhardskirche, seit 1707 an der Hospitalkirche war. Unkauf wurde 1708 entlassen, weil er sich auf der Kanzel gegen Wilhelmine von Grävenitz (1686–1744) gewandt hatte, die Mätresse von Herzog Eberhard Ludwig von Württemberg (1693–1733). Wilhelmine von Grävenitz war wegen dieses ehebrecherischen Verhältnisses vom Konsistorium nicht zum Abendmahl zugelassen worden. Mit Unkauf wird also die fromme Opposition gegen den Herzog deutlich, welcher der Landschaftskonsulent Sturm ebenfalls angehörte.

Vater Sturm starb im Jahr 1709. Beata kam nun im Haushalt ihres jüngeren Bruders Georg Gottfried († 1743) unter, der Beamter bei der herzoglichen Regierung war. Von 1711 bis 1713 hielt sie sich in Blaubeuren bei dem Prälaten Matthäus Esenwein (1651–1714) auf, einem Freund ihres Vaters. In Blaubeuren litt Beata Sturm unter mancherlei Anfechtungen und hatte sogar Selbstmordgedanken. 1713 wurde Esenwein als Konsistorialrat und Stiftsprediger nach Stutt-

---

[6] Rieger, 46.

gart versetzt, starb aber bereits im folgenden Jahr 1714. Beata Sturm blieb nun bis an ihr Lebensende in Stuttgart im Haushalt ihres älteren Bruders Heinrich (1678–1754), der seit 1734, wie zuvor der Vater, das Amt des Landschaftskonsulenten bekleidete.

Das äußere Leben der Beata Sturm war also wenig ereignisreich. Dieses Leben charakterisiert der Biograph Rieger folgendermaßen: *Sie hat entweder gebettet, oder ein gutes Werck ausgerichtet.*[7] Das diakonische Wirken der Beata Sturm steht vielmehr in engem Zusammenhang mit ihrem geistlichen Leben. Das eine kann also nicht ohne das andere dargestellt werden. Denn durch ihre Gebetserfahrungen wurden für Beata Sturm Äußerlichkeiten unwichtig. Dazu gehörten Essen und Kleidung, ebenso ihre ständische Stellung und ihr Besitz. Ihr Erbe verwendete sie für mildtätige Zwecke, sie besuchte die Armen persönlich und ging ganz in der Zuwendung zu den Bedürftigen und Niedrigen auf. Sie war stets einfach bis ärmlich gekleidet und hungerte, um andere zu speisen. Den Ermahnungen, die ihr deswegen gemacht wurden, hielt sie entgegen, sie *werde mit denen Gütern GOttes an ihrer Seele also vergnüglich geweydet, daß es auch der Leib mitgeniesse, und Sie sich also ein Gewissen machen müste, wenn Sie für ihren Leib das geringste mehrers, als die höchste Nothdurfft, nähme.*[8]

Ein nicht unwichtiger Teil ihrer Mildtätigkeit bestand darin, dass sie Beihilfen an Pfarrer vergab, damit diese sich Bücher kaufen konnten. Sie meinte, dass dieses Geld durch Predigten mit Zinseszinsen zurückgezahlt werde. Sie hätte auf diese Weise ihr ganzes Erbe weggegeben, wenn ihre Vormünder nicht ein ausreichendes Kapital zurückbehalten hätten, um ihren Unterhalt zu sichern. Als alleinstehende Frau war sie ja in der damaligen Zeit nicht voll geschäftsfähig. Sie hat wohl auch den Sinn dieser Vorsichtsmaßnahme eingesehen und zugegeben, dass sie es mit ihrer Mildtätigkeit gelegentlich zu weit getrieben habe und ihre Gaben nicht immer würdige Empfänger gefunden hatten. Diese Einsicht kleidete sie in die Worte: *Ein kluger Mensch ist zwar freundlich und mildthätig: aber er ziehet doch mit seiner Gutthätigkeit keine Müßiggänger.*

Für Beata Sturm stand ihr Gebetsleben im Mittelpunkt. Typisch für sie ist das Herzensgebet, die Verbindung mit Gott ohne einen in Worte gefassten Gebetstext. Es ist dies die mystische Gebetshaltung, die *unio mystica*, die Erfahrung der Vereinigung mit dem ungeschaffenen Geist. Sie empfand nämlich dabei, *daß es ja Sie nicht seye, die da rede, sondern des Vaters Geist in Ihr.*[9] Eben dies ist die mystische Haltung, die sich ganz den Wirkungen des göttlichen Geistes überlässt und sich diesen öffnet, sich in die „Gelassenheit" begibt, wie Meister Eckhart dies genannt hat. Rieger beschrieb dies so, *es sey Ihr unter dem Betten nicht als wann Sie was würckete, oder etwas von sich gebte; sondern als wenn Sie nur ruhete, und bloß annähme und empfienge.*[10]

---

7 A.a.O., 77.
8 A.a.O., 57.
9 A.a.o., 81.
10 Ebd.

Das mystische Erleben erzeugte bei Beata Sturm nicht nur geistliche Hochstimmungen, sondern ebenso auch entgegengesetzte Stimmungslagen: *Bey Ausgang des 1725. Jahrs kam Sie ein paar Tag lang in grosse Seelen-Noth; wurde aber darauf mit himlischem Trost also überschwenglich überfüllet, daß Sie denselben nicht mehr fassen noch ertragen konte, sondern bitten muste, der* HERR *wolle nachlassen, mit solchen Strömen auf Sie zuzugiessen. Sie meynte deßwegen, die Glaubigen auf Erden hätten nicht nur einen Vorschmack des ewigen Lebens auf Erden, sondern das Wesen des ewigen Lebens selber.*[11] Auf die geistlichen Erhebungen im Gebet konnten somit auch schwere Anfechtungen folgen, die Heilsgewissheit wechselte mit dem Gefühl der Verdammnis, da *Sie gar an ihrem gantzen Gnaden-Stand und Inwohnung GOttes zu zweifflen begunte*, um schließlich doch wieder die Heilsgewissheit zu erlangen.

Neben der mystischen Versenkung erlebte Beata Sturm Gott auch als persönliches Gegenüber bei ihren Gebeten. Sie war überzeugt: Er kann bestürmt und angebettelt und bei seinen Verheißungen behaftet werden. Rieger bezeichnet das als eine *ungewöhnliche Weise* des Gebets der Beata, die Gott an seine Verheißungen erinnern und im Gebet sagen konnte: *Ich bin nur ein schlechtes und geringes Weibs-Bild: aber wenn ich etwas verspräche, so wolte ichs auch halten. Du aber bist der grosse GOTT, der nicht lügen kann.*[12]

Rieger erwähnt in diesem Zusammenhang das Gebet der Beata Sturm für das württembergische Vaterland,[13] etwa wenn das Glockenzeichen für die Beratungen des Landtags ertönte. Weiter erzählt er von Beata Sturms Gebet für die Erhaltung der Weinberge des Landes,[14] die in der Nacht zum 1. April 1727 durch einen Witterungsumschwung vom Erfrieren bedroht wurden, oder von ihrem Gebet für ihre Vaterstadt Stuttgart, in der sich 1725 eine starke Feuersbrunst erhoben hatte.[15] Beide Male schrieb man die glückliche Abwendung des Verderbens dem Gebet der Beata Sturm zu.

Der Zusammenhang des geistlichen Lebens der Beata Sturm mit ihrem diakonischen Wirken zeigt sich an einer weiteren Geschichte, die Rieger berichtet.[16] Einst freute sie sich auf den Himmelfahrtstag, um sich diesen Tag geistlich zunutze zu machen. Doch als sie in die Wohnstube kam, hörte sie, wie die Magd über Schmerzen klagte. Sie tröstete die Kranke, schickte sie zu Bett und übernahm deren Aufgabe, die Kinder im Haus zu versorgen. Damit brachte sie den ganzen Tag zu und dachte am Abend: *Wo ist deine Himmelfahrts-Feyer hingekommen? du hast ja in keine Kirche kommen, oder sonst keiner Übung abwarten können. Doch habe Sie sich daran noch erhohlt, daß das kleineste Kind, da Sie ihm den Brey geben wolte, seinen Mund so weit aufgesperret, daß Sie es mit ihren blöden Augen habe deutlich sehen können. Denn dadurch seyen ihr die Worte Psalm.* LXXXI *vers 11: Thue deinen*

---

11 A.a.O., 54.
12 A.a.O., 95.
13 A.a.O., 92.
14 A.a.O., 108–111.
15 A.a.O., 111f.
16 A.a.O., 117f.

Mund weit auf, laß mich ihn füllen; recht lebendig und lieblich aufgeschlossen worden, daß auch Sie den Mund und die Begierde ihres Hertzens weit aufgethan habe, aber auch vergnüglich gefüllet und gesättiget worden seyen.

Diese Geschichte ist ein Beispiel für das theologische Denken der Beata Sturm. Es ist die „Weisheit auf der Gasse" für die sie empfänglich war, das heißt, dass alltägliche Begegnungen und Ereignisse für sie einen tieferen geistlichen Sinn in sich tragen konnten. Diese „emblematische Theologie", wie sie auch genannt wird, findet sich schon bei Johann Arndt (1555–1621) in seinen *Vier Büchern vom wahren Christentum*, die erstmals 1606–1609 erschienen.

Rieger teilt weitere Beispiele dieser emblematischen Theologie der Beata Sturm mit. Einmal wollte sie einer armen Magd ein paar Hemden schenken. Doch diese konnte die Gabe nicht annehmen, weil sie gerade anderweitig beschäftigt war. Sie kam daher etwas später, mit den Worten, sie wolle jetzt *ihre* Hemden holen. Somit hatte sie die versprochenen Hemden schon als die ihrigen angesehen. Aus diesem alltäglichen Erlebnis zog Beata Sturm den Schluss, dass sie die von Gott verheißenen Gnadengaben ebenfalls schon jetzt als die ihrigen ansehen durfte.[17]

Wegen ihrer asketischen Lebensführung nennt Rieger Beata Sturm *eine wahre Evangelische Religiose*[18]. In der Tat hat Beata Sturm Ähnlichkeit mit Jeanne Marie Guyon (1648–1717), der französischen asketischen Mystikerin. Madame Guyon, wie sie kurz genannt wird, hatte Visionen und Verzückungen und betätigte sich auch schriftstellerisch. Der berühmte Kanzelredner Fénelon (1651–1715)[19] war ihr Seelenfreund und Beschützer, der jedoch nicht verhindern konnte, dass sie wegen Zweifeln an ihrer Rechtgläubigkeit angeklagt und 1695 zum Widerruf verurteilt wurde.

Für Rieger schien es deshalb wichtig zu bezeugen, dass bei Beata Sturm keine Gegnerschaft gegen die Kirche zu finden war, dass sie derselben auch nie verdächtigt worden sei. Dieses Zeugnis war von Bedeutung, weil Beata Sturms Wirken in die Zeit des radikalen Pietismus fiel, der die Kirche und ihre Amtsträger in mancher Hinsicht heftig kritisierte. Zwar habe Beata Sturm, so Rieger, in ihren jungen Jahren separatistische Neigungen gepflegt, doch habe sie sich auf seelsorgerlichen Rat gegen den Weg in den Separatismus entschlossen. Es ist also deutlich, dass Beata Sturm in Georg Konrad Rieger einen verständnisvollen Seelsorger gefunden hatte, der möglichen Angriffen wehrte und sie in Schutz nahm. Nach seinem Zeugnis war Beata Sturm eine eifrige Gottesdienstbesucherin, die auch regelmäßig zum Abendmahl ging. Darüber hinaus konnte sie die gehörten Predigten wörtlich wiederholen und weitersagen. Damit musste nach Rieger *Ihr fromm-seyn* als *nichts alberes und aberglaubisches, sondern etwas recht vernünfftiges und gescheutes*[20] bezeichnet werden.

---

17 A.a.O., 42.

18 Rieger, Nach-Erinnerung, Bogensignatur)()(8v.

19 François de Salignac de la Mothe-Fénelon, Erzbischof von Cambrai.

20 Rieger, 126.

Beata Sturm starb am 11. Januar 1730 im Alter von 47 Jahren, drei Wochen und vier Tagen. Ihr Grab ist nicht mehr bekannt. Ein Porträt ist als Kupferstich, der – wie die Umschrift zeigt – nach ihrem Tod angefertigt wurde, der dritten Auflage des Buchs von Rieger vorangestellt. Da Beata Sturm zu Lebzeiten nie gemalt worden war, hat sie ein Stuttgarter Maler so naturgetreu wie möglich dargestellt. Dies bestätigten alle, die sie gekannt hatten. Der Text dieses Porträts stammt von Philipp Heinrich Weißensee (1637–1767), zuletzt Abt in Hirsau und Konsistorialrat. Er verweist darauf, dass das Bild der schlichten Frau in Gebetshaltung nur die äußere Hülle von Beata Sturm darstellt:

Bey der frommen Sturmin Bild
Das die Augen wenig fült
Bleibe niemand lange stehen
Innen ist das Werck zu sehen.

Die Verse kennzeichnen eine Frau mit einer reichen innerlichen Frömmigkeit, die sich als Zuwendung zum Nächsten, besonders zu Armen und Kranken, nach außen wandte. Sie ist damit eine echte Tabea, die bei ihrem Tod einen großen Kreis von trauernden Schützlingen hinterließ.

LUCINDA MARTIN

Anna Nitschmann (1715–1760) Priesterin, Generalältestin, Jüngerin der weltweiten Brüdergemeine

Anna Nitschmann, Gemälde um 1850.

Einleitung

Wenn man den Pietismus im Zusammenhang mit dem Begriff „Diakonie" nennt, denkt man in der Regel an die Frankeschen Stiftungen und besonders an das Frankesche Waisenhaus. Dennoch haben auch die Herrnhuter ihre eigene Vision einer „Diakonie" entwickelt, die deutlich von Anna Nitschmann geprägt wurde.[1] Im Gegensatz zu den Hallensern, die hinaus in eine sündhafte Welt wirken wollten, beabsichtigten die Herrnhuter, Christen aller Glaubensgemeinschaften in ihre „Gemeine", d.h. ihre Gemeinden, hineinzuziehen. Sie verstanden ihre Gemeinden noch nicht als Glaubensgemeinschaft (was die Herrnhuter als „Religion" bezeichneten), sondern als eine „Anstalt des Herrn"[2]. Sowohl die Hallenser als auch die Herrnhuter fühlten sich berufen, Gottes Werk auszufüh-

---

1 Zu Anna Nitschmann: Lucinda Martin, Women's Religious Speech and Activism in German Pietism (Diss., University of Texas, Austin 2002) 226–319; dies., Möglichkeiten und Grenzen geistlicher Rede von Frauen in Halle und Herrnhut, in: Pietismus und Neuzeit 29, Göttingen 2003, 80–100. Wilhelm Jannasch, Erdmuthe Dorothea, Gräfin von Zinzendorf, geborene Gräfin Reuss zu Plauen: Ihr Leben als Beitrag zur Geschichte des Pietismus und der Brüdergemeine dargestellt, Sonderausgabe von Zeitschrift für Brüdergeschichte VIII, Herrnhut 1914; Peter Zimmerling, Anna Nitschmann, in: ders. (Hrsg.), Evangelische Seelsorgerinnen, Göttingen 2005, 103–123; Martin H. Jung, Frauen des Pietismus, Gütersloh 1998, 61–73; Dietrich Meyer, Anna Nitschmann, in: Walter Killy (Hrsg.), Literatur-Lexikon: Autoren und Werke deutscher Sprache 8, Gütersloh u.a. 1990, 441f.

2 Zinzendorf: „... es ist ein Asylum für gedrukte Herzen, die gern aus der welt zu den wunden des Heilands fliehen möchten. – Das ist der Plan unsrer Anstalt." Angabe bei Heinz Renkewitz, Der Diakonische Gedanke im Zeitalter des Pietismus, 341, Fußnote 89, in: Herbert Krimm (Hrsg.), Das diakonische Amt der Kirche, Stuttgart 1965, 283–345.

ren, aber auf verschiedenen Wegen: Während die Hallenser eine helfende Hand ausstreckten, boten die Herrnhuter Asyl an.

Die Gemeinschaften der Brüdergemeine auf der ganzen Welt boten denen, die sich ihnen anschlossen, sowohl spirituelle als auch physische Unterstützung. Die spirituelle Unterstützung bedeutete die Integration in eine einzigartige Gemeinschaft, in der das ganze Leben als Dienst für Gott und den Mitmenschen verstanden wurde. Die physische Unterstützung bedeutete eine frühe Form von „sozialer Sicherheit": Den Arbeitslosen wurde Arbeit gegeben; denjenigen ohne Geld wurde Verpflegung, Logis sowie finanzielle Unterstützung gewährt; die Kranken und Alten wurden versorgt. Für Frauen mit Kindern gab es Kinderbetreuung, während die Mütter Handarbeiten (Spinnen, Nähen und ähnliches) verrichteten oder kirchlichen bzw. administrativen Pflichten für die Brüdergemeine nachgingen. Alle diese Berufe – und die Herrnhuter verstanden sie als solche – wurden als ein Teil von Gottes Plan für die Menschheit verstanden.

Die Herrnhuter des 18. Jahrhunderts warteten jedoch nicht nur geduldig auf die Ankunft von Suchenden. Sie sandten Hunderte von Missionaren in die entferntesten Ecken der Welt, damit die Gemeine als Zuflucht für so viele Menschen wie möglich zur Verfügung stand. Darüber hinaus wurden alle neu gegründeten Siedlungen in der Diaspora nach dem Vorbild der Gemeine in Deutschland aufgebaut, so dass die Glaubensbrüder in Amerika, Afrika oder Asien dieselben spirituellen Funktionen und Arbeiten in der Gemeinschaft übernahmen wie in Deutschland, ohne Rücksicht auf die im 18. Jahrhundert üblichen Ansichten zu Rasse und Herrenschicht.

In all den hier genannten Bereichen der Diakonie – praktische Arbeit in der Gemeine, Seelsorge für andere und Missionsarbeit – war Anna Nitschmann eine Pionierin. Tatsächlich war sie als Gründerin des ersten Schwestern-Hauses in der Brüdergemeine – es diente später als Modell für das gesamte System der „Chorhäuser" – zusammen mit Graf Nikolaus von Zinzendorf die Erfinderin des einzigartigen Herrnhuter Systems, in dem das traditionelle Dorfleben mit einer neuen Art von „Kloster" verknüpft wurde.

Darüber hinaus war Anna Nitschmann über 20 Jahre eine der höchstgestellten Verwalterinnen in ihrer Glaubensgemeinschaft. Sie machte umfangreiche Reisen, um sich um die geschäftlichen Belange der Gemeine zu kümmern und zu predigen. Nitschmann war eine herausragende Persönlichkeit und zugleich eine bedeutende Theologin und Predigerin der Herrnhuter. Da ich diese Zusammenhänge bereits an anderer Stelle ausführlich erläutert habe,[3] möchte ich mich im Folgenden auf die Karriere von Anna Nitschmann konzentrieren. Aufgrund eines in vielfacher Weise äußerst „modernen" Geschlechterrollenverständnisses innerhalb der Brüdergemeine konnten Frauen wie Nitschmann zum ersten Mal in einem protestantischen Kontext in der Kirche Karriere machen. Es stellen sich dabei folgende Fragen: Inwiefern hat sich die Brüdergemeine über die sozialen Hierarchien des 18. Jahrhunderts hinweggesetzt, um Frauen

---

3 Martin, Women's Religious Speech, 299–317; dies., Möglichkeiten, 89f.

wie Anna Nitschmann eine berufliche Laufbahn zu ermöglichen? Wie hat Anna Nitschmann im Gegenzug geholfen, die Brüdergemeine zu gestalten? Was waren schließlich die Konsequenzen der progressiven Politik der Brüdergemeine für die Glaubensgemeinschaft und für Leiterinnen wie Anna Nitschmann?

1. Anna Nitschmann als Gründerin und Ältestin des Ledigen Schwestern Chors

Anna Nitschmann wurde am 24. November 1715 innerhalb einer legendären Gruppe von vor-lutherischen „Protestanten" geboren. Schon dies prädestinierte sie für religiöse Führungsaufgaben. Ihre Familie gehörte zu der *Unitas Fratrum*, besser bekannt als „Hussiten", benannt nach dem Reformer Jan Hus (1371–1415). Seit der Hinrichtung von Hus hatten seine Nachfolger ihren Glauben trotz kontinuierlicher Verfolgung in einer entfernten Ecke des heutigen Tschechien im Untergrund weiter praktiziert.[4]

Als die römisch-katholische Kirche während der Gegenreformation versuchte, den Protestantismus in ihren Gebieten auszumerzen, nahm die Verfolgung der *Unitas Fratrum* zu. Trotz der gegenreformatorischen Bemühungen verstärkten sich die Aktivitäten von Dissidenten-Gruppen wie der *Unitas Fratrum* im späten 17. und frühen 18. Jahrhundert. Im Zuge einer religiösen Erneuerung, die sich durch ganz Europa erstreckte, erfuhren die Mitglieder der *Unitas Fratrum* im Jahr 1724 ein großes „Erwachen".

Wie andere pietistisch ausgerichtete Gruppen in Europa hielten auch die *Unitas Fratrum* illegale „Konventikel" in ihren Häusern ab, in denen Laien predigten, sangen und beteten. Das erlaubte die Beteiligung von Frauen und Kindern in einem Maß, welches weit über die Möglichkeiten in den offiziellen Kirchen jener Zeit hinausging. In ihrem späteren „Lebenslauf" schreibt Anna Nitschmann, sie habe als Kind in diesen Versammlungen das Gebet sprechen dürfen.[5]

Annas Eltern, David und Anna Nitschmann, beherbergten solche Konventikel in ihrem Haus und waren daher auch eine Zielscheibe für die Behörden. Infolgedessen wurden Annas Vater David und ihr Bruder Melchior mehrmals inhaftiert. Der Bruder entschloss sich schon bald, seine Zukunft anderweitig zu suchen, und verließ Mähren Ende 1724. Als David Nitschmann im Januar 1725 aus der Haft entlassen wurde, folgte er seinem Sohn westwärts in Richtung des protestantischen Sachsen.

Die beiden Männer hofften, sich einer kleinen Gruppe von mährischen Flüchtlingen anschließen zu können, die bereits Zuflucht bei der aufgeklärten

---

4 Annas Familie wohnte in Kunewald in Mähren (heute im Osten Tschechiens).

5 Anna Nitschmann, Eigenhändiger Lebenslauf 1737, vgl. Unitätsarchiv Herrnhut [UA] R.20.B.20.a.a.3. Der „Lebenslauf" war eine kurze Biographie, manchmal vor einer gefährlichen Reise oder während einer Krankheit verfasst. Er wurde auch oft von einem engeren Familienmitglied nach dem Tod geschrieben. Lebensläufe konzentrierten sich vor allem auf die Ämter der Person in der Brüdergemeine. Nitschmann schrieb mehrere Lebensläufe währende ihres Lebens. Den Lebenslauf von 1737 schrieb sie, bevor sie nach Amerika fuhr.

Adligen Henriette Katharina von Gersdorff[6] gefunden hatten. Drei Jahre zuvor, am 15. Juni 1722, waren drei mährische Familien auf dem Gut der Witwe Gersdorff in Großhennersdorf angekommen und hatten um Asyl gebeten. Gersdorff gewährte ihnen Zuflucht und erlaubte der Gruppe, eine Siedlung auf ihrem Grund und Boden im Nordwesten des Dorfs zu gründen.

Schon bald schlossen sich diesen Familien in Herrnhut – so nannten sie ihre neue Siedlung – andere Mitglieder der *Unitas Fratrum* an. Die religiöse Verfolgung in Mähren und in den benachbarten Gebieten durch die römisch-katholische wie auch die protestantische Kirche und durch weltliche Behörden veranlasste noch weitere religiöse Gruppen, ihre Zuflucht in Herrnhut zu suchen. Katharina von Gersdorff war ökumenisch eingestellt und tolerierte unterschiedliche religiöse Überzeugungen und Gebräuche.

Auf diese Weise entstand ein buntes Gemisch von Glaubensgemeinschaften, so dass es in den ersten Jahren in Herrnhut nicht ohne Schwierigkeiten zuging, wenn bisweilen die verschiedenen Gruppen miteinander in Streit gerieten. Graf Nikolaus von Zinzendorf, Gersdorffs Enkel, legte erst später die Regeln fest, welche die Streitigkeiten ausglichen und eine neue funktionsfähige Gemeinschaft ermöglichten. Die erneuerte *Unitas Fratrum* war zwar nicht mehr „dieselbe" Kirche, die Jan Hus im Sinn hatte, aber doch ihre Nachfolgerin. Gegen Ende des Jahres 1722 besuchte Zinzendorf zum ersten Mal die neue Siedlung, in der zu diesem Zeitpunkt bereits eine große und lebendige Gemeinschaft existierte.[7] Als Anna Nitschmann in Herrnhut ankam, hatte Zinzendorf schon die Führung übernommen und Strukturen und Regeln eingeführt, um aus dem Chaos der vielen Gruppierungen eine einzige Gemeinde – die „Brüdergemeine" – zu bilden.

Nach einem dreiwöchigen Fußmarsch inmitten des Winters kamen Anna und ihre Mutter am 24. Februar 1725 in Herrnhut an. Anna wurden bald die Ämter einer „Helferin" und „Ermahnerin" übertragen. In dem von Zinzendorf aufgebauten System führte eine Helferin die geistigen Diskussionen mit jungen Mädchen, während eine Ermahnerin die Aufgabe hatte, das gute Benehmen der jungen Mitglieder sicherzustellen. Diese bescheidenen Ämter wiesen allerdings noch nicht auf die großartige Karriere hin, die Anna in der Brüdergemeine machen würde.

Schon einige Jahre später übernahm Anna Nitschmann im Alter von 14 Jahren ein sehr viel schwierigeres Amt, das den Rest ihres Lebens bestimmen sollte und tatsächlich auch Auswirkungen auf die Entwicklungen der gesamten Brüdergemeine haben würde. Am 17. März 1730 wurde sie „Ältestin" aller Frauen in der Gemeine (welche sich zu dieser Zeit immer noch auf die Herrnhuter-

---

6 Vgl. in diesem Band: Robert Langer, Das Wirken der Henriette Catharina von Gersdorff.

7 August Gottlieb Spangenberg, Leben des Herrn Nicolaus Ludwig Grafen und Herrn von Zinzendorf 1, Barby 1772, 230. Spangenberg spielt die Entwicklung der Gemeinde vor Zinzendorfs Ankunft herunter.

Gemeinschaft beschränkte).[8] Als Ältestin war Anna für alle Belange der seelsorgerlichen Betreuung der Frauen zuständig und repräsentierte die Frauen auch in gemeindeleitenden Gremien. Obwohl es widersprüchlich scheint, dass eine 14-jährige als „Ältestin" der Gemeinschaft dienen konnte, wurde die Auswahl durch ein Los bestätigt und damit – nach dem Glauben der Herrnhuter – durch Jesus selbst.[9]

Die Verwendung des Loses bei den Herrnhutern ist zum Teil verantwortlich für den Aufstieg einzelner Personen bescheidener Herkunft – wie z.B. bei der armen Bauerntochter Anna Nitschmann. Diese Praxis wurde bei allen wichtigen Entscheidungen der Brüdergemeine angewandt und bestimmte so manches Mitglied der Gemeine für hohe Ämter, auch wenn konventionelle Ansichten der Zeit dagegen gesprochen hätten.[10] Zumindest in den Jahren, in denen Zinzendorf die Führung der Brüdergemeine innehatte, scheint das Los Junge, Arme und Unerfahrene genau so oft ausgewählt zu haben, wie diejenigen höherer Abstammung und reiferen Alters. Die Rolle des Loses zeigt im Leben von Anna Nitschmann, wie weitreichend soziale Änderungen sein konnten, wenn sie durch den christlichen Glauben ausgelöst wurden. Aus weltlicher Sicht war Anna Nitschmann ein ungebildetes Bauernmädchen und ein Flüchtling. Aber für Zinzendorf war sie eine geistig gesegnete Tochter der legendären Hussiten, die von Gott nach Herrnhut geführt worden war. Tatsächlich schrieb er später, dass nur er, Anna Nitschmann und August Spangenberg die Beziehung zwischen der „Gemeine Gottes" und den „mährischen Kirchen" verstanden hätten.[11]

Zinzendorfs Glaube, Gott habe Anna Nitschmann für besondere Aufgaben auserwählt, scheint die junge Frau ermutigt zu haben. Weniger als zwei Monate, nachdem sie Ältestin wurde, fällte Anna unabhängig von der Leitung der Gemeine eine radikale Entscheidung, die tiefgreifende Folgen für die Entwicklung der Brüdergemeine haben sollte. Vielleicht zeigt gerade diese Tat, dass sie für ihr Alter sehr reif war. Am 4. Mai 1730 gründete sie zusammen mit 17 anderen jungen Frauen den „Jungfernbund", damit sie sich einem Leben als „rechte Jungfrauen des Lammes" widmen konnten. Sie wollten sich einer „Ehe" mit Christus, den sie als ihren „Seelenbräutigam" oder „Blutbräutigam" bezeichneten, verschreiben. Zinzendorf hatte bereits parallele Ämter für männliche und weibliche Seelsorger in der Gemeine eingeführt, ebenso die kleinen gleichgeschlechtlichen „Banden", in denen man geistige und persönliche Dinge disku-

---

8 Spangenberg, Leben, 594.

9 Einige ältere, erfahrenere Frauen in der Gemeinde haben die Auswahl von Anna Nitschmann für dieses Amt anscheinend abgelehnt, vgl. UA R. 20. E. Nr.16, 103.

10 Erich Beyreuther, Die Herrnhuter Losungen und ihre Entstehungsgeschichte, Unitas Fratrum 7, 1980, 4–15; Elisabeth Sommer, Gambling with God: The Use of the Lot by the Moravian Brethen in the Eighteenth Century, Journal of the History of Ideas, 1998, 267–286; Martin, Women's Religious Speech, 231–234.

11 Angabe bei Jannasch, Erdmuthe Dorothea, 254.

tieren konnte.[12] Nun entwickelte Anna Nitschmann als Führerin der Frauen in Herrnhut die Idee Zinzendorfs einen Schritt weiter: Mit dem Jungfernbund hatte sie das erste „Ledige Schwestern Chor" gegründet. Diese quasi-autonomen, gleichgeschlechtlichen Gruppen sollten das Leben in der Brüdergemeine prägen.

Drei Jahre später bekam das „Ledige Schwestern Chor" eine festere institutionelle Struktur. Am 26. Januar 1733 zog Anna Nitschmann mit 13 weiteren Schwestern in das Jungfernhaus, das später wie ähnliche Häuser in anderen Gemeinschaften der Brüdergemeine als „Ledige Schwestern Haus" bezeichnet wurde. Obwohl es schon vorher kleine Gemeinschaftshaushalte unter den Herrnhutern gab, war die klösterliche Struktur des Jungfernhauses etwas Neues in der Brüdergemeine. Eine ausgeprägte christozentrische Religiosität stand im Mittelpunkt des Lebens im „Ledige Schwestern Haus". Die Frauen verbrachten einen großen Teil der Zeit mit gemeinsamem Gebet und Andachten; mit Ausnahme von Anna Nitschmann, die als Ältestin ihr eigenes Zimmer hatte, teilten sie auch die Arbeits- und Schlafquartiere. Anfangs versuchten die Frauen zugunsten der Gemeinschaft völlig auf Privatbesitz zu verzichten, nachdem jedoch die Unzufriedenheit wuchs, wurde diese Lebensform nicht fortgesetzt.

Das Leben als Leiterin des „Ledige Schwestern Hauses" und als Ältestin aller Frauen in Herrnhut muss anfangs schwer gewesen sein, da Anna Nitschmann das erste Jahr als ein „großes Prüfungsjahr" beschreibt.[13] Neben den geistigen Belangen, für die sie schon länger zuständig war, musste sie sich nun auch mit finanziellen und anderen administrativen Angelegenheiten beschäftigen.

Die Konstituierung eines in gewisser Weise „protestantischen Klosters" erforderte Kreativität, Charisma und Autorität, vor allen Dingen, um gewisse Widersprüche zu bewältigen, die dem System immanent waren. Obwohl die jungen Frauen sich einer keuschen „Ehe" mit Christus verschrieben hatten, sollten sie trotzdem für eine arrangierte „Streiterehe" mit einem männlichen Mitglied der Brüdergemeine offen bleiben, falls die Führung der Gemeinschaft dies forderte. Tatsächlich war es eine der wichtigsten Funktionen der Schwestern- und Brüderhäuser, zukünftige Missionarspaare vorzubereiten und zu trainieren.

Wegen dieses dualen Konzepts, das sich zwischen Kloster und Ehestand bewegte, musste Anna Nitschmann sorgfältig balancieren, um nicht nur die ledigen Schwestern zu leiten, sondern auch ihr eigenes Leben in der Gemeinschaft zu führen. Während des schwierigen ersten Jahres, fragte die Ältestenkonferenz,

---

12 Die Banden wurden am 9. Juli 1727 lange vor der Entstehung der Chöre eingeführt. Auch nach der Etablierung der Chöre wurden die Banden innerhalb dieser weitergeführt. Vgl. dazu Paul Peucker, Herrnhuter Wörterbuch: Kleines Lexikon von brüderischen Begriffen, Herrnhut 2000, 14; Gottfried Schmidt, Die Banden oder Gesellschaften im alten Herrnhut, Zeitschrift für Brüdergeschichte, 1909, 145–207.

13 Ihre Eltern begannen in diesem Jahr ihre Missionstätigkeit in St. Croix in der Karibik (wo ihre Mutter ein paar Jahre später starb). Anna selbst überlebte eine ernste Krankheit im Mai 1733, und im Juni starb Annas engste Freundin, Sophie Elisabeth Heintschel.

zu der auch Anna gehörte, – wahrscheinlich nach einem Losentscheid – an, ob sie einwilligen würde zu heiraten.[14] Derartige Entscheidungen einfach dem durch die Gemeine verwalteten Los zu überlassen, wie es die meisten machten, übte auf manche auch moralischen Druck aus. Allerdings war es gestattet, eine vorgeschlagene Ehe auch abzulehnen.

Anna schildert ihre Entscheidung als großen inneren Kampf und beschreibt, dass das Amt der Ältestin so schwer war, dass sie in Betracht zog, es aufzugeben. Die Gemeine wollte Annas Vermählung anscheinend, um bestimmte Pläne (möglicherweise die Gründung einer neuen Siedlung) umzusetzen. Anna sollte ihr Amt als Ältestin aufgeben, um möglicherweise in ein fernes Land zu reisen und ein Leben unter einfachen Bedingungen mit einem für sie von der Gemeine und dem Los ausgewählten Ehemann zu führen.

Die Quellen legen nahe, dass der „Kampf", den Anna in ihrem Lebenslauf beschreibt, mehr mit Selbstdarstellung als mit der Realität zu tun hat. Sie entwirft von sich ein Bild der Demut und Passivität, das weder mit ihrer spektakulären Karriere noch mit zeitgenössischen Dokumenten übereinstimmt, die sie als eigenwillig, streitlustig und ehrgeizig zeigen.[15] Schließlich teilt Anna Nitschmann der Führung mit, dass sie nicht heiraten wird.

Im Jahr 1735 schlug die Gemeindeleitung Anna erneut eine Heirat vor. Die Gemeine wünschte, dass sie mit Leonhard Dober die Ehe eingehen sollte; er hatte das dem ihren analoge Amt des Ältesten der Männer inne. Die Leitung der Gemeine plante, den beiden die Verantwortung für die verheirateten Paare in Herrnhut zu übertragen. Anna erzählt in ihrem Lebenslauf, dass sie nicht heiraten wollte, aber keinen Weg fand, es direkt zu sagen. Eine zweite Absage von ihrer Seite hätte sie wahrscheinlich als eigensinnig erscheinen lassen. Sie berichtet, dass sie darüber betete und die Sache gründlich überdachte: „Es war für mich eine schwere Probe."[16] Das Problem wurde letztlich hinter den Kulissen gelöst: Anna und Dober korrespondierten heimlich und entdeckten, dass keiner von beiden den anderen heiraten wollte.[17] In einem gemeinsamen Brief legten sie der Leitung ihre Vorbehalte dar. Anna schrieb später: „So war ich wieder frei, und ich dankte dem Heiland."[18]

Als „freie" Frau konnte sich Anna Nitschmann wieder auf ihre religiöse Arbeit konzentrieren. Das „Ledige Schwestern Haus" wurde bald ein integraler Bestandteil Herrnhuts und aller später entstehenden Gemeinen. Annas Position als Führerin des Jungfernbundes und ihre Rolle beim Aufbau des „Ledige

---

[14] Sie sollte Johann Nitschmann (den Älteren) heiraten. Nitschmann war ein sehr häufiger Name unter den mährischen Flüchtlingen.

[15] Als Beispiel: UA R.21.LA.115b.

[16] Lebenslauf, UA R.20.B.20.a.a.3.

[17] Nach Nitschmann hat Dober die Korrespondenz initiiert, aber ich konnte dies nicht verifizieren.

[18] Lebenslauf, UA R.20.B.20.a.a.3.

Schwestern Chors" und des Schwesternhauses bereiteten ihren Aufstieg in die oberste Verwaltung der weltweiten Brüdergemeine vor.

2. Ämter und Organisation in der Brüdergemeine

In der Brüdergemeine des 18. Jahrhunderts war die Seelsorge dem Alter, dem Geschlecht und dem Ehestatus entsprechend organisiert. Die Einsicht, dass sich die Seelsorge an einem älteren verheirateten Bruder drastisch von der an einer jungen ledigen Schwester unterschied sowie strikte Maßnahmen, den Kontakt zwischen den Geschlechtern zu minimieren, führte zu parallelen hierarchischen Strukturen für Männer und Frauen. Dem Beispiel des „Ledige Schwestern Chors" folgend, lebten Brüder und Schwestern in separaten Chorhäusern. Es gab zum Beispiel „kleine Mädchen", „große Mädchen", „ledige Schwestern" und „Witwen". Entsprechende Unterteilungen gab es für Jungen und Männer.[19] In einigen Gemeinschaften, wie in Herrnhut, lebten die verheirateten Paare und Familien in ihren eigenen Häusern außerhalb der Brüdergemeine; in anderen Siedlungen, wie z.B. in Herrnhaag, lebten die Ehepartner weiterhin getrennt in ihren jeweiligen Chorhäusern.[20]

In allen Gemeinschaften war, unabhängig von den spezifischen Abmachungen hinsichtlich der Familien, die diakonische Arbeit, d.h. die Arbeit der Gemeine im Dienst Christi, wichtiger als familiäre Bindungen. Herrnhut und seine weltweiten Tochtergemeinschaften funktionierten entsprechend einer strikten Hierarchie von Ämtern. Diese reichten von der einfachen „Krankenwärterin" über unzählige pastorale Ämter auf der Ebene des Chors, der Gemeine bis endlich zur internationalen Ebene der Kirchenverwaltung, auf der Zinzendorf, bekannt als der „Papa" oder der „Jünger", herrschte.[21]

Neben den geistlichen Ämtern innerhalb des Chorhauses, wie denen der Ältestin und Helferin, gab es eine Hierarchie auf Gemeine- oder Gemeinschaftsebene. Wie in monastischen Gemeinschaften funktionierten Chorhäuser ähnlich wie Klöster, und die Pflichten der Ältestinnen waren mit denen einer Äbtissin vergleichbar.

Insgesamt war die kirchliche Organisation bei den Herrnhutern nach dem hierarchischen Schema des altkirchlichen Klerus gegliedert: Diakon, Presbyter und Bischof.[22] Wir wissen aber auch, dass die Brüdergemeine Frauen nach dem-

---

[19] Zinzendorf baute die Struktur der Chöre im Lauf der Zeit nach den besonderen Bedingungen einzelner Gemeinden aus. In seinem „Summarischen Unterricht" von 1755 listet er bis zu 25 verschiedene Chöre auf. Vgl. dazu: Peucker, Herrnhuter Wörterbuch, 17–18.

[20] Um das „Sakrament" des ehelichen Verkehrs zu ermöglichen, konnten Eheleute sich nach Verabredung in einem besonders für diesen Zweck gewidmeten Zimmer treffen.

[21] Hanns-Joachim Wollstadt, Geordnetes Dienen in der christlichen Gemeinde dargestellt an den Lebensformen der Herrnhuter Brüdergemeine in ihren Anfängen, Arbeiten zur Pastoraltheologie 4, Göttingen, 1966.

[22] Zinzendorf erklärte die zwei Ebenen, auf denen man als Prediger wirken konnte: Es gab Prediger, die als „Pastoren" predigten und andere, die predigten, um Gemeinden zu schaffen, vgl. UA R.2.A.19.1–4, 137.

selben Prinzip ordinierte, zumindest für die beiden Ämter der Diakonisse und Presbyterin, auch Priesterin genannt.[23] Viele Frauen bekleideten Ämter auf beiden Ebenen, dem Chor und der Gemeine. Zinzendorfs Tochter Benigna z.B. war gleichzeitig Ältestin in einem Chor und Priesterin; auch Anna Nitschmann besaß mehrere Ämter.[24]

1746 begannen die Herrnhuter mit der Ordination von Frauen für das Amt der Priesterin. Bis 1758 wurde das jedoch geheim gehalten, wahrscheinlich aus Furcht vor öffentlicher Kritik. Am 12. Mai 1758 argumentierte Zinzendorf bei der ersten offiziell dokumentierten Ordination von Schwestern in das Amt von Priesterinnen, dass Frauen dieselben Anrechte auf die Priesterschaft hätten wie Männer und dass diese Ehre öffentlich verliehen werden sollte.[25] Bei dieser ersten offiziell dokumentierten Schwesternordination nahmen Anna Nitschmann und Graf von Zinzendorf die Einsegnung der Schwestern vor.

Nitschmann muss zu denjenigen gehören, die laut Zinzendorf bereits im Geheimen in das Amt der Priesterin ordiniert worden waren. Andernfalls hätte sie Frauen nicht in das Priesteramt ordinieren können.[26] Zu vermuten ist auch, dass ihre dokumentierten Pflichten als „Mutter" der Brüdergemeine – ein Titel, den sie seit 1746 trug – weit über die der meisten Bischöfe hinausgingen. Als Anna Nitschmann und Zinzendorf im Jahr 1758 drei Schwestern unter Handauflegung als Priesterinnen einsegneten, bemerkte Zinzendorf, dass die Schwestern

---

23 Es gibt indirektes Beweismaterial, dass Frauen möglicherweise als Bischöfe gedient haben, vgl. Vernon Nelson, Ordination of Women in the Moravian Church in America in the eighteenth Century, in: Transatlantic Moravian Dialogue 17, 1999, 14–22: 21.

24 Viele Frauen dienten auch als „Acoluthae", die bei den Abendmahlsgottesdiensten halfen. Bis 1760 gab es mindestens 199 Diakonissen, 14 Priesterinnen und 429 Acoluthae, vgl. Otto Uttendörfer, Zinzendorf und die Frauen: Kirchliche Frauenrechte vor 200 Jahren, Herrnhut 1919, 29; Wollstadt, Geordnetes Dienen, 211ff.

25 Zinzendorf: „Meine Geschwister, wir haben heute seit 12 Jahren eine neue Erscheinung, ob sie gleich in der Kirche Gottes und in unserm Gemüthe nicht neu ist. Wir habens erst mit 2 Schwestern probirt, darnach mit 11 [...] die aber alle in solchen Haupt-Geschäften stehen, daß eine öffentliche Conferirung dieser Würde sich nicht schicken würde. Nun fangen wir nach 12 Jahren wieder an, dieses Amt bey den Schwestern, als einen Grad, vor der Gemeine öffentlich zu conferiren. Es haben sich die Schwestern eben auch Recht an der Priesterschaft, sie haben unter sich und in ihrer Capacitaet die 3 ersten Grade der Gemein=Ämter, wie die Brüder", vgl. Jüngerhausdiarium, Herrnhuter Gemeinde Archiv Königsfeld, 12.5.1758.

26 Als sie das Ältestinamt niederlegte, um nach Amerika zu reisen, wünschte Nitschmann ihrer Nachfolgerin in Herrnhut, Anna Maria Lawatsch, „daß [...] dein priestlicher Handel allen Gottes priestern gleicht" und hinterließ auch Anweisungen, wer in ihrer Abwesendheit welchen Verpflichtungen nachkommen sollte, vgl. UA R.8.1.6, 96. Nelson meint, dass Anna Nitschmann wahrscheinlich das Amt eines Bischofs innehatte, vgl. Nelson, Ordination, 21.

mehr durch ihre Hände als durch seine gesegnet würden – und er hatte das Amt eines Bischofs inne.[27]

Leider gibt es nur wenige Informationen über die Aktivitäten der Priesterinnen. Eine ihrer Pflichten war die Führung der gesamtgemeinschaftlichen Gottesdienste, in denen Frauen oder Mädchen getauft bzw. ordiniert wurden. Trotzdem ist es verwunderlich, dass die Lebensläufe der Schwestern, die diese hohen Ämter innehatten, nicht einmal ihren Rang nennen. Das ist höchstwahrscheinlich auf die Politik der „Kassation" nach Zinzendorfs Tod zurückzuführen. Man vernichtete die Dokumente, die als schädlich für das öffentliche Bild der Brüdergemeine angesehen wurden.[28] Die Lebensläufe der Priesterinnen stellen ihre Hingabe für die Gemeinde heraus, aber nicht die hohen Ämter, die sie besaßen. Nach Zinzendorfs Tod begannen männliche Leiter der Brüdergemeine (viele waren wahrscheinlich niemals von der spirituellen Gleichberechtigung der Frauen überzeugt), wieder ein mehr patriarchalisches System in der Kirchenadministration zu etablieren. Die Männer waren, sicherlich zu Recht, überzeugt, dass die hohe Profilierung der Frauen den Feinden der Brüdergemeine als Argument dienen konnte. Dies galt besonders in Hinblick auf die Frau mit dem höchsten Rang: Anna Nitschmann.

3. Anna Nitschmanns Karriere: Generalältestin, Priesterin, Mutter, Jüngerin

Anna Nitschmann war als Ältestin zunächst für die Frauenangelegenheiten in Herrnhut und dann für die Leitung des „Ledige Schwestern Hauses" zuständig. Als Zinzendorf 1736 aus Sachsen ausgewiesen wurde, begleitete Anna Nitschmann ihn und seine kleine „Pilgergemeine". Diese bestand aus der höchsten Führung der Brüdergemeine und wanderte von Ort zu Ort, um andere von ihrer Sache zu überzeugen. Auch nachdem Zinzendorfs Streit mit den Behörden beigelegt war und er nicht mehr „pilgern" musste, setzte Anna Nitschmann die Reisen im Auftrag der Brüdergemeine fort. 1737 begann sie die Gemeine auch international zu vertreten, als sie nach Holland und England fuhr, um sich um Angelegenheiten der Brüdergemeine-Stationen zu kümmern.[29]

1740 übergab Nitschmann ihren Posten in Herrnhut an eine andere Schwester und nahm die Missionstätigkeit auf, indem sie eine von ihrem Vater, David

---

[27] Angabe bei Nelson, 20f. In der Brüdergemeine in England waren die Begriffe „priestess" („Priesterin") und „eldress" („Ältestin") austauschbar, dies deutet an, dass die beiden Ämter wohl gleich oder gleichgestellt waren.

[28] Paul Peucker: „In Staub und Asche": Bewertung und Kassation im Unitätsarchiv, 1760–1810, in: Rudolf Mohr (Hrsg.), „Alles ist euer, ihr aber seid Christi", FS Dietrich Meyer, Schriftenreihe des Vereins für Rheinische Kirchengeschichte 147, Köln 2000, 127–158, und ders.: Gegen ein Regiment von Schwestern. Die Stellung der Frau in der Brüdergemeine nach Zinzendorfs Tod, in: Unitas Fratrum 45/46, 1999, 61–72.

[29] Über Anna Nitschmanns Rolle in der Administration der Finanzen der Brüdergemeine in England ist ihr Brief aus dem Jahr 1753 an Kober aufschlussreich, vgl. UA R.20. B. 20.a.b. 34.a–d.

Nitschmann, geführte Gruppe zu den amerikanischen Kolonien begleitete. Sie half, die Siedlung Bethlehem in Pennsylvania zu gründen, und reiste auch in die Kolonien, um sowohl Indianer als auch aus Europa stammende Protestanten zu missionieren.

Dokumente zeigen, dass die Predigten Annas und weiterer Frauen der Brüdergemeine Unruhe in manchen amerikanischen Gemeinden hervorriefen, in denen das öffentliche Reden von Frauen nicht erlaubt war.[30] Dagegen hießen andere Gruppen die Herrnhuter willkommen. 1741 predigte Anna bei Quäkern in einer Andacht in Pennsylvania (diese religiöse Gruppierung erlaubte Frauen zu predigen). Nach einem Gemälde aus dem 18. Jahrhundert waren die Zuhörer sowohl Männer als Frauen, und Anna stand vor der „Ältestenbank", die von den Quäkern traditionell für anerkannte Prediger und Predigerinnen reserviert war.[31] Sofern auf dieser Abbildung ein tatsächliches Geschehen dokumentiert ist, war Anna Nitschmann sogar weit über die Brüdergemeine hinaus als Predigerin und religiöse Führerin anerkannt.

Anna Nitschmanns öffentliche Rolle in den Kolonien als Predigerin und Gründerin der neuen Siedlung in Bethlehem hob ihren Status in der Brüdergemeine. Die Jahre 1740 und 1741 waren eine Zeit des Wachsens für Nitschmann, die nun das erste Mal nicht unter der direkten Aufsicht von Zinzendorf stand.[32] Als sie nach Deutschland zurückkehrte, wurde sie 1743 zur „Generalältestin" ernannt, um alle Schwestern der weltweiten Brüdergemeine zu führen. 1745 wurden vier weitere Generalältestinnen berufen, die sich die Arbeit teilten. Über ihnen stand Anna Nitschmann als tatsächliche Leiterin.

Schließlich ernannte Zinzendorf sie zur „Mutter der Brüdergemeine", ein quasi-offizieller Ehrentitel.[33] Anna Nitschmanns Rolle als Mutter lässt sich nur schwer umreißen: Die Position schloss sicherlich administrative und institutionelle Macht ein, war jedoch nicht rein institutionell, da das Amt nach ihrem Tod nicht wieder besetzt wurde. Nachdem sie „Mutter" der Brüdergemeine geworden war, hatte Nitschmann wahrscheinlich mehr Macht als jede andere Person neben Zinzendorf.

Tatsächlich wird Anna Nitschmann in Dokumenten häufig als „die Jüngerin" bezeichnet. Dieser Titel war das weibliche Pendant zu der für Zinzendorf üblichen Bezeichnung: „der Jünger". Da die beiden nach dem Tod von Zinzendorfs erster Frau heirateten, könnte Annas Bezeichnung als „die Jüngerin" darin begründet liegen. Allerdings zeigen Dokumente aus jener Zeit, dass sie schon vor

---

30 Aaron Fogleman, „Jesus ist weiblich". Die herrnhutische Herausforderung in den deutschen Gemeinden Nordamerikas im 18. Jahrhundert, in: Historische Anthropologie 9, 2001, 167–194: 189–191; Uttendörfer, Zinzendorf und die Frauen, 27.

31 UA BA 1143.

32 Ein Jahr später stieß Zinzendorf zu den Missionaren in den Kolonien. Vgl. Jannasch, Erdmuthe Dorothea, 264f.

33 Das Los hatte sie schon 1743 als „Mutter" der Brüdergemeine bestätigt, ein Titel, den Zinzendorfs Frau, Erdmuthe Dorothea, missbilligte, vgl. Jannasch, Erdmuthe Dorothea, 276.

ihrer Hochzeit im Jahr 1757 „die Jüngerin" genannt wurde.[34] Damit scheint bewiesen, dass Nitschmann als Haupt der Frauen als gleichrangig mit dem Haupt der Männer (Zinzendorf) angesehen wurde.

4. Die Anna-Nitschmann-Legende

Trotz Anna Nitschmanns Bedeutung während des Aufbaus der Herrnhuter Brüdergemeine gibt es nur wenig Forschung zu ihrer Person. Dies liegt zum großen Teil an der Politik der Gemeine nach Nitschmanns Tod. Zu ihren Lebzeiten versuchte die Gemeinschaft, ihr Ansehen dahingehend zu formen, dass daraus ersichtlich wurde, wie eine Bauerntochter so eine hohe Position erreichen konnte. Nach ihrem Tod spielte die Brüdergemeine ihre Rolle herunter und zerstörte auch viele ihrer Schriften. Da ihre Darstellung von Anfang an manipuliert worden war – entweder um sie zu idealisieren oder um sie zu rehabilitieren –, ist es schwer, die Wahrheit von dem zu unterscheiden, was von einigen Forschern und mir als „Anna-Nitschmann-Legende" bezeichnet wird.[35]

Da die Herrnhuter des 18. Jahrhunderts ihre Aktivitäten aufzeichneten und Kopien der Dokumente (Predigten, Tagebücher, Briefe, u.a.) mit Gemeinden in der Diaspora austauschten, ist es teilweise möglich, die Tatsachen zu rekonstruieren. Viele Schriften von Leiterinnen in der Brüdergemeine überlebten auf diese Weise und kommen erst heute ans Licht. So entdeckte ich Mitte 1999 – dank dem Rat des damaligen Leiters des Unitätsarchivs in Herrnhut – eine Reihe zuvor unbekannter Reden von Frauen in Herrnhut.[36]

In meiner Analyse der Nitschmann-Predigten habe ich drei Hauptanliegen herausgestellt: Seelsorge, theologische Erziehung und Disziplin der ihr unterstellten Schwestern. Die drei Anliegen gehen tatsächlich in ihren Ansprachen an die Schwestern Hand in Hand. In ihren Reden stellt sie sich als ein Vorbild für ledige Schwestern dar und versucht, diese zu überzeugen, nicht nur dem Hei-

---

[34] Zum Beispiel: UA R. 21. A. 115b von 1756.

[35] Martin, Women's Religious Speech, 236–259; Zimmerling, Nitschmann, 103; Hans-Windekilde Jannasch in einem Brief von 1962 im UA.

[36] Ich danke Dr. Paul Peucker, jetzt bei den Moravian Archives in Bethlehem, Pennsylvania, für seine großzügige Hilfe. Die 37 Reden sind weder nummeriert noch paginiert. Es handelt sich um lose Blätter in einer Mappe. 21 der Dokumente sind von Anna Nitschmann. Zwei stammen von Anna Johanna Piesch, der Frau, die im 18. Jahrhundert den zweithöchsten Rang nach Anna Nitschmann in der Brüdergemeine innehatte (ihre Reden: UA S.A.I. R5.2). Die anderen 14 Ansprachen kommen von Louise von Hayn (Hayns Reden: S.A.I. R.5. 3a); vgl. in diesem Band: Elisabeth Schneider-Böklen, Henriette Louise von Hayn. Diese Reden behandle ich ausführlich in meiner Dissertation: Martin, Women's Religious Speech, 226ff. Zur Zeit ist eine Edition dieser Reden in Arbeit. Vgl. dazu auch: Peter Vogt, Herrnhuter Schwestern der Zinzendorfzeit als Predigerinnen. Unitas Fratrum 45/46, 1999, 29–60. – An anderer Stelle erklärte ich bereits ausführlich, warum ich vermute, dass diese Reden für die Herrnhuter des 18. Jahrhunderts den Status von Predigten hatten. Der Hauptgrund ist wohl, dass Zinzendorf selbst seine diesen Reden ähnlichen Ansprachen als „Reden" wie auch als „Predigten" bezeichnete und sie unter ähnlichen Bedingungen hielt. Vgl. Martin, Women's Religious Speech, 287–317.

land zu dienen und zu gefallen, sondern auch ihr selbst. Anna Nitschmann erzählt von ihrem Stolz und ihrer Freude, wenn die Schwestern ihr und dem Heiland gefallen haben (dies ist ein und dasselbe) und spricht von ihrer Enttäuschung, wenn sich die Schwestern nicht entsprechend ihrer Erwartung (und der des Heilands) verhalten haben.

Die von den Schwestern für Anna Nitschmann geschriebenen Gedichte und Lieder bezeugen, wie wichtig sie für die Schwestern war. Interessanterweise förderte die Brüdergemeine eine Art Anna-Nitschmann-Kult, indem sie Dutzende von Gemälden Anna Nitschmanns weltweit zum Aufhängen in den Schwesternhäusern verschickte.[37] Die meisten sind Darstellungen der legendären Ältestin, die das einfache Kleid der Herrnhuter Schwestern trägt und ihre Haube mit den roten Bändern des „Ledige Schwestern Chors" zusammengebunden hat. Es gibt aber auch Gemälde aus jener Zeit, die Anna mit Mitgliedern der Zinzendorf-Familie, mit anderen gemeindeleitenden Personen und sogar mit dem Heiland selbst zeigen.[38] Einträge in den Tagebüchern der Schwesternhäuser beschreiben, wie solche Gemälde als Dekoration für besondere Feste wie z.B. das Jahresfest der Gründung des ersten Schwesternhauses oder Anna Nitschmanns Geburtstag (die zwei wichtigsten Feste für ledige Schwestern) benutzt wurden.[39]

Auf diese Weise bediente sich die Brüdergemeine visueller und verbaler Medien, um ihre religiöse Arbeit zu unterstützen und eine gemeinsame Kultur für ihre Siedlungen rund um die Welt zu schaffen. Es ist schwer, sich die Gestalt eines „Medienstars" wie Anna Nitschmann oder Anna Johanna Piesch – ihre Stellvertreterin und Nachfolgerin – in den Augen der ledigen Schwestern vorzustellen.[40] Im Grunde war dies eine Epoche, die im Großen und Ganzen Frauen aus der öffentlichen Sphäre ausschloss. Trotzdem hatten diese beiden Frauen hohe Ämter in ihrer Kirche inne, beide reisten extensiv im Auftrag der Gemeine, und beide waren anerkannte Predigerinnen.

---

37 Weiteres über die Anwendung visueller Medien der Brüdergemeine, um ihr öffentliches Bild zu gestalten, in: Martin, Women's Religious Speech, 259–269. In seinem unveröffentlichten Manuskript über den Maler Johann Valentin Haidt bemerkt Nelson, dass jedes Schwesternhaus ein Gemälde von Anna Nitschmann wollte, vgl. Vernon Nelson, John Valentine Haidt's Life and Work, 1996, 7 (verfügbar in den Moravian Archives in Bethlehem, Pennsylvania); ders., John Valentine Haidt: March 6-April 24 1996, Abby Aldrich Rockefeller Folk Art Collection, Williamsburg, Virginia (Ausstellungskatalog).

38 Ausführliche Informationen zu diesen Gemälden in Martin, Women's Preaching, 236–269, bes. 259–269.

39 Diarium aus Pensylvanien, UA R.20.B.20.a.a.2.

40 Nach Anna Nitschmanns Tod wurde Piesch für kürzere Zeit Generalältestin aller Schwestern, aber die Gemeine bat sie zu heiraten und ihren neuen Mann nach Amerika zu begleiten, um dort Siedlungen zu überwachen, die sich neu von traditionellen herrnhutischen Gemeinschaftsformen in Haushaltsorganisationen organisierten. In ihrem Lebenslauf erzählt Piesch von ihrer Bitterkeit wegen ihrer Pflichtehe, übersetzt ins Englische und abgedruckt in: Katherine M. Faull, Moravian Women's Memoirs: Their Related Lives, 1750–1820, Syracuse, New York 1997, 121–129.

Aber während die Brüdergemeine anfangs den Anna Nitschmann-Kult durch Versendung ihres Porträts förderte, sahen sich manche Gemeineleiter genötigt, ihr Ansehen zu manipulieren oder wieder zu rehabilitieren. Zum Beispiel zeigt eins der Gemälde, das Anna zu ihrem 30. Geburtstag geschenkt bekam, eine Art adoptive „Verwandtschaft" mit der Familie Zinzendorf.[41] Derartige Assoziationen sind historisch nicht korrekt.[42] Vermutlich wollte man Anna so mit einer aristokratischen Herkunft in Verbindung bringen. Wahrscheinlich hoffte man, Anna könnte einen höheren sozialen Rang erwerben, der ihren hohen Ämtern in der Brüdergemeine entsprach. Obwohl man versuchte, Nitschmann mit der Familie Zinzendorfs in Verbindung zu bringen, versuchte man auch gleichzeitig ihre Verbindung zum Grafen unschuldig aussehen zu lassen. Schon zur Zeit des Geburtstagsbildes aus dem Jahr 1747 gab es Gerüchte, dass Nitschmann und Zinzendorf eine sehr enge Beziehung hätten.[43]

Lieder, Gedichte und Gemälde aus jener Zeit zeigen interessante Widersprüche in der Schilderung von Anna Nitschmann. In einigen Darstellungen ist sie eine einfache Magd, eine Hirtin, ein Kindermädchen, eine Wollspinnerin, in anderen wird sie als „Adlige" dargestellt, eine religiöse Führerin, eine Predigerin, sogar eine „Theologin", bei der ordinierte lutherische Pastoren Rat suchen.[44] Die in der Darstellung von Anna Nitschmann verkörperten Widersprüche verstärkten sich nach ihrem Tod noch mehr.

5. „Die 2te Person am Mährischen Kirchen-Regiments-Ruder"

Der Historiker Wilhelm Jannasch stellt Zinzendorf als einen Größenwahnsinnigen dar, der beide Frauen in seinem Leben ausnutzte, seine erste Ehefrau, Erdmuthe Dorothea, und seine Mitarbeiterin und zweite Ehefrau, Anna Nitschmann. Jannasch behauptet, die Gräfin habe einen eigenen Kopf gehabt und sei daher eine Bedrohung für Zinzendorf gewesen, so dass er die anpassungsfähigere, weniger gebildete und jüngere Anna Nitschmann bevorzugte.[45]

Aber die in zeitgenössischen Reden, Briefen und Tagebüchern dargestellte Anna Nitschmann ist nicht so entgegenkommend, wie Jannasch meint. Einträge im Tagebuch von Johann Nitschmann, Annas Bruder und Zinzendorfs persönlichem Sekretär, zeigen eine Anna Nitschmann, die verärgert und wütend sein

[41] Wegen seiner engen Beziehung zu Anna Nitschmann ließ Zinzendorf sich von ihrem Vater adoptieren.

[42] Martin, Women's Religious Speech, 236–259.

[43] Dies bestätigt die Literatur gegen die Herrnhuter: Heinrich Joachim Bothe, Zuverläßige Beschreibung des nunmehro ganz entdeckten Herrnhutischen Ehegeheimnisses [...] 1/2, Frankfurt/Berlin 1751, 79ff und 652.

[44] Diese Darstellung soll vermutlich ihre Autorität bestätigen, ist aber sehr unwahrscheinlich. Einer der Pastoren im Bild soll Spangenberg sein. Da Spangenberg für den Abbau weiblicher Ämter in Herrnhut nach dem Tod Zinzendorfs verantwortlich war, ist kaum anzunehmen, dass er sich Rat bei Anna Nitschmann geholt hätte, vgl. UA SHAH 188, 2.

[45] Jannasch, Erdmuthe Dorothea, 155f.

konnte und die einem Streit mit Zinzendorf nicht aus dem Weg ging.[46] In ihren Reden vor den ledigen Schwestern erscheint sie als Autorität. Als eine der höchsten Offiziellen der Brüdergemeine in der Welt machte sie ihren Einfluss bei ausländischen politischen Vertretern im Auftrag ihrer Konfession geltend[47] und war außerdem in die finanzielle Verwaltung der Brüdergemeine in England involviert.[48] In vielfacher Hinsicht können wir sie als Leiterin der Brüdergemeine neben Zinzendorf sehen. In der Tat nannte ein ehemaliges Mitglied, nachdem es die Brüdergemeine verlassen hatte, in seinem skandalösen Buch „Schwester Nitsch-Annel" die „2te Person am Mährischen Kirchen-Regiments-Ruder".[49]

1756 starb Zinzendorfs erste Frau Erdmuthe Dorothea geb. Gräfin Reuß (1700–1756). Kaum ein Jahr später, am 27. Juni 1757, heirateten Zinzendorf und Anna Nitschmann.[50] Erstaunlicherweise wurde die Ehe der beiden wichtigsten Leitungsgestalten der Brüdergemeine zunächst streng vertraulich behandelt.[51] Anna Nitschmann änderte ihren Namen nicht. Sie lebte weiterhin im „Ledige Schwestern Haus" und predigte weiterhin über die Tugend, als „Braut von Christus" zu leben.[52] Zinzendorf und Nitschmann verbrachten in den nächsten zwei Jahren die meiste Zeit mit Geschäftsreisen für die Brüdergemeine, und nur die ihnen am nächsten stehenden wussten von ihrer Ehe.[53]

Nur drei Jahre nach ihrer Heirat wurden beide Eheleute ernsthaft krank. Zinzendorf starb am 9. Mai 1760 und wurde sieben Tage später neben seiner ersten Frau Erdmuthe Dorothea auf dem Herrnhuter Friedhof beerdigt. Zwölf Tage nach Zinzendorfs Tod am 21. Mai 1760 starb auch Anna Nitschmann im Alter von 44 Jahren. Erst zu diesem Zeitpunkt erfuhren die meistern Mitglieder der Herrnhuter Gemeine, dass ihre beiden Hauptführer heimlich geheiratet hatten.

---

46 Zinzendorfs Sekretär schreibt über einen Streit zwischen dem „Jünger" und der „Jüngerin" am 16. November 1756, UA R. 21. A. 115b.

47 Anna Nitschmann, Brief an den Erbprinzen von Dänemark, UA R. 20. B. 20. a. b.11.

48 Anna Nitschmann, Brief an Kober, vgl. Fn 28.

49 Bothe 2, 192.

50 Nach einem Bericht seines Sekretärs, Johann Nitschmann, überließ Zinzendorf die Frage der Eheschließung dem Los, das die Ehe dann bestätigte, vgl. Jannasch, Erdmuthe Dorothea, 268.

51 Die Brüdergemeine würde später behaupten, die Gemeindeleitung habe Zinzendorf aufgefordert zu heiraten. Da er auch bei den Frauen in der Gemeinde Seelsorge ausübe, dürfe er nicht ledig bleiben, weil dies ihn oder die Brüdergemeine in Verruf bringen könnte. Diese Erklärung ergibt aber keinen Sinn, da seine Ehe mit Nitschmann zu diesem Zeitpunkt nicht bekannt war. Vgl. Jannasch, Erdmuthe Dorothea, 265.

52 Die Rede von Neusalz vom 6. November 1757 entstand nach der Heirat Nitschmanns mit Zinzendorf. Diese Rede betonte die Keuschheit der Schwestern und eine „spirituelle Ehe" mit Christus, UA S.A.I. R5.2.

53 Endlich, am 10. November 1758, während einer Reise in den Niederlanden, schrieb Zinzendorf von der Gemeinde in Zeist ein „Notifikations-schreiben an alle Gemeinen", das die Ehe verkündete. Merkwürdigerweise erreichte das Schreiben nur wenige Gemeinden.

Noch nach ihrem Tod bereitete der Status Anna Nitschmanns der Brüdergemeine Probleme. Ohne ihren adligen Beschützer Zinzendorf waren die Herrnhuter plötzlich unter viel größerem Druck von außen. Die Brüdergemeine war in ernsthaften finanziellen Schwierigkeiten, und es gab wenig, was die lutherische Staatskirche davon abhielt, sie wegen ihres unorthodoxen Vorgehens anzugreifen.[54] Zugleich musste die Kirchenleitung entscheiden, was mit der sterblichen Hülle einer bäuerlichen Priesterin geschehen sollte, die darüber hinaus mit ihrem adligen Oberhaupt, Graf Zinzendorf, verheiratet gewesen war. Die Tatsache ihrer Eheschließung hatte zur Folge, dass Anna Nitschmanns Leichnam nicht in einer entfernten Ecke des Friedhofs bestattet werden konnte. Wenn sie jedoch als seine Frau beerdigt würde, wäre der Beweis der schockierenden standes-beleidigenden Heirat für die ganze Welt sichtbar in Stein gemeißelt.

1766, sechs Jahre nach beider Tod, traf sich die Gemeineleitung mehrmals, um das quälende Problem von Anna Nitschmanns Grab zu lösen.[55] Schließlich wurde Anna Nitschmann zur Linken von Zinzendorf beerdigt; zu seiner Rechten ruht die Gräfin.[56]

Während andere Grabmarkierungen auf dem Friedhof einfache Quadrate sind, die nur den Namen und die Daten der Personen dokumentieren, stehen die Gräber der Familie Zinzendorf noch immer im Mittelpunkt des Herrnhuter Friedhofs und sind mit erhöhten Grabtafeln bedeckt. Auf diese Weise hatte die Leitung anerkannt, dass Anna Nitschmann einen besonderen Platz „über" den anderen Mitgliedern der Gemeine innehatte.

Dennoch erhielt Anna Nitschmann nach ihrem Tod nur widerwillig Anerkennung, und dies nicht wegen ihrer 30-jährigen Tätigkeit als eine der Spitzenführerinnen der Brüdergemeine, sondern wegen ihrer dreijährigen Ehe mit Zinzendorf. Die monumentalen Grabsteine in Herrnhut zeugen davon. Die Inschrift auf Erdmuthe Dorotheas Grabtafel nennt diese die „Saugamme" der Brüdergemeine und kennzeichnet sie als die Gräfin und Zinzendorfs Frau. Weiter werden die Namen der Adelshäuser genannt, von denen sie abstammt. Anna Nitschmanns Grabstein dokumentiert dagegen lediglich, dass sie mit einem „Ordinario" der Brüdergemeine verheiratet war. Welcher „Ordinario", bleibt unerwähnt. Anna Nitschmann hatte zu Lebzeiten mehrere Titel – Generalältestin, Priesterin, „Mutter" der Brüdergemeine und „Jüngerin", parallel zu Zinzendorfs Titel als „Jünger". Keiner dieser Titel erscheint auf dem Grabstein, und auch nicht der Titel „Gräfin" oder der Name „Zinzendorf".

---

[54] Zinzendorf hatte eine Abmachung mit der Landeskirche, dass die Brüdergemeine offiziell unter den Schirm der Lutherischen Kirche stellte, jedoch ihre eigene Hierarchie behielt. In dieser Abmachung hatte Zinzendorf natürlich die Ordination von Frauen oder Laien nicht erwähnt.

[55] UA UAC-Protokoll 1766, Sept. 11, 411–412; Sept 15, 439–440; Sept 16, 442.

[56] Wo Anna Nitschmann in den sechs Jahren dazwischen bestattet war, ist ungeklärt. Es ist denkbar, dass sie bereits anonym an Zinzendorfs linker Seite ruhte und nun endlich eine Grabtafel erhielt.

Unkundige Besucher des Herrnhuter Friedhofs haben es schwer, die Grabsteininschrift Nitschmanns zu verstehen. Weder eindeutig Zinzendorfs Frau, neben dem sie begraben ist, noch als bedeutende Repräsentantin gekennzeichnet, ruht Nitschmann trotzdem in der Mitte des Friedhofs unter einem monumentalen Grabstein. Auf diese Weise provoziert das Grab Nitschmanns die Frage: Wer war Anna Nitschmann?

Zusammenfassung

Knapp 35 Jahre gelang es den Mitgliedern der Brüdergemeine unter Zinzendorfs kreativer Führung und aristokratischem Schutz, ein anderes als das durch die vorgeschriebenen Normen des 18. Jahrhunderts geprägte Leben zu führen. Dennoch konnte die Brüdergemeine ihre nonkonformistischen Ideen nur hinter einer Mauer aufbauen. Ich spreche hier nicht nur von der physikalischen „Mauer" der Distanz zwischen den meisten ihrer Siedlungen und den größeren Städten, sondern auch von den „Mauern" der manipulierten Öffentlichkeitsbilder, mit denen die Brüdergemeine sich umgab. Innerhalb dieser Mauern hat sie ein radikales Experiment ausgeführt, indem sie herkömmliche Hierarchien durch progressive Interpretationen der Heiligen Schriften ersetzte.

Nicht dank auf der Aufklärung basierenden Prinzipien, sondern vielmehr gründend auf dem Verhalten Jesu gegenüber Frauen arbeiteten bei den Herrnhutern beide Geschlechter Seite an Seite. Unter der apostolischen Vorstellung der „Priesterschaft aller Gläubigen" haben sie gemeinsam ein „Asylum für gedruckte Herzen" aufgebaut. Zusammen mit Zinzendorf hat Anna Nitschmann das einzigartige, herrnhutische System der Seelsorge und Verwaltung geschaffen und mit ihrer Missionsarbeit geholfen, die Brüdergemeine als „Mährische Kirche" in Amerika zu etablieren. Für mehr als 20 Jahre war Anna Nitschmann die Mitverantwortliche einer Gemeinschaft, die das gesamte Leben als Diakonie, als Dienst für Christus durch die Nächstenliebe, verstand.

ELISABETH SCHNEIDER-BÖKLEN

Henriette Louise von Hayn (1724–1782)[1]
Eine Herrnhuter Diaconisse

Henriette Louise von Hayn, Gipsbild, Brüder-Unität Herrnhut.

„Im Protestantismus spielte die christliche Liebestätigkeit als Armenfürsorge seit jeher eine wichtige Rolle. Nachdem sie im 18. Jahrhundert im theologischen und kirchlichen Denken zunehmend an Bedeutung verlor und auch ihre praktische Wirksamkeit zurückging, erhielt sie zu Beginn des 19. Jahrhunderts [...] neue Impulse."[2] Diesem Urteil ist gewiss zuzustimmen, allerdings trifft es in Bezug auf das 18. Jahrhundert nicht vollständig zu. Gab es doch in der großen europäischen Bewegung des Pietismus eine Gemeinschaft, für die sehr wohl der Begriff „Diakonie" eine Bedeutung hatte: die Herrnhuter Brüdergemeine, die durch Initiative des Grafen Zinzendorf 1727 in der Oberlausitz entstanden war. Da Lucinda Martin in ihrem Beitrag das Wichtigste über Entstehung und Formation dieser evangelischen Gemeinschaft schreibt[3], verzichte ich darauf, die Herrnhuter Brüdergemeine zum Thema zu machen und zeige am Beispiel einer Herrnhuter ledigen Schwester, der Henriette Louise von Hayn (1724–1782), welche Bedeutung „Diakonie" bzw. „Diakonisse" und christliches „Dienen" für diese Frauen hatte.

1. Kindheit und Jugend in Idstein

Henriette Louise von Hayn wurde am 22. Mai 1724 als Tochter von Georg Heinrich von Hayn, Fürstlich Nassauischer Oberjägermeister, und Ernestine von Lassberg in Idstein geboren. Die Vorfahren mütterlicherseits waren wegen ihres evangelischen Glaubens 1664 aus Österreich vertrieben worden und nach Öttingen in Schwaben emigriert.

---

1 Quellenzitate aus der Zeit von Henriette Louise von Hayn sind kursiv gesetzt. Vgl. auch Elisabeth Schneider-Böklen, Henriette Louise von Hayn – ein Abriß ihres Lebens, auch als „Diakonisse", Dissertation Marburg 2005 im Internet.

2 Jochen-Christoph Kaiser, Art. Diakonie: 1. Kirchengeschichtlich, in: RGG IV, 2, 792.

3 Vgl. in diesem Band: Lucinda Martin, Anna Nitschmann.

Über Henriette Louises Mädchenjahre wissen wir wenig; es ist anzunehmen, dass sie eine standesgemäße Erziehung als adliges Fräulein bekam. In einigen Quellen wird berichtet, sie habe Latein und Griechisch gelernt. Das Neue Testament soll sie in der griechischen Ursprache gelesen haben. Für junge Mädchen des Rokokozeitalters war das zwar nicht das Übliche; es war aber auch nicht ganz ausgeschlossen, wie das Beispiel der Großmutter Zinzendorfs, Henriette Katharina von Gersdorf, zeigt[4].

Schon in Henriette Louises Kindheit zeigen sich die Eigenheiten ihres Charakters: ihre starke persönliche Religiosität und auch ihr ausgeprägter Wille zu tun, was sie für richtig hält. Der in der Brüdergemeine übliche selbstverfasste Lebenslauf gibt davon eindrücklich Zeugnis: „*Ich hatte als ein kleines Kind oft so zärtliche Empfindungen Seiner Liebe, daß ich manchmal in ein Winkelgen ging u[nd] weinte, und niemand wußte, warum. Das liebliche Gnadenwerk des h[eiligen] Geistes mit meinem zarten Herzen ist mir die Stunde noch neu. Bei Gelegenheit der ersten Gebetgen, die ich lernte, als: Christi Blut und Gerechtigkeit p. schmeckte und fühlte ich schon was von dem theuren kostbaren Blute, u[nd] kriegte solche lebendige Eindrücke vom Marterlämmlein, die mir durch alle Zeiten durch geblieben sind ... Als ich größer wurde u[nd] unter beständiger Aufsicht war, ging mein Dichten u[nd] Trachten immer dahin, mich ein wenig wegzustehlen, und an Jesum zu denken u[nd] zu Ihm zu beten. Konnte ich am Tage nicht dazu gelangen, so stand ich in der Nacht auf, wenn alles schlief, u[nd] verbrachte manche Stunde auf meinen Knien, denn mein Herz brannte recht in der Liebe Jesu. Wenn wir spatzieren gingen, trug ichs manchmal darauf an, ein wenig zurück zu bleiben, warf mich geschwind auf den Boden, als wollte ich Blumen suchen, und küßte die Erde, weil ich mir ganz kindlich vorstellte, das sey das Pläzgen, wo mein liebster Jesus blutigen Schweiß geschwizt.*“[5]

Für ein junges Mädchen der damaligen evangelischen „oberen Stände“ blieb nicht viel Raum, eigene religiöse Vorstellungen zu entwickeln und auch noch zu praktizieren, da der Lebensweg in Ehe und Familie vorgezeichnet war. Der Ausweg, ins Kloster zu gehen, war ja nicht möglich. Die junge Henriette Louise wurde nach der Konfirmation, „*in die Gesellschaft eingeführt*“. Dies bereitete ihr nach ihrem eigenen Bericht, in dem sie „*die verlorene Vertraulichkeit mit dem Heiland*“ beklagte, große innere Schwierigkeiten.

2. Ausbruch aus den vorgegebenen Lebensbahnen: Flucht auf den Herrnhaag (1744/5)

Mit der ihr eigenen Sicherheit entdeckte sie den Ort im damaligen Deutschland, der ihren Bedürfnissen nach religiöser Hingabe und Eigenständigkeit entsprach: die Herrnhuter Brüdergemeine. Diese Lebensform von Männern und Frauen aus verschiedenen sozialen Ständen, Nationalitäten und evangelischen Konfessionen ist in sich als diakonische Lebensgemeinschaft zu verstehen. Kam es in den pietistischen Gemeinschaften, die sich um Philipp Jacob Spener (1635–1705) und August Hermann Francke (1663–1727) gebildet hatten, darauf an, die

---

4 Vgl. in diesem Band: Robert Langer, Henriette Catharina von Gersdorff.

5 Unitätsarchiv Herrnhut (UA), Gemeinnachrichten 1783, IV, 149–176.

weltliche Obrigkeit zu sozialen Aktivitäten zu bewegen bzw. Waisenhäuser für arme Kinder und Jugendliche zu organisieren, so lag in der Herrnhuter Brüdergemeine der Schwerpunkt auf einer „inneren Diakonie“, dem Schaffen einer „Dienst-, Lebens- und Wirtschaftsgemeinschaft“[6] für Menschen (Männer wie Frauen!), die sich freiwillig der Gemeine anschlossen, um „dem Heiland“ und gleichermaßen den Brüdern und Schwestern mit ihren Gaben zu dienen.[7]

Henriette Louise berichtet in ihrem Lebenslauf: *„Um diese Zeit kamen mir die Berliner Reden des Grafen Zinzendorf in die Hände, und gereichten mir zu großem Trost und Segen. Auch hörte ich viel reden von einem gewissen neuen Ort in der Wetterau, Herrnhaag genannt, welchen die Herrnhuter zu bauen anfingen, und fühlte eine unbeschreibliche Freude darüber. Wiewohl es die verächtlichsten Beschreibungen waren, die man mir von der Brüder-Gemeine machte: so glaubte ich doch immer das Gegenteil davon, und fühlte gar zu gut, daß dies mein Volk sei, mit dem ich leben und sterben wollte [...]“* Was sie sich vorgenommen hatte, setzte sie in die Tat um. Gegen den Willen ihrer Eltern und gegen verschiedene Pfarrherren, Superintendenten und adlige Herrschaften erreichte sie schließlich, dass sie 1746 in die Brüdergemeine in Herrnhaag aufgenommen wurde und im Mädchenhaus die Erziehung der Kinder übernehmen konnte.

In Herrnhaag hatte die Brüdergemeine 1738 mit Billigung des Grafen Ernst Casimir von Ysenburg-Büdingen Zuflucht genommen, nachdem sie von August dem Starken von Sachsen des Landes verwiesen worden war. Im Unterschied zu dem ernsten und nüchternen Leben im alten Herrnhut, das hauptsächlich von mährischen Handwerkern besiedelt worden war, machte sich in der neuen Siedlung der Brüdergemeine das Flair des Rokokozeitalters bemerkbar. Hier lebten zum großen Teil Menschen aristokratischer Herkunft, die eine Atmosphäre der Heiterkeit verbreiteten. In der Gemeine wurden auch die Künste – Musik, Malerei, Dichtung und sogar Kunsttischlerei – gepflegt.

Zinzendorf verfasste selbst eine große Zahl neuer Lieder, die ihm oft spontan während der Singstunden in den Sinn kamen. Aber er regte auch andere zum Dichten neuer geistlicher Lieder an, ja er veranstaltete regelrechte Dichter-Wettbewerbe und forderte um 1747 die ledigen Schwestern zum Liederdichten auf: *„Meine Schwestern, es ist sehr jungfernhaltig, wenn man Lieder macht. Das Jungfernchor sollte uns die wichtigsten, meisten und schönsten Lieder in unsere Anhänge liefern. Der tägliche Umgang mit Jesus, dem Schmerzensmann, die Ideen, meine Schwestern, ihn aus aller unsrer Macht zu umfangen Tag und Nacht, die sollten euch recht schöne und wichtige Gedanken machen, Erinnerungen, heilige Lieder dichten zu lernen“*.[8] Auch wenn das Dichten geistlicher Lieder nicht unbedingt unter das Stichwort „Diakonie“ einzurei-

---

[6] Heinz Renkewitz, Der diakonische Gedanke im Zeitalter des Pietismus, in: Herbert Krimm (Hrsg.), Das diakonische Amt der Kirche, Stuttgart 1965, 283–346: 326; dort auch Näheres über Diakonie bei Spener und Francke.

[7] Vgl. in diesem Band: Lucinda Martin, Anna Nitschmann.

[8] Otto Uttendörfer, Zinzendorf und die Frauen, Herrnhut 1919, 54f.

hen ist, stellt diese Ausdrucksform religiöser Erfahrungen doch einen wichtigen Teil des „Dienens für den Heiland und die Gemeine" dar. Auf diesem Hintergrund sind auch die vielen Dichtungen von Henriette Louise von Hayn für ihre Mitschwestern zu betrachten. Sie können zwar als bloße Gelegenheitsgedichte abqualifiziert werden, stellen aber im Kontext des gegenseitigen Dienens einen wichtigen Beitrag für die Gemeinschaft dar. Das Wirken und die Arbeit der Schwestern wurde dabei artikuliert. Die Texte wurden den anderen Schwestern vorgelesen, teilweise auch gesungen: Die Tätigkeit der Frauen fand so ihre eigene Würdigung. Es gab in der Brüdergemeine keine „stummen Dienerinnen", jede hatte ihre Aufgabe und Arbeit, jede war wichtig. Sicher waren, wie in allen menschlichen Gemeinschaften, einige „gleicher als die andern", aber man versuchte doch erfolgreich, im Gegensatz zur herrschenden Ständegesellschaft allen dieselben Chancen der Mitarbeit und Mitwirkung innerhalb der Gemeinschaft zu geben, egal, ob es sich um eine Schwester namens Schmid oder eine Gräfin Schulenburg handelte. Quelle der Motivation war der „tägliche Umgang mit dem Heiland", die innige Verbindung mit dem lebendigen Christus. Ihrer langjährigen Freundin und Mitschwester Lenel Vierorth, die zusammen mit ihr im Mädchenhaus als Erzieherin tätig war, schrieb Henriette Louise von Hayn:

Diesen Tempel dem du dienst
und die schönen Kinder-Hallen
drin du Ihm zur Freude grünst,
und die dir so wohl gefallen
Mache du Ihm nur parat
Wenn Er Lust zu kommen hat.[9]

Henriette Louise von Hayn berichtet in ihrem Lebenslauf über ihre Aufgaben, Ämter und Funktionen in Herrnhaag: „1750 verlor das Mädchenhaus die Justine von Schweinitz, die dieser Anstalt einige Jahre vorgestanden hatte und ich kam an ihre Stelle, nachdem ich schon 1748 zur Acoluthie angenommen und zu einer Diaconisse der Brüder-Kirche eingesegnet worden war." [10]

Die ordinierten Ämter (mit der Vorstufe des Akoluths) des Diakons und Presbyters standen auch Frauen als Diakonissa und Presbyterin offen. Diese Ämter sollen kurz erklärt werden:[11]

Akoluth/Akoluthin bezeichnet „ein aus der alten Brüder-Unität übernommenes Amt für Brüder oder Schwestern, die eine besondere Verantwortung in

---

[9] Am 19ten Februarius 1759 (UA NB IV. R. 3. 24c).

[10] UA Jüngerhausdiarium vom 15. 9. 1748.

[11] Näheres über die recht komplizierte Ämtergestaltung in der Brüdergemeine bei Hans-Joachim Wollstadt, Geordnetes Dienen in der christlichen Gemeinde. Dargestellt an den Lebensformen der Herrnhuter Brüdergemeine in ihren Anfängen, Göttingen 1966, II. Die Ämter der Schwestern, 209–222, sowie bei Theodor Wettach, Kirche bei Zinzendorf, Wuppertal 1971, der allerdings die Ordination von Frauen als Presbyterinnen in der Brüdergemeine schlichtweg leugnet.

der Gemeine tragen";[12] zu den Diensten der Akoluthen gehört auch das Dienen beim Abendmahl.

Der Ritus der Aufnahme als Akoluth oder Akoluthin wird im Jüngerhausdiarium vom 15. September 1748 folgendermaßen beschrieben: Er begann für die *„Jünger und Jüngerinnen des Heilands [...] wie gewöhnlich, mit dem Handschlag nach dem Verse: ‚Heilge sieben Geister geht immer zünden – machts hell ums Lamm'. Indem die Geschwister ihren [...] Arbeitern*[13] *nach der Reihe die Hand gaben, wurden die mehresten Verse aus dem Liede: ‚Mit einem zarten Sehnen' No. 1756 gesungen."*[14] Die Akoluthie begann also relativ formlos, auch ohne Niederknien, ohne ein besonderes Gewand o.ä., aber doch mit einer Gemeinschafts-Liturgie und einem Handschlag der „Arbeiter", also der Schwestern, die ein Leitungsamt innehatten.

Die Akoluthie war eine Vorstufe zum Amt des Diakons und der Diakonissa, das auch Henriette Louise von Hayn im Jahr 1748 übertragen wurde. Die TrägerInnen dieses „Kirchendiener-Amtes"[15] gingen aus der Reihe der Akoluthen hervor. Die Amtsträgerinnen (Diakonissen) waren vor allem „mit der Seelsorge und äußerlichen Angelegenheiten betraut. Bestimmte Amtshandlungen waren den Diakonissae erlaubt, wie predigen und einsegnen, jedoch nur unter Schwestern".[16] Ihre liturgische Einsegnung oder Ordination geschah so, dass etwa bei der liturgischen Feier am 15. September 1748 auf dem Herrnhaag die knienden Schwestern von der Mutter (Anna Nitschmann) und Anna Johanna (Piesch), der General-Altestin der ledigen Schwesternchöre, mit Handauflegung eingesegnet wurden unter dem Lied: „Würdigster Geist, der die Kirche führt".[17]

Gemäß der neutestamentlichen wie der kirchlichen Tradition kommt der Handauflegung eine besondere Bedeutung[18] zu. Die Diakonissen hatten ein spezielles geistliches Amt. Sie sind aber nicht mit den Diakonissen des 19. Jahrhunderts zu verwechseln. Ihre Aufgaben lassen sich am ehesten als geistliche Assistenz (neben der Ältestin), besonders im Gottesdienst, beschreiben. Dass in der Herrnhuter Ämterauffassung auch die Verwurzelung in der biblischen Tradition eine Rolle spielte, darf nicht übersehen werden. So singt zehn Jahre später (1758) der Chor aus Anlass der Weihe der Diakonen und Diakonissen: *„Zeuch sie an mit dem Geiste des ersten Diaconi, deines Märtyrers.*[19] *Laß sie das Geheimnis des Glaubens in reinem Gewissen behalten, laß sie deine schönen Gottesdienste lieblich bedienen, durch die Handauflegung des Heiligen Geistes und durch wohl Dienen eine gute Stufe erreichen [...] pflanze sie zu fruchtbaren Oelbäumen deinem Hause."*[20]

---

[12] Vgl. Art. Akoluth und Akoluthie, in: Paul Peucker, Herrnhuter Wörterbuch. Kleines Lexikon von brüderischen Begriffen, Herrnhut 2000, 11f.

[13] = ihren Seelsorgern.

[14] UA Jüngerhausdiarium vom 15. 9. 1748.

[15] Abgeleitet aus griechisch διακονος, Diener.

[16] Art. Diakonissa, in: Peucker, Herrnhuter Wörterbuch, 21.

[17] UA Jüngerhausdiarium 15. 9. 1748.

[18] Vgl. Apg 8,18; 1Tim 4, 14; 2Tim 1,6.

[19] Apg 6,1–6.

[20] Königsfeld JHD 12. 5. 1758.

Der „Dienst" einer Schwester in der Brüdergemeine war eine tägliche Verknüpfung des Dienstes für Jesus, dem lebendigen Christus, mit dem Dienst für die Gemeinschaft, in der jede lebte. So sagte Henriette Louise von Hayn in einer ihrer Neujahrsreden vor dem Chor der ledigen Schwestern: *„Daher wollen wir uns unserem lieben Herrn zum Neuen Jahr, als Seine armen Dienerinnen Praesentiren; u[nd] uns gemeinschaftlich neue Segen u[nd] Salbung von Ihm ausbitten, weil Er uns würdiget unserem Chor zu dienen, welches eine Gnade vor uns ist, denn Er hätte uns nicht nöthig, u[nd] könnte es ohne uns thun."*[21]

Dass Henriette Louise von Hayn ihre Zeit in Herrnhaag als eine wunderbare Gnadenzeit empfand, soll nicht darüber hinwegtäuschen, dass sie zu kämpfen hatte mit *„tausend Sorgen und Kummer, den das mir anvertraute Amt bei der Menge Kinder mit sich brachte [...] So viel weiß ich nur noch, was das für ein Leiden war, da so viele Kinder elend wurden um des großen Zuges willen, den wir im Hause hatten."* Der Tod gehörte im 18. Jahrhundert ja noch viel stärker zum Leben als heute. Die große Sehnsucht innerhalb der Brüdergemeine nach der „obern Gemeine", nach der endgültigen Vereinigung mit Jesus, dem siegreichen Lamm, bewirkte jedoch auch eine andere Einstellung zum Sterben und zum Tod.

3. Ende der Brüdergemeine in Herrnhaag 1750 – Übersiedlung nach Herrnhut 1750/51

Aus verschiedenen Gründen wurde die „festliche Siedlung" Herrnhaag jäh aufgelöst.[22] Die ursprüngliche kultivierte Begeisterung drohte zu kippen in unhaltbare Zustände eifernder Frömmigkeit. Schon Zinzendorf selbst hatte die Gefahren erkannt und mit einem energischen Brief kurzerhand die Notbremse gezogen. Hinzu kam der politische Wechsel in der Herrschaft Büdingen, zu der Herrnhaag gehörte. Gustav Friedrich von Ysenburg-Büdingen, Sohn und Nachfolger Graf Ernst Casimirs, hatte wenig Verständnis für fromme Exzentrik und ordnete mit dem Emigrationsedikt vom 12. Februar 1750 die Auflösung der Gemeine an. Die Bewohner Herrnhaags, darunter Henriette Louise von Hayn, siedelten daraufhin 1750 nach Großhennersdorf und bis 1751 nach Herrnhut über, wo Henriette Louise von Hayn die Leitung des Mädchenhauses übernahm.

Aus dieser Zeit datieren auch die ersten Niederschriften ihrer Gedichte und Lieder, in denen sie die innige Bindung an den gekreuzigten Jesus mit den Personen und Ereignissen des Alltags im Schwesternhaus verbindet.

Nach dem „Verzeichnis der ordinierten Brüder und Schwestern"[23] war Henriette Louise auch eine der 14 Schwestern, die Zinzendorf am 12. Mai 1758 zur

---

21 UA S. A. I. R 5. 3a (Reden der Luisel von Hayn), 3. Rede vom 8. Januar 1775, dem 53. Geburtstag der Rahel [Hempel?].

22 Vgl. Hans Schneider, Christoph Friedrich Brauer und das Ende des Herrnhaag (Einführung zu: Bericht der Büdingischen Grafschaft zur Vertreibung der Herrnhuter aus der Wetterau. Materialien und Dokumente 2/XVIII), Hildesheim 1978, 1–123.

23 UA R. 4. D.Nr.17 A., 44.

Priesterin ordinierte. Obwohl sie ihre Einsegnung zur Akoluthie und als Diakonissa in ihrem Lebenslauf erwähnt, steht von der Ordination zur Priesterin nichts in ihrem Text, ebenso wenig wie in den Ergänzungen und Anhängen zum Lebenslauf, die nach ihrem Tod erstellt wurden. Möglicherweise war ihr dieses Amt nicht so wichtig. Es ist auch nicht eindeutig zu beschreiben, was die Aufgaben und Funktionen einer Priesterin im Einzelnen waren. Zum anderen könnte auch die Entwicklung nach Zinzendorfs Tod ein Grund für das Verschweigen sein, da die Einflussmöglichkeiten der Schwestern innerhalb der Brüdergemeine von dieser Zeit an zunehmend eingeschränkt wurden.

4. Chorhelferin der ledigen Schwestern (1766–1782)

1766 wurde Henriette Louise von Hayn Chorhelferin, also Seelsorgerin, der ledigen Schwestern. In einer grundlegenden Schrift von 1785 für diese Aufgabe heißt es: „*Die Schwester hingegen, die den Auftrag hat, das innere, oder die Seelen-Sache, so wohl in Absicht auf das ganze Chor, als eine jede zu demselben gehörige Seele insonderheit zu bedienen, heißt man die Chorhelferin.*“[24]

Dieses geistliche Leitungsamt bekleidete sie bis zu ihrem Tod 1782. Durch ihre persönliche Eigenart, Begabung und Frömmigkeit war sie nicht nur als Dichterin geistlicher Lieder, Kantaten und Gedichte, sondern auch als Seelsorgerin und Führungspersönlichkeit der ledigen Schwestern weithin anerkannt.

Die wirtschaftliche Basis für das Leben in der Brüdergemeine, also auch im Schwesternhaus, fußte hauptsächlich auf der eigenen Arbeit der ledigen Schwestern. Die Chöre in der Brüdergemeine bildeten eine „diakonische Dienst-, Lebens- und Wirtschaftsgemeinschaft“.[25] Sie nahmen also die Bedeutung von *diakonein* (griech. dienen) im umfassenden Sinne ernst. So heißt es in der „*Nachricht von einem Mägden Hausse(in)Herrnhuth*“ von 1765:[26] „*Insonderheit sehen wir darauf daß ein jedes große Mädgen das wir dem Chor Haus abgeben im Stande sey sich mit ihrer Hände Arbeit durchzubringen. Wirthschaftliches Geschick u. Wissenschafft kann da sehr wenig was Nuzen wohl aber wenn sie recht perfect sein im Nehen, Spinnen Bandwirken pp.*“

„*Wir haben doch den Trost und die Freude daß von unsern seid Anno 51 ins Chor-Haus abgegebenen gros. Mädgen schon 36 als Mägde des Heilands in Seinem Dienst in der nähe u. ferne Gebraucht werden, u. etliche 60 sehen wir in dem lieben Schwestern Haus, von innen u. Ausen gut durchkommen, u. in sanftem Wohlergehen vor Ihm leben.*“ In diesem Zitat wird deutlich, wie eng der Dienst für Jesus Christus mit dem Dienst für andere und mit der Arbeit für den eigenen Lebensunterhalt verknüpft war.

Henriette Louise von Hayns Aufgabe bestand zu diesem Zeitpunkt allerdings nicht im Handwerk des Bandwebens, sondern in der Seelsorge an den zeitweise mehr als 400 ledigen Schwestern. Deshalb hatte sie auch ein Zimmer für sich allein – die Schwestern schliefen sonst in riesigen Schlafsälen –, damit sie das

[24] Instruction der Chorhelferinnen der ledigen Schwestern, UA R 4. C. IV. No. 11. §4.

[25] Vgl. Heinz Renkewitz, Der diakonische Gedanke im Zeitalter des Pietismus, in: Herbert Krimm (Hg.), Das diakonische Amt der Kirche, Stuttgart 1965, 283–346: 326.

[26] UA R 4.B.Va. No.8. 4a+b.

persönliche „Sprechen", das seelsorgerliche Gespräch, angemessen ausüben konnte. Seelsorge für die ganze Gemeinschaft praktizierte sie auch durch das Redenhalten, d.h. durch kurze Ansprachen beim Morgen- und Abendsegen oder bei anderen liturgischen Anlässen . Meist waren diese Ansprachen, soweit uns erhalten, weniger biblisch, sondern mehr auf die Situation der Schwestern bezogen, etwa auf deren Klage oder als Mahnung an die Schwestern, die im Alltag nicht den diakonischen Idealen entsprachen: „ *[...] sie sehen auf alles, sie merken alles, u. halten sich über alles auf; es kommt niemand bey ihnen vorbey, der nicht durchgehechelt wird. Da könnt ihr nun leicht denken, wie mir dabey zu muthe ist, denn so was schickt sich nicht vor uns. Es ist eine rechte Schmach bey aller der Liebe, Nähe u. Gnade, die der Heiland so reichlich an uns beweiset, da wir uns als arme Würmlein zu Seinen Füssen beugen solten, denn das Raisonniren ist so eine gefährliche Sache, daß ichs euch nicht genug sagen kann, u. ihr soltet einander so treu seyn, daß wenn eine von der andern etwas dergleichen merket, sie darüber anreden, und wenns nichts hilft an gehörigen Ort bringt, aus Liebe u. Treue vor euch selbst.*"

Die Verbindung von Gottes- und Nächstenliebe, wie sie im Alltag des Zusammenlebens im Schwesternhaus gelebt wurde, verdeutlicht ein Gebet, das Henriette Louise von Hayn 1775 als Seelsorgerin bei einer Versammlung von verantwortlichen Schwestern sprach: „*Laß uns mit Wort u. That, mit Wandel u. Werken Dein Herze erfreuen; u. nur Dir alleine von ganzem Herzen, von ganzer Seele u. nach allen unseren Kräften, dienen. Wir haben Dir alle die Hand darauf gegeben, u. so mache uns recht treu wie Erz. Schenke uns auch allen ein Mütterliches Herz, ein Mitleidiges Herz gegen unsre Schwestern, daß wir einer jeden Schwester ihre Noth so fühlen mögen, als wie unsere eigene.*"[27]

Ihre eigenen Reflexionen über ihre Seelsorgetätigkeit finden sich in den Tagebucheintragungen von 1770.[28] Neben Bemerkungen über liturgisches Geschehen im ledigen Schwesternchor *(„wir theilten den Bundes Kelch miteinander"* oder *„11 Mädgen wurden nach einer kleinen Anrede u. gefühligen Absolution mit Handauflegen in den Mädgen Bund aufgenommen")*, stehen ihre Erfahrungen mit den ihr anvertrauten Schwestern: „*Bey einer Klage die ich heute v. einer Dienstschwester anhören mußte, über die Behandlung ihrer Leute brach mir mein Herz vor Mittleiden, ich sah aber den Heyland dran an mich izt hart zu machen, ich hielt der guten Seele eine Predigt von der Pflicht der Dienstboten, nicht nur den guten sondern auch den wunderlichen Frauen unterthänig zu sein um Jesu willen, sie war so klein wie ein Würmlein und versprach ihnen die vorgekommene Empfindlichkeit abzubitten.*"

Einige der Schwestern bewegte auch die Frage, ob sie heiraten sollten. Henriette Louise von Hayn berichtet von einer: „*Der liebe Heyland hatte sie zu einem positiven Nein disponiert.*"[29] Trotz einer eher nüchternen Einstellung zum Heiraten

---

27 Am 8ten Januar 1775, als an unserer lieben Rahel 53ten Geburtstag: kamen Abends um 7 Uhr alle Vorgesetzten u. Arbeiterinnen auf unsrer lieben Louisel Stube zusammen, UA S. A. I. R 5. 3a (Reden der Luisel von Hayn, 6. Rede).

28 Tägliche Anmerkungen vom Schwesternchor, zum 4. 2. 1770, UA S. A. I. R. 3. 5.

29 A. a. O.

wurde in der Brüdergemeine nicht einfach von oben bestimmt, wer wen zu heiraten hatte. Die Schwestern konnten sehr wohl auch einen Heiratsvorschlag ablehnen, allerdings war es üblich, die Entscheidung im Gebet und auch durch das in der Brüdergemeine damals übliche Losverfahren herbeizuführen.[30]

Henriette Louise von Hayn entging der naheliegenden Versuchung, sich über die ihr anvertrauten Schwestern zu erheben: *„Wie ich denn überhaupt gelernt habe, daß es den Schwestern wohl thut, wenn wir Arbeiterinnen bey allen Arten von schlechten Ecken und Elend ihnen sagen können: das hab ich an mir selbst auch so erfahren, sie müßen wißen daß sie mit keinen Engeln, sondern mit den ärmsten Sünderinnen reden, das gibt ihnen eine gewiße Trostmüthigkeit, daß sie sich mit viel weniger Bedenken uns so schlecht darstellen als sie nur sind, weil wir uns vor ihresgleichen angeben.*"[31]

Ihr eigenständigster Beitrag zur Lebens- und Dienstgemeinschaft der ledigen Schwestern waren jedoch ihre vielen Lieder und Gedichte. Ihr bekanntes Lied „Weil ich Jesu Schäflein bin" findet sich unter der Überschrift *„Anno 1776 8ten August bey Gelegenheit des Geburtstags der Christine Petersen gesungen in einer kleinen Gesellschaft"*.[32] Christine Petersen war Lehrerin bei den kleinen Mädchen, deshalb ist in einem der Verse, die später aus dem Lied gestrichen wurden, auch die Rede von der *neuen Arbeitslust.*[33]Für das neue Jahr 1772 dichtete sie für ihr „Chor" der ledigen Schwestern:

Doch ihr seid von Gott gelehrt, o ihr Gnadentöchter,
aber hört doch unbeschwert einen Ruf der Wächter –
Einen leisen Ruf, der heißt: Braut des Lamms, bereite
dich nach Leib und Seel und Geist zu der Hochzeitsfreude.
Eil und laß in Seinem Schooß dich von allen Sachen,
und auch von dir selbst ganz los und frei und ledig machen.
Hüte dich vor Trockenheit, halt dich nah zur Quelle,
Seine Blutgerechtigkeit macht die Kleider helle.[34]

Die Ur-Bilder der Bibel, hier die Bilder von Jesus als dem Lamm Gottes und von den Gläubigen, deren Kleider in Jesu Blut rein gewaschen wurden, waren den Menschen der Brüdergemeine selbstverständlich vertraut. Auch Henriette Louise hatte sich die biblischen Gedanken und Bilder von klein auf zu eigen

---

30 Durch das Losziehen sollte der Willen des Heilands deutlich werden. Dabei wurde aus meist drei Loszetteln (einem positiven, einem negativen und einem leeren) ein Zettel gezogen, um den Willen des Heilands zu befragen. Das nach reiflicher Überlegung und Gebet gezogene Los gab dann den Ausschlag für die private oder amtliche (etwa bei einer Synode) Entscheidung.

31 Tägliche Anmerkungen vom Schwesternchor, zum 4. 2. 1770, UA S. A. I. R 3.5.

32 UA. NB. IV. R. 18, 145.

33 Näheres dazu in: Elisabeth Schneider-Böklen, Henriette Louise von Hayn, in: Unitas Fratrum 45/46, Herrnhut 1999, 90–94.

34 UA NB. IV. R. 3. 21. 2, 224.

gemacht und während ihrer Zeit innerhalb der Brüdergemeine gewiss noch vertieft. Aber ihre Frömmigkeit war nicht selbstquälerisch oder depressiv, sondern hell und hoffnungsvoll. Sie gab jedem, ob Mann oder Frau, das Gefühl, vor dem Angesicht Gottes zwar ein Sünder zu sein, aber durch die „Blutgerechtigkeit", die dem Kreuzestod Jesu entsprang jederzeit von Gott wieder angenommen und für wert geachtet zu sein. Ihr waren Gaben und Fähigkeiten zu Eigen, die im Alltag der Brüdergemeine von praktischem Nutzen waren.

Ihre innere Entwicklung verlief nach ihren eigenen Worten keineswegs nur harmonisch oder geradlinig – sie kannte durchaus auch Zeiten tiefer Verzweiflung und Gottverlassenheit, um danach umso intensiver die Beglückung durch die Nähe Jesu und das innere Wirken des Heiligen Geistes zu erfahren.

Ihre letzte Lebensphase verbrachte Henriette Louise von Hayn im geordneten Kosmos ihrer Frauengemeinschaft, in dem jede einzelne Schwester wichtig genommen wurde. In ihrer zuletzt gehaltenen und aufgezeichneten Rede bezeugt sie, wie intensiv die Sterbephase in der Brüdergemeine wahrgenommen und als ersehnter Übergang zur „Obern Gemeine" der Verstorbenen angesehen wurde, um mit denen vereint zu sein, die bereits beim Heiland waren.[35] Henriette Louise von Hayn sagte zu ihren Schwestern: *„Es hat mich gar sehr verlangt, diese liebe Gesellschaft noch einmal zu sehen, da ich mich eben heute dazu im Stand fühlte, und nicht weiß, ob ich nicht über 8 Tage zu schwach dazu seyn möchte, so wolte ichs nicht länger verschieben. Ich wolte mich eben gern erst bey diesen lieben Schwestern herzlich bedanken für alle Liebe Geduld und Unterstützung, die ich die Jahre hier von euch erfahren habe; zugleich wolte ich um Vergebung bitten, wenn ichs euch hie und da schwer gemacht und versehen habe, denn ich weiß wol, daß ich eine große Schuldnerin bin. Dann aber wolte ich auch bitten, euch doch recht sehr mit mir zu freuen, da ich nun das große Glück den lieben Heiland leiblich zu sehen, so nahe vor mir habe, [...] Davon redete sie sehr appetitlich daß man am Liebsten mit ihr hätte davon fliegen mögen, welches ihr auch bezeugt wurde."*

Da die Schwestern alle als gleichrangig angesehen wurden, egal, ob sie adlig oder bürgerlich waren, sind auch die Grabsteine auf dem als Gottesacker bezeichneten Friedhof in Herrnhut von gleicher Größe und gleichem Aussehen. Henriette Louise von Hayn, eine echte „Diakonisse" des 18. Jahrhunderts, starb am 27. August 1782. Ihr Grab ist noch heute am Hutberg in Herrnhut zu finden.

---

[35] Vgl. Reden der H[enriette] L[ouise] von Hayn (o. Signatur, Königsfeld), D. 19ten Juni 1782. Abends da die Vorgesetzten ihre Conferenz hatten.

Autorinnen und Autoren

URTE BEJICK, Dr. theol., Jg. 1958; Dipl.-Diakoniewissenschaftlerin; Referentin für Theologie und Seelsorge im Diakonischen Werk Baden.

SABINE BIEBERSTEIN, Dr. theol., Jg. 1962; Professorin für Neues Testament und biblische Didaktik an der Fakultät für Religionspädagogik und kirchliche Bildungsarbeit (FH) der Katholischen Universität Eichstätt-Ingolstadt.

IRINA BOSSART, Historikerin und Theologin, Jg. 1968; Arbeit an einer kirchenhistorischen Dissertation zur Basler Stadtmission; Lehrerin am Gymnasium mit dem Abiturfach „Religion & Gesellschaft"; diverse Veröffentlichungen zu historischen und theologischen Themen.

KATRIN BROCKMÖLLER, Dr. theol, Jg. 1973; Ausbildung im Sozialtherapeutischen Rollenspiel; Dozentin am Theologisch-Pastoralen Institut für berufsbegleitende Bildung der Diözesen Limburg, Mainz und Trier; Vorstandsmitglied der ESWTR-Deutschland (European Society of Women in Theological Research).

ANNE CONRAD, Dr. theol. habil., Jg. 1959; Oberstudienrätin im Hochschuldienst am Institut für Katholische Theologie an der Universität des Saarlandes in Saarbrücken; Forschungen und Publikationen u.a. zur Genderforschung, zur Religiosität in der Frühen Neuzeit, zur Ordens- und Bildungsgeschichte.

HERMANN EHMER, Dr. theol., Jg. 1943; Direktor des Landeskirchlichen Archivs in Stuttgart und Vorsitzender des Vereins für Württembergische Kirchengeschichte; Veröffentlichungen zur südwestdeutschen Landesgeschichte und zur Landeskirchengeschichte.

FRIEDERIKE ERICHSEN-WENDT, Dr. theol., Jg. 1976; Studium der Evangelischen Theologie und Erwachsenenbildung, Ausbildung zur Mediatorin, z.Z. Vikarin der Evangelischen Kirche von Kurhessen-Waldeck in Hanau.

IRMTRAUD FISCHER, Dr. theol. habil. Jg. 1957; Professorin für Altes Testament an der Karl-Franzens-Universität Graz.

HANNA-BARBARA GERL-FALKOVITZ, Dr. phil. habil., Jg. 1945; seit 1993 Professorin für Religionsphilosophie und vergleichende Religionswissenschaft an der TU Dresden; Mitherausgeberin der Werke Edith Steins und Romano Guardinis (ital.); Forschungsschwerpunkte: Religionsphilosophie des 19. und 20. Jahrhunderts; Anthropologie der Geschlechter; Philosophie der Neuzeit.

MONIKA GLOCKANN CJ, Jg. 1954; Studium der Kath. Theologie (Diplom) und Germanistik; 1991 Eintritt in die Congregation Jesu; Leiterin des Geistlichen Zentrums Maria Ward in Augsburg.

ADELHEID M. VON HAUFF, Dr. paed., Jg. 1951; Lehrbeauftragte am Diakoniewissenschaftlichen Institut der Universität Heidelberg und an der Pädagogischen Hochschule Heidelberg; Lehrerin.

MARIA HÄUSL, Dr. theol. habil., Jg. 1964; Professorin für Biblische Theologie (Katholisch) an der TU Dresden.

JOHANNES HOFMANN, Dr. phil., Dr. theol. habil., Jg. 1950; Professor für Kirchengeschichte und Patrologie an der Theologischen Fakultät der Katholischen Universität Eichstätt-Ingolstadt.

ROBERT LANGER, M.A., Jg. 1973; Studium Slavistik, Philosophie, Germanistik/DaF, Wissenschaftler/Autor (z.Z. Forschungsprojekt zu Henriette Catharina von Gersdorff).

IRENE LEICHT, Dr. theol., Jg. 1965; Studium Katholische Theologie und Latein in Freiburg i. Br., Rom und Bonn; 1993–2001 Assistentin am Arbeitsbereich Mittlere und Neuere Kirchengeschichte an der Albert-Ludwigs-Universität Freiburg i. Br.; 2002 Übertritt in die Evangelische Landeskirche in Baden; Pfarrerin in der evangelischen Erwachsenenbildung in Freiburg i. Br.

PIA LUISLAMPE OSB, Dr. theol., Benediktinerin, Jg. 1934; tätig in der Exerzitienbegleitung und der Geistlichen Begleitung; viele Veröffentlichungen zum Thema Spiritualität.

LUCINDA MARTIN, Dr. theol., Jg. 1965; Fellow im Young Center of Pietist and Anabaptist Studies in Pennsylvania; Postdoc bei dem Exzellenznetzwerk „Aufklärung, Religion, Wissen" an der Martin-Luther-Universität in Halle-Wittenberg.

ANNETTE MERZ, Prof. Dr. theol., Jg. 1965; Professorin für Kultur- und Literaturgeschichte des frühesten Christentums an der Universität Utrecht, Niederlande.

CHARLOTTE METHUEN, Dr. theol., Jg.1964; Departmental Lecturer für Reformationsgeschichte an der Universität Oxford (UK) und Fellow am Keble College; anglikanische Priesterin und Mitglied der Meißen Kommission (EKD-Church of England) und der Anglican-Lutheran International Commission.

LIVIA NEUREITER, Dr. theol, Theologin und Historikerin, Jg. 1975; seit 2000 Assistentin am Institut für Ökumenische Theologie, Ostkirchliche Orthodoxie und Patrologie an der Karl-Franzens-Universität Graz.

MANFRED OEMING, Dr. theol. habil., Jg. 1955; Professor für Theologie und Ethik des Alten Testaments an der Universität Heidelberg; Schwerpunkte: Exegese v.a. der Bücher des dritten Kanonteils (Psalmen, Hiob, Chronik) und der zwischentestamentlichen Literatur (Tobit); Geschichtsschreibung im Alten Testament; Jüdisch-christlicher Dialog.

BARBARA SCHMITZ, Dr. theol., Jg. 1975; Studienrätin im Hochschuldienst an der Universität Duisburg-Essen, dort Dozentin für Altes Testament.

ELISABETH SCHNEIDER-BÖKLEN, Dr. theol. Jg. 1945; Pfarrerin i. EA; Dekanatsbeauftragte & Regionalleiterin der Blinden- und Sehbehindertenseelsorge in München.

ANGELA STANDHARTINGER, Dr. theol. habil., Jg. 1964; Professorin für Neues Testament an der Philippsuniversität Marburg.

TRAUDEL WEBER-REICH, Dr. rer. cur., M.A.; Krankenschwester, Studium der Kulturgeschichte; Promotion im Fach Pflegewissenschaften; freiberuflich tätig mit den Arbeitsschwerpunkten: Regionalforschung, Sozial- und Frauengeschichte, Pflegegeschichte.

BEATE WEHN, Dr. phil., Jg. 1970; Fortbildung im Bereich Psychotraumatologie, z.Zt. Studienreferendarin am Gymnasium Philippinum in Weilburg/Lahn; Veröffentlichungen im Bereich feministisch-sozialgeschichtlicher Exegese.

MARTINA WEHRLI-JOHNS, Dr. phil., Jg. 1943; nach dem Studium der Geschichte und der Romanistik in Tübingen, Freiburg, Zürich und Paris Lehrtätigkeit am Gymnasium und an verschiedenen Universitäten; gegenwärtig freie Historikerin in Zürich; Forschungen und Publikationen zur mittelalterlichen Ordensgeschichte und zu den Beginen.